Schriften z
Jugendst.
Kriminologie

Herausgegeben von Prof. Dr. Frieder Dünkel
Lehrstuhl für Kriminologie an der
Ernst-Moritz-Arndt-Universität Greifswald

Band 43

Johannes Kühl

Die gesetzliche Reform des Jugendstrafvollzugs in Deutschland im Licht der European Rules for Juvenile Offenders Subject to Sanctions or Measures (ERJOSSM)

MG 2012
Forum Verlag Godesberg

Bibliographische Information der Deutschen Nationalbibliothek

Die Deutsche Nationalbibliothek verzeichnet diese Publikation
in der Deutschen Nationalbibliografie; detaillierte bibliografische
Daten sind im Internet über http://dnb.d-nb.de abrufbar.

© Forum Verlag Godesberg GmbH, Mönchengladbach
Alle Rechte vorbehalten.
Mönchengladbach 2012
DTP-Satz, Layout, Tabellen: Kornelia Hohn
Institutslogo: Bernd Geng, M.A., Lehrstuhl für Kriminologie
Gesamtherstellung: Books on Demand GmbH, Norderstedt
Printed in Germany

ISBN 978-3-942865-06-7
ISSN 0949-8354

Meiner Mutter

Inhaltsübersicht

Vorwort

Die gesetzliche Reform des Jugendstrafvollzugs reicht in der jüngeren bundesdeutschen Geschichte bis in die zweite Hälfte der 1970er Jahre zurück, als nach
Verabschiedung des StVollzG eine Jugendstrafvollzugskommission durch den
damaligen Bundesjustizminister Gustav Heinemann eingesetzt wurde. Deren
Ergebnisse mündeten in verschiedene Gesetzesentwürfe, die allerdings jeweils
vorrangig aus Kostengründen am Widerstand verschiedener Bundesländer
scheiterten. Erst mit der Entscheidung des Bundesverfassungsgerichts vom
31.5.2006 (NJW 2006, S. 2093 ff.) nahm die Reform wieder Fahrt auf, zumal
das BVerfG eine Frist bis Ende 2007 setzte, um den verfassungswidrigen Zustand einer nicht ausreichend differenzierten gesetzlichen Regelung der Rechte
und Pflichten von Jugendstrafgefangenen zu regeln. Im September 2006 ging im
Zuge der sog. Föderalismusreform die Gesetzgebungszuständigkeit auf die Bundesländer über, so dass die Aufgabe einer umfassenden gesetzlichen Regelung
nunmehr die 16 Bundesländer traf. 9 Bundesländer[1] schlossen sich zu einer
Gruppe zusammen (im Folgenden als G9-Länder bezeichnet), die einen gemeinsamen Entwurf erarbeitete (was die in Fachkreisen bzgl. des Strafvollzugsrechts
einhellig als sachwidrig kritisierte Föderalismusreform offen konterkarierte),
während die übrigen Länder zum Teil zu erheblich abweichenden Lösungen gelangten.

Zeitgleich mit den Arbeiten der nationalen Gesetzgeber wurden auf Europa-
rechtsebene Mindeststandards entwickelt, die im November 2008 vom Ministerkomitee des Europarats als „European Rules for Juvenile Offenders Subject to
Sanctions or Measures" (ERJOSSM) angenommen wurden. Deren Brisanz für
die deutsche Gesetzgebung ergibt sich aus dem erwähnten Urteil des BVerfG,
das folgende Feststellung traf: *„Auf eine den grundrechtlichen Anforderungen
nicht genügende Berücksichtigung vorhandener Erkenntnisse oder auf eine den
grundrechtlichen Anforderungen nicht entsprechende Gewichtung der Belange
der Inhaftierten kann es hindeuten, wenn völkerrechtliche Vorgaben oder internationale Standards mit Menschenrechtsbezug, wie sie in den im Rahmen der
Vereinten Nationen oder von Organen des Europarates beschlossenen einschlägigen Richtlinien oder Empfehlungen enthalten sind ..., nicht beachtet be-
ziehungsweise unterschritten werden"* (BVerfG NJW 2006, S. 2097). Damit
ergab sich als zentrale Forschungsfrage der vorliegenden Arbeit, inwieweit die
gesetzlichen Regelungen zum Jugendstrafvollzug mit den ERJOSSM überein-
stimmen und ob sich aus verfassungsrechtlichen Gründen möglicherweise

---

1   Es handelte sich um Brandenburg, Berlin, Bremen, Mecklenburg-Vorpommern, Rhein-
    land-Pfalz, Saarland, Sachsen-Anhalt, Thüringen und Schleswig-Holstein. Sachsen
    schloss sich später der Initiative insofern an, als es ein dem G9-Entwurf weitgehend ent-
    sprechendes Jugendstrafvollzugsgesetz verabschiedete.

Handlungsbedarf ergibt, weil die nationalen Regelungen hinter den internationalen Standards des Europarats zurückbleiben.

Zwar sind die meisten aktuellen jugendstrafvollzugsrechtlichen Regelungen in Deutschland bereits vor den ERJOSSM verabschiedet worden, dennoch nimmt der Verfasser sie zu Recht zum Maßstab der Bewertung, die ggf. zu Nachbesserungen führen müsste, soweit die Landesgesetze hinter den internationalen Standards zurückbleiben. Obwohl die Gesetzgebung zum Jugendstrafvollzug im Schrifttum vereinzelt analysiert und insbesondere im von *Ostendorf* herausgegebenen Handbuch[2] (2009) auch vergleichend bewertet wurde, fehlt es bislang an einer umfassenden Überprüfung im Hinblick auf die internationalen Mindeststandards. Dieses Desiderat wird vom Verf. aufgegriffen und bearbeitet.

Im *dritten Kapitel* geht der Verf. auf aktuelle rechtstatsächliche Befunde zum Jugendstrafvollzug und insbesondere auf die am Greifswalder Lehrstuhl erarbeiteten Statistiken zu Gefangenenraten, zur Insassen- und Deliktstruktur, zur Überbelegung, zur Belegung im offenen Vollzug und zur Betreuungssituation ein, die z. T. auf einer Erhebung im Kontext des Verfahrens vor dem BVerfG von 2006 und einer Wiederholungserhebung im Jahr 2010 beruhen.[3] Hierbei werden die für die Gesetzgebung relevanten Probleme des schwierigen Klientels (überwiegend 18- bis 25-jährige Jungerwachsene mit erheblichen Anteilen von Gewaltdelinquenten) deutlich. Anhand der aktuellen Strukturdaten zur Personalausstattung und sonstigen Entwicklung der Behandlungsangebote wird deutlich, dass der befürchtete „Wettbewerb der Schäbigkeit"[4] ausgeblieben ist und im Gegenteil die meisten Bundesländer erhebliche Investitionen zur Verbesserung des Jugendstrafvollzugs getätigt haben.

Im *vierten Kapitel* geht der Verf. auf die verfassungsrechtliche Ausgangslage nach dem oben erwähnten Urteil des BVerfG ein. Das BVerfG hat nicht nur das Erfordernis einer gesetzlichen Grundlage hervorgehoben, sondern weit über die eigentliche zur Entscheidung anstehende Frage hinaus Vorgaben zur Ausgestaltung des Jugendstrafvollzugs gemacht, die in der vorliegenden Arbeit ebenfalls zum Bewertungsmaßstab gemacht werden.

---

2   Vgl. *Ostendorf, H.* (2009) (Hrsg.): Jugendstrafvollzugsrecht. Handbuch. Baden-Baden: Nomos.

3   Vgl. *Dünkel, F., Geng, B.* (2007): Aktuelle rechtstatsächliche Befunde zum Jugendstrafvollzug in Deutschland. Ergebnisse einer Erhebung bei den Jugendstrafanstalten zum 31.01.2006. ZJJ 18, S. 143-152; *Dünkel, F., Geng, B.* (2011): Neues aus der (Jugend-)Anstalt. Folgen des Urteils des BVerfG zur Verfassungsmäßigkeit des Jugendstrafvollzugs – 5 Jahre danach. Neue Kriminalpolitik 22, S. 137-143; *Dünkel, F., Geng, B.* (2012): Die Entwicklung des Jugendstrafvollzugs in Deutschland nach dem Urteil des BVerfG von 2006 – Befunde einer empirischen Erhebung bei den Jugendstrafanstalten. BewHi 59, S. 115-133.

4   Vgl. *Dünkel, F., Schüler-Springorum, H.* (2006): Strafvollzug als Ländersache? Der „Wettbewerb der Schäbigkeit" ist schon im Gange! ZfStrVo 55, S. 145-149.

Im *5. Kapitel* behandelt der Verf. die Entstehungsgeschichte, den Aufbau und die Struktur sowie die für den Vollzug relevanten Grundprinzipien („Basic principles") der ERJOSSM im Überblick.[5] Im zentralen *7. Kapitel* werden die ERJOSSM im Kontext konkreter Einzelbereiche der Jugendstrafvollzugsgesetze ausführlich diskutiert.

Im *6. Kapitel* gibt der Verf. einen Überblick zur Gesetzeslage in den 16 Bundesländern. Man könnte die Situation mit dem im anderen Kontext von *Habermas* geprägten Begriff der „neuen Unübersichtlichkeit" umschreiben, denn die Gesetzeslage hat sich seit den ersten Kodifikationen im Jahr 2007 mehrfach geändert. Ein Kuriosum ist sicherlich Hamburg, das zunächst ein (inhaltlich und formal) kaum den verfassungsrechtlichen Vorgaben entsprechendes, weitgehend einheitliches Gesetz für den Erwachsenen- und den Jugendstrafvollzug verabschiedete, dann aber mit Antritt der schwarz-grünen Koalition 2009 eine grundlegende Neuorientierung vorgenommen und die Gesetzgebung im Bereich des Jugendstrafvollzugs an das Nachbarland Schleswig-Holstein angelehnt. Das Beispiel zeigt eine der Gefahren der Föderalismusreform auf: die Strafvollzugsgesetzgebung kann auf Länderebene leicht zum Spielball populistischer Wahlkämpfe werden, fast immer zum Nachteil der Gefangenen. Dies hatte im Vorfeld der Föderalismusreform der seinerzeitige Justizminister *Wagner* in Hessen vorgeführt, der sich damit zu profilieren versuchte, dass er „den härtesten Vollzug in Deutschland" zu verwirklichen ankündigte.

Das zentrale *7. Kapitel* widmet sich in 15 Unterabschnitten wesentlichen vollzugsrechtlichen Themen und überprüft die Länderregelungen am Maßstab der ERJOSSM, aber in Einzelbereichen durchaus auch anhand anderer internationaler Standards wie der UN-Kinderrechtskonvention oder der sog. Havanna-Rules, dem UN-Pendant zu den ERJOSSM. Dabei werden sinnvollerweise zunächst die Vorgaben der ERJOSSM dargestellt und anschließend die Ländergesetze „subsumiert".

Im *ersten Abschnitt* geht es um die konzeptionelle legislative Grundentscheidung, den Jugendstrafvollzug in einem eigenständigen Gesetz oder als Teilmaterie innerhalb eines umfassenden Strafvollzugsgesetzes zu regeln. Bayern und Niedersachsen haben sich für eine Gesamtlösung, die übrigen Bundesländer für ein jeweils eigenständiges JStVollzG entschieden.[6] Die ERJOSSM geben dazu nur indirekt Hinweise, jedoch bedeutet allein ihre selbständige Existenz neben den Europäischen Strafvollzugsgrundsätzen (European Prison

---

5   Vgl. hierzu *Dünkel, F.* (2011): Die Europäischen Grundsätze für die von Sanktionen oder Maßnahmen betroffenen jugendlichen Straftäter und Straftäterinnen („European Rules for Juvenile Offenders Subject to Sanctions or Measures", ERJOSSM). ZJJ 22, S. 140-154.

6   Auch Baden-Württemberg, das eine umfassende gesetzliche Regelung des Untersuchungshaftvollzugs sowie des Jugend- und Erwachsenenstrafvollzugs verabschiedet hat, widmet dem Jugendstrafvollzug ein eigenständiges Gesetzbuch.

Rules, EPR), dass auch auf Europäischer Ebene die Besonderheiten des Jugendstrafvollzugs erkannt und für selbständig regelungsbedürftig angesehen wurden.
So hat es auch das BVerfG gesehen, weshalb der Verf. zu Recht die bayerische
und niedersächsische Lösung kritisiert.

Im *Abschnitt 7.2* behandelt der Verf. die Problematik der Vollzugsziele und
der Aufgaben des Vollzugs. Hierüber war seit Anfang der 2000er Jahre zwischen einzelnen Bundesländern Streit entstanden, indem einige Bundesländer
die klare Abgrenzung des alleinigen Vollzugsziels der Resozialisierung von der
Aufgabe des Schutzes der Allgemeinheit durch Aufwertung des letzteren As-
pekts aufgeben wollten (vgl. die Bundesratsinitiative des Landes Hessen von
2002). Die stärkere Betonung des Sicherungsgedankens wurde in der Reformdiskussion nach der Föderalismusreform heftig und teilweise kontrovers behandelt. Nur wenige Länder beließen es bei der in § 2 StVollzG klaren Trennung
von Ziel und Aufgabe und dem vom BVerfG als vorrangig interpretierten Resozialisierungsziel. Der Schutz der Allgemeinheit ist danach selbstverständliche
Aufgabe jedes Vollzugssystems, der am besten durch die Resozialisierung des
Verurteilten Rechnung getragen werde. Insoweit besteht kein Widerspruch zwischen Ziel und Aufgabe. Dies heben auch einige Ländergesetze explizit hervor
(insoweit vorbildlich: Rheinland-Pfalz). Die gesetzlichen Ausgestaltungen bleiben teilweise aber unklar (vgl. die synoptische Darstellung und die Interpretation des Verf. auf S. 45 ff.). Bemerkenswert ist, dass die ERJOSSM diesen
„Zielkonflikt" nicht thematisieren, sondern eindeutig vom Resozialisierungsprinzip ausgehen, was der Verfasser zutreffend aus einigen der Basic priciples
entnimmt. Unter diesen Prämissen inakzeptabel sind die Regelungen in Bayern
und Baden-Württemberg, die einen Vorrang der Sicherungsaufgabe postulieren,
genauso wenig die Regelung in Niedersachsen, die eine Gleichwertigkeit beider
Aspekte normiert und damit auf das Niveau eines Zielpluralismus der DVollzO
von 1961 zurückfällt, das der Strafvollzugsgesetzgeber von 1976 bewusst überwinden wollte. Interessant sind in diesem Zusammenhang die Ausführungen zu
Verstößen gegen andere internationale Standards wie der IPBPR (S. 61 ff.). Die
Regelungen in Baden-Württemberg, Bayern und Niedersachsen werden § 10
Abs. 3 IPBPR, wonach der Vollzug „vornehmlich" an der Resozialisierung auszurichten ist, nicht gerecht. Auch weist der Verf. zu Recht darauf hin, dass § 2
Abs. 1 des JGG von 2008 für die Rechtsfolgen des JGG die klare Zweckbe-
stimmung des Vorrangs der Spezialprävention vorgibt, die durch das Vollzugs-
recht nicht ausgehebelt werden darf.

Der *Abschnitt 7.3* widmet sich dem Erziehungsbegriff als Mittel der Resozialisierung. Dabei geht es um die Gestaltungsgrundsätze und Leitlinien der Förderung bzw. Erziehung. Die ERJOSSM gehen für das Jugendstrafrecht insgesamt wie auch den Vollzug von einem auf Förderung sozialer Kompetenzen
ausgerichteten Erziehungsverständnis aus, das letztlich die schlichte Legalbewährung ermöglichen will. Die Ländergesetze verwenden den im Entwurf des
BMJ von 2006 in Anlehnung an das SGB VIII eingeführten Förderbegriff nur

teilweise und dann oft in missverständlicher Form neben dem Erziehungsbegriff. Erneut treibt der Föderalismus Blüten. In Bayern will man über ein Leben ohne Straftaten hinaus auf einen zukünftigen rechtschaffenen Lebenswandel des Insassen als „nützliches Glied der Gesellschaft" hinwirken. Noch stärker moralisierend gestaltet ist das baden-württembergische Jugendstrafvollzugsgesetz, das eine Erziehung „in Ehrfurcht vor Gott, in der Liebe zu Volk und Heimat" usw. anstrebt. Mit diesen überschießenden Tendenzen verstoßen derartige Gesetze gegen das Verbot der Schlechterstellung von Jugendlichen (vgl. Nr. 13 ERJOSSM), da Bayern und Baden-Württemberg über das für den Erwachsenenvollzug schlichter formulierte Resozialisierungsprinzip deutlich und eingriffsintensiver hinausgehen.

Zwar gehen die meisten anderen Landesgesetze von einem nüchternen mit den ERJOSSM vereinbaren Erziehungsbegriff i. S. des Förderkonzepts aus, jedoch wird durch die Nebeneinanderstellung von Förderung und Erziehung ein unklares Verständnis des Erziehungsbegriffs deutlich, der den eher ahndenden Maßnahmen zugerechnet wird, während die positiv spezialpräventiven Maßnahmen dem Förderbegriff unterfallen. Dies ist aber – worauf *Walkenhorst* wiederholt verwiesen hat – ein Missverständnis des Förderbegriffs, der alle erzieherischen Einflussnahmen umfasst bis hin zu strafenden (disziplinarischen) Reaktionen.

Die Grundlagen der Vollzugsgestaltung werden in *Abschnitt 7.4* behandelt. Dabei geht es im Grundsatz um die grundlegenden Weichenstellungen, wie sie im Erwachsenenvollzug in § 3 StVollzG enthalten sind. Die Jugendstrafvollzugsgesetze gehen teilweise noch darüber hinaus, wozu nicht zuletzt die ERJOSSM einige wichtige Hinweise geben. Die klassischen Gestaltungsgrundsätze (Angleichungs-, Gegensteuerungs- und Integrationsgrundsatz) finden sich in allen Ländergesetzen wieder. Positiv hervorzuheben ist die in einzelnen Gesetzen zu findende Regelung, dass Jugendliche vor Übergriffen anderer zu schützen sind bzw. ein gewaltfreies Klima herzustellen ist (Baden-Württemberg, die G9-Länder, Hamburg, Hessen), wozu die ERJOSSM sich gleichlautend äußern (vgl. Nr. 52.1). Ein nicht nur formales Problem dabei ist, dass dieser Aspekt an den unterschiedlichsten Stellen Erwähnung findet (z. B. bei der Sicherheit und Ordnung, den Gestaltungsgrundsätzen usw.). Immer wieder werden vom Verf. zu Recht handwerkliche Unzulänglichkeiten gerügt, z. B. wenn die Gestaltungsgrundsätze unter den Vorbehalt der „Belange der Allgemeinheit" gestellt werden (S. 79, 83). Offenbar gibt die Gesetzesbegründung dazu nichts Substantielles her. Andererseits gibt es durchaus in Einzelbereichen Verbesserungen gegenüber § 3 StVollzG (S. 86 ff.), die mit den ERJOSSM konform gehen.

Äußerst umstritten in der Reform der Jugendstrafvollzugsgesetze war die Frage der Mitwirkungspflicht (*Abschnitt 7.4.2*). Die Jugendstrafvollzugsgesetze normieren mit Ausnahme von Niedersachsen alle eine Mitwirkungspflicht. Unstreitig handelt es sich hierbei um eine Schlechterstellung gegenüber Erwachsenen. § 4 Abs. 1 StVollzG konstituiert keine Pflicht, sondern geht von der Mitwirkungsnotwendigkeit aus, die durch motivierende Angebote zu erreichen ist. Davon gehen auch die ERJOSSM aus. Unterschiede bestehen jedoch in der Frage der Sanktionierung fehlender Mitwirkungsbereitschaft. Nur wenige Länder sehen direkte Disziplinierungsmöglichkeiten vor, jedoch gibt es natürlich den indirekten Druck durch die Verweigerung von Lockerungen und anderen Maßnahmen (z. B. in Baden-Württemberg die Verlegung in den offenen Vollzug). In einigen Ländern werden explizit Anreizsysteme empfohlen (Baden-Württemberg, Bremen, Hessen), ebenso in den ERJOSSM. Jedoch bleibt dies ambivalent, da im Entzug oder der Verweigerung von positiven Belohnungen auch eine Disziplinierung gesehen werden kann. Auch den sog. Chancenvollzug sieht der Verf. zu Recht kritisch (S. 103 f.). Dieses im niedersächsischen Strafvollzug eingeführte System ist mit den ERJOSSM nicht kompatibel. Es widerspricht auch dem in allen übrigen Landesgesetzen verwirklichten Prinzip des „Förderns und Forderns" und wurde deswegen zu Recht nicht für den Jugendstrafvollzug übernommen. Als Ausweg aus der meist unbestimmten Mitwirkungspflicht und andererseits fehlenden Mitwirkungsrechten schlägt der Verf. als „alternative Zwischenform" die Aushandlung eines Fördervertrags in der Vollzugsplanung vor, „der sowohl die Anstalt als auch den jungen Gefangenen für die Resozialisierungsbemühungen in die Pflicht nimmt" (S. 105). Dem kann man nur zustimmen.

Abschnitt 7.5 behandelt die Aufnahme in den Vollzug und die Vollzugsplanung. Die ERJOSSM machen insoweit sehr detaillierte Vorgaben, was auch der deutschen obergerichtlichen Rspr. entspricht. Danach stellt der Vollzugsplan eine Art „Fahrplan" bzw. Orientierung für den Gefangenen dar und macht ihm klar, was ihn in der anstehenden Verbüßungszeit erwartet (auch an verpflichtenden Maßnahmen wie z. B. Schulbesuch). Die Landesgesetze unterscheiden sich eher marginal, etwa beim Umfang der Informationspflichten und der Frage, ob andere Gefangene (z. B. als Dolmetscher) beim Aufnahmegespräch zugegen sein dürfen, dürften im Übrigen aber konform zu den ERJOSSM sein.

Sehr viel breiteren Raum nimmt die Darstellung zur Öffnung des Vollzugs und Übergangsgestaltung ein (*Abschnitt 7.6*). Dies verwundert nicht, denn hier gibt es substantielle Unterschiede zwischen den Ländern, die hier – wie man zugestehen muss – die schon unter dem einheitlichen Bundesrecht (JGG, VVJug, StVollzG) entwickelten unterschiedlichen vollzugspolitischen Orientierungen[7] nunmehr gesetzlich festgeschrieben haben. Dies wird beispielhaft an der Systematik des Verhältnisses von offenem und geschlossenem Vollzug deutlich. Bayern, Hessen und Niedersachsen definieren den geschlossenen Vollzug als Regelvollzug, andere Länder stellen beide Vollzugsformen nebeneinander, Nordrhein-

---

7   Vgl. *Dünkel, F., Schüler-Springorum, H.* a. a. O. (Fn. 4); *Dünkel, F.* (2009): Vollzugslockerungen und offener Vollzug – die Bedeutung entlassungsvorbereitender Maßnahmen für die Wiedereingliederung. Forum Strafvollzug – Zeitschrift für Strafvollzug und Straffälligenhilfe 58, S. 192-196.

Westfalen sieht die Verlegung in den offenen Vollzug bei Vorliegen der Eignung als zwingend vor. Die Regelungen auch bei Vollzugslockerungen sind facettenreich und in zahlreichen Ländern durch weitergehende Vorbehalte (z. B. in Hessen Belange der Opfer, teilweise die Mitwirkungsbereitschaft, erhöhte Anforderungen an die Missbrauchsgefahr etc.) geprägt, als dies im StVollzG vorgesehen war. Schon dies ist wegen des in den ERJOSSM (Nr. 13) geforderten Schlechterstellungsverbots bedenklich.

Das Übergangsmanagement mit einer frühzeitigen Entlassungsvorbereitung und vernetzten Hilfen (Bewährungshilfe etc.) gehört zwar überall zum Standard, jedoch sind die gesetzlichen Regelungen (auch in der Verbindlichkeit entsprechender Maßnahmen) sehr unterschiedlich. Die Möglichkeit, auch die elektronische Fußfessel im Rahmen von Lockerungen mit einzubeziehen, ist glücklicherweise ein Alleingang bzw. Sonderweg Hessens geblieben. Insgesamt sind die Unterschiede in der Einschätzung der Bedeutung des offenen Vollzugs und von Vollzugslockerungen nicht erfahrungswissenschaftlich basiert, sondern politisch (um nicht zu sagen populistisch) geprägt und damit ideologisch im negativen Sinn.

Bei der Unterbringung und Versorgung (*Abschnitt 7.7*) hat sich ein den ERJOSSM entsprechender weitgehender Konsens dahingehend herausgebildet, dass eine Einzelunterbringung während der Ruhezeit und das Zusammenleben in Wohngruppen Standard sein sollen. Die vielfach vorgesehenen Ausnahmeregelungen oder Abschwächungen von grundsätzlichen Regelungen verdeutlichen allerdings insbesondere beim Wohngruppenvollzug das Bestreben, durch flexible Regelungen den status quo zu erhalten. Auch wird zur Größe und Gestaltung der Wohngruppen sehr Unterschiedliches bzw. gar nichts gesagt. Kein Gesetz (abgesehen von Baden-Württemberg für neu zu bauende Anstalten) entspricht im Übrigen der Vorgabe (Nr. 63.1 ERJOSSM), dass Mindesthaftraumgrößen (sinnvoll wäre hier 10 qm) gesetzlich festgeschrieben werden müssen.

Im *Abschnitt 7.8* zur Religionsausübung wird deutlich, dass die Materie in den Ländern im Wesentlichen gleich geregelt wird. Dennoch ist dieser Bereich nicht ohne Brisanz, denkt man an die im Zusammenhang mit muslimischen Glaubensgemeinschaften auftauchende Problematik, was unter Vertretern der Religionsgemeinschaft zu verstehen ist.

Auch der *Abschnitt* zur medizinischen Versorgung (*7.9*) kann relativ knapp abgehandelt werden, obwohl die ERJOSSM (und insbesondere die EPR, auf die die ERJOSSM Bezug nehmen, sehr detaillierte Regelungen enthalten. Für den Ländervergleich ist dieses Thema allerdings wenig spektakulär, da es kaum länderspezifische Abweichungen gibt.

Recht umfangreich fällt dagegen der *Abschnitt* zur Arbeit, Ausbildung und Freizeit aus (*7.10*). Arbeit und Unterricht waren schon in § 91 JGG als Grundlagen der Erziehung angesehen worden. Die neuen Landesgesetze betonen im Gleichklang mit den ERJOSSM die besondere Bedeutung schulischer und beruflicher Ausbildungsmaßnahmen. Unterschiede gibt es nur in Detailfragen. So hat Berlin als einziges Bundesland die nichtmonetäre Komponente der Arbeitsentlohnung erhöht (von 6 auf 12 Tage pro Arbeitsjahr). Nach der Rspr. des BVerfG von 2001, ist der Gesetzgeber gehalten, über eine weitere Erhöhung zu befinden. 11 Jahre nach der Erhöhung von 5% auf 9% sind die Regelungen zur Arbeitsentlohnung – zumal angesichts der mit den Jugendstrafvollzugsgesetzen eingeführten Zusatzbelastungen in Form von Kostentragungspflichten (Strom etc.) nicht mehr als verfassungskonform zu bezeichnen. Zu Recht stellt der Verf. fest, dass durch die in fast allen Bundesländern ermöglichte Kostenbeteiligung des Gefangenen z. B. bei den Stromkosten bis hin zu teilweise diskutierten „Praxisgebühren" für die Gesundheitsversorgung das zur Verfügung stehende Arbeitsentgelt weiter gemindert wird, was die verfassungsrechtlichen Bedenken im Hinblick auf die Arbeitsentlohnung bestärkt. Zuzustimmen ist dem Verf. auch in seinem Plädoyer für eine Ausweitung der nichtmonetären Komponente des Arbeitsentgelts. Denn der erwirtschaftete „Straferlass" von derzeit i. d. R. maximal 6 Tagen pro Jahr stellt für die Gefangenen keine „relevante, wahrnehmbare Größe" dar und wirkt insofern kaum motivierend. Voraussetzung ist natürlich, dass die Anstalten allen Gefangenen Arbeit oder Ausbildungsmaßnahmen zur Verfügung stellen können, da andernfalls eine doppelte Diskriminierung arbeitsloser Gefangener bewirkt würde. Zu kritisieren ist weiter, dass entgegen Nr. 82.4 ERJOSSM alle Bundesländer weiterhin Gefangene aus den Sozialversicherungs- und Rentensystemen ausschließen. Obwohl das BVerfG dem Gesetzgeber insoweit einen Gestaltungsspielraum einräumt, könnte die europäische Empfehlung vielleicht Anlass zu einem neuen Reformanlauf geben.[8]

Hinsichtlich der Freizeitgestaltung sind die Vorgaben der ERJOSSM weitergehend als die meisten Landesgesetze. Nur Berlin, Hessen und Nordrhein-Westfalen fokussieren das Problem weithin fehlender Angebote an den Wochenenden und Feiertagen. Die Mindestvorgaben bleiben aber auch dort vage oder bescheiden. Die vielfach gesetzlich verankerte Mitwirkungspflicht erscheint pädagogisch zumindest fragwürdig.

Die Einschränkungen hinsichtlich der Gegenstände der Freizeitgestaltung in einigen Landesgesetzen erscheinen z. T. skurril bis sachfremd und pädagogisch schwer begründbar (vgl. S. 202 ff.).

Der Verf. plädiert für ein Recht auf Arbeit unter Vorrang der Ausbildungssektors. Wichtig erscheint dem Verf. eine Pflicht der Anstalt, Gefangene mit Arbeit zu versorgen, dann erscheint die Arbeitspflicht u. U. entbehrlich (S. 207 f.).

Abschnitt 7.11 behandelt das Thema „Außenkontakte". Das BVerfG und die ERJOSSM sprechen auch der intramuralen Öffnung des Vollzugs (neben der Öffnung durch Lockerungen u. ä., s. o.) eine herausragende Bedeutung für die Wiedereingliederung ebenso wie für die Abmilderung negativer Hafteffekte zu.

---

8   So auch der Appell des sog. Ziethener Kreises, vgl. *Baechtold, A., Cornel, H., Dünkel, F., u. a.* (2011): Gerechtere Arbeitsentlohnung und Alterssicherung für Gefangene! Neue Kriminalpolitik 22, S. 160.

Im Wesentlichen geht es um Besuchsrechte, Schriftverkehr, Paketempfang und Telefonkontakte. Neuerungen im Bereich des Besuchsverkehrs stellen die sog. Langzeitbesuche dar, die vor allem in Nordrhein-Westfalen und in Niedersachsen weitgehend (in Nordrhein-Westfalen ausdrücklich auch an Wochenenden) ermöglicht werden, während andere Bundesländer insofern zurückhaltender sind. Unter dem Eindruck des Urteils des BVerfG v. 31.5.2006 haben alle Bundesländer die Regelbesuchszeiten gegenüber dem StVollzG von einer Std. auf mindestens vier Std. pro Monat erhöht. Deutliche Rückschritte sind allerdings beim Paketempfang zu erkennen, indem alle Bundesländer außer Brandenburg und Hamburg Nahrungsmittelpakete untersagen. Auch die Kostenbelastung für den Schriftverkehr und Telefonkontakte konterkarieren die grundsätzlich unbegrenzten Kommunikationsmöglichkeiten.

Abschnitt 7.12 widmet sich der Sicherheit und Ordnung. Hier gibt es im Allgemeinen wenig Unterschiede zu Regelungen für den Erwachsenenstrafvollzug, obwohl auch hier wegen der besonderen Verletzlichkeit junger Gefangener sicherheitsbezogene Grundrechtseinschränkungen stärker begrenzt werden sollten. Dem tragen die Landesgesetze i. d. R. nur unzureichend Rechnung, und insbesondere das in den EPR begründete und in den ERJOSSM aufgegriffene Konzept der „dynamischen Sicherheit" („Menschen statt Mauern") findet positivrechtlich kaum Niederschlag. Die in den ERJOSSM vorgegebene strikte Begrenzung von Einzelhaft auf maximal 24 Std. wird in keinem Landesgesetz so umgesetzt. Hier besteht also ein Nachholbedarf für die deutschen Landesgesetzgeber. Auch dieser Bereich ist im Übrigen nicht frei von verfassungsrechtlich nicht haltbaren „Auswüchsen", etwa wenn Baden-Württemberg in Fällen von „erheblicher Bedeutung" die Videoüberwachung von Hafträumen erlaubt (S. 246).

Im *Abschnitt 7.13* werden erzieherische und Disziplinarmaßnahmen erörtert. Die ERJOSSM sind in diesem Bereich relativ konkret und betonen klar den Vorrang erzieherischer bzw. konfliktschlichtender Aufarbeitung von Pflichtverstößen einerseits und der möglichst restriktiven Handhabung disziplinarischer Sanktionen andererseits. Dazu bedarf es auf der tatbestandlichen Seite eines Katalogs der möglichen Verstöße und auf der Rechtsfolgenseite eines abgestuften Sanktionensystems mit isolierenden Sanktionen als ultima ratio. Dem entsprechen die deutschen Landesgesetze nur bedingt. Zwar gilt – mit Ausnahme von Niedersachsen – überall das Prinzip des Vorrangs informeller (in Berlin, Hessen und Nordrhein-Westfalen ausdrücklich „restorativer") Konfliktregelung („erzieherisches Gespräch" u. ä.), jedoch handelt es sich dabei z. T. schlicht um „kleine Disziplinarmaßnahmen", die als „erzieherische Maßnahmen" verbrämt werden (S. 261). Ein klar definierter (abschließender) Disziplinartatbestandskatalog fehlt nicht nur in diesem unteren Sanktionsbereich, sondern in einigen Ländern auch für die Disziplinarmaßnahmen i. e. S. (Baden-Württemberg, Bayern, Niedersachsen, Nordrhein-Westfalen, Sachsen-Anhalt), was einen eklatanten Verstoß gegen die Vorgaben der ERJOSSM (und der EPR) darstellt. Keines der Gesetze verzichtet auf den aus den VVJug übernommenen Arrest von bis zu zwei Wochen als „ultima ratio" bei schwerwiegenden Verstößen, obwohl die ERJOSSM eine entsprechende Disziplinierung nur in extremen Einzelfällen mit einem Maximum von allenfalls 3 Tagen zulassen. Zudem untersagen die ERJOSSM die Unterbringung in speziellen Arrestzellen, die aber nach wie vor Standard deutscher Jugendanstalten sind. Zu Recht verweist der Verfasser auch auf einen Verstoß gegen die UN-Regeln für jugendliche Gefangene, die Isolier- und Einzelhaft als Disziplinarmaßnahme gänzlich ausschließen. Aber auch bei den Arten der Disziplinarmaßnahmen wird abgesehen von der wenig innovativen Übernahme der Sanktionen aus dem Erwachsenenvollzug teilweise offensichtlich gegen internationale und verfassungsrechtliche Vorgaben verstoßen, wenn etwa in Bayern, Baden-Württemberg und Niedersachsen undifferenziert Außenkontakte beschränkt werden können. Zutreffend ist auch die Einschätzung des Verfassers, den als Disziplinarmaßnahme vorgesehenen Ausschluss von Arbeit und Unterricht, also zentralen Resozialisierungsmaßnahmen, abzulehnen.

Im Bereich des unmittelbaren Zwangs (*Abschnitt 7.14*) geht es um die eingriffsintensivsten Maßnahmen zur Gewährleistung von Sicherheit, u. a. mit physischer Gewalt gegen („renitente" oder aggressive) Gefangene. Auch hier favorisieren die ERJOSSM bis ins Detail ein Konzept der „dynamischen Sicherheit" mit Zwangseingriffen allenfalls als „ultima ratio". Die isolierende Absonderung („Beruhigungszelle") wird nur für maximal 24 Std. und nur in extremen Fällen für zulässig erachtet. Eine solche zeitliche Begrenzung ist in keinem der Landesgesetze enthalten. Ebenso wenig werden einzelne Landesgesetze dem Verbot des Tragens von Waffen gerecht. Ein umstrittenes Thema ist der Schusswaffengebrauch, der innerhalb der Anstalt nur in Bremen, Mecklenburg-Vorpommern, Reinland-Pfalz, Sachsen und Sachsen-Anhalt verboten ist. Nur letztere beiden Länder verbieten konsequent den Schusswaffengebrauch durch Vollzugsbedienstete auch außerhalb der Anstalt (zur Wiederergreifung von flüchtigen Gefangenen auch Hamburg und Niedersachsen, vgl. die Übersicht S. 298), während ansonsten fast schon skurrile Regelungen und Begründungen einen Flickenteppich von unterschiedlichsten Regelungen ergeben haben. Z. T. wird wegen der – allerdings missverstandenen – UN-Vorgaben der Schusswaffengebrauch auf Volljährige begrenzt, obwohl auch diese zumindest in den ERJOSSM vom Schutzbereich des grundsätzlichen Verbots erfasst sind. Z. T. muss sich der Beamte vergewissern, dass er Passanten etc. nicht gefährdet. In Berlin darf auch auf Minderjährige Flüchtende geschossen werden (selbstverständlich immer nur, um „angriffs- oder fluchtunfähig zu machen"), was angesichts der hohen Bevölkerungsdichte und damit normalerweise nicht auszuschließenden Gefährdung Unbeteiligter als abenteuerlich anzusehen ist. Teilweise kann sogar die Flucht aus dem offenen Vollzug mit Waffengewalt verhindert werden, was unverhältnismäßig erscheint und eine Schlechterstellung Jugendlicher im Vergleich zum Erwachsenenvollzug darstellt. Das Verdikt des Verfassers ist demgemäß eindeutig: nahezu alle landesrechtlichen Regelungen zum Schusswaffengebrauch

(Ausnahmen: Sachsen und Sachsen-Anhalt, die ihn kategorisch ausschließen) sind als verfassungswidrig einzustufen (S. 305 f.).

Hinsichtlich der Rechtsschutzmöglichkeiten (*Abschnitt 7.15*) ist zu differenzieren zwischen dem formellen Rechtsschutzverfahren, das bundesrechtlich in § 92 JGG i. V. m. §§ 109 ff. StVollzG geregelt ist und den landesrechtlich geregelten informellen Beschwerdemöglichkeiten. Das anstaltsinterne Beschwerdeverfahren ist nur vereinzelt in Richtung eines gütlichen Streitschlichtungsverfahrens ausgebaut worden (Saarland, wo allerdings Streitschlichter der Vollstreckungsleiter sein soll, was wegen dessen Vollzugsnähe als nicht überzeugend erscheint. Nur Nordrhein-Westfalen sieht die im Schrifttum vielfach geforderte Beteiligung von Ombudsleuten in Form des Strafvollzugsbeauftragten vor. Lediglich Niedersachsen hat den Erziehungsberechtigten ein eigenständiges Beschwerderecht eingeräumt. Insgesamt kann man sagen, dass die Landesgesetze „die Chance weitgehend verpasst haben, das überkommene Beschwerderecht in ein besser geeignetes zweigliedriges Problemlösungsmodell, bestehend aus formal entschlackter Aussprache und mediativer Konfliktschlichtung, umzuwandeln" (S. 320). Das formale Rechtsschutzsystem des JGG und StVollzG stellt hingegen sowohl mit Blick auf die Vorgaben des BVerfG wie auch der ERJOSSM eine erhebliche Verbesserung dar. Einzig ungelöst bleibt die Frage der Durchsetzung gerichtlicher Entscheidungen gegenüber „renitenten" Vollzugsbehörden, was zwar weitgehend ein theoretisches Problem sein dürfte, jedoch durch die einfache Anwendbarkeitserklärung der §§ 172, 173 VwGO aus der Welt geschafft werden könnte (S. 326). Dies hat der Bundesgesetzgeber allerdings versäumt (psychologisch möglicherweise verständlich, weil man damit eingestehen würde, dass Vollzugsbehörden sich nicht an die gesetzliche Ordnung halten).

In der prägnanten Schlussbetrachtung gelangt der Verfasser zum Fazit, dass „die gesetzliche Reform des Jugendstrafvollzugs ein heterogenes Bild" abgibt. „Im Lichte der europäischen Mindeststandards werden viele gute Lösungen sichtbar – und noch mehr Nachbesserungsmöglichkeiten" (S. 330). Auch wenn die Gesetze sich in der Grundstruktur und – sieht man von der Öffnung des Vollzugs – auch in den Grundorientierungen nicht wesentlich unterscheiden, ist es „in entscheidenden Details zu einer Zersplitterung des Rechts gekommen" (S. 330). Und: ... „Vorteile, die sich aus der Kompetenzverlagerung auf die Länder durch die Föderalismusreform ergeben sollten, werden nicht erkennbar" (S. 334). Auch wenn man dem Verfasser darin zustimmen kann, dass die Länder die Chance föderaler „Selbstverwirklichung" weitgehend verpasst haben, muss man allerdings sehen, dass der „Wettbewerb der Schäbigkeit" tatsächlich ausgeblieben und stattdessen ein Innovationsschub auf der Praxisebene eingesetzt hat, der ohne die Föderalismusreform (allerdings maßgeblich auch durch das BVerfG bedingt) vielleicht nicht so stattgefunden hätte. Die bundesweite Einführung sozialtherapeutischer Abteilungen ist nur eines von mehreren Beispielen. Die eingangs erwähnte Erhebung des Greifswalder Lehrstuhls für Kriminologie[9] hat bzgl. der personellen und sächlichen Ausstattung des Jugendvollzugs Erstaunliches erbracht. Dennoch bleibt das Gesamtfazit richtig, dass die Föderalismusreform eine gigantische Verschwendung von Steuergeldern ist, bedingt durch den Aufwand, 16 Landesgesetze durch Parlamente und Sachverständigengremien zu bringen, die „gepflegt" und ständig modernisiert werden müssen. Angesichts der zumindest in 11 Ländern fast identischen Gesetze (der sog. *Neuner-Entwurf* wurde später von Sachsen und Hamburg weitgehend übernommen) wurde die Föderalismusreform konterkariert. Einen besseren Beleg dafür, dass sie eigentlich überflüssig war, könnte es kaum geben. Diese Tendenz zu einheitlichen gesetzlichen Regelungen hat sich beim Untersuchungshaftvollzug fortgesetzt und wird auch bei der Reform des Erwachsenenstrafvollzugsrechts erkennbar, wo 10 Bundesländer im August 2011 einen einheitlichen Gesetzentwurf vorgelegt haben.[10]

Die Arbeit wurde im WS 2011/2012 als Dissertation an der Rechts- und Staatswissenschaftlichen Fakultät angenommen. Prof. Dr. *Kirstin Drenkhahn,* Freie Universität Berlin gilt der Dank für die zügige Anfertigung des Zweitgutachtens. Kornelia Hohn hat wie immer mit großer Sorgfalt die Druckvorlage erstellt. Dafür gebührt ihr gleichfalls besonderer Dank und Anerkennung.

Greifswald, im Juli 2012

Frieder Dünkel

---

9   Vgl. *Dünkel, F., Geng, B.* a. a. O. (Fn. 3).

10   Es handelt sich um alle ostdeutschen Bundesländer einschließlich Berlin sowie Bremen, Rheinland-Pfalz, Saarland, Schleswig-Holstein. Der Entwurf ist auf den jeweiligen Internetseiten der betroffenen Bundesländer veröffentlicht, vgl. z. B. für Thüringen http://www.thueringen.de/imperia/md/content/text/justiz/strafvollzugsgesetz_musterentwurf_110906.pdf.

Danksagung

Diese Arbeit wurde im Jahr 2011 als Dissertation an der Rechts- und Staatswissenschaftlichen Fakultät der Ernst-Moritz-Arndt-Universität Greifswald angenommen. Es konnten noch Literatur und Rechtsprechung bis zum Beginn der Drucklegung im Dezember 2011 berücksichtigt werden.

Mein Promotionsvorhaben wäre ohne das Wirken einer ganzen Reihe von bemerkenswerten Personen kaum geglückt, ihnen gebührt all mein Dank:

Den bedeutsamsten Beitrag verdanke ich meinem Doktorvater *Prof. Dr. Frieder Dünkel*, der nicht nur derjenige war, der den Entschluss in mir geweckt hat zu promovieren, sondern diesen auch über Jahre durch die beste Betreuung, die ich mir denken kann, am Leben erhalten und mich durch hervorragende fachliche und persönliche „Umrahmung" an seinem Lehrstuhl auf vielerlei Weise gefördert hat.

Weiterhin danke ich all meinen ehemaligen Kollegen und Kolleginnen am Lehrstuhl für Kriminologie an der Ernst-Moritz-Arndt-Universität für vielgestaltige Aufmunterungen und Hilfestellungen und für eine Arbeitsatmosphäre, in der man sich nicht aufgehobener hätte fühlen können. Dies gilt insbesondere für *Dr. Christine Morgenstern* und *Prof. Dr. Kirstin Drenkhahn*, die der Beantwortung meiner ausgiebigen Nachfragen nie überdrüssig wurden. Letzterer danke ich zudem für die Erstellung des Zweitgutachtens, für das sie sich trotz vieler anderer neuer, berufungsbedingter Pflichten Zeit genommen hat. Ganz besonders hervorzuheben ist schließlich auch der grundgütige Gleichmut von *Kornelia Hohn*, die sich – mit Unterstützung von Frau *Sandra Paul* – durch die zweifellos zahllosen Formatierungstücken meines Manuskriptes gearbeitet hat, um die zügige Drucklegung dieser Arbeit zu ermöglichen.

Dr. Joachim Walter, dem ehemaligen Anstaltsleiter der JVA Adelsheim, danke ich für konkrete Einblicke in den Jugendstrafvollzug, konstruktive Textkritik und viele interessante Denkanstöße. *Laura-Marie Lawrenz, Stefan Gritzke* und *Doris Brandt-Kühl* danke ich für die Geduld und Sorgfältigkeit, mit denen sie sich durch die vielen – für sie zum Teil fachfremden – Korrekturseiten gelesen haben. *Stephan Kosa* danke ich für den ohne Frage gelegentlich ebenso notwendigen, kompensatorischen Perspektivwechsel jenseits von rein fachlichen Fragen.

Schließlich gilt mein größter Dank meiner Mutter, *Doris Brandt-Kühl*, die nicht nur eine in akademischer Hinsicht „wegweisende" Empfehlung meiner Grundschullehrerin glücklicherweise ignoriert hat, sondern mich auch sonst immer in jeder nur denkbaren Weise unterstützt hat und weiterhin unterstützt.

Johannes Kühl

Abkürzungsverzeichnis

BVerfG	Bundesverfassungsgericht
a. A.	andere Ansicht
Abb.	Abbildung
Abgh.	Abgeordnetenhaus
Abs.	Absatz
AK	Alternativ-Kommentar
Art.	Artikel
BAG-S	Bundesarbeitsgemeinschaft für Straffälligenhilfe
Bay.	Bayern
BayStVollzG	Bayerisches Strafvollzugsgesetz vom 10. Dezember 2007
Bbg.	Brandenburg
BbgJStVollzG	Brandenburgisches Jugendstrafvollzugsgesetz vom 18. Dezember 2007
BGB	Bürgerliches Gesetzbuch
BGBl.	Bundesgesetzblatt
BGHSt	Entscheidungen des BGH in Strafsachen
Bln.	Berlin
BMJ	Bundesministerium der Justiz
Brem.	Bremen
BremJStVollzG	Bremisches Jugendstrafvollzugsgesetz vom 1. Januar 2008
BT. Drs.	Bundestagsdrucksache
BVerfGE	Bundesverfassungsgerichtsentscheidung
BW.	Baden-Württemberg
bzgl.	bezüglich
bzw.	beziehungsweise
ca.	circa

CPT	Committee for the Prevention of Torture
d. h.	das heißt
DVJJ	Deutsche Vereinigung für Jugendgerichte und Jugendgerichtshilfen
EGGVG	Einführungsgesetz zum Gerichtsverfassungsgesetz
EMRK	Europäische Menschenrechtskonventionen
EPR	European Prison Rules
ERJOSSM	European Rules for Juvenile Offenders Subject to Sanctions or Measures
f.	folgend
ff.	folgende
gem.	gemäß
GG	Grundgesetz
ggf.	gegebenenfalls
GVBl.	Gesetzverkündungsblatt
Hess.	Hessen
HessJStVollzG	Hessisches Jugendstrafvollzugsgesetz vom 19. November 2007
Hmb.	Hamburg
HmbJStVollzG	Gesetz zur Überarbeitung des Hamburgischen Strafvollzugsrechts und zum Erlass eines Hamburgischen Jugendstrafvollzugsgesetzes vom 2. März 2009
Hrsg.	Herausgeber
i. Erg.	im Ergebnis
i. S. d.	im Sinne des/der
i. S. v.	im Sinne von
IPBPR	Internationaler Pakt über bürgerliche und politische Rechte
JA	Jugendanstalt
JGG	Jugendgerichtsgesetz

JGGÄndG	Änderungsgesetz zum Jugendgerichtsgesetz
JStVollzG	Jugendstrafvollzugsgesetz
JStVollzG Bln	Jugendstrafvollzugsgesetz Berlin vom 15. Dezember 2007
StVollzG LSA	Jugendstrafvollzugsgesetz Sachsen-Anhalt vom 7. Dezember 2007
JStVollzG MV	Jugendstrafvollzug Mecklenburg-Vorpommern vom 1. Januar 2008
JStVollzG NRW	Jugendstrafvollzugsgesetz Nordrhein-Westfalen vom 16. Dezember 2009
JStVollzG RLP	Landesjugendstrafvollzugsgesetz Rheinland-Pfalz vom 3. Dezember 2007
JStVollzG SH	Jugendstrafvollzugsgesetz Schleswig-Holstein vom 19. Dezember 2007
JVA	Justizvollzugsanstalt
JVollzGB BW-IV	Justizvollzugsgesetzbuch Baden-Württemberg vom 1. Januar 2010
KAGS	Katholische Bundes-Arbeitsgemeinschaft Straffälligenhilfe
Kap.	Kapitel
LSA.	Sachsen-Anhalt
Ltg. Drs	Landestagsdrucksache
m. jew. w. N.	mit jeweils weiteren Nachweisen
m. w. N.	mit weiteren Nachweisen
MV.	Mecklenburg-Vorpommern
Nied.	Niedersachsen
NJVollzG	Niedersächsisches Justizvollzugsgesetz vom 14. Dezember 2007
NJW	Neue Juristische Wochenschrift
Nr.	Nummer
NRV	Neue Richtervereinigung

NRW.	Nordrhein-Westfalen
NStZ	Neue Zeitschrift für Strafrecht
NStZ-RR	Neue Zeitschrift für Strafrecht- Rechtsprechungsreport
OLG	Oberlandesgericht
RLP	Rheinland-Pfalz
Rn.	Randnummer
S.	Seite
s. o.	siehe oben
s. u.	siehe unten
Saar.	Saarland
Sächs.	Sachsen
SächsJStVollzG	Sächsisches Jugendstrafvollzugsgesetz vom 12. Dezember 2007
SGB	Sozialgesetzbuch
SH.	Schleswig-Holstein
SJStVollzG	Saarländisches Jugendstrafvollzugsgesetz vom 30. Oktober 2007
SMR	Standardminimum Rules der Vereinten Nationen
sog.	sogenannte/s/n/r
StGB	Strafgesetzbuch
StPO	Strafprozessordnung
StV	Strafverteidiger (Zeitschrift)
StVollzG	Strafvollzugsgesetz
Thür.	Thüringen
ThürJStVollzG	Thüringer Jugendstrafvollzugsgesetz vom 20. Dezember 2007
u. a.	und andere
UN-KRK	Kinderrechtskonventionen der Vereinten Nationen
UN-Regeln	Regeln der Vereinten Nationen zum Schutze Jugendlicher unter Freiheitsentzug

Vgl.	vergleiche
Voraufl.	Vorauflage
Vorbm.	Vorbemerkungen
VVJug	Bundeseinheitliche Verwaltungsvorschriften zum Jugendstrafvollzug
VwGO	Verwaltungsgerichtsordnung
VwVfG	Verwaltungsverfahrensgesetz
w. N.	weitere Nachweise
z. B.	zum Beispiel
ZfStrVo	Zeitschrift für Strafvollzug und Straffälligenhilfe
ZJJ	Zeitschrift für Jugendkriminalrecht und Jugendhilfe
ZPO	Zivilprozessordnung
ZStW	Zeitschrift für die gesamte Strafrechtswissenschaft

Die gesetzliche Reform des Jugendstrafvollzugs in Deutschland im Licht der European Rules for Juvenile Offenders Subject to Sanctions or Measures (ERJOSSM)

1. Einleitung

Das Thema Kinder- und Jugenddelinquenz gilt nach wie vor als „heißes Eisen", das mehr denn je in den unsteten Feuern der Medienlandschaft geschmiedet wird. Die offenkundig in weiten Teilen der Bevölkerung gestiegene Nachfrage nach einer öffentlichen Aufarbeitung der Jugendkriminalität ruft dabei nicht selten politische Peitschenschwinger auf den Plan, die mit vermeintlich schnellen Lösungen bei der Hand und auf Wählerfang sind.[1] Kritische Stimmen in Wissenschaft und Praxis sprechen insoweit oft von einem „publizistisch-populistischen Verstärkerkreislauf".[2]

Inmitten dieses erhitzten gesellschaftspolitischen Klimas ist nun ein Reformvorhaben ins Rollen gebracht worden, das lange Jahre auf sich hat warten lassen: die erstmalige gesetzliche Regelung des Jugendstrafvollzugs in Deutschland. Zur Unzeit, könnte man meinen, und nicht wenige fürchteten gar, die Reform könnte zu einem „Wettbewerb der Schäbigkeit",[3] dem Wettstreit um den härtesten Vollzug in Deutschland, verkommen. Dabei war und ist die verfassungsrechtliche Ausgangslage zunächst vielversprechend: Am 31.5.2006 stellte das Bundesverfassungsgericht in einem wegweisenden Urteil fest, dass

---

1 Die Debatte erreichte im Jahr 2008 ihren bisherigen Kulminationspunkt im Wahlkampf des damals amtierenden hessischen Ministerpräsidenten Roland Koch, vgl. *Ostendorf* 2010, S. 92; allgemeiner: *Müller* 2010, S. 77 ff.

2 *Scheerer* 1978; *Viehmann* 2002, S. 284; *Stehr* 2009, S. 114; *Singelnstein/Stolle* 2008, S. 54; *J. Walter* 2001, S. 64 ff.; 2002, 130 f. m. w. N. zu dieser Thematik; ähnlich auch *Schöch* 2009, S. 22; *Rehn* 2004, S. 528 f.; *Sonnen* 1993, S. 26 ff.; *P.-A. Albrecht* 2008, S. 154 ff.; *Ostendorf* 2008, S. 148 ff.

3 *Dünkel/Schüler-Springorum* 2006.

der Jugendstrafvollzug nach langer Zeit nunmehr endlich auf eine eigene gesetzliche Grundlage zu stellen sei.[4] Dabei betonte das Gericht nicht nur, dass hierfür eine spezielle jugendgemäße Ausgestaltung der Rechtsvorschriften notwendig sei, sondern hob in einem *obiter dictum* auch ausdrücklich hervor, dass völkerrechtliche Vorgaben und internationale Mindeststandards mit Menschenrechtsbezug als Gradmesser für die sachgerechte und verfassungsmäßige Ausgestaltung dieser Regelungen anzusehen seien.[5] Damit haben internationale Mindeststandards, insbesondere soweit es sich nur um rechtlich unverbindliche Empfehlungen handelt, eine deutliche Aufwertung erfahren.[6]

Das für den europäischen Raum einschlägige Regelwerk, die „*European Rules for Juvenile Offenders Subject to Sanctions or Measures*" (ERJOSSM), veröffentlichte der Europarat allerdings zu einem für den deutschen Jugendstrafvollzug ungünstigen Termin.[7] Zum Zeitpunkt des Erscheinens war die größte bisher dagewesene Reformanstrengung zum Jugendstrafvollzug bereits abgeschlossen. Sechzehn Bundesländer hatten, nachdem das Bundesverfassungsgericht eine Frist zum 1.1.2008 zur Schaffung einer gesetzlichen Grundlage für den Jugendstrafvollzug gesetzt hatte und wenig später im Wege der Föderalismusreform die Gesetzgebungskompetenz für den Strafvollzug vom Bund auf die Länder übergegangen war, eigene Jugendstrafvollzugsgesetze erlassen.

Gleichwohl ist das Thema „Internationale Mindeststandards als Maßstab der Landesgesetze"[8] damit nicht vom Tisch. Mittlerweile haben mehrere Länder ihre Jugendstrafvollzugsgesetze wieder zum Gegenstand der legislativen Überarbeitung gemacht und hatten somit Gelegenheit, etwaige Unstimmigkeiten mit internationalen Vorgaben abzugleichen. Die Gesetze müssen sich selbstverständlich auch nach der Verabschiedung noch an diesem Maßstab messen lassen.

Die vorliegende Arbeit macht sich daher zur Aufgabe die sechzehn bestehenden Landesgesetze zum Jugendstrafvollzug auf bestehende Konflikte mit dem neuen Regelwerk der ERJOSSM zu untersuchen. Sie kann folglich als Anregung für entsprechende gesetzliche Anpassungen verstanden werden.

Die Darstellung soll dabei nicht auf eine bloße Normvergleichung reduziert bleiben, sondern bemüht sich um eine erörternde und wertende Einordnung möglicher Abweichungen. Soweit es der Rahmen dieser Arbeit erlaubt, wird dabei auch immer wieder der Blick über den juristischen Tellerrand hinaus auf Erkenntnisse der kriminologischen Bezugswissenschaften und der Praxis zu wer-

---

4   Vgl. BVerfG NJW 2006, S. 2093 = BVerfG, Urteil vom 31.05.2006 2 BvR 1673/04 u. 2 BvR 2402/04 = BVerfGE 116, 69.

5   Vgl. BVerfG NJW 2006, S. 2097.

6   Vgl. dazu später *4.3.*

7   Nämlich am 5.11.2008.

8   *Neubacher* 2009; *Pollähne* 2007a, 2007b.

fen sein. Auch auf andere internationale Instrumente wird zumindest vereinzelt eingegangen.

Die Untersuchung bewegt sich dabei naturgemäß weitgehend auf der abstrakt-generellen Ebene. Es kann daher nur sehr begrenzt auf die konkreten Gegebenheiten im Vollzug eingegangen werden, die im positiven Sinne auch deutlich über die rechtlichen Rahmenbedingungen hinauswachsen können. Es sollen nur die gesetzlichen Vorgaben bewertet werden, soweit sie in ihrer „Signalfunktion"[9] Handlungs- und Gestaltungsspielräume eröffnen, die mit den internationalen Mindeststandards nicht in Einklang stehen. Dass diese in der Praxis nicht zwangsläufig ausgeschöpft werden, steht dabei außer Frage.

Eine entsprechende wissenschaftliche Aufarbeitung ist bisher nicht erfolgt. Zwar finden sich vereinzelt immer wieder Bezugnahmen auf internationale Mindeststandards[10] und auch die Gesetze sind bereits mehrfach Gegenstand eingehender Analysen gewesen,[11] der hier angestrebte vollständige Abgleich mit dem neuesten einschlägigen Regelwerk des Europarates ist hingegen bisher nicht durchgeführt worden. Auch zu den ERJOSSM selbst finden sich bisher nur wenige überblicksartige Darstellungen, die nur sehr punktuell auf mögliche Kollisionen mit dem Landesrecht eingehen.[12]

Zum Gang der Untersuchung: Im Folgenden wird zunächst ein historischer und rechtstatsächlicher Überblick zum Jugendstrafvollzug in Deutschland gegeben. Sodann folgen eine Vorstellung der ERJOSSM im Kontext internationaler Mindeststandards und eine Einführung in die verfassungsrechtliche Ausgangslage nach dem Urteil des Bundesverfassungsgerichtes vom 31.5.2006. Nach einem allgemeinen Überblick über die Gesetzgebung der Länder zum Jugendstrafvollzug folgt im Hauptteil der Arbeit die Untersuchung einzelner Regelungsbereiche. Die Reihenfolge der entsprechenden Abschnitte orientiert sich dabei weitgehend an der deutschen Normierung, die allerdings ihrerseits nicht ganz einheitlich ist. Nach einer kurzen Einführung werden in jedem Abschnitt zunächst die Vorgaben der ERJOSSM dargestellt. Daran schließt sich eine Darstellung der gesetzlichen Ausgestaltungen in den sechzehn Landesgesetzen an, die vereinzelt durch synoptische Gegenüberstellungen ergänzt wird. Schließlich folgt ein wertender Normvergleich, in dem nicht nur mögliche Verstöße gegen die ERJOSSM aufgezeigt, sondern auch die Vorgaben der Mindeststandards argumentativ untermauert – oder falls nötig – kritisch beleuchtet werden sollen.

---

9   *Höynck/Hosser* 2007, S. 394.

10   Vgl. z. B. Ostendorf-*Ostendorf* 2009, Vorbm. Rn. 9 ff.

11   *Ostendorf* 2009, *Diemer/Schoreit/Sonnen* 2008 und 2011; *Schneider* 2010; *Sußner* 2009 und teilweise bereits überholt: *Dressel* 2008; *Tiere*[?] 2008.

12   *Dünkel/Baechtold/van Zyl Smit* 2007; 2009; 2009a; *Dünkel* 2008; 2008b.

4

2. Historische Entwicklung des Jugendstrafvollzugs in Deutschland

Die Geschichte des Jugendstrafvollzugs ist in ihren Anfängen die des Freiheitsentzuges selbst. Das jugendliche Alter des Gefangenen war zunächst allenfalls ein Strafmilderungsgrund.[13] Der Strafvollzug als solcher entwickelte sich erst gegen Ende des 16. Jahrhunderts in England und den Niederlanden als eigenständige Strafform.[14] Europaweit entstanden danach Zucht- und Arbeitshäuser nach deren Vorbild,[15] um sich auf lange Sicht regulär als Strafform durchzusetzen.[16] Ziel war zuvor im besten Fall Vergeltung oder den Gefangenen unschädlich zu machen,[17] erst die nun entstehenden Zuchthäuser bezweckten dabei – beeinflusst durch den aufkommenden Calvinismus – im Ansatz auch so etwas wie Besserung im Sinne einer Nutzbarmachung von Arbeitskraft,[18] was aber im Zuge des Dreißigjährigen Krieges und der Ausweitung des Systems im 17. Jahrhundert wieder an Bedeutung verlor.[19] Die derweil entstandenen verheerenden Zustände in den Zuchthäusern lösten Anfang des 18. Jahrhunderts unter dem Einfluss der Aufklärung Reformbestrebungen aus,[20] die die Grundlagen für die Freiheitsstrafe neuerer Prägung legten.[21]

Eine Unterscheidung und Trennung von jungen und erwachsenen Gefangenen war bis in das 19. Jahrhundert hinein nicht vorgesehen.[22] Aber mit der gegen Ende des Jahrhunderts entstehenden Jugendgerichtsbewegung und unter der

13   Vgl. *Cornel* 1984, S. 14.

14   Es wird angenommen, dass die ersten Zuchthäuser als Maßnahme zur Bewältigung der gestiegenen Bettelei und aus ökonomischen Gründen zur Gewinnung zusätzlicher Arbeitskraft geschaffen wurden, vgl. *Rusche/Kirchheimer* 1974, S. 61 ff. Zuvor lag das Schwergewicht vor allem bei Leibes- und Todesstrafen. Die Haft hatte zumeist eher eine dienende Funktion, etwa zur Aufbewahrung bis zur Hinrichtung oder bisweilen auch zur Schuldeneintreibung, vgl. *Kaiser/Schöch* 2002, § 2 Rn. 1; *Laubenthal* 2011, Rn. 85 ff. m. jeweils w. N.

15   Vgl. *Cornel* 1984, S. 23 f.

16   Vgl. *Grosch* 1995, S. 25.

17   Vgl. *Laubenthal* 2011, Rn. 90.

18   Vgl. *Rusche/Kirchheimer* 1974, S. 61 ff. m. w. N.

19   Vgl. *Laubenthal* 2011, Rn. 96 m. w. N.

20   Vgl. *Rusche/Kirchheimer* 1974, S. 103 ff.; *Kaiser/Schöch* 2002, § 2 Rn. 10. m. w. N.

21   Maßgeblich initiiert durch den englischen Gefängnisreformer *John Howard* und seinem 1777 erschienenen Werk „The State of Prisons in England and Wales ...", vgl. *Grosch* 1995, S. 25 m. w. N; sowie dem deutschen Anstaltspfarrer *Heinrich Wagnitz*, vgl. *Laubenthal* 2011, Rn. 100 m. w. N.

22   Vgl. *Grosch* 1995, S. 25.

soziologischen Strafrechtsschule *Franz von Lizsts* begannen sich die Schicksale von jugendlichen und erwachsenen Strafgefangenen voneinander zu trennen.[23] Dies führte zur Schaffung des ersten deutschen, nur für junge Gefangene eingerichteten Gefängnisses in Wittlich an der Mosel im Jahre 1912.[24]

Die erste rechtliche Basis für den Trennungsgrundsatz und die erzieherische Ausrichtung des Jugendstrafvollzugs bildete § 16 des Jugendgerichtsgesetzes von 1923, das unter der maßgeblichen Federführung des Rechtswissenschaftlers und Reichsjustizministers Gustav Radbruch entstand.[25] Eine umfassende gesetzliche Normierung des Vollzuges erfolgte allerdings nicht. Stattdessen regelte man den Strafvollzug auf Länderebene in exekutiven Dienst- und Vollzugsordnungen,[26] deren Umsetzung jedoch „schleppend"[27] voranging und nur vereinzelt von sozialpädagogischer Progressivität geprägt war.[28]

Mit der Machtergreifung der Nationalsozialisten und dem Einzug ihrer Ideologie in das Justizwesen wurden entsprechende Ansätze jedoch im Keim erstickt. Während im Erwachsenenstrafvollzug Abschreckung und Vergeltung eine Renaissance erlebten,[29] wurde die Sonderrolle der Jugendstrafe allerdings weiter ausgebaut – wenn auch im Sinne der NS-Ideologie. Nach § 9 Abs. 2 der amtlichen Verfügung des Reichsjustizministers vom 22.1.1937 sollte der junge Gefangene „nicht verloren gegeben, sondern auf den rechten Weg zurückgebracht und so gefestigt werden, dass er ein taugliches Glied der Volksgemeinschaft" würde. Ebenfalls wurde nunmehr bestimmt, dass die Jugendstrafe durchgehend in gesonderten Anstalten zu verbüßen war.[30] Gleichwohl galten diese Normen nur insoweit, als der Staat ihre Geltung für den Betroffenen anerkannte und nicht durch andere, kontrafaktische Maßnahmen aushebelte:[31] Der alles durchdringende Gedanke vom „Schutz der Volksgemeinschaft" modifizierte den Erziehungsgedanken der Weimarer Jahre dahingehend, dass die „erziehungswürdigen" Jungstraftäter aus den „erziehungsunwürdigen" herausse-

---

23 Vgl. Ostendorf-*Ostendorf* 2009, Vorbm. Rn. 1; ergänzende Details bei *Cornel* 1984, S. 56 ff.

24 Vgl. *Dünkel* 1990 m. w. N.; *Lindrath* 2010, S. 19.

25 Vgl. Ostendorf-*Ostendorf* 2009, Vorbm. Rn. 4.

26 Vgl. *Grosch* 1995, S. 31.

27 Ostendorf-*Ostendorf* 2009, Vorbm. Rn. 5.

28 Vgl. *Cornel* 1984, S. 104 f.

29 Insbesondere in den Kriegsjahren entwickelte sich ein besonders rücksichtsloser Vergeltungs- und Verwahrungsvollzug, vgl. *Wachsmann* 2006, S. 57 ff.

30 Vgl. *Cornel* 1984, S. 107 m. w. N.

31 Vgl. *Dörner* 1991, S. 188 ff.

lektiert werden sollten.[32] In rassistischer Konsequenz war vom Erziehungsgedanken ausgeschlossen, wer nicht Mitglied der „Volksgemeinschaft" war, gar als „Volksschädling" galt oder dem Regime in sonstiger Weise ungenehm war.[33] Hier griff das parallel existierende System der Konzentrationslager und ähnlicher Unrechtsmaßnahmen. Auch im Verlauf der Jugendstrafe war der Gefangene keineswegs vor einer nachträglichen Überstellung ins Lagersystem geschützt[34] und musste auch im klassischen Vollzug damit rechnen, beispielsweise „als anlagebelasteter Hangverbrecher" Opfer der „Auslese" zu werden.[35] Neben der Überantwortung ins Konzentrationslager[36] drohten unter dem totalen Einfluss des Staates auch andere Maßnahmen der Rassenhygiene.[37] Im Übrigen reduzierte das System den Betroffenen auf ein Objekt staatlichen Handelns. Das Resozialisierungsinteresse des Staates bezog sich nicht auf das straffreie Individuum, sondern auf seinen Wandel zu einem „ordentlichen Volksgenossen", der sich bedingungslos dem nationalsozialistischen System unterordnete.[38] Durch rigide Erziehungsmethoden gedachte man die Produktivität und „Wehrhaftmachung" der Volksgesamtheit im Hinblick auf den ideologisch herbeigesehnten Rassenkampf zu stärken, wohingegen der Vermittlung von Sozialkompetenz keine und der Aneignung intellektueller Fähigkeiten nur eine untergeordnete Rolle zugesprochen wurde.[39]

Mit dem Ende des nationalsozialistischen Regimes wurden Erziehung und Besserung aufgrund der Übergangsregelungen des Alliierten Kontrollrates und schließlich mit dem Jugendgerichtsgesetz von 1953 wieder die zentralen Prinzipien des Vollzuges.[40] Eine umfassende gesetzliche Ausgestaltung blieb dennoch aus. Mit der Entscheidung des Bundesverfassungsgerichtes vom 14.3.1972,[41] die mit der Rechtsfigur des „besonderen Gewaltverhältnisses" aufräumte, wurde jedoch endgültig klargestellt, dass in die Rechte von Gefangenen nur aufgrund oder durch ein entsprechend auf den Vollzug zugeschnittenes Gesetz, aber nicht

---

32 Vgl. *Jureit* 1995, S. 14 ff.

33 Vgl. *Laubenthal* 2011, Rn. 122 m. w. N; *Jureit* 1995, S. 19; *Götte* 2003, S. 113.

34 Dies drohte beispielsweise im Zuge der nachträglichen Ausdehnung des Begriffes des „Volksschädlings", vgl. *Götte* 2003, S. 91. Überstellungen erfolgten auch in spezielle Jugend-KZs, vgl. dazu *Jureit* 1995, S. 83 f.

35 Vgl. *Götte* 2003, S. 116 f.

36 Vgl. *Wachsmann* 2006, S. 309 ff.

37 Wie beispielsweise die Zwangskastration, vgl. *Götte* 2003, S. 348 ff.

38 Vgl. *Jureit* 1995, S. 87.

39 Vgl. *Götte* 2003, S. 113 ff.

40 Vgl. *Grosch* 1995, S. 44 f.

41 BVerfGE, 33, S. 1 ff.

aufgrund einer bloßen Verwaltungsvorschrift, eingegriffen werden durfte. Nach vielen Jahren, in denen immer wieder einzelne Reformbemühungen angestoßen wurden,[42] nahm das Gesetzgebungsverfahren erzwungenermaßen an Fahrt auf und mündete im Strafvollzugsgesetz (StVollzG) vom 16.3.1976. Damit war – zumindest für den Erwachsenenvollzug – eine Gesetzesgrundlage geschaffen. Daneben entstanden die bundeseinheitlichen Verwaltungsvorschriften zum Jugendstrafvollzug (VVJug vom 1.1.1977), die gemäß ihrem Vorwort „lediglich die Übergangszeit bis zum Erlass umfassender gesetzlicher Regelungen überbrücken" sollten. Eine gesetzliche Regelung blieb dennoch aus, so dass der Vollzug der Jugendstrafe zumindest auf legislativer Ebene seine „Vorreiterrolle" in der Weiterentwicklung des Sanktionswesens einbüßte.[43] Die Schaffung einer rechtlichen Grundlage für den Jugendstrafvollzug wurde in den folgenden fünfunddreißig Jahren regelrecht verschleppt,[44] der Vollzug selbst auf verfassungswidriger Basis durchgeführt.[45] Nach einer Vielzahl von Anläufen und Gesetzentwürfen,[46] die trotz weit verbreiteter Kritik[47] an der Gesetzlosigkeit des Jugendstrafvollzugs nicht zu Ende gebracht wurden, bedurfte es für die Beseitigung dieses rechtswidrigen Zustandes erst wieder des Einschreitens des Bundesverfassungsgerichtes, das für den Jugendstrafvollzug noch einmal gesondert feststellen musste, was spätestens seit dem Urteil zum Erwachsenenvollzug im Jahre 1972 wohlbekannt war.[48] Vermutlich auch im Hinblick auf diesen unbegründet langwierigen Vorlauf setzte das Gericht in ungewöhnlich klarer Weise dem Gesetzgeber eine Frist zum 1.1.2008, um ein hinreichend detailliertes Jugendstrafvollzugsgesetz zu verabschieden.

Als im Zuge der Föderalismusreform die Gesetzgebungskompetenz[49] an die Bundesländer überging, wurde auch diese Verpflichtung weitergereicht. Ihr sind die Bundesländer mit den vorliegend zu untersuchenden Jugendstrafvollzugsgesetzen nachgekommen.

---

42 Vgl. *Grosch* 1995, S. 53.

43 *Dünkel* 1990, S. 4.

44 Vgl. *Höflich* 2004, S. 91 ff.; ähnlich *Flügge* 2008, S. 31.

45 Vgl. Ostendorf-*Ostendorf* 2009, Vorbm. Rn. 8.

46 Detaillierter Überblick bei *Tiere!* 2008, S. 25 ff.

47 Vgl. *Dünkel* 1999, S. 105; 2006, S. 503 m. w. N.; *H.-J. Albrecht* 2003a, S. 352 ff.; *Böhm* 1985, S. 192 ff.; 1998, S. 1018 f.; AK-*Feest/Lesting* 2006, § 1 Rn. 9; *Trenczek* 1993, S. 16; *Bamman* 2001, S. 33; *Mertin* 2002, S. 20; *Sonnen* 1992, S. 307 ff.; 2003, S. 62 ff.; *Ostendorf* 2001, S. 8; *M. Walter/Neubacher* 2003, S. 1 ff.; *J. Walter* 2001, S. 71; 2003b, S. 397 m. w. N.; *Schüler-Springorum* 2007, S. 405 ff. m. w. N.

48 BVerfG NJW 2006, S. 2093.

49 Mit Ausnahme der für die Regelung des gerichtlichen Rechtsschutzes, den wiederum der Bundesgesetzgeber mittlerweile im JGG neu gefasst hat, vgl. *7.15.3.*

3. Aktuelle rechtstatsächliche Befunde zum Jugendstrafvollzug

3.1 Gefangenenzahlen und Gefangenenraten

Am 31.8.2011 befanden sich 5680 zu einer Jugendstrafe verurteilte Gefangene in deutschen Jugendstrafanstalten 321 weniger als noch im Jahr zuvor. Nach einem starken Anwachsen der Gefangenenzahlen seit Anfang der neunziger Jahre setzt sich damit nunmehr ein Trend fort, der einen steten Rückgang dieser absoluten Zahlen einzuleiten scheint.[50]

Erwartungsgemäß spiegelt sich auch in der Entwicklung der Gefangenenraten des bundesdeutschen Gesamtgebietes diese Tendenz wieder. Lokale Ausnahmen bilden hier die sozialen Ballungsräume *Hamburg, Nordrhein-Westfalen* und *Berlin* sowie *Thüringen*. In den Gefangenenraten offenbaren sich zugleich ein deutliches Nord-Süd- sowie Ost-West-Gefälle (siehe *Abbildung 1*).

Als Ursache für den starken Anstieg seit der ersten Hälfte der neunziger Jahre wird dabei zwar auch die gestiegene Zahl schwerwiegender Gewaltdelikte vermutet, im Wesentlichen werden die höheren Gefangenenraten aber mit einer restriktiveren Entlassungspraxis begründet.[51] Beides gilt gleichermaßen auch als Erklärung für das vorhandene Ost-West-Gefälle.[52] Für den neuerlichen Rückgang wird insbesondere im Osten der demographische Wandel verantwortlich gemacht, da dort mit der Wende die Geburtenraten drastisch zurückgegangen sind. Wie die Gefangenenraten der Jugendstrafhaft sind auch die der Untersuchungshaft, die nicht selten in Jugendstrafvollzugsanstalten vollzogen wird, rückläufig (mit Ausnahme von *Berlin*).[53]

---

50 Vgl. *Statistisches Bundesamt* 2011: 6001 am 31.8.2010; 6332 am 31.8.2008, 6894 am 31.8. 2006, 7110 am 31.8.2003; vgl. auch *Dünkel/Geng* 2011, S. 37 f.

51 Vgl. *Dünkel/Geng* 2007, S. 66; Ostendorf-*Ostendorf* 2009, Vorbm. Rn. 15; *Sußner* 2009, S. 17 ff. m. w. N.

52 Vgl. *Dünkel* 2011, S. 597; *Dünkel/Geng* 2007, S. 67.

53 Details bei *Dünkel/Geng* 2007, S. 67.

Gefangenenraten im Jugendstrafvollzug*
im Bundesländervergleich am 31.3.2010
und deren Entwicklung ab 1992
(jew. zum 31.3. des Jahres)

Jugendstrafgefangenen-
rate am 31.3.2010

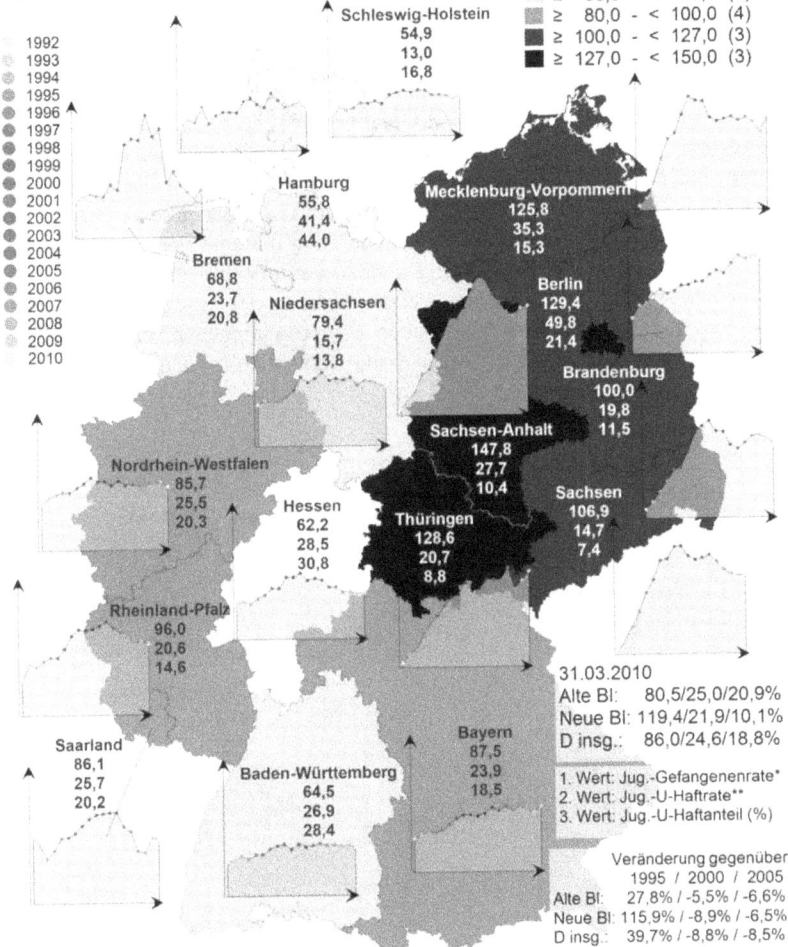

≥ 54,0 - < 63,0 (3)
≥ 63,0 - < 80,0 (3)
≥ 80,0 - < 100,0 (4)
≥ 100,0 - < 127,0 (3)
≥ 127,0 - < 150,0 (3)

1992
1993
1994
1995
1996
1997
1998
1999
2000
2001
2002
2003
2004
2005
2006
2007
2008
2009
2010

Schleswig-Holstein
54,9
13,0
16,8

Hamburg
55,8
41,4
44,0

Mecklenburg-Vorpommern
125,8
35,3
15,3

Bremen
68,8
23,7
20,8

Niedersachsen
79,4
15,7
13,8

Berlin
129,4
49,8
21,4

Brandenburg
100,0
19,8
11,5

Sachsen-Anhalt
147,8
27,7
10,4

Nordrhein-Westfalen
85,7
25,5
20,3

Hessen
62,2
28,5
30,8

Thüringen
128,6
20,7
8,8

Sachsen
106,9
14,7
7,4

Rheinland-Pfalz
96,0
20,6
14,6

Saarland
86,1
25,7
20,2

Baden-Württemberg
64,5
26,9
28,4

Bayern
87,5
23,9
18,5

31.03.2010
Alte Bl: 80,5/25,0/20,9%
Neue Bl: 119,4/21,9/10,1%
D insg.: 86,0/24,6/18,8%

1. Wert: Jug.-Gefangenenrate*
2. Wert: Jug.-U-Haftrate**
3. Wert: Jug.-U-Haftanteil (%)

Veränderung gegenüber
1995 / 2000 / 2005
Alte Bl: 27,8% / -5,5% / -6,6%
Neue Bl: 115,9% / -8,9% / -6,5%
D insg.: 39,7% / -8,8% / -8,5%

* Verurteilte Insassen des Jugendstrafvollzugs (am 31.3.2010) - einschließl. gem. § 92 Abs. 2 JGG aus dem
Jugendstrafvollzug Ausgenommene - pro 100.000 der 15- bis 25-jährigen Bevölkerung (am 31.12.2009)
** pro 100.000 der 14- bis 21-jährigen Bevölkerung (am 31.12.2009)

Abbildung 1 (Quelle: *Dünkel/Geng* 2011, S. 138)

3.2 Insassenstruktur

Von den eingangs angeführten 5.680 Gefangenen, die derzeit eine Jugendstrafe verbüßen, sind gerade einmal 212[54] und damit nur ca. 4% weiblich.[55] Der Jugendstrafvollzug bleibt damit im Wesentlichen eine männliche Lebenswelt.

Auch finden sich im Jugendstrafvollzug keineswegs vornehmlich Jugendliche im Rechtssinne des § 1 Abs. 2 JGG (zwischen 14 und 18 Jahre alt), sondern weit mehr Heranwachsende (18-21 Jahre) und junge Erwachsene (21-24 Jahre). Prozentual machen die jugendlichen Gefangenen tatsächlich nur etwa 10% der Gefangenenpopulation aus, während Heranwachsende mit um die 50% den größten und die jungen Erwachsenen mit circa 40% den zweitgrößten Anteil stellen (siehe *Abbildung 2*). Dabei hat sich der Anteil der jugendlichen Gefangenen zwischenzeitig parallel zu der Entwicklung der gestiegenen Gefangenenraten stark erhöht und zwischenzeitig nahezu verdoppelt (von 7,3% auf 12,3% im Jahr 2000). Seit der Jahrtausendwende ist dieser Trend jedoch wieder rückläufig und hat sich mittlerweile wieder bei 10% eingependelt. Festzuhalten bleibt, dass es sich beim Jugendstrafvollzug tatsächlich um einen „Jungerwachsenenvollzug"[56] handelt.[57]

---

54 Vgl. *Statistisches Bundesamt* 2011.

55 Vgl. auch *Dünkel* 2011, S. 597; *Sußner* 2009, S. 22.

56 Vgl. Ostendorf-*Ostendorf* 2009, Vorbm. Rn. 14.

57 *Dünkel/Geng* 2007, S. 69.

Altersstruktur der Jugendstrafgefangenen 1980, 1990, 2000 und 2010 in Deutschland

Angaben jeweils zum 31.3. des Jahres

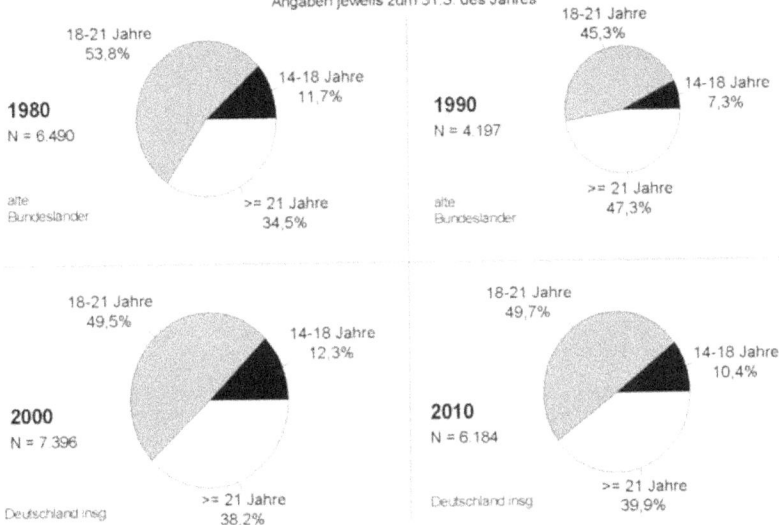

1980
N = 6.490
alte Bundesländer

18-21 Jahre 53,8%
14-18 Jahre 11,7%
>= 21 Jahre 34,5%

1990
N = 4.197
alte Bundesländer

18-21 Jahre 45,3%
14-18 Jahre 7,3%
>= 21 Jahre 47,3%

2000
N = 7.396
Deutschland insg.

18-21 Jahre 49,5%
14-18 Jahre 12,3%
>= 21 Jahre 38,2%

2010
N = 6.184
Deutschland insg.

18-21 Jahre 49,7%
14-18 Jahre 10,4%
>= 21 Jahre 39,9%

Abbildung 2 (Quelle: Greifswalder Inventar zum Strafvollzug (GIS) 2012)

3.3 Deliktsstruktur

Die Deliktsstruktur der Jugendstrafgefangenen hat sich in den letzten Jahren stark verändert (siehe *Abbildung* 3) und stellt den Vollzug vor neue Herausforderungen. Während der Anteil der Sexualdelikte gleichbleibend gering ist und es bei den Tötungsdelikten nur eine leichte Aufwärtstendenz bis 1990 gegeben hat, die sich jedoch wieder umzukehren scheint, hat der Anteil der wegen anderen Gewaltdelikten verurteilten gegenüber denen wegen Diebstahlsdelikten verurteilten jungen Gefangenen stark an Bedeutung gewonnen. Zusammengefasst hat sich der Anteil der Gewaltdelikte mehr als verdoppelt.[58] Insgesamt liegt daher die Vermutung nahe, dass sich heutzutage eine deutlich gewaltbereitere Klientel in deutschen Jugendstrafvollzugsanstalten befindet. In dieser Hinsicht unterscheidet sich der Jugendstrafvollzug auch nicht unwesentlich vom Erwachsenenvollzug, der gegenüber den ca. 50% Gewalttätern des Jugendstrafvollzugs in diesem Bereich „nur" einen Anteil von 30% aufweist.[59] Nicht zuletzt deshalb

58   Vgl. *Dünkel/Geng* 2007, S. 70 und *Abbildung 3*.

59   Gleichwohl finden sich dort höhere Anteile bei Sexual-, Drogen- und Straßenverkehrsdelikten (8% vs. 3%, 15% vs. 8%, 7% vs. 3%), vgl. *Dünkel/Geng* 2007, S. 70 m. w. N.

stellt der Schutz der Gefangenen vor gegenseitigen Übergriffen eine wesentliche Grundvoraussetzung für den resozialisierenden Jugendstrafvollzug dar, die durch die Entwicklungen der letzten Jahre noch an Bedeutung gewonnen hat.[60]

Deliktsstruktur bei Jugendstrafgefangenen 1980, 1990, 2000 und 2010 in Deutschland

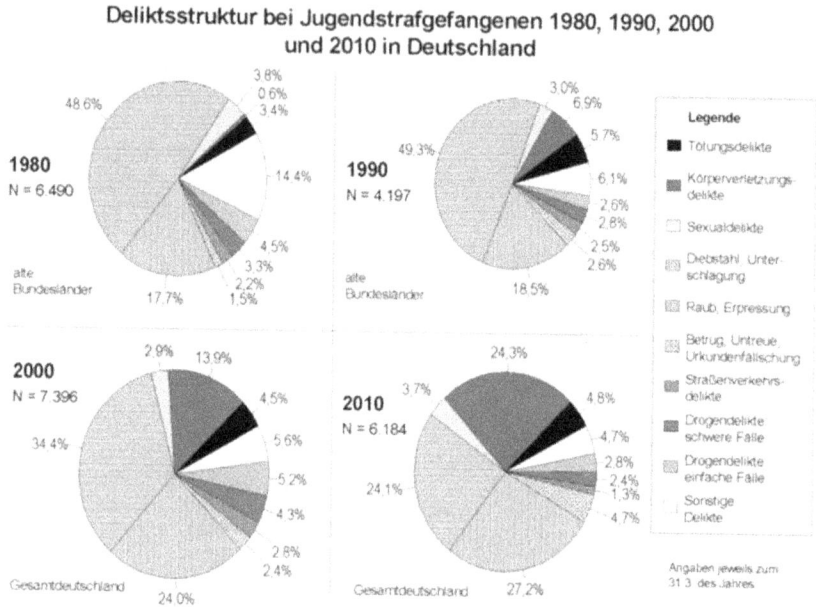

Abbildung 3 (Quelle: Greifswalder Inventar zum Strafvollzug (GIS) 2012)

---

60   Siehe dazu *Abschnitt 7.4.1.4.3.*

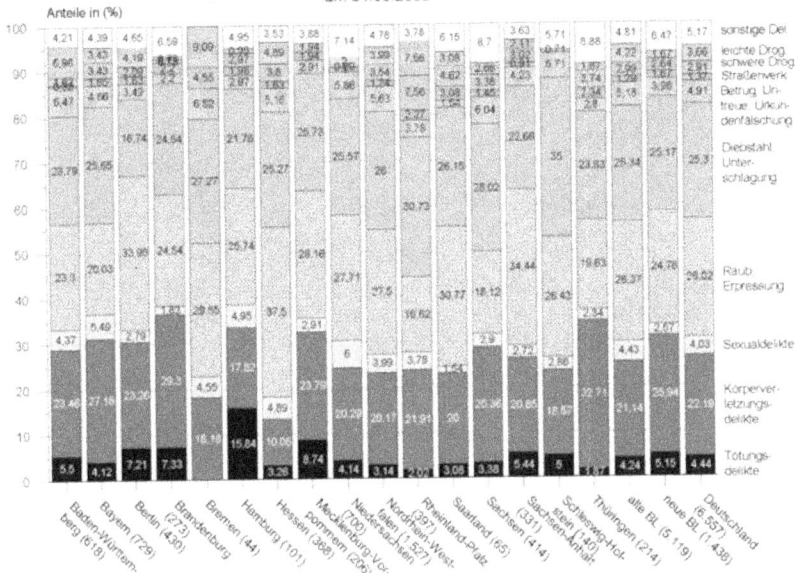

Abbildung 4 (Quelle: *Dünkel/Geng* 2010)

3.4 Belegungssituation

Entsprechend dem Rückgang der Gefangenenraten zeichnet sich auch bei der Belegungssituation im Jugendstrafvollzug eine Entspannung der Lage ab. Während die Belegungsauslastung nach einer Untersuchung von *Dünkel* 2001 noch bei 104,5% lag, ist dieser Wert im Jahre 2006 auf 95,6% und 2010 auf 86,5% zurückgegangen (siehe *Tabelle 1*). Trotzdem bleibt die Situation in einzelnen Anstalten problematisch, was darauf zurückzuführen ist, dass Vollzugsanstalten schon ab einer Belegung von 90% als ausgelastet angesehen werden und ein „differenzierter und angebotsorientierter Behandlungsvollzug" dann als nicht mehr gewährleistbar gilt.[61] Insgesamt bleibt aber festzuhalten, dass sich die Belegungssituation seit dem Urteil des Bundesverfassungsgerichtes deutlich verbessert hat, was einerseits auf den demographischen Wandel, andererseits aber auch auf ganz erhebliche Investitionen und bauliche Maßnahmen, die durch die Länder mittlerweile getätigt wurden, zurückgeführt wird.[62]

---

61 Vgl. *Dünkel/Geng* 2007b, S. 144.

62 *Dünkel/Geng* 2011, S. 137 ff.

Belegung im geschlossenen Jugendstrafvollzug (einschließlich U-Haft) (Stichtag 31.3.2010)		Belegungsfähigkeit Summe	Belegung Summe	Belegungsquote %
Baden-Württemberg	Adelsheim	430	360	83,7
	Pforzheim	108	80	74,1
Bayern	Aichach	57	25	43,9
	Ebrach	338	300	88,8
	Laufen-Lebenau	174	178	102,3
	Neuburg-Herrenwörth	167	174	104,2
Berlin	Berlin	502	437	87,1
Brandenburg	Cottbus-Dissenchen	144	108	75,0
	Wriezen	150	96	64,0
Bremen	Bremen	78	59	75,6
Hamburg	Hahnöfersand	212	138	65,1
Hessen	Rockenberg	211	186	88,2
	Wiesbaden	280	263	93,9
Mecklenburg-Vorpommern	Neustrelitz	264	222	84,1
Niedersachsen	Hameln/Göttingen	599	566	94,5
Nordrhein-Westfalen *kein geschlossener Vollzug	Heinsberg	220	212	96,4
	Herford	376	337	89,6
	Hövelhof*	tnz	tnz	tnz
	Iserlohn	248	168	67,7
	Siegburg	569	494	86,8
Rheinland-Pfalz	Schifferstadt	234	232	99,2
	Wittlich	170	167	98,2
	Zweibrücken	14	9	64,3
Saarland	Ottweiler	134	109	81,3
Sachsen	Chemnitz	41	28	68,3
	Regis-Breitingen	326	299	91,7
Sachsen-Anhalt	Raßnitz	378	315	83,3
Schleswig-Holstein	Schleswig/Neumünster	73	67	91,8
Thüringen	Ichtershausen/Weimar	288	240	83,3
Tabellen-Gesamtwert		6.785	5.869	86,5

Tabelle 1 (Quelle: *Dünkel/Geng* 2011, S. 139)

3.5 Offener Vollzug und Lockerungen

Gleichzeitig kann der offene Vollzug mit einer Belegungsrate von im Schnitt 64% (2001: 72%)[63] kaum als ausgelastet bezeichnet werden,[64] obwohl er eine Back-Door-Strategie zur Reduzierung des Auslastungsdruckes bei den geschlossenen Haftplätzen bietet. Nichtsdestoweniger galt 2006 der offene Vollzug in *Sachsen* und *Nordrhein-Westfalen* sogar noch als überbelegt, während man in *Hamburg* und *Bremen* die ohnehin wenigen Haftplätze im offenen Vollzug kaum ausnutzte.[65] Auch 2010 machte man in *Bayern, Baden-Württemberg, Hessen, Hamburg, Sachsen-Anhalt, Schleswig-Holstein, Mecklenburg-Vorpommern, Rheinland-Pfalz* und im *Saarland* eher zurückhaltend von der Möglichkeit der Unterbringung im offenen Vollzug Gebrauch. Hier bewegt sich dessen Anteil am Gesamtvollzug (bezogen auf alle Jugendstrafgefangene) zwischen 1,8% und 5,6% (siehe *Abbildungen 5* und *6*).[66] Traditionell Vorreiter bei der Nutzung des offenen Vollzuges sind *Nordrhein-Westfalen* und *Niedersachsen* mit 14,3% und 16,3%, gefolgt von *Berlin* (10,1%) und *Brandenburg* (8,7%). Kleine Steigerungen finden sich in *Baden-Württemberg*. Dort ist die Anwendung des offenen Vollzuges von ehemals 0,6 % in 2006 im Jahr 2010 auf immerhin 2,4% angestiegen. In *Sachsen*, wo man sich 2006 noch bei einem Anteil von 12,9% befand, hat man offenbar den offenen Vollzug nunmehr stark zurückgefahren, so dass er nur noch 5,6% des Gesamtvollzuges ausmacht. Minimal rückläufig ist die Nutzung des offenen Vollzuges auch in *Mecklenburg-Vorpommern* (von 6% auf 4,1%) und *Thüringen* (von 3,1% auf 2,3%). Eine genau gegenläufige Entwicklung nimmt der offene Vollzug hingegen in *Rheinland-Pfalz* (von 0,6% auf 2,2%), *Sachsen-Anhalt* (von 2,6% auf 4,5%) und *Schleswig-Holstein* (von 2,7% auf 4,7%).

Begründungen für diese nicht unerheblichen regionalen Unterschiede oder Schwankungen innerhalb eines Bundeslandes wie in Sachsen lassen sich schwer ausmachen. Insbesondere lässt die Deliktsstruktur im Bundesländervergleich keine so eklatanten Unterschiede erkennen, dass sie eine derart differenzierte Anwendungsbereitschaft des offenen Vollzuges rechtfertigen würde (siehe *Abbildung 4*). Länder mit relativ hohem Gewalttäteranteil wie Berlin und Brandenburg halten ihre hohe Nutzungsquote bzw. bauen sie sogar weiter aus, während man in *Mecklenburg-Vorpommern* und insbesondere in *Sachsen* bei sogar gerin-

---

63   Vgl. *Dünkel/Geng* 2007b, S. 145.

64   Vgl. *Dünkel/Geng* 2011, S. 139 f.

65   Vgl. *Dünkel/Geng* 2007b, S. 145.

66   Für *Baden-Württemberg* ist die Erfassungsschwierigkeit zu beachten, das verschiedene offene Vollzugsgestaltungen, die durch freie Träger durchgeführt werden (wie z. B. das *Seehaus Leonberg*), rechtlich nicht zwingend als offener Vollzug klassifiziert werden, obwohl sie rechtstatsächlich einen ähnlichen Bereich abdecken.

16

geren Deliktsanteilen im Bereich der Gewalt- und Drogenkriminalität den offenen Vollzug hingegen weiterhin nur ausnahmsweise nutzt. Hier drängt sich der Verdacht auf, dass weniger rechtstatsächliche Gegebenheiten oder rational-empirische Erkenntnisse, sondern vor allem kriminal- und vollzugspolitische Entscheidungen eine maßgebliche Rolle in der Entwicklung regional-spezifischer Ausgestaltungen gespielt haben.[67]

Im Hinblick auf eine stufenweise Entlassungsvorbereitung erscheinen auch die enormen Differenzen bedenklich, die sich bei der Praxis der Vollzugslockerungen gezeigt haben: Während einzelne Anstalten Lockerungsinstrumente in vorbildhafter Weise nutzten,[68] ohne nennenswerte Erfahrungen mit deren Missbrauch zu machen,[69] so fanden in anderen Anstalten[70] Vollzugslockerungen praktisch nicht statt.[71]

---

67   Vgl. auch *Dünkel/Geng* 2007, S. 72 m. w. N.

68   In *Adelsheim/Baden-Württemberg* waren nach einer Untersuchung von *Dünkel* und *Geng* 2006 39% der Gefangenen ausgangs- und 22% der Gefangenen urlaubsberechtigt.

69   Vgl. *J. Walter/Stelly* 2008, S. 273 f. Die Missbrauchsraten liegen bei 1%, Straftaten während der Lockerung bewegen sich in ihrer Häufigkeit im Promillebereich.

70   1,4% bzw. 0,7% in *Hameln/Niedersachsen*; 3,9% bzw. 0,6% *Raßnitz/Sachsen-Anhalt*; 3,5% bzw. 1,0% in *Ichtershausen-Weimar/Thüringen*.

71   Zahlen und weitere Details bei *Dünkel/Geng* 2007b, S. 149 f.

Anteil der Gefangenen im offenen Jugendstrafvollzug am 31.3.2006

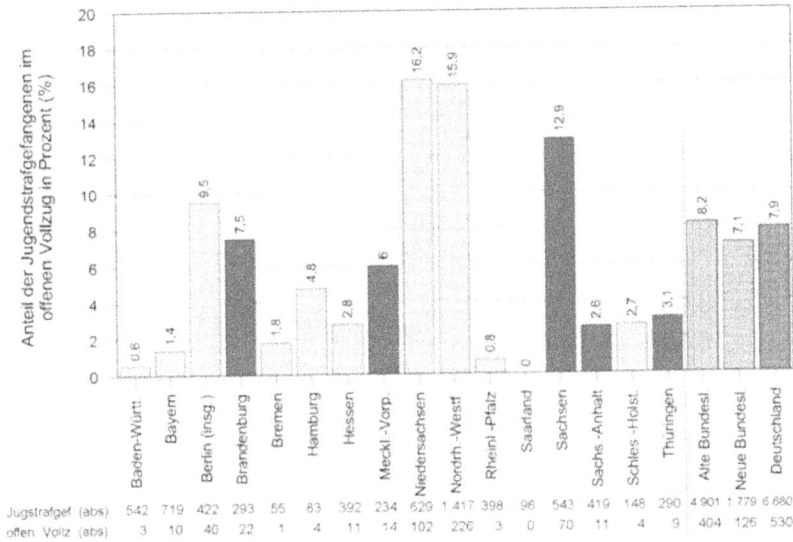

| Jugstrafgef (abs) | 542 | 719 | 422 | 293 | 55 | 83 | 392 | 234 | 629 | 1 417 | 398 | 96 | 543 | 419 | 148 | 290 | 4 901 | 1 779 | 6 680 |
| offen Vollz (abs) | 3 | 10 | 40 | 22 | 1 | 4 | 11 | 14 | 102 | 226 | 3 | 0 | 70 | 11 | 4 | 9 | 404 | 126 | 530 |

Abbildung 5 (Quelle: *Dünkel/Geng* 2010)

Anteil der Gefangenen im offenen Jugendstrafvollzug am 31.3.2010

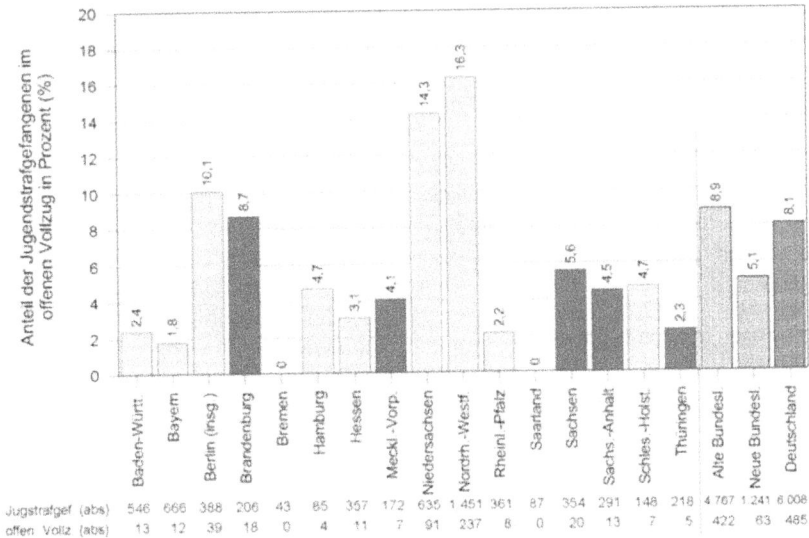

| Jugstrafgef (abs) | 546 | 666 | 388 | 206 | 43 | 85 | 357 | 172 | 635 | 1 451 | 361 | 87 | 354 | 291 | 148 | 218 | 4 767 | 1 241 | 6 008 |
| offen Vollz (abs) | 13 | 12 | 39 | 18 | 0 | 4 | 11 | 7 | 91 | 237 | 8 | 0 | 20 | 13 | 7 | 5 | 422 | 63 | 485 |

Abbildung 6 (Quelle: *Dünkel/Geng* 2010)

3.6 Betreuungssituation

Ein heterogenes Bild ergab sich 2006 bei den Personalschlüsseln der Anstalten. Insgesamt wies der Jugendstrafvollzug 4.515,2 Personalstellen auf 6.949 Jugendstrafgefangene auf und entsprach damit einem Personalschlüssel von 1:1,5, wobei sich einzelne Anstalten dabei oft deutlich voneinander unterscheiden. Insgesamt fielen jedoch nur lediglich 323,6 Stellen auf Aufgabenbereiche mit Behandlungsauftrag, also auf Psychologen, Sozialarbeiter und Sozialpädagogen. Bei den Psychologen traten dabei die deutlichsten Unterschiede in der Betreuungsdichte auf. Die unterschiedlichen Personalschlüssel einzelner Anstalten reichten von 1 : 25,5 bis 1 : 209 Stellen pro Gefangenem. Insgesamt kam damit im Schnitt auf 67 Gefangene nur ein Psychologe. Allerdings verbesserte sich die Quote damit fast um ein Drittel gegenüber dem Zahlenverhältnis von 5 Jahre zuvor (1 : 94). Hinsichtlich der Sozialarbeiter/Sozialpädagogen ergab sich ein durchschnittlicher Personalschlüssel von 1 : 31,6, wobei sich ein deutliches Ost-West-Gefälle offenbarte (1 : 28,3 im Westen; 1 : 50,1 im Osten). Im unmittelbaren Anstaltsvergleich divergierten die Betreuungsschlüssel wiederum sehr stark (von 1:17 bis hin zu 1:116).[72] Für einen effektiven Erziehungs- bzw. Behandlungsvollzug, der alle wesentlichen Aspekte einschließlich der Entlassungsvorbereitung und Nachsorge abdeckt, werden Fallzahlen von höchstens 25 bis 30 Gefangenen pro Sozialarbeiter als akzeptabel angesehen.[73] Insoweit bestand in einigen Ländern erheblicher Reformbedarf, was die rechtstatsächliche Ausgestaltung des Jugendstrafvollzugs betrifft. Im Wesentlichen ging es dabei fraglos um die finanzielle und personelle Ausstattung des Vollzuges. Eine Kernfrage, auf die die ERJOSSM in Nr. 19 ihrer Basisregeln eine klare Antwort geben: *„Es müssen ausreichend Ressourcen und Personal zur Verfügung gestellt werden, um sicherzustellen, dass die Eingriffe in das Leben der Jugendlichen sinnvoll sind. Mittelknappheit darf niemals eine Rechtfertigung für Eingriffe in die Grundrechte von Jugendlichen sein. "*

In diesem Bereich hat sich seit dem Urteil des Bundesverfassungsgerichtes nunmehr einiges getan. *Dünkel* und *Geng* kommen aufgrund einer Erhebung aus dem Jahre 2011 zu dem Ergebnis: „Der Ausbau der personellen Ausstattung ist eine in dieser Dimension überraschende Begleiterscheinung der gesetzlichen Reform des Jugendstrafvollzugs. Er zeigt, wie zumindest einige Länder die Entscheidung des BVerfG nutzten, um entgegen dem allgemeinen Trend des Stellenabbaus im öffentlichen Dienst eine teilweise geradezu atemberaubende Qualitätsoffensive durchzusetzen."[74]

---

72 Vgl. *Dünkel/Geng* 2007b, S. 145 f.

73 Vgl. *Dünkel/Geng* 2007b, S. 147.

74 *Dünkel/Geng* 2011, S. 140.

Besonders auffällige Beispiele im Hinblick auf das Behandlungspersonal sind hier die Länder *Hessen* und *Rheinland-Pfalz*, die die Quote der Sozialarbeiter-/Sozialpädagogenstellen pro Gefangenen halbiert und damit wesentlich verbessert haben (*Hessen*: von 63,5 auf 25; *Rheinland-Pfalz* von 29,5 auf 15, vgl. *Abbildung 7*).[75] Andere Länder, wie *Bremen*, *Hamburg* und *Schleswig-Holstein* haben zwar Sozialarbeiterstellen gestrichen, profitieren aber teilweise (*Schleswig-Holstein*) von dem starken Rückgang der Gefangenenzahlen.[76]

Auffällig ist auch der Ausbau bzw. die Neueinrichtung von sozialtherapeutischen Abteilungen, wie etwa in *Bayern*, Berlin, *Mecklenburg-Vorpommern*, *Rheinland-Pfalz* und *Schleswig-Holstein*,[77] die nicht unwesentlich zu den genannten Personalzuwächsen beigetragen haben.[78]

Zusammenfassend kommt die aktuelle Erhebung zu dem Schluss, dass sich für Gesamtdeutschland ein stichtagsbezogener Zuwachs der Personalstellen von 4.515,2 im Jahr 2006 auf 4.874,8 im Jahr 2010 (+8,0%) ergibt. Bei den Sozialarbeiter-/Sozial-/Diplom-Pädagogenstellen ist dies mit einem überproportionalen Zuwachs von 220,2 auf 364,1 (+65,4%) und bei den Psychologenstellen von 103,4 auf 126,8 (+22,6%) verbunden.[79]

Die Betreuungsdichte hat sich damit im Schnitt erheblich verbessert. Ob dies auch zwangsläufig zu einer Verbesserung in „normalen" Jugendvollzugsbereichen geführt hat oder im wesentlichen „nur" auf den Ausbau der Sozialtherapie zurückzuführen ist, kann noch nicht abschließend festgestellt werden.[80]

---

75 Vgl. *Abbildung 7*.

76 Vgl. *Dünkel/Geng* 2011, S. 140.

77 In Ottweiler (Saarland) wurden 2,5 Stellen (2 Sozialarbeiterstellen, eine 0,5-Psychologenstelle) für eine Nachsorgeeinrichtung eingestellt.

78 Vgl. *Dünkel/Geng* 2011, S. 143.

79 Vgl. *Dünkel/Geng* 2007b, S. 146; *Dünkel/Geng* 2011, S. 140

80 Vgl. *Dünkel/Geng* 2011, S. 140, 143.

Anzahl der Gefangenen auf eine Sozialpädagogen-/Sozialarbeiterstelle* im Jugendstrafvollzug am 31.3.2010 und Veränderungen gegenüber dem 31.1.2006 in %

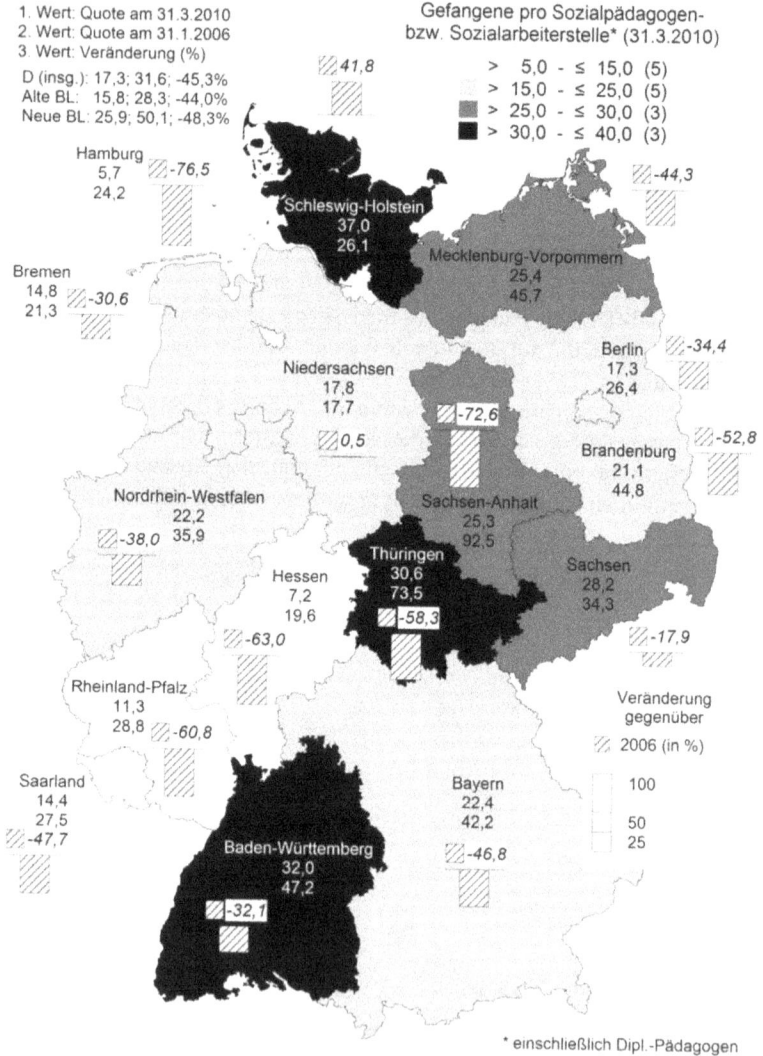

1. Wert: Quote am 31.3.2010
2. Wert: Quote am 31.1.2006
3. Wert: Veränderung (%)

D (insg.): 17,3; 31,6; -45,3%
Alte BL: 15,8; 28,3; -44,0%
Neue BL: 25,9; 50,1; -48,3%

Gefangene pro Sozialpädagogen-
bzw. Sozialarbeiterstelle* (31.3.2010)

> 5,0 - ≤ 15,0 (5)
> 15,0 - ≤ 25,0 (5)
> 25,0 - ≤ 30,0 (3)
> 30,0 - ≤ 40,0 (3)

41,8

Hamburg
5,7   -76,5
24,2

Schleswig-Holstein
37,0
26,1

-44,3

Mecklenburg-Vorpommern
25,4
45,7

Bremen
14,8   -30,6
21,3

Niedersachsen
17,8
17,7

Berlin   -34,4
17,3
26,4

-72,6

0,5

Brandenburg   -52,8
21,1
44,8

Nordrhein-Westfalen
22,2
-38,0   35,9

Sachsen-Anhalt
25,3
92,5

Thüringen
30,6
73,5
-58,3

Sachsen
28,2
34,3

Hessen
7,2
19,6

-17,9

-63,0

Rheinland-Pfalz
11,3
28,8   -60,8

Veränderung
gegenüber
2006 (in %)

Saarland
14,4
27,5
-47,7

Bayern
22,4
42,2

100

Baden-Württemberg
32,0
47,2

-46,8

50
25

-32,1

* einschließlich Dipl.-Pädagogen

Abbildung 7 (Quelle: *Dünkel/Geng* 2011, S. 141)

4. Verfassungsrechtliche Ausgangslage nach dem Urteil des Bundesverfassungsgerichts vom 31.5.2006[81]

4.1 Das Erfordernis einer gesetzlichen Ermächtigungsgrundlage

Unter Hinweis auf seine vorangegangene Rechtsprechung, stellte das Bundesverfassungsgericht zunächst fest, dass es für Grundrechtseingriffe, die über den Freiheitsentzug als solchen hinausgehen, einer eigenen gesetzlichen Grundlage bedarf, die die Eingriffsvoraussetzungen in hinreichend bestimmter Weise normiert. Jugendstrafgefangene seien insoweit nicht anders zu behandeln als erwachsene Strafgefangene.[82]

Ferner konstatierte das Gericht, dass die wenigen bis dato existierenden Einzelvorschriften des Jugendgerichtsgesetzes und Strafvollzugsgesetzes ebenso wenig wie die bundeseinheitlichen Verwaltungsvorschriften zum Jugendstrafvollzug diesem Erfordernis genügten. Auch die analoge Anwendung des StVollzG schloss das Gericht kategorisch aus.[83] An das für eine Analogie notwendige Erfordernis einer Gleichartigkeit der zu regelnden Sachverhalte anknüpfend stellte das Gericht zudem klar, dass es sich bei Erwachsenen- und Jugendstrafvollzug um zwei gänzlich unterschiedliche Sachverhalte handele. Insbesondere bedürfe der Jugendstrafvollzug einer gesetzlichen Grundlage, die auf die besonderen Anforderungen des Vollzuges von Strafen an Jugendlichen und ihnen gleichstehenden Heranwachsenden zugeschnitten ist.[84]

4.2 Die verfassungsrechtlichen Mindestanforderungen an die Vollzugsgestaltung

Im Hinblick auf diese jugendspezifischen Erfordernisse nutzte das Gericht zudem die Möglichkeit, in außergewöhnlich detaillierter Weise Mindestanforderungen für die künftige gesetzliche Regelung des Jugendstrafvollzugs aufzustellen.[85]

---

81 Ergänzende Darstellungen und Einschätzungen bei *Dünkel* 2006b, S. 112 ff.; *Goerdeler/Pollähne* 2006, S. 250 ff.; *Ostendorf* 2006, S. 91 ff; *Brandt* 2006; *Köhne* 2007.

82 Vgl. BVerfG NJW 2006, S. 2094 = BVerfG, Urteil vom 31.05.2006 2 BvR 1673/04 u. 2 BvR 2402/04 unter Hinweis auf BVerfGE 33, S. 1 ff. und BVerfGE 40, S. 276 ff.

83 Vgl. BVerfG NJW 2006, S. 2094 f.

84 Vgl. BVerfG NJW 2006, S. 2095.

85 Vgl. zu dieser Einschätzung auch *Dünkel* 2006b, S. 112, 114 und *Goerdeler/Pollähne* 2007, S. 55 f.

Das Gericht begründete die spezifischen Anforderungen des Jugendstrafvollzugs mit dem Entwicklungsstadium, in dem sich die Jugendlichen in biolo-
gischer, psychischer und sozialer Hinsicht befänden, welches zudem „typischerweise mit Spannungen, Unsicherheiten und Anpassungsschwierigkeiten,
häufig auch in der Aneignung von Verhaltensnormen, verbunden ist." Zudem
befände sich der Jugendliche noch in einer Phase seines Lebens, in der ihn auch
andere Menschen und die Umstände seines sozialen Umfeldes in besonderer
Weise prägen. Für das Jugendstrafrecht und den Jugendstrafvollzug gelte daher
der Grundsatz im besonderen Maße, „dass Strafe nur als letztes Mittel [...] und
nur als ein in seinen negativen Auswirkungen auf die Persönlichkeit des Betroffenen nach Möglichkeit zu minimierendes Übel [...] verhängt und vollzogen
werden darf."[86]

Auch bezüglich einzelner Regelungsbereiche eines zukünftigen Jugendstraf-
vollzugsgesetzes bezog das Gericht ungewöhnlich konkret Stellung:
Hinsichtlich des Vollzugszieles stellte es – abgeleitet aus der Achtung der
Menschenwürde und dem Grundsatz der Verhältnismäßigkeit staatlichen Strafens – das Ziel, „dem Inhaftierten ein künftig straffreies Leben in Freiheit zu
ermöglichen", in den Mittelpunkt aller Vollzugsbestrebungen.[87] Eben durch die
Erfüllung dieses Ziels diene der Vollzug auch dem Schutz der übrigen Bürger.[88]
Das Befähigen des jungen Gefangenen zu einem straffreien Leben habe im Jugendstrafvollzug zudem ein besonders hohes Gewicht, weil die Freiheitsstrafe in
einer Lebensphase auf den Gefangenen einwirke, in der er für ihre schädlichen
Auswirkungen im besonderen Maße anfällig sei. Der Staat übernehme daher
„für die weitere Entwicklung des Betroffenen eine besondere Verantwortung",
der er nur „durch eine Vollzugsgestaltung gerecht werden" könne, „die in besonderer Weise auf Förderung – vor allem auf soziales Lernen sowie die Ausbildung von Fähigkeiten und Kenntnissen, die einer künftigen beruflichen Integration dienen – gerichtet" sei.[89]
Jugendliche seien zudem in ihrer Persönlichkeit „weniger gefestigt", würden
durch „die Trennung von ihrem gewohnten sozialen Umfeld" und „erzwungenes
Alleinsein" stärker belastet und würden daher eine spezifische „Haftempfindlichkeit" aufweisen. Deshalb seien die Bedeutung von Familienbeziehungen und
die dazugehörige Kontaktpflege besonders groß.[90]

---

86 BVerfG NJW 2006, S. 2095.

87 BVerfG NJW 2006, S. 2095 unter Verweis auf BVerfG NJW 1973, S. 1226; NJW 1974,
S. 179; NJW 1998, S. 3337; BVerfGE 45, S. 187, Rn. 175; 35, S. 202, Rn. 70 ff. u. a.

88 Zur problematischen Deutung dieser Passage durch die Landesgesetzgeber und dem
Verhältnis von Resozialisierungsziel und Schutzaufgabe: vgl. *7.2.4.*

89 BVerfG NJW 2006, S. 2095.

90 BVerfG NJW 2006, S. 2096.

Weiter konkretisierend bestimmte das Gericht einen spezifischen Regelungsbedarf in Bezug auf „Kontakte, körperliche Bewegung und die Art der Sanktionierung von Pflichtverstößen". Insbesondere Besuchsmöglichkeiten für Familienangehörige sollten „um ein Mehrfaches über denen im Erwachsenenvollzug angesetzt werden." Für anstaltsinterne Kontakte empfiehlt das Urteil die Gestaltung der Unterbringung in differenzierten Wohngruppen, die einerseits ein positives soziales Lernen ermöglichen wie auch den Schutz vor wechselseitigen Übergriffen gewährleisten sollen.[91]

Hinsichtlich der bisherigen Rechtsschutzmöglichkeiten der jungen Gefangenen erklärte das Urteil, dass ihre „Verweisung auf ein regelmäßig ortsfernes, erst- und letztinstanzlich entscheidendes Obergericht, ohne besondere Vorkehrungen für die Möglichkeit mündlicher Kommunikation" der zumeist nur schwach ausgeprägten Fähigkeit junger Gefangener, ihre Rechte wahrzunehmen, nicht genüge.[92]

Ferner räumte das Gericht dem Gesetzgeber hinsichtlich der konkreten Ausgestaltung des Resozialisierungskonzeptes zwar einen „weiten Beurteilungsspielraum" ein, formulierte aber auch „besondere positive Verpflichtungen." So habe der Gesetzgeber durch „gesetzliche Festlegung hinreichend konkretisierter Vorgaben Sorge dafür zu tragen, dass für allgemein als erfolgsnotwendig anerkannte Vollzugsbedingungen und Maßnahmen die erforderliche Ausstattung mit personellen und finanziellen Mitteln kontinuierlich gesichert ist." Dies betreffe „insbesondere die Bereitstellung ausreichender Bildungs- und Ausbildungsmöglichkeiten, Formen der Unterbringung und Betreuung, die soziales Lernen in Gemeinschaft, aber auch den Schutz der Inhaftierten vor wechselseitiger Gewalt ermöglichen [...], ausreichende pädagogische und therapeutische Betreuung sowie eine mit angemessenen Hilfen für die Phase nach der Entlassung [...] verzahnte Entlassungsvorbereitung."[93]

Schließlich wird der Gesetzgeber dazu angehalten, „vorhandene Erkenntnisquellen, zu denen auch das in der Vollzugspraxis verfügbare Erfahrungswissen" zählt, auszuschöpfen und „sich am Stand der wissenschaftlichen Erkenntnisse zu orientieren." Dazu gehört nach Auffassung des Gerichtes auch, dass der Gesetz-

---

91 BVerfG NJW 2006, S. 2096.

92 Zumal die Regelungen noch hinter denen des Erwachsenenstrafvollzuges zurückblieben, vgl. dazu später *7.15.3.* Bis zur Neuregelung durch das 2. JGG-ÄndG vom 13.12.2007 (in Kraft seit 1.1.2008) war der Rechtsweg lediglich über §§ 23 ff. EGGVG zu den Oberlandesgerichten gegeben.

93 BVerfG NJW 2006, S. 2096.

geber für die Zukunft die Voraussetzungen für eine begleitende kriminologische Forschung und Evaluation schafft.[94]

4.3 Völkerrechtliche und internationale Mindeststandards als Indizmaßstab des Verfassungsrechts

Ebenfalls im abschließenden Teil seiner Ausführungen, im Kontext der vom Gesetzgeber zu berücksichtigenden „vorhandenen Erkenntnisquellen", trifft das Bundesverfassungsgericht die für die vorliegende Untersuchung richtungsweisende Aussage:

„Auf eine grundgesetzlichen Anforderungen nicht genügende Berücksichtigung vorhandener Erkenntnisse oder auf eine den grundrechtlichen Anforderungen nicht entsprechende Gewichtung der Belange der Inhaftierten kann es hindeuten, wenn völkerrechtliche Vorgaben oder internationale Standards mit Menschenrechtsbezug, wie sie in den im Rahmen der Vereinten Nationen oder von den Organen des Europarats beschlossenen einschlägigen Richtlinien und Empfehlungen enthalten sind [...], nicht beachtet bzw. unterschritten werden."[95]

Damit erklärte der Senat, dass bereits der Verstoß einer gesetzlichen Regelung oder Vollzugspraxis im Bereich des Jugendstrafvollzugs gegen die genannten internationalen Instrumente ein Indiz für die Verfassungswidrigkeit der entsprechenden Maßnahme oder Regelung darstellt. Argumentativ basiert dies auf der vom Bundesverfassungsgericht gestellten Anforderung an die staatliche Gewalt, sich bei der Gestaltung des Vollzuges der vorhandenen Erkenntnisse aus Wissenschaft und Praxis zu bedienen. Im Kern geht es dabei um die Verfahrenspflicht des Staates – trotz seines gerichtlich nur eingeschränkt überprüfbaren Beurteilungsspielraumes – vor dem Treffen einer Regelung oder der Durchführung einer Maßnahme alle entscheidungsrelevanten Aspekte des Sachverhalts zu ermitteln. Auch muss der Gesetzgeber die ihm zugänglichen Erkenntnisquellen ausgeschöpft haben, um die voraussichtlichen Auswirkungen seiner Regelungen als inhaltlich vertretbar anzusehen.[96] Tut er dies nicht, liegt darin ein Indiz für die Verfassungswidrigkeit der Entscheidung.

Hinsichtlich eines Verstoßes von Jugendstrafvollzugsgesetzen gegen internationale Mindeststandards bedeutet dies: Der Gesetzgeber muss erkennen lassen, dass er sich mit gegenläufigen Wertungen des Regelwerkes auseinandergesetzt hat. Andernfalls weckt er einen „Anfangsverdacht" für die Verfassungs-

---

94 BVerfG NJW 2006, S. 2097.

95 BVerfG NJW 2006, S. 2097.

96 BVerfGE 50, S. 290 ff., S. 333; BVerfG, 1 BvL 1/09 vom 9.2.2010, Abs. 143 f.; BVerfGE 30, S. 250 ff., S. 262 f.

widrigkeit der entsprechenden Regelung.[97] Ihn trifft eine Begründungspflicht, die ihn zwingt, tragfähige Argumente zu liefern, die die Abweichung von den internationalen Standards rechtfertigen. Nach den oben genannten Anforderungen des Gerichts muss sich der Gesetzgeber dabei wohl zwangsläufig wiederum an dem „verfügbaren Erfahrungswissen" der Praxis und dem „Stand der wissenschaftlichen Erkenntnisse orientieren",[98] aus welchen letztlich auch die internationalen Regelwerke hervorgegangen sind. Das maßgebliche Verdienst dieser „Indizkonstruktion"[99] des Bundesverfassungsgerichtes besteht demnach darin, dass sie die Gesetzgebung auf den Boden der Tatsachen zwingt. Das Gericht installiert die internationalen Mindeststandards als Einfallstor für rationale Empirie.

Mit seiner Entscheidung wertet das Gericht folglich in beachtenswerter Weise jene Regelwerke und Empfehlungen auf, die ohne rechtsverbindlichen Charakter eher ein bescheidenes Schattendasein führten.[100] Aber auch das „harte" Völkerrecht erfährt neben seiner unmittelbaren Geltung als national transformiertes Recht eine Aufwertung, indem es nochmals ins Bewusstsein der Entscheidungsträger gerufen wird.

---

97 *Pollähne* 2007a, S. 553.

98 BVerfG NJW 2006, S. 2097.

99 *Sonnen* 2007, S. 93; 2008, S. 168; *H.-J. Albrecht* 2009, S. 320.

100 Vgl. *Dünkel* 2006b, S. 114; ebenso *Sonnen* 2007, S. 93; *Pollähne* 2007a, S. 553; *Neubacher* 2009, S. 275 f; *Müller* 2010, S. 81.

5. Internationale Mindeststandards für den Jugendstrafvollzug

Die allgemein gehaltene Formulierung der Indizkonstruktion des Bundesverfassungsgerichts bringt es mit sich, dass eine Vielzahl von Regelwerken und Empfehlungen als verfassungsrechtlicher Maßstab für den Jugendstrafvollzug in Frage kommt. Dies liegt nicht zuletzt an dem „nach unten offenen Kontinuum der Rechtsqualität"[101] der vom Gericht genannten Normen, welche bewusst nicht nur auf klassisches Völkerrecht, sondern auch auf viele weniger bedeutende Empfehlungen mit Menschenrechtsbezug abzielen, deren Zahl mit sinkender Rechtsverbindlichkeit zunehmend unüberschaubarer wird. Auch wenn in dieser Untersuchung das Hauptaugenmerk auf den ERJOSSM liegen wird, so ist das Regelwerk dennoch im Kontext all jener Mindeststandards mit Gefangenen- und Menschenrechtsbezug zu sehen. Dies gilt auch deshalb, weil die ERJOSSM sich in ihrer Präambel selbst in Bezug zu „anderen maßgeblichen Normen" auf dem „Gebiet der Menschenrechte" setzen, hinter denen sie keinesfalls zurückbleiben möchten.[102] Im Rahmen dieser Untersuchung kann das Umfeld der übrigen Mindeststandards dennoch nur im Überblick berücksichtigt werden. Da sich die ERJOSSM – wie dargestellt – letztlich aber auch als „Auffangregelwerk" verstehen, wird später anlässlich der konkreten Gesetzesuntersuchung im Einzelfall auch auf eklatante Verstöße gegen andere Mindeststandards einzugehen zu sein.[103]

5.1 Rechtliche Verbindlichkeit und wirkende Institutionen

Um eine grobe Orientierung in der Vielzahl internationaler Mindeststandards zu schaffen, bietet es sich zunächst an, diese einigen wesentlichen Kategorien zuzuordnen: Die internationalen Vorgaben lassen sich vor allem nach dem Grad ihrer Rechtsverbindlichkeit und den „Prinzipien von Nähe und Distanz", also der Frage nach dem Ort der jeweils wirkenden bzw. erlassenden Institution, wie denen auf europäischer Ebene oder jenen im Bereich der Vereinten Nationen, einteilen.[104]

Hinsichtlich der Rechtsqualität gilt es, zwischen sogenanntem „*hard law*" und „*soft law*" zu unterscheiden. Ersteres umfasst vor allem völkerrechtliche

---

101 *Pollähne* 2007a, S.554.

102 Ausdrücklich werden die Bestimmungen der Empfehlung Rec(2006)2 über die Europäischen Strafvollzugsgrundsätze und der Empfehlung Nr. R (92)16 über die Europäischen Grundsätze betreffend „*community sanctions and measures*" genannt, die zur Anwendung kommen, soweit die Regeln der ERJOSSM nicht entgegenstehen.

103 Siehe dazu später ab *Kapitel 7*.

104 Vgl. *Pollähne* 2007a, S. 554.

Vorgaben im engeren Sinne, vornehmlich also Verträge und Konventionen, die bindend zwischen den beteiligten Nationen vereinbart wurden, wie die Europäische Menschenrechtskonvention (EMRK) oder die Kinderrechtskonvention der Vereinten Nationen (UN-KRK). Diese Normen sind durch Ratifizierung unmittelbar geltendes Bundesrecht,[105] das als solches auch Landesrecht „brechen" kann.[106] Demgegenüber entwickelt das „weiche Recht" keine unmittelbare Rechtswirkung für den Gesetzgeber oder Rechtsanwender.[107] Ihm sind Regelwerke wie die UN-Regeln zum Schutz von Jugendlichen unter Freiheitsentzug oder eben auch die vorliegend im Fokus stehenden ERJOSSM zuzuordnen. Diesem internationalen „*soft law*", hinter dem nicht selten gewichtige Institutionen wie die Vereinten Nationen und der Europarat stehen, wurde bisher zwar eine „hohe moralische Autorität",[108] aber auch die bloße „plakative Demonstration guten Willens"[109] attestiert, da man bezweifelte, dass es sich im „harten Konkurrenzkampf mit nationalen Gesetzen und völkerrechtlichen Verträgen"[110] durchsetzen könne.

Als größtes Problem der Mindeststandards galt bis vor gar nicht langer Zeit allerdings, dass sie als organisatorisch fernliegende, zudem meist fremdsprachliche Veröffentlichungen ohne direkt verpflichtende Eigenschaft ihren Adressaten oft unbekannt blieben.[111] Dies hat sich mittlerweile durch einige einschlägige Veröffentlichungen und amtliche Übersetzungen zum Besseren entwickelt. Im besten Falle sind die Mindeststandards dabei so weit ins Bewusstsein von Praxis und Gerichtsbarkeit vorgedrungen, dass sie aktiv als Auslegungshilfe genutzt werden können.[112]

Idealerweise hieße dies: „Die rechtliche Wirkung der Strafvollzugsgrundsätze lässt sich mit der gegenseitigen Beeinflussung eines politisch verbindlichen Katalogs und seiner Anwendung in der Praxis zur Konkretisierung bindender Menschenrechte erklären. Sie werden daher heute allgemein als Ausdruck eines gemeineuropäischen Rechtsbewusstseins und damit als Orientierungsrahmen und Maßstab für einen menschenrechtskonformen Haftvollzug eingestuft.

---

105 Vgl. *Dünkel* 2008b, S. 56; *Neubacher* 2009, S. 284 m. w. N.

106 Vgl. Ostendorf-*Ostendorf* 2009, Vorbm. Rn. 9; dazu später: *7.2.4.3.*

107 Vgl. *Morgenstern* 2002, S. 79 m. w. N. (am Beispiel der Tokyo Rules); *Neubacher/ Schüler-Springorum* 2001, S. 7.

108 Vgl. *van Ness* 1997, S. xiii, zitiert nach: *Morgenstern* 2002, S. 79.

109 *Müller-Dietz* 2006, S. 628; ähnlich auch *Neubacher* 1999, S. 216.

110 *Pollähne* 2007a, S. 557.

111 Vgl. *Neubacher/Schüler-Springorum* 2001, S. 2.

112 In dieser Hinsicht sehr optimistisch: *Neubacher* 2009, S. 285; ähnlich auch *Kerner/ Czerner* 2004, S. 7 f.

In diesem Sinn stellen sie eine Übersetzungshilfe für die Anwendung der Menschenrechte im spezifischen Umfeld von Haftsituationen dar."[113]
Hier setzt das Urteil des Bundesverfassungsgerichtes an und geht noch einen Schritt weiter, indem es mit seiner Indizkonstruktion dem Auslegungskriterium der Mindeststandards auch auf legislativer Ebene[114] zum „Durchbruch"[115] verhilft.[116] Damit führt für den Rechtsanwender – direkt oder indirekt – kein Weg mehr an der Auseinandersetzung mit den internationalen Vorgaben vorbei.

5.2 Die „European Rules for Juvenile Offenders Subject to Sanctions or Measures"[117] (ERJOSSM)[118]

5.2.1 Entstehungsgeschichtlicher Hintergrund

Die „European Rules for Juvenile Offenders Subject to Sanctions or Measures" wurden am 5.11.2008 durch das Ministerkomitee des Europarats förmlich als Empfehlung verabschiedet.[119] Die „Rules" folgen dabei dem vom Europarat

---

113 *Künzli/Achermann* 2007, S. 5.

114 Andere Gesetzgebungsentwicklungen sind hier sogar noch offensiver: Der *litauische* Gesetzgeber hat ganze Teile seines Strafvollstreckungsgesetzbuches und der dazugehörigen Verwaltungsvorschriften wörtlich aus den Europäischen Strafvollzugsgrundsätzen übernommen, vgl. *Sakalauskas* 2006, S. 100, 128, 157, 246.

115 *Neubacher* 2009, S. 275.

116 Vgl. auch *Pollähne* 2007a, S.557, der von einer Art „Erst-Recht-Schluss" ausgeht.

117 Eine einheitliche Übersetzung dieses Namens hat sich noch nicht durchgesetzt; wohl vor allem deshalb, weil sich die deutsche Sprache sehr gegen eine nah am Original gelegene Übersetzung sperrt, wie die Übersetzung des *BMJ* 2009 beweist („Europäische Grundsätze für die von Sanktionen und Maßnahmen betroffenen jugendlichen Straftäter und Straftäterinnen"). Sprachlich wohl klingende Übersetzungen müssen sich notgedrungen weiter vom Original entfernen („Europäische Empfehlungen für inhaftierte und ambulant sanktionierte jugendliche Straftäter", *Dünkel* 2008). Im Folgenden wird daher auf die Verwendung einer Übersetzung verzichtet. Bezugnahmen auf das Regelwerk finden hier unter Verwendung der Abkürzung (ERJOSSM) oder dem englischen Titel statt.

118 Veröffentlicht in *Councel of Europe* 2009; übersetzt in *BMJ* 2009 weitere Darstellungen bei *Dünkel/Baechtold/van Zyl Smit* 2007; 2009; 2009a; *Dünkel* 2008; 2008b. In knapper Form auch bei *Neubacher* 2009, S. 282 f.

119 Im Internet veröffentlicht unter:
https://wcd.coe.int//ViewDoc.jsp?Ref=CM/Rec(2008)11&Language=lanEnglish&Ver=original&BackColorInternet=9999CC&BackColorIntranet=FFBB55&BackColorLogged=FFAC75. Stand: 14.1.2011.

eingeschlagenen Kurs, das europäische Jugendkriminalrecht mittels kriminalpolitischer Leitlinien zu modernisieren.[120]

Die Europaratsregeln stehen am Ende einer langen Reihe internationaler Bemühungen zur Stärkung der Menschenrechte, die ihren Anfang mit der Gründung der Vereinten Nationen im Jahr 1945 und der allgemeinen Erklärung der Menschenrechte von 1948 nahmen.[121] Auf der Ebene der Vereinten Nationen folgten daraus 1955 Mindeststandards für die Behandlung von Gefangenen, der „Internationale Pakt über bürgerliche und politische Rechte" (IPBPR) von 1966 und die UN-Kinderrechtskonvention (UN-KRK) von 1989. Die letzteren beiden Regelwerke bilden gemeinsam mit den EMRK des Europarats von 1953 den „harten Kern" des Menschenrechtsschutzes im Strafvollzug. Sie sind *„hard law"* – also als ratifizierte völkerrechtliche Verträge unmittelbar geltendes Recht im Range von Bundesgesetzen.[122]

Spezifischer auf die Bereiche der Inhaftierung und des Jugendkriminalrechtes ist allerdings meist das *„soft law"* ausgelegt: Hier sind exemplarisch die UN-Mindestgrundsätze für die Jugendgerichtsbarkeit[123] von 1985, die „Empfehlungen über die gesellschaftlichen Reaktionen auf Jugendkriminalität"[124] von 1987 und die jüngeren „Empfehlungen über neue Wege im Umgang mit Jugenddelinquenz und der Rolle der Jugendgerichtsbarkeit"[125] des Ministerkomitees des Europarates zu nennen. Auch die durch das *„Committee for the Prevention of Torture and Inhuman or Degrading Treatment or Punishment"* (CPT) herausgebildeten Mindeststandards fallen in diese Kategorie. Ferner sind hier auch die UN-Mindestgrundsätze für nicht-freiheitsentziehende Maßnahmen[126] und die UN-Richtlinien für die Prävention von Jugendkriminalität[127] einzuordnen. Auf europäischer Ebene finden die Tokyo-Rules überdies ihre Entsprechung in den „Grundsätzen für gemeindebezogene Sanktionen und Maßnahmen".[128]

Für den Bereich der Inhaftierung Jugendlicher waren bisher vor allem die *„United Nations Rules for Juveniles Deprived of their Liberty"* der Vereinten

---

120 Vgl. *Neubacher* 2009, S. 282.

121 Vgl. *Dünkel/Baechtold/van Zyl Smit* 2007, S. 114; Überblick bei *Höynck/Neubacher/ Schüler-Springorum* 2001 und *Pollähne* 2007a. Aus jugendstrafrechtlicher Perspektive vgl. auch *Keiser* 2008, S. 26 ff.

122 Vgl. *Neubacher/Schüler-Springorum* 2001, S. 7.

123 Sog. Beijing-Rules.

124 *Committee of Ministers* Rec(87)20.

125 *Committee of Ministers* Rec(2003)20.

126 Sog. Tokyo-Rules.

127 Sog. Riyadh-Guidelines.

128 *„European Rules on Community Sanctions and Measures"*, ERCSM.

Nationen von 1990, die sog. *Havanna-Rules*,[129] einschlägig. Im Einflussbereich des Europarates wurde dieser Bereich bisher von den europäischen Strafvollzugsgrundsätzen[130] mit abgedeckt, die allerdings – wie auch die ERCSM – nicht vornehmlich auf Jugendliche, sondern auf (erwachsene) Gefangene bzw. Verurteilte im Allgemeinen abzielen.

Da es in der Riege der europäischen Mindeststandards an Vorgaben für den spezifischen Umgang mit Jugendlichen sowohl im Bereich der Inhaftierung als auch der ambulanten Maßnahmen mangelte, setzte das Komitee für Kriminalitätsprobleme (CDPC)[131] im Januar 2006 eine Expertenkommission ein, die ein Regelwerk zur Schließung eben dieser Lücke erarbeiten sollte. Diese bestand aus *Prof. Andrea Baechtold*, Bern, *Prof. Frieder Dünkel*, Greifswald, und *Prof. Dirk van Zyl Smit*, Nottingham. Nach mehrfachen Arbeitstreffen in Straßburg und Greifswald wurde dem Regelwerk in Anlehnung an die Namensgebungen der Vereinten Nationen, bei denen oben genannte Regelwerke jeweils den Namen der Städte erhielten, in denen sie erarbeitet wurden, der vorläufige Arbeitstitel „Greifswald Rules"[132] gegeben. Die vom Europarat beauftragte Expertenkommission brachte ihre Aufgabe bis zum April 2008 zum Abschluss und legte das Ergebnis in einer Sitzung des Council for Penological Cooperation (PC-CP) vom 31.3. bis 4.4. 2008 samt eines ebenfalls erarbeiteten Kommentars zu den ERJOSSM zur abschließenden Beratung vor. Daraufhin wurde das Regelwerk einschließlich Kommentar im Juni 2008 durch das CDPC mit geringen Abänderungen angenommen und am 5.11.2008 im Ministerkomitee des Europarates als förmliche Empfehlung[133] verabschiedet. Im Laufe des Verfahrens galt es, auf die Belange aller im PC-CP und CDPC vertretenen Länder Rücksicht zu nehmen, wobei Repräsentanten von bis zu 47 Nationen überzeugt werden mussten.[134] Dass es dabei auch überraschende Widerstände aufgrund sehr spezieller Problemlagen einzelner Länder zu überwinden galt (etwa von Luxemburg und Dänemark),[135] zeigt einmal mehr, dass es sich bei den Regeln des Europarates keinesfalls um einen bloß deklaratorischen Schnellschuss handelt.

---

129 Auch: „Regeln der Vereinten Nationen zum Schutz von Jugendlichen unter Freiheitsentzug".

130 *„European Prison Rules"*, EPR.

131 *Committee on Crime Problems*, CDPC.

132 *Dünkel/Baechtold/van Zyl Smit* 2007.

133 *Recommendation* CM/Rec(2008)11.

134 Vgl. *Dünkel* 2008, S. 376.

135 Vgl. *H.-J. Albrecht* 2009, S. 320.

5.2.2 Konzeptionelle Ausrichtung und Rechtsnatur

Der eigene Ansatz der ERJOSSM erschöpft sich nicht in der jugendspezifischen Perspektive. Anders als die EPR soll das Regelwerk jegliche Form des Freiheitsentzuges erfassen, also nicht nur den hier im Fokus stehenden Jugendstrafvollzug, sondern auch die Unterbringung in Untersuchungshaft, Erziehungsheimen, psychiatrischen Anstalten und ähnlichen Maßnahmen.[136] Eine relativ große gemeinsame Schnittmenge ergibt sich daher mit den *Havanna-Rules*, die ein ähnlich weites Konzept verfolgen. Anders als diese wiederum widmen sich die ERJOSSM auch dem Vollzug der ambulanten Maßnahmen und stellen somit die jugendspezifische Symbiose aus den EPR und den ERCSM dar.[137]

Wie die EPR und die Havanna-Rules sind die ERJOSSM als Empfehlungen des Ministerkomitees des Europarats nicht mit rechtlicher Verbindlichkeit für die Adressaten ausgestattet – sie sind „*soft law*".

5.2.3 Aufbau und Struktur

Die Empfehlungen sind zunächst in acht Hauptabschnitte gegliedert. Vergleichbar mit dem ersten Teil der EPR werden dabei zunächst allgemeine Grundprinzipien formuliert, die sog. „*Basic Principles*", die gleichsam „vor der Klammer" als allgemeiner Rahmen für alle darauf folgenden Regelungen gelten. Der zweite Abschnitt widmet sich den ambulanten Maßnahmen. Der für die vorliegende Untersuchung relevanteste Abschnitt, der dritte Teil der ERJOSSM, betrifft den Vollzug der stationären Sanktionen und Maßnahmen. Er ist wiederum stark untergliedert: Hier findet sich zunächst ein Allgemeiner Teil, der alle freiheitsentziehenden Maßnahmen insgesamt umfassen soll. Darin werden allgemeine Grundsätze formuliert und Vorgaben zur Struktur der Einrichtungen und zur „Unterbringung"[138] im weiteren Sinne, also zur „Zuweisung"[139] gemacht. Es folgen Mindeststandards zum Aufnahmeverfahren, zur Unterbringung im engeren Sinne, also hinsichtlich der Räumlichkeiten, in denen sich die Inhaftierten aufhalten, zur Hygiene, zur Kleidung und Bettwäsche, zur Ernährung und zur Gesundheitsfürsorge. Außerdem werden detaillierte Anforderungen an Beschäftigungs- und Behandlungsmaßnahmen („regime activities"), Außenkontakte sowie die Ausübungsmöglichkeiten der Glaubensfreiheit gestellt. Besonders umfangreich fällt der Abschnitt zum eingriffsintensiven Bereich der Sicherheit und Ordnung sowie der Disziplinar- und Sicherungsmaßnahmen aus. Schließlich

---

136 Vgl. *Dünkel* 2008, S. 375.

137 Vgl. *Dünkel/Baechtold/van Zyl Smit* 2009, S. 298.

138 Etwas verwirrende Übersetzung durch *BMJ* 2009 („placement"), da dadurch die Abschnitte E.3 und E.5 jeweils den Titel „Unterbringung" tragen.

139 *Dünkel* 2008, S. 378.

finden sich eigene Abschnitte zu den Bereichen Verlegung, Entlassungsvorbereitung sowie besondere Regeln zum Umgang mit Ausländern (oder Mitgliedern
ethnischer Minderheiten) und behinderten Insassen.

Dem allgemeinen Teil schließen sich besondere Abschnitte zu vorläufigen
Inhaftierungen (wie der Untersuchungshaft oder dem Polizeigewahrsam), zur
Unterbringung in Jugendhilfeeinrichtungen und der Unterbringung in psychiatrischen Krankenhäusern an. Der Regelungsbereich des Jugendstrafvollzugs wird
dabei vollständig vom allgemeinen Teil des Abschnittes „Freiheitsentzug" abgedeckt und erhält keinen eigenen Abschnitt im besonderen Teil.

Der vierte und der fünfte Teil des Regelwerkes machen Vorgaben hinsichtlich des Zuganges zu Rechtsbeiständen und der Ausgestaltung von Rechtsschutzmöglichkeiten. Ein weiterer Abschnitt widmet sich dem Personal, welches
die Maßnahmen und Sanktionen durchführt. Abschnitt sieben betrifft die Evaluation und Begleitforschung und die Zusammenarbeit mit Medien und der Öffentlichkeit. Der letzte Teil verlangt schließlich die regelmäßige Überprüfung
und Überarbeitung des Regelwerkes.

5.2.4 Anwendungsbereich und grundsätzliche Entscheidungen

Es wird an dieser Stelle darauf verzichtet, eine vollständige inhaltliche Übersicht
über die umfangreichen Regeln der ERJOSSM zu geben. Konkrete inhaltliche
Vorgaben des Regelwerkes zu bestimmten Vollzugsaspekten werden – soweit
einschlägig – zu gegebener Zeit bei der Erörterung der landesrechtlichen Regelungen vorgestellt. Vorweg bleibt nur auf die wesentlichen Grundentscheidungen der Europaratsregeln hinzuweisen:

Anders als bei den *Havanna-Rules* ist der persönliche Anwendungsbereich
des Regelwerkes nicht auf Minderjährige beschränkt. Gemäß Nr. 17 ERJOSSM
können die Mindeststandards auch auf volljährige Straftäter angewendet werden, soweit dies sinnvoll erscheint. Soweit also die jeweilige Rechtsordnung
jene Volljährigen dem Jugendstrafrecht unterstellt, sollen auch die ERJOSSM
anwendbar sein. Für Deutschland bedeutet dies, dass sich der Anwendungsbereich der Mindeststandards auch auf die i. S. v. § 105 JGG nach Jugendstrafrecht
sanktionierten Heranwachsenden erstreckt. Darüber hinaus erklärt Nr. 22
ERJOSSM, dass die Regeln auch zugunsten anderer Personen angewendet werden sollen, die sich in einer Institution für jugendliche Straftäter befinden. Damit
werden die Europaratsregeln auch für Insassen jenseits des Heranwachsenden-
alters, also über 21-jährige Gefangene, anwendbar, ferner z. B. für in Einrichtungen der Jugendhilfe aus erzieherischen Gründen (nicht wegen der Begehung
von Straftaten) untergebrachte Kinder und Jugendliche.[140]

---

140 *Dünkel* 2008, S. 379.

Die ERJOSSM enthalten einige Grundsatzentscheidungen, die erst im Zusammenspiel mit dem genannten Bezugspunkt eine inhaltliche Stellungnahme ergeben, wodurch das Regelwerk grundsätzlich offen gestaltet ist: Die erste „Öffnungsklausel" dieser Art ist die eingangs erwähnte Formulierung der Präambel, wonach die Regeln nicht derart interpretiert werden sollen, „dass sie weitergehenden Schutz der Rechte, der Fürsorge und des Schutzes von Jugendlichen allgemein, wie er in anderen internationalen Menschenrechtsstandards enthalten ist, präkludieren."[141] Dem Adressaten des Regelwerkes wird folglich von vornherein aufgegeben, immer auch über die Regeln des Europarates hinaus andere Menschenrechtsstandards im Blick zu behalten. Schon daraus wird zum Teil auch der allgemeine Grundsatz des Verbots der Schlechterstellung von Jugendlichen gegenüber Erwachsenen abgeleitet.[142] Dieser findet sich jedoch auch wesentlich konkreter im zweiten Satz der Regel Nr. 13 ERJOSSM: „Jugendliche dürfen bzgl. ihrer Rechtspositionen und Schutzrechte nicht schlechter gestellt werden als Erwachsene". Wenngleich diese Vorschrift vor allem „prozessuale Vorschriften" in den Blick nimmt, so kann der ihr inne wohnende Gedanke dennoch aufs gesamte Jugendstrafrechtssystem übertragen werden. Denn letztlich können die Maßstäbe für den Vollzug nicht hinter denen der materiellen und prozessualen Rechtsanwendung zurückstehen. Zudem spricht auch der auf dem Vollzug liegende Schwerpunkt der ERJOSSM insgesamt dafür, dass dieser Grundsatz ganzheitlich, für das gesamte staatliche Reaktionssystem – und damit auch gerade für den Vollzug – vorausgesetzt wird.

Von besonders großer Bedeutung für den Vollzug der Jugendstrafe sind zudem folgende basale Regeln bzw. Grundprinzipien der ERJOSSM:

Nr. 1: Alle jugendlichen Straftäter/Straftäterinnen, gegen die Sanktionen oder Maßnahmen verhängt werden, sind unter Achtung ihrer Menschenrechte zu behandeln.

Nr. 2: Sanktionen oder Maßnahmen, die gegen Jugendliche verhängt werden können, sowie die Art ihrer Durchführung müssen gesetzlich geregelt sein und auf den Prinzipien der Wiedereingliederung, Erziehung und Rückfallverhütung beruhen.

Nr. 7: Die Sanktionen oder Maßnahmen dürfen für die betroffenen Jugendlichen weder erniedrigend noch herabsetzend sein.

---

141 Übersetzung nach *Dünkel* 2008, S. 377.

142 *Dünkel* 2008, S. 378 m. w. N. zu diesem in Deutschland nicht unbestrittenen Grundsatz.

Nr. 8: Sanktionen oder Maßnahmen sind so durchzuführen, dass die ihnen eigene belastende Wirkung nicht noch verstärkt wird oder ein unangemessenes Risiko einer physischen oder psychischen Verletzung darstellt.

Nr. 10: Freiheitsentzug soll bei Jugendlichen nur als letztes Mittel und nur für die kürzestmögliche Dauer verhängt und durchgeführt werden. [...]

Nr. 11: Sanktionen oder Maßnahmen sind ohne Diskriminierung insbesondere wegen des Geschlechts, der Rasse, der Hautfarbe, der Sprache, der Religion, der sexuellen Ausrichtung, der politischen oder sonstigen Anschauung, der nationalen oder sozialen Herkunft, der Zugehörigkeit zu einer nationalen Minderheit, des Besitzstandes, der Geburt oder eines sonstigen Status zu verhängen und zu vollziehen (Grundsatz der Nichtdiskriminierung).

Nr. 12: Mediation und andere Maßnahmen der Wiedergutmachung sind in allen Verfahrensabschnitten, bei denen Jugendliche betroffen sind, zu fördern.

Nr. 14: Die Rechtssysteme, in denen Jugendsachen behandelt werden, müssen die Rechte und Verantwortlichkeiten der Eltern oder Erziehungsberechtigten gebührend berücksichtigen und diese Personen so weit wie möglich in die Verfahren und beim Vollzug der Sanktionen oder Maßnahmen einbeziehen, abgesehen von den Fällen, in denen dies nicht dem Wohl der Jugendlichen dient. Sind die Straftäter/Straftäterinnen volljährig, ist die Teilnahme der Eltern oder Erziehungsberechtigten nicht zwingend erforderlich. Der erweiterte Familienkreis der Jugendlichen und das soziale Umfeld können ebenfalls in die Verfahren einbezogen werden, wenn dies angemessen erscheint.

Nr. 15: Die prozessualen Vorschriften für Jugendstrafverfahren müssen einen multidisziplinären und multiinstitutionellen Ansatz zugrunde legen und auf weitergehende soziale Initiativen zu Gunsten Jugendlicher abgestimmt sein, um für diese eine umfassende und dauerhafte Betreuung sicherzustellen (Grundsätze der Einbeziehung des sozialen Umfeldes und der kontinuierlichen Betreuung).

Nr. 16: Das Recht auf Achtung der Privatsphäre der Jugendlichen ist in allen Stadien des Verfahrens umfassend zu wahren. Die Identität der Jugendlichen und die vertraulichen Informationen über ihre Person und ihre Familie dürfen nur solchen Personen mitgeteilt werden, die von Gesetzes wegen befugt sind, diese Informationen entgegenzunehmen.

Nr. 18: Das Personal, das mit Jugendlichen arbeitet, erbringt eine wichtige öffentliche Dienstleistung. Rekrutierung, fachliche Ausbildung und Arbeitsbedingungen sollen das Personal in die Lage versetzen, bei der Betreuung ange-

messene Standards einzuhalten, die den spezifischen Bedürfnissen Jugendlicher gerecht werden und ihnen als positives Beispiel dienen.

Nr. 19: Es müssen ausreichend Ressourcen und Personal zur Verfügung gestellt werden, um sicherzustellen, dass die Eingriffe in das Leben der Jugendlichen sinnvoll sind. Mittelknappheit darf niemals eine Rechtfertigung für Eingriffe in die Grundrechte von Jugendlichen sein.

Nr. 20: Der Vollzug jeglicher Sanktionen oder Maßnahmen ist regelmäßig durch staatliche Stellen zu kontrollieren und durch unabhängige Stellen zu überwachen.

6. Die Landesregelungen zum Jugendstrafvollzug im Überblick[143]

Zum 1.1.2008 sind in allen Bundesländern – wie vom Bundesverfassungsgericht gefordert – gesetzliche Grundlagen zum Jugendstrafvollzug in Kraft getreten. Die Länder *Bayern*,[144] *Hamburg*[145] und *Niedersachsen*[146] hatten sich dabei zunächst als einzige für eine Gesamtlösung entschieden, die die Regelungen von Erwachsenen- und Jugendstrafvollzug vereinte. Während Bayern und Niedersachsen dabei eigenständige Abschnitte für den Jugendstrafvollzug vorsehen, die bei Überschneidungen auf die Regelungen des Erwachsenenvollzugs verweisen, wurden in Hamburg jugendspezifische Abweichungen in gesonderten Absätzen der jeweiligen Normen untergebracht. Alle anderen Bundesländer legten zunächst völlig eigenständige, separate Jugendstrafvollzugsgesetze vor.[147] Mittlerweile ist allerdings auch *Baden-Württemberg* auf eine Gesamtlö-

---

143 Eine kompakte Synopse zu wesentlichen Unterschieden findet sich bei *Höynck u. a.* 2008, S. 159 ff.

144 Gesetz über den Vollzug der Freiheitsstrafe, der Jugendstrafe und der Sicherungsverwahrung (Bayerisches Strafvollzugsgesetz – BayStVollzG) vom 10.12.2007 (Bay. GVBl. S. 866).

145 Gesetz über den Vollzug der Freiheitsstrafe, der Jugendstrafe und der Sicherungsverwahrung (Hamburgisches Strafvollzugsgesetz – HmbStVollzG *a. F.*) vom 14.12.2007 (HmbGVBl. S. 471.)

146 Gesetz zur Neuregelung des Justizvollzuges in Niedersachsen (Niedersächsisches Justizvollzugsgesetz – NJVollzG) vom 14.12.2007 (Nds. GVBl, S. 720.)

147 Gesetz über den Vollzug der Jugendstrafe in Baden-Württemberg (Jugendstrafvollzugsgesetz – JStVollzG BW) vom 3.7.2007 (BW. GBl. S. 298); Gesetz über den Vollzug der Jugendstrafe in Berlin (Berliner Jugendstrafvollzugsgesetz – JStVollzG Bln) vom 15.12.2007 (Bln. GVBl. S. 653); Gesetz über den Vollzug der Jugendstrafe im Land Brandenburg (Brandenburgisches Jugendstrafvollzugsgesetz – BbgJStVollzG) vom 18.12.2007 (Bbg. GVBl. I S. 348); Gesetz über den Vollzug der Jugendstrafe im Land Bremen (Bremisches Jugendstrafvollzugsgesetz – BremJStVollzG) vom 27.3.2007 (Brem. GBl. S. 233); Hessisches Jugendstrafvollzugsgesetz (HessJStVollzG) vom 19.11.2007 (Hess. GVBl. I. S. 758); Gesetz über den Vollzug der Jugendstrafe (JStVollzG MV) vom 14.12.2007 (GVOBl. M-V S. 427); Gesetz zur Regelung des Jugendstrafvollzuges in Nordrhein-Westfalen (Jugendstrafvollzugsgesetz Nordrhein-Westfalen – JStVollzG NRW) vom 20.11.2007 (NRW. GVBl. NRW S. 539); Landesjugendstrafvollzugsgesetz Rheinland-Pfalz (JStVollzG RLP) vom 3.12.2007 (GVBl. RLP S. 252); Gesetz über den Vollzug der Jugendstrafe (Saarländisches Jugendstrafvollzugsgesetz – SJStVollzG) vom 30.10.2007 (Saar. ABL. S. 2370); Sächsisches Gesetz über den Vollzug der Jugendstrafe (Sächsisches Jugendstrafvollzugsgesetz – SächsJStVollzG) vom 12.12.2007 (SächsGVBl. S. 558); Gesetz über den Vollzug der Jugendstrafe im Land Sachsen-Anhalt (Jugendstrafvollzugsgesetz Sachsen-Anhalt – JStVollzG LSA) vom 7.12.2007 (GVBl. LSA S. 368); Gesetz über den Vollzug der Jugendstrafe in Schleswig Holstein (Jugendstrafvollzugsgesetz – JStVollzG SH) vom 19.12.2007 (GVBl. SH S. 563);

sung umgestiegen und regelt nun alle Vollzugsformen gemeinschaftlich in einem allgemeinen Justizvollzugsgesetzbuch.[148] Gegenläufig hingegen ist die Entwicklung in Hamburg, wo man sich mit der Regierungsübernahme der schwarz-grünen Koalition auf eine Neuregelung des Vollzuges in getrennten Gesetzen verständigt hat.[149]

Ferner ergeben sich hinsichtlich der inhaltlichen Selbstständigkeit Unterschiede: Grundsätzlich orientieren sich alle Gesetze in Sprache und Aufbau stark am StVollzG des Bundes. Im Verhältnis zueinander ähneln sich zumindest jene Gesetze stark, die von neun Bundesländern gemeinsam im sogenannten „Neuner-Entwurf‘[150] erarbeitet wurden. Dabei handelt es sich um die Gesetze von *Berlin, Brandenburg, Bremen, Mecklenburg-Vorpommern, Rheinland-Pfalz,* dem *Saarland,* von *Sachsen-Anhalt, Schleswig-Holstein* und *Thüringen.* Trotz der gemeinsamen Grundlage weisen jedoch auch diese Gesetze – wie sich zeigen wird – im inhaltlichen Detail teils erhebliche Unterschiede auf. Stark an den „Neuner-Entwurf‘ angelehnt ist zudem das sächsische Gesetz. Auch das neugeschaffene Hamburger Gesetz zum Jugendstrafvollzug lehnt sich – wenn auch weniger stark – an diesen Grundentwurf an.

Auch ansonsten bleibt das deutsche Jugendstrafvollzugsrecht in Bewegung: Spätere Gesetzesänderungen gab es in *Nordrhein-Westfalen,*[151] *Berlin,*[152] *Brandenburg*[153] und *Niedersachsen*[154]. Zuletzt sind in Hessen eine ganze Reihe von Änderungen beschlossen worden.[155]

Thüringer Gesetz über den Vollzug der Jugendstrafe (Thüringer Jugendstrafvollzugsgesetz – ThürJStVollzG) vom 20.12.2007 (Thür. GVBl. S. 221). Es handelt sich um die offiziellen Abkürzungen. Lediglich bei den Abkürzungen von *Baden-Württemberg, Rheinland-Pfalz* und *Schleswig-Holstein* wurden landesspezifische Kürzel durch den Autor ergänzt bzw. verändert, da die offizielle Kurzform nicht die Herkunft der Norm erkennen lässt.

148 Gesetzbuch über den Justizvollzug in Baden-Württemberg vom 10. November 2009, BW Gbl. 2009, S. 545.

149 Gesetz über den Vollzug der Jugendstrafe vom 14. Juli 2009 (HmJStVollzG). HmbGVBl. 2009, S. 257, 280; in *Hamburg* folgte mit dem Regierungseintritt der *Grünen* ein regelrechter Paradigmenwechsel, der in weiten Teilen zum vollständigen Revision der bisherigen jugendstrafvollzugsrechtlichen Materie geführt hat, vgl. *Dünkel/Kühl* 2009, S. 83 ff.

150 *Ostendorf* 2007b, S. 103; 2008, S. 100 ff.

151 Gesetz vom 08.12.2009, GV. NRW. 2009, S. 762.

152 § 3 Abs. 2 der Verordnung vom 03.07.2009, Bln. GVBl. 2009, S. 305.

153 Art. 15 des Gesetzes vom 3. April 2009, Bln. GVBl. I 2009, S. 26, 59.

154 Artikel 20 des Gesetzes vom 25.03.2009, Nds. GVBl. 2009, S. 72.

155 Gesetz zur Schaffung und Änderung hessischer Vollzugsgesetze vom 6. Juli. 2010, Hess. GVBl. 2010, S. 185, 226.

Der Bundesgesetzgeber ist ebenfalls nicht untätig geblieben und hat nach der fundamentalen Kritik des Bundesverfassungsgerichtes am ehedem bestehenden Rechtsschutzsystem seine auch nach der Föderalismusreform verbliebene Gesetzgebungskompetenz hinsichtlich des gerichtlichen Rechtschutzes im Jugendstrafvollzug genutzt[156] und dieses im Zuge des zweiten JGG-Änderungsgesetzes vollständig überarbeitet.[157]

---

156 Vgl. *7.15.3.*

157 Zweites Gesetz zur Änderung des Jugendgerichtsgesetzes und anderer Gesetze vom 13.12.2007 (BGBl. 2008 Teil I. S. 1212).

7. Die Landesregelungen zum Jugendstrafvollzug im Licht der ERJOSSM

Im Folgenden werden einzelne Regelungsaspekte der gesetzlichen Reform des Jugendstrafvollzugs in den sechzehn Bundesländern im Lichte der ERJOSSM untersucht und bewertet.

7.1 Konzeptionelle Grundentscheidungen

Schon die konzeptionelle Ausgestaltung als Einzelgesetz oder Gesamtlösung zusammen mit anderen Vollzugsformen, stellt eine wesentliche Weichenstellung für die jeweilige Regelung des Jugendstrafvollzugs dar. Sie ist zunächst eine Stellungnahme, mit der der jeweilige Landesgesetzgeber indirekt erklärt, dass er die verschiedenen Vollzugsformen regelmäßig für grundsätzlich ähnlich erachtet, weshalb er sie daher gemeinschaftlich regelt oder sie als so unterschiedlich bewertet, dass er eigenständige gesetzliche Grundlagen für notwendig hält. Die Gesetze *Bayerns* und *Niedersachsens* haben sich für ersteres entschieden und verweisen in besonderen Abschnitten zum Jugendstrafvollzug auf die allgemeinen Regelungen des Erwachsenenvollzugs.[158] *Baden-Württembergs* Gesetz hat diesen Weg ebenfalls eingeschlagen, in dem es für sein Justizvollzugsgesetzbuch einen großen allgemeinen Teil mit gemeinsamen Regelungen gleichsam „vor die Klammer" aller Vollzugsregelungen zieht.

Problematisch an dieser Gesetzesgestaltung ist zunächst die geringe Zugänglichkeit der Normen. Zwar ist aus legislativer Sicht der Wunsch nach einer gewissen „Gesetzgebungsökonomie",[159] die die Flut der Paragraphen einzudämmen sucht, nachvollziehbar, mit dem Ziel ein spezifisches und leicht handhabbares Normenwerk für den Jugendstrafvollzug zu schaffen, verträgt er sich allerdings nicht. Insbesondere die mit der Gesamtlösung verbundene Verweisungstechnik erschwert die Lektüre der Gesetze ungemein.[160] Dies gilt dabei

---

158 Die ursprüngliche, noch weniger eigenständige Hamburger Normierung galt weithin als missglückt und „am Rande der Verfassungswidrigkeit", vgl. *Dünkel/Kühl* 2009, S. 82; vgl. auch *Eisenberg* 2008, S. 251; und ist mittlerweile durch ein eigenständiges Jugendstrafvollzugsgesetz ersetzt worden.

159 *Dünkel* 2007, S. 2; vgl. auch *Oehlerking* 2008, S. 47; *Schneider* 2010, S. 48; *Arloth* 2008a, S. 134.

160 Vgl. *Feest/Bammann* 2010, S. 535; a. A. *Arloth* 2008a, S. 134, der seltsamerweise davon ausgeht, dass durch die *bayerische* und *niedersächsische* Gesamtlösung Verweisungen vermieden würden. In *Baden-Württemberg* kommt noch erschwerend hinzu, dass die Paragraphen des Justizvollzugsgesetzbuches nicht durchgehend nummeriert sind, wodurch sich zwangsläufig verwirrende Doppelungen mit den Normen des allgemeinen Teils ergeben.

nicht nur für Vollzugspersonal und -verwaltung,[161] sondern in besonderem Maße auch für diejenigen, deren Rechte durch die Normen beschränkt werden.[162] Geradezu evident erscheint das Problem, wenn man sich mit dem Bundesverfassungsgericht vor Augen hält, dass die Insassen des Jugendstrafvollzugs „im Umgang mit Institutionen und Schriftsprache typischerweise besonders ungeübt" sind.[163] Der – zugegebenermaßen schon vorher vermutlich eher seltene – Fall, dass sich ein junger Gefangener mit „seinem" Gesetz auseinandersetzt, wird dadurch noch unwahrscheinlicher und eine gegebenenfalls pädagogische Aufarbeitung der Gesetzesmaterie zusätzlich erschwert.[164] Auch die Wahrung und Überprüfung der eigenen gesetzlichen Rechte und Pflichten vor dem Hintergrund von Rechtsschutzbemühungen wird auf vermeidbare Weise behindert. Dagegen legen auch die Europaratsregeln – wie das Bundesverfassungsgericht – gerade in diesem Bereich Wert auf Einfachheit (Nr. 122.1 ERJOSSM).

Zudem stellen die ERJOSSM selbst eine Festlegung zu der Frage dar, ob die Inhaftierung von jungen Gefangenen einer eigenständigen Regelung bedarf: Sie sind die jugendspezifische Gegenseite zu dem auf den Erwachsenenvollzug ausgerichteten EPR, die ihrerseits nicht hinreichend spezifisch auf die Belange junger Gefangener ausgerichtet sind. Es folgt daher schon aus dem systematischen Verhältnis der Europaratsregeln zueinander, dass aus Sicht der europäischen Mindeststandards eine gemeinschaftliche Regelung von Jugend- und Erwachsenenvollzug nicht favorisiert wird.[165]

Dafür sprechen gute Gründe: Jugendstrafvollzug und normaler Strafvollzug sind grundverschieden und müssen dementsprechend unterschiedlich behandelt werden.[166] Es handelt sich rechtlich wie qualitativ um ein „aliud"[167] gegenüber dem Erwachsenenstrafvollzug. Dies hat auch das Bundesverfassungsgericht in

---

161 Welche im Übrigen ebenfalls eine eigenständige Regelung des Jugendstrafvollzugs als bedeutsam hervorgehoben haben, vgl. *Dünkel/Geng* 2007b, S. 144.

162 Vgl. *Eisenberg* 2008, S. 251; *Köhne* 2007, S. 111; *Wegemund/Dehne-Niemann* 2008, S. 565 f. m. w. N.; relativierend *Schneider* 2010, S. 47; 51, der die Bedeutung des schnelleren gemeinschaftlichen Gesetzgebungsverfahrens gegenüber der Lesbarkeit der Gesetze betont.

163 Vgl. BVerfG NJW 2006, S. 2096.

164 Ähnlich auch Ostendorf-*Ostendorf* 2009, Kap. 1 Rn. 4.

165 Auch die UN-KRK sprechen in Art. 40 Abs. 3 von „Gesetzen", die „besonders für Kinder" gelten (nach Art. 1 UN-KRK sind das Personen bis um 18. Lebensjahr).

166 Vgl. *Eisenberg* 2008, S. 250; *J. Walter* 2003b, S. 397; *Sonnen* 2008, S. 159; 2003, S. 63; *Dünkel* 1999, S. 130.

167 *J. Walter* 2004, S. 397.

mehrfacher Hinsicht deutlich herausgestellt.[168] Eine gemeinschaftliche Regelung beinhaltet dagegen immer die Gefahr, dass „die vom BVerfG betonten Besonderheiten des Jugendstrafvollzugs zu wenig deutlich werden,[169] da in zahlreichen Bereichen (z. B. bzgl. der Öffnung des Vollzugs, der Anwendung von Disziplinar- und Sicherungsmaßnahmen) weitgehend auf die Vorschriften des Erwachsenenvollzugs verwiesen wird.“[170] Dabei erscheint es auch nicht völlig unwahrscheinlich, dass sich der Gesetzgeber bei dieser Vorgehensweise selbst im Verweisungsgeflecht verstrickt. Zudem widerspricht eine gesetzliche Kombination auf der Vollzugsebene der Wertung des allgemeinen Strafrechts, welches mit dem Jugendgerichtsgesetz (JGG) ebenfalls ein Spezialgesetz aufweist.[171]

Zu Recht wird im Übrigen eingewandt, dass eine Gesetzgebung „aus einem Guss" aufgrund der beim Bundesgesetzgeber verbliebenen Kompetenz zum gerichtlichen Verfahren ohnehin nicht möglich ist.[172]

7.2 Vollzugsziele und -aufgaben

Unter der Überschrift „Ziele des Strafvollzuges" stellten schon die European Prison Rules von 2006 fest: *„Die Freiheitsstrafe ist allein durch den Entzug der Freiheit eine Strafe. Der Strafvollzug darf daher die mit der Freiheitsstrafe zwangsläufig verbundenen Einschränkungen nicht verstärken.* "[173]

Sofern also die Zielsetzungen des Vollzuges eine Beschwerung des Gefangenen über die bloße Freiheitsentziehung mit sich bringen, sind diese unzulässig. Insoweit galt bereits im Erwachsenenstrafvollzug: Allgemeine belastende Strafzwecke wie Schuldausgleich, Schuldschwere, Sühne, Generalprävention und Verteidigung der Rechtsordnung darf sich der Vollzug grundsätzlich nicht zu eigen machen.[174]

---

168 Vgl. BVerfG NJW 2006, S. 2095 und *Abschnitt 4.1.*

169 Vgl. *Sonnen* 2007, S. 80; *DVJJ u. a.* 2007, S. 51; *Mertin* 2002, S. 20; *Köhne* 2007, S. 110 f.; *Ostendorf* 2006, S. 91; so auch schon *J. Walter* 2005a, S. 17 hinsichtlich der bloßen Orientierung am StVollzG; a. A. *Schneider* 2010, S. 46 f.

170 *Dünkel* 2007, S. 2.

171 Vgl. *Eisenberg* 2008, S. 250.

172 Vgl. *Dünkel* 2007, S. 2.

173 Nr. 102.2 EPR. So auch die Standardminimum Rules der Vereinten Nationen („Prison is punishment solely by the deprivation of liberty", vgl. Nr. 58 SMR).

174 Vgl. *Calliess/Müller-Dietz* 2008, § 2 Rn. 8; AK-*Bung/Feest* 2012, § 2 Rn. 3 m. w. N. hinsichtlich dieses im Erwachsenenstrafvollzugsrecht nicht in jedem Fall unumstrittenen Gebots.

Für den Bereich der inhaftierten Jugendlichen geben die ERJOSSM ähnliches vor: *„Sanktionen oder Maßnahmen sind so durchzuführen, dass die ihnen eigene belastende Wirkung nicht noch verstärkt wird oder ein unangemessenes Risiko einer physischen oder psychischen Verletzung darstellt."*[175]

Und konkret für den Freiheitsentzug gilt: *„Der Freiheitsentzug ist nur zu dem Zweck durchzuführen, zu dem er verhängt wurde, und in einer Weise, die die damit verbundenen Beeinträchtigungen nicht zusätzlich erhöht."*[176]

Das „Wie" und damit die Zielsetzung der tatsächlichen Durchführung der Haft dürfen „nur in der Weise" ausgestaltet sein, dass den Gefangenen über die bloße Freiheitsentziehung hinaus nicht zusätzliche Belastungen treffen. Eine generalpräventive[177] oder schuldbezogene[178] Zielorientierung des Vollzuges scheidet damit von vornherein aus. Als allgemeine Strafzwecke kommen diese Aspekte allenfalls für die Entscheidung über das „Ob" der Jugendstrafe zum Tragen.

Die entsprechende Zielvorschrift eines Jugendstrafvollzugsgesetzes kann demnach nur schlicht die Umsetzung der auferlegten Unfreiheit begleiten. Sie umrahmt die Durchführung, ohne selbst die Ziele der Strafe zu teilen[179] und gibt in praktischer Hinsicht die inhaltliche Marschrichtung vor. Sie steht für die Verwaltung der Strafe, nicht für deren Intention.

Als Leitprinzip steht sie dem Gesetz und damit dem ganzen Vollzug voran. Dabei ist sie allerdings nicht auf die Rolle eines wohlklingend-hehren Mottos ohne konkrete praktische Relevanz beschränkt: Gestaltung, Auslegung und praktische Anwendung des Jugendstrafvollzugsgesetzes sind stets an ihr auszurichten. Im juristisch „handfesten" Sinne begleitet sie als teleologische Kontrollinstanz und „Optimierungsgebot"[180] für Ermessensentscheidungen den Vollzugsalltag in all seinen Facetten. Als „Vollzugsphilosophie"[181] ist sie deswegen

---

175 Nr. 8 ERJOSSM (Übersetzungen des Regelwerkes entsprechen denen des *BMJ* 2009, soweit nichts anderes angegeben ist).

176 Nr. 49.1 ERJOSSM.

177 Sofern man generalpräventive Aspekte im Jugendstrafrecht überhaupt als Strafzweck anerkennt: *Eisenberg* 2012, § 92 Rn. 27; *Laubenthal/Baier/Nestler* 2010, Rn. 725 m. w. N. zum Streitstand. Dagegen spricht auch, dass der Freiheitsentzug von Jugendlichen gem. Art. 3 Abs. 1 UN-KRK stets vorrangig am Kindeswohl orientiert sein muss, vgl. *J. Walter* 2001, S. 67.

178 Vgl. *Dünkel* 2008a, S. 83.

179 Vgl. *Höynck* 2001, S. 77.

180 *Alexy* 2003, S. 771.

181 Ostendorf-*Ostendorf* 2009, Kap. 1 Rn. 14.

gleichermaßen für das allgemeine Vollzugsklima wie auch für Einzelentscheidungen durchgehend von großer Bedeutung.[182]

7.2.1 Vorgaben der ERJOSSM

Neben den bereits genannten Grundsatznormen[183], die vor allem das praktische Verhältnis des Vollzuges zu den allgemeinen Strafzwecken zum Ausdruck bringen, fehlt es in den *ERJOSSM* an einer eindeutigen Festlegung, welches Ziel dem Vollzug in seiner gesetzlichen Ausgestaltung deklaratorisch voran zu stehen hat. Dennoch lässt sich die gesamtkonzeptionelle Ausrichtung (und damit indirekt auch ein ungeschriebenes „Leitmotiv") aus einer Vielzahl von Grundsatz- und Einzelregelungen ablesen.[184]

Gleich *Grundsatz Nr. 1* der *„Basic Principles"* betont, dass Jugendliche, die staatlichen Sanktionen ausgesetzt sind, die Achtung sämtlicher Menschenrechte genießen. Die generelle Grundregel der Präambel, wonach die ERJOSSM nicht hinter anderen bereits existierenden Mindeststandards zurückbleiben wollen, wird insoweit konkretisiert.[185] Dies richtet den Blick auf Menschenrechtsinstrumente wie den IPBPR, der im Strafvollzug eine Ausrichtung auf die „gesellschaftliche Wiedereingliederung" einfordert (Art. 10 Abs. 3 S. 1). Speziell für Jugendliche ist zudem Art. 40 Abs. 1 UN-KRK einschlägig, der – etwas schwächer – fordert, die „soziale Wiedereingliederung" und die „Übernahme einer konstruktiven Rolle in der Gesellschaft" des Kindes „zu fördern".[186] So lässt sich folglich bereits indirekt aus der Präambel in Verbindung mit der ersten Basis-Regel als wesentliches Vollzugsziel die Resozialisierung ableiten.

So ist es denn auch der unmittelbar anschließende Grundsatz Nr. 2, der eben diese „Grundsätze der sozialen Wiedereingliederung und Erziehung sowie der Vorbeugung von Rückfälligkeit"[187] als Grundlage jeglicher Maßnahmen und Sanktionen postuliert. Dies schränkt den Raum für punitive und sichernde Vollzugsziele, die sich auf dem Weg in die Wiedereingliederung als hinderlich er-

---

182 Vgl. *Boers/Schaerff* 2008, S. 316; *Höynck/Hosser* 2007, S. 389; *Tiere!* 2008, S. 138; *Sußner* 2009, S. 193; *Ostendorf* 2007b, S. 105; *Calliess/Müller-Dietz* bezeichnen das Vollzugsziel auch als „Gestaltungsmaxime", § 2 Rn. 3.

183 Siehe die Einleitung zu diesem Abschnitt (*7.2*).

184 Übersetzungen entstammen *BMJ 2009* soweit nichts anderes angegeben ist.

185 Vgl. *Dünkel/Baechtold/van Zyl Smit* 2007, S. 121. Etwas ungelenk ist die Übersetzung des *BMJ 2009*, wonach die ERJOSSM andere Grundsätze nicht „behindern" wollen.

186 Die jeweilige amtliche Übersetzung findet sich im grundlegend kommentierenden Kontext bei: *Höynck/Neubacher/Schüler-Springorum* 2001.

187 Übersetzung nach *Dünkel* 2008a.

weisen können, weiter ein.[188] Langfristig belastende und sichernde Vollzugsgestaltungen beeinträchtigen junge Inhaftierte, die sich noch gänzlich in ihrer Persönlichkeitsentwicklung befinden, in besonderem Maße.[189]

Auch der einführend genannte Grundsatz Nr. 8 weist im Zusammenspiel mit seiner Konkretisierung in Regel Nr. 49.1 indirekt auf die übergeordnete Rolle der Resozialisierung hin. Denn die Forderung nach der Durchführung der Haftstrafe in einer Weise, die über den Freiheitsentzug hinausgehende Belastungen soweit wie möglich zu vermeiden sucht, stellt nicht zuletzt auch auf die Begrenzung und Beseitigung vollzugsbedingter Entsozialisierung ab: Denn am ehesten kann Prisonierungseffekten, gesellschaftlicher Entwurzelung und der daraus resultierenden kriminogenen Wirkung[190] des Vollzuges mit konsequenten Resozialisierungskonzepten begegnet werden.[191]

Die Grundsätze Nr. 9 und Nr. 10 betonen das Prinzip der Verhältnismäßigkeit, insbesondere in Bezug auf die Dauer der vollzogenen Freiheitsentziehung. Freiheitsentzug muss als letztes Mittel nach dem „Grundsatz des geringsten Eingriffs" ausgestaltet sein.[192] Konsequent weitergedacht heißt das auch, dass Öffnungen und Verkürzungen der Haft als gestalterisch-sinnvolle[193] Ausformungen des Wiedereingliederungsziels eine übergeordnete Rolle spielen sollen. Bei Entscheidungen über entsprechende Maßnahmen ringt das Resozialisierungsziel regelmäßig mit punitiven Vorstellungen von Strafe und dem Gedanken des „Schutzes der Allgemeinheit", soweit dieser als „Schutz" durch Inhaftierung verstanden wird. Die ERJOSSM beziehen mit der Betonung dieses „Ultima-Ratio-Grundsatzes" insoweit Stellung für ambulante und damit primär am Resozialisierungsziel ausgerichtete Konzepte.[194]

---

188 Vgl. *Dünkel* 2008a, S. 382.

189 Vgl. ERJOSSM commentary zu Regel Nr. 2; *Koesling* 2007, S. 335 f.

190 Vgl. OLG Schleswig NStZ 1985, S. 475; *Kühnel/Hiebe/Tölke* 2005, S. 242 bis 244; *Kaiser/Schöch* 2002, § 5 Rn. 13; *Kunz* 2008, § 35 Rn. 19; *J Walter* 2004, S. 401 m. jew. w. N.

191 Vgl. AK-*Bung/Feest* 2012, § 2 Rn. 11.

192 Vgl. *Dünkel/Baechtold/van Zyl Smit,* 2007, S. 124 f. Gleiches folgt auch aus Art. 37 UN-KRK, vgl. *J. Walter* 2001, S. 70.

193 Vgl. *Dünkel/Drenkhahn* 2001, S. 397 m. w. N.

194 Auch Regel Nr. 53.2 deutet auf den Vorrang offener Vollzugsformen hin. Vgl. *Dünkel* 2008a, S. 391.

Ebenso betont Rule Nr. 50.1, dass „Aktivitäten", „Programme" und Planung des Vollzuges auf „die Progression hin zu möglichst wenig einschränkenden Vollzugsformen" und auf „Wiedereingliederung" ausgerichtet sein sollen.[195] Auch in Rule Nr. 96 wird bezüglich Verlegungen die überragende Bedeutung des Resozialisierungsziels gegenüber Sicherheitsaspekten betont.

Die Gesamtschau macht deutlich: Das Vollzugsziel der Resozialisierung ist in den ERJOSSM omnipräsent[196] – bis tief in Detailregelungen. Nahezu jeder Gestaltungsvorschlag ist durchdrungen von der Wiedereingliederungsprämisse. Wo andere Interessen in Opposition treten[197], wird stets die Vorrangigkeit des Wiedereingliederungsgrundsatzes betont. Andere Vollzugsziele und Strafzwecke finden dagegen keine Erwähnung oder werden allgemein (bezüglich punitiver Strafzwecke) zurückgewiesen. Damit stellt die Resozialisierung *das* zentrale Leitmotiv der ERJOSSM dar. Eine gesetzliche Regelung, die das europäische Regelwerk in verfassungsrechtlich gebotener Weise zu berücksichtigen sucht, wird kaum umhin können, ihrerseits dem Resozialisierungsgrundsatz einen hohen Stellenwert einzuräumen.

7.2.2 Synoptischer Überblick der Rechtslage

Baden-Württemberg	**§ 2 JVollzG BW-I** **Kriminalpräventive Aufgabe** Die kriminalpräventive Aufgabe des Strafvollzuges und des Jugendstrafvollzuges liegt im Schutz der Bürgerinnen und Bürger vor weiteren Straftaten. Strafvollzug und Jugendstrafvollzug leistet einen Beitrag für die Eingliederung der Gefangenen in die Gesellschaft, die innere Sicherheit und für den Rechtsfrieden. **§ 1 JVollzG BW-IV** **Erziehungsauftrag** Im Vollzug der Jugendstrafe sollen die jungen Gefangenen dazu erzogen werden, in sozialer Verantwortung ein Leben ohne Straftaten zu führen.

---

195 Übersetzung nach *Dünkel* 2008a.

196 Allein der Begriff der „Reintegration" wird im Regeltext und Kommentar 27 Mal genannt.

197 In der Regel Sicherheitsgedanken wie in Regel Nr. 96.

Bayern	**Art. 121 BayStVollzG**
	Aufgaben des Jugendstrafvollzugs
	Der Vollzug der Jugendstrafe dient dem Schutz der Allgemeinheit vor weiteren Straftaten. Die Gefangenen im Vollzug der Jugendstrafe (junge Gefangene) sollen dazu erzogen werden, künftig einen rechtschaffenen Lebenswandel in sozialer Verantwortung zu führen (Erziehungsauftrag).
Berlin	**§ 2 JStVollzG Bln**
	Ziel und Aufgabe
	Der Vollzug dient dem Ziel, die Gefangenen zu befähigen, künftig in sozialer Verantwortung ein Leben ohne Straftaten zu führen. Er hat die Aufgabe, die Allgemeinheit vor weiteren Straftaten zu schützen.
Brandenburg, Bremen, Mecklenburg-Vorpommern, Sachsen-Anhalt, Thüringen	**§ 2 BbgJStVollzG, BremJStVollzG, JStVollzG M-V, JStVollzG LSA, ThürJStVollzG**
	Ziel und Aufgabe
	Der Vollzug dient dem Ziel, die Gefangenen zu befähigen, künftig in sozialer Verantwortung ein Leben ohne Straftaten zu führen. Gleichermaßen hat er die Aufgabe, die Allgemeinheit vor weiteren Straftaten zu schützen.
Hamburg	**§ 2 HmbJStVollzG**
	Aufgabe des Vollzuges
	Der Vollzug dient dem Ziel, die Gefangenen zu befähigen, künftig in sozialer Verantwortung ein Leben ohne Straftaten zu führen. Gleichermaßen hat er die Aufgabe, die Allgemeinheit vor weiteren Straftaten zu schützen. Zwischen dem Vollzugsziel und der Aufgabe, die Allgemeinheit vor weiteren Straftaten zu schützen, besteht kein Gegensatz.
Hessen	**§ 2 HessJStVollzG**
	Erziehungsziel und Schutz der Allgemeinheit
	(1) Durch den Vollzug der Jugendstrafe sollen die Gefangenen befähigt werden, künftig in sozialer Verantwortung ein Leben ohne Straftaten zu führen (Erziehungsziel).
	(2) Der Jugendstrafvollzug dient zugleich dem Schutz der Allgemeinheit vor weiteren Straftaten. Dies wird durch das Erreichen des Erziehungsziels und durch die sichere Unterbringung und Beaufsichtigung der Gefangenen gewährleistet. Bei der Prüfung von Vollzugsöffnenden Maßnahmen sind der Schutz der Allgemeinheit und die Belange des Opferschutzes in angemessener Weise zu berücksichtigen.

Niedersachsen	**§ 113 NJVollzG**
	Vollzugsziele
	Im Vollzug der Jugendstrafe sollen die Gefangenen vor allem fähig werden, künftig in sozialer Verantwortung ein Leben ohne Straftaten zu führen. Der Vollzug der Jugendstrafe dient auch dem Schutz der Allgemeinheit vor weiteren Straftaten.
Nordrhein-Westfalen	**§ 2 JStVollzG NRW**
	Vollzugsziel, Aufgaben
	(1) Der Vollzug der Jugendstrafe dient dem Ziel, die Gefangenen zu befähigen, künftig in sozialer Verantwortung ein Leben ohne Straftaten zu führen.
	(2) Der Schutz der Allgemeinheit vor weiteren Straftaten ist bei der Gestaltung des Vollzuges zu gewährleisten.
Rheinland-Pfalz	**§ 2 JStVollzG RLP**
	Ziel und Aufgabe
	Der Vollzug dient dem Ziel, die Gefangenen zu erziehen und sie zu befähigen, künftig in sozialer Verantwortung ein Leben ohne Straftaten zu führen. Hierdurch wird auch der Schutz der Bürgerinnen und Bürger vor Straftaten junger Menschen als kriminalpräventive Aufgabe des Jugendstrafvollzugs erfüllt. Die Gefangenen sind unter Achtung ihrer Grund- und Menschenrechte zu behandeln. Niemand darf unmenschlicher oder erniedrigender Behandlung unterworfen werden.
Saarland	**§ 2 SJStVollzG**
	Ziel und Aufgabe
	(1) Durch den Vollzug der Jugendstrafe sollen die Gefangenen befähigt werden, künftig in sozialer Verantwortung ein Leben ohne Straftaten zu führen (Erziehungsziel).
	(2) Der Jugendstrafvollzug dient zugleich dem Schutz der Allgemeinheit vor weiteren Straftaten. Dies wird durch das Erreichen des Erziehungsziels und durch die sichere Unterbringung und Beaufsichtigung der Gefangenen gewährleistet.
Sachsen	**§ 2 SächsJStVollzG**
	Ziel und Aufgabe des Vollzugs
	Der Vollzug dient dem Ziel, die Gefangenen zu befähigen, künftig in sozialer Verantwortung ein Leben ohne Straftaten zu führen. Er erfüllt auch die Aufgabe, die Allgemeinheit vor weiteren Straftaten zu schützen.

Schleswig-Holstein,	**§ 2 JStVollzG SH** **Ziel und Aufgabe** Der Vollzug dient dem Ziel, die Gefangenen zu befähigen, künftig in sozialer Verantwortung ein Leben ohne Straftaten zu führen. Gleichermaßen hat er die Aufgabe, die Allgemeinheit vor weiteren Straftaten zu schützen. Zwischen dem Vollzugsziel und der Aufgabe, die Allgemeinheit vor weiteren Straftaten zu schützen, besteht kein Gegensatz.
BMJ 2006	**§ 2 Ziel des Vollzuges** Ziel des Vollzuges der Jugendstrafe ist eine Lebensführung der Gefangenen ohne Straftaten.
StVollzG	**§ 2 Aufgaben des Vollzuges** Im Vollzug der Freiheitsstrafe soll der Gefangene fähig werden, künftig in sozialer Verantwortung ein Leben ohne Straftaten zu führen (Vollzugsziel). Der Vollzug der Freiheitsstrafe dient auch dem Schutz der Allgemeinheit vor weiteren Straftaten.

7.2.3 Regelungsansätze – Landesnormen im Einzelnen

Schon seit dem StVollzG von 1977 unterscheidet man im deutschen Vollzugsrecht zwischen primären Vollzugszielen und sekundären Vollzugsaufgaben.[198] Als alleiniges[199] (legaldefiniertes) Vollzugsziel sah das Gesetz die Befähigung des Gefangenen, „künftig in sozialer Verantwortung ein Leben ohne Straftaten" zu führen. Ferner diene der Vollzug „auch dem Schutz der Allgemeinheit vor weiteren Straftaten".[200] Diese Einteilung begründet die in Deutschland übliche Trennung zwischen den – einleitend genannten – Zieldefinitionen, die als Leitlinie dem Vollzug in all seinen Facetten die Richtung vorgeben, und den Aufgaben des Vollzuges, die im Vergleich dazu eine untergeordnete Rolle spielen und lediglich als Fern-[201] oder „inhärentes" Minimalziel[202] zum Tragen kommen. Entsprechend dieser Systematik wird der im Nachsatz formulierte „Schutz der Allgemeinheit" nahezu einhellig[203] als eine solche sekundäre Aufgabe angesehen.

---

198 Vgl. AK-*Bung/Feest* 2012, § 2 Rn. 3; Ostendorf-*Ostendorf* 2009, Kap. 1 Rn. 15.

199 BT-Drs. 7/3998, S. 5.

200 § 2 S. 2 StVollzG. Gemeint ist der Schutz während der Inhaftierung. Für die Zeit nach der Haft greift das Vollzugsziel, vgl. *Laubenthal* 2011, Rn. 171; AK-*Bung/Feest* 2012, § 2 Rn. 14; S/B/J/L-*Böhm* 2009, § 2 Rn. 18.

201 Vgl. Ostendorf-*Ostendorf* 2009, Kap. 1 Rn. 15.

202 *Calliess/Müller-Dietz* 2008, § 2 Rn. 1, 5; *Böhm* 2002, S. 812; *Köhne* 2007a, S. 495.

203 Vgl. AK-*Bung/Feest* 2012, § 2 Rn. 5 m. w. N.; A. A. *Arloth* 2011, § 2 Rn. 10, der von einer gleichrangigen Vollzugsaufgabe *de lege lata* ausgeht. ·

Gleichzeitig spiegelt sich in dieser Ziel- und Aufgabenverteilung der antagonistische Grundkonflikt des Strafvollzuges moderner Prägung wider: Faktisch steht der Strafvollzug als „totale Institution"[204] vor allem für den Schutz und die Sicherung durch Freiheitsentzug und Entmündigung[205] und entspricht damit also dem Gedanken des „Schutzes der Allgemeinheit", wie er § 2 S. 2 StVollzG seinen Niederschlag gefunden hat.

Er befindet sich damit im ständigen Widerspruch[206] zum Ziel der Resozialisierung, welches eine legal bewährende Eigenverantwortlichkeit in Freiheit zu erreichen sucht. Dabei besteht seit jeher ein Ungleichgewicht auf der Ebene der Außenwahrnehmung und der darauf fußenden gesellschaftlichen Akzeptanz: Ein etwaiger Resozialisierungserfolg ist schwer sichtbar zu machen, während der Misserfolg im Einzelfall (z. B. bei Missbrauch von Vollzugslockerungen) ohne weiteres – oft auch durch skandalisierende Berichterstattung der Medien[207] – erhöhte Aufmerksamkeit erfährt.[208] Der Resozialisierungsvollzug befindet sich infolgedessen unter einem anhaltenden Rechtfertigungsdruck.[209] Es ist daher wenig verwunderlich, dass die richtungweisende Festlegung des StVollzG immer wieder Angriffen ausgesetzt war, die die Aufwertung des Sicherungsaspektes zum gleich- oder gar vorrangigen Vollzugsziel anstrebten.[210] Auch in den neu geschaffenen Jugendstrafvollzugsgesetzen sind diese Tendenzen deutlich spürbar.

Ausgehend von § 91 Abs. 1 JGG *a. F.* galt bisher, dass *„durch den Vollzug der Jugendstrafe der Verurteilte dazu erzogen werden soll, künftig einen rechtschaffenen und verantwortungsbewussten Lebenswandel zu führen."* Über diese Ausformung des Erziehungsgedanken hinausgehende Zwecke, wie die Schutzaufgabe des § 2 S. 2 StVollzG, sah das JGG ausdrücklich nicht vor; sie wurden demnach auch ansonsten relativ einhellig als nachrangig angesehen.[211] Sie

---

204 Vgl. *Foucault* 1977, S. 295 ff. Die Begrifflichkeit geht zurück auf *Goffman* 1973: „Eine totale Institution lässt sich als Wohn- und Arbeitsstätte einer Vielzahl ähnlich gestellter Individuen definieren, die für längere Zeit von der übrigen Gesellschaft abgeschnitten sind und miteinander ein abgeschlossenes, formal reglementiertes Leben führen", vgl. S. 11.

205 *Kühnel/Hiebe/Tölke* 2005, 236 ff. m. w. N.

206 Vgl. auch AK-*Bung/Feest* 2012, § 2 Rn. 5; *Eisenberg* 2012, § 92 Rn. 24; *Kaiser/Schöch* 2002, § 5 Rn. 10; *Arloth* 2008a, S. 135.

207 Vgl. dazu allgemein: *Kromrey* 2009, S. 30 f. m. w. N.; *Grosch* 1995, S. 118 ff.

208 Vgl. Ostendorf-*Ostendorf* 2009, Kap. 1 Rn. 22.

209 Was in der Praxis – unabhängig von der gesetzlichen Regelung – zu der Tendenz führt, Sicherheitsaspekte über das Resozialisierungsgebot zu stellen, vgl. S/B/J/L-*Böhm* 2009, § 2 Rn. 19 m. w. N.; ähnlich *Walkenhorst* 1999, S. 250.

210 Etwa die Bundesratsinitiative des Landes *Hessen*, BR-Drs. 923/03.

211 Vgl. *Boers/Schaerff* 2008, S. 316 m. w. N.

spielten damit im Jugendstrafvollzug eine noch geringere Rolle als im allgemeinen Strafvollzug.[212] Mit der Föderalismusreform haben die Länder nun vielfach die Chance genutzt, den „Schutz der Allgemeinheit" auch im Jugendstrafvollzugsrecht normativ zu verankern. Dabei verabschieden sich einige Entwürfe nicht nur von der Eingleisigkeit des JGG, sondern gehen selbst über die Regelung des § 2 StVollzG hinaus.

Grundsätzlich orientieren sich viele Gesetze im Wortlaut an der bisherigen Regelung im Erwachsenenstrafvollzug und an den Ausführungen des BVerfG vom 31.05.2006.[213] In nahezu jedem Entwurf wird jedoch der Schutzaspekt im Vergleich zur Regelung des StVollzG weiter in den Vordergrund gerückt. In der Gesamtschau wird vor allem auffällig, dass dazu vielfach die klassische Aufteilung zwischen Vollzugszielen und Aufgaben aufgeweicht wird.[214] Im Ergebnis lassen sich die Gesetze dabei in drei Gruppen einteilen:[215] Jene Regelungen, die der Sicherungsaufgabe den Vorrang einräumen, jene die Resozialisierung und Schutzaspekt gleichrangig auf eine Stufe stellen und jene, die es – zumindest tendenziell – bei dem gestuften Verhältnis mit Vorrang des Resozialisierungsgrundsatzes belassen.[216]

7.2.3.1   Vorrang der Sicherungsaufgabe

Bayern dreht die aus § 2 StVollzG bekannte Reihenfolge um und stellt den „Schutz der Allgemeinheit" der „Erziehung" zu einem „rechtschaffenen Lebenswandel" voran und betont damit gesetzessystematisch die Neuausrichtung zu Lasten des Resozialisierungszieles.[217] Eine Unterscheidung zwischen Aufgaben und Zielen wird nicht getroffen.

---

212 Vgl. *Boers/Schaerff* 2008, S. 317.

213 BVerfG NJW 2006, S. 2093, 2096.

214 Vgl. Ostendorf-*Ostendorf* 2009, Kap. 1 Rn. 16.

215 Dreiteilung nach *Dünkel/Pörksen* 2007, S. 56. Ebenso *Boers/Schaerff* 2008, S. 317 bei gleichwohl anderer Zuordnung.

216 Die Unterschiede sind dabei fließend und lassen sich oftmals nur an minimalen Abweichungen in Wortlaut und Überschrift festmachen. Scheinbare Sprachnuancen machen im Detail allerdings große Unterschiede mit bedeutsamen Folgen für die Rolle des Vollzugsziels als Auslegungsmaßstab aus (siehe *7.2*).

217 Art. 121 BayStVollzG. Die *bayerische* Gesetzesbegründung (Bay. Ltg. Drs. 15/8101) erklärt zwar, man wolle „kein Rangverhältnis" schaffen, dem widerspricht aber die plakative Änderung der Reihenfolge, für die es aus systematischer und gesetzeshistorischer Sicht kaum eine andere Erklärung als eine höhere Gewichtung des Schutzaspektes finden lässt, vgl. auch *Boers/Schaerff* 2008, S. 322; *Sußner* 2009, S. 192; ebenso das erste Hamburger StVollzG (§ 2). Beschwichtigend äußert sich hingegen *Schneider*, der darin die Betonung von Gleichrangigkeit der beiden Vollzugsaspekte sieht und entgegen der herrschenden Auffassung die Meinung vertritt, auch schon nach dem StVollzG hätten

Damit wird „Schutz der Allgemeinheit" zum primären Vollzugsziel. Erst danach folgt im abgestuften Verhältnis die Resozialisierung.

In *Baden-Württemberg* nennt das Vollzugsgesetzbuch an der exponierten Stelle des § 2 S. 1 JVollzG BW-I als „kriminalpolitische Aufgabe" den „Schutz der Bürgerinnen und Bürger vor Straftaten". Erst im Nachsatz wird deutlich, dass der Vollzug – neben der Verwirklichung von „innerer Sicherheit" und „Rechtsfrieden" – auch einen „Beitrag [...] für die Eingliederung der Gefangenen in Staat und Gesellschaft" leisten soll.[218] Der „Erziehungsauftrag" der Resozialisierung wird erst in § 1 JVollzG BW-IV genannt und ist damit weniger offensichtlich positioniert.[219] In der unüblichen Kategorisierung in „Auftrag" und „Aufgabe" ist hier eine Gewichtung schwer auszumachen. Die zweitrangige Einordnung der „Eingliederung" in der zentral einleitenden Norm des § 2 S. 1 JVollzG BW-I liest sich jedoch, soweit man in historischer Auslegung mit dem StVollzG vergleicht, wie eine Neuausrichtung auf eine primäre „Schutzaufgabe" des Vollzuges. Dafür spricht auch, dass zwischen Erwachsenen- und Jugendstrafvollzug insoweit kein Unterschied gemacht wird. Der „Erziehungsauftrag" scheint dadurch auf eine jugendspezifische Gestaltungsmodalität des Sicherheitsvollzuges reduziert.

7.2.3.2   Gleichrangigkeit

Der *niedersächsische* § 113 NJVollzG spricht in seinem Titel einheitlich von zwei „Vollzugszielen". Der Normtext ist zwar weitestgehend an § 2 StVollzG angenähert, verzichtet aber auf dessen Legaldefinition *des* einen Vollzugszieles und schwächt das Gebot der Resozialisierung zusätzlich durch die Formulierung „vor allem" noch weiter ab. Dies suggeriert im Zusammenspiel mit der Überschrift das Vorhandensein anderer bedeutsamer Vollzugsziele. Ein solches folgt mit dem Schutzaspekt denn auch in Satz 2. Ein gestuftes Verhältnis zugunsten der Resozialisierung lässt sich hier allenfalls im Vergleich zu der Erwachsenenregelung des gleichen Gesetzes[220] und dem Kontext des Gesetzgebungsverfah-

---

der Schutz der Allgemeinheit und das Resozialisierungsziel auf einer Stufe gestanden. Diese „chiastische" Gleichwertigkeit soll durch die „nicht unprovokative" Neuformulierung zusätzliche Beachtung finden und – wie es scheint – gleichsam noch gleicher werden, vgl. *Schneider* 2010, S. 60 ff. und 87 ff.

218   § 2 S. 2 JVollzG BW-I.

219   In der Ursprungsfassung, dem JStVollzG BW wurde das Erziehungsziel der Resozialisierung auf § 21 JStVollzG BW *a. F.* gar in den Bereich „Gestaltung des Jugendstrafvollzuges" abgeschoben und damit vom Vollzugsziel zur deklaratorischen Dunkelnorm abgewertet, vgl. *Dünkel* 2007, S. 7; *Boers/Schaerff* 2008, S. 322.

220   § 5 NJVollzG verzichtet auf das „vor allem" und betont, dass der Vollzug „zugleich" dem Schutz der Allgemeinheit dient.

rens erahnen.[221] Das in diesem die Regelung dahingehend geändert wurde, dass der „Schutz der Allgemeinheit" nicht mehr „zugleich" sondern „auch" gewährleistet werden soll, vermag jedoch nicht über die klare Aussage des Plural in der Normüberschrift, welcher von Vollzugs*zielen* spricht, hinwegzuhelfen.[222]

7.2.3.3 Vorrang des Resozialisierungs- bzw. Erziehungsziels

Der Großteil der Landesgesetze stellt das Resozialisierungsziel dem Sicherungsauftrag voran. Aber auch hier sind vielfach Abstriche zu machen. In verschiedener Form finden Abschwächungen der Resozialisierungsprämisse Eingang in die gesetzliche Reform des Jugendstrafvollzuges.

Brandenburg, Bremen, Hamburg, Mecklenburg-Vorpommern, Sachsen-Anhalt, Schleswig-Holstein und *Thüringen* betonen zunächst das „Ziel" der Resozialisierung, weisen aber auf die „gleichermaßen" intendierte Schutzaufgabe hin.[223] Wiederum ähnelt die Formulierung der des § 2 StVollzG – wobei allerdings das hinzugefügte „gleichermaßen" die Bedeutung der Schutzaufgabe deutlich näher an die Stellung eines Vollzugsziels heranrückt. Soweit dies nicht von den Gesetzgebern bezweckt wurde,[224] muss diese Formulierung jedenfalls als missverständlich bezeichnet werden.[225]

---

221 Soweit die Gesetzesbegründung (Nds. Ltg. Drs. 15/3565) einleitend ausführt, dass der „Befähigung zu einem straffreien Leben in Freiheit im Jugendstrafvollzug [...] ein besonders hohes Gewicht zuzumessen ist", muss man dieser Aussage den eindeutigen – und damit in Widerspruch stehenden – Wortlaut der Norm entgegen halten, der gleichrangig von „Vollzugs*zielen*" spricht. Wollte der niedersächsische Gesetzgeber tatsächlich eine andere – jugendspezifische – Wertung treffen, so ist dies missglückt. Die Beibehaltung einer Hierarchisierung durch Aufteilung in Ziel- und Aufgabenbestimmung wäre insoweit zielführender und im Hinblick auf rechtstechnische Homogenität im föderalen System auch notwendig gewesen. Im Übrigen folgt die angestrebte „Gleichrangigkeit" auch aus den direkten Äußerungen der Parlamentsvertreter (Ltg. Nds. Plenarprotokoll 15/134, S. 119).

222 Vgl. a. A. *Boers/Schaerff* 2008, S. 318.

223 § 2 BbgJStVollzG, BremJStVollzG, JStVollzG MV, JStVollzG LSA, ThürJStVollzG, JStVollzG SH; HmbJstVollzG.

224 Schon das erscheint fraglich: Die Gesetzesbegründungen des sog. *Neuner-Entwurfes* betonen zwar die große Bedeutung des Resozialisierungsziels, beschreiben aber „*daneben*" den Schutz durch Inhaftierung als bedeutsame Aufgabe des Vollzuges. (z. B. LSA. Ltg. Drs. 5/749 zu § 2).

225 Vgl. *Dünkel* 2007, S. 7; ebenso: D/S/S-*Sonnen* 2011, § 2 JStVollzG Rn. 2; *Boers/Schaerff* gehen aufgrund des „gleichermaßen" indes sogar von einer echten Gleichordnung aus, vgl. *Boers/Schaerff* 2008, S. 318. Dies erscheint angesichts der klassischen Aufteilung in Ziel und Aufgabe jedoch etwas weit gegriffen.

In *Schleswig-Holstein* und in *Hamburg* wird darüber hinaus in Anlehnung an das BVerfG[226] ergänzt: „Zwischen dem Vollzugsziel und der Aufgabe, die Allgemeinheit vor weiteren Straftaten zu schützen, besteht kein Gegensatz." Auch diese Formulierung ist im Zusammenspiel mit dem „gleichermaßen" des S. 2 geeignet, Verwirrung zu stiften: Besteht kein Gegensatz zwischen Ziel und Aufgabe, weil der Schutzaspekt letztlich im Resozialisierungsziel – als dessen Fernziel – aufgeht oder weil es letztlich legitim sein soll, auch Sicherheitsgedanken dem Resozialisierungsziel „gegensatzfrei", also gleichwertig, gegenüber zu stellen? *Schleswig-Holsteins* Gesetzesbegründung schweigt zu dem Zweck dieser Abweichung vom „9er-Entwurf"[227]. Im Kontext der Begründung, die ebenfalls auf die physisch-sichernde Funktion durch die Inhaftierung hinweist, liegt jedenfalls die Vermutung nahe, dass „gleichermaßen" bedeutsame Sicherheitserwägungen nicht der Resozialisierung untergeordnet werden, sondern ihr selbstständig gegenüber stehen sollen.[228] In jedem Fall erscheint diese Formulierung angesichts der faktisch bestehenden[229] Gegensätzlichkeit zwischen Resozialisierungs- und Sicherungsgedanken paradox.

In *Hamburg* verstärkt sich dieser Eindruck noch dadurch, dass in der Überschrift der Zielnorm einheitlich von „Aufgaben des Vollzuges" gesprochen wird.[230] Auch werden dort einzelne Schutzaspekte an anderer Stelle scheinbar gleichwertig neben dem Vollzugsziel angeführt: Nach § 4 HmbJStVollzG dienen die Maßnahmen der Erziehung und Förderung nicht nur der „Stärkung der Fähigkeiten und Fertigkeiten der Gefangenen im Hinblick auf die Erreichung des Vollzugsziels", sondern auch der Prävention und dem Opferschutz. Dies ließe sich so verstehen, dass entsprechende Schutzmotivationen nicht lediglich mittelbar über das Vollzugsziel, sondern eigenständig und direkt zum Tragen kommen sollen.

In *Nordrhein-Westfalen* formuliert man vorsichtiger, dass der „Schutz der Allgemeinheit" bei der „Gestaltung des Vollzuges" zu gewährleisten sei,[231] meint aber letztlich dasselbe wie die *Neuner*-Gesetzgebung.[232]

---

226 BVerfG NJW 2006, S. 2093, 2096.

227 Der diese Formulierung des BVerfG ansonsten lediglich zur Begründung heranzieht (z. B. Bbg. Ltg. Drs. 5/5010 zu § 2). Aber auch in *Schleswig-Holstein* geht man von einer unmittelbaren Schutzfunktion durch Haft aus (SH. Ltg. Drs. 16/1454 zu § 2).

228 Vgl. auch *Dünkel/Kühl* 2009, S. 82 f.

229 Siehe unter *7.2.3.*

230 Vgl. *Dünkel/Kühl* 2009, S. 82.

231 § 2 Abs. 2 JStVollzG NRW.

232 Vgl. die Begründung zu § 2 JStVollzG NRW (Ltg. Drs. 14/4412).

Das *hessische* und das *saarländische* Gesetz grenzen dagegen das Verhältnis der beiden antagonistischen Vollzugsabsichten deutlich präziser voneinander ab. Beide Bundesländer stellen das Befähigen zu einem „Leben ohne Straftaten" voran[233] und betonen im Anschluss, dass die Aufgabe des „Schutzes der Allgemeinheit *durch* " die Erfüllung des Resozialisierungsziels erreicht wird. Damit wird verdeutlicht, dass „Schutz" nicht zwangsläufig „Wegsperren" bedeutet, sondern auch auf die Zeit nach der Haft abzielt. *Hessen* hebt allerdings auch die Bedeutung von „sicherer Unterbringung und Beaufsichtigung der Gefangenen" für die Schutzaufgabe hervor. Des Weiteren ordnet man ausdrücklich eine „angemessene" Berücksichtigung von Opferbelangen und dem „Schutz der Allgemeinheit" im Hinblick auf vollzugsöffnende Maßnahmen an.[234] Beides wertet die Schutzaufgabe gegenüber dem Resozialisierungsziel deutlich auf. Im *Saarland* spart man sich – bei ansonsten identischem Wortlaut – lediglich den Hinweis auf die „vollzugsöffnenden Maßnahmen".[235]

In *Sachsen* und *Berlin* schließlich belässt man es schlicht bei der Einteilung von Vollzugsziel und Aufgabe – ganz ähnlich der Regelung des StVollzG.[236] Hier hat man von der Verwendung des verwirrenden „gleichermaßen" Abstand genommen.[237]

Das *rheinland-pfälzische* Gesetz schließlich betont wiederum, dass die „kriminalpräventive Aufgabe" des Schutzes der Allgemeinheit *„durch* " die Befähigung der Gefangenen zu einem Leben ohne Straftaten gewährleistet wird. Ausdrücklich wird auch auf die Achtung der Grund- und Menschenrechte hingewiesen.[238] Diese Gesetzesvariante vermittelt damit konsequent eine Rangfolge wonach der „Schutz der Allgemeinheit" untergeordnetes Fernziel des Resozialisierungsgrundsatzes ist.

---

233 Wobei dies in *Hessen* als „Erziehungsziel" legaldefiniert wird (§ 2 Abs. 1 HessJStVollzG).

234 § 2 Abs. 2 HessJStVollzG.

235 § 2 Abs. 2 SJStVollzG.

236 § 2 SächsJStVollzG.

237 Vgl. für *Berlin*: Bln. Ltg. Drs. 16/0677, S. 10, 78 f. und Drs. 16/1068.

238 § 2 JStVollzG RLP. Auch hier wurde vom ursprünglichen *Neuner-Entwurf* bewusst abgewichen: RLP. Ltg. Plenarprotokoll 15/33 S. 1976 sowie Drs. 15/1190, S. 6, 47 und Drs. 15/1660.

7.2.4 Bewertung mit Blick auf die Mindeststandards

7.2.4.1 Rangfolge der Vollzugsziele

Auch im Lichte der ERJOSSM kann der Konflikt des Resozialisierungszieles mit weitergehenden Schutzintentionen als zentrales Problem der aktuellen Gesetzgebung im Bereich der Zielbestimmungen angesehen werden. Das Spannungsverhältnis zwischen dem „Schutz der Allgemeinheit" und dem Ziel der Resozialisierung wird von der ERJOSSM nicht ausdrücklich geklärt. Insbesondere fehlt es an einem konkreten Ausschluss anderer Zielbestimmungen neben der Resozialisierungsprämisse. Allein aus ihrer Allgegenwärtigkeit im Regelwerk lässt sich deren absolute Geltung jedenfalls nicht ableiten.[239]

Anderes gilt jedoch hinsichtlich Gewichtung und Rang im Verhältnis zu anderen Vollzugszielen (oder -aufgaben) – insbesondere wo deren Orientierung konträr zu Resozialisierungsbestrebungen wirkt. Denn auch wenn es an einer abstrakten Klarstellung fehlt, wird bei der Regelung konkreter Fragestellungen des Vollzugsalltags, also den praktischen Ausformungen der „Vollzugsphilosophie", stets der Vorrang des Resozialisierungsgedankens deutlich – jedenfalls dann, wenn „Schutz" auch als Schutz durch Inhaftierung verstanden werden kann, wie z. B. im Bereich der „Öffnung des Vollzuges".[240]

In den Begründungen der Landesgesetze wird zumeist auch dieser strukturelle Schutz durch „bauliche Ausstattung" und „vollzugliche Maßnahmen" „während der Inhaftierung" als Aspekt des „Schutzes der Allgemeinheit" verstanden.[241] Die Bevölkerung soll danach auch schlicht durch die physische Barriere der geschlossenen Haft vor weiteren Straftaten geschützt werden.

In diesem Zusammenhang erscheint die zu fast allen Gesetzen herangezogene Begründung, dass insoweit zwischen dem Schutz der Allgemeinheit und dem Resozialisierungsziel „kein Gegensatz" bestehe, allerdings fragwürdig:[242] Diese, dem Urteil des BVerfG entlehnte Formulierung, fand sich ursprünglich in einem ähnlich klingenden, aber inhaltlich dennoch gegenteiligen Kontext. Das BVerfG urteilte:

---

239 Allerdings spielten auch im entstehungsgeschichtlichen Kontext andere Strafzwecke keine Rolle. Diese wurden bewusst nicht erwähnt. Vielmehr wurde „die deutsche Diskussion" um die Zulässigkeit allgemeiner Strafzwecke neben dem Ziel der Resozialisierung in den regelgebenden Gremien „als eher abwegig empfunden", zit. nach *Dünkel* im Gespräch vom 15.10.2009.

240 Grundsätze Nr. 9 und Nr. 10 sowie Rule Nr. 53.2.

241 Exemplarisch: Begründung zu Art. 121 BayStVollzG (Bay. Ltg. Drs. 15/8101); Begründung zu § 2 JVollzG BW-I (BW. Ltg. Drs. 14/5012); Begründung zu § 2 JStVollzG NRW (NRW Ltg. Drs. 14/4412); für den *Neuner-Entwurf:* § 2 JStVollzG MV (MV Ltg. Drs. 5/807).

242 Vgl. auch *Calließ/Müller-Dietz* 2008, § 2 Rn. 20.

„Der Vollzug der Freiheitsstrafe muss auf das Ziel ausgerichtet sein, dem Inhaftierten ein künftiges straffreies Leben in Freiheit zu ermöglichen. [...] Der Verfassungsrang dieses Vollzugsziels beruht einerseits darauf, dass nur ein auf soziale Integration ausgerichteter Strafvollzug der Pflicht zur Achtung der Menschenwürde jedes Einzelnen und dem Grundsatz der Verhältnismäßigkeit staatlichen Strafens entspricht. Mit dem aus Art. 1 Abs. 1 GG folgenden Gebot, den Menschen nie als bloßes Mittel zu gesellschaftlichen Zwecken, sondern stets auch selbst als Zweck – als Subjekt mit eigenen Rechten und zu berücksichtigenden eigenen Belangen – zu behandeln, und mit dem Grundsatz der Verhältnismäßigkeit ist die Freiheitsstrafe als besonders tief greifender Grundrechtseingriff nur vereinbar, wenn sie unter Berücksichtigung ihrer gesellschaftlichen Schutzfunktion konsequent auf eine straffreie Zukunft des Betroffenen gerichtet ist. Zugleich folgt die Notwendigkeit, den Strafvollzug am Ziel der Resozialisierung auszurichten, auch aus der staatlichen Schutzpflicht für die Sicherheit aller Bürger. Zwischen dem Integrationsziel des Vollzugs und dem Anliegen, die Allgemeinheit vor weiteren Straftaten zu schützen, besteht insoweit kein Gegensatz. "[243]

Mit anderen Worten: Das BVerfG verneinte einen Gegensatz zwischen Schutzpflicht und Resozialisierungspflicht nur „insoweit", als der Schutz der Bürger unmittelbar aus der erfolgreichen Resozialisierung folgt, deren Motivation und Endzweck er ist.[244] Soweit die Landesgesetze sich den letzten Satz des Zitates in Normtext oder Begründung zu Eigen machen, wird dieser wichtige Bezugspunkt meist außer Acht gelassen. Das „insoweit" wird ignoriert.[245] Die verkürzte Wiedergabe des BVerfG ist derart aus dem Kontext gerissen, dass die eigentliche Aussage in ihr Gegenteil verkehrt wird.[246] Nicht „neben der", wie es z. B. die Begründung zum *Neuner-Entwurf* ausführt, sondern „durch" die Resozialisierung ist der Schutz der Bürgerinnen und Bürger zu gewährleisten.[247]

Das BVerfG hat mit dieser Urteilspassage eigentlich schon selbst die Entscheidung über die Einordnung des Schutzaspektes ganz im Sinne der ER-

---

243 BVerfG NJW 2006, S. 2093, 2096.

244 Vgl. *D/S/S-Sonnen* 2011, § 2 JStVollzG Rn. 3; *Kamann* 2009, Rn. 102; *Köhne* 2007, S. 110.

245 Vgl. *Calliess/Müller-Dietz* 2008, § 2 Rn. 19.

246 Vgl. auch *Dünkel/Kühl* 2009, S. 82; *Ostendorf-Ostendorf* 2009, Kap. 1 Rn. 21 f.; zustimmend auch *Tondorf/Tondorf* 2009, S. 258; ähnlich *Goerdeler* 2008, S. 19.

247 Vgl. dazu *Eisenberg* 2012, § 92 Rn. 26; *DVJJ u. a.* 2007, S. 51; *Goerdeler* 2008, S. 19; *Sonnen* 2007, S. 82; *J. Walter* 2008a, S. 23 f.; *Wegemund/Dehne-Niemann* 2008, S. 567; *Tondorf* 2006, § 2; *Tierel* 2008, S. 140 f.; *Kamann* 2009, Rn. 102 und *D/S/S-Sonnen* 2011, § 2 JStVollzG Rn. 3, der daraus die Resozialisierung als einziges Vollzugsziel ableitet; so auch schon *Dünkel* 1999, S. 131. Unzutreffend insoweit *Fiedler* 2008, S. 113, der aus dem Urteil Gleichrangigkeit ableitet; ebenso *Oppenborn/Schäfersküpper* 2007, S. 63; *Arloth* 2008a, S. 130; wohl auch *Schneider* 2007, S. 57.

JOSSM getroffen. Die Sicherungsaufgabe ist dem Resozialisierungsziel unter-
zuordnen.

Auch im Schrifttum wird der direkte Schutz durch die Inhaftierung selbst
lediglich als systemimmanenter Reflex[248] des Vollzuges, der (im Gegensatz
zum zugrunde liegenden Strafrecht) selbst keine spezialpräventive Sicherung
bezweckt, oder als allenfalls weit weniger bedeutsame Nebenaufgabe[249], begriffen. Gerade im Jugendstrafvollzug wird eine weitere Aufwertung des „Schutzes
der Allgemeinheit" gegenüber dem Resozialisierungsziel weitgehend abge-
lehnt.[250] Das Resozialisierungsgebot gewinnt hier noch weit mehr an Bedeutung, da jugendliche Strafgefangene, deren Persönlichkeitsentwicklung noch
nicht abgeschlossen ist[251], auf die schädlichen Einflüsse der Haft noch weitaus
empfindlicher reagieren als Erwachsene.[252] In Anbetracht der im Vergleich
auch längeren Lebensspanne, die *nach* der Haft von den Auswirkungen derselben betroffen ist, handelt es sich mit Blick auf die Verhältnismäßigkeit staatlichen Handelns auch um einen schwereren Eingriff in das Leben der Betroffenen
als bei dem Freiheitsentzug für Erwachsene.[253] Dies gilt umso mehr, als man
Jugendkriminalität grundsätzlich als ubiquitäres und episodenhaftes Phänomen
bezeichnen muss, dass zwar zumeist entwicklungsbedingt vorübergeht[254], sich
aber im Einzelfall durch die Einflüsse der Haft verfestigen kann.[255] Auch
widerlegen wissenschaftliche Erkenntnisse den in der Öffentlichkeit nicht selten
vorherrschenden Eindruck, dass die Resozialisierungs- und Behandlungsorien-

248 Vgl. AK-*Bung/Feest* 2012, § 2 Rn. 14; ähnlich *Laubenthal* 2011, Rn. 174.

249 Vgl. Ostendorf-*Ostendorf* 2009, Kap. 1 Rn. 22; im Ergebnis wohl auch S/B/J/L-*Böhm*
2009, § 2 Rn. 19 f.

250 Vgl. *Dünkel* 2007, S. 8; 2006, S. 516; *Eisenberg* 2012, § 92 Rn. 26; Ostendorf-
Ostendorf 2009, Kap. 1 Rn. 21; *Laubenthal* 2011, Rn. 174; *Sußner* 2009, S. 193; D/S/S-
Sonnen 2011, § 2 JStVolzG Rn. 3; *Goerdeler/Pollähne* ZJJ 2006, S. 252; *Tondorf/
Tondorf* 2006, S. 242; *Köhne* 2007a, S. 495; *Rehn* 2006, S. 122; 2004, S. 530 f. *DVJJ*
2004, Nr. 1.2; *Calliess/Müller-Dietz* 2008, § 2 Rn. 20; a. A. *Arloth* 2007, S. 56 (der
davon ausgeht, das BVerfG hätte sich zu einem Schutz der Allgemeinheit „durch"
sichere Unterbringung nicht geäußert).

251 Vgl. *Höynck* 2001, S. 79.

252 Vgl. BVerfG NJW 2006, S. 2093, 2096 m. w. N.

253 Vgl. BVerfG NJW 2006, S. 2093, 2096; *Eisenberg* 2012, § 92 Rn. 3.

254 Vgl. *Ecarius u. a.* 2011, S. 188; BVerfG NJW 2006, S. 2093, 2096; *Boers* 2009,
S. 103 ff.; *Schumann* 2010, S. 243 ff.; *Kunz* 2008, § 25 Rn. 29; *Rehn* 2004, S. 535;
Walkenhorst 2008, S. 192 m. jew. w. N.

255 Vgl. OLG Schleswig NStZ 1985, S. 475; *Eisenberg* 2012, § 92 Rn. 24; *Kunz* 2008, § 35
Rn. 19; *J. Walter* 2004, S. 401 m. jew. w. N.

tierung des Justizvollzuges keine Erfolge zu verbuchen hätte.[256] Auch vor diesem Hintergrund lässt sich eine Relativierung des Resozialisierungsziels folglich nicht rechtfertigen.[257]

Vor diesem Hintergrund lassen auch die ERJOSSM keine andere Bewertung zu. Neben der ausdrücklichen Hervorhebung des Wiedereingliederungsgrundsatzes in Grundsatz Nr. 2 sowie Nr. 50.1 und dem offensichtlichen Einfluss auf viele Detailregelungen, ist es vor allem der den Regeln Nr. 8, 9, 10 und 49.1 (s. o.) zugrunde liegende Verhältnismäßigkeitsgrundsatz, der hier dieselben Anknüpfungspunkte liefert. Nur eine konsequente und vorrangige Ausrichtung auf die Resozialisierung wird der spezifischen Situation der jugendlichen Gefangenen gerecht. Mit Hilfe der eingangs zitierten Rules Nr. 8 und Nr. 49.1 lässt sich daher eine folgenorientierte Vorgabe formulieren: Der Strafvollzug darf die mit dem Wesen der Freiheitsstrafe zwangsläufig einhergehenden Beeinträchtigungen nicht dadurch verschärfen, dass er eben diese in eigenen Vollzugszielen manifestiert.[258] Das heißt, dass die sichere Verwahrung des Jugendlichen nicht primäres Ziel des Vollzuges sein kann.

Eine entsprechende Leitnorm unterliegt daher nach der Indizkonstruktion des BVerfG einem erheblichen Begründungsdruck. Soweit diesem überhaupt nachgegeben wird, hat sich jedenfalls das Berufen auf die oben genannten Ausführungen des BVerfG als untauglich erwiesen, um die vermutete „grundrechtlichen Anforderungen nicht genügende Berücksichtigung vorhandener Erkenntnisse"[259] zu widerlegen. Diejenigen Landesregelungen, die den „Schutz der Allgemeinheit" dem Resozialisierungsziel gleichwertig gegenüber- oder gar voranstellen,[260] sind demnach mit der wegweisenden Grundentscheidung des Regelwerkes nicht vereinbar.[261] Das betrifft konkret die Gesetze *Bayerns, Baden-Württembergs, Niedersachsens* und das inzwischen ersetzte erste Hamburger Strafvollzugsgesetz (Art. 121 BayStVollzG, § 2 JStVollzG BW, § 113 NJVollzG, § 2 HmbStVollzG).

---

256 Vgl. *Meier* 2010, S. 120; *Dünkel/Drenkhahn* 2001, S. 411 ff.; *Dünkel/Geng* 1994, S. 56 ff.; *Sußner* 2009, S. 78 ff.; *Kury* 1999, S. 266 ff. m. jew. w. N.

257 Vgl. auch *Schwirzer* 2007, S. 42 f. mit weiteren Argumenten gegen eine Abkehr vom Resozialisierungsgedanken.

258 Ähnlich *Calliess/Müller-Dietz* 2008, § 2 Rn. 21.

259 BVerfG NJW 2006, S. 2093, 2097.

260 Beachtenswert ist dabei auch, dass die Landesgesetzgeber damit auf das Niveau eines Zielpluralismus der DVollzO von 1961 zurückfallen, das der Strafvollzugsgesetzgeber von 1976 bewusst überwinden wollte.

261 Und verstoßen zudem gegen die eigene Vorgabe des BVerfG. *Feest* und *Bammann* sprechen insoweit von einer „Insubordination" bei der fraglich sei, ob sich das Gericht diese „gefallen lassen wird", vgl. *Feest/Bammann* 2010, S. 537.

Die übrigen Gesetze, insbesondere die meisten Regelungen des *Neuner-Entwurfes*, die sich weitestgehend auf eine lediglich sprachliche Aufwertung („gleichermaßen") der Schutzaufgabe beschränken, bewegen sich hingegen noch in dem von den ERJOSSM vorgegebenen Rahmen. Durch die Beibehaltung der Einteilung in Ziel und Aufgabe bleibt die übergeordnete Rolle der Resozialisierung grundsätzlich bestehen. Allerdings bewegt man sich mit dieser Annäherung stets am Rande einer unzulässigen Gleichschaltung.[262] Wenn etwa die Gesetzesbegründung zum *Neuner-Entwurf* erklärt, dass „alle Maßnahmen des Vollzuges" darauf hinwirken sollen, das „während der Zeit [der] Inhaftierung *keine* Gefahr"[263] von den Gefangenen ausgehen dürfe, dann fragt sich, wie sich dies mit einer konsequenten Ausrichtung auf Resozialisierungskonzepte vertragen soll, die ihrerseits das Eingehen gewisser Risiken und Restgefahren erfordern (Stichwort: Öffnung des Vollzugs).[264]

Hinzu kommt, dass diese sprachliche Gratwanderung der Gesetze ganz handfeste Folgen für den Vollzugsalltag haben kann. Auch wenn man mit dieser Gestaltung legislativ noch im Rahmen von Mindeststandards und Verfassungsmäßigkeit bleibt, so ist nicht unwahrscheinlich, dass sich auf praktischer Ebene aus der Missverständlichkeit[265] der Regelung vermeidbare Verwirrungen ergeben können. Der Normanwender wird die erfolgte Neugestaltung – sei diese auch noch so dezent – kaum anders als eine Neuausrichtung zugunsten der unmittelbaren Sicherheit interpretieren können. Eine verfassungskonforme Anwendung der Zielvorschriften erfordert eine anhaltend einengende Auslegung durch die gedankliche Streichung des „gleichermaßen". Für Einzelentscheidungen besteht damit stets die Gefahr, dass ein „intendiertes Ermessen" zugunsten der Schutzaufgabe angenommen wird, wo keines sein sollte.[266] Auch für den Gefangenen werden Vollzugsentscheidungen dadurch unvorhersehbarer[267] und die Sozialisierungsbemühungen erscheinen unter Umständen inkonsistenter und werden unwirksamer. In Anbetracht der Verzichtbarkeit einer Aufwertung kann diese verwirrende sprachliche Ambivalenz daher nur als Fehlgriff der Gesetzgeber bezeichnet werden.

Auch die Lösungen *Hessens* und des *Saarlandes*, in denen das „gleichermaßen" durch das ebenso missverständliche „zugleich" ersetzt wird, fallen in diese grenzwertige Kategorie. Immerhin wird hier jedoch betont, dass der Schutz auch

---

262 Vgl. *Feest/Bammann* 2010, S. 536.

263 Exemplarisch Begründung zu § 2 ThürJStVollzG (Thür. Ltg. Drs. 4/3102, S. 50 f.).

264 Vgl. *Boers/Schaerff* 2008, S. 318.

265 Vgl. auch *NRV* 2009.

266 Vgl. *Höynck/Hosser* 2007, S. 389. Dies verkennt *Knauer* für die noch eindeutigere Regelung *Bayerns*, vgl. *Knauer* 2009, S. 303.

267 Vgl. *Boers/Schaerff* 2008, S. 319.

60

„durch Erreichung des Vollzugsziels gewährleistet" werden soll (§ 2 HessJSt-VollzG, § 2 SJStVollzG).

Gegenteilig verfährt man in Nordrhein-Westfalen, wo man in § 2 JStVollzG NRW lediglich den faktisch-physischen Schutz durch die „Gestaltung des Vollzuges" betont. Warum hier der Schutz durch Resozialisierung gleichsam ausgeklammert wurde, ist auch nicht mit Blick auf die Gesetzesbegründung nachvollziehbar.[268]

Die geringsten Veränderungen gegenüber der bundesrechtlichen Regelung im Erwachsenenvollzug findet man in *Sachsen* und *Berlin*. § 2 der jeweiligen Landesgesetze ist mit § 2 StVollzG im Wortlaut nahezu identisch. Allerdings findet eine klare Aufteilung in Resozialisierungsziel und Schutzaufgabe statt. Auf annähernde Formulierungen wie „gleichermaßen" und „zugleich" wird richtigerweise verzichtet, auch wenn der „Schutz der Allgemeinheit" nach wie vor auf die Haft selbst wie auch auf die Zeit nach der Haft bezogen werden kann.

Diesbezüglich kann der *rheinland-pfälzische* § 2 JStVollzG, der mit einer geradezu idealtypischen Normgestaltung deutlich aus dem Gros der halbgaren Normierungen heraussticht, als vorbildlich bezeichnet werden.[269] Als einzige Landesregelung wird hier klar definiert, dass der „Schutz der Allgemeinheit" als Motivation und Fernziel der Resozialisierung fungiert („hierdurch" statt „gleichermaßen"). Sinnvoll erscheint in diesem Kontext auch die ausdrückliche Hervorhebung der Bedeutung von Grund- und Menschenrechten. Damit wird ein wesentlicher Gedanke näher ins Bewusstsein gerückt, den auch das BVerfG mehrfach zur Begründung des Resozialisierungsgebotes herangezogen hat: Die überragende Bedeutung der „sozialen Integration" im Strafvollzug ergibt sich auch aus der Pflicht der Achtung der Menschenwürde.[270] Daraus folgt das Gebot, den Menschen nie nur als Mittel zur Erreichung staatlicher Zwecke zu begreifen, ihn nie zum „bloßen Objekt" hoheitlichen Handelns zu machen, sondern „als Subjekt mit eigenen Rechten und zu berücksichtigenden eigenen Belangen zu behandeln."[271] Jeder Schritt in Richtung eines vornehmlich sichernden Verwahrvollzuges bedeutet letztlich einen Schritt weg von dieser verfassungs- wie menschenrechtlichen Doktrin.

---

268 Begründung zu § 2 (NRW Ltg. Drs. 14/4412).

269 Mit ebenfalls positiver Bewertung: *Eisenberg* 2008, S. 252.

270 BVerfGE 35, 202, 235 f.

271 BVerfGE 109, 133, 150 f.; BVerfG NJW 2006, S. 2093, 2095. Ebenso ERJOSSM Nr. 1 und Nr. 7.

7.2.4.2   Verstoß gegen den IPBPR

Wie eingangs ausgeführt stellen internationale Regelwerke nicht nur über die Indizkonstruktion des BVerfG unmittelbar Maßstäbe für die Landesgesetzgeber auf, sondern werden auch indirekt über eine Art „Öffnungsklausel" in der Präambel zu einem Auslegungskriterium der ERJOSSM. Der Regelungsgehalt der Europaratsregeln ist im Zweifel so zu verstehen, dass er nicht hinter anderen Vorgaben zurückbleibt.[272] Damit ist nicht nur die Menschenwürde, sondern der gesamte Kanon menschenrechtlicher Rechtsinstrumente im doppelten Sinne verbindlicher Maßstab des Vollzuges – also ebenso aus der eigenen Rechtsnatur wie auch als Auslegungsmaßstab der ERJOSSM.

Aus dem Korpus der entsprechenden Rechtsquellen der Vereinten Nationen sticht dabei vor allem die Regelung in Art. 10 Abs. 3 S. 1 IPBPR hervor, die für den Vollzug eine „Behandlung" einfordert, die „vornehmlich auf [...] Besserung und gesellschaftliche Wiedereingliederung hinzielt."

Es erscheint jedoch fraglich, inwieweit durch diese Formulierung eine verbindliche Rangfolge aufgezeigt wird. Eindeutig legt sich Art. 10 Abs. 3 S. 1 IPBPR nicht auf die Resozialisierung als einziges Vollzugsziel fest. Es wird lediglich das „vornehmliche" Ziel der „gesellschaftlichen Wiedereingliederung" postuliert. Auch nach dem IPBPR bleibt es demnach jedenfalls möglich, neben der Resozialisierung andere Vollzugsziele zu verfolgen, solange das Resozialisierungsgebot als wesentliches Prinzip im Vordergrund steht.[273] Soweit die Landesgesetze (insbesondere Teile des *Neuner-Entwurfes*, s. o.) in der Tendenz den „Schutz der Allgemeinheit" aufwerten, letztlich aber der Wiedereingliederung weiterhin den höchsten Stellenwert einräumen, ist dies mit Blick auf den IPBPR nicht zu beanstanden.

Die in § 113 des Niedersächsischen NJVollzG eingeräumte Gleichrangigkeit erscheint vor diesem Hintergrund hingegen zweifelhaft. Nach dem Wortlaut der amtlichen Übersetzung könnte man zunächst den klaren Vorrang der „gesellschaftlichen Wiedereingliederung" annehmen, lässt sich sprachlich das „vornehmlich" doch mit einer Einordnung „vor allen"[274] anderen Zielen gleichsetzen. Auch die englische bzw. französische Übersetzung der gleichen Passage betont die Wichtigkeit des Resozialisierungsziels, klingt dabei aber nicht ganz so hierarchisch („essential aim", „le but essentiel"). Obgleich es sich dabei um Amtssprachen der UN handelt, und die Heranziehung der Originalfassungen

---

272   Vgl. *Dünkel/Baechtold/van Zyl Smit* 2007, S. 121.

273   Vgl. *M. Walter/Neubacher* 2003, S. 2; diese Wertung folgt in der Tendenz auch den Grundsatzregelungen der UN-KRK in Art. 3, wonach bei allen Maßnahmen der Freiheitsentziehung von Minderjährigen vorrangig das Kindeswohl zu berücksichtigen ist. Vgl. dazu *J. Walter* 2001, S. 70 f.

274   Zur semantischen Orientierung, vgl. *Duden* 2006, 24. Auflage, unter dem Stichwort: „vornehmlich": „gehoben für *vor allem, besonders*".

zwar grundsätzlich zielführender sein dürfte, trägt eine direkt abgeleitete, näher liegende Übersetzung mit „wesentlich" insoweit auch nicht zur Erhellung bei.[275] Allerdings gibt der normhistorische Kontext einen Anhaltspunkt: Die Ursprungsfassung des Art. 10 Abs. 3 sah zunächst eine Formulierung vor, die die soziale Wiedereingliederung zum einzigen Zweck des Vollzuges erklärt hätte. Auf Betreiben von fünf Mitgliedsstaaten schwächte der zuständige Ausschuss der Generalversammlung die Zielvorgabe durch das Einfügen des „vornehmlich"/„essentiel" ab.[276] Ziel der Entwurfsänderung war es allerdings nicht, die Vorrangigkeit des Resozialisierungsgrundsatzes zu relativieren, sondern lediglich auch die Möglichkeit zu schaffen, andere Vollzugsaufgaben zuzulassen. Damit fand die einschränkende Änderung auf einer ganz anderen Ebene statt, als es zunächst mit Blick auf die aktuelle Diskussion erscheint: Nicht die Stellung des Resozialisierungsziels sollte relativiert werden, sondern nur dessen Absolutheitsanspruch. Die Resozialisierung war damit zwar nicht mehr das einzige Ziel des Vollzuges – weiterhin aber das wesentlichste und wichtigste. Die Resozialisierung ist damit auch die zentrale Prämisse eines *menschenrechts*konformen Strafvollzuges.[277] Auch nach dem IPBPR ist sie folglich erstrangiges Ziel des Vollzuges.[278]

Schon die *niedersächsische* Lösung wird dieser Gewichtung mit der Gleicheinstufung des „Schutzes der Allgemeinheit" nicht gerecht. Noch eindeutiger fällt dementsprechend die Einordnung jener Landesgesetze aus, die den Schutzaspekt zur obersten Vollzugsprämisse erheben. Die Regelungen *Bayerns* und *Baden-Württembergs* (und des ursprünglichen Hamburger Strafvollzugsgesetzes), die das Resozialisierungsziel klar in den Schatten des „Schutzes der Allgemeinheit" drängen, verstoßen gegen die Vorgabe des UN-Paktes. Im Gegensatz zu Verstößen gegen die ERJOSSM findet dies jedoch nicht „nur" über die Indizkonstruktion des BVerfG Beachtung. Der IPBPR ist darüber hinaus als „hard law" mit einer ganz eigenen Verbindlichkeit für die Landesgesetzgeber ausgestattet.

7.2.4.3 *Exkurs: Verstoß gegen höherrangiges Recht*

Als völkerrechtlicher Vertrag ist der IPBPR gemäß Art. 59 Abs. 2 GG durch Ratifizierung in ein Bundesgesetz transformiert (Art. 25 GG) und hat damit auch

---

275 Lässt sich dies doch wiederum mit „ausschlaggebend", „integral" und „grundlegend" synonym setzen.

276 Vgl. *Nowak* 1989, S. 200 Rn. 21.

277 Vgl. *Gollwitzer* 2005, S. 276 Rn. 17; vgl. auch das „vor allem" nach den General Comments 1992, S. 90; vgl. zur generellen „Absicht" der UN-KRK den Minderjährigen eine „Perspektive zur Persönlichkeitsentwicklung zu eröffnen, *Späth* 2001, S. 19.

278 Im Ergebnis wohl auch *Neubacher/Schüler-Springorum* 2001, S. 17.

unmittelbar im Inhalt Geltung.[279] Soweit landesrechtliche Regelungen – wie hier – dem Regelungsgehalt des Paktes zuwiderlaufen, drängt sich die Frage auf, inwieweit dies mit der bundesrechtlichen Geltungskraft der Ratifizierung in Einklang zu bringen ist. Das reformierte Verhältnis der föderalen Kompetenzverteilung zu völkerrechtlichen Verpflichtungen des Bundes ist hierbei geeignet, Verwirrung zu stiften.

Klar ist: Mit der Föderalismusreform ist die Gesetzgebungskompetenz im Bereich des Strafvollzuges vom Bund auf die Länder übergegangen. Auch die Materie des vorliegend einschlägigen Art. 10 Abs. 3 des IPBPR fällt inhaltlich unter diesen Kompetenztitel und ist durch die Ratifizierung dennoch dem Bundesrecht zuzuordnen. Der Wertungswiderspruch zwischen Menschenrechtsstandard und Landesrecht setzt sich auf kompetenzrechtlicher Ebene fort.

Üblicherweise wird diese Gegnerschaft zugunsten des Bundes aufgelöst. Nach Art. 31 GG „bricht" Bundesrecht das Landesrecht.[280] Diese Norm findet insbesondere auch dort Anwendung, wo völkerrechtliche Vereinbarungen Landeskompetenzen tangieren.[281] Zum Ausgleich ist der Bund gehalten, bevor er außerstaatliche Verpflichtungen eingeht, die Berührungspunkte mit Länderkompetenzen aufweisen, das Einverständnis der Länder einzuholen.[282]

Hinsichtlich des vorliegend betroffenen Bereiches des Strafvollzuges war dies jedoch nicht notwendig, da die Kompetenz erst 2007 im Zuge der Föderalismusreform auf die Länder übergegangen ist. Dies eröffnet allerdings zugleich die Möglichkeit, dass die „brechende" Norm insoweit nicht mehr fort gilt. Denn mit der aus der Kompetenzverschiebung resultierenden Neufassung des Vollzugsrechtes auf Landesebene, erhebt sich die Frage wie, eine Kollision mit „altem" Bundesrecht aufzulösen ist. Bezüglich „altem" Bundesrecht wie z. B. dem Strafvollzugsgesetz liefert die Übergangsvorschrift des Art. 125a Abs. 1 GG eine Antwort. Danach wird die Bundesregelung durch den Erlass der Landesregelung übergangslos ersetzt. Sehr fraglich erscheint allerdings, inwieweit sich dies auch auf Bundesnormen beziehen kann, bei denen es sich, wie vorliegend, um ratifizierte völkerrechtliche Verträge handelt. Grundsätzlich ließe sich nach der Transformationstechnik des Grundgesetzes schlussfolgern, dass mit der landesrechtlichen Neuregelung auch die Ratifizierung als bundesrechtliche Regelung in der einschlägigen Materie unwirksam geworden sei. Art. 125a Abs. 1 GG würde der Wirkung des Art. 31 GG gleichsam vorgreifen.

---

279 BGBl. II 1973, S. 1533 ff.; vgl. auch *Neubacher/Schüler-Springorum* 2001, S. 7; *Tomuschat* 1978, S. 3 ff.

280 So auch *Ostendorf*, der bei einer solchen Kompetenzkollision wie im vorliegenden Fall den Vorrang des Bundes annimmt, vgl. Ostendorf-*Ostendorf* 2009, Vorbm. Rn. 9.

281 Vgl. *März*, in: *Mangoldt/Stark/Klein* 2010, Art. 31 Rn. 33; *Umbach/Clemens* 2005, Art. 31 Rn. 18 f.

282 Geregelt im sog. „Lindauer Abkommen", vgl. *Bernhardt* 1993, S. 582 ff.

Dagegen spricht jedoch, dass einzelne Landesregelungen damit faktisch den Bund vor die vollendete Tatsache eines völkerrechtlichen Vertragsbruches stellen könnten. Soweit der vorliegende Widerspruch vom Landesgesetzgeber überhaupt gesehen wurde, würde dies zugleich auch einen Verstoß gegen das Prinzip des bundesfreundlichen Verhaltens[283] bedeuten.[284]

Auch hinsichtlich der vorgreifenden Wirkung des Art. 125a GG ist fraglich, ob ein völkerrechtlicher Bezug in Betracht gezogen wurde. Hier ergibt sich schon aus dem „Prinzip der völkerrechtsfreundlichen Auslegung des Grundgesetzes"[285], dass die Norm nicht zum Nachteil der auswärtigen Verpflichtungen der Bundesrepublik eingesetzt werden sollte. Vorliegend lässt sich Art. 125a Abs. 1 GG daher insofern einengend auslegen, als dass eine Landesregelung jedenfalls dann nicht vollständig ersetzend wirken kann, wenn die neu erworbene Kompetenz nur als Versatzstück in ein Vertragswerk eingewoben ist, welches Art. 73 Abs. 1 Nr. 1 GG als „auswärtige Angelegenheit" unter die ausschließliche Gesetzgebung des Bundes stellt.

Für die Zulässigkeit der Landesregelungen bedeutet dies: Der oben festgestellte Verstoß gegen Art. 10 Abs. 3 S. 1 IPBPR müsste die Rechtsfolge des Art. 31 GG nach sich ziehen, was bedeutet, dass die inhaltlich zuwiderlaufenden Landesregelungen durch den UN-Pakt „gebrochen" werden und somit als unwirksam anzusehen sind.

Im Übrigen hat sich der Bundesgesetzgeber beim Widerstreit der Sanktionsziele bzgl. jugendlicher Straftäter zuletzt ein weiteres Mal festgelegt. Die neu geregelte Zielvorschrift des § 2 Abs. 1 JGG bestimmt:

„Die Anwendung des Jugendstrafrechts soll *vor allem* erneuten Straftaten eines Jugendlichen oder Heranwachsenden entgegenwirken. Um dieses Ziel zu erreichen, sind die Rechtsfolgen und unter Beachtung des elterlichen Erziehungsrechts auch das Verfahren vorrangig am Erziehungsgedanken auszurichten."

Diese klare Strafzweckbestimmung des Jugendstrafrechts darf auf der Vollzugsebene durch die Länder nicht ohne weiteres „unterlaufen" werden,[286] will

---

283 Dieses Prinzip „ergänzt die bundesstaatliche Ordnung des Grundgesetzes, indem [es] Bund und Ländern die Pflicht auferlegt, in föderalen Rechtsverhältnissen auf die Belange des oder der anderen Beteiligten im Interesse der übrigen Gliedstaaten und im gesamtstaatlichen Interesse die gebotene und ihnen zumutbare Rücksicht zu nehmen."; vgl. BVerfGE 92, S. 230; *Wilms* 2007, Rn. 272.

284 Für die Geltungskraft dieses Prinzips bei Kompetenzproblemen auf dem Gebiet der auswärtigen Angelegenheiten, soweit der Bund in Landeskompetenzen eingreift, vgl. *Fastenrath* 1986, S. 124. Für den umgekehrten Fall muss dieses Gebot erst recht zum Tragen kommen.

285 Vgl. *Tomuschat* 1993, S. 503 Rn. 35.

286 D/S/S-*Sonnen* 2011, § 2 Rn. 4 JStVolzG; ähnlich *J. Walter* 2008a, S. 23 f.; teilweise zustimmend *Schneider*, der allerdings aus dem „vor allem" nur das Verbot einer

man die Einheitlichkeit der Rechtsordnung[287] bewahren und ein sinnvoll agierendes Sanktionssystem schaffen.[288]

7.2.5 Zusammenfassung

Der vorangestellte Seitenblick auf den IPBPR und seine rechtliche Stellung verdeutlicht einmal mehr: Die Verschiebung der Gesetzgebungskompetenz ist eher geeignet, Probleme zu schaffen, als sie zu lösen. Dies gilt im besonderen Maße auch für die nur scheinbar rein postulativen Zielbestimmungen und Vollzugsprogrammatiken, bei denen selbst minimale sprachliche Abtönungen bei wortgetreuer Bewertung im schlimmsten Falle zu einem Paradigmenwechsel in der Vollzugsphilosophie führen können.

Die aktuelle Gesetzgebung der Länder ist von allzu radikalen Umwälzungen jedoch weit entfernt. Dies gilt ebenso für negative wie für positive Veränderungen. Der Großteil der Gesetze orientiert sich an der bisherigen Rechtslage unter – teilweise entstellender – Hinzuziehung der Ausführungen des BVerfG. Nur vereinzelt wird das Resozialisierungsziel klar als einziges Vollzugs*ziel* in den Vordergrund gestellt. Als Beigeschmack bleibt jedoch die in nahezu jedem Gesetz zu erspürende Tendenz, den „Schutz der Allgemeinheit" zumindest sprachlich gegenüber der Resozialisierung aufzuwerten und damit – im günstigsten Fall – zumindest für vermeidbare Missverständnisse zu sorgen. Ein Großteil der Gesetze bleibt schon damit hinter der ursprünglichen Regelung des § 91 Abs. 1 JGG zurück.[289]

Bezeichnenderweise offenbart ein Blick in die Plenarprotokolle der Landtage das Verwirrungspotential der kleinen, aber nicht unerheblichen legislativen Eigenheiten der Länderbestimmungen: Wenn etwa der *saarländische* Berichterstatter der CDU-Fraktion am 31.10.2007 im Landtag verkündet, dass das zukünftige Vollzugsziel „ein Doppeltes" sei, bei dem „Schutz der Allgemeinheit" und Erziehungsziel „gleichberechtigt" nebeneinander stehen sollen[290], während

---

nachrangigen Ausrichtung am Erziehungsziel ableitet und die *gleichrangige* Berücksichtigung von Sicherheitsaspekten für zulässig hält, vgl. *Schneider* 2010, S. 75. Allerdings sieht wohl auch er in der *bayerischen* Lösung im Vergleich zum *Neuner-Entwurf* eine deutlichere Aufwertung des Schutzgedankens, vgl. S. 98.

287 Auch hier greift die Wertung des Art. 31 GG: BVerfGE 98, 83, 97 f.; 98, 106, 118 ff.; Dreier-*Dreier* 2006, Art. 31 Rn. 60.

288 Vgl. *Boers/Schaerff* 2008, S. 320 f.; *Wegemund/Dehne-Niemann* 2008, S. 568, 581 f.

289 Vgl. *Boers/Schaerff* 2008, S. 318; *Eisenberg* 2007, S. 153 f.

290 Saar. Ltg. Plenarprotokoll 13/46 S. 2658, 2660; ganz ähnlich auch die Aussagen der CDU-Vertreter in Ltg. Thür. Plenarprotokoll 4/73 S. 7407, Ltg LSA Plenarprotokoll 5/30 S. 1965 und Ltg. Hess. Plenarprotokoll 16/144 S. 10148. Die *hessische* Begründung bewirbt das Gesetz zudem werbeprospektartig mit dem Slogan „sicher

im Gegensatz dazu Gesetz und Begründung durch die Einteilung in Ziel und Aufgabe eine Rangfolge zugunsten der Resozialisierung eröffnen, fragt sich schon, ob die Missverständlichkeit bereits auf der Ebene der Entscheidungsträger durchschlägt oder ob hier womöglich die wahre Absicht hinter der sprachlichen Annäherung von Ziel und Aufgabe aufleuchtet: Eine verkappte faktische Gleichschaltung der Vollzugs*ziele* entgegen der ausdrücklichen Vorgabe des BVerfG und der Gewichtung internationaler Mindeststandards.

Der Verdacht einer bewussten Abweichung drängt sich auch deshalb auf, weil kein Gesetzgeber sich bei der Gestaltung der Vollzugsziele für die nächstliegende Variante entschieden hat: Nämlich für die bloße Übernahme der Formulierung des BVerfG, welches schlicht auf das „Ziel" abstellte, „dem Inhaftierten ein künftiges straffreies Leben in Freiheit zu ermöglichen."[291]

Auch die punitive Hinwendung zu anderen Strafzwecken tritt zum Teil offen zu Tage – so beispielsweise in der *baden-württembergischen* Gesetzesbegründung zum ursprünglichen JStVollzG BW *a. F.*, wo in den Begriff der „kriminalpräventiven" Schutzaufgabe des Vollzuges auch die „Abschreckung potenzieller Straftäter" hineininterpretiert wurde,[292] obgleich dieser generalpräventive Aspekt – nach ganz herrschender Auffassung – weder im Jugendstrafrecht noch im Jugendstrafvollzug,[293] ja noch nicht einmal im allgemeinen Strafvollzug[294] eine Daseinsberechtigung findet.[295]

Dennoch: Im Lichte der ERJOSSM, die die Resozialisierungsprämisse als Selbstverständlichkeit voraussetzen, werden diejenigen Gesetze, die der Wiedereingliederung zumindest die größte Bedeutung zwischen mehreren „Zielen und Aufgaben" einräumen, den Anforderungen des Europarats knapp gerecht. Soweit in den Bundesländern jedoch der „Schutz der Allgemeinheit" der Resozialisierung gleichgestellt wird (*Niedersachsen*) oder dieser gar übergeordnet ist (*Bayern, Baden-Württemberg*), können die Gesetzesbegründungen dem Indiz der verfassungsrechtlichen Bedenklichkeit nichts Substantielles entgegenhalten und stehen zudem im Widerspruch mit völkerrechtlichen Verpflichtungen aus dem IPPBR.

---

nach außen – intensiv nach innen" und gibt damit trotz der Zugeständnisse an das BVerfG unverblümt zu erkennen, welche Strafmentalität man vermitteln möchte.

291 Vgl. BVerfG NJW 2006, S. 2095.

292 Begründung zu § 2 JStVollzG BW *a. F.* (Ltg. BW. Drs. 14/1240 S. 59).

293 Vgl. BGHSt 15, S. 224; Ostendorf-*Ostendorf* 2009, Kap. 1 Rn. 19; D/S/S-*Sonnen* 2011, § 2 JStVolzG Rn. 4; *Eisenberg* 2012, § 92 Rn. 27, § 17 Rn. 5.

294 Vgl. *Calliess/Müller-Dietz* 2008 § 2 Rn. 8 m. w. N.

295 In der Begründung zum neu erlassenen *baden-württembergischen* Justizvollzugsgesetzbuch hält man sich hingegen knapp und hat entsprechende Ausführungen gestrichen.

7.3 Erziehung – Die Ausfüllung des Resozialisierungsbegriffes

Mit der Festlegung des Resozialisierungszieles als zentralen Fix- und Angelpunkt des Jugendstraf- und Jugendstrafvollzugsrechts stellt sich gleichzeitig die Frage nach der inhaltlichen Dimension dieses Hauptanliegens.[296]

Im Wesentlichen geht es dabei um das Ausmaß der angestrebten Einflussnahme auf den Gefangenen. Es fragt sich: Soll als Minimalziel lediglich die Legalbewährung des Täters, also das Ausbleiben des strafrechtlich relevanten Rückfalles erreicht werden, oder geht es darüber hinaus um weitergehende Persönlichkeitsbildung, etwa die Erziehung zu einem „rechtschaffenen" Lebenswandel, wie es noch von § 91 JGG *a. F.* postuliert wurde. Sowohl der Begriff der „Erziehung" als auch das Ziel der Rechtschaffenheit sind dabei vielfacher Kritik ausgesetzt.[297]

Im relativ unbestimmten Erziehungsziel wird zum einen oftmals das Einfallstor apokrypher Straf- bzw. Vollzugszwecke und die Ursache für faktische Schlechterstellungen von jungen Tätern gesehen.[298] Zum anderen läuft der Erziehungsgedanke wegen seiner Deutungsoffenheit stets Gefahr, durch die Inhalte der Erziehung selbst ideologisiert zu werden[299] (was nicht zuletzt ein Blick auf die nationalsozialistische Ära deutlich vor Augen führt). Noch dehnbarer ist der Begriff der „rechtschaffenen" Lebensführung, der in Abhängigkeit von einem obskuren gesellschaftlichen Mittelwert der Anständigkeit[300] steht und sich kaum anders als willkürlich bestimmen lässt.

Daher hatte zuletzt auch der Bundesgesetzgeber dazu angesetzt, diese beiden gesetzlichen Unwägbarkeiten aus dem Jugendstrafvollzugsrecht zu entfernen. Der Entwurf des BMJ von 2006 sah im Resozialisierungsziel schlicht das Befähigen zu einer „Lebensführung ohne Straftaten" (§ 2 JStVollzG-BMJ). Gleichzeitig etablierte man an Stelle der „Erziehung" den Begriff der „Förderung", um zu verdeutlichen, dass es bei dem Umgang mit den Gefangen vor allem darauf ankommen sollte, an die eigenverantwortliche Mitwirkung an der Verwirklichung des Vollzugsziels heranzuführen.[301]

---

296 Ausführlich dazu auch *Hassemer* 2002, S. 236 ff.

297 Vgl. *Streng* 1994, S. 60 ff.; *Kreuzer* 2002, S. 2346 ff.; *Laubenthal/Baier/Nestler* 2010, Rn. 4 m. jew. w. N.

298 Vgl. *Kreuzer* 2002, S. 2346 bis 2348 m. w. N.

299 Vgl. *Jureit* 1995, S. 88 ff.; *Streng* 1994, S. 60 ff. m. w. N.

300 Vgl. zur semantischen Einordnung: *Duden* 2006, 24. Auflage, Stichwort: „rechtschaffen": „ehrlich und anständig; redlich".

301 Begründung des BMJ 2006 zu § 3 S. 15.

7.3.1 Vorgaben der ERJOSSM

Die ERJOSSM geben auch zu diesem Thema keine sofort ersichtliche, klare Vorgabe. Die zentrale Basisregel Nr. 2 spricht von der Ausrichtung nach den Grundsätzen der „social integration and education and the prevention of re-offending". Dabei könnte „education" sowohl als „Erziehung" als auch „Ausbildung" verstanden werden. Jedoch erklärt die Begründung des Regelwerkes, es gehe insbesondere um die „Förderung der persönlichen und weiteren sozialen Entwicklung", sowie um die Übernahme von Verantwortung. Erziehung wird im Sinne einer Vermittlung von Kommunikations-, Wahrnehmungs-, Interpretations- und Entschlussfähigkeiten verstanden.[302] Dieser Ansatz wird in Regel Nr. 50.1 für den Freiheitsentzug konkretisiert, wonach der Vollzug so zu gestalten ist, dass die „Wiedereingliederung in die Gesellschaft" durch Förderung von „Fähigkeiten", die der Rückfallvermeidung dienen, ermöglicht wird.[303] Es geht dem Regelwerk folglich in erster Linie um die Vermittlung von Schlüsselkompetenzen, die dem Jugendlichen praktische Alternativen zu delinquentem Verhalten eröffnen sollen. Die fremdbestimmte Entwicklung von gesellschaftskonformen Wertvorstellungen, die über strafrechtlich relevantes Normengut hinausgeht, spielt in diesem Ansatz eine lediglich untergeordnete Rolle. Das Nahebringen von solchen allgemeinen Werthaltungen kann allenfalls als Hilfe zur Bewältigung eines straffreien Lebens eingebracht werden, ist aber nicht selbst als Vollzugsziel zu begreifen. Auch die ERJOSSM füllen demnach den Resozialisierungsbegriff primär mit einer schlichten, durch fördernde Maßnahmen begünstigten Legalbewährung.

---

302 Vgl. ERJOSSM commentary zu Rule Nr. 2 (Übersetzung des Verfassers).

303 Vgl. auch *Dünkel/Baechtold/van Zyl Smit* 2007, S. 130.

7.3.2 Synoptischer Überblick der Rechtslage

Baden-Württemberg	**§ 22 JStVollzG BW** **Behandlungs- und Erziehungsgrundsätze** (2) Die jungen Gefangenen sind in der Ehrfurcht vor Gott, im Geiste der christlichen Nächstenliebe, zur Brüderlichkeit aller Menschen und zur Friedensliebe, in der Liebe zu Volk und Heimat, zu sittlicher und politischer Verantwortlichkeit, zu beruflicher und sozialer Bewährung und zu freiheitlicher demokratischer Gesinnung zu erziehen. (5) Zur Erreichung des Erziehungsziels soll die Einsicht in die dem Opfer zugefügten Tatfolgen geweckt und sollen geeignete Maßnahmen zum Ausgleich angestrebt werden.
Bayern	**Art. 123 I i. V. m Art. 3 BayStVollzG** **Behandlung im Vollzug** Die Behandlung umfasst alle Maßnahmen, die geeignet sind, auf eine künftige deliktfreie Lebensführung hinzuwirken. Sie dient der Verhütung weiterer Straftaten und dem Opferschutz. Die Behandlung beinhaltet insbesondere schulische und berufliche Bildung, Arbeit, psychologische und sozialpädagogische Maßnahmen, seelsorgerische Betreuung und Freizeitgestaltung. Art und Umfang der Behandlung orientieren sich an den für die Tat ursächlichen Defiziten der Gefangenen.
Berlin, Brandenburg, Bremen, Hamburg, Mecklenburg-Vorpommern, Rheinland-Pfalz, Saarland, Sachsen-Anhalt, Schleswig-Holstein, Thüringen,	**§ 3 JStVollzG Bln, BbgJStVollzG, BremJStVollzG, JStVollzG M-V, JStVollzG RLP, SJStVollzG, JStVollzG LSA, JStVollzG SH ThürJStVollzG** **Erziehungsauftrag** (1) Der Vollzug ist erzieherisch zu gestalten. Die Gefangenen sind in der Entwicklung ihrer Fähigkeiten und Fertigkeiten so zu fördern, dass sie zu einer eigenverantwortlichen und gemeinschaftsfähigen Lebensführung in Achtung der Rechte anderer befähigt werden. Die Einsicht in die beim Opfer verursachten Tatfolgen soll geweckt werden. (Im Saarland: „ist zu wecken") **§ 5 (bzw. § 4 JStVollzG SH, HmbJStVollzG)** **Erziehung und Förderung** (In Berlin lautet die Überschrift: „Leitlinien der Förderung und Erziehung") (1) Förderung und Erziehung erfolgen durch Maßnahmen und Programme zur Entwicklung und Stärkung der Fähigkeiten und Fertigkeiten der Gefangenen im Hinblick auf die Erreichung des Vollzugsziels. (In Hamburg zusätzlich: „Sie dienen der Prävention und dem Schutz der Opfer von Straftaten.")

Hessen	**§ 3 HessJStVollzG** **Gestaltung des Vollzugs** (1) Der Jugendstrafvollzug ist erzieherisch auszugestalten. Die Entwicklung von Fähigkeiten und Fertigkeiten sowie die Bereitschaft zu einer eigenverantwortlichen und gemeinschaftsfähigen Lebensführung in Achtung der Rechte anderer sind zu fördern. Die Einsicht der Gefangenen in das Unrecht der Tat und in die beim Opfer verursachten Tatfolgen soll geweckt und durch geeignete Maßnahmen zum Ausgleich der Tatfolgen vertieft werden. **§ 5 HessJStVollzG** **Leitlinien der Förderung** (1) Die Förderung erfolgt durch Maßnahmen, welche geeignet sind, die Persönlichkeit, Fähigkeit, Fertigkeiten und Kenntnisse der Gefangenen im Hinblick auf das Erreichen des Erziehungsziels zu entwickeln und zu stärken. Hierzu gehört auch die gezielte Vermittlung eines an den verfassungsrechtlichen Grundsätzen ausgerichteten Werteverständnisses.
Niedersachsen	**§ 114 NJVollzG** **Gestaltung** (1) Der Vollzug ist erzieherisch zu gestalten. Zur Erreichung des Vollzugszieles nach § 113 Satz 1 ist die oder der Gefangene in der Entwicklung von Fähigkeiten und Fertigkeiten sowie der Bereitschaft zu einer eigenverantwortlichen und gemeinschaftsfähigen Lebensführung in Achtung der Rechte anderer zu fördern. Die Förderung der oder des Gefangenen ist insbesondere auf soziales Lernen und die Ausbildung von Fähigkeiten und Kenntnissen, die einer künftigen beruflichen Integration dienen, auszurichten. [...]
Nordrhein-Westfalen	**§ 3 JStVollzG NRW** **Gestaltung des Vollzuges** (1) Der Vollzug der Jugendstrafe ist erzieherisch zu gestalten. Zur Erreichung des Vollzugszieles sind bei allen Gefangenen die Entwicklung von Fähigkeiten und Fertigkeiten sowie die Bereitschaft zu einer eigenverantwortlichen und gemeinschaftsfähigen Lebensführung in Achtung der Rechte anderer zu wecken und zu fördern. **§ 5 JStVollzG NRW** **Leitlinien der Förderung und Erziehung** (1) Grundlage der Förderung und Erziehung im Vollzug der Jugendstrafe sind alle Maßnahmen und Programme, welche die Fähigkeiten und Fertigkeiten der Gefangenen im Hinblick auf die Erreichung des Vollzugszieles entwickeln und stärken.

Sachsen	**§ 3 SächsJStVollzG**
	Erziehungsauftrag und Vollzugsgestaltung
	(1) Die Gefangenen sind in der Entwicklung ihrer Fähigkeiten und Fertigkeiten so zu fördern, dass sie zu einer eigenverantwortlichen und gemeinschaftsfähigen Lebensführung in Achtung der Rechte Anderer befähigt werden (Erziehungsauftrag). Die Gefangenen sind zur Einsicht in die beim Opfer verursachten Tatfolgen zu erziehen. Sie sind zur Ehrfurcht vor allem Lebendigen, zur Nächstenliebe, zum Frieden und zur Erhaltung der Umwelt, zur Heimatliebe, zu sittlichem und politischem Verantwortungsbewusstsein, zu Gerechtigkeit und zur Achtung vor der Überzeugung des Anderen, zu beruflichem Können, zu sozialem Handeln und zu freiheitlicher demokratischer Haltung zu erziehen.
	§ 5 SächsJStVollzG
	Erziehung und Förderung
	(1) Erziehung und Förderung erfolgen durch Maßnahmen und Programme zur Entwicklung und Stärkung der Fähigkeiten und Fertigkeiten der Gefangenen im Hinblick auf die Erreichung des Vollzugsziels. Durch differenzierte Angebote soll auf den jeweiligen Entwicklungsstand und den unterschiedlichen Erziehungs- und Förderbedarf der Gefangenen eingegangen werden.
BMJ 2006	**§ 3 Gestaltung des Vollzuges**
	(1) Während des Vollzuges der Jugendstrafe sind alle Gefangenen in der Entwicklung von Fähigkeiten und Fertigkeiten sowie der Bereitschaft zu einer eigenverantwortlichen und gemeinschaftsfähigen Lebensführung in Achtung der Rechte anderer zu fördern.
	§ 5 Leitlinien der Förderung
	(1) Grundlage der Förderung im Vollzug sind alle Maßnahmen und Programme, welche die Fähigkeiten und Fertigkeiten der Gefangenen im Hinblick auf die Erreichung des Vollzugsziels entwickeln und stärken. Hierzu kann der Vollzug aufgelockert und in geeigneten Fällen weitgehend in freien Formen durchgeführt werden.

7.3.3 Bewertung mit Blick auf die Mindeststandards

In den Landesgesetzen behält man die Umschreibung als „Erziehungsziel" (bzw. „-auftrag") weit überwiegend bei, meint damit aber zumeist die „Befähigung" zu einem „Leben in sozialer Verantwortung und ohne Straftaten". Bis auf die wiederum leicht missverständliche Wortwahl[304] entsprechen die Regelungen damit dem auch von den ERJOSSM entworfenen Ansatz. In den Gesetzen, die dem

---

304 *Ziel* ist auch hier die Legalbewährung, nicht die Erziehung.

Neuner-Entwurf folgen, wird dies bei den Grundsätzen der „Erziehung und Förderung", die besonders auf „Maßnahmen und Programme zur Entwicklung und
Stärkung der Fähigkeiten und Fertigkeiten der Gefangenen im Hinblick auf die
Erreichung des Vollzugsziels" abstellen, adäquat konkretisiert. Unnötig erscheint in diesem Zusammenhang der zusätzliche Hinweis des *hamburgischen*
Gesetzes, wonach solche Maßnahmen auch der Prävention und dem Opferschutz
dienen. Außer als mittelbare Motivation des Resozialisierungszieles kommt diesen Schutzaspekten auch für die Ausgestaltung konkreter Maßnahmen keine eigenständige Bedeutung zu.

In *Bayern, Baden-Württemberg* und in *Sachsen* verfolgt man mit der Erziehung noch weitergehende Zwecke – über die Befähigung zur Legalbewährung
hinaus.

Das *bayerische* Gesetz zielt weiterhin auf den „rechtschaffenen Lebenswandel" des jungen Gefangenen. Die Gesetzesbegründung führt dazu aus: *„Nach
der Konzeption des Entwurfs ist deshalb das wichtigste Anliegen des Jugendstrafvollzugs, dass junge Gefangene durch die Erziehung während des Vollzugs
in die Lage versetzt werden, nach der Entlassung ein Leben ohne Straftaten zu
führen. Damit alleine wäre aber die Intention des Jugendstrafvollzugs zu knapp
beschrieben. Ein Leben ohne Straftaten können auch diejenigen führen, die im
Übrigen ziel- und planlos in den Tag hinein leben. Das angestrebte Ergebnis
des Jugendstrafvollzugs ist aber ehrgeiziger: Die ehemaligen Gefangenen sollen
einen rechtschaffenen Lebenswandel führen, und dies zusätzlich in sozialer Verantwortung, d. h. sie sollen im Rahmen ihrer Möglichkeiten ein nützliches Glied
in der Gesellschaft werden. Den Normadressaten, den jungen Gefangenen, soll
durch die Fassung der zentralen Vorschrift deutlich gemacht werden, dass von
ihnen nach Durchlaufen der vollzuglichen Erziehungsmaßnahmen, die ja auch
einen nicht zu verachtenden finanziellen Aufwand der Allgemeinheit bedeuten,
ein sinnvolles Leben erwartet wird."*305
In *Bayern* begnügt man sich folglich nicht mit der zukünftigen Straffreiheit
der jungen Gefangenen, sondern macht es sich darüber hinaus zu einem Anliegen, diese in produktive Bürger zu verwandeln. Was man sich letztlich unter einem „sinnvollen Leben", das der Jugendliche als „nützliches Glied" der Gemeinschaft anzustreben hat, vorstellen soll, bleibt offen.306
Ein solch „ehrgeiziges" Vorhaben erinnert dabei sprachlich in seiner Dis-
tanzlosigkeit an einen moralistischen Gesinnungsvollzug, wie man ihn eher in
totalitären Systemen vermuten würde.307 Ein menschenwürdiger Strafvollzug,

---

305   Begründung zu Art. 121 BayStVollzG (Bay. Ltg. Drs. 15/8101).

306   Ähnlich *Eisenberg* 2012, § 92 Rn. 23.

307   Man fühlt sich an Begriffe erinnert wie „soziale Gesinnung und Einfügung, [...]
      Tüchtigkeit, Pflichterfüllung und Sittlichkeit", vgl. etwa bei *Sieverts* 1938, S. 33, das

der den Gefangenen als Subjekt mit eigenen Rechten und Belangen und nicht nur als Objekt der eigenen Behandlung ansieht[308], kann diesem letztlich nur Hilfen zur Persönlichkeitsentwicklung anbieten, ihn aber nicht zu dem erwünschten Menschenbild umerziehen.[309] Die entsprechende Ausformung dieses Gedankens findet sich in den ERJOSSM durch die Fokussierung auf fördernde Kompetenzvermittlung. Davon abgesehen ist auch der im Rechtsstaatsprinzip wurzelnde Grundsatz der Verhältnismäßigkeit verletzt, wenn die „Besserung" des Inhaftierten nicht nur auf das Ziel der Legalbewährung, sondern auf weiterreichende Zwecke ausgerichtet und damit eingriffsintensiver wird.[310] Dies gilt insbesondere im Hinblick auf das Selbstbestimmungsrecht der weit überwiegend[311] volljährigen Gefangenen.[312] Auch der angeführte „nicht zu verachtende finanzielle Aufwand der Allgemeinheit", der nicht ins Leere laufen soll, ändert nichts an dieser verfassungsrechtlichen Wertung.

Zugleich liegt darin ein Verstoß gegen das Verbot der Schlechterstellung gegenüber Erwachsenen, welches in Nr. 13 der ERJOSSM seinen Niederschlag gefunden hat,[313] denn in der *bayerischen* Regelung zum Erwachsenenvollzug begnügt man sich mit dem Ziel der Legalbewährung.[314] Immerhin konkretisiert Art. 123 Abs. 1 i. V. m. Art. 3 BayStVollzG den Erziehungsinhalt vornehmlich auf Maßnahmen, „die geeignet sind, auf eine künftige deliktfreie Lebensführung hinzuwirken".

Noch weitaus problematischer[315] sind die in § 2 Abs. 2 JVollzG BW-IV des *baden-württembergischen* Gesetzes formulierten „Erziehungsgrundsätze". Danach sind „*die jungen Gefangenen [...] in der Ehrfurcht vor Gott, im Geiste der*

„ordentliche Mitarbeiten" in der Gesellschaft bei *Freisler* 1936, S. 75 oder eben das „taugliche Glied der Volksgemeinschaft" in § 9 Abs. 2 der AV zum Jugendstrafvollzug von 1937.

308 BVerfG NJW 2006, S. 2093, 2096.

309 Vgl. *Eisenberg* 2012, § 92 Rn. 24; 2007, S. 153; ähnlich *Walkenhorst* 1998, S. 132 ff.; *Sußner* 2009, S. 194.

310 Eine solche „Besserung" nach allgemeinen moralischen Gesichtspunkten kann auch für sich allein keine schweren Grundrechtseingriffe rechtfertigen, BVerfGE 22, 180, 219.

311 Nach *Dünkel/Geng* 2007, S. 70 waren im Jahr 2005 nur ca. 10% der Gefangenen minderjährig. Vgl. auch *Eisenberg* 2012, § 92 Rn. 14.

312 Ostendorf-*Ostendorf* 2009, Kap. 1 Rn. 25.

313 Und darüber hinaus aus der Präambel der ERJOSSM abgeleitet wird. Vgl. *Dünkel* 2008, S. 378; siehe auch *5.2.4.*

314 Art. 2 BayStVollzG. Vgl. zu diesem Verfahrensprinzip im deutschen Recht *Eisenberg* 2012, § 92 Rn. 5 und *Dünkel* 2008, S. 378 m. w. N.

315 Angesichts des offensichtlichen Verstoßes gegen verfassungsrechtliche Standards ist hierauf zu Recht mit polemischer Fassungslosigkeit reagiert worden: vgl. dazu *Dünkel/ Pörksen* 2007, S. 56 („Provinzposse").

christlichen Nächstenliebe, zur Brüderlichkeit aller Menschen und zur Frie-
densliebe, in der Liebe zu Volk und Heimat, zu sittlicher und politischer Verant-
wortlichkeit, zu beruflicher und sozialer Bewährung und zu freiheitlicher demo-
kratischer Gesinnung zu erziehen. "

Zwar bleibt es hier gemäß dem voranstehenden § 1 JVollzG BW-IV grundsätzlich bei dem Erziehungsziel der straffreien Lebensführung, kritisch sind –
trotz des wolkig-paternalistischen Pathos – jedoch die Mittel zu sehen, mit denen dieses erreicht werden soll. Diese schießen weit über das Ziel der Legalbewährung hinaus. Insbesondere ist nicht ersichtlich, womit sich, angesichts von
Meinungs-, Gesinnungs- und negative Religionsfreiheit, eine Erziehung zu Pat-
riotismus und eine Einflussnahme auf die politische und religiöse Haltung des
Gefangenen rechtfertigen lässt.[316] Auch greift man damit – soweit es sich um
minderjährige Gefangene handelt – ungerechtfertigt in das Erziehungsrecht der
Eltern ein, welches durch Verfassung und internationale Vorgaben geschützt ist.[317]

Das Verhältnismäßigkeitsprinzip gebietet es auch hier, sich auf die Vermittlung von Grundwerten zu beschränken, die zum Erreichen des Grundziels
der Legalbewährung unerlässlich sind – also etwa die schlichte Achtung vor den
essentiellen Rechten Anderer[318]. Auch gemäßigte pädagogische Einflussnahmen wiegen zudem umso schwerer, als sich der Gefangene im Vollzug kaum
deren Einfluss entziehen kann.

Darüber hinaus verstößt die Regelung mit ihren Verweisen auf „Volk und
Heimat" und ihrem religiösen Anliegen nicht nur gegen die staatliche Neutrali-
tätspflicht in Glaubensfragen,[319] sondern verschließt sich auf geradezu groteske
Art und Weise vor der Tatsache, dass eine große Zahl[320] der Gefangenen Jugendliche mit Migrationshintergrund[321] und oftmals nicht-christlicher Glau-
bensorientierung sind.[322]

In eine ähnliche Richtung tendiert auch der *sächsische* § 3 SächsJStVollzG.
Soweit hier – deutlich moderater zwar – die Erziehung zur „Heimatliebe", „po-

---

316 Vgl. *Eisenberg* 2012, § 92 Rn. 31 („weder geeignet noch erforderlich").

317 ERJOSSM Rule Nr. 14; Art. 6 Abs. 2 S. 1 GG, vgl. dazu auch: *Streng* 1994, S. 84.

318 Eine treffende Aufzählung findet sich bei *Walkenhorst* 1999, S. 256.

319 Vgl. Dreier-*Morlok* 2006, Art. 4 Rn. 146 ff.

320 *Eisenberg* 2012, § 92 Rn. 16.

321 Näheres zu diesem umfassenden Problemkreis: *J. Walter* 2010c; 2004, S. 397; 2002,
     S. 132 f.; *Böhm* 1998, S. 1028 ff.

322 Vgl. *Dünkel/Pörksen* 2007, S. 56; ebenfalls deutlich kritisch: *DBH* Stellungnahme, S. 6;
     Fiedler 2008, S. 113; ausführlich auch *Wegemund/Dehne-Niemann* 2008, S. 570 ff.;
     zurückhaltend differenzierend *Schneider* 2010, S. 111 ff.

litischem Verantwortungsbewusstsein" und „freiheitlich demokratischer Haltung" angeordnet wird, gelten die gleichen Bedenken.[323]

Damit wird einmal mehr die Anfälligkeit des Erziehungsbegriffes für ideologische Vereinnahmungen deutlich. Demgegenüber spricht für den immer öfter bevorzugten Förderbegriff, dass er verdeutlicht, dass es dem Vollzug nicht um die Entwicklung einer aufoktroyierten Persönlichkeit gehen kann, sondern um das Befähigen des Straftäters sich im Rahmen des minimalen gesellschaftlichen Konsenses zu bewegen, d. h. ein Leben ohne Straftaten zu führen.[324] Die Wahl dieser Begrifflichkeit wird den Vorgaben des Verfassungsgerichts und der ERJOSSM am besten gerecht und hat somit auch nichts mit „falsch verstandener Rücksicht auf etwaige Befindlichkeiten der jungen Gefangenen"[325] zu tun. Die Erziehung bzw. Förderung kann *nicht* das *Ziel, sondern* nur das *Mittel* zur Erreichung der Legalbewährung sein.[326] Dies hat letztlich auch der Bundesgesetzgeber mit Schaffung des § 2 JGG vorgegeben.[327] Wird der junge Gefangene nebenbei zu dem, was man in *Bayern* für ein „nützliches Glied der Gesellschaft" hält, so ist dies eine bloße Reflexwirkung, die sich aus der Aneignung protektiver Kompetenzen ergeben kann, aber nicht muss – aber ganz sicher nicht selbstständiges Ziel des Vollzuges sein darf.[328]

Zwar gehen die meisten anderen Landesgesetze von einem nüchternen mit den ERJOSSM vereinbaren Erziehungsbegriff im Sinne des Förderkonzepts aus, jedoch wird durch die Nebeneinanderstellung von Förderung und Erziehung ein unklares Verständnis des Erziehungsbegriffs deutlich, der den eher ahndenden Maßnahmen zugerechnet wird, während die positiv spezialpräventiven Maßnahmen dem Förderbegriff unterfallen. Dies ist aber ein Missverständnis des Förderbegriffs,[329] der alle erzieherischen Einflussnahmen umfasst bis hin zu strafenden (disziplinarischen) Reaktionen und damit – richtig verstanden – das

---

323 Darauf, dass es wohl auch hier um Erziehung zu „nützlichen Gliedern der Gesellschaft" gehen soll, deutet ein Arbeitsentwurf von 2007 hin (zitiert bei *Eisenberg* 2012, § 92 Rn. 24); ansonsten zeigen Parlamentsdokumente eine ähnlich unkritische Übernahme von Verfassungstext wie in *Baden-Württemberg* auf. (Plenarprotokoll 4/94 vom 12.12.2007, S. 7778 ff.), vgl. *Eisenberg* 2012, § 92 Rn. 31.

324 Vgl. *Laubenthal/Baier* 2007 (Voraufl.), Rn. 874; ähnlich: *Schlüchter* 1994, S. 49 f. m. w. N.; *J. Walter* 2006a, S. 95; *Walkenhorst* 1998, S. 135 f.

325 Begründung zu Art. 121 BayStVollzG (Bay. Ltg. Drs. 15/8101).

326 Vgl. Ostendorf-*Ostendorf* 2009, S. 103 Rn. 12; *Boers/Schaerff* 2008, S. 322; *Schlüchter* 1994, S. 41 bis 44 m. w. N.; *Ostendorf* 2007b, S. 107; ebenso *J. Walter* 2010, S. 89; *Walkenhorst* 1998, S. 132; ähnlich *Tondorf* 2006, Einleitung.

327 „Um dieses Ziel zu erreichen …".

328 Verkannt durch *Schneider* 2010, S. 83 ff.

329 Worauf *Walkenhorst* wiederholt verwiesen hat: vgl. *Walkenhorst* 2007d, S. 6 f.

einheitliche Konzept des „Förderns und Forderns" beinhaltet.[330] Hier wird schon auf sprachlicher Ebene befürchtet, dass eine solch „zweispuriges" Verständnis von Erziehung und Förderung geeignet ist, „die in der Praxis ohnehin vorhandenen punitiven Einstellungen tendenziell zu bestärken und den Aspekt der Förderung lediglich als zu gewährende Dreingabe, nicht jedoch als Zentrum der Bemühungen um den jungen Gefangenen zu sehen."[331] Es wird daher konsequenterweise gefordert den Begriff der „Erziehung" gänzlich zu streichen und durch den der Förderung zu ersetzen. [332]

7.4 Grundlagen der Vollzugsgestaltung

Auf dem Weg zum Vollzugsziel dient die rechtliche Konkretisierung der Vollzugsgestaltung dem Vollzug als flankierende Orientierungshilfe. Sie stützt das Ringen um die Resozialisierung als konkrete Auslegungshilfe im Vollzugsalltag. Dementsprechend sind diesbezügliche Grundfestlegungen des Gesetzgebers wegweisend für die Marschrichtung nahezu aller Bemühungen und Entscheidungen des Vollzugsalltages. Die Normierung der Gestaltungsprinzipien muss damit eine entscheidende Weichenstellung für die Schaffung einer mit internationalen Menschenrechtsstandards konform gehenden Vollzugspraxis leisten.

7.4.1 Kompensatorische Grundprinzipien

Dabei gilt es zunächst, dem immanent resozialisierungsfeindlichen[333] Vollzug in der rechtlichen Ausformung kompensierende Gestaltungsfestlegungen an die Hand zu geben, die eine Brücke zwischen Schaden und möglichem Nutzen einer totalen Institution schlagen.

7.4.1.1 Vorgaben der ERJOSSM

Entsprechende Grundregeln des Vollzuges lassen sich vor allem aus den Abschnitten A., E.1., E.2. und E.3. der ERJOSSM ableiten:
Als tragendes – auch vor dem deutschen Grundgesetz selbstverständliches – Grundprinzip benennt Nr. 1 der ERJOSSM zunächst die „Achtung der Men-

---

330 Vgl. auch *Dünkel* 2007d, S. 2 f.

331 *Walkenhorst* 2007d, S. 7.

332 Vgl. *Dünkel* 2007d, S. 3; *Walkenhorst* 2007d, S. 7.

333 Vgl. OLG Schleswig NStZ 1985, S. 475; *Kühnel/Hiebe/Tölke* 2005, S. 242 bis 244; *Kaiser/Schöch* 2002, § 5 Rn. 13; *Kunz* 2004, § 35 Rn. 19; *J. Walter* 2004, S. 401 jeweils m. w. N.

schenrechte"[334] als alle Maßnahmen umfassenden Maßstab.[335] Auch die Normierung allgemeiner Leitlinien der Vollzugsgestaltung dient letztlich der Einhaltung dieses rechtlichen Minimums.

Der in Nr. 2 der ERJOSSM geregelte Wiedereingliederungsgrundsatz verlangt nach einer Vollzugsgestaltung, die über die Legalbewährung hinaus die gesellschaftliche Integration der jungen Gefangenen verfolgt. Konkrete Ausformungen dieser nicht ausdrücklich als solche formulierten, aber logisch abgeleiteten Gestaltungsmaxime finden sich in den Regeln Nr. 49.1 bis Nr. 51, in denen auf die Notwendigkeit wiedereingliedernder Maßnahmen hingewiesen wird.

Aus Nr. 5 der ERJOSSM lassen sich der ebenfalls selbstverständliche Verhältnismäßigkeitsgrundsatz und die Notwendigkeit einer individuell angepassten Durchführung des Jugendstrafvollzugs entnehmen. Passend zum letzteren Aspekt betont Nr. 53.1 die Notwendigkeit einer entsprechenden Ausstattung der Anstalt. Damit verlangen die ERJOSSM eine Vollzugsgestaltung, die den Vollzug befähigt auf die persönliche Problemstruktur und Lebenslage des Einzelnen angemessen zu reagieren.

Regel Nr. 53.3 hebt hervor, dass „das Leben" in der Anstalt „den positiven Aspekten des Lebens in der Gesellschaft so weit wie möglich anzugleichen" ist. Diese Angleichung dient dabei sowohl der Reduzierung von Prisonierung und Deprivation,[336] als auch der Schaffung eines verhältnismäßigen Vollzugs. Andererseits soll klar gestellt werden, dass alltägliche resozialisierungsfeindliche Einflüsse der Außenwelt nicht auf den Vollzug übertragen werden dürfen.[337]

Ebenfalls mit Blick auf die Verhältnismäßigkeit betont Nr. 53.2, dass „Sicherheits- und Kontrollmechanismen" nur soweit eingesetzt werden sollen, soweit sie „erforderlich sind, um die Jugendlichen davon abzuhalten, sich selbst, den Bediensteten, anderen Personen oder der Gesellschaft Schaden zuzufügen." Regel Nr. 56 konkretisiert dies für eine entsprechende Unterbringung. Gleichzeitig stellt ein solches Vorgehen eine Normalisierung zum Zwecke der Angleichung mit der Außenwelt dar. Dieses „Prinzip der minimalen Beschränkung" soll dabei auch der inneren Sicherheit dienen, indem es suizidalen, selbstschädigenden und aggressiven Verhaltensweisen entgegenwirkt.[338]

---

334 Übersetzungen des Regelwerkes entsprechen denen des *BMJ* 2009, soweit nichts anderes angegeben ist.

335 Während Nr. 7 konkret jegliche Herabsetzung oder Erniedrigung verbietet und Nr. 16 die Achtung der Privatsphäre garantiert.

336 Vgl. *Irwin/Owen* 2005, S. 94 ff.; *Nedopil* 2007, S. 329; *Bereswill* 2007, S. 163 ff.; *Laubenthal* 2010, S. 34 ff.; *Kühnel/Hiebe/Tölke* 2005, S. 235 ff. m. w. N.; *Grosch* 1995, S. 12 ff. m. w. N.; *J. Walter/Waschek* 2002, S. 195 ff. m. w. N.

337 Vgl. ERJOSSM commentary zu Rule Nr. 52.

338 Vgl. ERJOSSM commentary zu Rule Nr. 53.2.

Ferner sind Vollzugsmaßnahmen aller Art „so durchzuführen", dass die ihnen innewohnende „belastende Wirkung nicht noch verstärkt wird oder ein unangemessenes Risiko einer physischen oder psychischen Verletzung darstellt" (Nr. 8). Der „Freiheitsentzug ist nur zu dem Zweck durchzuführen, zu dem er verhängt wurde, und in einer Weise, die die damit verbundenen Beeinträchtigungen nicht zusätzlich erhöht" (Nr. 49.1). Der Vollzug ist folglich so zu gestalten, dass er den schädlichen Folgen des Freiheitsentzugs entgegenwirkt.[339]

In Nr. 52.1 stellen die ERJOSSM des Weiteren fest, dass „Jugendliche, denen die Freiheit entzogen ist, in hohem Maße schutzbedürftig sind", und die Anstaltsbehörden daher verpflichtet sind, „ihre körperliche und psychische Unversehrtheit zu schützen und ihr Wohlergehen zu fördern." Übergriffe durch andere Gefangene oder durch das Vollzugspersonal müssen schon durch die Vollzugsmodalitäten weitgehend ausgeschlossen sein.[340] Der Schutz der Gefangenen wird damit zum eigenständigen Gestaltungsprinzip.

Nr. 11 der ERJOSSM verbietet schließlich diskriminierende Vollzugsgestaltungen.

7.4.1.2 Synoptischer Überblick der Rechtslage

Baden-Württemberg	**§ 2 JVollzGB BW-I**
	Aufgaben
	(1) [...] Strafvollzug und Jugendstrafvollzug leisten einen Beitrag für die Eingliederung der Gefangenen in die Gesellschaft, die innere Sicherheit und für den Rechtsfrieden.
	§ 2 JVollzGB BW-IV
	Behandlungs- und Erziehungsgrundsätze
	(1) Die jungen Gefangenen sind unter Achtung ihrer Grund- und Menschenrechte zu behandeln. Niemand darf unmenschlicher oder erniedrigender Behandlung unterworfen werden. [...] (3) Das Leben im Jugendstrafvollzug soll den allgemeinen Lebensverhältnissen junger Menschen in Freiheit soweit wie möglich angeglichen werden. (4) Schädlichen Folgen des Jugendstrafvollzugs ist entgegenzuwirken. Die jungen Gefangenen sind vor Übergriffen zu schützen. [...] (6) Den jungen Gefangenen soll ermöglicht werden, von und mit Gleichaltrigen zu lernen und Verantwortung für Angelegenheiten von gemeinsamem Interesse zu übernehmen, die sich nach ihrer Eigenart und nach der Aufgabe der Jugendstrafanstalt für ihre Mitwirkung eignen. [...]

---

339 Was dem aus dem StVollzG bekannten Gegensteuerungsprinzip entspricht.

340 Vgl. ERJOSSM commentary zu Rule Nr. 52.

	(8) Bei der Gestaltung des Vollzugs und bei allen Einzelmaßnahmen werden der Entwicklungsstand von Jugendlichen, Heranwachsenden und jungen Erwachsenen sowie deren Lebensverhältnisse und unterschiedliche Bedürfnisse, insbesondere die von weiblichen und männlichen Gefangenen, berücksichtigt. (9) Die Personensorgeberechtigten von Jugendlichen und die Träger der öffentlichen Jugendhilfe sind so weit wie möglich in die Planung und Gestaltung der Erziehung im Vollzug einzubeziehen.
Bayern	**Art. 122 i. V. m. Art. 5 BayStVollzG** **Gestaltung des Vollzugs** (1) Das Leben im Vollzug soll den allgemeinen Lebensverhältnissen soweit als möglich angeglichen werden. (2) Schädlichen Folgen des Freiheitsentzugs ist entgegenzuwirken. (3) Der Vollzug ist darauf auszurichten, dass er den Gefangenen hilft, sich in das Leben in Freiheit einzugliedern.
Berlin, Brandenburg, Bremen, Mecklenburg-Vorpommern, Rheinland-Pfalz, Saarland, Sachsen-Anhalt, Schleswig-Holstein, Thüringen	**§ 4 JStVollzG Bln, BbgJStVollzG, BremJStVollzG, JStVollzG MV, JStVollzG RLP, SJStVollzG, JStVollzG LSA, ThürJStVollzG, § 5 JStVollzG SH** **Erziehungsauftrag, Vollzugsgestaltung** [...] (3) Das Leben in der Anstalt ist den allgemeinen Lebensverhältnissen so weit wie möglich anzugleichen. Schädlichen Folgen der Freiheitsentziehung ist entgegenzuwirken. Die Gefangenen sind insbesondere vor Übergriffen zu schützen. Der Vollzug wird von Beginn an darauf ausgerichtet, den Gefangenen bei der Eingliederung in ein Leben in Freiheit ohne Straftaten zu helfen. Die Belange von Sicherheit und Ordnung der Anstalt sind zu beachten. (4) Die unterschiedlichen Lebenslagen und Bedürfnisse von weiblichen und männlichen Gefangenen werden bei der Vollzugsgestaltung und bei Einzelmaßnahmen berücksichtigt.
Hamburg	**§ 3 HmbJStVollzG** **Erziehungsauftrag, Gestaltung des Vollzugs** [...] (2) Das Leben im Vollzug ist den allgemeinen Lebensverhältnissen soweit wie möglich anzugleichen. Schädlichen Folgen des Freiheitsentzugs ist entgegenzuwirken. Der Vollzug ist darauf auszurichten, dass er den Gefangenen hilft, sich in das Leben in Freiheit einzugliedern. (3) Die Belange von Sicherheit und Ordnung der Anstalt sowie die Belange der Allgemeinheit sind zu beachten. Die unterschiedlichen Lebenslagen und Bedürfnisse von weiblichen und männlichen Gefangenen werden bei der Vollzugsgestaltung und bei Einzelmaßnahmen berücksichtigt. Ein besonderes Augenmerk ist auf die Schaffung und die Bewahrung eines gewaltfreien Klimas im Vollzug zu richten.

Hessen	**§ 3 HessJStVollzG** **Gestaltung des Vollzugs** [...] (2) Das Leben im Jugendstrafvollzug ist den allgemeinen Lebensverhältnissen soweit wie möglich anzugleichen. Dabei sind die Belange der Sicherheit und Ordnung der Anstalt zu beachten. Schädlichen Folgen des Freiheitsentzugs ist entgegenzuwirken. Der Vollzug wird von Beginn an darauf ausgerichtet, den Gefangenen bei der Eingliederung in ein Leben in Freiheit ohne Straftaten zu helfen. (3) Bei der Gestaltung des Vollzugs sind der Entwicklungsstand von Jugendlichen, Heranwachsenden und jungen Erwachsenen sowie deren Lebensverhältnisse und unterschiedlichen Bedürfnisse, insbesondere die von weiblichen und männlichen Gefangenen, zu berücksichtigen. Bei volljährigen Gefangenen, die sich für den Jugendstrafvollzug nicht eignen, ist auf eine Entscheidung nach § 92 Abs. 2 des Jugendgerichtsgesetzes hinzuwirken.
	§ 44 HessJStVollzG **Grundsätze, Verhaltensvorschriften** (1) Sicherheit und Ordnung der Anstalt tragen maßgeblich zu einem am Erziehungsziel ausgerichteten Anstaltsleben bei. Das Verantwortungsbewusstsein der Gefangenen für ein geordnetes Zusammenleben in der Anstalt ist zu wecken und zu stärken. Vor Übergriffen anderer Gefangener sind sie zu schützen.
Niedersachsen	**§ 2 NVollzG** **Allgemeine Gestaltungsgrundsätze** (1) Das Leben im Vollzug soll den allgemeinen Lebensverhältnissen soweit wie möglich angepasst werden. (2) Schädlichen Folgen des Freiheitsentzugs ist entgegenzuwirken. (3) Der Vollzug der Freiheitsstrafe, der Jugendstrafe und der Unterbringung in der Sicherungsverwahrung soll die Mitarbeitsbereitschaft der Gefangenen und Sicherungsverwahrten im Vollzug fördern, ihre Eigenverantwortung stärken und ihnen helfen, sich in das Leben in Freiheit einzugliedern. **§ 120 NVollzG** **Unterbringung** (1) Wohngruppen dienen der Förderung sozialen Lernens. Sie sind so zu gestalten, dass die Gefangenen vor wechselseitigen Übergriffen geschützt werden. [...]

Nordrhein-Westfalen	**§ 3 JStVollzG NRW** **Gestaltung des Vollzugs** [...] (2) Das Leben im Vollzug ist den allgemeinen Lebensverhältnissen soweit wie möglich anzugleichen. Hierbei sind die Belange von Sicherheit und Ordnung der Anstalten zu beachten. Schädlichen Folgen des Freiheitsentzugs wird entgegengewirkt. Der Vollzug wird von Beginn an darauf ausgerichtet, dass er den Gefangenen hilft, sich in das Leben in Freiheit einzugliedern. (3) Bei der Ausgestaltung des Vollzugs und bei allen Einzelmaßnahmen werden die unterschiedlichen Bedürfnisse von weiblichen und männlichen Gefangenen berücksichtigt.
Sachsen	**§ 3 SächsJStVollzG** **Erziehungsauftrag und Vollzugsgestaltung** [...] (3) Das Leben in der Anstalt ist den allgemeinen Lebensverhältnissen so weit wie möglich anzugleichen. Schädlichen Folgen der Freiheitsentziehung ist entgegenzuwirken. Der Vollzug wird von Beginn an darauf ausgerichtet, den Gefangenen bei der Eingliederung in ein Leben in Freiheit ohne Straftaten (Eingliederung) zu helfen. Die Belange von Sicherheit und Ordnung in der Anstalt sowie die Belange der Allgemeinheit sind zu beachten. (4) Die unterschiedlichen Lebenslagen und Bedürfnisse von weiblichen und männlichen Gefangenen werden bei der Vollzugsgestaltung und bei Einzelmaßnahmen berücksichtigt.
VVJug	Keine entsprechende Regelung
BMJ 2006	**§ 3** **Gestaltung des Vollzugs** [...] (2) Das Leben im Vollzug soll den allgemeinen Lebensverhältnissen soweit wie möglich angeglichen werden. Die Belange der Sicherheit der Anstalt und der Allgemeinheit sind zu beachten. Schädlichen Folgen des Freiheitsentzugs wird entgegengewirkt. Der Vollzug wird von Beginn an darauf ausgerichtet, dass er den Gefangenen hilft, sich in das Leben in Freiheit ohne Straftaten einzugliedern.
StVollzG	**§ 3** **Gestaltung des Vollzugs** (1) Das Leben im Vollzug soll den allgemeinen Lebensverhältnissen soweit als möglich angeglichen werden. (2) Schädlichen Folgen des Freiheitsentzugs ist entgegenzuwirken. (3) Der Vollzug ist darauf auszurichten, daß er dem Gefangenen hilft, sich in das Leben in Freiheit einzugliedern.

7.4.1.3 Regelungsansätze – Landesnormen im Einzelnen

Orientiert an § 3 StVollzG regeln nahezu alle Landesgesetze den Angleichungsgrundsatz, wonach das Leben im Vollzug soweit als möglich den Lebensver-
hältnissen außerhalb der Gefängnismauern angeglichen werden soll, den Gegensteuerungsgrundsatz, nach dem den schädlichen Folgen des Freiheitsentzugs
entgegengewirkt werden soll und den Integrationsgrundsatz, der eine konkrete
Ausrichtung des Vollzugs auf wiedereingliedernde Maßnahmen einfordert.
Letzterer geht dabei über das Vollzugsziel der Legalbewährung hinaus, indem er
die soziale Integration unabhängig von Fragen der Straffälligkeit als Instrument
der Resozialisierung und Haftkompensation begreift.[341] *Bayern* übernimmt bei
der Normierung dieser Prinzipien sogar den exakten Wortlaut des StVollzG.

Geringe Abweichungen von dieser Trias finden sich in folgenden Gesetzen:
Baden-Württemberg zieht den Integrationsgrundsatz quasi vor die Klammer,
normiert ihn also im allgemeinen Teil und ordnet ihn den „Aufgaben" des Vollzugs zu. Dabei wird der Integrationsaspekt im gleichen Atemzug mit der „inneren Sicherheit" und dem „Rechtsfrieden" genannt. Entsprechend dem Entwurf
des BMJ von 2006 legen alle Gesetze außer in *Bayern, Baden-Württemberg,
Hamburg* und *Niedersachsen*[342] fest, dass der Vollzug die Wiedereingliederung
„von Beginn an" in den Blick nehmen muss.

In *Baden-Württemberg* findet sich zudem ein ausdrücklicher Hinweis auf
die Achtung der Menschenwürde (§ 2 Abs. 1 JVollzG BW-IV) und eine peer-
group-bezogene Zielvorschrift, die für Verantwortungsübernahme der Gefangenen in geeigneten Bereichen plädiert (§ 2 Abs. 6 JVollzG BW-IV).

Ebenfalls in *Baden-Württemberg* und darüber hinaus in den Gesetzen des
Neuner-Entwurfes, Hamburgs, Hessens, Nordrhein-Westfalens und *Sachsens*
wird zudem normiert, dass die Vollzugsgestaltung auf die „unterschiedlichen
Lebenslagen und Bedürfnisse von weiblichen und männlichen Gefangenen"
Rücksicht zu nehmen hat. Eine noch weiter individualisierende Vollzugsgestaltung im Hinblick auf den unterschiedlichen „Entwicklungsstand" von Jugendlichen, Heranwachsenden und jungen Erwachsenen fordert man in *Baden-Württemberg* und *Hessen.*

Auch der Schutz der Gefangenen findet – anders als noch im StVollzG – in
einigen Gesetzen ausdrücklichen Eingang: *Baden-Württemberg* und die Länder
des *Neuner-Entwurfes* bestimmen, dass die „jungen Gefangenen vor Übergriffen
zu schützen" sind. *Hessen* verortet dieselbe Formulierung weiter hinten im Bereich der Sicherheit und Ordnung. In *Hamburg* formuliert man etwas vage, dass
„ein besonderes Augenmerk auf die Schaffung und die Bewahrung eines gewalt-

---

341 Vgl. *Calliess/Müller-Dietz* 2008, § 3 Rn. 8.

342 Auch *Niedersachsen* zieht diesen Regelungsbereich „vor die Klammer" der unterschiedlichen Vollzugsformen.

freien Klimas im Vollzug zu richten" sei. Das *niedersächsische* Gesetz berücksichtigt den Schutzaspekt hingegen lediglich bei der räumlich-organisatorischen Trennung in den Wohngruppen. Soweit man in *Bayern, Nordrhein-Westfalen* und *Sachsen* auf eine ausdrückliche Nennung des Schutzgedankens verzichtet, muss er direkt aus dem Gegensteuerungsprinzip abgeleitet werden. Jedenfalls folgt er auch in den beiden letztgenannten Gesetzen als Aspekt der inneren Sicherheit aus der Formulierung, dass „die Belange von Sicherheit und Ordnung der Anstalten zu beachten" seien.

Zugleich stellt diese Formulierung, die auch in den Gesetzen *Hamburgs, Hessens* und des *Neuner-Entwurfes* auftaucht, ein in dieser Form bisher nicht ausdrücklich geregeltes Gestaltungselement dar, das den bisherigen Dreiklang aus Angleichung, Gegensteuerung und Integration – je nach Auslegung – ergänzt oder begrenzt. In *Hamburg* und *Sachsen* sollen darüber hinaus auch auf die „Belange der Allgemeinheit" Rücksicht genommen werden. Dabei ist zu beachten: Aspekte der inneren und äußeren Sicherheit, und der Anstaltsordnung waren und sind auch ohne diese zusätzliche Nennung systemimmanente Grundfesten für einen funktionierenden Vollzug.[343] Dies ist eine Selbstverständlichkeit, die bisher vorausgesetzt oder zumindest mit dem Abschnitt „Sicherheit und Ordnung" abgegolten war. Die unmittelbare Gegenüberstellung der „Sicherheit und Ordnung" zu den Gestaltungsprinzipien ließe sich als bloße Klarstellung verstehen – aber auch als praxisbezogene Aufwertung zugunsten des Sicherheitsgedankens, der ansonsten gegenüber dem Vollzugsziel nur subsidiär zum Tragen kommt.

7.4.1.4 Bewertung mit Blick auf die Mindeststandards

Die Vorgaben der ERJOSSM finden in den Landesgesetzen weitgehend ihre Entsprechungen. Einzelne Details erweisen sich hingegen als problematisch:

7.4.1.4.1 Die Relativierung der klassischen Trias

Die Beibehaltung von Angleichungs-, Gegensteuerungs- und Integrationsgrundsatz entspricht zunächst auch den Wertungen der ERJOSSM, die – wie aufgezeigt – letztlich die gleichen Wirkrichtungen haben: Das Desiderat der in den Nrn. 2, 49.1 bis 51 der ERJOSSM geforderten integrativen Maßnahmen ist der Integrationsgrundsatz selbst. Das von der Kommentierung als „Prinzip der minimalen Beschränkung" (Nrn. 53.2, 56) umschriebene Institut, weist große gemeinsame Schnittmengen mit dem Angleichungsprinzip und dem Gegensteuerungsgrundsatz auf. Und auch die Aufforderung, den schädlichen Wirkungen des Freiheitsentzugs entgegenzuwirken (Nr. 8, 49.1), findet sich im Gegensteuerungsprinzip der Landesgesetze wieder.

---

343 Vgl. *Calliess/Müller-Dietz* 2008, § 81 Rn. 4.

Problematisch erscheint aber die in einigen Gesetzen auftauchende Auffor-derung, in diesem Zusammenhang die Belange der Sicherheit und Ordnung so-wie des Schutzes der Allgemeinheit zu berücksichtigen: Unbestritten stehen Fragen der Sicherheit und Ordnung in einem „Spannungsverhältnis"[344] zum Be-handlungsvollzug, der eine gewisse erzieherische Unordnung[345] voraussetzt. Dieser Grundkonflikt des Vollzugs lässt sich im StVollzG[346] bereits „soweit als möglich" aus dem Angleichungsgrundsatzes herauslesen[347] und wurde damit gleichzeitig auch für die Vollzugsgestaltung weitgehend zugunsten der Resozia-lisierung entschieden. Dennoch stellt sich die Frage nach einer möglicherweise unzulässigen Neubewertung.

Die Tatsache, dass ein Teil der Landesgesetzgeber eine solche, der bisheri-gen Regelung im Erwachsenenvollzug entsprechende Norm nicht für nötig be-funden hat, lässt sich systematisch wohl nur als eine differente Gewichtung von Sicherheitsbelangen im Jugendstrafvollzug auslegen.[348] Dadurch wird einmal mehr der Eindruck erweckt, der Sicherheitsgedanke werde dem Behandlungs-prinzip als gleichwertig gegenüber gestellt.[349] Da es sich bei den Gestaltungs-prinzipien jedoch um die Konkretisierung des alleinigen Vollzugszieles der Resozialisierung[350] handelt,[351] muss auch bei deren Normierung die Subsi-diarität von Sicherheitsaspekten zum Ausdruck kommen und nicht durch eine gesetzestechnische Aufwertung derselben umgekehrt werden. Anderenfalls würde das Vollzugsziel durch die Hintertür der praktischen Vollzugsgestaltung unterlaufen. Insofern erscheint es vorzugswürdig, es bei der indirekten Strahl-wirkung des Abschnittes „Sicherheit und Ordnung" zu belassen. Die Neurege-lungen hingegen sind – so sie denn keine Änderung der Rechtslage bezwecken

---

344   *Calliess/Müller-Dietz* 2008, § 81 Rn. 1.

345   *Calliess/Müller-Dietz* 2008, § 4 Rn. 3.

346   Und auch in den meisten neueren Gesetzen.

347   Vgl. AK-*Bung/Feest* 2012, § 3 Rn. 8.

348   Die Gesetzesbegründungen begnügen sich mit einer repetierenden Umschreibung der Rechtslage und nennen Beispiele, führen aber nicht an, ob sich durch die Abweichung vom StVollzG auch andere Wertungen ergeben sollen, vgl. exemplarisch die Begrün-dung zu § 3 JStVollzG Bln (Bln. Ltg. Drs. 16/0677) sowie zu § 4 SächsJStVollzG (Sächs. Ltg. Drs. 4/9467).

349   Vgl. auch *Tondorf* 2007, Nr. 4.

350   Siehe zu dieser Grundentscheidung der ERJOSSM und der meisten Landesgesetze schon *Abschnitt 7.2.4.*

351   Vgl. *Calliess/Müller-Dietz* 2008, § 3 Rn. 2.

sollten – als irreführend zu bewerten.[352] Eine solche Wertungstendenz stünde im Gegensatz zu dem in Nr. 53.2 der ERJOSSM eingeforderten „Prinzip der minimalen Beschränkung".[353]

Gänzlich unklar bleibt, was in *Hamburg* und *Sachsen* mit den „Belangen der Allgemeinheit" gemeint sein soll,[354] zumal da Fragen der äußeren Sicherheit per definitionem schon durch die „Belange der Sicherheit und Ordnung" abgedeckt sind. Vielmehr scheint es sich um eine nochmals den Sicherheitsaspekt bestärkende, letztlich aber inhaltsleere Floskel zu handeln. Auch die nächst wahrscheinlichere Interpretationsmöglichkeit muss als äußerst bedenklich eingestuft werden: Soweit hier neben der Resozialisierung und der Sicherheit möglicherweise allgemeine Strafzwecke – wie etwa generalpräventive Erwägungen – zum Tragen kommen sollen, ist erneut auf deren unbestrittene Unbeachtlichkeit hinzuweisen.[355] Die vorliegenden Interpretationsschwierigkeiten offenbaren indes die Vollzugsuntauglichkeit der Norm: Eine derart unbestimmte Klausel, über deren Zielrichtung wegen der aufgezeigten Weichstellen zwangsläufig Unklarheit herrschen muss, droht für Unsicherheiten im Vollzug zu sorgen und ist daher als verlässliches Handwerkszeug des Vollzugspersonals ungeeignet.

7.4.1.4.2 *Begrenzung der Angleichung*

Anders als die ERJOSSM[356] begrenzen die Landesgesetze das Gebot der Angleichung nicht auf positive Aspekte der Außenwelt, sondern stellen auf die „allgemeinen Lebensverhältnisse" ab.

Das kann im Vollzug nicht gewollt sein, sind es doch gerade „allgemeine" Einflüsse der Außenwelt, die die Straffälligkeit der jungen Gefangenen zumindest mitbedingt haben. Eine ambivalente Umsetzung des Angleichungsprinzips ist im Einzelfall geeignet, die sozialisierende Wirkung der übrigen Gestaltungsgrundsätze zu konterkarieren.[357] Keinesfalls darf beispielsweise ein Mangel an Arbeits- und Ausbildungsplätzen im Vollzug mit dem Angleichungsgrundsatz begründet und entschuldigt werden. Nach Sinn und Zweck dient die Angleichung vor allem der Kompensation negativer Vollzugsaspekte, nicht einer

---

352 In den Ländern, in denen noch das StVollzG gilt, liegt im Falle einer Neubewertung zudem eine unzulässige Schlechterstellung jugendlicher Strafgefangener gegenüber erwachsenen Strafgefangenen vor (vgl. Nr. 13 ERJOSSM).

353 Vgl. ERJOSSM commentary zu Rule Nr. 53.2.

354 Kritisch auch *SRV* 2007, zu § 3.

355 Vgl. Nr. 49.1 ERJOSSM; vgl. ferner *Abschnitt 7.2.*

356 Ebenso Nr. 6 EPR.

357 Ähnlich AK-*Bung/Feest* 2012, § 3 Rn. 10.

Gleichschaltung mit der Außenwelt, die man zum Beispiel für die Begründung einer Einführung einer Praxisgebühr[358] oder der Beteiligung an Stromkosten[359] im Vollzug heranzuziehen versucht hat. Die Angleichung muss vielmehr immer im Lichte des Resozialisierungsziels (als dessen Konkretisierung[360]) gesehen und begrenzt werden. Eine gesetzliche Klarstellung der dem Gesetzgeber bekannten Problematik[361] erscheint daher notwendig.

7.4.1.4.3 Weitergehende Kompensationsprinzipien

Das in einigen Ländern ausdrücklich geregelte Schutzprinzip nimmt die Herstellung der inneren Sicherheit der Anstalt in den Blick. Gerade vor dem Hintergrund einiger medienträchtiger Vorfälle in den letzten Jahren[362] erscheint es kaum verwunderlich, dass sich einige Landesgesetzgeber dieser Problematik explizit angenommen haben.[363] Die weit verbreitete Aufforderung, wonach die „jungen Gefangenen vor Übergriffen zu schützen" sind, erscheint dabei als sinnvolle Klarstellung und Konkretisierung zum Gegensteuerungsgrundsatz.[364] Eine ausdrückliche Normierung entspricht auch dem ähnlich lautenden Handlungsauftrag der Nr. 52.1 der ERJOSSM[365] und ist geeignet, dem Vollzugsdienst die augenscheinlich vorhandenen Gefahren vor Augen zu halten.[366] Insofern besteht in *Bayern*, *Nordrhein-Westfalen* und *Sachsen* entsprechender Nachbesserungsbedarf.

---

358 Zu dieser Idee (mit gesenkten Gebühren für Gefangene) siehe *Blüthner* 2005, S. 96. Für eine „negative Angleichung" in dieser Frage: *Müller-Dietz* 2005, S. 284.

359 Vgl. AK-*Kellermann/Köhne* 2012, § 19 Rn. 7 m. w. N.

360 Vgl. *Calliess/Müller-Dietz* 2008, § 3 Rn. 2.

361 Verschiedene Gerichtsentscheidungen haben sich mit dem Thema befasst: u. a. OLG München ZfStrVo 1979, S. 67; OLG Karlsruhe StV 1985, S. 468; OLG Zweibrücken StV 1993, S. 488; OLG Koblenz NStZ 1994, S. 103.

362 Unter anderem schwere körperliche Übergriffe und Mord durch Gefangene an einem Mitgefangenen während der gemeinsamen Unterbringung in der JVA Siegburg, vgl. dazu *Walkenhorst* 2007b und *M. Walter* 2009.

363 Vgl. *M. Walter* 2007, S. 72; auch das BVerfG hatte in seinem wegweisenden Urteil gleich mehrfach auf die hohe Bedeutung des Schutzes des Gefangenen vor wechselseitiger Gewalt betont, vgl. dazu *Sonnen* 2007, S. 84.

364 Vgl. Nr. 8 und 49.1 ERJOSSM; zu dieser spezifischen Fürsorgepflicht vgl. *Eisenberg* 2004, S. 353 f.; *Tondorf/Tondorf* 2006, S. 244.

365 Vgl. auch Nr. 1 der *Havanna*-Rules.

366 Diese beruhen nicht zuletzt auf dem gestiegenen Anteil gewaltbereiter Gefangener im Vollzug, vgl. *3.3.*

Sinnvoll erscheint auch der in einigen Gesetzen zu findende Hinweis, dass die Integration des Gefangenen „von Beginn an", das heißt nicht erst mit Blick auf eine anstehende Entlassung, betrieben werden soll. Auch die ERJOSSM gehen von einem Vollzug aus, der generell und jederzeit auf die Wiedereingliederung ausgerichtet sein soll.[367] Keinesfalls darf das Fehlen einer entsprechenden Formulierung in den Ländern *Bayern, Baden-Württemberg, Hamburg* und *Niedersachsen* im Wege einer vergleichenden Auslegung dazu führen, dass man Bemühungen am Anfang der Haft als weniger wichtig erachtet als in den Nachbarländern. Auch ohne entsprechenden Hinweis gilt der Integrationsgrundsatz von „Beginn an".[368]

Hervorhebenswert ist auch die *baden-württembergische* Bekräftigung einer menschenwürdigen Vollzugsgestaltung sowie die in einigen Gesetzen zu findende Forderung nach Vollzugsgestaltungen, die auf Alter, Geschlecht und Entwicklungsstand der jungen Gefangenen individuell reagieren. Damit geben die Gesetzgeber ganz im Sinne der internationalen Mindeststandards[369] konkretisierende Vorgaben für die Durchführung einer möglichst effektiven Wiedereingliederung vor. Die ausdrückliche Hervorhebung der Menschenwürde wiederholt zwar nur eine Selbstverständlichkeit, kann aber in Anbetracht einer der eingriffsintensivsten Gesetzesmaterien überhaupt kaum als überflüssig bezeichnet werden.

Ebenfalls nur in *Baden-Württemberg* findet sich ein Gestaltungsziel, dass auf das soziale Lernen durch Verantwortungsübernahme in der Gleichaltrigengruppe abzielt. Die Norm ist Ausdruck der in *baden-württembergischen* Erfahrungen mit dem „just community"-Projekt der JVA Adelsheim, das in einem partizipatorischen Ansatz die für die Entwicklung des Jugendlichen sehr bedeutende „peer-group" Gleichaltriger[370] selbst zur konfliktregelnden Instanz macht.[371] Dies entspricht auch der Ausrichtung von Nr. 50.1 der ERJOSSM, wo von einer Vollzugsgestaltung ausgegangen wird, die „Selbstachtung" und „Verantwortungsbewusstsein" fördert. Auch Nr. 50.3 der ERJOSSM greift den Ge-

---

367 Vgl. Nr. 2 ERJOSSM.

368 So auch die einhellige Kommentierung zu § 3 Abs. 3 StVollzG, vgl. *Arloth* 2011, § 3 Rn. 7 m. w. N.

369 Vgl. Nr. 5 ERJOSSM.

370 *J. Walter* 2003, S. 139 f.; *J. Walter* 2004, S. 399; *J. Walter* 2002, S. 139; weiter differenzierend *Fend* 2003, S. 180; vgl. *Toch* 1997, S. 98.

371 Vgl. die Begründung zu § 22 Abs. 6 JStVollzG BW *a. F.* (BW Ltg. Drs. 14/1240); *DVJJ* 2004, 4.2; *Dünkel* 2006, S. 518; *J. Walter* 2006, S. 251 f.; ähnlich auch der Regelungsvorschlag bei *Tondorf* 2006, § 28.

danken der aktiven Teilhabe und Einbindung in Vollzugsentscheidungen auf.[372] Insofern wäre die Regelung entsprechender Versuchsfelder für soziale Erprobung auch für andere Bundesländer wünschenswert.[373] Denkbar wäre eine generelle Demokratisierung[374] des Vollzugs in Einzelbereichen oder auch die Einrichtung von gewählten mitbestimmenden Gefangenenorganen[375] mit größeren Beteiligungsbefugnissen als die bisherige Gefangenenvertretung. Ohne zentrale Fragen, z. B. im Bereich der „Sicherheit und Ordnung", aus der Hand geben zu müssen, bestünde durch Mitbestimmungs- oder Anhörungsrechte in eng definierten Teilbereichen die Möglichkeit, demokratische Werthaltungen und Eigenverantwortlichkeit zu stärken. Durch Teilhabe sind zudem Motivationssteigerungen zu erhoffen, die wiederum das soziale Lernen begünstigen.[376] Die Partizipation selbst würde damit zu einem mehrgleisigen Resozialisierungsinstrument.

7.4.1.5   Zusammenfassung

Der klassische Dreiklang aus Angleichungs-, Gegensteuerungs- und Integrationsprinzip, wie er sich in allen Landesgesetzen wiederfindet, garantiert das absolute Minimum an ausgleichender Vollzugsgestaltung. In der Tendenz reichen die ERJOSSM hingegen weiter und stellen detailliertere Anforderungen.

Soweit einzelne Bundesländer differenziertere und weitergehende Kompensationspflichten für die Vollzugsgestaltung vorsehen, wie etwa die ausdrücklich formulierte Schutzpflicht, nähert sich dies auch den Wertungen der Mindeststandards an und stellt eine Verbesserung gegenüber der bisherigen Rechtslage dar.

Hinsichtlich der fehlenden Beschränkung des Angleichungsgrundsatzes auf die positiven Aspekte des Lebens in Freiheit, hat man hingegen eine gebotene Reformchance verpasst.

Soweit die Gestaltungsprinzipien durch „Belange der Sicherheit und Ordnung" (oder besonders vage: „der Allgemeinheit") relativiert werden, stellt dies sogar einen Rückschritt gegenüber dem bisherigen Erwachsenenrecht dar.

---

372   Vgl. ERJOSSM commentary zu Rule Nr. 50.3; auch die Wertung des Art. 12 der UN-Kinderechtskonventionen tendiert zu einem solchen Teilhaberecht.

373   Zur pädagogischen Sicht im Sinne einer nachhaltigen Erziehung vgl. *Walkenhorst* 2007a, S. 372 ff.

374   Vgl. *Toch* 1994, S. 62 ff.

375   Vgl. *Toch* 1997, S. 76 ff.

376   Vgl. *Toch* 1994, S. 69 ff.; ausführlich dazu *Walkenhorst* 2007a, S. 372 ff.

7.4.2 Mitwirkung der Gefangenen

Unbestritten gilt die Mitwirkungsbereitschaft des Gefangenen als wesentliches Element jeglicher[377] Behandlung.[378] Hinsichtlich der Erzeugung einer entsprechenden Mitarbeitsbereitschaft ergeben sich allerdings verschiedene Ansatzmöglichkeiten. Sie reichen von der schlichten Formulierung eines Mitwirkungsrechtes und der Schaffung von Anreizsystemen über wohlmeinende Aufforderungen, bis hin zu Pflicht und Zwang in allen möglichen Zwischenformen und Abstufungen.

7.4.2.1 Vorgaben der ERJOSSM

Gemäß Nr. 50.2 ERJOSSM sollen die Jugendlichen „ermutigt"[379] werden an den vom Vollzug angebotenen resozialisierungsfördernden Programmen (vgl. Nr. 50.1 ERJOSSM) teilzunehmen.

Ferner sollen sie im weiter gefassten Kontext dazu ermutigt werden, „Fragen zu den Rahmenbedingungen und Vollzugsangeboten innerhalb der Einrichtung zu erörtern und hierüber einen persönlichen und gegebenenfalls gemeinsamen Austausch" mit den Vollzugsbehörden zu „pflegen".

Die ERJOSSM sprechen sich damit für einen angebotsorientierten Behandlungsvollzug aus, der auf Förderung, Unterstützung, Ermutigung, Belohnung und Anerkennung aufbaut. Durch die Förderung von physischem und psychischem Wohlbefinden, Selbstachtung und Verantwortungsbewusstsein, soll der junge Gefangene im Sinne des „humanistischen Ansatzes" des Regelwerkes, der den Gefangenen nicht zum bloßen Objekt der jeweiligen Maßnahme machen will, zur eigenverantwortlichen Teilnahme an den angebotenen Maßnahmen motiviert werden.[380] Insofern legt das Regelwerk den Schwerpunkt mehr auf ein *Recht* zur Mitwirkung, wie es allgemeiner auch in dem Beteiligungsrecht der *UN-Kinderrechtskonvention* anklingt,[381] und stützt dieses durch positiv motivierende Einflussnahme.

---

377 Wobei hier „Behandlung" mit *Calliess/Müller-Dietz* als „offener und weit gefasster Begriff" verwendet werden soll, der über Beratung, Ausbildung, soziales Training bis hin zu Sozialtherapie so ziemlich jede Einflussnahme zum Zwecke von Legalbewährung und Wiedereingliederung umfassen kann, vgl. *Calliess/Müller-Dietz* 2008, § 4 Rn. 6.

378 Vgl. *Pollähne* 2007, S. 137 m. w. N.

379 Nicht ganz treffend ist die Übersetzung des BMJ 2009 mit „angeregt", da dieser Begriff weniger positiv motivierenden Nachdruck beinhaltet. Zudem wird in der folgenden Nummer „encouraged" ebenfalls mit „ermutigt" übersetzt, vgl. auch *Dünkel* 2008, S. 389.

380 Vgl. ERJOSSM commentary zu Rule Nr. 50.

381 Vgl. Art. 12 UN-KRK.

90

Baden-Württemberg	**§ 3 JVollzGB BW-IV** **Stellung der Gefangenen** (1) Die jungen Gefangenen sind berechtigt und verpflichtet, an den Maßnahmen zur Erfüllung des Erziehungsauftrages mitzuwirken. **§ 2 JVollzGB BW-IV** **Behandlungs- und Erziehungsgrundsätze** [...] (7) Bereitschaft, Mitwirkung und Fortschritte der jungen Gefangenen sollen im Leistungsbereich, bei der Freizeitgestaltung, in den Kontaktmöglichkeiten, durch Öffnung des Vollzugs und andere geeignete Maßnahmen anerkannt und belohnt werden, soweit die gesetzlichen und tatsächlichen Voraussetzungen dies zulassen.
Bayern	**Art. 123 BayStVollzG** **Behandlung im Vollzug der Jugendstrafe** [...] (2) Die jungen Gefangenen sind verpflichtet, an der Erfüllung des Erziehungsauftrags mitzuwirken. (3) Die jungen Gefangenen sind während der Arbeitszeit zur Teilnahme an schulischen und beruflichen Maßnahmen oder speziellen Maßnahmen zur Förderung ihrer schulischen, beruflichen oder persönlichen Entwicklung oder zur Arbeit, arbeitstherapeutischen oder sonstigen Beschäftigung verpflichtet, soweit sie dazu körperlich und geistig in der Lage sind. Bei gleichermaßen geeigneten Maßnahmen zur Erfüllung des Erziehungsauftrags hat die Ausbildung Vorrang.
Berlin, Brandenburg Mecklenburg-Vorpommern, Rheinland-Pfalz, Saarland, Sachsen-Anhalt, Schleswig-Holstein, Thüringen	**§ 4 JStVollzG Bln, BbgJStVollzG, BremJStVollzG, JStVollzG MV, JStVollzG RLP, SJStVollzG, JStVollzG LSA, ThürJStVollzG, § 5 JStVollzG SH** **Pflicht zur Mitwirkung** Die Gefangenen sind verpflichtet, an der Erreichung des Vollzugsziels mitzuwirken. Ihre Bereitschaft hierzu ist zu wecken und zu fördern.

Bremen	**§ 4 BremJStVollzG** **Pflicht zur Mitwirkung** (1) Die Gefangenen sind verpflichtet, an der Erreichung des Vollzugsziels mitzuwirken. Ihre Bereitschaft hierzu ist zu wecken und zu fördern. (2) Gefangenen, die durch besondere eigene Anstrengungen und Leistungen bestrebt sind, ihrer Mitwirkungspflicht nachzukommen und das Vollzugsziel zu erreichen, können Vergünstigungen im Vollzug gewährt werden. Das Nähere regelt der Senator für Justiz und Verfassung durch Verwaltungsvorschrift.
Hamburg	**§ 5 HmbJStVollzG** **Stellung der Gefangenen** (1) Die Gefangenen sind verpflichtet, an der Erreichung des Vollzugsziels mitzuwirken. Ihre Bereitschaft hierzu ist zu wecken und zu fördern. (2) Die Bereitschaft zur Mitwirkung kann durch Maßnahmen der Belohnung und Anerkennung gefördert werden, bei denen die Beteiligung an Maßnahmen, wie auch besonderer Einsatz und erreichte Fortschritte angemessen zu berücksichtigen sind.
Hessen	**§ 4 HessJStVollzG** **Mitwirkung der Gefangenen** (1) Die Gefangenen sind verpflichtet, am Erreichen des Erziehungsziels mitzuwirken. (2) Die Bereitschaft der Gefangenen zur Mitwirkung ist zu wecken und zu stärken. Sie kann durch Maßnahmen der Belohnung und Anerkennung gefördert werden, bei denen die Beteiligung an Maßnahmen, wie auch besonderer Einsatz und erreichte Fortschritte angemessen zu berücksichtigen sind.
Niedersachsen	**§ 114 NVollzG** **Gestaltung und Mitwirkung** [...] (2) Die oder der Gefangene ist verpflichtet, an der Erreichung des Vollzugszieles nach § 113 Satz 1 mitzuwirken und die ihr oder ihm zu diesem Zweck erteilten rechtmäßigen Anordnungen der Vollzugsbehörde zu befolgen. **§ 2 NVollzG** **Allgemeine Gestaltungsgrundsätze** [...] (3) Der Vollzug der Freiheitsstrafe, der Jugendstrafe und der Unterbringung in der Sicherungsverwahrung soll die Mitarbeitsbereitschaft der Gefangenen und Sicherungsverwahrten im Vollzug fördern, ihre Eigenverantwortung stärken und ihnen helfen, sich in das Leben in Freiheit einzugliedern.

Nordrhein-Westfalen	**§ 4 JStVollzG NRW** **Pflicht zur Mitwirkung, Stellung der Gefangenen** (1) Die Gefangenen sind verpflichtet, an Maßnahmen zur Erreichung des Vollzugszieles mitzuwirken.
Sachsen	**§ 4 SächsJStVollzG** **Mitwirkung der Gefangenen** (1) Den Gefangenen obliegt, an der Erreichung des Vollzugsziels mitzuwirken. (2) Die Bereitschaft der Gefangenen zur Mitwirkung ist durch eine auf Ermutigung zur aktiven Mitwirkung abstellende Vollzugsplanung, Bereitstellung motivierender Lerngelegenheiten und verbindlicher Entwicklungshilfen, Maßnahmen der Belohnung und Anerkennung sowie durch unterstützende und normverdeutlichende Maßnahmen zu wecken und zu fördern.
VVJug	Keine entsprechende Regelung
BMJ 2006	**§ 4** **Pflicht zur Mitwirkung** Die Gefangenen sind verpflichtet, an der Erreichung des Vollzugsziels mitzuwirken.
StVollzG	**§ 4** **Stellung des Gefangenen** (1) Der Gefangene wirkt an der Gestaltung seiner Behandlung und an der Erreichung des Vollzugszieles mit. Seine Bereitschaft hierzu ist zu wecken und zu fördern.

7.4.2.3 Regelungsansätze – Landesnormen im Einzelnen

Alle Landesgesetze regeln eine allgemeine Mitwirkungspflicht des jungen Gefangenen. Als einziges Bundesland sieht *Sachsen* keine Mitwirkungs*pflicht*, sondern eine Mitwirkungs*obliegenheit* des Gefangenen vor. Ein Blick in die Gesetzesbegründung entlarvt diese Abweichung allerdings als Etikettenschwindel, denn es ist damit das gleiche gemeint wie in den übrigen Bundesländern: „Die Gefangenen haben sich bereits im Planungsprozess einzubringen und an den im Vollzugsplan festgelegten Maßnahmen aktiv zu beteiligen." Die fehlende Mitwirkung soll zwar keine Disziplinarmaßnahmen rechtfertigen, „ist aber bei der Entscheidung über die Gewährung von Lockerungen [...] zu berücksichtigen." Bei Verstoß gegen „konkrete Pflichten" sollen zudem „erzieherische Maßnahmen bzw. Disziplinarmaßnahmen" möglich sein.[382] Damit sind die Regelungen

---

382 Vgl. die Begründung zu § 4 SächsJStVollzG (Sächs. Ltg. Drs. 4/9467), die selbst fast nur von einer Mitwirkungspflicht spricht. Die Ausführungen sind im Übrigen nicht falsch zitiert, sondern tatsächlich widersprüchlich, da im ersten Satz Sanktionen aus-

deutlich verbindlicher als die alten und neuen Bestimmungen zum Erwachsenenstrafvollzug.

Ein „Recht" auf Mitwirkung wird hingegen zurückhaltender geregelt: Dieses ist lediglich in *Baden-Württemberg* vorgesehen (Die Gefangenen sind dort zur Mitwirkung „berechtigt".).

Hinsichtlich der Motivierung der jungen Gefangenen greifen die meisten Länder auf die Formulierung des StVollzG zurück, wonach die Bereitschaft zur Mitwirkung zu „wecken" und zu „fördern" ist.[383]

Etwas konkretere Ansätze eines Anreiz- und Belohnungssystems findet man in *Baden-Württemberg, Bremen, Hamburg, Hessen* und *Sachsen*. Am fassbarsten und weitreichendsten ist dabei die *baden-württembergische* Norm, die jegliche „Bereitschaft, Mitwirkung und Fortschritte" mit Belohnungen in einigen ausdrücklich genannten Bereichen honorieren will. In *Bremen, Hamburg* und *Hessen* will man dagegen nur „besondere" Mitwirkungsleistungen belohnen. Zudem fehlt es an konkreten Hinweisen darauf, wie diese Belohnungen aussehen sollen. In *Hamburg* und *Hessen* spricht man allgemein von „Belohnung und Anerkennung", in *Bremen* von „Vergünstigungen im Vollzug".

Die *sächsische* Regelung spricht sehr vage von einer „Ermutigung zur Mitwirkung" durch „motivierende Lerngelegenheiten" und „Anerkennung".

7.4.2.4 Bewertung mit Blick auf die Mindeststandards

Die ERJOSSM werfen auf die gesetzliche Verpflichtung der jugendlichen Gefangenen aus verschiedenen Blickwinkeln ein kritisches Licht:

7.4.2.4.1 Grundsätzliche Bedenken

Schon vor dem Hintergrund des auch die ERJOSSM bestimmenden Ziels einer effektiven und damit erfolgreichen (Re-)Sozialisierung stellt sich die Frage, inwieweit eine verpflichtende Inanspruchnahme des jungen Gefangenen an seiner eigenen Behandlung mitzuwirken, zielführend sein kann: In diesem und auch in anderen Zusammenhängen ist oftmals darauf hingewiesen worden, dass zu intensiver therapeutischer oder erzieherischer Zwang schnell zu Reaktanz und Scheinanpassungen, und damit nicht zu dem gewünschten nachhaltigen Erfolg

---

geschlossen werden, während trotz des mitgenannten abschließenden Anordnungskatalogs bei konkretisierten Mitwirkungspflichten Disziplinarmaßnahmen für anwendbar erklärt werden. Soweit damit nur die Arbeitspflicht gemeint sein sollte, sind viele Gesetzesbegründungen jedenfalls stark missverständlich gefasst. Im Übrigen lassen sich aus einer „Obliegenheit" auch bei anderer Lesart kaum andere faktische Rechtswirkungen ableiten als bei einer „Pflicht", vgl. auch *Schneider* 2010, S. 101 f.

383 So in den Ländern des *Neuner-Entwurfes* und *Hamburgs. Niedersachsen* und *Hessen* sprechen von „wecken" und „stärken". In *Sachsen* ist von „Ermutigung" die Rede.

führt.[384] Im Gegenteil fehlt es an stichhaltigen empirischen Argumenten, die für eine messbare Verbesserung der Legalbewährung durch eine Mitwirkungsverpflichtung sprechen.[385] Als geeignetes Behandlungsumfeld wird vielmehr ein „zwischenmenschlich sensibles, aber zugleich normorientiertes Organisationsklima" beschrieben, das auf eine „Kombination" von „Akzeptanz", „Unterstützung", „Kontrolle" und „Anforderung"[386] sowie der Entwicklung „tragfähiger emotionaler Beziehungen zum Personal" aufbaut.[387] Auch der Erhalt des Autonomieempfindens der jungen Gefangenen wird als günstig beschrieben.[388]

Ein solch „positiv" gestaltetes Institutionsklima wird auch von den ERJOSSM mehrfach aufgegriffen.[389] Jede Form von repressivem Zwang steht dabei in grundsätzlichem Widerspruch zu dieser Grundausrichtung.[390] Das im Regelwerk aufgezeigte „Behandlungssetting" entspricht vor allem dem Ansatz des „Förderns und Forderns", der die bewusste Auseinandersetzung des Gefangenen mit sich selbst ins Ziel nimmt, nicht jedoch die sanktionsbewehrte Konditionierung des jungen Gefangenen bezweckt, deren Wirkung spätestens dann wegbricht, wenn der Gefangene den Kontext des Vollzugs verlässt.[391] Dabei gilt es

---

384 Vgl. Ostendorf-*Ostendorf* 2009, Kap. 1 Rn. 28; *Walkenhorst* 2007c, S. 14; *Calliess/ Müller-Dietz* 2008, § 4 Rn. 4; *J. Walter* 2008a, S. 27; 2003, S. 139; *Dahle* 1997, S. 155 ff.; ähnlich *Grosch* 1995, S. 16, 22; *DVJJ u .a.* 2007, S. 51; *Lindemann* 2004, S. 75 m. w. N.; *Schall/Schreibauer* 1997, S. 2418; *v. Wolffersdorff/Sprau-Kuhlen/ Kersten* 1996, S. 325 ff., 341 f.; *Haffke* 1976, S. 607 ff.; *Volckart* 1985, S. 31 f.; *Lee* 1994, S. 162 f.; *Polläbne* 2007, S. 139 und im Übrigen auch der ursprüngliche RegE von 1973 zum StVollzG: BT-Drs. 7/918, S. 46; differenzierend *Egg* 1999, S. 397 ff.; ähnlich auch *Trenczek* 1993, S. 15; a. A. *Arloth*, der „bloßes Absitzen nicht dulden" will, *Arloth* 2008a, S. 137.

385 Vgl. *Eisenberg* 2004, S. 355 f. m. w. N.; *Wegemund/Dehne-Niemann* 2008, S. 572, 574.

386 *Lösel/Bender* 1997, S. 193; vgl. auch aus pädagogischer Sicht: *Walkenhorst* 2007, S. 72 ff.; 2007a, S. 372 f.; 2002, S. 319 ff.; 2007c, S. 14.

387 *Lösel* 1997, S. 46; vgl. auch *Walkenhorst* 2007, S. 72; 2002a, S. 290; *Höynck/Hosser* 2007, S. 394; *Ostendorf* 2007b, S. 110 f.; *J. Walter* 2006a, S. 97; *Sußner* 2009, S. 96.

388 Vgl. *Hosser* 2008, S. 85; *Bereswill* 2003, S. 196; *Höynck/Hosser* 2007, S. 393; ähnlich *Walkenhorst* 2002a, S. 293.

389 Eine Pflicht zur Mitwirkung wird in dem Regelwerk weder verboten noch verlangt. Sie wird schlicht nicht in Erwägung gezogen und spiegelt sich daher auch nicht in den Ansätzen des Regelwerkes wieder, vgl. Nr. 50.2, 50.3, 76.1, 88.3 ERJOSSM sowie den ERJOSSM commentary zu Rule Nr. 50. Auch Nr. 12 der *Havanna*-Rules zielt eher auf die Förderung von „Selbstachtung" und „Verantwortungsbewusstsein" ab.

390 Die Kommentierung des Regelwerkes schließt denn auch eine Mitwirkungspflicht für Behandlungsmaßnahmen ausdrücklich aus, vgl. ERJOSSM commentary zu Rule Nr. 76.

391 Vgl. *Walkenhorst* 2007, S. 71 f.; *Tierel* 2008, S. 171; *Bereswill* 2010, S. 553. Der Wegfall der allumfassenden Struktur des Gefängnisalltags stellt ohnehin schon eine

auch zu bedenken, dass schon das generelle Machtgefüge der totalen Institution Jugendstrafvollzug, losgelöst von einer ausdrücklich eingeforderten Verpflichtung, implizit gefühlten Mitwirkungsdruck bei den jungen Gefangenen hervorrufen kann.[392]

Andererseits heißt dies nicht, dass der zu Behandelnde frei von jeglichen Zwängen sein muss: Die Motivation des Betreffenden kann sich durchaus auch aus sozialem Druck ableiten.[393] Der Entschluss beispielsweise zur Teilnahme an einer Therapie bleibt dabei aber im Kern eine autonome Entscheidung des zu Behandelnden.

Unabhängig von einem etwaigen vollstreckbaren Mittel, mit dem die Mitwirkung des jungen Gefangenen erzwungen werden soll, muss daher schon die grundlegende Entscheidung der Vollzugsgesetze für die Festlegung einer „Pflicht", die über einen nachdrücklichen Appell hinausgeht und im Zweifel auf Freiwilligkeit verzichtet, kritisiert werden.

Auch rechtsstaatlich ergeben sich insoweit Bedenken: Führt der erzieherische Zwang letztlich nicht zum Resozialisierungserfolg, sondern lediglich zu vorübergehenden Vermeidungsstrategien der jungen Gefangenen, stellt sich die Frage nach einem milderen und besseren, oder zumindest gleich wirksamen Mittel. Wenn hierbei durch andere Motivationsmöglichkeiten[394] nachhaltigere Erfolge erzielt werden könnten, müssen diese im Sinne der Verhältnismäßigkeit Vorrang haben. Jedenfalls im Hinblick auf Zwangstherapien, die den unmittelbaren Kernbereich der Persönlichkeit des Gefangenen betreffen, besteht zudem die Gefahr, dass dieser, angesichts der aufgebauten Drucksituation, zum „bloßen Objekt" seiner eigenen Behandlung wird.[395]

---

große Belastungsprobe dar, vgl. *Bereswill/Koesling/Neuber* 2007, S. 300; *Koesling* 2007, S. 338.

392 Vgl. *Walkenhorst* 2010, S. 27; *Kury* 1999, S. 270; ähnlich für die geschlossene Heimerziehung: *v. Wolffersdorff/Sprau-Kuhlen/Kersten* 1996, S. 329 f. m. w. N.; mit positiver Bewertung *Schwirzer* 2007, S. 72.

393 Vgl. *Egg* 1999, S. 398 f.

394 Vgl. dafür, dass es für die Schaffung von Behandlungsmotivation ohnehin keine pauschalen Rezepte, sondern nur individuell-differenzierende Ansätze geben kann: *Dahle* 1994a.

395 Vgl. allgemein zur Objektformel: BVerfGE 9, 89, S. 95; 27, 1, S. 6; 28, 386, S. 391; kritisch ausdifferenzierend im Verhältnis zur Resozialisierung: *Lüderssen* 1997, S. 179 ff.; wie hier konkret in Bezug auf die Mitwirkungsverpflichtung bzw. Zwang im Vollzug: *Haffke* 1976, S. 609; *Volckart* 1985, S. 32; *Eisenberg* 2004, S. 356; Ostendorf-*Ostendorf* 2009, Kap. 1 Rn. 21; ähnlich *Kaiser* 2007, S. 219; *Wegemund/Dehne-Niemann* 2008, S. 574 f.; *Tierel* 2008, S. 167; *Tondorf/Tondorf* 2006, S. 245; *Sonnen* 2007, S. 89; ebenso der RegE zum StVollzG von 1975: BT-Drs. 7/3998; aus grundsätzlich-ethischer Sicht *Litz* 2004, S. 275; a. A. *Schwirzer* 2007, S. 69; ebenso *Schneider*, der mit dem elterlichen Erziehungsrecht und der Schulpflicht argumentiert (vgl. *Schneider*

Auf der anderen Seite ist nicht außer Acht zu lassen, dass die meisten Gefangenen dem Vollzug und seinen Einrichtungen und Maßnahmen zunächst skeptisch bis ablehnend gegenüberstehen dürften.[396] Dies ist nicht zuletzt auch deshalb der Fall, weil die ungewohnte und durch Zwang herbeigeführte Lebenssituation selbstschützende Abwehrhaltungen fördert.[397] Für den Jugendstrafvollzug stellen die zum Teil jugendtypische Opposition[398] und die erhöhte Beeinflussbarkeit durch die Subkultur[399] ein weiteres Hindernis dar. Insoweit ist die Notwendigkeit einer Eingangsmotivierung kaum von der Hand zu weisen.[400] Diese kann allerdings nicht einfach repressiv erzwungen werden. Äußerer Druck als Mittel einer extrinsischen Motivierung[401] „hat daher nur dann einen Sinn, wenn dem Betreffenden auch die Handlungsfreiheit verbleibt, auf diesen Druck durch eine eigenständige Entscheidung zu reagieren – anderenfalls läuft die Intervention Gefahr, das genaue Gegenteil zu erreichen."[402] Die eingesetzten Motivationsmittel dürfen folglich ein Maß nicht übersteigen, das diese Wahlfreiheit auch in der subjektiven Wahrnehmung des jungen Gefangenen Bestand haben lässt.

Jedoch muss bei der Auswahl des Motivierungsinstrumentes auch hinsichtlich des angestrebten Ziels der Maßnahme unterschieden werden: Während etwa ein Verhaltenstraining nur unter freiwilliger Teilnahme einen Sinn hat, kommt auch einem unter Druck absolvierten Schulabschluss eine erhebliche resozialisierende Bedeutung zu.[403] Eine entsprechende Differenzierung hinsichtlich der in der Ausrichtung sehr unterschiedlichen Maßnahmen leisten die Landesgesetze jedoch nicht.

Letztlich bewegt sich der Jugendstrafvollzug im Bereich der Mitwirkung auf einem „schmalem Grat":[404] Treffend lässt sich dies im diffusen Schnittbereich

---

2010, S. 94 f.), dabei aber ignoriert, dass ein Großteil der jungen Gefangenen volljährig ist, vgl. *Feest/Bammann* 2010, S. 539.

396 Vgl. *Drenkhahn* 2007, S. 128; *J. Walter* 2004, S. 400; ähnlich *Remschmidt* 2008, S. 338; *Dahle* 1994, S. 182 f.; *Walkenhorst* 2007c, S. 14.

397 Vgl. *Conen* 2007, S. 371; *J. Walter* 2011, S. 144; *Wegemund/Dehne-Niemann* 2008, S. 572, 574 m. w. N.

398 Vgl. *Kunz* 2004, § 30 Rn. 5; *J. Walter* 2004, S. 400; *Fend* 2003, S. 300 ff.; *Wegemund/Dehne-Niemann* 2008, S. 573; *Tierel* 2008, S. 169.

399 Vgl. Ostendorf-*Goerdeler* 2009, Kap. 8 Rn. 1 ff.

400 Vgl. *Kaiser* 2007, S. 222 m. w. N.; *Toch* 1997, S. 51; *Dahle* 1994, S. 182 f.; *Conen* 2007, S. 372.

401 Vgl. entsprechende psychologische Kategorien bei *Aronson/Wilson/Akert* 2004, S. 165 ff.

402 *Dahle* 1997, S. 157; Im Ergebnis ähnlich *Hinrichs/Köhler* 2007, S. 386.

403 Vgl. *Volckart* 1985, S. 31; ähnlich *Kaiser* 2007, S. 223.

404 *Pollähne* 2007, S. 135.

von Mitwirkungsrechten und Mitwirkungspflichten mit dem Begriff der „Mitwirkungsnotwendigkeit"[405] umschreiben. Denn während bei einer in vielen Fällen wohl kaum kooperationsbereiten Klientel auch eine gewisse motivierende Inanspruchnahme zur eigenen Wiedereingliederung unumgänglich scheint[406], droht eine echte Inpflichtnahme mit allen dazugehörigen vollzugsrechtlichen Konsequenzen kontraproduktiv zu wirken. Die pauschale Formulierung einer Pflicht zur Mitwirkung, wie sie in allen Landesgesetzen vorgesehen ist, wird dieser Problemstellung, bei der es gilt, im konkreten Einzelfall den ausgewogenen Mittelweg zu finden, daher nicht gerecht.

Zu bedenken ist dabei im Übrigen auch die möglicherweise spiegelbildliche Lernreaktion einer solchen Behandlung: Dem jungen Gefangenen wird im schlechtesten Fall vorbildhaft durch die Vorgehensweise des Vollzugs vermittelt, dass Menschen durch äußeren Zwang gefügig gemacht werden können – eine Wahrnehmung von Handlungsmöglichkeiten, die durch die Vollzugsmaßnahmen eigentlich nicht noch untermauert werden sollte, sondern zu der es Alternativen aufzuzeigen gilt.[407]

Auch für die Vollzugsarbeit droht ein gefährlicher psychologischer Nebeneffekt: Die Verpflichtung des Insassen lädt dazu ein, von gescheiterten Bemühungen des Vollzugs abzulenken und die Verantwortung dafür allein bei dem jungen Gefangenen abzuladen, der dann im Zweifel diese sehr unbestimmte Pflicht in irgendeiner Weise verletzt haben könnte.[408]

7.4.2.4.2 Koppelung an direkte Sanktionen

Scheinanpassungen drohen vor allem dort, wo einschneidende Sanktionen allgemein bei Pflichtverstößen der Gefangenen, also auch bei der Mitwirkungspflicht, ermöglicht werden.[409]

Als besonders bedenklich erweist sich hier das Zusammenspiel der Mitwirkungspflicht mit Disziplinartatbeständen ohne einen abschließenden Katalog von Anordnungsgründen, wie sie in *Baden-Württemberg, Bayern, Sachsen-Anhalt, Niedersachsen* und *Nordrhein-Westfalen* vorliegen. Hier deckt der Gesetzeswortlaut bei wiederholter und nachhaltiger Verweigerung der Mitwirkung

405 *Calliess/Müller-Dietz* 2008, § 4 Rn. 3.

406 Vgl. *Pollähne* 2007, S. 135; *J. Walter* 2004, S. 400; *Tierel* 2008, S. 169.

407 Vgl. *J. Walter* 2010, S. 93; 2006a, S. 97; ähnlich zu konfrontativen Behandlungsmaßnahmen: *J. Walter* 2000, S. 258.

408 Vgl. *J. Walter* 2005a, S. 18; *Tierel* 2008, S. 168.

409 Siehe die Übersicht in *Abschnitt 7.13.3.1.*

theoretisch sogar die Verhängung von Arrest.[410] Und selbst dort, wo ein abschließender Katalog Verstöße gegen die Mitwirkungspflicht ausspart[411], ließe sich ein Weg durch die Hintertür mittels der sehr unbestimmten Anordnungsgründe der „sonstigen", „schwerwiegenden" Verstöße „gegen die Hausordnung" konstruieren,[412] da die Gesetzesbegründungen eine Aufnahme von konkreten Mitwirkungspflichten in die Hausordnung vorschlagen.[413]

Dieser juristische Umweg dürfte allerdings kaum praktische Relevanz erlangen, weil jedenfalls die besonders allgemein gefassten „erzieherischen Maßnahmen", die ebenfalls in allen Landesgesetzen vorgesehen sind,[414] hier bevorzugt als potentiell[415] sanktionierendes Druckmittel zum Zuge kommen dürften. Dies wird nach dem Bekunden der meisten Gesetzgeber auch ausdrücklich intendiert.[416]

In allen Landesgesetzen bestehen damit – zumindest dem Wortlaut nach – hinreichende Möglichkeiten, die Mitwirkungsbereitschaft der jungen Gefangenen mit empfindlichen Strafen zu erzwingen. Angesichts der Schärfe der möglichen Sanktionen läge dann ein erheblicher Druck auf den jungen Gefangenen. Nach dem bereits Gesagten dürfte aber die konsequente Nutzung dieser Instrumente einer erfolgreichen Resozialisierung schwere Steine in den Weg legen, da lediglich äußerliche Anpassung droht.

Dies steht im grundlegenden Widerspruch zu dem in Nr. 50.2 und Nr. 50.3 der ERJOSSM aufgezeigten Prinzip der ermutigenden, positiven Motivierung zur Mitarbeit.

410 Schnell stellt sich hier die Frage, inwieweit die Gesetzgeber diese Kombinationsmöglichkeit tatsächlich gesehen haben, da die Disziplinartatbestände stark an das StVollzG angelehnt sind, welches das Problem der sanktionsgestützten Mitwirkung nicht teilte, weil es keine Mitwirkungspflicht vorsah. Die Gesetzesbegründungen verdeutlichen jedoch, dass der Gesetzgeber die Sanktionierbarkeit durchaus im Blick hatte, auch wenn dabei insbesondere die Begründungen des *Neuner-Entwurfes* zu diesem Punkt reichlich konfus ausfallen (vgl. die Begründung zu § 3 VollzG BW-IV (BW Ltg. Drs. 14/5012), zu § 4 JStVollzG NRW (NRW Ltg. Drs. 14/4412) und zu § 4 JStVollzG Bln (Bln. Ltg. Drs. 16/0677), so auch *Pollähne* 2007, S. 141 f.

411 In *Berlin* und nahezu allen anderen Ländern des *Neuner-Entwurfes* (außer *Sachsen-Anhalt*) sowie in *Hamburg*, *Hessen* und *Sachsen*.

412 Vgl. auch *Kamann* 2009, Rn. 113.

413 Vgl. z. B. die Begründung zu § 4 JStVollzG Bln (Bln. Ltg. Drs. 16/0677).

414 Siehe die Übersicht in *Abschnitt 7.13.2.1.*

415 Die meisten Landesgesetze setzen zunächst vorrangig erzieherische Gespräche oder eine vage formulierte Konfliktschlichtung voraus, aber anders als im RegE des BMJ 2006 finden sich darüber hinaus zumeist auch eindeutig sanktionierende Elemente. Vgl. *Abschnitt 7.13.2.3.1.*

416 Vgl. z. B. die Begründung zu § 4 JStVollzG Bln (Bln. Ltg. Drs. 16/0677).

7.4.2.4.3 Koppelung an indirekte Sanktionen

Nicht weniger problematisch ist die Koppelung an andere, nicht zwingend als Sanktion intendierte Entscheidungen, die für die jungen Gefangenen aber dennoch von großer Bedeutung sind. Nahezu alle Bundesländer sehen ausdrücklich die Möglichkeit vor, Vollzugslockerungen und teilweise auch andere vollzugsöffnende Maßnahmen nicht mitwirkungsbereiten Gefangenen vorzuenthalten.[417] *Baden-Württemberg* etwa koppelt die Verlegung in den offenen Vollzug an die Mitwirkung. Alle anderen Gesetze (außer denen *Bayerns, Berlins, Hessens* und *Niedersachsens*) verknüpfen die Anordnung von Vollzugslockerungen mehr oder weniger strikt mit der Mitwirkungsbereitschaft des jungen Gefangenen.[418] Dabei verkennen die betroffenen Gesetzgeber, dass die Öffnung des Vollzugs auch bei Gefangenen, die nicht in allen Bereichen zur Mitarbeit bereit sind (z. B. nicht geständige Täter[419]), sinnvoll und rückfallmindernd sein kann.[420] Insbesondere in Bezug auf die Entlassungsvorbereitung und die Erhaltung oder Schaffung eines nach dem Vollzug auffangenden sozialen Umfeldes[421] erscheint hier ein etwaiges starres Beharren auf der Behandlungsmitwirkung unangebracht.[422] Bei Extremfällen, die von vornherein eine totale Verweigerungshaltung an den Tag legen, dürfte zudem aller Wahrscheinlichkeit nach schon im Rahmen der Gefährlichkeitsprognose eine Missbrauchsgefahr anzunehmen sein, weshalb auch kein gesetzgeberischer Bedarf für eine Koppelung an die Mitwirkungspflicht gegeben ist.[423]

Soweit man durch die Verknüpfung von Mitwirkung und Vollzugsöffnungen motivierenden Druck auf die Gefangenen ausüben möchte, gilt für diese zweckfremde, indirekte Quasi-Sanktion das bereits zu einer direkten Sanktionierung Gesagte.

---

417 Vgl. *Abschnitt 7.6.2.1* und *7.6.3.1*.

418 Wobei man zumindest auch in der *hessischen* Gesetzesbegründung die Mitwirkung eindeutig als Eignungskriterium benennt, vgl. Begründung zu § 13 HessJStVollzG.

419 Ähnlich: Ostendorf-*Ostendorf* 2009, Kap. 1 Rn. 31.

420 Vgl. *Dünkel* 2007, S. 12; ähnlich *Pollähne* 2007, S. 142; *Dünkel/Kühl* 2009, S. 83; *Ostendorf* 2008, S. 17; a. A. *Schneider*, der Vollzugslockerungen primär als Motivierungsinstrument begreift und im übrigen der Mitwirkung eine absolute und scheinbar nicht relativierbare Bedeutung für die Ermessensentscheidung über Vollzugsöffnungen beimisst, vgl. *Schneider* 2010, S. 90, 185; ebenso *Arloth* 2008a, S. 137.

421 Vgl. BVerfG NJW 2006, S. 2096; *C. Kunz* 2003, S. 53; *Egg* 1997, S. 169; *Stelly/Walter* 2008, S. 269; *Lösel/Bender* 1997, S. 193; Ostendorf-*Walkenhorst/Roos/Bihs* 2009, Kap. 7 Rn. 8 bis 26 m. w. N.

422 Vgl. auch *Pollähne* 2007, S. 142; ähnlich *Grosch* 1995, S. 22.

423 Vgl. *Dünkel* 2007, S. 12.

7.4.2.4.4   Anreizsysteme als Alternative?

Die ERJOSSM gehen von einer Motivierung aus, die auf „Anerkennung und Belohnung" aufbaut.[424] Auch von anderer Seite wurde verschiedentlich die Schaffung von Anreiz- und Belohnungssystemen als Alternative zur Mitwirkungspflicht vorgeschlagen.[425] Anstelle von negativen Strafandrohungen sollen die jungen Gefangenen durch die Aussicht auf positive Sanktionen, das heißt Belohnungen, zur Mitarbeit motiviert werden.[426] Dies führt zugleich zu einem Perspektivenwechsel, der nicht länger die Schwächen und Defizite des jungen Gefangenen, sondern seine potentiellen Stärken in den Blick nimmt.[427]

Teilweise findet sich dieser Gedanke auch in den Jugendstrafvollzugsgesetzen wieder. Er lässt sich zwar unter den nahezu überall vorhandenen, sehr allgemeinen Aufforderungen, die Mitarbeitsbereitschaft zu „wecken und zu fördern", subsumieren, konkrete Regelungsansätze werden aber nur in einigen Gesetzen und dort sehr zurückhaltend getroffen. Zumeist verweist man – neben der ohnehin überall bestehenden Mitwirkungspflicht – sehr allgemein auf die zu belohnenden besonderen Anstrengungen des jungen Gefangenen.[428] Was dies im Einzelfall heißen soll, verraten die Gesetze nicht oder verweisen – wie in *Bremen* – schlicht auf zu erlassende Verwaltungsvorschriften. Einzig in *Baden-Württemberg* verortet man Belohnungen in die Bereiche der Leistungen, der Freizeitgestaltung, der Kontaktmöglichkeiten und der Öffnung des Vollzugs. Gerade die Inanspruchnahme des Bereiches der vollzugsöffnenden Maßnahmen verdeutlicht nach dem bereits Gesagten jedoch, dass ein solches Belohnungs-

---

424   Vgl. ERJOSSM commentary zu Rule Nr. 50.

425   *Tondorf/Tondorf* 2006, S. 244; *J. Walter* 2004, S. 399; *Tondorf* 2006, § 5 IV; *DVJJ* 2004, 4.1; *Dünkel/Pörksen* 2007, S. 18 f.; *Sonnen* 2006, S. 239; *Dünkel/Kühl* 2009, S. 83; *Lee* 1994, S. 163 f. (letzterer allerdings bzgl. der Gefangenenarbeit).

426   Zuletzt hat im Übrigen das BVerfG anlässlich der verfassungsrechtlichen Überprüfung der Sicherungsverwahrung ein solches System näher umschrieben: Danach ist „die Bereitschaft des Untergebrachten zur Mitwirkung an seiner Behandlung durch gezielte Motivationsarbeit zu wecken und zu fördern. Unterstützend könnte insofern ein Anreizsystem wirken, das aktive Mitarbeit mit besonderen Vergünstigungen oder Freiheiten honoriert oder auch solche entzieht, um Motivation und Mitarbeit zu erreichen (Motivierungsgebot).", BVerfG, 2 BvR 2365/09 vom 04.05.2011, Absatz-Nr. 114.

427   Vgl. *J. Walter* 2000, S. 259; *Tierel* 2008, S. 170.

428   Hier offenbart sich auch weiterer problematischer psychologischer Nebeneffekt der Mitwirkungspflicht: Wer aufgrund der Mitwirkungspflicht an den Vollzugsprogrammen teilnimmt, tut schlicht das, wozu er verpflichtet ist – nicht mehr und nicht weniger. Alltagstheoretisch würden zusätzlich motivierende Belohnungen und anerkennendes Lob dann jedoch aufgesetzt wirken. Die negative Motivierung schmälert damit die Einsatzwahrscheinlichkeit der positiven Motivierung, vgl. *Tierel* 2008, S. 170 f.

system aus erzieherischer Sicht ein zweischneidiges Schwert ist: Keinesfalls dürfen Rechtspositionen, die Gefangenen regulär auch ohne mitwirkende Gegenleistung zustehen, in Belohnungen umgemünzt werden. Dann wäre die Vorenthaltung derselben bei mangelnder Mitarbeit im Hinblick auf ihre pädagogische Wirkung wiederum nur eine Druck erzeugende Sanktion.[429] Zudem dürfen – wie ausgeführt – selbstständig resozialisierende Vollzugsmaßnahmen wie Lockerungen nicht von dem Aspekt der Mitwirkung überdeterminiert werden. Auch soweit man neue, von bisherigen Rechtspositionen losgelöste Vergünstigungen schafft,[430] besteht die Gefahr, dass Gefangene nur um der Belohnung oder Vergünstigung Willen an behandelnden Maßnahmen teilnehmen und eine nachhaltige Verhaltensänderung nicht eintritt.[431] Eine echte Norminternalisierung, die auch noch Bestand hat, wenn die Anreize außerhalb des Vollzugs wegfallen,[432] dürfte auf diesem Weg eher nicht erreicht werden.[433]

Insoweit bedarf es auch bei der Einrichtung eines Anreizsystems einer sorgfältigen Prüfung der jeweiligen Wirkungsweise. Sachgerecht erscheint es hier, weniger auf den Aspekt der Belohnung abzustellen, als vielmehr das Augenmerk auf die selbstwertsteigernde Anerkennung[434] von Behandlungserfolgen zu richten. Auch der Kommentar der ERJOSSM spricht zwar neben der „Anerkennung" von „Belohnungen", im Kern von Nr. 50.2 und Nr. 50.3 ERJOSSM geht es aber dem Wortlaut nach um die „Ermutigung", also den positiven Zuspruch gegenüber dem Gefangenen. Es wäre daher vor allem an immaterielle und wertschätzende Bestätigungen der Gefangenen zu denken.[435] Denn während vollzugsrechtliche und materielle Vergünstigungen mit dem Ende der Haftsituation

---

429 Vgl. *Pollähne* 2007, S. 139 m. w. N.; *J. Walter* 2010, S. 100; im Umkehrschluss auch aus *Toch* 1997, S. 53.

430 Teilweise wird eine Art Anstaltswährung als Zahlungsmittel für kleinere Sondereinkäufe vorgeschlagen, vgl. *Tondorf* 2006, § 25.

431 Ähnlich *Drenkhahn* 2007, S. 128 m. w. N; *Toch* 1997, S. 52; vgl. auch *Schneider*, der darüber hinaus auch die Gefahr sieht, dass sich daraus ein Stufenvollzug mit unterschiedlichen Haftregimen bildet, in dem die Gefangenen sich mit Scheinanpassungen „hocharbeiten", vgl. *Schneider* 2010, S. 115 (gleichwohl hält er im Widerspruch dazu Scheinanpassungen bei der Durchsetzung der Mitwirkungspflicht durch Disziplinarmaßnahmen und Lockerungsverweigerungen nicht für relevant, vgl. S. 90, 95 f.).

432 Mit Blick auf dieses sog. „Ferien-Phänomen" im Ansatz ähnlich: *Hillebrand* 2009, S. 127 m. w. N.

433 Vgl. auch vertiefend zur teilweise fundamentalen Kritik an dem Belohnungsgedanken in der englischsprachigen Literatur *Toch* 1997, S. 51 ff. m. w. N.

434 Neben attraktiven Beschäftigungs- bzw. Behandlungsmaßnahmen auch zentraler Aspekt bei *Toch* 1997, S. 105 f.; für eine ganzheitliche, positive Ausrichtung der Förderung an den Stärken des jungen Gefangenen im Sinne eines „Empowerment", vgl. auch *J. Walter* 2006, S. 251; „gute Erfahrungen" bei *Fend* 2003, S. 470.

435 Ähnlich auch *J. Walter* 2006, S. 252.

ebenfalls wegfallen und in der Außenwelt auch keine Entsprechung finden, können positive soziale Beziehungen für die jungen Gefangenen, deren Biographien auf dem Weg zum Vollzug wenig Anerkennung erlebt haben dürften, möglicherweise auch nach der Haft als positiver Verstärker für normkonformes Verhalten dienen.[436]

Anerkennung kann dabei auch in Form von weitergehender und verantwortlicher Beteiligung der jungen Gefangenen an alltäglichen Entscheidungen bestehen, wie sie etwa im Rahmen von partizipatorischen Vollzugsgestaltungen vorgesehen ist.[437]

Darüber hinaus bieten Anreizsysteme jedenfalls die Chance, dass der Jugendliche Handlungsmechanismen lernt, die im nicht-devianten Alltag normal sind: Produktive Mitarbeit wird belohnt.[438] Und selbst dort, wo sich im Umkehrschluss nicht ausschließen lässt, dass von dem Belohnungskonzept ein gewisser äußerer Druck ausgeht, gilt: „Eingeschränkte Entscheidungsfreiheit ist besser als gar keine Entscheidungsfreiheit",[439] wie es bei der repressiven Durchsetzung einer Mitwirkungspflicht der Fall wäre.

Insoweit erscheinen Belohnungssysteme durchaus geeignet, auf extrinsischem Wege die Mitarbeitsbereitschaft der jungen Gefangenen zu fördern. Die dabei gesetzten Anreize sollten jedoch soweit wie möglich von klassischen Rechtspositionen und materiellen Vergünstigungen im Vollzug getrennt werden.[440] Soweit die Landesregelungen Belohnungen vorsehen, begrenzen sie sie eher auf der Seite des Anlasses, in dem sie nur „besondere", als über die übliche Mitwirkung hinausgehende, Leistungen honorieren wollen.[441] Ob dies zweckmäßig ist, erscheint fraglich, da die positive Motivierung damit zur Ausnahmeerscheinung degradiert wird.

---

436 Eine entsprechende Möglichkeit besteht jedenfalls dann, wenn man dem Gefangenen auch nach der Haft mit entsprechender Unterstützung begegnet. Dies ist dann auch eine Frage des Entlassungsüberganges.

437 Dies erscheint besonders vielversprechend, weil es hier die Gleichaltrigengruppe ist, die mit Anerkennung „belohnt", vgl. *J. Walter* 2003, S. 139 („just community").

438 Vgl. *Toch* 1997, S. 51, 53; dass man dabei eine solche „Konditionierung" des Gefangenen aus ethischer Sicht für zynisch halten kann, steht auf einem anderen Blatt.

439 *Toch* 1997, S. 55.

440 Vgl. auch *Toch* 1997, S. 57. Etwas weniger strenge Ansprüche mögen im Bereich der Teilnahmepflichten an Arbeit und Ausbildung gelten, wo es ein „geringeres Übel" gegenüber des verfassungsrechtlich abgesegneten Zwanges zu finden gilt und Vergütung im Wege der Angleichung eine unvermeidbar wichtige Rolle spielt, vgl. *Abschnitt 7.10*.

441 Außer *Baden-Württemberg*, wo Mitwirkung „allgemein" honoriert werden soll.

Das Belohnungssystem sollte zudem möglichst auf einem für alle Beteiligten einsichtigen und klar strukturierten Konzept basieren, um es frei von Willkür zu halten und der oben aufgezeigten Gefahr von Zwängen vorzubeugen.[442]

7.4.2.4.5 Chancenvollzug oder Recht auf Mitwirkung

Während einerseits – wie oben aufgezeigt – die Mitwirkung von den Gefangenen einseitig verlangt wird, wurde teilweise auf der anderen Seite dauerhaft nicht mitwirkungsbereiten Gefangenen die Teilhabe an Behandlungs- und Ausbildungsmaßnahmen gesetzlich aberkannt. Dieses im *niedersächsischen* Strafvollzug derzeit geregelte Konzept[443] fand ursprünglich auch Eingang in das *Hamburger* Straf- und Jugendstrafvollzugsgesetz (vgl. § 5 Abs. 3 HmbStVollzG a. F.). Auch wenn derartige Regelungen zumindest für den Jugendstrafvollzug abgewendet werden konnten, bleibt festzuhalten, dass eine solche Vollzugsgestaltung nicht mit internationalen Vorgaben vereinbar wäre. Mit Blick auf Art. 12 der UN-Kinderrechtskonventionen und Regel Nr. 50 der ERJOSSM besteht vielmehr eine Pflicht des Vollzugs, entsprechende Angebote vorzuhalten[444] und den Jugendlichen in die Entscheidungen über die Vollzugsplanung einzubeziehen, und ihn nicht einseitig auszuschließen. Gleichzeitig muss sich der Vollzug fortlaufend um die positive Motivierung der Gefangenen bemühen.[445] Darüber hinaus erschiene es kontraproduktiv, gerade besonders „schwierige" Gefangene von Maßnahmen auszuschließen, da diese aufgrund ihrer anhaltenden Gefährlichkeit die eigentliche „Zielgruppe" solcher Bemühungen sein sollten.[446]

Nach der Wertung der internationalen Mindeststandards ist demnach eher von einem Recht auf Mitwirkung auszugehen. Dieses ergibt sich im Übrigen schon als inhaltsgleiches Minus aus der Mitwirkungspflicht,[447] sollte aber dar-

---

442 Vgl. *Toch* 1997, S. 54 ff., der zahlreiche konzeptionelle Aspekte und Vorschläge anführt.

443 Vgl. § 6 Abs. 2 NVollzG; Details bei *Cahn* 2008; zynischerweise auch „Chancenvollzug" genannt, obwohl es den Gefangenen seiner Chancen beraubt, vgl. *Pollähne* 2007, S. 145 f. m. w. N.

444 Ein solches „Recht auf Behandlung" lässt sich auch dem bundesrechtlichen § 1 Abs. 1 SGB-VIII entnehmen, wonach der junge Mensch „ein Recht auf Förderung seiner Entwicklung und auf Erziehung zu einer eigenverantwortlichen und gemeinschaftsfähigen Persönlichkeit" hat, vgl. *Pollähne* 2007, S. 132. Indirekt lässt sich dieser Anspruch zudem aus den Ausführungen des BVerfG ableiten, das von einer besonderen positiven Verpflichtung des Staates spricht, den Vollzug mit ausreichend resozialisierungsfördernden Kapazitäten auszustatten, vgl. BVerfG NJW 2006, S. 2096 mit Verweis auf BVerfG NJW 1973, S. 1226.

445 Vgl. *Pollähne* 2007, S. 138, 144 ff.; *DVJJ u. a.* 2007, S. 51 f.; *Rehn* 2006, S. 122; *Dünkel* 2007c, S. 5.

446 Vgl. *Drenkhahn* 2007, S. 126; *Lösel/Bender* 1997, S. 191.

447 Vgl. Ostendorf-*Ostendorf* 2009, Kap. 1 Rn. 40.

über hinaus auch ausdrücklich in die Jugendstrafvollzugsgesetze aufgenommen werden.[448] Es lässt sich zudem aus der – auch von den ERJOSSM als primäres Vollzugsziel angesehenen – Resozialisierungsprämisse ableiten, die ohne resozialisierende Maßnahmen ins Leere liefe.[449]

Ein solches Recht auf Mitwirkung ist zumindest im Ansatz (neben der Mitwirkungspflicht) auch im *baden-württembergischen* Gesetz zu finden (vgl. § 3 JVollzGB BW-IV).[450]

7.4.2.4.6 Schlechterstellung

Soweit in *Baden-Württemberg, Bayern* und in den Ländern, in denen noch das StVollzG gilt, im Erwachsenenrecht eine entsprechende Mitwirkungsverpflichtung und die daran geknüpften rechtlichen Folgen nicht vorgesehen ist, liegt zudem eine unzulässige Schlechterstellung jugendlicher Strafgefangener vor (vgl. Nr. 13 ERJOSSM).[451]

7.4.2.5 Zusammenfassung

Der Bereich der Gefangenenmotivierung bleibt in den Landesgesetzen in weiten Teilen unvollkommen und scheint nicht von den gleichen Intentionen getragen, wie die Vorgaben der internationalen Mindeststandards. Damit haben die Gesetzgeber die Chance einer zeitgemäßen Modernisierung des Behandlungsvollzugs nicht genutzt. Die gefundenen Regelungen bleiben dabei sogar noch hinter dem dreißig Jahre alten StVollzG und anderen Landesregelungen zum Erwachsenenvollzug zurück. Während einerseits Mitwirkungsverpflichtungen zu re-

---

448 Eine besonders gelungene Variante, wie sich Mitwirkung regeln ließe, findet sich bei *Tondorf* 2006, § 4: „*Die Gefangenen sind berechtigt, an der Erreichung des Vollzugsziels mitzuwirken. Ihre Bereitschaft hierzu ist durch eine auf Ermutigung zur aktiven Mitwirkung abstellende Förderplanung und die Bereitstellung motivierender Lerngelegenheiten zu wecken und zu fördern.*".

449 Vgl. Ostendorf-*Ostendorf* 2009, Kap. 1 Rn. 40.

450 Es lässt sich im Übrigen auch dem bundesrechtlichen (und damit vorrangigen!) § 8 Abs. 1 S. 1 SGB-VIII entnehmen, wonach „Kinder und Jugendliche [...] entsprechend ihrem Entwicklungsstand an allen sie betreffenden Entscheidungen der öffentlichen Jugendhilfe zu beteiligen" sind, was aufgrund der Kooperationsregelungen der §§ 36, 41 SGB-VIII auch Bedeutung für den Jugendstrafvollzug erlangt, vgl. *Pollähne* 2007, S. 137 m. w. N.

451 Ebenso D/S/S-*Sonnen* 2011, § 4 Rn. 7 JStVolzG; vgl. auch *Eisenberg* 2007, S. 154; *Pollähne* 2007, S. 144; *Dünkel/Kühl* 2009, S. 83; *Wegemund/Dehne-Niemann* 2008, S. 573; ähnlich schon *J. Walter* 2005a, S. 17; a. A. *Schneider* 2010, S. 96 f.; ebenso *Arloth*, der die Abweichung aufgrund der jugendspezifischen Besonderheit als sachlich begründet ansieht, vgl. *Arloth* 2008a, S. 137.

pressiv und „paternalistisch"[452] ausfallen, bleiben andererseits die halbherzig angedeuteten Anreizsysteme zu undifferenziert. Auch der Entwurf des BMJ von 2006 fand eine vorzugswürdigere Regelung, da zumindest die Möglichkeit einer Sanktionierung der fehlenden Mitwirkung ausgeschlossen blieb.[453]

Soweit einzelne Landesgesetze auch eine Pflicht zur Teilnahme an Freizeitangeboten der Anstalt vorsehen, kann die hier vorgebrachte Kritik weitgehend übertragen werden und wird im entsprechenden Kontext wieder aufzugreifen sein.[454]

Auch darf die Konstituierung einer Mitwirkungspflicht nicht darüber hinwegtäuschen, dass es sich bei dem eigentlichen Problem der Straftäterbehandlung bisher meistens weniger um die fehlende Mitwirkungsbereitschaft der Gefangenen, sondern vielmehr um die mangelnden Behandlungskapazitäten des Vollzugs handelte.[455] Wo es an geeigneten Maßnahmen mangelt, erscheint es zynisch, die Gefangenen in die Pflicht zu nehmen. Statt unbestimmter Mitwirkungspflichten bedarf es daher klar bestimmter Mitwirkungsrechte.[456]

Als alternative Zwischenform aus Mitwirkungspflicht und -recht ist auch die Aushandlung eines Förderungsvertrages in der Vollzugsplanung denkbar, der sowohl die Anstalt als auch den jungen Gefangenen für Resozialisierungsbemühungen in die Pflicht nimmt. Gleichwohl erscheint es dafür bedeutsam, dass der junge Gefangene seine Selbstverpflichtung auch als echte Wahl, also als autonome Entscheidung[457] empfindet. Auf der anderen Seite wäre der Vollzug gehalten Vollzugsangebote anzubieten, auf deren Verfügbarkeit sich der Gefangene tatsächlich verlassen könnte.

7.5 Aufnahme und Vollzugsplanung

Aufnahmeverfahren und Vollzugsplanung zeichnen den Weg zur Erreichung des Vollzugszieles unter Beachtung der vollzugsgestaltenden Grundsätze vor. Sie liefern gewissermaßen die Blaupause zum angestrebten Resozialisierungserfolg. Dabei versteht sich von selbst, dass die Entwicklung des jungen Gefangenen im

---

452 *J. Walter* 2005a, S. 17.

453 Es wurden weder bei den „erzieherischen Maßnahmen" sanktionierende Elemente vorgesehen, noch eine allgemeine Disziplinierung wegen Pflichtverletzungen. Allerdings bestand auch dort die „Hintertür" der „sonstigen" schwerwiegenden Verstöße, vgl. § 34 BMJ 2006.

454 Vgl. *Abschnitt 7.10.3.2.2.*

455 Vgl. *Hosser/Taefi* 2008, S. 140; ähnlich *Pollähne* 2007, S. 141; mit Blick auf die Sozialtherapie: *Drenkhahn* 2007, S. 158 ff. m. w. N.

456 Vgl. auch *J. Walter* 2008a, S. 27.

457 Vgl. *Ostendorf* 2006, S. 92; *Bereswill* 2010, S. 553; a. A. und deutlich pessimistischer *Schneider* 2010, S. 95.

Vollzug nur begrenzter Planbarkeit unterliegt und der Vollzug daher flexibel bleiben muss.[458]

Gleichzeitig bricht diese Planungslogik in einer Phase über die jungen Gefangenen herein, die bei nicht wenigen durch den Übergang von Freiheit in Gefangenschaft mit starken seelischen Belastungen und erhöhter Verwundbarkeit geprägt ist.[459] Neben den organisatorischen Notwendigkeiten stellt daher auch das Wohlbefinden der jungen Gefangenen, von dem auch ihre Ansprechbarkeit abhängt, die Anstalt vor besondere Herausforderungen und verpflichtet zur Rücksichtnahme.

7.5.1 Vorgaben der ERJOSSM

Die ERJOSSM stellen in Abschnitt E.4 relativ detaillierte Anforderungen an das Aufnahme- und Planungsverfahren. [460]

Gemäß Regel Nr. 62.2 der ERJOSSM muss zunächst ein umfangreiches Dossier für den aufgenommenen Gefangenen angefertigt werden. Dieses umfasst nach Möglichkeit Angaben zur Identität des jungen Gefangenen und der seiner Personensorgeberechtigten, zu den Gründen seiner Einweisung (bzw. Inhaftierung), dem genauen Zeitpunkt der Aufnahme und den eingebrachten persönlichen Gegenständen. Außerdem sollen Hinweise auf Verletzungen und möglicherweise vorangegangene Misshandlungen, Informationen über das Vorleben sowie zu Bedürfnissen in erzieherischer und sozialer Hinsicht, und Hinweise zur physischen und psychischen Verfassung des jungen Gefangenen aufgenommen werden. Konkretisierend verlangen die ERJOSSM in Nr. 62.5 eine ärztliche Untersuchung samt Anlegung einer Krankenakte.

Die Aufnahme ist dabei gemäß Nr. 62.3 in einer für den jugendlichen „verständlichen Form"[461] durchzuführen, wobei er über seine „Rechte und Pflichten" zu informieren ist. Gleichzeitig sind gemäß Nr. 62.4 die Personensorgeberechtigten umfassend zu informieren.

Des Weiteren verlangt Nr. 62.6 a) „sobald wie möglich" eine individuelle Eingangsdiagnose, die unter Berücksichtigung „psychologischer, pädagogischer und sozialer" Faktoren den persönlichen Betreuungs- und Behandlungsbedarf des jungen Gefangenen ermittelt. Gemäß Unterpunkt c) sind diese Erkenntnisse

---

458 Insofern erscheint generelle Kritik an dem Instrument der Vollzugsplanung bei AK-Fees/Straube 2012, Vorb. § 5 Rn. 2, als „wohlmeinend paternalistisches Programm" mit „gefährlich totalitärem Potential" etwas überzogen.

459 Vgl. *Harvey* 2005, S. 232 ff. m. w. N.

460 Dies entspricht auch der deutschen obergerichtlichen Rechtsprechung, vgl. dazu im Überblick *Laubenthal* 2011, Rn 300 ff. m. w. N.

461 Übersetzungen des Regelwerkes entsprechen denen des BMJ 2009, soweit nichts anderes angegeben ist.

in einem „umfassenden Plan" festzuhalten und die Durchführung alsbald „einzuleiten." Unterpunkt d) verlangt darüber hinaus, dass die „Auffassungen[462] der Jugendlichen" in Bezug auf die Entwicklung dieser Planung Berücksichtigung finden sollen. Gemäß Nr. 62.6 b) soll zudem eine „angemessene Sicherheitseinstufung der Jugendlichen" stattfinden, „wobei die Art der Erstunterbringung gegebenenfalls zu ändern ist."

Auch im Kontext der Beschäftigung der jungen Gefangenen im Vollzug fordern die ERJOSSM eine umfassende Vollzugsplanung ein. In Regel Nr. 77 findet sich zunächst eine umfassende Liste ausbildender, therapierender, unterstützender und sonstiger resozialisierend ausgelegter Aktivitäten. Die Teilnahme daran soll gemäß Nr. 79.1 durch den Vollzugsplan festgelegt sein. Dahinter steht das von Nr. 79.2 formulierte Ziel, die jungen Gefangenen von Anfang an „sinnvoll" zu beschäftigen, um die für die Wiedereingliederung notwendigen „Fähigkeiten" und „Verhaltensweisen" zu entwickeln. Dabei soll die „frühestmögliche" Entlassung ins Auge gefasst und ihnen gleichzeitig „geeignete Schritte für die Zeit nach der Entlassung" aufgezeigt werden (Nr. 79). Zudem wird betont, dass der Vollzugsplan unter Mitwirkung der Jugendlichen und ihrer Personensorgeberechtigten zu erstellen ist (Nr. 79.4).

7.5.2 Die Regelungsansätze – Landesnormen im Einzelnen

Alle Landesgesetze sehen ausführliche Regelungen zur Aufnahme[463], Eingangsuntersuchung[464] und Vollzugsplanung[465] vor:

Bei der Aufnahme werden die jungen Gefangenen über ihre Rechte und Pflichten informiert. Dies soll gemäß den Gesetzen *Baden-Württembergs, Nord-*

---

462 Etwas zweideutig hingegen die Übersetzung des BMJ 2009: „Interessen".

463 § 4 Abs. 1 JVollzG BW-IV, Art. 7 i. V. m. Art. 128 BayStVollzG, § 9 JStVollzG Bln, BremJStVollzG, BbgJStVollzG, JStVollzG MV, JStVollzG RLP, SJStVollzG, SächsJStVollzG, JStVollzG LSA, JStVollzG SH, ThürJStVollzG, § 6 HmbJStVollzG, § 8 HessJStVollzG, § 116 i. V. m. § 8 NJVollzG, §§ 8 bis 10 JStVollzG NRW.

464 § 4 Abs. 2, 3 JVollzG BW-IV, Art. 8 i. V. m. Art. 129 BayStVollzG, § 10 JStVollzG Bln, BremJStVollzG, BbgJStVollzG, JStVollzG MV, JStVollzG RLP, SJStVollzG, SächsJStVollzG, JStVollzG LSA, JStVollzG SH, ThürJStVollzG, § 7 HmbJStVollzG, § 9 HessJStVollzG, § 11 JStVollzG NRW; in *Niedersachsen* fehlt eine entsprechende Regelung.

465 § 5 JVollzG BW-IV, Art. 9 i. V. m. Art. 130 BayStVollzG, § 11 JStVollzG Bln, BremJStVollzG, BbgJStVollzG, JStVollzG MV, JStVollzG RLP, SJStVollzG, SächsJStVollzG, JStVollzG LSA, JStVollzG SH, ThürJStVollzG, § 7 HmbJStVollzG, § 9 HessJStVollzG, § 117 NJVollzG, § 12 JStVollzG NRW.

108

rhein-Westfalens und *Hessens* in einer für sie verständlichen Art und Weise erfolgen.

In den Gesetzen des *Neuner-Entwurfes* (mit Ausnahme von *Sachsen-Anhalt*), *Hessens*, *Nordrhein-Westfalens* und *Sachsens* soll die „gegenwärtige" bzw. „persönliche Lebenssituation" der jungen Gefangenen „erörtert" werden. In *Bayern* ist dies ein Aspekt der Eingangsuntersuchung.

Neben der Vorstellung bei der Anstaltsleitung[466] steht überall auch eine ärztliche Untersuchung auf dem Programm.

Andere Gefangene dürfen in *Brandenburg*, *Mecklenburg-Vorpommern*, *Rheinland-Pfalz*, *Saarland*, *Schleswig-Holstein* und *Thüringen* beim Zugangsgespräch regelmäßig nicht anwesend sein. In *Hamburg* gilt dies für das gesamte Aufnahmeverfahren. In *Berlin*, *Baden-Württemberg*, *Sachsen-Anhalt* und *Nordrhein-Westfalen* gilt dies sogar ausnahmslos. *Sachsen* und *Hessen* schließen die Anwesenheit nur für das Zugangsgespräch ausdrücklich aus. Allein wenn Gefangene als Dolmetscher gebraucht werden, soll man sie in *Niedersachsen* hinzuziehen dürfen. In *Bayern* formuliert man allgemeiner, dass das Persönlichkeitsrecht der Gefangenen im besonderen Maße zu wahren sei.

In den Gesetzen des *Neuner-Entwurfes* (mit Ausnahme von *Sachsen-Anhalt*), *Sachsens*, *Nordrhein-Westfalens*, *Hessens* und *Hamburgs* wird darauf hingewiesen, dass alle den Gefangenen betreffenden Regelungen, also insbesondere die Hausordnung und das Vollzugsgesetz, dem jungen Gefangenen „auf Verlangen zugänglich zu machen" sind.

Alle Gesetze sehen zudem eine Informationspflicht gegenüber Personensorgeberechtigten und Jugendamt vor. (In *Bayern* und *Baden-Württemberg* ist eine Beteiligung der Personensorgeberechtigten in der Vollzugsplanung vorgesehen.) Zudem sollen hier die Jugendlichen „dabei unterstützt werden, eventuell notwendige Maßnahmen für hilfsbedürftige Angehörige und die Sicherung ihrer Habe außerhalb der Anstalt zu veranlassen. Letzteres soll auch in *Niedersachsen* veranlasst werden.

Hamburg und *Nordrhein-Westfalen* wollen den jungen Gefangenen zudem über die Möglichkeiten zur „Aufrechterhaltung einer Sozialversicherung" beraten.

An das Aufnahmeverfahren schließt eine Eingangsuntersuchung an, die „Diagnoseverfahren", „Behandlungsuntersuchung", „Aufnahmeuntersuchung", teilweise auch „Explorationsverfahren"[467] oder allgemein „Feststellung des Förder- und Erziehungsbedarfs" genannt wird. Im Kern geht es dabei immer um die Schaffung einer Erkenntnisgrundlage für die Vollzugsplanung mit Blick auf das Vollzugsziel.

---

466 In *Bayern* wird die Anstaltsleitung nicht ausdrücklich genannt.

467 In *Sachsen-Anhalt*.

Außer der *bayrischen* Regelung weisen alle Gesetze darauf hin, dass dabei auch die Erkenntnisse der Jugendgerichtshilfe mit einbezogen werden sollen. Welche Aspekte genau zu ermitteln sind, wird in dem Gesetz *Baden-Württembergs* (und dem *Hamburgs*) mit einem globalen Verweis auf die Bedeutung für das Vollzugsziel umschrieben und nicht näher ausgeführt. Relativ detaillierte Regelungen findet man hierzu in den Gesetzen des *Neuner-Entwurfes, Bayerns, Sachsens, Nordrhein-Westfalens* und *Hessens*, die zahlreiche Gesichtspunkte nennen, die im Hinblick auf die Person des Gefangenen zu ermitteln sind.[468] Nachdrücklich wird in *Berlin* auch darauf hingewiesen, dass diese notfalls über die von der Jugendgerichtshilfe gelieferten Informationen hinaus selbst ermittelt werden müssen. Zudem soll nach den Gesetzen des *Neuner-Entwurfes* und *Sachsens* ein Austausch mit dem Gefangenen stattfinden: Die Aspekte und Schlussfolgerungen sollen dem jungen Gefangenen „erläutert" und mit ihm „erörtert" werden. Seine „Vorschläge" für die Vollzugsplanung „sind mit einzubeziehen, soweit sie dem Vollzugsziel dienen." (ähnlich nur in *Nordrhein-Westfalen* und *Bayern*).

Hamburg stellt zudem ausdrücklich eine Dokumentationspflicht auf, die gewährleisten soll, dass das Planungsverfahren schriftlich festgehalten wird.

Niedersachsen setzt die Eingangsuntersuchung in der Vollzugsplanung quasi als immanent voraus und regelt sie überhaupt nicht.

Daran anschließend regeln die Landesgesetze den Inhalt der Vollzugsplanung. Die Begrifflichkeiten sind auch hier unterschiedlich und reichen vom „Erziehungs"- über den klassischen „Vollzugs"- bis zum „Förderplan". Die Planung erfasst die Frage der Unterbringung im offenen oder geschlossenen Vollzug, die Unterbringung im engeren Sinne in bestimmten Abteilungen oder Wohngruppen, die Zuweisung von sozialtherapeutischen und anderen Behandlungsprogrammen, den Arbeitseinsatz bzw. schulische und berufliche Ausbildung sowie Fragen der Vollzugsöffnung und des Entlassungsmanagements. Der junge Gefangene und seine Personensorgeberechtigten sollen an dieser Planung beteiligt werden. Der Vollzugsplan muss zudem fortwährend fortgeschrieben werden. Schließlich bestehen Mitteilungspflichten gegenüber Aufsichtsbehörde und Vollstreckungsleiter.

In *Bayern* nennt das Gesetz nur sehr allgemeine inhaltliche Anforderungen des Vollzugsplans und verlangt lediglich, dass „insbesondere Angaben über vollzugliche, pädagogische, und sozialpädagogische sowie therapeutische Maßnahmen" zu machen sind. Details sollen durch Verwaltungsvorschriften geklärt werden. Für die Entscheidung über die Verlegung in eine sozialtherapeutische Einrichtung besteht hier eine starre Frist von sechs Monaten, in der die Entscheidung neu getroffen wird.

---

468 Z. B. Persönlichkeit, Lebensverhältnisse und Umstände der Tat.

7.5.3   Bewertung mit Blick auf die Mindeststandards

Viele der von den ERJOSSM aufgestellten Anforderungen dürften auch im deutschen Jugendstrafvollzug als selbstverständlich gelten. Sie finden sich auch in den landesrechtlichen Regelungen wieder oder werden von diesen zumeist stillschweigend vorausgesetzt.[469] Dies gilt etwa für die in Nr. 79.2 ERJOSSM geforderte Ausrichtung der Vollzugsplanung auf die Resozialisierung, die im deutschen Vollzugsrecht schon aus dem Vollzugsziel folgt. Darüber hinaus finden sich aber auch einige explizit parallele Regelungsinhalte:

7.5.3.1   Allgemeines Aufnahmeverfahren

Entsprechend Nr. 62.5 und Nr. 62.6 a) der ERJOSSM sehen alle Landesgesetze eine ärztliche Eingangsuntersuchung, sowie eine Eingangsdiagnose hinsichtlich des konkreten Behandlungsbedarfs vor. Die überall vorgesehene Umsetzung im „Vollzugs"-, „Erziehungs"- oder „Förderplan"[470] stellt sodann die von Nr. 62.6 c) ERJOSSM geforderte konkretisierende Umsetzung der Ergebnisse dar. Hervorhebenswert erscheint hier insbesondere der *Berliner* Beispielkatalog, der besonders differenziert unterschiedliche Planungsinhalte aufzeigt.[471]

Dem jungen Gefangenen wird dabei - wie auch von Nr. 62.6 d) und Nr. 79.4 ERJOSSM vorgegeben – überall die Möglichkeit gegeben, sich in die Planung einzubringen.[472] Der Gefangene wird dadurch in seiner Eigenverantwortlichkeit gestärkt und wird nicht zum bloßen Objekt einer oktroyierten Planung.[473] Soweit sich dabei unterschiedliche Nuancen in der sprachlichen Ausgestaltung ergeben, sind diejenigen Formulierungen vorzugswürdig, die eine positive Motivierung des jungen Gefangenen zur Verantwortungsübernahme und Teilhabe im Sinne von Nr. 50.2 ERJOSSM zum Ausdruck bringen, da eine solche „Ermuti-

---

469   Etwa wenn es um die Dokumentationspflicht nach 62.2 der ERJOSSM geht, dürfte es für den deutschen Jugendstrafvollzug außer Frage stehen, dass eine Gefangenenakte angelegt wird und die Vollzugsplanung schriftlich festzuhalten ist, auch wenn lediglich in *Hamburg* eine solche Verpflichtung explizit normiert wird. Die Verpflichtung folgt ansonsten aus der bundesweit gültigen Vollzugsgeschäftsordnung (VGO), die detailliert regelt, welchen Inhalt die Gefangenenpersonalakte hat und wie sie anzulegen ist.

470   Die Frage der Bezeichnung der Planung ist lediglich eine Fortsetzung des Problemkreises der „Ausfüllung des Resozialisierungsbegriffes" und soll hier nicht erneut erörtert werden, vgl. dazu *Abschnitt 7.3.* Nach dem dort Gesagten ist der Begriff des „Förderplans" als am treffendsten einzustufen.

471   Vorgesehen sind etwa die „Sprachförderung für Gefangene mit Migrationshintergrund" sowie Maßnahmen zur „Gesundheitsfürsorge". Sehr allgemein bleiben dagegen die Vorschläge des *bayerischen* Gesetzes.

472   Damit wird man zugleich Art. 12 UN-KRK gerecht.

473   Vgl. Ostendorf-*Ostendorf* 2009, Kap. 2 Rn. 10.

gung" folgerichtig schon auf der Planungsebene beginnt. Dementsprechend erscheint die *bayerische* Version, wonach die jungen Gefangenen zu „sinnvollen Anregungen und Vorschlägen ermutigt werden" sollen, zielführender als ihr *baden-württembergisches* Pendant, demzufolge ihnen lediglich Gelegenheit zur „Stellungnahme" gegeben werden soll.[474]

Über die Informationspflicht (Nr. 62.4 und Nr. 79.4 ERJOSSM) gegenüber den Personensorgeberechtigten hinaus, findet sich auch überall die Möglichkeit, diese in die Vollzugsplanung einzubeziehen. Die Einbeziehung des Jugendamtes entspricht zudem dem multiinstitutionell-kontinuierlichen Behandlungsansatz. Entsprechend der Basisregel Nr. 15, die eine Vernetzung der den Jugendlichen betreuenden Institutionen zum Zwecke einer konsistenten umfassenden Betreuung in den Blick nimmt, wird versucht, die am Entlassungsübergang beteiligte Außenwelt in die Planung einzubinden. Allerdings fehlt es an einem Bemühen, die Personensorgeberechtigten wie in Nr. 79.4 gefordert, „soweit wie möglich" mitwirken zu lassen.

Vor dem Hintergrund der dem Vollzugsziel dienlichen[475] Förderung und Erhaltung eines sozialen Umfeldes außerhalb des Vollzugs, erscheint auch die ausdrückliche Aufforderung, den Gefangenen bei „notwendigen Maßnahmen für hilfsbedürftige Angehörige und die Sicherung ihrer Habe außerhalb der Anstalt" zu unterstützen, konsequent vorausschauend und geht dabei tendenziell über die Mindestanforderungen der ERJOSSM hinaus. Gleiches gilt für die Regelungen *Hamburgs* und *Nordrhein-Westfalens*, die ganz im Sinne des Angleichungsgrundsatzes konkret auf eine mögliche Beratung zur „Aufrechterhaltung einer Sozialversicherung" hinweisen.

7.5.3.2 Informationspflichten

In allen gesetzlichen Regelungen wird entsprechend Nr. 62.3 ERJOSSM vorgesehen, dass die jungen Gefangenen umfassend über ihre Rechte und Pflichten informiert werden. Sinnvoll erscheint hier der auch in den ERJOSSM zu findende Zusatz, dass dies in einer dem Gefangenen verständlichen Art und Weise zu erfolgen hat. Ausdrücklich festgehalten ist dies nur in *Baden-Württemberg*, *Nordrhein-Westfalen* und *Hessen*, dürfte in anderen Bundesländern aber praktisch vorausgesetzt sein.

Fraglich erscheint, inwieweit eine Verpflichtung besteht, den Gefangenen betreffende Gesetzes- und Verordnungstexte auszuhändigen. Soweit in den Gesetzen des *Neuner-Entwurfes* (mit Ausnahme von *Sachsen-Anhalt*), *Sachsens*, *Nordrhein-Westfalens*, *Hessens* und *Hamburgs* insbesondere die Hausordnung und das Vollzugsgesetz dem jungen Gefangenen „auf Verlangen zugänglich zu

---

474 Noch kritischer *Goerdeler* 2008, S. 23.

475 Vgl. Ostendorf-*Walkenhorst/Roos/Bihs* 2009, Kap. 7 Rn. 8 bis 26 m. w. N.

machen" sind, erscheint dies als geeignete Ergänzung dieser Informationspflicht. Eine darüber hinaus gehende Pflicht zur obligatorischen Aushändigung solcher Texte ist dagegen wenig zweckmäßig: In der Überforderung durch die Aufnahmesituation kann es passieren, dass die jungen Gefangenen dem übergebenen Material keine angemessene Bedeutung beimessen,[476] während der Vollzug gleichzeitig Gefahr läuft, es in der Erfüllung seiner Informationspflichten bei der bloßen Übergabe der Gesetzestexte zu belassen. Angesichts häufig vorhandener intellektueller und sprachlicher Probleme junger Straftäter, die ihnen den Zugang zu solchen Normtexten erschweren, sollte der Schwerpunkt auf einer mündlichen Erörterung liegen.[477]

7.5.3.3   Anwesenheit anderer Gefangener

Der vorangehend dargestellten, besonders in Bezug auf ausländische Gefangene nicht zu unterschätzenden[478] Problematik will man in *Niedersachsen* damit begegnen, dass andere Gefangene bei der Aufnahme ausnahmsweise als Dolmetscher fungieren sollen. Auch soweit viele andere Landesgesetze die Anwesenheit von anderen Gefangenen nur „in der Regel" ausschließen, stellt sich die Frage, inwieweit dies als zulässig zu erachten ist. Zwar findet sich in den entsprechenden Regelungen der ERJOSSM kein ausdrücklicher Hinweis darauf, dass während der Aufnahmephase keine anderen Gefangenen anwesend sein dürfen, dafür sprechen jedoch triftige Gründe, die aus anderen Vorgaben der ERJOSSM abgeleitet werden können: Der Ausschluss dient zunächst dem Schutz der Intimsphäre des Gefangenen, die durch Basisregel Nr. 16 und Basisregel Nr. 1 der ERJOSSM in Verbindung mit Art. 17 IPBR garantiert ist.[479] Gleichzeitig stellt er einen frühzeitigen Schutz vor den Einflüssen der Gefängnissubkultur dar, in welcher Informationen über den persönlichen Hintergrund des jungen Gefangenen kritische Bedeutung erlangen können.[480] Vor den daraus möglicherweise resultierenden Beeinträchtigungen ist der Gefangene gemäß Regel Nr. 88.1 und Regel Nr. 52.1 der ERJOSSM aus Gründen der „Sicherheit und Ordnung" zu schützen. Im Übrigen folgt der zurückhaltende Umgang mit Behandlungsinformationen auch aus dem Angleichungsgrundsatz.[481]

---

476   Vgl. S/B/J/L-*Mey/Wischka* 2009, § 5 Rn. 6; *J. Walter* 2004, S. 401.

477   Vgl. ERJOSSM commentary zu Rule Nr. 62.3.

478   Vgl. Ostendorf-*Ostendorf* 2009, Kap. 2 Rn. 5; ähnlich auch S/B/J/L-*Mey/Wischka* 2009, § 5 Rn. 6.

479   Gleiches ergibt sich im Übrigen aus dem allgemeinen Persönlichkeitsrecht nach Art. 2 Abs. 1 i. V. m. Art. 1 Abs. 1 GG.

480   Ähnlich *Tierel* 2008, S. 159; man denke etwa an Informationen über eine Vorstrafe im Bereich der Sexualdelinquenz, vgl. dazu auch *Laubenthal* 2010, S. 35.

481   Vgl. AK-*Feest/Strauber* 2012, § 5 Rn. 8.

Andere Gefangene sollten zudem auch während des sonstigen Aufnahme-verfahrens abwesend sein,[482] da in jeder Aufnahmestufe sensible Informationen eingeholt werden. Insofern sind jene Landesregeln als unzureichend einzustufen, die den Ausschluss nur „in der Regel" vorsehen. Erst recht gilt dies für die Vor-schriften, die missverständlich in diesem Zusammenhang nur das Zugangsge-spräch nennen, obwohl das gesamte Aufnahmeverfahren gemeint sein dürfte. Soweit mit der Ausnahmeregelung praktische Probleme und Kosten für externe Dolmetscher im Einzelfall vermieden werden sollen[483], ist vor dem Hintergrund der aufgezeigten Probleme zumindest eine äußerst restriktive Anwendung dieser Ausnahmevorschriften gefordert. Auch die ERJOSSM sprechen sich in Nr. 106.3 vornehmlich für den Einsatz „kompetenter Dolmetscher" aus. In der Regel dürften die zu erhebenden Informationen zu sensibel sein, um einen Mit-gefangenen als Übersetzer einzusetzen. Damit dieser Regelfall nicht ins Gegen-teil verkehrt wird, erscheinen kompromissfreie Regelungen wie in *Berlin, Ba-den-Württemberg, Sachsen-Anhalt* und *Nordrhein-Westfalen* vorzugswürdig. Von den Normen, die dennoch Ausnahmen zulassen, erscheint die *bayerische* am zweckmäßigsten, da sie mit einem ausdrücklichen Hinweis auf das „Persön-lichkeitsrecht des Gefangenen" den Kern der Problematik verdeutlicht und in den Mittelpunkt der Entscheidung rückt.

Letztlich kann es nicht zu Lasten der Rechte der jungen Gefangenen gehen, wenn es dem Vollzug an fremdsprachlich geschultem Personal oder Mitteln zur Beiordnung von Dolmetschern fehlt.[484]

7.5.4 Zusammenfassung

Im Bereich der Vollzugsplanung erfüllen die Landesgesetze weitgehend die von den ERJOSSM aufgestellten Anforderungen. Einzig die zu weiche Ausnah-meregelung hinsichtlich der Hinzuziehung anderer Gefangener zum Aufnahme-verfahren muss als problematisch bezeichnet werden.

---

482 Vgl. Ostendorf-*Ostendorf* 2009, Kap. 2 Rn. 6; so auch schon die Regelung des StVollzG, vgl. *Calliess/Müller-Dietz* 2008, § 5 Rn. 1.

483 Wie es von der *niedersächsischen* Regelung und den Begründungen des *Neuner-Entwurfes* angedeutet wird, vgl. z. B. die Begründung zu § 9 BbgJStVollzG (Bbg. Ltg. Drs. 4/5010).

484 Der ERJOSSM-Kommentar geht davon aus, dass Sprachbarrieren durch speziell geschultes Personal zu überwinden sind (vgl. ERJOSSM commentary zu Rule Nr. 62.3).

114

7.6 Öffnung des Vollzugs und Übergangsgestaltung

Die verschiedenartigen[485] vollzugsöffnenden Maßnahmen werden als wesentliches Element einer nachhaltigen, „überleitungsorientierten Gestaltung" des Vollzugs moderner Prägung angesehen.[486] Gerade in der Übergangszeit der Haftentlassung soll eine schrittweise Öffnung die Wiedereingliederung und damit die Resozialisierung erleichtern. Erlernte Verhaltensweisen können im „Feldversuch" erprobt werden, während sich gleichzeitig die Chance bietet, soziale Bindungen außerhalb der Anstalt zu stärken.[487] Aber auch schon vorher dient die Öffnung des Vollzugs den Gestaltungsgrundsätzen der Angleichung und Gegensteuerung,[488] indem durch die vorübergehende Herausnahme aus der Haft desozialisierende und deprivierende Effekte gezielt gemildert werden sollen.[489]

In der Praxis unterlag die Anwendung von Vollzugsöffnungen zum Teil beträchtlichen Wandlungen: Besonders in konservativ geführten Bundesländern wurden vollzugsöffnende Maßnahmen im Erwachsenenstrafvollzug aufgrund „ideologisch gefärbter Akzentverschiebungen"[490] teils erheblich „zurückgefahren"[491] – ohne dass dies durch Veränderungen der Rechtslage initiiert worden

---

485 Allgemein lässt sich feststellen, dass die Landesgesetzgeber teilweise unterschiedliche Vorstellungen von der Systematik der vollzugsöffnenden Maßnahmen haben. *Hessen* stellt etwa dem geschlossenen Vollzug allgemein die Kategorie der „vollzugsöffnenden Maßnahmen" gegenüber, in der unter gleichen Voraussetzungen Urlaub, Freigang, offener Vollzug und Vollzug in freien Formen nebeneinander stehen. In *Hamburg* und *Niedersachsen* versteht man die bis zu 24-tägige Freistellung von der Haft als Unterkategorie der „Lockerung", während sie andernorts als „Urlaub" eine eigenständige Maßnahme darstellt. In den Gesetzen des *Neuner-Entwurfes* ist die Unterbringung bei einem freien Träger eine Frage der „Vollzugslockerungen", während nahezu alle anderen Gesetze, soweit sie Entsprechendes regeln, dies bei der Vollzugsform neben geschlossenem und offenem Vollzug verorten.

486 Vgl. *Dünkel* 2009, S. 192; *J. Walter/Stelly* 2008, S. 278 f.; *DVJJ u. a.* 2007, S. 52; *Walkenhorst* 2007, S. 77; *Suhling* 2008, S. 333 f.; *Remschmidt* 2008, S. 341; *KAGS* 2007.

487 Vgl. *Grosch* 1995, S. 19 f.

488 Vgl. AK-*Köhne/Lesting* 2012, § 10 Rn. 1; *Dünkel* 2004, S. 105 f.; *J. Walter/Stelly* 2008, S. 269.

489 Vgl. *J. Walter* 2000, S. 257; *Tierel* 2008, S. 178; *Sußner* 2009, S. 86; *Grosch* 1995, S. 20 f. m. w. N.

490 Vgl. *Dünkel* 2009, S. 192.

491 In *Hamburg* ist der Anteil des offenen Vollzugs gegenüber dem geschlossenen Vollzug von 30% auf 11% zurückgegangen, in *Hessen* von 27% auf knapp 10% und in *Niedersachsen* von 28% auf 14%, vgl. *Dünkel* 2009, S. 193.

wäre. Im Ergebnis bestehen damit hinsichtlich der Anwendungspraxis große Unterschiede zwischen den Bundesländern.[492]

Im Jugendstrafvollzug existieren nahezu keine verlaufsbezogenen Daten,[493] aber schon stichtagsbezogen fallen Vollzugsöffnungen hinter denen des Erwachsenenvollzugs zurück,[494] weshalb es hier nahe liegt, von einer noch restriktiveren Vollzugspraxis auszugehen. Hinsichtlich des Anteils vollzugsöffnender Maßnahmen am Gesamtvollzug bestehen wiederum große Unterschiede zwischen den einzelnen Bundesländern.[495] Da diese sich allerdings weniger in landesspezifischen Zusammensetzungen der Gefangenengruppen widerspiegeln,[496] entsteht auch hier der Eindruck vornehmlich politisch motivierter „Prioritätensetzungen".[497]

Schon ein flüchtiger Blick auf einige der entsprechenden Regelungen der Jugendstrafvollzugsgesetze legt den Verdacht nahe, dass diese neuen Praxistendenzen durch die Gesetze nachträglich und für die Zukunft legislativ „legitimiert"[498] werden sollen.

7.6.1 Vorgaben der ERJOSSM

Die ERJOSSM teilen nicht die zweigleisige Kategorisierung des deutschen Vollzugs zwischen offenem und geschlossenem Vollzug, weisen aber direkt und indirekt auf die Notwendigkeit unterschiedlicher Vollzugsformen mit unterschiedlich strengen Sicherheitsbestimmungen hin. Auch hinsichtlich sonstiger Lockerungsinstrumente finden sich in den ERJOSSM wenig konkrete Vorgaben. Nr. 53.1 und Nr. 53.2 ERJOSSM fordern verschiedene Institutionen oder Abteilungen, die „differenzierte Möglichkeiten"[499] zum Umgang mit den individuellen Bedürfnissen der Jugendlichen aufweisen, und dass diese jeweils mit

---

492 In *Berlin* und *Nordrhein-Westfalen* macht der Anteil des offenen Vollzugs konstant um die 30% aus. In einigen ostdeutschen Bundesländern sowie in *Bayern* und *Baden-Württemberg* liegt er hingegen traditionell bei 5% bis 7%, während er in *Mecklenburg-Vorpommern* und *Brandenburg* wiederum bei 18% liegt. Ähnliche Unterschiede bestehen tendenziell auch hinsichtlich des Hafturlaubes und sonstiger Vollzugslockerungen, vgl. *Dünkel* 2009, S. 193 ff. m. w. N.

493 Auf einen entsprechenden Forschungsbedarf verweisen *J. Walter/Stelly* 2008, S. 277 f.

494 Vgl. *Dünkel/Geng* 2007, S. 71 m. w. N.

495 Vgl. *Abschnitt 3.5.*

496 Vgl. *Dünkel/Geng* 2007, S. 71 f.

497 *Dünkel/Geng* 2007, S. 72.

498 *Dünkel* 2009, S. 195.

499 Die Übersetzung des *BMJ* 2009 mit „Bandbreite von Angeboten" erscheint zu sehr auf die Behandlungsperspektive begrenzt.

den „geringst möglichen Sicherheits- und Kontrollmechanismen" versehen werden sollen. Vor allem aus dem durch Nr. 53.2 weiter konkretisierten Prinzip der Minimalbeschränkung lässt sich hier ein Vorrang offener Vollzugsformen für entsprechend geeignete Gefangene ableiten.[500] Diese Interpretation ist letztlich auch mit der grundsätzlichen Entscheidung der ERJOSSM für Angleichung und Gegensteuerung als Ausfluss des Wiedereingliederungsprinzips und der Verhältnismäßigkeit begründbar.[501]

Des Weiteren werden vollzugsöffnende Maßnahmen von den ERJOSSM im Rahmen der „kontinuierlichen Betreuung" (Nr. 15) unter „Einbeziehung des sozialen Umfeldes" als wesentliches Element der Entlassungsvorbereitung in den Regeln Nr. 77 n), Nr. 79.3 und Nr. 100 bis Nr. 103 vorausgesetzt.[502]

Gemäß Nr. 86.1 ERJOSSM „sind den Jugendlichen regelmäßig entweder in Begleitung oder ohne Aufsicht Möglichkeiten zu gewähren, die Anstalt zu verlassen." Ferner sollen sie den Vollzug auch aus besonderen Gründen verlassen können.

Als Konkretisierung der Basisregeln Nr. 2 und Nr. 15 formuliert Regel Nr. 100.1 zur Entlassungsvorbereitung, dass „allen Jugendlichen, denen die Freiheit entzogen ist, [...] im Hinblick auf den Wiedereintritt in die Gemeinschaft Unterstützung gewährt werden [muss]." Nach Regel Nr. 100.2 sollen die Jugendstrafgefangenen dabei durch besondere Programme auf die Entlassung vorbereitet werden, die wiederum in die Vollzugsplanung einzubeziehen (Nr. 79.1) und „frühzeitig"[503] einzuleiten sind (Nr. 100.3). Die Rückkehr in die freie Gesellschaft soll dabei „schrittweise" erfolgen (Nr. 101.1) und von ergänzenden Vollzugsöffnungen[504] unterschiedlicher Abstufungen und sozialer Hilfe begleitet werden (Nr. 101.2).

Explizit fordern die ERJOSSM in Nr. 102.1 zudem eine „enge Zusammenarbeit" und Vernetzung der Vollzugsbehörden mit sonstigen „Stellen und Institutionen", die junge Gefangene bei dem Übergang in die Freiheit beaufsichtigen und unterstützen. Gemäß Nr. 102.2 sollen die Mitarbeiter dieser Stellen schon

---

500 Vgl. *Dünkel* 2008, S. 391.

501 Vgl. Nr. 2 , 5, 8, 49.1, 53.1, 53.2 ERJOSSM.

502 Vgl. *Dünkel* 2009, S. 193; ERJOSSM commentary zu Rule Nr. 79 und Nr. 101; darüber hinaus verlangen auch die EPR in Nr. 103.6, dass „verschiedene Arten von Urlauben" vorgesehen werden sollen, „die integrierter Bestandteil des allgemeinen Vollzugs" sein sollen.

503 Treffender als das „rechtzeitig" des *BMJ* 2009.

504 Gemeint sind damit vollzugsöffnende Maßnahmen aller Art (einschließlich Lockerungen) und nicht bloß die „bedingte Entlassung", wie es die Übersetzung des *BMJ* 2009 nahe legt, vgl. dazu auch ERJOSSM commentary zu Rule Nr. 101.

während des Vollzugs Zugang zu den jungen Gefangenen erhalten und gemäß Nr. 102.3 „verpflichtet sein, bereits vor dem Zeitpunkt der voraussichtlichen Entlassung wirksame Vorabunterstützung zu leisten."[505] Hier spielt auch die Forderung nach einer konsistenten Behandlung durch bleibende Bezugspersonen eine Rolle (vgl. Nr. 51 ERJOSSM).

In Nr. 102.1 a) bis b) werden dabei regelbeispielhaft zutreffende Hilfemaßnahmen genannt: Der Katalog umfasst die „Unterstützung bei der Rückkehr" in die Familien bzw. den Aufbau eines sozialen Umfeldes, die Suche nach einer Wohnung, die Weiterführung von Schul- und Ausbildungsbemühungen, die Jobsuche, die „Vermittlung an die zuständigen Einrichtungen für Fürsorge oder ärztliche Betreuung" und die finanzielle Übergangsbeihilfe.

7.6.2 Offener Vollzug

Die erste grundlegende Frage zur Öffnung des Vollzugs wird schon in der Vollzugsplanung mit der Entscheidung über die Unterbringung im geschlossenen oder offenen Vollzug getroffen.[506] Der offene Vollzug zeichnet sich gegenüber dem geschlossenen durch ein deutlich weniger restriktives Haftregime aus: Im Verständnis des deutschen Strafvollzugsrechts heißt das gemäß der Verwaltungsvorschrift Nr. 2 zu § 141 StVollzG, dass „bauliche und technische Sicherungsvorkehrungen, insbesondere Umfassungsmauer, Fenstergitter und besonders gesicherte Türen" genauso wie eine „ständige und unmittelbare Aufsicht" wegfallen. Des Weiteren soll den Gefangenen „ermöglicht" werden, „sich innerhalb der Anstalt nach Maßgabe der dafür getroffenen Regelungen frei zu bewegen." Ferner können „Außentüren […] zeitweise unverschlossen bleiben". Für die „Wohnräume der Gefangenen" gilt dies auch „während der Ruhezeit".

---

505 Für die Durchführung der bedingten Entlassung verweist Nr. 103 auf die Anwendbarkeit der Regeln über ambulante Sanktionen.

506 Z. B. gem. § 11 Abs. 3 Nr. 2 JStVollzG Bln.

7.6.2.1 Synoptischer Überblick der Rechtslage

Baden-Württemberg	**§ 7 JVollzGB BW-IV** **Formen des Jugendstrafvollzugs** (1) Bei Eignung können junge Gefangene in einer Einrichtung des Jugendstrafvollzugs in freier Form untergebracht werden. Hierzu gestattet die Anstaltsleiterin oder der Anstaltsleiter der oder dem jungen Gefangenen, die Jugendstrafe in einer dazu zugelassenen Einrichtung der Jugendhilfe zu verbüßen. Die Eignung ist stets zu prüfen. (2) Junge Gefangene sollen in einer Jugendstrafanstalt oder einem Teil einer Jugendstrafanstalt ohne oder mit verminderten Vorkehrungen gegen Entweichung untergebracht werden, wenn sie ihre Mitwirkungspflicht erfüllen und nicht zu befürchten ist, dass sie sich dem Vollzug der Jugendstrafe entziehen oder die Möglichkeiten des offenen Vollzugs zu Straftaten missbrauchen werden. (3) Für den Jugendstrafvollzug in freier Form oder den offenen Vollzug nicht geeignete junge Gefangene werden in einer geschlossenen Jugendstrafanstalt oder einer Abteilung mit Vorkehrungen gegen Entweichung untergebracht.
Bayern	**Art. 12 BayStVollzG** **Geschlossener und offener Vollzug** (1) Gefangene sind im geschlossenen Vollzug unterzubringen. (2) Gefangene sollen mit ihrer Zustimmung in einer Einrichtung des offenen Vollzugs untergebracht werden, wenn sie den besonderen Anforderungen des offenen Vollzugs genügen und insbesondere nicht zu befürchten ist, dass sie sich dem Vollzug der Freiheitsstrafe entziehen oder die Möglichkeiten des offenen Vollzugs zu Straftaten missbrauchen werden. (3) Gefangene sollen in den geschlossenen Vollzug zurückverlegt werden, wenn dies zu ihrer Behandlung notwendig ist; sie sind zurückzuverlegen, wenn sie den Anforderungen nach Abs. 2 nicht entsprechen. Art. 133 BayStVollzG Geschlossener Vollzug und offener Vollzug Art. 12 gilt entsprechend mit der Maßgabe, dass zu einer Unterbringung in einer Einrichtung des offenen Vollzugs die Zustimmung der jungen Gefangenen nicht erforderlich ist.

Berlin, Bremen, Sachsen-Anhalt, Saarland, Mecklenburg-Vorpommern, Schleswig-Holstein, Thüringen	**§ 13, JStVollzG LSA, SJStVollzG, ThürJStVollzG, JStVollzG SH, JStVollzG Bln, JStVollzG MV, BremJStVollzG** **Offener und geschlossener Vollzug** (1) Die Gefangenen werden im offenen oder geschlossenen Vollzug untergebracht. (2) Sie sollen im offenen Vollzug untergebracht werden, wenn sie dessen besonderen Anforderungen genügen, insbesondere verantwortet werden kann zu erproben, dass sie sich weder dem Vollzug entziehen noch die Möglichkeiten des offenen Vollzugs zur Begehung von Straftaten missbrauchen werden. Nur Berlin und Thüringen: (3) Gefangene sollen in den geschlossenen Vollzug zurückverlegt werden, wenn dies zur Erreichung des Vollzugsziels notwendig ist oder sie den Anforderungen nach Absatz 2 nicht entsprechen.
Brandenburg	**§ 13 BbgJStVollzG** **Geschlossener und offener Vollzug** (1) Die Gefangenen werden im geschlossenen oder offenen Vollzug untergebracht. (2) Sie sollen im offenen Vollzug untergebracht werden, wenn sie dessen besonderen Anforderungen genügen, namentlich nicht zu befürchten ist, dass sie sich dem Vollzug entziehen oder die Möglichkeiten des offenen Vollzugs zu Straftaten missbrauchen werden.
Rheinland-Pfalz	**§ 13 JStVollzG RLP** **Formen des Jugendstrafvollzugs** (1) Die Gefangenen werden im geschlossenen oder offenen Vollzug untergebracht. (2) Sie sollen im offenen Vollzug untergebracht werden, wenn sie dessen besonderen Anforderungen genügen, insbesondere verantwortet werden kann zu erproben, dass sie sich dem Vollzug der Jugendstrafe nicht entziehen und die Möglichkeiten des offenen Vollzugs zur Begehung von Straftaten missbrauchen werden. (3) Bei Eignung können die Gefangenen in einer Einrichtung des Jugendstrafvollzugs in freien Formen untergebracht werden, wenn diese vorhanden sind. Hierzu gestattet der Anstaltsleiter den Gefangenen, die Jugendstrafe in einer dazu zugelassenen Einrichtung der Jugendhilfe zu verbüßen. (4) Die Gefangenen haben einen Anspruch auf Prüfung der Eignung nach Absatz 2 und 3 bei Zugang sowie in angemessenen Abständen ihres Aufenthalts.

Hamburg	**§ 11 HmbJStVollzG** **Geschlossener und offener Vollzug** (1) Die Gefangenen werden im geschlossenen oder offenen Vollzug untergebracht. (2) Die Gefangenen sollen im offenen Vollzug untergebracht werden, wenn sie hierfür geeignet sind. Geeignet sind Gefangene, wenn sie den besonderen Anforderungen des offenen Vollzugs genügen, insbesondere verantwortet werden kann zu erproben, dass sie sich dem Vollzug nicht entziehen und die Möglichkeiten des offenen Vollzugs nicht zur Begehung von Straftaten missbrauchen werden. (3) Ist gegen Gefangene eine Jugendstrafe wegen einer Straftat nach den §§ 174 bis 180, 182 des Strafgesetzbuchs, wegen grober Gewalttätigkeit gegen Personen oder, sofern diese Straftaten als Rauschtat begangen wurden, wegen Vollrausches (§ 323a des Strafgesetzbuchs) zu vollziehen oder war dies während eines vorangegangenen Freiheitsentzugs der Fall, ist vor ihrer Verlegung in den offenen Vollzug eine schriftliche Stellungnahme einer psychologischen Fachkraft, die nicht mit den Gefangenen therapeutisch befasst ist oder war, oder ein psychiatrisches Gutachten einzuholen. Hiervon kann mit Zustimmung der Aufsichtsbehörde abgesehen werden, wenn die betroffene Jugendstrafe während eines vorangegangenen Freiheitsentzugs zu vollziehen war und die seither eingetretene Entwicklung der Gefangenen eine fachdienstliche Begutachtung nicht mehr erfordert.
Hessen	**§ 2 HessJStVollzG** **Erziehungsziel und Schutz der Allgemeinheit** [...] Bei der Prüfung von vollzugsöffnenden Maßnahmen sind der Schutz der Allgemeinheit und die Belange des Opferschutzes in angemessener Weise zu berücksichtigen. **§ 13 HessJStVollzG** **Geschlossener Vollzug und vollzugsöffnende Maßnahmen** (1) Die Gefangenen werden grundsätzlich im geschlossenen Vollzug untergebracht. (2) Ob das Erziehungsziel durch vollzugsöffnende Maßnahmen besser erreicht werden kann, ist regelmäßig zu prüfen. Sie können gewährt werden, wenn die Gefangenen für die jeweilige Maßnahme geeignet sind, namentlich ihre Persönlichkeit ausreichend gefestigt und nicht zu befürchten ist, dass sie sich dem Vollzug der Jugendstrafe entziehen oder die Maßnahmen zur Begehung von Straftaten oder auf andere Weise missbrauchen. (3) Als vollzugsöffnende Maßnahmen kommen insbesondere in Betracht: 1. Vollzug in freien Formen, namentlich in besonderen Erziehungseinrichtungen oder in Übergangseinrichtungen freier Träger, 2. Unterbringung im offenen Vollzug, 3. regelmäßige Beschäftigung außerhalb der Anstalt unter Aufsicht von Vollzugsbediensteten (Außenbeschäftigung) oder ohne Aufsicht (Freigang),

	4. Verlassen der Anstalt für eine bestimmte Zeit unter Aufsicht von Vollzugsbediensteten (Ausführung) oder ohne Aufsicht (Ausgang), gegebenenfalls jedoch in Begleitung einer Bezugsperson (Ausgang in Begleitung), 5. Freistellung aus der Haft bis zu 24 Kalendertagen in einem Vollstreckungsjahr. (4) Durch vollzugsöffnende Maßnahmen wird die Vollstreckung der Jugendstrafe nicht unterbrochen. (5) Die Aufsichtsbehörde bestimmt, welche Einrichtungen für eine Unterbringung in freien Formen nach Abs. 3 Nr. 1 zugelassen sind. Vor einer Verlegung in eine solche Einrichtung ist die Vollstreckungsleitung anzuhören. (Beachte auch § 16)
Niedersachsen	**§§ 132 i. V. m. 12 NVollzG** **Geschlossener und offener Vollzug** (1) Die oder der Gefangene wird im geschlossenen Vollzug untergebracht, wenn nicht nach dem Vollstreckungsplan eine Einweisung in den offenen Vollzug oder in eine Einweisungsanstalt oder Einweisungsabteilung vorgesehen ist. (2) Die oder der Gefangene soll in eine Anstalt oder Abteilung des offenen Vollzugs verlegt werden, wenn sie oder er den besonderen Anforderungen des offenen Vollzugs genügt und namentlich nicht zu befürchten ist, dass sie oder er sich dem Vollzug der Freiheitsstrafe entzieht oder die Möglichkeiten des offenen Vollzugs zu Straftaten missbrauchen wird. (3) Befindet sich eine Gefangene oder ein Gefangener im offenen Vollzug, so soll sie oder er in eine Anstalt oder Abteilung des geschlossenen Vollzugs verlegt werden, wenn sie oder er es beantragt oder den Anforderungen nach Absatz 2 nicht genügt oder es zur Erreichung des Vollzugszieles nach § 5 Satz 1 erforderlich ist.
Nordrhein-Westfalen	**§ 15 JStVollzG NRW** **Offener und geschlossener Vollzug, Vollzug in freien Formen** (1) Der Jugendstrafvollzug wird in offenen oder geschlossenen Anstalten oder in Einrichtungen in freien Formen durchgeführt. (2) Gefangene werden in einer Anstalt oder Abteilung einer Anstalt ohne oder mit verminderten Vorkehrungen gegen Entweichungen untergebracht, wenn sie den besonderen Anforderungen des offenen Vollzugs genügen, namentlich nicht zu befürchten ist, dass sie sich dem Vollzug der Strafe entziehen oder die Möglichkeiten des offenen Vollzugs zur Begehung von Straftaten missbrauchen werden. (3) Für den offenen Vollzug geeignete Gefangene dürfen ausnahmsweise im geschlossenen Vollzug verbleiben, dorthin verlegt oder zurückverlegt werden, wenn dies für ihre Förderung oder Erziehung notwendig ist. (4) Gefangene, die sich für den offenen Vollzug oder den Vollzug in freien Formen nicht eignen, werden im geschlossenen Vollzug untergebracht.

Sachsen	**§ 13 SächsJStVollzG** **Geschlossener und offener Vollzug, Vollzug in freien Formen** (1) Die Gefangenen werden im geschlossenen oder offenen Vollzug untergebracht. (2) Ein Gefangener soll im offenen Vollzug untergebracht werden, wenn er dessen besonderen Anforderungen genügt, insbesondere verantwortet werden kann zu erproben, dass er sich dem Vollzug nicht entziehen und die Möglichkeiten des offenen Vollzugs nicht zur Begehung von Straftaten missbrauchen wird. (3) Der Vollzug kann nach Anhörung des Vollstreckungsleiters in geeigneten Fällen in freien Formen durchgeführt werden. Absatz 2 gilt entsprechend.
VVJug	**5. Offener Vollzug** Ein Gefangener kann in einer Anstalt oder Abteilung des offenen Vollzugs untergebracht werden, wenn er den besonderen Anforderungen des offenen Vollzugs genügt und eine Erprobung verantwortet werden kann.
BMJ 2006	**§ 13** **Offener und geschlossener Vollzug** (1) Gefangene sollen mit ihrer Zustimmung in einer Jugendstrafanstalt oder Abteilung einer Jugendstrafanstalt ohne oder mit verminderten Vorkehrungen gegen Entweichungen untergebracht werden, wenn sie den besonderen Anforderungen des offenen Vollzugs genügen, insbesondere verantwortet werden kann zu erproben, dass sie sich dem Vollzug der Jugendstrafe nicht entziehen und die Möglichkeiten des offenen Vollzugs nicht zur Begehung von Straftaten missbrauchen werden. Eine Abweichung von diesem Grundsatz allein wegen des Geschlechts ist unzulässig. (2) Gefangene, die sich für den offenen Vollzug nicht eignen, werden im geschlossenen Vollzug untergebracht. (3) Ausnahmsweise dürfen Gefangene im geschlossenen Vollzug verbleiben oder dorthin zurückverlegt werden, wenn dies für ihre Förderung notwendig ist.
StVollzG	**§ 10 StVollzG** **Offener und geschlossener Vollzug** (1) Ein Gefangener soll mit seiner Zustimmung in einer Anstalt oder Abteilung des offenen Vollzugs untergebracht werden, wenn er den besonderen Anforderungen des offenen Vollzugs genügt und namentlich nicht zu befürchten ist, dass er sich dem Vollzug der Freiheitsstrafe entziehen oder die Möglichkeiten des offenen Vollzugs zu Straftaten missbrauchen werde. (2) Im Übrigen sind die Gefangenen im geschlossenen Vollzug unterzubringen. Ein Gefangener kann auch dann im geschlossenen Vollzug untergebracht oder dorthin zurückverlegt werden, wenn dies zu seiner Behandlung notwendig ist.

7.6.2.2 Regelungsansätze – Landesnormen im Einzelnen

§ 10 StVollzG hatte dem offenen Vollzug eine rechtliche Vorrangposition einge-räumt,[507] bei der die Tauglichkeit des Gefangenen für den offenen Vollzug vor einer Unterbringung im geschlossenen Vollzug stets zu prüfen war. Auch der Entwurf des *BMJ 2006* folgte diesem Ansatz, wonach eine Unterbringung bei Vorliegen der Voraussetzungen erfolgen „sollte."

Einige der Landesgesetze orientieren sich nun eher an der vorsichtigeren bzw. restriktiveren Regelung der VVJug. Danach „kann" die Anstalt junge Ge-fangene unter den genannten Voraussetzungen im offenen Vollzug unterbringen. Gegenüber dem StVollzG drückte diese Regelung nur ein Ausnahmeermessen und kein intendiertes Ermessen zugunsten des offenen Vollzugs aus. *Bayern*, *Hessen* und *Niedersachsen* gehen sogar noch darüber hinaus und erklären den geschlossenen Vollzug zum Regelvollzug, der nur im Ausnahmefall vom offe-nen Vollzug abgelöst werden soll. In den Ländern des *Neuner-Entwurfes*, *Ham-burgs* und *Sachsens* stellt man beide Vollzugsformen zunächst scheinbar gleich-berechtigt gegenüber, um sodann ein intendiertes Ermessen zugunsten des offenen Vollzugs zu eröffnen. Allein in *Nordrhein-Westfalen* formuliert man etwas zwingender, und bestimmt einen gebundenen Anspruch bei Vorliegen der Eignung des jungen Gefangenen für den offenen Vollzug.

Erhebliche Unterschiede ergeben sich auch auf der Ebene der tatbestandli-chen Voraussetzungen: Hinsichtlich der Anforderungen an die Prognose bei der Feststellung einer Missbrauchsgefahr folgen die meisten Gesetze der in diesem Punkt strikteren Formulierung des § 10 StVollzG. Danach wurde an die Verle-gung in den offenen Vollzug die Bedingung geknüpft, dass „nicht zu befürch-ten" sei, dass dies durch den Gefangenen zur Flucht oder zur Begehung weiterer Delikte missbraucht werde. Dem schließen sich auch die Gesetze *Baden-Würt-tembergs*, *Bayerns*, *Brandenburgs*, *Hessens*, *Niedersachsens* und *Nordrhein-Westfalens* an. In den Gesetzen des *Neuner-Entwurfes* (außer *Brandenburg*), *Hamburgs* und *Sachsens* richtet man sich hingegen nach der Regelung der VVJug und des *BMJ 2006*, wonach die Unterbringung erfolgen soll, wenn die „Erprobung verantwortet werden kann."[508]

In *Baden-Württemberg* wird die Unterbringung im offenen Vollzug zudem an die Erfüllung der Mitwirkungspflicht geknüpft.

In *Hamburg* ergeben sich weitergehende, formale Prüfungspflichten bei be-stimmten schweren Delikten.

In *Hessen* erschien dem Gesetzgeber die Beschränkung von Vollzugsöff-nungen zugunsten von Opferbelangen und dem „Schutz der Allgemeinheit" zu-

---

507 Vgl. AK-*Köhne/Lesting* 2012, § 10 Rn. 4 m. w. N.; a. A. *Arloth* 2011, § 10 Rn. 3 m. w. N.

508 Hier bestehen Parallelen zur Umgestaltung von § 57 StGB, vgl. dazu NK-*Dünkel* 2010, § 57 Rn. 14; zum rechtsdogmatischen Hintergrund der Prognose, vgl. *Frisch* 1990.

dem offenbar so wichtig, dass er dies als Ermessenstendenz für Entscheidungen über vollzugsöffnende Maßnahmen direkt im Rahmen des Vollzugszieles (in § 2 HessJStVollzG) verankert hat.

7.6.2.3 Bewertung mit Blick auf die Mindeststandards

So unterschiedlich die landesspezifischen Regelungen zunächst erscheinen, lassen sich ihre Ausrichtungen im Ergebnis auf wenige Grundentscheidungen reduzieren, die unabhängig von der konkret gefundenen Regelung bewertet werden können. Die Verlegung in den offenen Vollzug wird durch die Gesetzgeber in dreierlei Hinsicht eingeschränkt: Durch verschiedene Formen des reduzierten Anordnungsermessens wird der Entscheidungsspielraum der Anstalt weniger in Richtung des offenen Vollzugs bzw. eher von diesem weggelenkt. Durch die umformulierten Anforderungen an die Gefährlichkeitsprognose werden zudem teilweise die Anordnungsvoraussetzungen strengeren[509] Maßstäben unterworfenen als es nach den VVJug der Fall war. Wo darüber hinaus eine Koppelung an die Mitwirkungsbereitschaft des Gefangenen vorgenommen wird, spielen zudem auch Erwägungen eine Rolle, die man als sachfremd bezeichnen könnte.

7.6.2.3.1 Unterbringungsermessen

Soweit man in *Bayern*, *Hessen* und *Niedersachsen* den geschlossenen Vollzug zum Regelvollzug macht und die Entscheidung der Anstalt von vornherein auf die Möglichkeit einer „ausnahmsweisen" Unterbringung im offenen Vollzug reduziert, entspricht dies nicht den Wertungen der ERJOSSM, die in Nr. 53.2 differenzierte Unterbringungsformen einfordern. Danach sind den Gefangenen nur so viele Beschränkungen aufzuerlegen, wie im Einzelfall notwendig. Einer solchen Einzelfallbetrachtung entspricht jedoch nicht die vorliegende Grundentscheidung für die rigideste Unterbringungsform, von der unter bestimmten Voraussetzungen eventuell abgewichen werden kann.[510] Schon allein durch die gesetzestechnische Voranstellung der „geschlossenen Unterbringung" entsteht der Eindruck, dass sich die Begründungsnotwendigkeit weiter in die Risikosphäre des jungen Gefangenen verschiebt. Sofern durch die Formulierung des Gesetzestextes hier möglicherweise keine neu bewertende Rechtslage geschaffen werden sollte, besteht dennoch die Gefahr, dass die gesetzliche Gewichtung fehlinterpretiert wird – und sei es nur über die mit anderen Landesnormen vergleichende systematische Gesetzesauslegung. Angesichts der auch durch die ERJOSSM hervorgehobenen Bedeutung offener Vollzugsformen für das vor-

---

509 Dies gilt zumindest bei entsprechender Auslegung. Dazu im Einzelnen im folgenden *Abschnitt 7.6.2.3.2.*

510 In *Bayern* und *Niedersachsen* „soll" dies immerhin geschehen.

rangige Vollzugsziel sollte die Beweislast bezüglich der notwendigen verschärften Sicherung des jungen Gefangenen vielmehr den Vollzug selbst treffen. Deshalb wird auch die – zumindest sprachliche – Gleichstellung beider Vollzugsformen, wie sie in anderen Gesetzen zu finden ist, den Anforderungen einer konsequenten Ausrichtung auf das „Prinzip der minimalen Beschränkung"[511] noch nicht gerecht.

In *Hessen* wird die Wahrnehmung des offenen Vollzugs als eigenständige Vollzugsform noch weiter geschmälert, indem man ihn als eine von mehreren „vollzugsöffnenden Maßnahmen" dem geschlossenen Vollzug gegenüberstellt.

Auch vor dem Hintergrund der verfassungsrechtlichen Bedeutung wiedereingliedernder Maßnahmen erscheint die Neugewichtung zweifelhaft: Mehrfach hat das Bundesverfassungsgericht ausdrücklich selbst die Wichtigkeit vollzugsöffnender Maßnahmen hervorgehoben.[512]

„Der Gesetzgeber muss vorhandene Erkenntnisquellen, zu denen auch das in der Vollzugspraxis verfügbare Erfahrungswissen gehört, ausschöpfen und sich am Stand der wissenschaftlichen Erkenntnisse orientieren"[513], – und trotz dünner Datenlage spricht auch empirisch manches für den offenen Vollzug als Regelvollzug: Wurden vollzugsöffnende Maßnahmen und insbesondere der offene Vollzug in den letzten Jahren vor allem vor dem Hintergrund eines diffus vermuteten gestiegenen Sicherheitsbedürfnisses reduziert,[514] so ist dem entgegenzuhalten, dass diese Motivlage in keiner Weise die Erfahrungen des Vollzugs widerspiegelt. Zwar ist die die Resozialisierung fördernde Wirkung von Vollzugslockerungen nur schwer wissenschaftlich nachzuweisen,[515] begründete Anhaltspunkte für positive Effekte bestehen aber dennoch.[516] Eindeutiger sind hingegen diejenigen Erfahrungswerte, die keinen Sicherheitsverlust durch den Ausbau von Vollzugsöffnungen oder Sicherheitsgewinn durch deren Reduzierung erkennen lassen. Offener Vollzug und Lockerungen werden nur höchst

---

511   Vgl. ERJOSSM commentary zu Rule Nr. 53.2.

512   Vgl. BVerfG NJW 1998, S. 1133 ff.; BVerfG NStZ 1998, S. 373 f.

513   BVerfG NJW 2006, S. 2097.

514   So beispielsweise in *Hamburg* oder *Hessen*, vgl. *Dünkel* 2009, S. 192 ff.

515   Umfassende Untersuchungen im Kontrollgruppendesign verbieten sich zumeist schon „aus rechtlichen und ethischen Gründen", vgl. *J. Walter/Stelly* 2008, S. 278.

516   Vgl. *Dünkel* 2004, S. 128 f.; 2006b, S. 115 m. jew. w. N.; *Lösel/Bender* 1997, S. 45 f., 48 („Erprobung", „Stärkung sozialer Schutzfaktoren"); *Dünkel/Drenkhahn* 2001, S. 393 m. w. N.; vermutend auch: *J. Walter/Stelly* 2008, S. 278 f.; *Vennard/Hedderman* 1998, S. 110. Relativ eindeutig verbessert der offene Vollzug die Chancen derjenigen, denen durch eine Direktunterbringung und dem damit verbundenen „Sofortfreigang" der Arbeitsplatzverlust erspart bleibt, vgl. *Preusker* 2010, S. 66.

selten zur Flucht oder zur Begehung weiterer Straftaten genutzt.[517] Mangels einer relevanten Notwendigkeit für die Sicherheit der Allgemeinheit, das heißt also mangels Erforderlichkeit, wäre damit auch die Verhältnismäßigkeit staatlichen Strafens mit einer restriktiveren Handhabung des offenen Vollzugs in Frage gestellt.

Gleichzeitig liegt eine Verbesserung der inneren Sicherheit durch die Öffnung des Vollzugs nahe: Durch die Reduzierung der die Haftdeprivation[518] befördernden Einschränkungen ist auch eine Begrenzung des anstaltsinternen Konfliktpotentials zu erwarten.[519] Mit den Stimmen der Wissenschaft[520] und der Fachverbände[521] ist folglich der Vorrang des offenen Vollzugs als Regelvollzug zu fordern. Dem nähert sich am ehesten die *nordrhein-westfälische* Regelung an, die im Falle des Vorliegens der notwendigen Voraussetzungen zumindest einen gebundenen Anspruch auf Verlegung in den offenen Vollzug vorsieht.[522] Dies ist konsequent: Denn vor

---

517 Vgl. *BMJ* 2006, S. 622 ff.; *Tierel* 2008, S. 178; Ostendorf-*Ostendorf* 2009, Kap. 2 Rn. 49 m. w. N.; *Dünkel* 2004, S. 125 ff. m. w. N.; *Rehn* 2008, S. 35; *Dünkel* 1999a, S. 91 f.; *Grosch* 1995, S. 340 ff.; *J. Walter/Stelly* 2008, S. 273 f. Die Missbrauchsraten liegen bei 1%, Straftaten während der Lockerung bewegen sich in ihrer Häufigkeit im Promillebereich. Bei letzteren handelt es sich vornehmlich um Bagatelldelikte. Auch die vermehrte Anwendung von Strafrestaussetzungen führt im Übrigen nicht zu höheren Rückfallquoten, was ebenfalls bestätigt, dass restriktiveres Vorgehen kein Sicherheitsgewinn für die Allgemeinheit hervorbringt, vgl. *Hirtenlehner/Birklbauer* 2008, S. 25 ff.; *Meier* 2010, S. 114 m. w. N.

518 Details bei *Nedopil* 2007, S. 329; *Grosch* 1995, S. 12 ff. m. w. N.

519 Vgl. *Neubacher* 2008, S. 365; *Dünkel* 2004, S. 130 f. m. w. N.; für Lockerungen: Ostendorf-*Ostendorf* 2009, Kap. 2 Rn. 42; *J Walter* 2006, S. 242.

520 Vgl. *Dünkel* 2009, S. 192; *J. Walter/Stelly* 2008, S. 278 f.; *Dünkel/Drenkhahn* 2001, S. 402 f.; Ostendorf-*Ostendorf* 2009, Kap. 2 Rn. 20; *Feest/Bammann* 2010, S. 539; *Sonnen* 2007, S. 92 f.; *Eisenberg* 2012, § 92 Rn. 52; *Tondorf* 2006, § 13; *Rehn* 2004, S. 536; *Wegemund/Dehne-Niemann* 2008, S. 576; *Walkenhorst* 2007c, S. 18; a. A. *Schneider*, der anführt, dass eine solche Forderung nicht den tatsächlichen Gegebenheiten entspricht und der von vornherein eine Änderung der Praxis durch eine Gesetzesänderung ausschließt. Folgerichtig wird indes lediglich beschrieben, dass man in *Nordrhein-Westfalen* eine „seit jeher aufgeschlossenere Haltung gegenüber dem offenen Vollzug" in Gesetzesform gegossen hat, aber nicht weiter kommentiert, dass damit die Möglichkeit einer weniger restriktiven Vorgehensweise durchaus zu bestehen scheint, vgl. *Schneider* 2010, S. 182 ff., 196.

521 Vgl. *DVJJ u. a.* 2007, S. 52; *DBH* 2007, S. 2; *NRV* 2009.

522 Soweit die Gesetzesbegründung (NRW. Ltg. Drs. 14/4412) dennoch eine Verlegung in den geschlossenen Vollzug im Einzelfall vorsieht, ist dies mit dem eindeutigen Wortlaut der Norm nicht vereinbar. Auch nicht aus Gründen der „Förderung oder Erziehung", vgl. Ostendorf-*Ostendorf* 2009, Kap. 2 Rn. 22. Man widerspricht sich zudem selbst, da vorher festgestellt wurde, dass die Unterbringung im offenen Vollzug bei Vorliegen der

dem Hintergrund des Resozialisierungsziels dürfte das Ermessen – dort wo es vorgesehen ist – bei einem Gefangenen, der alle tatbestandlichen Voraussetzungen erfüllt, ohnehin auf null reduziert sein.[523] Immerhin sieht ein Großteil der Gesetze beim Vorliegen der Voraussetzungen für die Verlegung noch ein intendiertes Ermessen der Anstalt vor.

Damit ist schon die Rechtsfolgenseite der meisten Landesnormen als unzureichend einzustufen.

Nur als entbehrliche Symbolgesetzgebung kann der *hessische* Zusatz zum Vollzugsziel eingeordnet werden, wonach bei der Entscheidung über vollzugsöffnende Maßnahmen der „Opferschutz" und der „Schutz der Allgemeinheit" „angemessen berücksichtigt" werden sollen. Inhaltlich ist dies über Eignungs- und Prognoseregelungen der jeweiligen Maßnahme bereits abgedeckt.[524] Systematisch ist dieser Einschub im Bereich des Vollzugszieles zudem sachfremd und lädt zu Gesetzesauslegungen ein, die einen deutlich rigideren Umgang mit Vollzugsöffnungen nahe legen, da das Vollzugsziel der Resozialisierung relativiert zu sein scheint.[525]

7.6.2.3.2 Missbrauchsgefahr und Gefährlichkeitsprognose

Nicht nur im Hinblick auf die Rechtsfolgen, sondern auch hinsichtlich der Tatbestandsseite ergeben sich Bedenken - insbesondere bezüglich der Anforderungen an die Unterbringungsvoraussetzungen. Dass hier die meisten Gesetze den engeren Anforderungen des § 10 StVollzG folgen und die Verlegung in den offenen Vollzug nur zulassen, wenn ein Missbrauch „nicht zu befürchten" ist, erscheint unzureichend. Mit Blick auf die bereits genannten Argumente für den Erhalt und Ausbau vollzugsöffnender Maßnahmen hätte hier die moderatere[526] Einschränkung der VVJug ausgereicht, wonach die Unterbringung im offenen

---

Eignungsvoraussetzungen grundsätzlich erfolgen müsse, da die Gefahr schädlicher Folgen der Freiheitsentziehung im geschlossenen Vollzug ungleich gravierender sei – möge dieser auch noch so behandlungsorientiert ausgerichtet sein.

523 Vgl. *Dünkel/Kühl* 2009, S. 83.

524 Vgl. *Dünkel/Pörksen* 2007, S. 60.

525 Vgl. Ostendorf-*Ostendorf* 2009, Kap. 2 Rn. 45. Konkret hatte der Gesetzgeber Fälle vor Augen, bei denen „das Opfer durch die Straftat erheblich traumatisiert wurde und durch einen alsbaldigen erneuten Kontakt mit dem Täter in seiner Genesung zurückgeworfen werden könnte." Dass insoweit eigentlich keine echte Aufwertung möglich ist und es sich bei dem Einschub um symbolischen Aktionismus handelt, verdeutlicht auch die Gesetzesbegründung, die zur Durchsetzung von Opferschutzbelangen auf die Möglichkeiten der konkreten Regelungen zu den vollzugsöffnenden Maßnahmen hinweist (insbesondere auf Weisungen und Auflagen), vgl. die Begründung § 13 HessJStVollzG.

526 Vgl. zur Abgrenzung auch die Begründung zu § 13 BbgJStVollzG (Bbg. Ltg. Drs. 4/5010).

Vollzug möglich sein soll, wenn eine „Erprobung verantwortet werden kann". Diese Formulierung wird der Prognosefähigkeit des Vollzugs am ehesten gerecht. Ein Ausschluss eines jeglichen Restrisikos hinsichtlich des Missbrauchs der vollzugsöffnenden Maßnahme, wie es die Formulierung des StVollzG tendenziell nahelegt, ist für den Prognostizierenden ohnehin nicht leistbar.[527] Jedwede legislative Forderung in diese Richtung würde die praktische Brauchbarkeit der Maßnahme untergraben, denn Vollzugslockerungen dienen nicht zuletzt als Übungsfeld zum Erlernen von Freiheit. Damit muss also auch dann eine Erprobung möglich sein, wenn nicht gänzlich auszuschließen ist, dass der junge Gefangene möglicherweise zur Einhaltung der vorgegeben Regeln (noch) nicht fähig ist.[528] Soll - wie von Nr. 101.2 ERJOSSM vorgesehen - im Zuge der Entlassungsvorbereitung schrittweise der Weg in die Freiheit erfolgen,[529] erscheinen zu restriktive Regelungen wenig geeignet, die aufgrund von Prognoseunwägbarkeiten potentiell einen großen Teil der Gefangenen von diesen Maßnahmen ausschließen.

Soweit die Gesetzgeber mit den Formulierungen möglicherweise gar keine erhöhten Anforderungen aufstellen wollten,[530] ist der „engere" Wortlaut zumindest missverständlich: Im Wege der systematischen Auslegung ließe sich der Andersfassung im Vergleich zu den VVJug und anderen Landesgesetzen kaum ein anderer Sinn beimessen als die Einführung einer restriktiveren Handhabung des offenen Vollzugs. In diesem Fall ist die Norm jedenfalls im Lichte des Vollzugszieles weit auszulegen und parallel zu der Erprobungsklausel der übrigen Gesetze zu verstehen, sofern man verfassungsrechtlichen und internationalen Vorgaben zumindest auf praktischer Ebene gerecht werden will.

Gegen die Notwendigkeit allzu hoher Voraussetzungen sprechen auch hier die Erfahrungen aus der Praxis, die auch in Ländern mit größeren Anteilen von

---

527 Vgl. allgemein zur Problematik gesetzlicher Prognoseanforderungen: *Nedopil* 2007, S. 297 ff.; *Schöch* 2003, S. 412 ff.; *Dünkel* 1999a, S. 91 f.

528 Vgl. *Dünkel* 2004, S. 133 f.; *DVJJ u. a.* 2007, S. 52. Zweifelhaft erscheinen insoweit auch die Ausführungen des *brandenburgischen* Gesetzgebers, der auf die praktikablere „Erprobungsklausel" mit der Begründung verzichtet, dass der längere Aufenthalt im geschlossenen Vollzug eine „breitere" und damit den verschärften Anforderungen gewachsene „Prognosebasis" schaffe, vgl. Begründung zu § 13 BbgJStVollzG (Bbg. Ltg. Drs. 4/5010). Denn unter den Bedingungen des geschlossenen Vollzugs ist die Einschätzung der Geeignetheit für den offenen Vollzug jedenfalls dann nicht leichter zu ergründen, wenn zugleich die zur Erprobung notwendigen Lockerungsmöglichkeiten ähnlich restriktiv geregelt sind, vgl. *Abschnitt 7.6.3.2.1.*

529 Vgl. auch *Grosch* 1995, S. 20 f., 115 ff.

530 In *Hessen* bezieht der Gesetzgeber beispielsweise hierzu keine Stellung, vgl. Begründung zu § 13 HessJStVollzG. Ebenso wenig in *Nordrhein-Westfalen*, vgl. Begründung zu § 15 JStVollzG NRW (NRW. Ltg. Drs. 14/4412). In *Brandenburg* wird hingegen auf die „Erprobungsklausel" bewusst verzichtet, vgl. Begründung zu § 13 BbgJStVollzG (Bbg. Ltg. Drs. 4/5010).

Gefangenen im offenen Vollzug nur äußerst geringe Missbrauchsquoten hervorgebracht haben.[531] Wo es dementsprechend an einem verschärften Regelungsbedürfnis mangelt, kann eine dem Grundgedanken von Nr. 2 und Nr. 53.2 ERJOSSM, und dem Verhältnismäßigkeitsprinzip entgegenstehende, weitergehende Beschränkung des offenen Vollzugs keinen Bestand haben. Angebracht erschiene daher eher eine Umkehr der bisherigen „Beweislast", wie sie in den Mindeststandards der Fachverbände anklingt: Danach ist der offene Vollzug grundsätzlich *nur dann* „auszuschließen, *wenn* auf Grund von Tatsachen die begründete Befürchtung des Missbrauchs durch Flucht oder die Begehung einer Straftat besteht."[532]

Dem entspricht noch am ehesten die von *Hamburg, Sachsen* und dem *Neuner-Entwurf* (außer *Brandenburg*) gewählte Erprobungsklausel, welche die Unwägbarkeiten der Missbrauchsprognose zumindest im Ansatz widerspiegelt.[533] Zu Recht wird hier auf die Notwendigkeit hingewiesen, das Jugendstrafvollzugsrecht von entsprechenden Regelungen im Erwachsenenrecht abzugrenzen, um der spezifischen Haftempfindlichkeit[534] und den typischen „Spannungen, Unsicherheiten und Anpassungsschwierigkeiten"[535] der jugendlichen Klientel gerecht zu werden.[536] In *Brandenburg* will man hingegen „im Hinblick auf [die] Sicherheitsbelange der Allgemeinheit [...] keine größeren Risiken" eingehen als bei zur Freiheitsstrafe Verurteilten.[537] Hier hält man offenbar weder Resozialisierungserwägungen für vorrangig, noch erkennt man entgegen dem Urteil des Bundesverfassungsgerichts vom 31.05.2006 einen spezifisch unterschiedlichen Regelungsbedarf für junge Gefangene an.

Soweit in Hamburg für Gewalt-, Drogen- und Sexualstraftäter erhöhte formale Anforderungen an die Prognoseentscheidung bezüglich der Verlegung in den offenen Vollzug gestellt werden, wirkt dies im Ergebnis vor allem wie eine legislative Beruhigung der öffentlichen Meinung: Bei einschlägig Verurteilten ist – dem Gesetzestext nach – vor einer Verlegung die schriftliche Stellungnahme eines nicht therapeutisch mit dem Gefangenen befassten psychiatrischen

---

531 Vgl. dazu *Abschnitt 7.6.2.3.1* m. w. N.

532 Vgl. *DVJJ u. a.* 2007, S. 52; ähnlich: vgl. Ostendorf-*Ostendorf* 2009, Kap. 2 Rn. 21.

533 Noch weiter geht *Tondorf* in seinem Musterentwurf, der gar das „Vorliegen" von „Tatsachen" fordert, die „ernsthaft befürchten lassen", dass eine Missbrauchsgefahr besteht, vgl. *Tondorf* 2006, § 13.

534 Vgl. *Sonnen* 2007, S. 92; *J. Walter* 2008, S. 160; BVerfG NJW 2006, S. 2096; *Walkenhorst* 2010, S. 26.

535 BVerfG NJW 2006, S. 2095 f.

536 Vgl. z. B. die Begründung zu § 11 Abs. 3 HmbJStVollzG (Hmb. Ltg. Drs 19/2533); *Dressel* 2008, S. 182 ff.

537 Vgl. Begründung zu § 13 BbgJStVollzG (Bbg. Ltg. Drs. 4/5010).

Gutachters einzuholen.[538] Damit wird eigentlich nur das in der Medienöffentlichkeit vorhandene Bild des durch den Gefangenen „manipulierten Therapeuten" bedient, ohne der Sache nach etwas Neues beizutragen. Letztlich geht es hier nur um die sorgfältige Ermittlung aller entscheidungsrelevanten Faktoren. Da es sich dabei um eine verwaltungs- und vollzugsrechtliche Selbstverständlichkeit[539] handelt, findet sich folgerichtig keine entsprechende Regelung in irgendeinem der anderen Landesgesetze.

7.6.2.3.3 Koppelung an die Mitwirkungsbereitschaft

Zweifelhaft ist die baden-württembergische Verknüpfung der Unterbringung im offenen Vollzug mit der Mitwirkungspflicht. Wie sonst in vielen anderen Landesgesetzen im Bereich der Lockerungen wird damit die Nicht-Verlegung in den offenen Vollzug als verkapptes Sanktionsmittel instrumentalisiert.[540]

Schon die sanktionsbewehrte Erzeugung der Mitwirkungsbereitschaft der Gefangenen durch Druck erscheint problematisch.[541] Bei der Entscheidung über die Unterbringung im offenen Vollzug handelt es sich darüber hinaus aber unter Umständen um eine sachfremde Erwägung. Denn auch bei dem Gefangenen, der sich beispielsweise weigert, an therapeutischen Maßnahmen teilzunehmen, kann eine entlassungsüberleitende Öffnung des Vollzugs angezeigt und resozialisierungsfördernd sein.[542] Zudem kann aus mangelnder Mitwirkung nicht per se eine Missbrauchsgefahr abgeleitet werden.

Unklar bleibt auch, inwieweit etwa bei einer Unterbringung im offenen Vollzug das Kriterium der vorherigen Mitwirkungsbereitschaft zum Tragen kommen soll. Konsequenterweise wäre eine Unterbringung dann nur noch nach einer Probephase im geschlossenen Vollzug möglich und eine Unterbringung von Anfang an praktisch ausgeschlossen. In einem solchen Fall kann das Kriterium der Mitwirkung daher schon aus Praktikabilitätsgründen kaum zum Einsatz kommen.

---

538 Vgl. § 11 Abs. 3 HmbJStVollzG.

539 Vgl. § 24 VwVfG sowie BeckOK-VwGO-Decker 2010, § 114 Rn. 21 ff.; BVerwG NVwZ 1987, S. 144; BVerwG NJW 1979, S 68; BVerwGE 102, S. 70.

540 Indirekt findet sich dieser Ansatz auch in der hessischen Begründung, die Mitwirkung als zu berücksichtigendes Eignungskriterium benennt, vgl. Begründung zu § 13 HessJStVollzG.

541 Siehe dazu schon Abschnitt 7.4.2.4.1.

542 Ähnlich für Lockerungen: Ostendorf-Ostendorf 2009, Kap. 2 Rn. 42; Dünkel/Kühl 2009, S. 83.

7.6.2.4   Zusammenfassung

Der offene Vollzug scheint im besonderen Maße das Bedürfnis einiger Gesetzgeber zu wecken, durch eine strengere Handhabung des Strafvollzugs symbolisch Handlungsfähigkeit zu beweisen. Nachdem sich dies – wie eingangs angeführt – bereits in der Vollzugspraxis abzeichnete, haben einige Länder diese Grundhaltung nun in Gesetzesform gegossen. Dabei bedient man sich der Vorgängerregelungen der VVJug und des StVollzG, wobei die jeweils restriktivsten Regelungen wie Rosinen herausgepickt und kombiniert werden. Besonders negativ fallen dabei die Regelungen *Bayerns*, *Hessens* und *Niedersachsens* auf, die den geschlossenen Vollzug ausdrücklich zum Regelvollzug machen.

Als positives Beispiel fällt hingegen *Nordrhein-Westfalen* auf, wo eine Unterbringung im offenen Vollzug zumindest bei Vorliegen aller Voraussetzungen zwingend ist. Andererseits stellt man auch hier sehr hohe Anforderungen an die Gefährlichkeitsprognose.

7.6.3   Lockerungen des Vollzugs und Urlaub

Die am weitesten verbreitete Systematik der Jugendstrafvollzugsgesetze weist im Wesentlichen vier Formen der Vollzugslockerungen auf: Das Verlassen der Anstalt für eine bestimmte Zeit unter Aufsicht (Ausführung) oder ohne Aufsicht (Ausgang), sowie die regelmäßige Beschäftigung außerhalb der Anstalt unter Aufsicht (Außenbeschäftigung) oder ohne Aufsicht (Freigang). Daneben besteht als extensivere Öffnungsform der Hafturlaub bzw. die Freistellung aus der Haft.[543]

7.6.3.1   Regelungsansätze – Landesnormen im Einzelnen

Alle Landesgesetze sehen diese klassischen vier Vollzugslockerungen vor.[544]

In *Baden-Württemberg*, *Bayern*, *Niedersachsen*, *Nordrhein-Westfalen* und *Hessen* können Lockerungen gewährt werden, wenn ein Missbrauch nicht „zu befürchten ist". Die übrigen Bundesländer setzen hier auf die weniger restriktive „Erprobungsklausel".[545]

---

543 Die in einigen Ländern hier eingeordnete Unterbringung in besonderen Erziehungseinrichtungen oder in Übergangseinrichtungen freier Träger ist systematisch eher eine Form des offenen Vollzugs, vgl. auch Ostendorf-*Ostendorf* 2009, Kap. 2 Rn. 43. Teilweise regeln die Länder auch den „Urlaub" als Unterform einer Lockerung (z. B. *Baden-Württemberg*, *Hamburg* und *Niedersachsen*).

544 § 9 JVollzGB BW-IV; Art. 134 i. V. m. Art. 13 BayStVollzG; § 15 JStVollzG Bln, BbgJStVollzG, BremJStVollzG, JStVollzG MV, JStVollzG RLP, SJStVollzG, SächsJStVollzG; ThürJStVollzG, JStVollzG LSA, JStVollzG SH; § 13 NJVollzG; § 12 HmbJStVollzG; § 16 JStVollzG NRW; § 13 HessJStVollzG.

545 Diese zu dieser Regelungsform vgl. *Abschnitt 7.6.2.3.2.*

Überall sind darüber hinaus Ausführungen auch aus besonderen Gründen zulässig. Zumeist können hierfür die Kosten auferlegt werden, wenn dies die „Erziehung" oder „Eingliederung" nicht behindert.[546] In *Baden-Württemberg* und *Nordrhein-Westfalen* ist aus diesem Grund ein Ausgang ohne Begleitung möglich. Man setzt hierbei aber erneut auf eine ergänzende Befürchtungsklausel. In *Hamburg* prüft man in diesem Fall wiederum die Erprobungsmöglichkeit. In *Hessen* hingegen muss die Missbrauchsgefahr positiv festgestellt werden, um die Ausführung zu versagen.

Die Länder des *Neuner-Entwurfes* sehen in diesem Fall keinen Ausgang vor, sondern gelten diesen über eine Art Sonderurlaub ab, der ebenfalls an die Erprobungsklausel geknüpft wird. *Nordrhein-Westfalen* verwehrt ausdrücklich auch die Ausführung aus wichtigem Anlass, wenn Missbrauchsgefahren positiv festgestellt werden.[547]

In *Baden-Württemberg, Hamburg, Sachsen, Hessen* und den Ländern des *Neuner-Entwurfes* verzichtet man auf die Zustimmung des Gefangenen als Erfordernis zu der Durchführung von Lockerungen. Man unterscheidet sich damit auch von den bisherigen Regelungen des StVollzG und der VVJug.

In den Gesetzen des *Neuner-Entwurfes* (außer Berlin) werden die Lockerungen zudem an die Mitwirkungspflicht gekoppelt, ebenso in *Hamburg* und *Nordrhein-Westfalen*. *Sachsen* schränkt dies immerhin auf den Einzelfall ein. *Hessen* bindet die Mitwirkung des Gefangenen zwar nicht ausdrücklich in den Gesetzestext ein, stellt diese in der Gesetzesbegründung aber eindeutig als Eignungskriterium auf.[548]

In *Bayern* schafft man zudem in Art. 134 Abs. 3 i. V. m. Art. 15 BaySt-VollzG für die Anordnung von Lockerungen (und auch bei der Gewährung von Urlaub) bei Gewalt- oder Sexualstraftätern eine „besonders gründliche" Prüfungspflicht.

In allen Landesgesetzen bestehen neben den kurzfristigeren Lockerungsinstrumenten auch der Hafturlaub bzw. die Freistellung aus der Haft als zeitlich

---

546 § 10 JVollzGB BW-IV; Art. 144 Abs. 1, 8 i. V. m. Art. 37 f. BayStVollzG; § 15 Abs. 3 JStVollzG Bln, BbgJStVollzG, BremJStVollzG, JStVollzG MV, JStVollzG RLP, SJSt-VollzG, SächsJStVollzG; ThürJStVollzG, JStVollzG LSA, JStVollzG SH, § 132 i. V. m. §§ 13, 16 NJVollzG; § 13 f. HmbJStVollzG; § 19 f. JStVollzG NRW; § 15 HessJStVollzG.

547 In den anderen Landesgesetzen dürfte dies schlicht vom generellen Entscheidungsermessen umfasst sein.

548 Vgl. Begründung zu § 13 HessJStVollzG.

umfangreichere und weitergehende Lockerungen.[549] Unterschiede ergeben sich hier lediglich hinsichtlich der jeweilig möglichen Höchstdauer.[550]

Alle Gesetze sehen daneben die Möglichkeit vor, die Lockerungen mit Auflagen und Weisungen zu flankieren.[551] Dabei wird überwiegend davon abgesehen, einen bestimmten Weisungskatalog zu formulieren. Allein in *Hessen* gibt man dem Vollzug diverse Regelbeispiele an die Hand. In *Baden-Württemberg* wird auf mögliche Weisungen nur hinsichtlich des Aufenthaltsortes und – noch allgemeiner – hinsichtlich der „Freistellungsgestaltung" hingewiesen.

Darüber hinaus existiert in allen Gesetzen die Möglichkeit des Widerrufs.[552] Diese besteht durchweg dann, wenn aufgrund nachträglich eingetretener Umstände die Maßnahmen hätten versagt werden können, die Maßnahmen missbraucht werden oder Weisungen nicht befolgt werden.

7.6.3.2 Bewertung mit Blick auf die Mindeststandards

Ganz grundsätzlich entspricht zunächst allein schon die Tatsache, dass die Gesetze überhaupt verschiedene Möglichkeiten für die Gefangenen vorsehen, mit oder ohne Aufsicht die Anstalt zu verlassen, der allgemeinen Vorgabe der Nr. 86.1 ERJOSSM. Allerdings muss dies nach den Mindeststandards auch „regelmäßig" möglich sein. Mithin ist für die Einhaltung dieser Regel auch die Höhe der gesetzlich bestimmten Hürden relevant. Diese fallen – wie schon bei der Regelung des offenen Vollzugs – nur selten niedrigschwellig aus:

---

549 § 9 Abs. 2 Nr. 3 JVollzGB BW-IV; Art. 135 BayStVollzG; § 16 JStVollzG Bln, BbgJStVollzG, BremJStVollzG, JStVollzG MV, JStVollzG RLP, SJStVollzG, SächsJStVollzG; ThürJStVollzG, JStVollzG LSA, JStVollzG SH, § 132 i. V. m. §§ 13, 16 NJVollzG; § 12 Abs. 1 Nr. 2 HmbJStVollzG; § 17 JStVollzG NRW; § 13 Abs. 3 Nr. 5 HessJStVollzG.

550 Bis zu 24 Tage in: *Baden-Württemberg*, den Ländern des *Neuner-Entwurfes, Hessen, Hamburg, Sachsen* und *Nordrhein-Westfalen*. Bis zu 21 Tage in *Bayern* und *Niedersachsen*. Etwaiger Sonderurlaub im Zuge der Entlassungsvorbereitung bleibt hier außen vor.

551 § 17 Abs. 1 JStVollzG Bln, BbgJStVollzG, BremJStVollzG, JStVollzG MV, JStVollzG RLP, SJStVollzG, SächsJStVollzG; ThürJStVollzG, JStVollzG LSA, JStVollzG SH; § 11 Abs. 1 JStVollzG BW-IV; Art. 134 i. V. m. Art. 16 Abs. 1 BayStVollzG; § 12 Abs. 4 HmbJStVollzG; § 14 Abs. 1 HessJStVollzG; § 15 Abs. 1 NJVollzG; § 18 JStVollzG NRW.

552 § 17 Abs. 2 JStVollzG Bln, BbgJStVollzG, BremJStVollzG, JStVollzG MV, JStVollzG RLP, SJStVollzG, ThürJStVollzG, JStVollzG SH; § 17 Abs. 2, 3 JStVollzG LSA, SächsJStVollzG, § 11 Abs. 2 JStVollzG BW-IV; Art. 134 i. V. m. Art. 16 Abs. 2 BayStVollzG; § 92 Abs. 2 HmbJStVollzG; § 14 Abs. 2, 3 HessJStVollzG; § 15 Abs. 2, 3 NJVollzG; § 126 JStVollzG NRW.

7.6.3.2.1 Anordnungsermessen

Soweit die Landesgesetze bei der Entscheidung über Lockerungen nicht wie der Entwurf des *BMJ* 2006 und die VVJug auf die sogenannte Erprobungsklausel setzen, sondern der Regelung des StVollzG folgen, wonach ein Missbrauch „nicht zu befürchten" sein darf, bestehen die schon bei den entsprechenden Regelungen des offenen Vollzugs geäußerten Bedenken.[553] Hier gelten sie umso mehr, als es vor allem die Vollzugslockerungen sind, die für viele Gefangene im geschlossenen Vollzug eine wichtige Möglichkeit bieten, sich durch die Erprobung in der Freiheit für eine vorzeitige Entlassung zu empfehlen. Im Sinne der von Nr. 101.1 ERJOSSM geforderten „schrittweisen Rückkehr in die Gesellschaft" erscheint daher eine Lockerungspraxis notwendig, die nicht durch allzu restriktive Gesetzesvorgaben eingeengt wird.

Die „besonders gründliche" Prüfungspflicht des Art. 15 BayStVollzG benennt – ähnlich wie die *hamburger* Ergänzung zum offenen Vollzug[554] – wiederum eine vollzugsrechtliche Selbstverständlichkeit. Die Tatsachenbasis der Ermessensentscheidung über die Gewährung von Lockerungen ist im Idealfall immer so umfassend wie möglich.[555] Dabei muss automatisch das Gewicht der spezifischen Gefährlichkeit des Betreffenden in die Entscheidung einfließen. Durch den gesetzlichen Nachschlag entsteht bei der *bayerischen* Norm indes leicht der Eindruck, „besonders gründlich" stehe gleichbedeutend für „besonders zurückhaltend", wodurch ein intendiertes Ermessen zu Lasten des Resozialisierungszieles gesetzt würde.[556] Es drängt sich der Verdacht auf, dass es eher darum geht, der „empfindlichen Reaktion der Öffentlichkeit" vorzubeugen.[557] In Anbetracht jener Erkenntnisse, wonach es im Bereich der Vollzugslockerungen faktisch nicht zu Missbrauch durch die Gefangenen oder zur Begehung weiterer

---

553 Insbesondere gilt auch hier, dass die Missbrauchsquoten keine derart restriktiven Regelungen notwendig erscheinen lassen, vgl. *Abschnitt 7.6.2.3.1.*

554 Vgl. *7.6.2.3.2.*

555 Vgl. BVerfG NStZ 1998, S. 430; AK-*Köhne/Lesting* 2012, § 11 Rn. 33, 40; Ostendorf-*Ostendorf* 2009, Kap. 2 Rn. 45; Allgemein zur behördlichen Sachverhaltsermittlung S/B/S-VwVfG-*Kallerhoff* 2008, § 24 Rn. 1 ff.

556 Dass es sich hierbei vornehmlich um lediglich symbolische Gesetzgebung zur Beruhigung der öffentlichen Wahrnehmung handelt, gibt man in der Gesetzesbegründung freimütig zu. Zur Notwendigkeit einer Verschärfung werden „ruchlose" Straftaten genannt, „die in jüngster Zeit die Öffentlichkeit bewegt und verunsichert haben." Über einen empirischen Zusammenhang zwischen diesen Taten und Vollzugslockerungen, die eine entsprechende Regelung rechtfertigen könnte, verliert man hingegen kein Wort, vgl. Begründung zu Art. 15 BayStVollzG (Bay. Ltg. Drs. 15/8101).

557 So *Ullenbruch* schon zu den entsprechenden VV zu § 11 StVollzG, vgl. S/B/J/L-*Ullenbruch* 2009, § 11 Rn. 23.

Straftaten kommt,[558] erscheint hingegen eine solch weitergehende Verschärfung – zumal im Jugendbereich – nicht angezeigt.[559]

Soweit die Entscheidung mit der Bereitschaft des Gefangenen zur Mitwirkung verbunden wird, wird auf die vorangegangenen kritischen Ausführungen zu dieser Problematik verwiesen.[560]

Ansonsten ist in allen Gesetzen entsprechend Nr. 86.1 ERJOSSM die Möglichkeit vorgesehen, dass die Gefangenen die Anstalt aus besonderen Gründen im Einzelfall verlassen können.[561]

7.6.3.2.2 Zustimmungspflicht

Anders als nach bisherigem Recht muss der junge Gefangene in vielen Gesetzen nun nicht mehr der Durchführung einer Lockerungsmaßnahme zustimmen. Zwar führen die Begründungen dazu aus, dass die Gefangenen nicht in die Lockerungen „gezwungen" werden können, deren Bedenken sollen aber lediglich in die Ermessensentscheidung „einbezogen" werden.[562]

Mit Blick auf das Vollzugsziel, welches eine Hinleitung zu „sozialer Verantwortung" und damit auch zu mehr Eigenverantwortung beinhaltet, erscheint es jedoch fraglich, inwieweit Vollzugslockerungen, die unter äußerem Druck und gegen den Willen des Gefangenen angetreten werden, sich auf die Resozialisierung förderlich auswirken. Vielmehr ist in den wenigen Fällen, in denen ein junger Gefangener eine Lockerung nicht antreten will, dessen Wille zu respektieren.[563] Dies gilt nicht zuletzt auch deshalb, weil ein Gefangener, der sich für eine solche Maßnahme selbst nicht geeignet hält, vermutlich zu Recht befürchtet, dass sein Scheitern spätere Chancen auf eine vorzeitige Entlassung schmälert.[564] Eine angemessene Berücksichtigung der Entscheidungsfreiheit des zumeist zumindest fast volljährigen Gefangenen ist gleichzeitig auch Ausfluss von Art. 12 der UN-Kinderrechtskonventionen und im Übrigen auch der bundes-

---

558 *Dünkel* 2004, S. 125 ff. m. w. N.; vgl. *7.6.2.3.1.*

559 Dies gilt umso mehr, als entgegen der öffentlichen Wahrnehmung vieles darauf hindeutet, dass die Rückfälligkeit bei der Gefangenengruppe der vom Gesetz benannten Sexualstraftäter relativ gering ist, vgl. *BMJ* 2001, S. 95 f.; *Dünkel* 2005, S. 24 f.; NK-*Dünkel* 2010, § 57 Rn. 107, 125 m. w. N.

560 Vgl. *7.4.2.4.3.*

561 Auch: „Ausgang" oder „Ausführung" aus „wichtigem Anlass".

562 Vgl. z. B. Begründung zu § 15 JStVollzG Bln (Bln. Ltg. Drs. 16/0677).

563 Vgl. Ostendorf-*Ostendorf* 2009, Kap. 2 Rn. 44; ähnlich auch *Eisenberg/Singelnstein* 2007, S. 186; *Eisenberg* 2008, S. 256; *J. Walter* 2008a, S. 28 und *Sußner* 2009, S. 237.

564 Vgl. Ostendorf-*Ostendorf* 2009, Kap. 2 Rn. 44.

rechtlichen Wertungen des § 8 Abs. 1 S. 1 SGB-VIII, wonach „Kinder und Jugendliche […] entsprechend ihrem Entwicklungsstand an allen sie betreffenden Entscheidungen" zu beteiligen sind. Auch die ERJOSSM stellen mehrfach Beteiligung und Eigenverantwortung des Gefangenen in den Vordergrund (vgl. Nr. 50.2 und Nr. 50.3) und verfolgen damit einen Ansatz, der oktroyierten Vollzugslockerungen widerspricht. Demgemäß geht das Regelwerk im Zuge der Entlassungsvorbereitung vornehmlich von der „Unterstützung" des Gefangenen bei seinen eigenen Reintegrationsbestrebungen (vgl. Nr. 102.1) aus, was einen freiwilligen und aus sich heraus tragfähigen Entschluss des jungen Gefangenen voraussetzt. Zudem droht – wie bei jeder Behandlungsentscheidung gegen den Willen des Betreffenden – die Reduzierung des Gefangenen zum „bloßen Objekt staatlichen Handelns".565

Der Verzicht auf ein entsprechendes Zustimmungsrecht des Gefangenen zu etwaigen Lockerungsmaßnahmen ist demnach als „Überbetonung des Erziehungsauftrages", die zur „Unmündigkeit des Gefangenen führt"566, abzulehnen.567

7.6.3.2.3 Auflagen, Weisungen und Widerruf

Das Ermessen der Anstalt wird durch die Möglichkeit, die Lockerung durch Weisungen und Auflagen zu flankieren, flexibilisiert.

Problematisch erscheint hier die tendenzielle Unbestimmtheit der Regelungen. Auch die Beschränkungen der Lockerungsmaßnahmen müssen immer in Hinblick auf das Vollzugsziel erfolgen. Offene Formulierungen wie in den Landesgesetzen laden hingegen dazu ein, auch andere Erschwernisse – gleichsam als graduelle Abstufung der gewährten „Vergünstigung" – vorzusehen.568 Denn Lockerungen lassen sich nicht nur als informelles Sanktions- und Belohnungsmittel der Vollzugspraxis einsetzen. Durch die Koppelung an die Mitwirkungspflicht ist eine solch fehlgeleitete Lockerungsintention sogar schon in den meisten Gesetzen von vornherein angelegt. Sinnvoll erscheint daher eine Regelung, die stets die resozialisierungsrelevante Wirkung der Beschränkung im Blick hat und eine bloße Beschwer als Relativierung einer faktischen Begünstigung ausschließt.

---

565 Vgl. BVerfGE 9, 89, S. 95; 27, 1, S. 6; 28, 386 S. 391; Ostendorf-*Ostendorf* 2009, Kap. 1 Rn. 21; *Sußner* 2009, S. 238.

566 Vgl. Ostendorf-*Ostendorf* 2009, Kap. 2 Rn. 44.

567 A. A. *Schneider*, der betont, dass die Gefangenen ihre Autonomie durch die Begehung von Straftaten ein Stück weit verwirkt haben und dieser „Aspekt" nicht „überbetont werden sollte", vgl. *Schneider* 2010, S. 194.

568 Ähnlich Ostendorf-*Ostendorf* 2009, Kap. 2 Rn. 47.

Der relativ umfangreiche *hessische* Regelbeispielkatalog gibt dementsprechend viele mögliche Auflagen und Weisungen vor, die einen solchen Hintergrund haben können (z. B. die Meidung von bestimmten Gegenständen, von Personen mit schädlichem Einfluss oder von Drogen). Allerdings wäre auch hier ein klarer Hinweis auf die resozialisierungsspezifische Relevanz angezeigt gewesen. Die übrigen Gesetze fallen mit ihrer völligen Deutungsoffenheit hinter diese eingrenzende Normierung zurück. Dort wird einmal mehr die konsequente Auslegung des Vollzugszieles zugunsten der vorrangigen Resozialisierung notwendig.

Gleiches gilt für die Anwendung des Widerrufs: Die Lockerung kann – auch wenn dies nicht noch einmal ausdrücklich benannt wird – nur aufgehoben werden, wenn dieses neben den tatbestandlichen Voraussetzungen auch mit dem Vollzugsziel im Einklang steht.[569]

7.6.3.3 Zusammenfassung

Hinsichtlich der Vollzugslockerungen ergeben sich ähnliche Probleme wie im Bereich des offenen Vollzugs. Problematisch sind auch hier vor allem die überhöhten Anforderungen an die Gefährlichkeits- bzw. Missbrauchsprognose, soweit sie über die noch am ehesten handhabbare Erprobungsklausel hinausgehen.

Auch die noch weitergehende Erschwernis durch die Verknüpfung von Lockerungen und Mitwirkungspflichten passt nicht recht in das Bild eines konsequent auf die Resozialisierung ausgerichteten Vollzugs, wie es die ERJOSSM zeichnen.

Vor diesem Hintergrund erscheint fraglich, ob den jungen Gefangenen, wie von Nr. 86.1 ERJOSSM gefordert, „regelmäßig" die Möglichkeit gewährt werden wird, die Anstalt zu verlassen.

Problematisch ist auch die Teilentmündigung des Gefangenen, der der Teilhabe an einer Lockerung nicht mehr zu zustimmen braucht.

Und schließlich lädt das zu unbestimmte System der Weisungen und Auflagen dazu ein, Lockerungsmaßnahmen mit apokryphen Elementen zu belasten.

Als noch am gelungensten lässt sich hier wohl die *Berliner* Regelung bezeichnen, die auf die engere Befürchtungsklausel und die Koppelung an die Mitwirkungspflicht verzichtet, gleichwohl aber auch keine Zustimmungspflicht vorsieht, und Weisungen und Auflagen nur in allgemein unbestimmter Form nennt.

Am problematischsten erscheint die *niedersächsische* Regelung, die völlig auf jugendspezifische Anpassungen verzichtet und lediglich auf die – zudem noch überdurchschnittlich restriktive – Normierung des Erwachsenenvollzugs verweist.

---

569 Vgl. auch OLG Frankfurt NStZ-RR 2000, S. 252; S/B/J/L-*Ullenbruch* 2009, § 14 Rn. 9.

7.6.4 Entlassungsvorbereitung und Nachsorge

Der Tag der Entlassung ist der entscheidende Fixpunkt bei der Anpeilung des Resozialisierungszieles. Sowohl der Gefangene als auch die Anstalt arbeiten auf dieses zentrale Ereignis hin. Nach inzwischen weit verbreiteter Auffassung ist der Blick dabei aber auch auf die unmittelbare Zeit nach der Entlassung zu richten,[570] weshalb Entlassungsvorbereitungen und die Nachsorge durch die beteiligten – im Idealfall vernetzten – Institutionen immer mehr in den Mittelpunkt gerückt werden. Denn gerade der unmittelbar an die Haft anschließende Zeitraum gilt als kritische Phase, die die höchste Gefahr eines Rückfalls birgt.[571] Dabei gilt es in Zusammenarbeit mit Bewährungshilfe und gegebenenfalls dem Jugendamt vor allem den Entlassenen bei der Bewältigung von Behördengängen und der Suche nach Unterkunft, Arbeit oder Ausbildungsstelle zu unterstützen. Vielfach wird in diesem Zusammenhang auch der Begriff des „Übergangsmanagements" benutzt.[572] Die Bedeutung der Anstalt und damit des Strafvollzugsrechts kommt dabei umso mehr zum Tragen, je weniger andere Institutionen eingebunden werden können. Dies gilt insbesondere für Vollverbüßer,[573] die mangels bedingter Entlassung keine Bewährungszeit ableisten müssen und für die sich grundsätzlich keine Zuständigkeit der Bewährungshilfe ergibt.[574]

7.6.4.1 Regelungsansätze – Landesnormen im Einzelnen

Alle Landesgesetze sehen Regelungen zum Entlassungszeitpunkt, zur Entlassungsvorbereitung und zur Nachsorge vor.[575]
   Nach dem *Neuner-Entwurf,* dem *hamburger,* dem *sächsischen* und dem *nordrhein-westfälischen* Gesetz soll die Entlassungsvorbereitung „frühzeitig" beginnen. In *Bayern* „rechtzeitig". In *Baden-Württemberg, Berlin, Rheinland-Pfalz, Schleswig-Holstein* und *Hessen* wird dies auf einen Zeitpunkt „spätestens

---

570 Vgl. BVerfG NJW 2006, S. 2096; Ostendorf-*Ostendorf* 2009, Kap. 2 Rn. 54 ff.; *DVJJ u. a.* 2007, S. 52; *Dünkel/Pruin* 2010, S. 206.

571 Vgl. AK-*Köhne/Lesting* 2012, § 15 Rn. 1; *Walkenhorst* 2008, S. 206; Ähnlich: *Hosser/Lauterbach/Höynck* 2007, S. 396 f.; *Bereswill* 2010, S. 553 f.

572 Vgl. Ostendorf-*Ostendorf* 2009, Kap. 2 Rn. 55.

573 Vgl. *Walkenhorst* 2007c, S. 20.

574 Vgl. Ostendorf-*Ostendorf* 2009, Kap. 2 Rn. 56.

575 §§ 83 bis 85 JVollzGB BW-IV; Art. 18, 79, 80 i. V. m. Art. 136, 137 BayStVollzG; §§ 19 bis 22 JStVollzG Bln, BbgStVollzG, BremJStVollzG, JStVollzG MV, JStVollzG RLP, SJStVollzG, SächsJStVollzG; ThürJStVollzG, JStVollzG LSA, JStVollzG SH, § 132 i. V. m. §§ 13, 132, 119, 126 i. V. m. §§ 17, 18, 69 Abs. 3, 70 NJVollzG; §§ 16 bis 18 HmbJStVollzG; §§ 21 bis 24 JStVollzG NRW; §§ 16 bis 17, 28 HessJStVollzG.

sechs Monate vor der voraussichtlichen Entlassung" fixiert. *Niedersachsen* verzichtet auf entsprechende Hinweise zur zeitigen Einleitung.

Ausdrücklich „soll" der Vollzug nach allen Gesetzen „zur Vorbereitung der Entlassung [...] gelockert werden" oder der offene Vollzug als Übergangsvollzug fungieren. Das Ausmaß der möglichen Lockerungen unterscheidet sich dabei stark: Kurzfristigere Lockerungen in der Entlassungsphase sind teilweise auch ohne die Zustimmung des Vollstreckungsleiters durchführbar. So ist es etwa in den Ländern des *Neuner-Entwurfes* und in *Sachsen* geregelt (sieben Tage generell und ansonsten bis zu sechs Tage im Monat in den letzten neun Monaten vor der Entlassung).

In *Baden-Württemberg*, den Ländern des *Neuner-Entwurfes* und *Sachsen* ist darüber hinaus eine Freistellung bis zu vier Monaten möglich.[576] In *Bayern* ist hingegen nur ein Sonderurlaub von bis zu einem Monat in den letzten vier Haftmonaten denkbar. In *Niedersachsen* und *Hessen* sind hingegen bis zu sechs Monate vorgesehen. *Hamburg* sieht eine Freistellung von bis zu vierzehn Tagen in den letzten drei Monaten der Haft vor. Bei einer Teilnahme an einer „langfristigen Wiedereingliederungsmaßnahme" ist auch eine Freistellung von bis zu vier Monaten möglich. In *Nordrhein-Westfalen* stehen hierfür lediglich zwei Wochen zur Verfügung. Allerdings können die Gefangenen auch dort „innerhalb von neun Monaten vor der voraussichtlichen Entlassung Sonderurlaub von bis zu sechs Tagen im Monat erhalten."

In der Regel sollen die Lockerungen zudem von Weisungen und Auflagen flankiert werden. In *Hessen* fällt darunter auch ausdrücklich der Einsatz der „elektronischen Fußfessel".[577]

Alle Gesetze sehen Regelungen vor, nach denen die Entlassung flexibel um ein paar Tage vorverlegt werden kann, wenn diese auf einen Feiertag fällt oder dies aus Gründen der Eingliederung notwendig erscheint. Der gesetzliche Spielraum liegt dabei zwischen zwei (z. B. *Neuner-Entwurf, Bayern*) und fünf Tagen (z. B. *Baden-Württemberg*). Die Entlassung hat nach den Gesetzen möglichst früh am Tag stattzufinden, um den Gefangenen die Rückkehr in sein soziales Umfeld und die notwendigen Behördengänge organisatorisch zu erleichtern.[578]

Auch Regelungen hinsichtlich der „Nachsorge" und der „Hilfe zur Entlassung" werden von allen Landesgesetzen getroffen.

Die *baden-württembergischen* Regelungen ordnen die Nachsorge (durch nicht-finanzielle Leistungen) nur allgemein an. In den Gesetzen des *Neuner-*

---

576 Die Normen auf den *BMJ*-Entwurf von 2006 zurück, der wiederum auf § 124 StVollzG beruht.

577 Vgl. § 16 Abs. 3 S. 5 HessJStVollzG.

578 Vgl. S/B/J/L-*Ullenbruch* 2009, § 16 Rn. 4.

Entwurfes und *Nordrhein-Westfalens* „sind die Gefangenen bei der Ordnung ihrer persönlichen und sozialen Angelegenheiten zu unterstützen."[579] Darin inbegriffen ist „die Vermittlung in nachsorgende Maßnahmen": Die nachsorgende Begleitung „kann" dabei „unter Mitwirkung" von Vollzugsbediensteten stattfinden.[580] Im *Saarland* hat man letzteres durch die rechtliche Einrichtung einer „Nachsorgeeinrichtung" weiter konkretisiert. Ausdrücklich wird dort eingefordert, „dass die im Vollzug begonnene Betreuung vorübergehend fortgeführt werden kann, um die Wiedereingliederung von entlassenen Gefangenen in das Leben in Freiheit zu erleichtern. Dazu können entlassene Gefangene auch vorübergehend in einer Nachsorgeeinrichtung verbleiben oder in eine solche nach der Entlassung wieder aufgenommen werden, wenn der Erfolg ihrer Wiedereingliederung gefährdet und ein Aufenthalt in der Nachsorgeeinrichtung aus diesem Grunde angezeigt ist." In *Hamburg, Hessen* und *Bayern* kann auf „Antrag der jungen Gefangenen" nach der Entlassung die im Vollzug begonnene Betreuung „vorübergehend" weitergeführt werden, soweit dies nicht anderweitig möglich ist. Auch wenn der Kontext der Norm auf eine stationäre Betreuung schließen lässt, ist damit auch die Nachsorge außerhalb der Anstalt gemeint.[581] Auch *Niedersachsen* sieht eine „Aufnahme auf freiwilliger Grundlage" vor, lässt aber darüber hinaus jeglichen Hinweis auf nachsorgende Bemühungen durch Anstaltsangehörige vermissen.

Finanzielle Unterstützung in Form der Entlassungsbeihilfe (als Zuschuss für Reisekosten oder Bekleidung) ist in jedem Bundesland vorgesehen.[582] In *Baden-Württemberg* kann dieses Geld auch an die externe, mit der Entlassungsbetreuung betraute Stelle überwiesen werden.

Ebenfalls in allen Gesetzen kann zudem auf Antrag des Entlassenen durch eine vorübergehende Unterbringung in der Anstalt die Beendigung einer im Vollzug begonnenen Ausbildungs- oder Behandlungsmaßnahme ermöglicht werden. In den Gesetzen des *Neuner-Entwurfes* und *Sachsens* macht man dies allerdings von der Belegungssituation abhängig. Die Landesgesetze des *Neuner-Entwurfes* gehen dabei zudem von einer vertraglichen Unterbringung aus. Die Aufnahme steht zumeist unter dem Vorbehalt des Widerrufs aus organisatorischen Gründen.

---

579   Ähnlich § 69 Abs. 3 NVollzG in Niedersachsen.

580   In *Sachsen-Anhalt* fehlt dieser Hinweis.

581   Vgl. z. B. die Begründung zu Art. 137 BayStVollzG (Bay. Ltg. Drs. 15/8101).

582   Daneben wird in einigen Gesetzen die Rücklage von Überbrückungsgeld vorgesehen, vgl. *7.10.2.*

7.6.4.2 Bewertung mit Blick auf die Mindeststandards

Insgesamt entsprechen die in den Landesgesetzen vorzufindenden Regelungsinhalte und die Regelungsdichte zumeist den Vorgaben der internationalen Mindeststandards. Die Gesetzgeber haben in den meisten Fällen detaillierte Regelungen zur Entlassungsvorbereitung und Nachsorge geschaffen. Qualitative Unterschiede gibt es nur im Detail. Trotz vereinzelter Defizite wird deutlich, dass man im Jugendstrafvollzug grundsätzlich auf nachhaltige Betreuung setzen möchte. Probleme ergeben sich allerdings bisweilen in der zurückhaltenden Konkretisierung dieses Anliegens.

7.6.4.2.1 Frühzeitiger Beginn

Wie die ERJOSSM gehen die meisten Landesgesetze davon aus, dass die Entlassungsvorbereitung „frühzeitig" beginnen muss und setzen darüber hinaus teilweise sogar eine Mindestfrist von sechs Monaten, von der man auch in der Kommentierung der ERJOSSM ausgeht.[583] Zugleich folgt man damit der Regelung des § 18 *BMJ* 2006.

Weniger ideal dagegen erscheint die deutungsoffene Formulierung *Bayerns*, wonach die Entlassungsvorbereitung lediglich „rechtzeitig"[584] eingeleitet werden soll.[585] Unzureichend ist dementsprechend auch, dass es in *Niedersachsen* völlig an einer zeitlichen Vorgabe mangelt.

7.6.4.2.2 Stufenweise Freiheit

Das Ausmaß der für die Entlassungsvorbereitung vorgesehenen vollzugsöffnenden Maßnahmen unterscheidet sich in zeitlicher Hinsicht zwar sehr, hier bestehen allerdings keine quantitativen Vorgaben der ERJOSSM. Gegen einen knapp bemessenen Anwendungszeitraum und ein geringes Kontingent an Sonderurlaubstagen (wie in *Hamburg* und *Bayern*) lässt sich somit kein konkretes Mindestmaß anführen. Allerdings bleibt festzuhalten, dass diese Regelungen, die nur knapp über die des § 15 StVollzG hinausgehen, sich dem Verdacht aussetzen, nur halbherzig einen jugendspezifischen Regelungszweck zu verfolgen. In Anbetracht der besonderen Haftempfindlichkeit[586] junger Gefangener und der gro-

---

583 Vgl. dazu auch ERJOSSM commentary zu Rule Nr. 101 und Nr. 102; ebenso *Bertram* 2004, S. 444 f. mit weiteren Details.

584 Die Gesetzesbegründung geht indes ebenfalls von einer „frühzeitigen" Einleitung entsprechender Maßnahmen aus, vgl. Begründung zu § 136 BayStVollzG (Bay. Ltg. Drs. 15/8101).

585 Mit Zustimmung für die „sechsmonatigen" Regelungen *Dünkel/Pruin* 2010, S. 207.

586 Vgl. *Sonnen* 2007, S. 92; *J. Walter* 2008, S. 160; BVerfG NJW 2006, S. 2096.

ßen Bedeutung sozialer Bezugspunkte[587] erscheint es jedenfalls wenig sinnvoll, hier restriktive Abstriche zu machen. Hinzu kommt, dass allzu enge Handlungs- rahmen auch den Vollzug bei der Durchführung seines Vorbereitungsauftrages behindern. Soweit eine zurückhaltende und vorsichtige Gewährung von Voll- zugslockerungen intendiert ist, ist diese auch durch die Lockerungsregeln selbst, also durch die Ausübung des normgebundenen Ermessens und die Nutzung von Auflagen und Weisungen realisierbar, ohne dass der ohnehin begrenzte Ent- scheidungsspielraum noch in zeitlicher Hinsicht begrenzt werden müsste. Inso- weit erscheinen die relativ flexiblen Regelungen des *Neuner-Entwurfs* und *Sachsens* am gelungensten.

Hinsichtlich des Ermessens der Anstalt, wonach Lockerungen zur Entlas- sungsvorbereitung lediglich gewährt werden „sollen", nicht aber bei Vorliegen tatbestandlicher Voraussetzungen durchzuführen *sind*, gelten die schon allge- mein zum Ermessen bei Lockerungen geäußerten Einwände.[588]

Die zuvor aufgezeigten, ebenfalls sehr engen Voraussetzungen für die Durchführung von vollzugsöffnenden Maßnahmen haben im Übrigen in der Entlassungsvorbereitung ihre größten Auswirkungen. Eine allzu restriktive Auslegung der Vorschriften über Lockerungen und Urlaub ist demnach auch ge- eignet, eine wirksame Entlassungsvorbereitung weitgehend auszuhebeln,[589] wes- halb zusätzliche Beschränkungen im Regelungsbereich der Entlassungsvorberei- tung alles andere als notwendig erscheinen. Die Anstalten können Maßnahmen zudem durch Auflagen und Weisungen stabilisierend flankieren.

7.6.4.2.3 Die elektronische Fußfessel als Lockerungsform

Problematisch erscheint in diesem Zusammenhang allerdings die *hessische* An- wendung des Instrumentes der elektronischen Fußfessel im Wege der Weisung bzw. Auflage.[590] Diese bleibt zwar optional, trotzdem drohen Kontrolle ver- schärfende Net-Widening-Effekte für Gefangene, die zuvor ohne dieses Über- wachungsinstrument das Leben in Freiheit hätten „erproben" können.[591] Denn die spezifischen Eigenschaften, die der Gefangene für den erfolgreichen Einsatz

---

587 Vgl. Ostendorf-*Walkenhorst/Roos/Bihs* 2009, Kap. 7 Rn. 8 ff. m. w. N.; S/B/J/L-*Ullen- bruch* 2009, § 11 Rn. 26.

588 Siehe dazu schon *Abschnitt 7.6.2.3.1*. Insbesondere auch, weil eine gerichtliche Über- prüfung dieser für die Wiedereingliederung essentiellen Maßnahmen damit stark ein- geschränkt bleibt. Grundsätzlich dazu: AK-*Kamman* 2012, Vor § 108 Rn. 1 ff; *Dünkel* 1996, S. 519 f., 522 ff.; *Kretschmer* 2005, S. 218.

589 Ähnlich auch *Bertram* 2004, S. 445 f.

590 Vgl. dazu auch *Dünkel* 2006a, S. 4.

591 Darauf deuten z. B. die in den USA mit diesem Kontrollinstrument gemachten Erfah- rungen hin, vgl. dazu *Fritsche* 2005, S. 93 ff. m. w. N.

der elektronischen Fußfessel mitbringen muss (fester Wohnsitz, Fähigkeit zur Einhaltung eines geordneten Tagesablaufs, keine Suchtproblematik etc.) liegen typischerweise auch bei den ansonsten für Lockerungen in Frage kommenden Probanden vor.[592] Für diese erscheint dann aber gerade fraglich, ob durch die „intensive" und „engmaschige"[593] elektronische Kontrolle von einem Erproben der Freiheit im pädagogischen Sinne noch gesprochen werden kann.[594] Einen erzieherischen Gewinn im Sinne von Nr. 103 in Verbindung mit Nr. 31.1 ERJOSSM kann man folglich nur bei einer Ausweitung von Lockerungen unter elektronischer Überwachung auf Gefangene, die sonst nicht für Lockerungen geeignet erachtet wurden, erwarten.

Daneben bestehen verfassungsrechtliche Bedenken, da sich aus der Maßnahme auch spezifische Stigmatisierungseffekte sowie Wechselwirkungen für Dritte im sozialen Umfeld des Gefangenen ergeben können. Ferner könnten die Unverletzlichkeit der Wohnung und möglicherweise auch die Menschenwürde in unzulässiger Weise berührt werden.[595] Außerdem kann diese Maßnahme auch eine Ungleichbehandlung zu Lasten von Gefangenen ohne festen Wohnsitz darstellen.[596]

Dabei mag der Einsatz der elektronischen Fußfessel aus pragmatischer Sicht im Einzelfall zielführend sein – etwa weil ein unsteter Gefangener dadurch in einem stabilisierenden sozialen Umfeld gehalten wird.[597] Durch die explizite Aufnahme dieses Instrumentes in den Gesetzestext ohne Nennung weiterer Regelbeispiele erweckt das *hessische* Gesetz jedoch den Eindruck, der Einsatz einer entsprechenden Weisung solle zum Regelfall werden, was ebenfalls eine Ausweitung auf bisher auch ohne stärkere Kontrolle lockerungsfähige Gefangene befürchten lässt.[598] Letztlich ist eine solche Entwicklung auch schon durch die Gesetzessystematik angelegt: Zuerst ist festzustellen, dass ein Lockerungsmissbrauch von dem jungen Gefangenen „nicht zu befürchten ist", er somit generell lockerungsfähig sein muss, und erst dann kommt, als flankierende Weisung, die elektronische Fußfessel ins Spiel. Richtigerweise müsste demnach die Befürchtungsklausel in Fällen, in denen die elektronische Kontrolle in Frage kommt, deutlich weiter ausgelegt werden, damit von der Maßnahme auch neue Gefangenengruppen erschlossen werden, die sonst nicht in den Genuss einer Lockerung kämen. Nur dann läge eine über die Ausweitung von Vollzugsöff-

---

592 Vgl. *Hillebrand* 2009, S. 97 m. w. N.; *Fritsche* 2005, S. 97.

593 Vgl. Begründung zu § 16 HessJStVollzG.

594 Vgl. Ostendorf-*Ostendorf* 2009, Kap. 2 Rn. 55.

595 Vgl. *Hillebrand* 2009, S. 97.

596 Vgl. *Fritsche* 2005, S. 98.

597 Ähnlich *Hillebrand* 2009, S. 96 m. w. N.

598 Vgl. *Dünkel* 2006a, S. 4 f.

nungen gewinnbringende Form der Haftvermeidung vor. Ob eine solche gesamt-schauende Bewertung der Rechtslage in der Vollzugspraxis stattfinden wird, er-scheint jedoch fraglich – jedenfalls werden Entscheidungen über Lockerungen durch die Gesetzessystematik nicht gerade automatisch in diese Bahnen gelenkt.

7.6.4.2.4 Vernetztes Übergangsmanagement

Der strukturierte Wechsel von Gefangenschaft zu Freiheit wird für den Resozia-lisierungserfolg als wesentlich betrachtet.[599] Es gilt zu verhindern, dass der junge Gefangene in das so genannte „Entlassungsloch" fällt.[600] Allerdings stellt dieser Übergang meist auch organisatorisch eine bedeutende Umstellung dar, was einen tiefgreifenden Einschnitt für den jungen Gefangenen bedeuten kann. Insbesondere hinsichtlich der zuständigen Institutionen und Bezugspersonen können sich hier schwerwiegende Veränderungen ergeben, die eine konsistente Betreuung womöglich beeinträchtigen.[601] Durch schlecht gestaltete Betreuungs-übergänge können institutionelle Beziehungsabbrüche die schädlichen Wirkun-gen „biographischer Diskontinuitäten" noch verschärfen.[602] Dementsprechend legen sowohl die Mindeststandards als auch die meisten Jugendstrafvoll-zugsgesetze besonderes Gewicht auf eine vernetzte Zusammenarbeit aller Beteiligten.[603]

Im Falle der bedingten Entlassung bedeutet dies eine „frühzeitige" (vgl. Nr. 100.3 und Nr. 102.1 ERJOSSM) Zusammenarbeit mit der Bewährungshilfe. Für die nicht wenigen Vollverbüßer, die sich oftmals nicht der zusätzlichen Be-lastung einer Bewährungszeit aussetzen wollen und deshalb zum Teil von vorn-herein die ganze Haftzeit absitzen,[604] spielen hier vor allem die nachsorgenden Bemühungen der Anstalt selbst und Kooperationen mit Jugendamt, Jugendhilfe und freien Trägern eine wichtige Rolle, da die Bewährungshilfe für diese Ge-fangenengruppe grundsätzlich nicht zuständig ist.[605] Gleichzeitig dient die rechtzeitige Zuordnung von Bezugspersonen auch der von Nr. 51 ERJOSSM ge-

---

599 Vgl. *Dünkel/Drenkhahn* 2001, S. 393 m. w. N.; *Stelly u. a.* 2010, S. 291 ff.

600 Vgl. *Löprick* 2007, S. 436; auch Begründung zu § 21 SJStVollzG (Saar. Ltg. Drs. 13/1390).

601 Neuerdings bestehen eine Reihe von Praxismodellen, die ein arbeitsmarktorientiertes Übergangsmanagement als zentrales Element der Nachsorge in den Fokus nehmen, vgl. diverse Beispiele bei *Dünkel/Drenkhahn/Morgenstern* 2008.

602 Vgl. *Bereswill/Koesling/Neuber* 2007, S. 296 m. w. N.

603 Vgl. Nr. 15 und Nr. 102.1 ERJOSSM. In diesem Zusammenhang wird die Resozialisie-rung zum Teil auch als „Komplexleistung" umschrieben, die nach Möglichkeit „aus ei-ner Hand" erbracht werden sollte, vgl. *Maelicke* 2010, S. 252 ff.

604 Vgl. *J. Walter/Stelly* 2008, S. 275.

605 Vgl. Ostendorf-*Ostendorf* 2009, Kap. 2 Rn. 56; *Walkenhorst* 2007a, S. 385.

forderten konsistenten Betreuung „über die gesamte Dauer des Freiheitsentzugs".

7.6.4.2.5 Der Vollzug als Nachsorgeinstitution

Ein spezifischer vollzugsrechtlicher Regelungsbedarf besteht somit vor allem für
die letztere Entlassenengruppe, bei der die nachsorgende Betreuung vornehmlich durch Bemühungen des Vollzugs in Frage kommt.

Am deutlichsten kommt diesem das *saarländische* Gesetz nach, das ausdrücklich festschreibt, „dass eine im Vollzug begonnene Betreuung" des jungen
Gefangenen auch nach der Entlassung durch den Vollzug „vorübergehend fortgeführt werden kann." Konsequent erscheint dabei die Schaffung einer spezifischen „Nachsorgeeinrichtung", für die neue sachliche und personelle Mittel
vorgesehen werden sollen.[606] Zudem will der Gesetzgeber aus dem „vorübergehend" keine Relativierung der Aufenthaltszeit zugunsten organisatorischer
Erwägungen ableiten, sondern die jungen Gefangenen sollen sich im Übergangs-
zentrum solange aufhalten können, wie es das Resozialisierungsziel erfordert.[607]

Im Ergebnis dürften auch die weniger konkreten Regelungen des *Neuner-
Entwurfes, Nordrhein-Westfalens* und *Baden-Württembergs* geeignet sein, entsprechende Nachsorgebemühungen hervorzubringen.[608] Vorausgesetzt, die jeweiligen Justizverwaltungen lassen die Vorschriften konsequent zur Vermeidung eines Betreuungsvakuums anwenden. Etwas zu zaghaft wirkt dafür
allerdings der Nachsatz, wonach die nachsorgende Begleitung lediglich erfolgen
„kann". Soweit anderweitige Betreuung nicht ersichtlich ist, muss die Nachsorge
durch die Anstalt gewährleistet werden.[609] (Das heißt gesetzestechnisch: sie
„ist" zu gewährleisten.) Umso ungeeigneter erscheint daher die Regelung *Sachsen-Anhalts,* die völlig auf einen Hinweis auf die Mitwirkung von Vollzugsbediensteten verzichtet.

Unzureichend ist auch der in *Hamburg, Hessen* und *Bayern* gewählte Ansatz, wonach man es dem jungen Gefangenen überlässt, zu entscheiden, ob eine
nachsorgende Betreuung notwendig ist und diese dann gegebenenfalls im An-
tragswege einzufordern. Zwar erscheint es richtig und erforderlich, den jungen

---

606 Vgl. Begründung zu § 21 SJStVollzG (Saar. Ltg. Drs. 13/1390).

607 Vgl. auch Begründung zu § 21 SJStVollzG (Saar. Ltg. Drs. 13/1390).

608 Vielversprechend wirken schon jetzt z. B. arbeitsintegrativ vernetzende Modellprojekte
aus der Praxis wie das Projekt BASIS der JVA Adelsheim und das Projekt MABiS.NeT,
vgl. *J. Walter/Fladausch-Rödel* 2008, S. 55 ff. und *Wirth* 2010, S. 231 ff.

609 Vgl. *Walkenhorst* 2010, S. 28; Ostendorf-*Ostendorf* 2009, Kap. 2 Rn. 56, der dann
jedenfalls von einer Ermessensreduzierung auf null ausgeht. Zur allgemeinen Notwendigkeit der systematischen „Unterstützung und Stabilisierung" vgl. *Walkenhorst*
2008, S. 206 m. w. N.

Gefangenen an allen ihn betreffenden Nachsorgeentscheidungen zu beteiligen,[610] es wäre jedoch verfehlt nicht auch initiativ nachsorgende Begleitungsangebote für Gefangene vorzusehen, die sich nicht selbstständig darum bemühen. Denn anderenfalls dürfte gerade die besonders belastete Klientel, die schon im Vollzug möglicherweise schwer zu erreichen war und wenig Änderungsmotivation an den Tag legt, von gegebenenfalls dringend notwendigen Stützen ausgeschlossen bleiben. Erst recht problematisch ist der vollständige Verzicht *Niedersachsens* auf gesetzliche Vorgaben hinsichtlich nachsorgender Betreuung durch Bedienstete außerhalb der Anstalt.

Als konsequente Entsprechung von Regel Nr. 102.1 ERJOSSM ist vor allem die in allen Gesetzen geregelte Möglichkeit anzusehen, im Vollzug begonnene Resozialisierungsmaßnahmen auch nach Beendigung der Haftzeit noch im Vollzug im Wege einer freiwilligen Unterbringung zu Ende zu bringen. Allerdings steht die Unterbringung meist unter einer Art verschuldensunabhängigem Widerrufsvorbehalt aus organisatorischen Gründen, was dem jungen Gefangenen einen vergleichsweise schwachen Rechtsanspruch auf diese Form der Nachbetreuung gewährt.

Schließlich entspricht auch die finanzielle Flankierung durch Zahlung von Entlassungshilfe den Vorgaben der Mindeststandards (Nr. 102.1 ERJOSSM).

7.6.4.3   Zusammenfassung

Festzuhalten bleibt, dass sich das deutsche Jugendstrafvollzugsrecht weitgehend um die Etablierung eines nachhaltigen, vernetzten Entlassungssystems bemüht. Ausmaß und Konsequenz, in dem die Gesetzgeber dafür gesetzliche Grundlagen schaffen, weichen dabei allerdings zum Teil stark voneinander ab. Dies gilt insbesondere für den Umfang von Lockerungen und für die Nachsorgearbeit durch die Anstalten. Während man im *Saarland* für letzteres relativ konkrete Umsetzungsvorgaben macht, lassen sich Nachsorgenotwendigkeiten in *Niedersachsen* allenfalls aus der Wiedereingliederungsmaxime ableiten. Hier besteht an den genannten Stellen die Gefahr, dass sich der Vollzug mit wenig konkreten und weichen Ermessensvorschriften aus der Verantwortung für einen stabilen Übergang zieht[611] – etwa dann, wenn die Entscheidung über die Nachsorge der Eigeninitiative des Entlassenen überlassen wird. Auch die Erhöhung restriktiver Kontrolle durch den Einsatz der elektronischen Fußfessel – wie in *Hessen* –

---

610   Im Hinblick auf Art. 12 der UN-Kinderrechtskonvention sowie Nr. 50.2 und Nr. 50.3 ERJOSSM wird man Betreuungsleistungen gegen den Willen des jugendlichen Entlassenen oder seiner Personensorgeberechtigten wohl kaum aufzwingen können; erst recht nicht dem volljährigen Entlassenen.

611   Vgl. auch *Hosser/Lauterbach/Höynck* 2007, S. 411.

kann der Justiz nicht über die Notwendigkeit einer konsistenten, nachhaltigen Individualbetreuung der jungen Gefangenen hinweghelfen.

Insgesamt erscheint die Einführung ausdrücklicher Vorgaben zur Entlassungsnachsorge damit zwar richtig und konsequent – aber bisweilen auch etwas halbherzig umgesetzt.

7.6.5 Maßnahmenübergreifende Bewertung zur „Öffnung des Vollzugs"

Die „Öffnung des Vollzugs" ist der Bereich des Vollzugsrechts, der die janusköpfige Haltung der Gesetzgeber zur Haft am deutlichsten hervortreten lässt. Das Spannungsverhältnis zwischen Sicherheitsdenken auf der einen Seite und Resozialisierungsanspruch auf der anderen Seite führt hier zu den schärfsten Widersprüchen:

Einerseits hält man das „Ziel der Wiedereingliederung" durch den offenen Vollzug für „regelmäßig besser" erreichbar[612] und sieht zumeist die Soll-Unterbringung - vereinzelt sogar einen gebundenen Anspruch[613] - vor, weil „die Gefahr schädlicher Folgen der Freiheitsentziehung im geschlossenen Vollzug ungleich gravierender ist".[614] Andererseits werden aber an die Voraussetzungen einer Verlegung in offenere Vollzugsformen höhere tatbestandliche Anforderungen als nach alter Rechtslage gestellt,[615] die die Resozialisierungsprämisse und die grundsätzliche Entscheidung[616] für einen möglichst offenen Vollzug konterkarieren. Wenn man sich nicht gar wie in *Bayern* oder *Niedersachsen* klar gegen jede Tendenz stellt, den offenen Vollzug zum Regelvollzug zu machen.

Einerseits wird im Rahmen der Entlassungsvorbereitung gesehen, dass die Öffnung des Vollzugs zum Zwecke der Wiedereingliederung „erprobt", „wirksam" und für einen erfolgreichen Übergang notwendig ist.[617] Andererseits wird eben diese Vollzugsöffnung, auf welche man dort verweist, selbst zu einem bei konsequenter Gesetzesanwendung kaum praktikablen Ausnahmefall heruntergeregelt.[618]

---

612 Vgl. Begründung zu § 7 JVollzG BW-IV (BW. Ltg. Drs. 14/5012).

613 Vgl. § 15 Abs. 1 JStVollzG NRW.

614 Vgl. Begründung zu § 15 Abs. 1 JStVollzG NRW (NRW. Ltg. Drs 14/4412).

615 Vgl. § 7 JVollzG BW-IV, nämlich die Mitwirkung des Gefangenen oder zumindest eine kaum leistbare Nicht-Gefährlichkeitsprognose, vgl. § 15 Abs. 2 JStVollzG NRW.

616 Vgl. Nr. 53.2 ERJOSSM und BVerfG NJW 1998, S. 1133 ff.; BVerfG NStZ 1998, S. 373 f.

617 Vgl. Begründung zu § 119 (117 a. F.) NVollzG (Nied. Ltg. Drs. 15/3565).

618 Vgl. §§ 132 i. V. m. 12 NVollzG.

Und schließlich weiß man zwar einerseits um die wiedereingliederungsrele-
vanten Vorteile offener Vollzugsformen,[619] andererseits wird jedoch offensichtlich die skandalisierende Medienaufmerksamkeit[620] im Hinblick auf einzelne
Missbrauchsfälle und die Außenwirkung des allgemeinen Haftregimes gefürch-
tet.[621] Deutlich wird dies etwa, wenn man in *Hessen* die Begriffe der „Lockerung" und des „Urlaubs" auch deshalb durch „vollzugsöffnende Maßnahmen"
ersetzt, weil diese „in der öffentlichen Wahrnehmung" oft „Anlass" zu „Miss-
verständnissen" gaben.[622] Daran mag richtig sein, dass die entsprechenden
Maßnahmen für den Gefangenen aufgrund der ihm gestellten Aufgaben und
durch den ständig drohenden Widerruf erhebliche psychische Belastungen mit
sich bringen, und daher keineswegs mit einem alltäglichen „Erholungsurlaub"
vergleichbar sind. Allerdings drängt sich der Verdacht auf, dass es bei dieser
Umdefinierung eher um die Besänftigung einer (vermeintlich) vorherrschend
punitiven öffentlichen Meinung gegenüber einem angeblich zu „weichen" Vollzug geht.[623] Denn in gewisser Weise dient der Hafturlaub tatsächlich auch der
„Erholung" bzw. Gegenwirkung von Deprivation,[624] Entwurzelung und anderen
schädlichen Einflüssen der Haft. Angebrachter wäre daher, diese Zusammen-
hänge auch der Öffentlichkeit zu vermitteln, anstatt die äußere Gestalt der Maßnahme durch schwer verständliche Begriffsschöpfungen zu verschleiern.[625]

Noch deutlicher wird dieses Bedürfnis zur entrationalisierten Willfährigkeit
in *Bayern*, wo bei der Frage nach einer möglichen Erstunterbringung im offenen
Vollzug nicht praktische oder empirische Erfahrungen[626] angeführt werden,
sondern unverhohlen darauf verwiesen wird, dass – auch bei entsprechender
Eignung des Gefangenen – „die Bevölkerung [...] zu Recht kein Verständnis da-

---

619 Vgl. Begründung zu § 13 HessJStVollzG; Begründung zu Art. 13 BayStVollzG (Bay.
Ltg. Drs. 15/8101).

620 Dazu ausführlich: *Grosch* 1995, S. 118 ff.

621 Ähnlich auch Ostendorf-*Ostendorf* 2009, Kap. 2 Rn. 49.

622 Vgl. Begründung zu § 13 HessJStVollzG; auch in § 12 HmbJStVollzG spricht man nun
statt von „Urlaub" von „Freistellung von der Haft".

623 Vgl. auch *J. Walter* 2008a, S. 25.

624 Vgl. Ostendorf-*Ostendorf* 2009, Kap. 2 Rn. 42.

625 Im Übrigen ist es auch ein Ausfluss des Angleichungsgrundsatzes, die durch Arbeit ver-
diente Freizeit „Urlaub" und nicht „Freistellung von der Arbeit" zu nennen (so aber:
§ 40 HmbJStVollzG). Auch der Aufenthalt in der Haft ist für den Gefangenen gewissermaßen „Arbeit" an seiner eigenen Resozialisierung. Im Idealfall leistet er seinen produktiven Gesellschaftsbeitrag, indem er an den Voraussetzungen seiner Legalbewährung mitwirkt.

626 So aber gefordert in BVerfG NJW 2006, S. 2097.

für [aufbrächte], wenn Freiheitsstrafen grundsätzlich von Beginn an im offenen Vollzug zu vollziehen wären."[627]

Dort, wo der Regelungsinhalt nicht dem Zwiespalt zwischen Sicherheit und Resozialisierung ausgesetzt ist, fallen manche Vorgaben zudem etwas halbherzig aus: Das betrifft vor allem die zaghaften Vorgaben zur Nachsorge, die die Betreuung zum Teil ins organisatorisch bedingte Ermessen der Anstalt stellen oder vornehmlich von der Motivation der Entlassenen abhängig machen.

Insgesamt wird deutlich, dass in den meisten Bundesländern der von BVerfG und ERJOSSM vorgezeichnete Weg nur halb gegangen wird. Zwar finden sich fast überall Ansätze, die Öffnung des Vollzugs im Sinne eines jugendspezifischen Resozialisierungsvollzugs voranzutreiben. Oftmals drängen aber auch offenbar sicherheitsgelenkte und punitive Erwägungen in das Regelungssystem. Die meisten Landesgesetze gehen damit „nicht über die Legalisierung[628] der ohnehin schon bestehenden unterschiedlichen regionalen Praxis hinaus". Die jeweiligen Akzentuierungen erscheinen außerdem zumeist politisch und weniger erfahrungswissenschaftlich gefärbt. Will man hierfür eine vergleichende Bewertung vornehmen, so gilt dies nach den vorangegangen Ausführungen vor allem für *Bayern, Baden-Württemberg, Hessen* und *Niedersachsen*, die sich bei der Vollzugsöffnung am stärksten zurückhalten und darüber hinaus eine relativ geringe Regelungsdichte aufweisen. Mit Einschränkungen[629] entsprechen die Vorschriften des *Neuner-Entwurfes* und *Sachsens* noch am ehesten einer konsequenten Ausrichtung am Vollzugsziel.

Problematisch erscheinen die zurückhaltenden Neuerungen auch deshalb, weil bereits zuvor, als sich die meisten Bemühungen noch hauptsächlich auf die vorzeitig zur Bewährung Entlassenen konzentrierten, die dafür notwendigen Personalkapazitäten in der Justiz kaum gegeben waren.[630] Eine Zuständigkeitserweiterung der Bewährungshilfe auf die sogenannten „Endstrafer"[631] über die Führungsaufsicht hinaus erscheint vor diesem Hintergrund kaum möglich. Vielmehr muss der Vollzug als nachsorgende Institution in die Pflicht genommen und entsprechend ausgestattet werden.

---

627 Vgl. Begründung zu Art. 12 BayStVollzG (Bay. Ltg. Drs. 15/8101).

628 *Dünkel* 2007, S. 29; vgl. auch *Sonnen* 2007, S. 97.

629 Und mit teilweise nicht unerheblichen Abweichungen einzelner Länder (z. B. *Berlin* ohne Koppelung von Mitwirkung und Lockerungen, *Brandenburg* mit „Befürchtungsklausel" im offenen Vollzug und *Saarland* mit überdurchschnittlichen Vorgaben zur Nachsorge).

630 Vgl. *Dünkel/Pruin* 2010, S. 206 f. m. w. N.

631 *Walkenhorst* 2007c, S. 20.

7.7 Unterbringung und Versorgung

In der Situation des weitgehenden Autonomieverlustes[632], die die Haft bedeutet, werden für die jungen Gefangenen auch Nuancen in den Unterbringungsbedingungen deutlich spürbar. In diesem Problemfeld kommt das Gegensteuerungsprinzip innerhalb der Anstaltsmauern voll zum Tragen. Den Einflüssen von Haftdeprivation und Subkultur[633] kann auf dieser Ebene am ehesten begegnet werden.[634] Auch der Schutz der Gefangenen lässt sich hier durch die Verringerung von Tatgelegenheitsstrukturen[635] verbessern.

Die Schaffung angemessener Lebensverhältnisse in der Vollzugsumgebung ist dabei nicht nur eine Frage menschengerechter Unterbringung, sondern auch die eines in sich konsistenten Behandlungskonzeptes. Die Gestaltung der Versorgung und Unterbringung übt maßgeblichen Einfluss auf das Vollzugsklima als wesentliches Element des Behandlungsumfeldes aus,[636] und bietet dabei zugleich die Möglichkeit, als Lernfeld im Bereich des täglichen Zusammenlebens zu fungieren.[637] Damit sind Unterbringungsmodalitäten nicht nur rein faktisch, sondern auch final und kausal mit der Erreichung des Vollzugszieles verbunden.

Gleichzeitig bietet der Vollzug an dieser Stelle eine der größten Angriffsflächen für diffus-punitive Debatten über einen vermeintlichen „Kuschelvollzug"[638], in dem es den Gefangenen scheinbar besser gehe als in Freiheit.[639]

---

632 Vgl. *Bereswill* 2007, S. 163 ff.

633 Zu Erscheinungsformen der Subkultur im Strafvollzug im Hinblick auf die Wohngruppenunterbringung, vgl. auch *Eder* 2003, S. 92 ff.

634 Ähnlich: Ostendorf-*Kirchner* 2009, Kap. 3 Rn. 2.

635 Vgl. *Heinz* 1998, S. 31 f.

636 Vgl. *Lösel/Bender* 1997, S. 193; *Kretschmer* 2005a, S. 252; *Suhling* 2008, S. 331; anschaulich beschrieben bei *Fleck* 2004, S. 184.

637 Vgl. *Walkenhorst* 2007a, S. 377.

638 Vgl. dazu z. B. http://www.roland-koch.de/Koch-SPD-muss-Blockadehaltung-bei-Jugendstrafrecht-aufgeben/1199288052.html, Stand: 06.06.2010; ähnlich auch die bayerische Justizministerin *Beate Merk* (CSU), die hinsichtlich des Vollzugszieles des BMJ-Entwurfs überspitzt spekulierte, dass die Bundesministerin bei der Entwurfsfassung „so eine Art Landschulheim" im Kopf gehabt habe, *Spiegel Online* vom 07.06.2006, http://www.spiegel.de/politik/deutschland/0,1518,420001,00.html.

639 Anschaulich auch zu den geschichtlichen Dimensionen dieser „Neiddebatte" Ostendorf-*Kirchner* 2009, Kap. 3 Rn. 3.

7.7.1 Vorgaben der ERJOSSM

Hinsichtlich der Unterbringung und Versorgung der jungen Gefangenen treffen die ERJOSSM eine Reihe relativ konkreter Anforderungen.

Grundsätzlich gilt jedoch zunächst nach Nr. 49.1 ERJOSSM: „Der Freiheitsentzug ist nur [...] in einer Weise [durchzuführen], die die damit verbundenen Beeinträchtigungen nicht zusätzlich erhöht." Über die bloßen Reflexwirkungen der Freiheitsentziehung hinaus darf die Vollzugsgestaltung folglich keine Unannehmlichkeiten in Form eines gezielt belastend gestalteten Haftregimes enthalten.[640] Dies ist auch Ausdruck der Verhältnismäßigkeit staatlichen Strafens und dient zugleich dem in den Basisregeln Nr. 7 und Nr. 8 festgelegten Schutz vor Herabsetzung, Degradierung und physischer wie psychischer Beeinträchtigung. Schließlich spielt auch das in Nr. 52.1 festgehaltene Schutzprinzip eine zentrale Rolle für die Vorgaben zu den Unterbringungsbedingungen, insbesondere hinsichtlich des Schutzes vor gegenseitigen Übergriffen. Die ERJOSSM betonen mit Blick auf menschenrechtliche Standards dementsprechend vor allem Schutz- und Gegensteuerungsaspekte der Unterbringung:

Nach Regel Nr. 63.1 der ERJOSSM müssen zunächst ganz allgemein alle „vorgesehenen Räume und insbesondere alle Schlafräume"[641] den „Grundsätzen der Menschenwürde" entsprechen. Besonderes Augenmerk ist dabei auf den Schutz der Privatsphäre sowie auf Gesundheit und Hygiene zu richten. Es wird dabei die konkrete Berücksichtigung von „Bodenfläche, Luftmenge, Beleuchtung, Heizung und Belüftung" eingefordert, wobei „konkrete Mindestanforderungen" im „innerstaatlichen Recht festzulegen" sind.[642]

Gemäß Regel Nr. 63.2 ERJOSSM sind die jungen Gefangenen in Schlafräumen grundsätzlich nur einzeln unterzubringen. Im Einzelfall ist eine Gemeinschaftsunterbringung möglich, wenn dies für „sie vorzugswürdig erscheint":[643]

---

640 Vgl. ERJOSSM commentary zu Rule Nr. 49.1.

641 Soweit nicht anders angeführt, entsprechen die Übersetzungen denen des *BMJ* 2009.

642 Nach Maßgabe des CPT werden 6 Quadratmeter in einer Einzelzelle als absolutes Minimum angesehen. 8,5 bis 10 Quadratmeter gelten hingegen als angemessen, vgl. *van Zyl Smit/Snacken* 2009, S. 132; ERJOSSM commentary zu Rule Nr. 63. Deutsche Gerichte haben bisher Einzelzellen unter 7 Quadratmeter und Doppelzellen unter 9 Quadratmeter für unzulässig gehalten, vgl. OLG Frankfurt NStZ-RR 2005, S. 156; OLG Frankfurt NJW 2003, S. 2845; OLG Karlsruhe NStZ-RR 2005, S. 244.

643 Treffender als *BMJ* 2009: Die Übersetzung mit „es sei denn, die gemeinschaftliche Unterbringung wird für sinnvoller gehalten" vernachlässigt die Festlegung der ERJOSSM auf die Gefangenenperspektive. Aus Sicht der Justiz kann eine Mehrfachbelegung auch aus Gründen der Kapazitätsknappheit für „sinnvoller" gehalten werden.

Ausnahmen können bei geeigneten Räumen erfolgen, wobei die Gefangenen vorher anzuhören sind und Einfluss auf die Mitbelegung ausüben können sollen. Ferner haben die Bediensteten „die Unterkünfte regelmäßig in unauffälliger Form, insbesondere zur Nachtzeit, zu überwachen, um den Schutz der einzelnen Jugendlichen sicherzustellen. Es muss zudem ein wirksames Alarmsystem vorhanden sein, das in Notfällen benutzt werden kann." (Nr. 64 ERJOSSM). Gemäß Nr. 53.4 ERJOSSM „müssen" die Anstalten „in kleinen Wohngruppen strukturiert" sein.

Abschnitt E.6. der ERJOSSM trifft Vorgaben hinsichtlich der Hygiene in den Vollzugsanstalten: Nach Nr. 65.1 ERJOSSM ist die Einrichtung sauber zu halten. Nr. 65.2 und Nr. 65.3 verlangen einen jederzeit möglichen Zugang zu angemessenen Sanitäranlagen inklusive Dusch- und Waschmöglichkeiten, die „hygienisch sind und die Intimsphäre schützen." Gemäß Nr. 65.4 ERJOSSM soll den jungen Gefangenen nahegebracht werden, ihre Kleidung selbstständig zu pflegen.

„In geeigneten Fällen" muss den jungen Gefangenen zudem erlaubt werden, eigene Kleidung zu tragen (Nr. 66.1). Dies trifft vor allem auf Gefangene zu, die die Anstalt zeitweise verlassen dürfen (Nr. 66.4).[644] Ansonsten hat sie die Anstalt mit Kleidung auszustatten (Nr. 66.2). Gemäß Nr. 66.3 ERJOSSM gilt dabei Kleidung als angemessen, die nicht degradierend oder herabsetzend wirkt, „dem Anstaltsklima angemessen ist" und keine Gefahr für die „innere und äußere Sicherheit"[645] darstellt. Schließlich garantiert Nr. 67 ERJOSSM jedem Gefangenen ein eigenes sauberes Bett mit eigenem Bettzeug.

Hinsichtlich der Ernährung der jungen Gefangenen ist darauf zu achten, dass sie jugendgemäßen, religiösen, kulturellen und den aus ihren Tätigkeiten in der Anstalt resultierenden Besonderheiten entspricht (Nr. 68.1). Essen soll hygienisch zubereitet werden und ist „dreimal täglich in angemessenen Zeitabständen" auszugeben (Nr. 68.2). Es muss „jederzeit sauberes Trinkwasser" zur Verfügung stehen (Nr. 68.3) und in „geeigneten Fällen" sollen die jungen Gefangenen Gelegenheit erhalten, ihre Mahlzeiten selbst zuzubereiten (Nr. 68.4).

7.7.2 Landesrechtliche Regelungen

Alle Landesgesetze regeln die Unterbringung der Gefangenen jenseits der Arbeits- und Ausbildungszeit. Letztere findet grundsätzlich in Gemeinschaft

---

644   Vgl. auch ERJOSSM commentary zu Rule Nr. 66.

645   Übersetzung des Autors. Unzutreffend *BMJ* 2009: „Sicherheit und Ordnung".

statt.[646] Auch ist es grundsätzlich möglich, die Freizeit gemeinsam zu verbringen. Dies kann aber im Einzelfall eingeschränkt werden.[647] Als mögliche Fallkonstellationen werden hierfür genannt: Die Befürchtung eines schädlichen Einflusses auf andere Gefangene, eine aus Gründen der Sicherheit und Ordnung erforderliche Trennung, eine Absonderung zur Erstellung des Vollzugsplanes, die nicht länger als zwei Monate andauert, und eine Trennung, die aus erzieherischen Gründen angezeigt ist.[648] In *Bayern* fehlt letzteres als mögliche Voraussetzung. Dafür kann eine Trennung aber mit Zustimmung des jungen Gefangenen erfolgen. *Hamburg* kombiniert alle vorgenannten Ausschlussgründe. In allen Gesetzen gilt jedoch generell – in Anlehnung an das StVollzG –, dass die gemeinsame Freizeit nur im Rahmen der „räumlichen, personellen und organisatorischen Verhältnisse" umgesetzt werden kann.

Gesondert geregelt wird die Unterbringung zur Ruhezeit.[649] Weit überwiegend wird dabei der Grundsatz der Einzelunterbringung normiert.

Alle Gesetze lassen dabei allerdings eine gemeinsame Unterbringung zur Ruhezeit zu, wenn junge Gefangene hilfsbedürftig sind oder eine Gefahr für ihr Leben oder ihre Gesundheit besteht. In *Hamburg* bedarf es hierfür jedoch der Zustimmung der nicht hilfsbedürftigen oder gefährdeten Gefangenen, mit denen der Betreffende untergebracht werden soll. In *Nordrhein-Westfalen* ist dies ebenfalls so – jedoch mit Ausnahme von den Fällen, in denen Gefahr für Leben oder Gesundheit droht.

In den meisten Fällen wird die Einzelunterbringung zum Regelfall erklärt. Allein in *Bayern* wird dieser Grundsatz durch eine „Soll"-Vorschrift abgeschwächt. Zudem ist hier eine gemeinsame Unterbringung auch ohne Zustimmung des Gefangenen explizit möglich, wenn die „räumlichen Erfordernisse der

---

646 Vgl. z. B. § 24 Abs. 1 BremJStVollzG.

647 Art. 138 Abs. 2, 3 BayStVollzG; § 24 Abs. 2, 3 JStVollzG Bln, BbgJStVollzG, BremJStVollzG, JStVollzG MV, JStVollzG RLP, SJStVollzG, SächsJStVollzG; ThürJStVollzG, JStVollzG LSA, JStVollzG SH, §§ 120 Abs. 2 i. V. m. 19 Abs. 2, 3 NJVollzG; § 19 Abs. 3, 4 HmbJStVollzG; keine ausdrückliche Regelung in *Hessen, Nordrhein-Westfalen* und *Baden-Württemberg.* Ansonsten bestehen minimale Unterschiede in der Wortwahl: In *Berlin* etwa „können sich" die Gefangenen grundsätzlich gemeinsam aufhalten (so auch *Bayern* und *Hamburg*), während der übrige *Neuner-Entwurf* nur vorgibt, dass dies „gestattet" werden „kann".

648 So in den Gesetzen des *Neuner-Entwurfes* und *Niedersachsen.* In *Sachsen* fehlt der Hinweis auf die Notwendigkeit im Rahmen der Vollzugsplanung.

649 § 12 Abs. 4 JVollzGB BW-IV; Art. 139 Abs. 1 i. V. m. Art. 20 BayStVollzG; § 25 JStVollzG Bln, BbgJStVollzG, BremJStVollzG, JStVollzG MV, JStVollzG RLP, SJStVollzG, SächsJStVollzG; ThürJStVollzG, JStVollzG LSA, JStVollzG SH, § 25 Abs. 1 bis 3 JStVollzG NRW; § 120 Abs. 3 NJVollzG; § 19 HmbJStVollzG; § 18 Abs. 4 HessJStVollzG.

Anstalt dies erfordern". Auch in *Niedersachsen* findet diese Einschränkung den Weg in das Gesetz. Trotz des zunächst gebundenen Anspruchs auf Einzelunterbringung in den Gesetzen des *Neuner-Entwurfes* und *Sachsens* ist auch dort eine gemeinsame Unterbringung möglich, soweit sie nur „vorübergehend und aus zwingenden Gründen erforderlich ist."[650] Ausdrücklich weisen einige Gesetzesbegründungen auch darauf hin, dass darunter auch Kapazitätsprobleme fallen können[651], was praktisch ebenfalls eine Durchbrechung des Grundsatzes auf Einzelunterbringung darstellen kann. *Nordrhein-Westfalen* grenzt die zwingenden Gründe hingegen auf Folgen von „unvorhersehbaren Ereignissen" ein, fordert ansonsten jedoch ausdrücklich ein, dass bei jeder Art der Zusammenlegung die Eignung der Gefangenen für eine gemeinschaftliche Unterbringung geprüft wird, damit „weder körperliche Übergriffe noch Ausübung psychischen Zwanges zu befürchten seien."

Eine gemeinsame Unterbringung soll in *Bayern*, den Gesetzen des *Neuner-Entwurfes, Sachsen* und *Baden-Württemberg* darüber hinaus möglich sein, wenn die jungen Gefangenen zustimmen und schädliche Beeinflussungen nicht zu befürchten sind.

In *Berlin, Sachsen-Anhalt* und *Schleswig-Holstein* findet sich zudem die Besonderheit, dass nicht mehr als zwei Gefangene in einem Haftraum untergebracht werden dürfen.

Eine gesetzliche Mindestgröße für den Haftraum gibt es weit überwiegend nicht. Allein in *Baden-Württemberg* regelt man, dass Einzelhafträume bei Neuerrichtung eine Größe von sieben Quadratmetern und Gemeinschaftsräume von neun Quadratmetern pro Gefangenen erhalten sollen.[652]

„Geeignete" Gefangene „werden" regelmäßig in Wohngruppen[653] untergebracht. Nur in *Sachsen-Anhalt* wird auf das einschränkende „regelmäßig" verzichtet. Weniger verbindlich gibt sich wiederum die *bayerische* Regelung, wonach die jungen Gefangenen lediglich in Wohngruppen untergebracht werden „können".[654] Etwas weniger abgeschwächt ist hingegen die *niedersächsische*

---

650 Nur *Berlin* setzt sich hier eine Begrenzung auf den Zeitraum bis zum 31.12.2012.

651 „Gelegentliche Belegungsspitzen", vgl. exemplarisch die Begründungen zu § 25 BbgJStVollzG (Bbg. Ltg. Drs. 4/5010) und zu § 25 SJStVollzG (Saar. Ltg. Drs. 13/1390).

652 § 7 Abs. 3 JVollzG BW-I.

653 § 12 Abs. 1 bis 3 JVollzGB BW-IV; § 26 JStVollzG Bln, BbgJStVollzG, BremJStVollzG, JStVollzG MV, JStVollzG RLP, SJStVollzG, SächsJStVollzG; ThürJStVollzG, JStVollzG LSA, JStVollzG SH, § 25 Abs. 4 JStVollzG NRW; § 20 HmbJStVollzG; § 18 Abs. 1 bis 3 HessJStVollzG.

654 Art. 140 BayStVollzG.

Regelung, wonach die jungen Gefangenen in Wohngruppen untergebracht werden „sollen".[655]

In den Gesetzen des *Neuner-Entwurfes* (außer *Sachsen-Anhalt*) und *Hamburgs* gelten Gefangene dabei als nicht geeignet für die Wohngruppe, soweit sie
„aufgrund ihres Verhaltens nicht gruppenfähig sind." Allein das *Saarland* ergänzt hier, dass solche als nicht geeignet eingestufte Gefangene „erzieherisch
unterstützt" werden sollen, „um die Gruppeneignung zu erlangen." In *Hessen,
Bayern* und *Baden-Württemberg* können zudem Gefangene von der Wohngruppenunterbringung ausgeschlossen werden, wenn sie eine „Gefahr für die Sicherheit und Ordnung der Anstalt oder für andere Gefangene darstellen oder die
Freiräume der Wohngruppe wiederholt missbraucht haben." *Sachsen-Anhalt,
Niedersachsen* und *Nordrhein-Westfalen* sparen sich eine Definition der geforderten „Eignung". Die Wohngruppen sollen jedoch in *Niedersachsen* so gestaltet
werden, dass die Gefangenen voreinander geschützt sind. In *Hessen* weist man
zudem darauf hin, dass eine Wiederaufnahme erfolgt, wenn die „Gruppenfähigkeit wieder hergestellt" ist. Die *sächsische* Regelung verzichtet auf jede spezielle Einschränkung des Wohngruppenvollzugs, sodass im Extremfall allenfalls
allgemeine Regelungen aus dem Bereich „Sicherheit und Ordnung" sowie der
Disziplinierung zum Tragen kommen dürften.

Die Belegung soll sich gemäß dem *Hamburger* Gesetz „an erzieherischen
Grundsätzen, insbesondere[656] an dem Alter der Gefangenen, an der Dauer der
zu vollziehenden Jugendstrafen und an den diesen zu Grunde liegenden Straftaten" orientieren. In *Hessen, Baden-Württemberg* und *Berlin* bestimmt man zudem, dass die Wohngruppen „entsprechend dem individuellen Entwicklungsstand und Erziehungsbedarf zu bilden sind". Darüber hinaus sollen in der
Wohngruppe „Werte, die ein sozialverträgliches Zusammenleben ermöglichen,
gewaltfreie Konfliktlösungen, gegenseitige Toleranz und Verantwortung für den
eigenen Lebensbereich vermittelt und eingeübt werden."[657] In *Hamburg* und
Bayern normiert man hingegen eher organisatorisch orientiert, dass der „Wohngruppenvollzug" von „pädagogisch ausgebildeten Beamten" zu leiten ist und
über „Räume für gemeinschaftliche Beschäftigung und besondere Behandlungs-
und Freizeitangebote verfügen soll".

In *Berlin* fordert man außerdem ausdrücklich auch eine „erzieherische Betreuung in den Wohngruppen" in der Freizeit, insbesondere am Wochenende.

Feste Vorgaben hinsichtlich der Belegungszahlen der Wohngruppen fehlen
zumeist. In *Hamburg* sollen Wohngruppen „in der Regel" mit mindestens acht

---

655 § 120 Abs. 1 NJVollzG.
656 Sprachlich etwas seltsam erscheint hierbei, dass die genannten Begriffe wie das „Alter
der Gefangenen" als besondere „erzieherische Grundsätze" genannt werden.
657 Ähnliches setzt auch *Nordrhein-Westfalen* in der Begründung zu § 25 JStVollzG NRW
(NRW. Ltg. Drs. 14/4412) voraus.

und höchstens zwölf Gefangenen belegt werden. In *Sachsen* sind ohne Mindestangabe nicht mehr als zwölf Gefangene zulässig. *Hessen* regelt im Bereich der Anstaltsorganisation, dass die Wohngruppe regelmäßig nicht mehr als acht Mitglieder aufweisen soll, wobei aus „erzieherischen Gründen oder Gründen der Vollzugsorganisation" bis zu zwei weitere Gefangene hinzukommen dürfen.658

In allen Gesetzen sind zudem Sonderregelungen für die Unterbringung von Müttern mit Kindern vorgesehen.659 Einzig *Hessen* und *Nordrhein-Westfalen* wählen dabei Formulierungen, die dem Wortlaut nach auch eine Unterbringung von Kindern bei Vätern zulassen.

Alle Gesetze sehen nahezu einheitliche Regelungen zur Ausstattung des Haftraumes und zum persönlichen Besitz der Gefangenen vor.660 Danach dürfen die jungen Gefangenen grundsätzlich ihren Haftraum „in angemessenem Umfang" mit Dingen ausstatten, die nicht geeignet sind, das Vollzugsziel oder die Sicherheit und Ordnung zu gefährden. Minimale Unterschiede ergeben sich lediglich hinsichtlich der systematischen Verortung661 und der Regelungsdichte.662 In den Gesetzen des *Neuner-Entwurfes* und *Sachsens* kann man den Gefangenen zudem eine Kostenbeteiligung auferlegen.

Die Verpflegung der Gefangenen soll überall ausdrücklich den Maßstäben für eine ausgeglichene und gesunde663 Ernährung genügen. Darüber hinaus ist

---

658 § 68 Abs. 4 HessJStVollzG.

659 § 10 JVollzGB BW-I; Art. 139 Abs. 2 S. 2 i. V. m. Art. 151 Abs. 1 S. 1, Art. 86 Abs. 1 S. 1 BayStVollzG; § 27 JStVollzG Bln, BbgJStVollzG, BremJStVollzG, JStVollzG MV, JStVollzG RLP, SJStVollzG, SächsJStVollzG; ThürJStVollzG, JStVollzG LSA, JStVollzG SH, § 25 Abs. 1 bis 3 JStVollzG NRW; § 120 Abs. 3 NJVollzG; § 21 HmbJStVollzG; § 70 HessJStVollzG.

660 §§ 59 und 13 JVollzGB BW-IV; Art. 154 i. V. m. Art. 90, Art 141 i. V. m. 21, Art. 152 i. V. m. 73 BayStVollzG; §§ 28, 29 JStVollzG Bln, BbgJStVollzG, BremJStVollzG, JStVollzG MV, JStVollzG RLP, SJStVollzG, SächsJStVollzG; ThürJStVollzG, JStVollzG LSA, JStVollzG SH, §§ 73, 25 Abs. 6 JStVollzG NRW; §§ 121 i. V. m. 21, § 132 i. V. m. § 76 NJVollzG; §§ 69, 22 HmbJStVollzG; §§ 20, 19 HessJStVollzG.

661 Teilweise wird die Thematik des „gefährlichen" Besitzes im Rahmen der Unterbringung geregelt (z. B. *Hessen* und *Neuner-Entwurf*), teilweise sieht man es als einen Aspekt der „Sicherheit und Ordnung" an (z. B. *Hamburg* und *Nordrhein-Westfalen*).

662 Hinsichtlich der Ausstattung des Haftraumes wird beispielsweise oft auf die Notwendigkeit der „Übersichtlichkeit" hingewiesen (z. B. *Baden-Württemberg*), im *Neuner-Entwurf* erfasst man dies allgemein mit der Ausrichtung an „Sicherheit und Ordnung".

663 In den Gesetzen des *Neuner-Entwurfes* wird zudem auch speziell auf die gesunde Ernährung „junger" Menschen abgestellt.

allerorten vorgesehen, dass die jungen Gefangenen mit ihrem Haus- oder Taschengeld bestimmte Waren einkaufen dürfen.[664]

Unterschiedlich wird die Frage beantwortet, ob die jungen Gefangenen grundsätzlich Anstaltskleidung tragen oder nicht.[665] Die Mehrzahl der Bundesländer erklärt das Tragen von Anstaltskleidung zum Regelfall, von dem Ausnahmen gemacht werden können. In *Nordrhein-Westfallen* wird grundsätzlich ebenfalls Anstaltsbekleidung getragen. Allerdings erhalten die Gefangenen für die Freizeit „besondere[666] Oberbekleidung."

Andernorts wird das Regel-Ausnahme-Verhältnis umgekehrt: In *Baden-Württemberg* dürfen die jungen Gefangenen „angemessene" eigene Kleidung tragen. In *Bremen* und *Hamburg* fehlt auch diese Einschränkung. Es wird aber ausdrücklich bestimmt, dass für „Reinigung, Instandsetzung und regelmäßigen Wechsel" selbst zu sorgen ist. In allen drei Gesetzen kann der Anstaltsleiter allerdings – wenn nötig – das Tragen von Anstaltskleidung anordnen. In *Baden-Württemberg* bedarf es dafür einer Gefahr für die „Sicherheit und Ordnung". In *Bremen* nennt man hingegen keinen konkreten Anordnungsgrund. Eine ähnliche Regelung gibt es in *Niedersachsen* nur für Erwachsene. Jugendstrafgefangene müssen auch hier Anstaltskleidung tragen.

7.7.3 Bewertung mit Blick auf die Mindeststandards

7.7.3.1 Einzel- oder Gemeinschaftsunterbringung

Die ERJOSSM treffen keine Aussage dazu, dass Gefangene jenseits der Ruhezeit gemeinschaftlich unterzubringen sind. Allerdings dürfte dies – wie auch von einigen Landesgesetzen – als Selbstverständlichkeit vorauszusetzen sein. Die Durchführung von Schulunterricht und Gruppentherapien sowie die Entwicklung sozialer Kompetenzen (Nr. 77 ERJOSSM) sind schwer vorstellbar, ohne dass die jungen Gefangenen große Teile von Arbeits-, Ausbildungs- und Freizeit gemeinschaftlich verbringen (Nr. 80.1 ERJOSSM). Dass die Gefangenen wäh-

---

664 §§ 15, 16 JVollzGB BW-IV; Art. 143, Art. 122 i. V. m. Art. 24, 25 BayStVollzG; § 31 JStVollzG Bln, BbgJStVollzG, BremJStVollzG, JStVollzG MV, JStVollzG RLP, SJStVollzG, SächsJStVollzG; ThürJStVollzG, JStVollzG LSA, JStVollzG SH, §§ 27, 28 JStVollzG NRW; §§ 132 i. V. m. 23, 24 NJVollzG; § 4, 25 HmbJStVollzG; § 22 HessJStVollzG.

665 § 14 JVollzGB BW-IV; Art. 143, Art. 142 i. V. m. Art. 22 BayStVollzG; § 30 JStVollzG Bln, BbgJStVollzG, BremJStVollzG, JStVollzG MV, JStVollzG RLP, SJStVollzG, SächsJStVollzG; ThürJStVollzG, JStVollzG LSA, JStVollzG SH, § 26 JStVollzG NRW; § 122 NJVollzG; § 23 HmbJStVollzG; § 21 HessJStVollzG.

666 Allerdings gibt auch die Begründung zu § 26 JStVollzG NRW (NRW. Ltg. Drs. 14/4412) nicht darüber Auskunft, was genau damit gemeint sein soll.

renddessen durch die konkrete Vollzugsgestaltung vor gegenseitigen Übergriffen zu schützen sind, ergibt sich gleichermaßen aus den Mindeststandards[667] (Nr. 52.1 ERJOSSM) wie aus den gesetzlichen Regelungen, die das Schutzprinzip entweder allgemein voranschicken[668] oder im Rahmen von möglichen Beschränkungen bei den betroffenen Regelungen anklingen lassen.[669]

Die Ruhezeit weist hingegen generell eine geringere Kontrolldichte auf. Umso effektivere Schutzmaßnahmen sind in diesem Bereich notwendig – auch weil es gilt, dem Gefangenen gleichzeitig einen möglichst wenig kontrollierten Rückzugsraum zu belassen.[670] Die gesetzlichen Schutzvorgaben müssen deswegen naturgemäß weiter gehen als bei der Regelung anderer Tageszeiten: Entsprechend der Nr. 63.2 der ERJOSSM sehen daher alle Landesgesetze[671] die Einzelunterbringung zur Ruhezeit vor.

Von diesem Grundsatz kann allerdings nach allen Regelungen auch abgewichen werden, wenn dies für den Gefangenen – wie es die ERJOSSM formulieren –,,vorzugswürdig" erscheint, das heißt, wenn dies ebenfalls seinem eigenen Schutz dient und im Einzelfall angebrachter erscheint, etwa weil der Gefangene suizidgefährdet ist. Nach den ERJOSSM müssen die Gefangenen dem zwar nicht zustimmen, aber angehört werden. Dieses Anhörungsrecht findet nur in dem *Hamburger* Zustimmungserfordernis eine (sogar noch weitergehende) Entsprechung. In *Nordrhein-Westfalen* ist eine Zustimmung immerhin nur dann nicht erforderlich, soweit es um eine „Gefahr für Leib und Leben" geht. Die übrigen Gesetze genügen dieser Anforderung nicht.

Problematisch erscheinen außerdem jene Regelungen, die die prinzipielle Einzelunterbringung an sich aufweichen. Dies betrifft vor allem die *bayerische* Regelung, nach der eine Einzelunterbringung nur erfolgen „soll" und damit kein gebundener und einklagbarer Anspruch besteht.[672] Aber auch der Ausnahmetatbestand, wonach eine gemeinschaftliche Unterbringung aufgrund der „räumlichen Erfordernisse" möglich sein soll, schafft die Gefahr, dass die Einzelunterbringung durch politisch gelenkte Mittelknappheit schlicht nicht realisiert

667 Ebenfalls BVerfG NJW 2006, S. 2093, 2097 und Nr. 28 der UN-Regeln zum Schutz von Jugendlichen unter Freiheitsentzug.

668 § 3 Abs. 3 S. 3 JStVollzG Bln, HmbJStVollzG; § 44 Abs. 1 S. 2 HessJStVollzG; § 2 Abs. 4 S. 2; § 129 Abs. 1 S. 1 NVollzG (für Wohngruppengestaltung).

669 Etwa wegen „schädlichen Einflusses" oder einer Gefahr für die „Sicherheit oder Ordnung" (*Neuner-Entwurf*) oder wegen der „organisatorischen Verhältnisse" (*Bayern*).

670 Vgl. *Kretschmer* 2009, S. 2407 f.

671 Wie auch zuvor der Entwurf des *BMJ* 2006.

672 Vgl. *Dünkel* 2007, S. 18; damit fällt die *bayerische* Regelung sogar hinter die Grundregelung des § 18 StVollzG zurück, die einen gebundenen Anspruch auf Einzelunterbringung vorsieht. (Allerdings unter den ähnlichen Einschränkungen der Ausnahmevorschrift des § 201 StVollzG).

wird.[673] Nur wenig günstiger sind da die Ausnahmevorschriften des *Neuner-Entwurfes*, *Niedersachsens* und *Sachsens*, die zwar nicht ganz so offensichtlich, aber ebenfalls bewusst auf Kapazitätsprobleme abzielen.[674] Hier besteht allerdings im Grundsatz ein Recht auf Einzelunterbringung. Die gemeinsame Unterbringung „aus zwingenden Gründen" soll nur „vorübergehend" erfolgen, weshalb einer allzu extensiven Anwendung dieses Ausnahmetatbestandes noch eher Steine in den Weg gelegt sein dürften.[675] Im Ergebnis sind die getroffenen Regelungen dennoch abzulehnen. Effektiver Schutz bei gleichzeitiger Wahrung eines letzten Restes an „Privatheit"[676] ohne andauernde Überwachung lässt sich im Grundsatz nur über die Einzelunterbringung realisieren.[677] Nicht zuletzt die Vorfälle in Siegburg[678] und Regis-Breitingen[679] haben gezeigt, dass ein Vollzug mit vielen – notwendigen – Freiräumen auch Gefahren birgt, denen zumindest durch die getrennte Unterbringung während der Ruhezeit weitgehend abgeholfen werden kann, ohne zusätzliche Beeinträchtigungen für den Vollzugsalltag zu verursachen. Vorbildhaft ist hier nur die *nordrhein-westfälische* Regelung mit ihrer Begrenzung von Ausnahmen von der Einzelunterbringung nur auf „unvorhersehbare Ereignisse" und der ausdrücklichen Warnung, dass der Schutz der Gefangenen an vorderster Stelle stehen muss.[680] Ebenso sinnvoll erscheint die maximale Begrenzung der Ausnahmeregelungen auf zwei Gefangene in *Berlin, Sachsen-Anhalt* und *Schleswig-Holstein*,[681] um gruppendynamische Einflüsse[682] zu reduzieren.

---

673 Ähnlich *Eisenberg* 2012, § 92 Rn. 83; *Walkenhorst* 2007c, S. 12.

674 Ähnlich Ostendorf-*Kirchner* 2009, Kap. 3 Rn. 11; *Dünkel* 2007c, S. 7.

675 Mit der Formulierung der „gelegentlichen Belegungsspitzen" (vgl. Begründungen zu § 25 BbgJStVollzG (Bbg. Ltg. Drs. 4/5010)) definiert man dabei allerdings haarscharf an OLG Celle NStZ 1999, S. 216 vorbei, was eher darauf schließen lässt, dass man die Belegungsfähigkeit soweit als möglich ausreizen möchte. Das Gericht erkannte seinerzeit nur „chronische" Überbelegung nicht als „vorübergehenden zwingenden Grund" an.

676 Vgl. *Kretschmer* 2005a, S. 252; 2009, S. 2407 f.; *Ullenbruch* 1999, S. 430; *J. Walter* 2006, S. 242; *Irwin/Owen* 2005, S. 101.

677 Vgl. Ostendorf-*Kirchner* 2009, Kap. 3 Rn. 12; *Dünkel/Pörksen* 2007, S. 14.

678 Schwere körperliche Übergriffe und Mord durch Gefangene an einem Mitgefangenen während der gemeinsamen Unterbringung, vgl. dazu *Walkenhorst* 2007b.

679 Mehrwöchige Übergriffe und Mordversuch durch Gefangene an einem Mitgefangenen, vgl. *Leipziger Volkszeitung* vom 10.02.2010, „Folterprozess Regis-Breitingen: Vieles blieb von den Wärtern unbemerkt".

680 Vgl. Ostendorf-*Kirchner* 2009, Kap. 3 Rn. 12.

681 Vgl. auch *Eisenberg* 2012, § 92 Rn. 83.

682 Vgl. *Fend* 2003, S. 329; *van Avermaet* 2003, S. 492, 451 ff. m. w. N.

Fraglich erscheint hingegen, inwieweit eine gemeinschaftliche Unterbringung aus sonstigen Gründen – also etwa dem Wunsch der Gefangenen oder wenn eine „schädliche Beeinflussung nicht zu befürchten" ist – einzuordnen ist. Die ERJOSSM nehmen dazu nicht ausdrücklich Stellung und betonen in Nr. 63.2 nur, dass die ausnahmsweise Gemeinschaftsunterbringung für den Gefangenen vorzugswürdig sein muss. Darunter könnten auch jene Fälle subsumiert werden, in denen die Gefangenen eine Gemeinschaftsunterbringung wünschen[683] oder die Anstalt diese für erzieherisch richtig halten. Letzterer Grund wird in *Nordrhein-Westfalen* auch ausdrücklich benannt („aus Gründen der Förderung und Erziehung"). Ob die regelmäßige Auszeit vom anstrengenden Vollzugsalltag während der Ruhezeit erzieherisch sinnvoller wirkt als die Erhaltung stabilisierender Sozialkontakte auch während der Nachtphasen, wird dabei von Fall zu Fall unterschiedlich zu beurteilen sein. Allerdings sollte ein entsprechend geäußerter Wunsch des Gefangenen stets besonders gründlich geprüft werden, um auszuschließen, dass subkultureller oder gruppendynamischer Zwang hinter diesen Wünschen steht.[684] Auch ist es nicht auszuschließen, dass jungen und unerfahrenen Gefangenen ein mögliches Konfliktpotential vorher gar nicht bewusst ist. In jedem Fall ist ein zurückhaltender Umgang mit den Ausnahmeregelungen zugunsten des Schutzauftrages angezeigt.[685] Entsprechend den ERJOSSM-Vorgaben darf die Ausnahmepraxis auch nicht dazu führen, dass das Regel-Ausnahme-Verhältnis umgekehrt wird: Organisatorischer Belegungsdruck[686] und eine in der Regel vermutlich nicht allzu schwer einzuholende Zustimmung des Gefangenen können dabei eine ungünstige Kombination darstellen.[687]

Positiv hervorzuheben, ist die *Hamburger* Regelung, die auf unbestimmte, aufweichbare Ausnahmetatbestände verzichtet und eine gemeinschaftliche Unterbringung zu jeder Zeit von der Zustimmung der Gefangenen abhängig macht. Ähnlich zu bewerten, ist die *hessische* Regelung, in der allerdings das Zustim-

---

683 Was nach *Ullenbruch* bis zu 20% der Gefangenen betreffen soll, vgl. *Ullenbruch* 1999, S. 431; *Kretschmer* 2005a, S. 254.

684 Vgl. Ostendorf-*Kirchner* 2009, Kap. 3 Rn. 12; ähnlich *Ullenbruch* 1999, S. 431; *Eisenberg/Singelnstein* 2007, S. 186.

685 Auch wenn sich andererseits durch die Einzelunterbringung die Tatgelegenheiten für suizidale Unternehmungen erhöhen (vgl. *Frottier u.a.* 2001, S. 90 ff.), sollte diesem Präventionsproblem eher im Wege einer sorgsamen begleitenden Individualbetreuung und der Optimierung des Anstaltsklimas begegnet werden, so auch *Liebling u. a.* 2005, S. 223 f.

686 „Die Überbelegung im Strafvollzug ist in unterschiedlichem Maß ein europäisches, gar weltweites Problem.", vgl. *Kretschmer* 2005a, S. 251 m. w. N.

687 Vgl. Ostendorf-*Kirchner* 2009, Kap. 3 Rn. 12; ähnlich auch *Eisenberg* 2012, § 92 Rn. 83.

mungsrecht der Gefangenen bei Gefahr für Gesundheit oder Leben nicht zum Tragen kommt.

7.7.3.2   Gesetzliche Mindestgröße

Die von Nr. 63.1 der ERJOSSM ausdrücklich verlangten[688] konkreten Gesetzesvorgaben hinsichtlich der für eine menschenwürdige Unterbringung geeigneten Haftraüme finden sich in nahezu keinem Gesetz.[689] Lediglich in *Baden-Württemberg* befindet man sich mit Mindestanforderungen für Neubauten auf halbem Wege zu einer solchen Regelung. Hier wäre deutlich weniger Zurückhaltung der Gesetzgeber angezeigt gewesen,[690] zumal das Problem der Überbelegung nach mehreren einschlägigen Untersuchungen und obergerichtlichen Entscheidungen lange bekannt ist.[691] Als Hauptgründe für die staatliche Tatenlosigkeit wird die der Justizverwaltung unangenehme öffentliche Wahrnehmung von Gefängnisneubauten in Kombination mit der notorischen Finanznot der Länder genannt.[692] Hier bleibt nur daran zu erinnern, dass gemäß den EPR und der ERJOSSM „Mittelknappheit" nicht als Rechtfertigung für menschenunwürdige Vollzugsbedingungen dienen darf.[693] Entlastung bietet dabei nicht nur der teure Ausbau des Strafvollzugs, der theoretisch auch von „net-wi-

---

688   Ebenso *Dünkel* 1999, S. 134.

689   Mindestanforderungen zu hygienischen Bedingungen und Sanitäranlagen gemäß Nr. 65 ERJOSSM fehlen ebenfalls, werden dort aber auch nicht ausdrücklich für die rechtliche Ausgestaltung eingefordert.

690   Vgl. *Feest/Bammann* 2010, S. 537. Zweckmäßig wäre hingegen die Angabe einer Mindestgröße von 10 m² sowie eine Verbot der Überbelegung gewesen, vgl. *Tondorf* 2006, § 40; *Tierel* 2008, S. 216.

691   Für den Jugendstrafvollzug vgl. *Dünkel/Geng* 2007a, S. 24 f. bzw. *Dünkel/Geng* 2007, S. 68 f.; *Lang* 2007, S. 36; *J. Walter* 2002, S.128 f.; ansonsten vgl. BVerfG StV 2002, S. 661; KG *Berlin* vom 16.06.2004 (5 Ws 212/04 Vollz/542 StVK 763/03 Vollz); OLG Frankfurt a. M. NJW 2003, S. 2843; OLG Celle NJW 2003, S. 2463; KG NStZ-RR 2003, S. 125; LG Hannover StV 2003, S. 568; LG Gießen NStZ 2003, S. 624; OLG Celle NStZ 1999, S. 216; OLG Frankfurt a. M. StV 1986, S. 27; *Ullenbruch* 1999, S. 430; *Dünkel/Morgenstern* 2001, S. 133 ff.; *Dünkel/Geng* 2003, S. 146 ff.; *Zolondek* 2007, S. 107; AK-*Kellermann/Köhne* 2012, § 18 Rn. 3; *Kretschmer* 2005a, S. 251 m. w. N.; neuerdings gibt es auch Hinweise darauf, dass der Belegungsdruck merklich zurückgeht. Allerdings hat eine Verschiebung der Gefangenenstruktur hier auch zu einer Verdichtung des Behandlungsbedarfs geführt, vgl. *Dünkel/Geng/Morgenstern* 2010, S. 20 ff. Sollte sich im Konkreten auch für den Jugendstrafvollzug eine entlastende Situation abzeichnen, bleibt die Normierung dennoch auf abstrakter Ebene unzureichend, denn die Belegungssituation kann sich schnell wieder ändern.

692   Vgl. *Kretschmer* 2005a, S. 251; *Ullenbruch* 1999, S. 431 und bzgl. der „öffentlichen Meinung" *Dünkel/Morgenstern* 2001, S. 143.

693   Nr. 19 ERJOSSM und Nr. 4 EPR; vgl. auch *Wegemund/Dehne-Niemann* 2008, S. 577.

dening"-Effekten begleitet werden kann.[694] Dass es verschiedene andere Möglichkeiten zur Reduzierung der Haftpopulation – und damit von Haftkosten – gibt, ist mehrfach aufgezeigt worden.[695]

7.7.3.3 Wohngruppenvollzug

Die in allen Landesgesetzen vorgesehene Gestaltungsform des Wohngruppenvollzugs entspricht im Wesentlichen Nr. 53.4 der ERJOSSM. Solche Wohneinheiten, die nach der Idee der ERJOSSM circa zehn, aber nicht mehr als fünfzehn Plätze aufweisen dürfen, sollen durch ihre Übersichtlichkeit das Erlernen sozialer Fähigkeiten und die Eigenverantwortlichkeit der Insassen stärken.[696] Damit unter diesem Etikett nur entsprechend überschaubare[697] Wohngruppen und nicht übergroße Belegschaften in Abteilungsgröße organisiert werden,[698] bedürfte es daher einer entsprechend konkreten Begrenzung der Belegungszahl.[699] Diese findet sich nur in den Regelungen *Hamburgs*, *Sachsens* und *Hessens*. Vorbildlich erscheint dabei die *hessische* Lösung, die von einer Regelbelegung von acht Häftlingen ausgeht.

Die Verbindlichkeit, mit der die Gesetze die Wohngruppenunterbringung einfordern, deckt sich hingegen nicht mit den ERJOSSM. Auch hier regelt das *bayerische* Gesetz nur ein Anstaltsermessen, wonach die jungen Gefangenen in Wohngruppen lediglich untergebracht werden „sollen".[700] Die ERJOSSM setzen dem ein „müssen" entgegen.

---

694 Etwa dann, wenn die geschaffenen Kapazitäten durch die Justiz auch vermehrt in Anspruch genommen werden, ähnlich *Kretschmer* 2005a, S. 251 und *J. Walter* 2000, S. 256.

695 Vgl. z. B. *J. Walter* 2000, S. 256; *Dünkel/Geng* 2003, S. 146 ff.

696 Vgl. ERJOSSM commentary zu Rule Nr. 53.4; ebenso *Dünkel* 1999, S. 134; *DVJJ u. a.* 2007, S. 52; *Tierel* 2008, S. 213 f.; *Höynck/Hosser* 2007, S. 393.

697 Vgl. *Dressel* 2008, S. 305; *DVJJ u. a.* 2007, S. 52.

698 Vgl. auch AK-*Kellermann/Köhne* 2012, vor § 17 Rn. 8.

699 Vgl. auch *Walkenhorst* 2007c, S. 11 f. Denn oftmals dürften die vorhandenen baulichen Kapazitäten kaum einen echten Wohngruppenvollzug zulassen. Dies war z. B. noch im Mai 2010 in der JVA Adelsheim feststellbar: Trotz gesetzlicher „regelmäßiger" Unterbringung im Wohngruppenvollzug, findet dieser aufgrund der begrenzten räumlichen Möglichkeiten der Anstalt eher als Ausnahme statt, etwa im Rahmen des „just community"-Projektes. Der schlichten Umdeklarierung vorhandener Strukturen scheint insoweit nur durch den Druck einer noch konkreteren und zwingenden Rechtslage abzuhelfen zu sein.

700 *Schneider* begründet dies mit der „normativen Kraft des Kontrafaktischen" (*Wegemund/Dehne-Niemann* 2008). Das heißt damit, dass eine verbindlichere Regelung sich nicht mit der vorhandenen Vollzugsrealität decken würde und verneint damit wiederholt offenbar jegliches gesetzgeberisches Reformpotential (vgl. *Schneider* 2010, S. 241).

Etwas seltsam, weil geradezu entwaffnend tautologisch[701], mutet die Einschränkung des *Neuner-Entwurfes* an, wonach nur Gefangene in Wohngruppen untergebracht werden dürfen, die dazu „geeignet" sind, während man diese Eignung mit fehlender Gruppenfähigkeit definiert. Auch mit Blick auf das Bestimmtheitsgebot wäre hier ein klarer Ausnahmekatalog vorzuziehen gewesen.[702] Ein wenig konkreter sind da die Bezugnahmen auf die „Sicherheit und Ordnung" und den „wiederholten Missbrauch" von „Freiräumen" in anderen Gesetzen. Geeignet erscheint dagegen das Kriterium der „Gefahr für andere Gefangene", wie es in *Hessen, Bayern* und *Baden-Württemberg* angeführt wird. Auch das explizite Verdeutlichen der Schutzpflicht des Vollzugs gegenüber seinen Insassen im Rahmen der Unterbringungsregelungen in *Niedersachsen* ist zwar nicht zwingend notwendig, aber sicher nicht schädlich.

Letztlich bleibt jedoch festzuhalten, dass die *sächsische* Regelung, die auf jegliche Einschränkung verzichtet, auch für die anderen Gesetze ausreichend gewesen wäre. Dem Wohngruppenvollzug kommt als „sozialem Trainingsfeld" eine zentrale Bedeutung für Angleichung, Gegensteuerung und Wiedereingliederung zu.[703] Zum Lernprozess gehören dabei auch Konflikte, Fehler und Reibereien der Bewohner, die diese im Idealfall unter pädagogischer Anleitung lernen, selber beizulegen.[704] Ein Herausnehmen aus der Wohngruppe durch die Anstalt sollte nur im absolut äußersten Fall stattfinden, um die jungen Gefangenen nicht dieser Lernchance zu berauben. In dieser „Ultima-Ratio"-Funktion erscheinen jedoch die Regelungen der Disziplinarmaßnahmen und des Abschnittes „Sicherheit und Ordnung" als ausreichend. Darüber hinaus sollte das Recht des jungen Gefangenen auf eine resozialisierungsfördernde Unterbringung nicht beschnitten werden. Weite und völlig unbestimmte Klauseln, wie die des *Neuner-Entwurfes* verleiten lediglich zur verfrühten Isolierung von Gefangenen und sind geeignet, schlichte organisatorische Probleme aufgrund von mangelnden Kapazitäten im Wohngruppenvollzug zu verdecken.

Etwas konkretere Hinweise hätten die Gesetze auch hinsichtlich der Gestaltung des Wohngruppenlebens geben können. Zumeist findet man hierzu keine oder nur sehr vage Hinweise.

Passend dazu stellt *Sußner* fest, dass man in *Bayern* „den Bau neuer Anstalten nicht als Lösung anerkennen will" (*Sußner* 2009, S. 258; ebenfalls kritisch in Bezug auf die *bayerische* Lösung: *Höynck/Hosser* 2007, S. 393).

701 Vgl. *Dünkel* 2007, S. 3.

702 Vgl. *Eisenberg* 2008, S. 254; 2007, S. 155; ähnlich *Höynck/Hosser* 2007, S. 389.

703 Vgl. S/B/J/L-*Wischka* 2009, § 7 Rn. 12; AK-*Kellermann/Köhne* 2012, vor § 17 Rn. 8; *Fleck* 2004, S. 169; *Walkenhorst* 2007a, S. 381 f.; Ostendorf-*Kirchner* 2009, Kap. 3 Rn. 40; *Grosch* 1995, S. 18.

704 Vgl. *Laubenthal* 2011, Rn 374 m. w. N.; *Fleck* 2004, S. 169; AK-*Kellermann/Köhne* 2012, vor § 17 Rn. 8; Ostendorf-*Kirchner* 2009, Kap. 3 Rn. 40; *Köhne* 2007, S. 112.

Plausibel und dem Vollzugsziel dienlich erscheint die in einigen Gesetzen getroffene Vorgabe, die Wohngruppen nach den entsprechenden Eigenheiten der Gefangenengruppen zu gliedern.[705] Gleichzeitig dient man damit auch der Schutzpflicht (etwa durch die Trennung von jüngeren und älteren Gefangenen).[706] Gleiches gilt für die in *Hamburg* und *Bayern* gemachte Ergänzung, den Wohneinheiten „pädagogisch ausgebildete" Bedienstete zuzuweisen und mit Behandlungs- und Freizeitangeboten auszustatten.[707] Auch ohne ausdrückliche Nennung ergeben sich diese Anforderungen in den übrigen Gesetzen aus dem Erziehungsziel.[708] Die intensive und qualifizierte Betreuung der Wohngruppe ist nicht zuletzt auch deshalb notwendig, weil von dem räumlich verdichteten Einfluss der Gleichaltrigengruppe bei mangelnder Kontrolle auch zusätzliche subkulturelle und gruppendynamische Gefahren ausgehen können.[709]

7.7.3.4 Ausstattung des Haftraumes, persönlicher Gewahrsam und Verpflegung

Im Sinne der Angleichungsmaxime der Nr. 53.3 ERJOSSM erhalten die jungen Gefangenen in allen Gesetzen die Möglichkeit, ihren Haftraum mit persönlichen und alltäglichen Gegenständen auszustatten. Die dabei gemachten Einschränkungen widersprechen zwar der Angleichung, sind aber zur Aufrechterhaltung der inneren und äußeren Sicherheit und des Vollzugszieles unerlässlich, sodass eine „ausgleichende Lösung" gefunden werden muss.[710] Auch hier ist Zurückhaltung geboten – insbesondere dann, wenn nicht mehr Fragen der „Sicherheit und Ordnung" selbst, sondern immer mehr der dahinter stehende Verwaltungsaufwand und der Kostendruck zu bestimmenden Elementen von Entscheidungen über die Zulassung bestimmter Gegenstände zu werden drohen.

Fraglich erscheint, inwieweit die vielerorts geschaffene Ermächtigungsgrundlage, die es den Anstalten erlaubt, die Gefangenen an den Stromkosten „für die in ihrem Gewahrsam befindlichen Geräte" zu beteiligen, mit dem Vollzugsziel vereinbar ist. Zwar ist der Ansatz nachvollziehbar, demzufolge im Sinne einer Angleichung mit der Außenwelt die Gefangenen für jene von ihnen verursachten Kosten aufkommen sollen, die sie auch in Freiheit zu bezahlen

---

705 So auch AK-*Kellermann/Köhne* 2012, vor § 17 Rn. 8.

706 Vgl. *Laubenthal* 2011, Rn 375 m. w. N.

707 Vgl. *Eisenberg* 2008, S. 254; ähnlich *Walkenhorst* 2007a, S. 382.

708 Sie werden deswegen auch in den Gesetzesbegründungen vorausgesetzt. Vgl. z. B. die Begründung zu § 26 JStVollzG RLP (Rlp. Ltg. Drs. 15/1190).

709 Vgl. *Fleck* 2004, S. 169; AK-*Kellermann/Köhne* 2012, vor § 17 Rn. 9.

710 Ostendorf-*Kirchner* 2009, Kap. 3 Rn. 22.

hätten.[711] Jedoch könnten dabei die negativen Aspekte der Angleichung die positiven Aspekte überwiegen. Nur letztere sollen zudem bei Angleichungserwägungen gemäß Nr. 53.3 ERJOSSM zum Tragen kommen. Ein resozialisierungsrelevanter Lerneffekt wäre bei einer Kostenbeteiligung im Einzelfall dann denkbar, wenn die Gefangenen die ihnen zur Verfügung gestellte Energie in unverhältnismäßigem Maße und verschwenderisch in Anspruch nehmen würden. Dies ist jedoch bei den zumeist wenigen für den persönlichen Besitz zugelassenen Geräten kaum denkbar.[712] Soweit es zudem um Geräte geht, die die Grundbedürfnisse der Gefangenen betreffen (z. B. Rasierer, Radio, Leselampen), ist die Anstalt zur Sicherstellung der angemessenen Grundversorgung verpflichtet.[713] Die jungen Gefangenen sind dementsprechend auch nicht mit Bürgern in Freiheit zu vergleichen, da sie aufgrund der Vollzugssituation eben nicht über vergleichbare finanzielle Mittel verfügen. Die Bereitstellung von Energie ist insoweit nicht anders zu bewerten als die Versorgung mit Kleidung und Verpflegung. Eine dahingehende Eingrenzung, dass zumindest dieser garantierte Grundbedarf von der Beteiligungspflicht auszunehmen ist, sehen die betroffenen Landesgesetze hingegen nicht vor. Sie ermächtigen pauschal zu einer ermes-

---

711 Vgl. z. B. die Begründung zu § 28 JStVollzG RLP (Rlp. Ltg. Drs. 15/1190). Zynisch mutet dabei die dort aufgeführte bisherige rechtliche Ausgestaltung an: Danach wurden die Kosten bisher u. a. im Wege eines zwischen Anstalt und Gefangenen geschlossenen „privat-rechtlichen oder öffentlich-rechtlichen" Vertrages erhoben. Die lapidare Anmerkung, dass bisher noch „kein Gericht" diese Praxis „beanstandet" habe, lässt darauf schließen, dass man sich der Fragwürdigkeit dieser rechtlichen Konstruktion durchaus bewusst ist. Es bleibt zudem eine ironische Note, weil das bisherige Rechtschutzverfahren im Jugendstrafvollzug ein erfolgreiches gerichtliches Vorgehen gegen diese Maßnahme kaum wahrscheinlich gemacht hätte, vgl. Abschnitt 7.15.3. Sofern man § 50 StVollzG mit seinen engen Voraussetzungen zur Erhebung von Haftkostenbeteiligungen nicht ohnehin für abschließend hält (vgl. AK-*Kellermann/Köhne* 2012, § 19 Rn. 7; *Calliess/Müller-Dietz*, § 19 Rn. 7; a. A. OLG Celle NStZ 2005, S. 288), dürfte klar sein: Die Verwaltung kann von den Vorbehalt des Gesetzes (vgl. Dreier-*Schulze-Fielitz* 2006, Art. 20 GG (Rechtsstaat) Rn. 105 ff.) nicht leichthin durch eine vertragliche Gestaltung umgehen (vgl. S/B/S-VwVfG-*Bonk* 2008, § 56 Rn. 4 m. w. N.). Dies gilt erst Recht für sensiblen Bereich des Strafvollzugs und im Umgang mit Strafgefangenen, in deren Situation von vielem die Rede sein dürfte, aber sicher kaum von Privatautonomie. Soweit man die Energielieferung als Aufgabe der Grundversorgung des Gefangenen ansieht (vgl. *Calliess/Müller-Dietz*, § 19 Rn. 7), stellt sich daher auch die Frage nach § 138 Abs. 2 BGB und der Nichtigkeit eines solchen Vertrages („Ausbeutung einer Zwangslage", vgl. *Jauernig* 2009, § 138 Rn. 22; Palandt-*Ellenberger* 2010, § 138 Rn. 65 ff.). Unverständlich bleibt dabei, warum sich Behörden für Beträge von 1,75 € im Monat pro Gefangenen (vgl. OLG Celle) so offensichtlich, trotz ihrer Verpflichtung zum rechtmäßigen Handeln, in juristische Grauzonen begeben (ähnlich kritisch: *Dünkel* 2007c, S. 8.).

712 Übersicht (für den Erwachsenenvollzug) bei AK-*Kellermann/Köhne* 2012, § 19 Rn. 6.

713 Vgl. auch OLG Celle NStZ 2005, S. 288; *Calliess/Müller-Dietz* 2008, § 19 Rn. 7.

sensabhängigen Kostenbeteiligung und erwecken somit den Eindruck, die jungen Gefangenen könnten (zumindest in diesem Bereich) an Vollzugskosten beteiligt werden.

Entsprechend Nr. 68.1 ERJOSSM wird überall eine angemessene Ernährung der jungen Gefangenen vorgesehen. Durch die Einkaufsregelungen besteht außerdem die Möglichkeit, dass sie sich im Sinne von Nr. 68.4 ERJOSSM vereinzelt auch selbst versorgen können, wodurch zumindest teilweise die Selbstständigkeit der jungen Gefangenen im Sinne der Angleichung gefördert werden kann.[714]

7.7.3.5 *Kleidung*

Anders als die Nr. 66 ERJOSSM[715] gehen nicht alle Landesgesetze, was die Bekleidung der Gefangenen betrifft,[716] vom Tragen privater Kleidung aus. Da aber auch die ERJOSSM nur Kleidung zulassen wollen, die „geeignet" ist, entsprechen dem Ansatz der Mindeststandards noch am ehesten jene Landesregelungen, die das Tragen eigener Kleidung zum Regelfall erklären und nur im Einzelfall mögliche Beschränkungen vorsehen. Letztlich geht es auch hier um Angleichung im Sinne der Nr. 53.3 ERJOSSM. Die Persönlichkeitsentfaltung der jungen Gefangenen soll so weit wie möglich zugelassen werden, wodurch Entwertungsgefühle und Deprivationseffekte gemindert werden,[717] und damit auch das gesamte, für den Resozialisierungsvollzug bedeutsame Vollzugsklima aufgewertet wird.[718]

Für den Jugendstrafvollzug ergeben sich jedoch Einschränkungen: Bekleidung kann unter Jugendlichen einen wesentlichen, mit schädlichen Einflüssen verbundenen Identifikationsfaktor darstellen.[719] Unter „ungeeigneter" Kleidung verstehen die ERJOSSM daher vor allem Kleidungsstücke, die „soziale und

---

714 So auch *Köhne* 2004, S. 607 der noch weiter gehend die generelle Gestattung der Selbstverpflegung fordert (allerdings in Bezug auf den Erwachsenenvollzug).

715 Weitgehend entsprechend, wenn auch etwas unverbindlicher: Nr. 36 der UN-Regeln zum Schutz von Jugendlichen unter Freiheitsentzug (*Havanna*-Rules).

716 Vgl. *Dünkel* 2008, S. 392.

717 So auch S/B/J/L-*Böhm/Laubenthal* 2009, § 20 Rn. 1; ähnlich: Ostendorf-*Kirchner* 2009, Kap. 3 Rn. 52; *Eisenberg* 2012, § 92 Rn. 86; 2007, S. 155; AK-*Kellermann/Köhne* 2012, § 20 Rn. 3; KAGS 2007.

718 Vgl. *Köhne* 2003, S. 60; ebenso *J. Walter* 2006, S. 242, der darüber hinaus für die Abschaffung der Dienstkleidung des allgemeinen Vollzugsdienstes plädiert, die das ohnehin vorhandene Machtgefälle im Vollzug noch zusätzlich unterstreichen; dementsprechend der Regelungsvorschlag bei *Tondorf* 2006, § 20.

719 Vgl. Ostendorf-*Kirchner* 2009, Kap. 3 Rn. 53.

materielle Hierarchienbildung", und damit die Einflüsse der Subkultur[720] bestärken.[721] Anstaltsvorschriften hinsichtlich der zu tragenden Kleidung dienen folglich auch der Gegenwirkung und dem Schutz der Gefangenen. Damit lässt sich grundsätzlich auch eine Schlechterstellung gegenüber dem Erwachsenenvollzug wie in *Niedersachsen* rechtfertigen (auch wenn diese mit der Regelanordnung von Anstaltskleidung zu weit geht).[722]

Dennoch fällt die Einschränkbarkeit des Rechts auf eigene Kleidung in *Hamburg* und *Baden-Württemberg* mit den eingefahrenen Begriffen der „Sicherheit und Ordnung" zu umfangreich aus. Zwar decken sie mit der „inneren Sicherheit" und der „Ordnung" vor allem die aufgezeigten Gefahren ab, aber auch den systematisch miterfassten Bereich der „äußeren Sicherheit". Soweit dafür vereinzelt noch die Erschwerung von Fluchtmöglichkeiten als Begründung Pate stand, erscheint dies praxisfern, da heutige Gefangenenkleidung in der Außenwelt kaum noch als solche erkennbar ist.[723] Wäre sie jedoch entsprechend auffallend gestaltet, stünde sehr in Zweifel, ob eine entsprechende Bekleidung aufgrund der damit einhergehenden Diskriminierung und Stigmatisierung noch mit dem Vollzugsziel und Verhältnismäßigkeitsgrundsatz vereinbar wäre. Dementsprechend noch weniger geeignet erscheint die *Bremer* Norm, die geradezu uferlos unbestimmt selbst ohne das Kriterium der „Sicherheit und Ordnung" auskommt.

Gänzlich unzulässig ist die Verpflichtung des Tragens von Anstaltskleidung als selbstständiges Strafübel, denn nach Nr. 49.1 ERJOSSM darf die Jugendstrafe über die Notwendigkeiten der bloßen Freiheitsentziehung hinaus keine gezielt belastenden Elemente enthalten. Insofern erscheint es ebenfalls bedenklich, wenn die Kleiderordnung von den Gefangenen vornehmlich als eigenständig strafender Aspekt der Haft verstanden wird.[724] Auch dies spricht folglich für eine Regelung, die eine weniger negative Wahrnehmung der Kleiderordnung durch die Gefangenen hervorbringt.

Die teilweise vorgesehene Verpflichtung des Gefangenen seine Kleidung selbst zu pflegen und instand zu halten, erscheint im Übrigen als eine zweckmäßige, resozialisierende Angleichung an die Außenwelt. Im Idealfall werden dem jungen Gefangenen dadurch zusätzliche Fähigkeiten zur Alltagsbewältigung in der Außenwelt vermittelt.[725]

---

720 Vgl. dazu *J. Walter* 2011, S. 144 ff.

721 Vgl. ERJOSSM commentary zu Rule Nr. 66; ähnlich auch *Arloth* 2011, mit Hinweis auf die Vorauflage 2008, § 122 NJVollzG; *Eisenberg* 2008, S. 255.

722 Im Ergebnis ebenso: *Schwirzer* 2007, S. 184 f.

723 Vgl. *Köhne* 2003, S. 61.

724 So Ostendorf-*Kirchner* 2009, Kap. 3 Rn. 52.

725 Vgl. *Köhne* 2003, S. 60.

7.7.4 Zusammenfassung

Die neu geschaffenen Regelungen zur Unterbringung zeugen weniger von Reformwillen als von dem Bestreben, sich durch flexible Regelungen die Möglichkeit zu bewahren, an der vorhandenen Praxis festzuhalten.

Hinsichtlich der belegungsintensiven Einzelunterbringung zur Ruhezeit, erklären zwar alle Landesgesetze diese zum Regelfall, vielfach finden sich jedoch auch aufweichende Regelungen, die mehr oder weniger offen erkennen lassen, dass man zumindest potentiell weiter am Limit der Belegungsfähigkeit der Anstalten und damit auch am Rande der Rechtmäßigkeit agieren können will.726 Besonders ungünstig fällt dabei die *bayerische* Regelung aus. Das *hessische* und noch mehr das *hamburgische* Gesetz stehen diesbezüglich mit den internationalen Mindeststandards weitgehend im Einklang.

Einen klaren Verstoß gegen Nr. 63.1 ERJOSSM stellt die in allen Gesetzen fehlende gesetzliche Normierung von räumlichen Mindestanforderungen bezüglich der Haftträume dar.

Auch hinsichtlich der Belegungsfähigkeit einzelner Wohngruppen hält sich ein Großteil der Gesetze stark zurück. Vorbildlich fällt hier die *hessische* Regelung aus, die eine Regelbelegung von acht Gefangenen vorsieht. Gleichzeitig bleiben, bis auf das *sächsische* Gesetz, alle Landesgesetze sehr offen und nebulös, was Ausnahmen von der Wohngruppenunterbringung betrifft. Das bringt den Wohngruppenvollzug potentiell noch weiter in Unsicherheiten. Auch hinsichtlich der Ausgestaltung der Wohngruppen bleiben die Gesetze zumeist sehr vage.

Anders als die ERJOSSM entscheiden sich die meisten Landesgesetze für das Tragen von Anstaltskleidung als Regelfall und selbst in *Bremen, Hamburg* und *Baden-Württemberg*, wo man wie in den Mindeststandards grundsätzlich eigene Kleidung vorsieht, geht man bei der Frage der Einschränkbarkeit über die Vorgaben der ERJOSSM hinaus.

Insgesamt lässt sich festhalten, dass das Bestreben, gängige Vollzugspraktiken legislativ abzusichern, einhergeht mit Kostenminimierungstendenzen, die wenig konstruktiv und im Detail auch schon mal kleinlich wirken (Stichwort: Stromkostenbeteiligung).

7.8 Religionsausübung

Abschnitt E.12 der ERJOSSM widmet sich der Gewährleistung der Gedanken- sowie der Gewissens- und Glaubensfreiheit. Insbesondere hinsichtlich der akti-

---

726 Vgl. dazu auch *Flügge* 2008, S. 41.

ven Religionsausübung und ihrer praktischen Implikationen ergibt sich dabei im Jugendstrafvollzugsrecht ein eigener Regelungsbereich.[727]

Die ERJOSSM postulieren zunächst allgemein in Nr. 87.1, dass „Gedanken-, Gewissens- und Religionsfreiheit der Jugendlichen [...] zu respektieren" sind. Nr. 87.2 ERJOSSM gibt im Anschluss praktische Beispiele für die Sicherstellung der aktiven Religionsfreiheit. Nr. 87.3 ERJOSSM garantiert den Schutz der passiven Religionsfreiheit vor aufgedrängten religiösen Betätigungen.[728]

Die Landesgesetze fallen bis auf redaktionelle Feinheiten inhaltsgleich aus und entsprechen weitgehend den Regelungen zum Erwachsenenvollzug.[729] Übereinstimmend mit den Mindeststandards wird den Gefangenen der Kontakt mit Vertretern bzw. Seelsorgern ihrer Religionsgemeinschaft, der Besitz religiöser Schriften und anderer religiöser Gegenstände und die Teilnahme an religiösen Veranstaltungen ermöglicht. Dabei befinden sich auch die vorhandenen Einschränkungen, die im Wesentlichen auf die Wahrung von „Sicherheit und Ordnung" abzielen, in dem von den ERJOSSM vorgegebenen Rahmen.[730]

Am Rande sei hier nochmals auf die problematische Regelung des § 2 JVollzG BW-IV hingewiesen, in dem sich das Land *Baden-Württemberg* die Erziehung zu „Ehrfurcht vor Gott, im Geiste christlicher Nächstenliebe" als Erziehungsgrundsatz auf die Fahnen schreibt. Im Hinblick auf die negative Glaubensfreiheit ist dieser Vorsatz weder verfassungsrechtlich noch vor dem Hintergrund internationaler Mindeststandards[731] tragbar.[732] Soweit man die Regelung nur als gut gemeintes, diffuses, aber letztlich unverbindlich-harmloses Postulat allgemeiner Werte versteht[733], gilt dennoch: Keinesfalls dürfen daraus Rück-

---

727 Abschnitt 5 JVollzGB BW-IV; Art. 122 i. V. m. Abschnitt 7 BayStVollzG; Sechster Abschnitt JStVollzG Bln, BbgJStVollzG, BremJStVollzG, JStVollzG MV, JStVollzG RLP, SJStVollzG, SächsJStVollzG; ThürJStVollzG, JStVollzG LSA, JStVollzG SH, Siebter Abschnitt JStVollzG NRW; § 132 i. V. m. Abschnitt 7 NJVollzG; Abschnitt 8 HmbJStVollzG; Siebter Abschnitt HessJStVollzG.

728 Weitgehend identisch: Nr. 48 der UN-Regeln zum Schutz von Jugendlichen unter Freiheitsentzug.

729 Vgl. auch Ostendorf-*Bochmann* 2009, Kap. 6 Rn. 3.

730 Nr. 87.2 ERJOSSM verlangt die Garantie der aktiven Religionsfreiheit „soweit wie möglich", was impliziert, dass Einschränkungen vollzugsbedingt bestehen können.

731 Vgl. Art. 9 EMRK; Art. 18 IPBPR; Art. 14 UN-KRK. Da es sich bei allen drei Regelwerken zudem um „*hard law*" handelt, welches im Wege der Ratifizierung im Rang von Bundesrecht steht, muss die Landesnorm genau genommen ohnehin als unwirksam angesehen werden, vgl. *März*, in: *Mangoldt/Stark/Klein* 2005, Art. 31 Rn. 33; *Umbach/Clemens* 2005, Art. 31 Rn. 18 f.; vgl. zu ähnlichen Problematik bei den Vollzugszielen in *Abschnitt 7.2.3.3.*

732 Vgl. *Dünkel/Pörksen* 2007, S. 56; *Eisenberg* 2012, § 92 Rn. 31.

733 So wohl D/S/S-*Sonnen* 2011, § 3 Rn. 5 JStVollzG.

schlüsse für das religiöse Leben in der Anstalt gezogen werden. Auf Aspekte der praktischen Religionsausübung darf dieses „Erziehungsziel" nicht durchschlagen.

7.9 Medizinische Versorgung

Sowohl die ERJOSSM[734] als auch die Landesgesetze[735] sehen detaillierte Regelungen im Bereich der Gesundheitsfürsorge vor. Die umfangreichen Vorgaben der Mindeststandards weisen dabei jedoch eine stark praxisbezogene Regelungsdichte auf, die in der inhaltlichen Tiefe über das abstrakt-generelle Regelungsniveau der Landesgesetze hinausgeht und sich eher auf der Ebene von Verwaltungsvorschriften bewegt. Es wird hier daher nur im Überblick auf den Bereich der Gesundheitsfürsorge einzugehen sein, und zwar soweit es um gesetzgeberische Grundentscheidungen geht. Dabei halten sich Mindeststandards und Landesgesetze prinzipiell an dieselbe Zielrichtung, die nur in Detailfragen leichterer Kurskorrekturen bedürfte: Im Grundsatz wird der Vollzug verpflichtet, die „körperliche und geistige Gesundheit" der Gefangenen nach den gesellschaftlich anerkannten medizinischen Standards zu gewährleisten.[736] Vor dem Hintergrund, dass Jugendliche eine besondere, sich auch auf die Gesundheit auswirkende Haftempfindlichkeit aufweisen,[737] erschiene es jedoch angebracht, auch in den Landesgesetzen entsprechend Nr. 70.1 ERJOSSM darauf hinzuweisen, dass das „besondere Augenmerk" des Vollzugs „auf Gesundheitsgefahren zu richten" ist, „die sich aus dem Freiheitsentzug ergeben". Die primäre Ausrichtung auf das Äquivalenzprinzip[738], demzufolge im Sinne der Angleichung medizinische Leistungen am „Standard der gesetzlichen Krankenkassen" auszurichten sind,[739] bedürfte daher einer dahingehenden Ergänzung. Dies entspräche auch eher der modifizierten Form des Angleichungsgrundsatzes in Nr. 53.3 der ERJOSSM, wonach sich dieser auf die „positiven" Aspekte des Lebens in Freiheit konzentrieren soll. Eine solche, grundlegende Wertentscheidung sollte die Tendenz verstärken, negative Eigenheiten des Gesundheitssystems, soweit sie

---

734   Vgl. Abschnitt E.9. der ERJOSSM.

735   Abschnitt 6 JVollzGB BW-IV; Art. 151 i. V. m. Abschnitt 8 BayStVollzG; §§ 32 bis 36 JStVollzG Bln, BbgJStVollzG, BremJStVollzG, JStVollzG MV, JStVollzG RLP, SJSt-VollzG, SächsJStVollzG; ThürJStVollzG , JStVollzG SH, §§ 32 bis 42, 91 JSt-VollzG LSA; Neunter Abschnitt JStVollzG NRW; §§ 127 i. V. m. 56 bis 63 NJVollzG; Abschnitt 9 HmbJStVollzG; §§ 23 bis 25 HessJStVollzG.

736   Nr. 69.2 ERJOSSM und z. B. §§ 32 und 34 JStVollzG Bln.

737   Vgl. Ostendorf-*Kirchner* 2009, Kap. 3 Rn. 66; *Walkenhorst* 2010, S. 26.

738   Vgl. Ostendorf-*Kirchner* 2009, Kap. 3 Rn. 65.

739   Exemplarisch: § 34 Abs. 1 S. 3 JStVollzG Bln.

junge Gefangene besonders schwer treffen,[740] nicht auf die medizinische Versorgung in der Anstalt zu übertragen. Auch mit Blick auf das Wiedereingliederungsziel und dafür relevante Spezialbehandlungen[741] erschiene eine solche vollzugsspezifische Leitnorm gerechtfertigt.

Nach den ERJOSSM muss es den Gefangenen möglich sein, sich mindestens zwei Stunden am Tag zu bewegen, davon mindestens eine Stunde im Freien (Nr. 81). Nahezu alle Gesetze begnügen sich mit der Erfüllung dieses Mindestmaßes und sehen einen Anspruch von einer Stunde Aufenthalt im Freien vor. Die Regelungen *Bayerns* und *Baden-Württembergs* sehen immerhin zwei Stunden für arbeitsfreie Tage vor. Da die ERJOSSM den Begriff der Bewegung eher zweckgerichtet körperlich aktiv anlegen („exercises"), stellt sich aber im Bereich der Freizeitgestaltung die Frage, ob die Landesregelungen diese Vorgabe hinsichtlich qualifizierter Bewegung erfüllen.[742]

Des Weiteren könnte ein größeres Augenmerk auf den in Nr. 53.5 ERJOSSM formulierten Integrationsgrundsatz gelegt werden, wonach das Anstaltsleben möglichst in das wirtschaftliche und soziale Umfeld der Gemeinden eingebunden sein sollte.[743] Dies spräche für Regelungen, die eine primäre Krankenversorgung außerhalb der Anstalt vorsehen und erst subsidiär, etwa aus Gründen der Sicherheit, auf eine Versorgung im Krankenrevier zurückgreifen.

7.10 Arbeit, Ausbildung und Freizeit

Große Teile der in den Jugendstrafvollzug gelangten Jugendlichen und Heranwachsenden blicken bereits auf einen Lebenslauf mit den verschiedensten, nicht nur strafrechtlich relevanten Fehlentwicklungen zurück,[744] die häufig mit man

---

740 Die Erhebung der in der Außenwelt üblichen „Praxisgebühr" (vgl. *Blüthner* 2005, S. 96) dürfte Gefangene nicht nur deshalb besonders hart treffen, weil durch den Einfluss der Haft eine erhöhte Gefahr für die Gesundheit besteht und damit eher Behandlungen notwendig werden (vgl. Ostendorf-*Kirchner* 2009, Kap. 3 Rn. 66), sondern auch weil ihnen dadurch in Relation zur Außenwelt deutlich weniger Geldmittel zur Verfügung stehen.

741 Zu denken wäre etwa an normalerweise kostenpflichtige und kostspielige Eingriffe wie das Entfernen von resozialisierungsschädlichen Tätowierungen, vgl. dazu im Detail Ostendorf-*Kirchner* 2009, Kap. 3 Rn. 74.

742 Siehe dort *Abschnitt 7.10.3.2.1.*

743 Noch konkreter äußert sich dazu Nr. 49 der UN-Regeln zum Schutz von Jugendlichen unter Freiheitsentzug, die „Stigmatisierung" verhindern und „Selbstachtung und Eingliederung" fördern wollen.

744 *J. Walter* 2011, S. 144.

gelnden Sprachkenntnissen sowie fehlender Schul- und Berufsausbildung[745] und Arbeitslosigkeit[746] einhergehen.

Nicht selten werden schulischen und beruflichen Qualifikationen protektive, also vor Delinquenz schützende Eigenschaften zugeschrieben, sei es aus anomietheoretischer (zusätzliche legitime Mittel), lerntheoretischer (Erlernen zusätzlicher Konfliktlösungsstrategien), kontrolltheoretischer (zusätzliche soziale Einbettung) oder labeling-theoretischer Sicht (weniger selektive Aufmerksamkeit der Kontrollinstanzen).[747] Die Bereitstellung von Maßnahmen der schulischen und beruflichen Bildung im Strafvollzug erscheint vor diesem Hintergrund unumgänglich. Daneben werden die Stärkung des Selbstwertgefühles und die Schaffung materieller Grundlagen bezweckt.[748] Diese begründen die Basis für kompensierendes Konsumverhalten und bieten die Chance, dass der Gefangene Teile seiner Schulden begleichen kann.[749] Darüber hinaus ist die Gefangenenbeschäftigung nicht selten auch unter den Gefangenen als probates Mittel gegen die Monotonie des Haftalltags beliebt.[750] Unter diesem Eindruck nannte daher schon § 91 Abs. 2 JGG *a. F.* „Arbeit" und „Unterricht" als wesentliche Erziehungsgrundlagen des Vollzuges. Ebenso stufte das wegweisende Urteil des Bundesverfassungsgerichtes vom 31.05.2006 die „Ausbildung von Fähigkeiten und Kenntnissen, die einer künftigen beruflichen Integration die-

---

745 *Wirth* geht von zwei Dritteln ohne Schulabschluss und von 87% ohne berufliche Qualifikation aus, vgl. *Wirth* 2007, S. 260. Bei *Dolde/Grübl* 1996, S. 240 sind es 53%. Ähnliche Ergebnisse auch bei *Lang* 2007, S. 112 ff. Kaum bessere Zahlen ergeben sich nach der Haft, vgl. *Simonson/Werther/Lauterbach* 2008, S. 450; dazu auch *Walkenhorst* 2002a, S. 291.

746 Nach *Wirth* sollen ca. 70% der jungen Gefangenen bei Inhaftierung ohne Arbeit sein, 57% gelten als Langzeitarbeitslose, vgl. *Wirth* 2007, S. 260. In einer älteren Untersuchung von *Dünkel* bestritten 46% der Jugendstrafgefangenen ihr „Einkommen überwiegend aus Arbeitslosengeld/-hilfe", vgl. *Dünkel* 1996a, S. 37; 50,9% einer Untersuchungsgruppe in Mecklenburg-Vorpommern, vgl. *Lang* 2007, S. 114. Ähnliche und teilweise noch höhere Zahlen werden auch aus dem *bayerischen* Vollzug gemeldet, vgl. *Schneider* 2010, S. 248; vgl. ferner für *Österreich Hammerschick/Pilgram/Riesenfelder* 1997, S. 161 ff. Wiederum ähnlich nach der Haft, vgl. *Simonson/Werther/Lauterbach* 2008, S. 450.

747 Vgl. *H.-J. Albrecht* 2003, S. 119 ff.; *Lang* 2007, S. 113; *Sußner* 2009, S. 98 m. w. N.; *Geissler* 1991, S. 23; *Simonson/Werther/Lauterbach* 2008, S. 445 f. m. w. N.; *Jehle* 1994, S. 260; *Webster u. a.* 2001, S. 65 ff.; aus empirischer Sicht vorsichtig zuversichtlich unter Zusammenfassung von Daten aus Meta-Analysen: *Dünkel/Drenkhahn* 2001, S. 393 m. w. N.

748 Vgl. auch *Lang* 2007, S. 133; *Lohmann* 2002, S. 52 m. w. N.

749 Vgl. *Lohmann* 2002, S. 144; *Zolondek* 2007, S. 232; *BAG-S* 1993, S. 175.

750 Vgl. *Zolondek* 2007, S. 236; *Lohmann* 2002, S. 59; *Lee* 1994, S. 160 m. w. N.; ähnlich *Sußner* 2009, S. 102.

nen", als besonders bedeutsam ein.[751] Dementsprechend spielt auch im neuen Jugendstrafvollzugsrecht dieser Bereich eine gewichtige Rolle.

In der Praxis hat die Umsetzung dieser hohen Erwartungen durch die Beschränkungen des Vollzuges naturgemäß viele Hürden zu nehmen – etwa die organisationsbedingt beschränkte Auswahl an spezifischen Ausbildungsangeboten. Hier geraten die Ausbildungsambitionen teilweise auch in ein Spannungsfeld zu anderen als günstig angesehenen Gestaltungszielen. Befolgt man etwa konsequent das Prinzip der heimatnahen Unterbringung (Nr. 53.5 und Nr. 55 ERJOSSM), so werden kleine Bundesländer innerhalb der zu erwartenden sehr kleinen Anstalten kaum ein ausdifferenziertes Ausbildungsangebot vorhalten können.[752] Es sei denn, es liegen zugleich wenig restriktive Freigängerregelungen vor, die Ausbildungen in Betrieben außerhalb der Anstalt ermöglichen.[753] Ein ähnliches Problem ergibt sich insbesondere auch für die sehr kleine Gefangenengruppe der jungen Frauen im Jugendstrafvollzug.[754] Dies gilt jedenfalls dann, wenn man bei diesen die Trennungsgrundsätze, wonach eine gemeinsame Unterbringung mit männlichen oder erwachsenen weiblichen Gefangenen nicht erfolgen soll, strikt anwendet.[755]

Dem von Beschäftigungsmaßnahmen geprägten Zeitraum steht der Bereich der Freizeit unmittelbar gegenüber.[756] Im Allgemeinen spielen Freizeit und körperliche Betätigung[757] für die Entwicklung eines Heranwachsenden bzw. Jugendlichen und folglich für die Erreichung des Vollzugsziels eine gewichtige Rolle.[758] Sie können in ihrer Bedeutung auf eine Stufe mit schulischer Bildung

---

751 BVerfG NJW 2006, S. 2095.

752 Vgl. *Zolondek* 2007, S. 236. Im Gegensatz dazu bietet ein zentralisierter Jugendstrafvollzug wie in *Baden-Württemberg* mit der sehr großen JVA Adelsheim die Möglichkeit, ein sehr breites Spektrum an hochwertigen Ausbildungsmöglichkeiten anzubieten.

753 Ähnlich *Zolondek* 2007, S. 236.

754 Vgl. Ostendorf-*Sandmann* 2009, Kap. 4 Rn. 10; *Steinhilper* 1993, S. 146; so auch für den Frauenstrafvollzug *Zolondek* 2007, S. 248.

755 Die entsprechenden Regelungen der ERJOSSM sehen für diese Problematik Ausnahmeregelungen vor (vgl. Nr. 59 und Nr. 60 ERJOSSM). Erprobenswert erscheinen daher auch Modelle wie das der JA Neustrelitz, die männliche und weibliche Gefangene zwar in getrennten Hafthäusern unterbringt, aber zum Teil gemeinschaftlich ausbildet. Denkbar ist auch eine länderübergreifende Zusammenarbeit (vgl. Ostendorf-*Sandmann* 2009, Kap. 4 Rn. 10), die das Prinzip der heimatnahen Unterbringung allerdings noch weiter zurückstellt, vgl. dazu *Rothe-Gronotte* 2008, S. 91 f.

756 Allgemein zum Begriff der „Freizeit" aus Sicht des Strafvollzuges vgl. *Walkenhorst* 2000, S. 266 f.

757 Vgl. UN-Regeln zum Schutz von Jugendlichen unter Freiheitsentzug Nr. 47.

758 Vgl. Ostendorf-*Fiedler/Vogel* 2009, Kap. 5 Rn. 4.

und Arbeit gestellt werden,[759] was sich auch insofern in der Gesetzgebung der Länder widerspiegelt, als dass die Freizeit überall einen eigenen „Abschnitt" einnimmt.[760]

7.10.1 Vorgaben der ERJOSSM

Grundlegend bestimmt Nr. 50.1 ERJOSSM, dass den jungen Gefangenen der „Zugang zu einer Auswahl an sinnvollen Beschäftigungen und Programmen auf der Grundlage eines umfassenden und individuellen Vollzugsplanes" zu gewähren ist, „der auf ihre Entwicklung durch eine weniger restriktive[761] Gestaltung des Vollzuges sowie Vorbereitung ihrer Entlassung und Wiedereingliederung in die Gesellschaft gerichtet ist. Diese Beschäftigungen und Programme sollen die körperliche und geistige Gesundheit der Jugendlichen, ihre Selbstachtung und ihr Verantwortungsgefühl ebenso fördern wie die Entwicklung von Einstellungen und Fertigkeiten, die sie vor dem Rückfall schützen."

Detailliertere Regelungen zu den Bereichen Arbeit, Ausbildung, Schule und Freizeit fassen die ERJOSSM unter der Überschrift „Aktivitäten im Rahmen des Vollzugs" zusammen.[762]

Hinter allen Regelungen stehen auch hier Bestrebungen der Angleichung (Nr. 53.3 ERJOSSM), der Gegensteuerung gegen die schädlichen Einflüsse des Vollzuges (Nr. 8, 49.1 ERJOSSM) und der Wiedereingliederung (Nr. 50.1 ERJOSSM) als Umsetzungen des Vollzugszieles der Resozialisierung (Nr. 2 ERJOSSM).

In Nr. 76.1 schicken die ERJOSSM zunächst voraus, dass die jungen Gefangenen zur „Teilnahme an [...] Aktivitäten nachhaltig zu ermutigen sind".[763] Dem trägt auch Nr. 76.2 Rechnung, indem alle Maßnahmen den „persönlichen Bedürfnissen" der Gefangenen „entsprechend ihrem Alter, ihrem Geschlecht, ihrer sozialen und kulturellen Herkunft, ihrem Reifegrad und der Art der begangenen Straftat" Rechnung tragen sollen. Gleichzeitig müssen alle Angebote auf „wissenschaftlichen Untersuchungen und professionellen Standardverfahren auf diesem Gebiet aufbauen".

---

759 Vgl. BVerfG NJW 2006, S. 2096 („physische Besonderheiten"); *Eisenberg* 2012, § 92 Rn. 96.

760 Vgl. Ostendorf-*Fiedler/Vogel* 2009, Kap. 5 Rn. 3.

761 Treffender als „einschneidende" in *BMJ* 2009.

762 Vgl. Abschnitt E.10 ERJOSSM.

763 Vgl. auch Nr. 50.2 und Nr. 50.3 ERJOSSM.

Nr. 77 ERJOSSM erklärt sodann, dass alle Angebote der „Ausbildung[764], der persönlichen und sozialen Entwicklung, der Berufsbildung, Resozialisierung und Vorbereitung auf die Entlassung dienen" sollen. Darauf folgt ein Regelbeispielkatalog mit entsprechenden Vollzugsangeboten. Genannt werden „Schulunterricht", „Berufsausbildung", „Arbeit und Ergo-(Arbeits-)therapie", „Staatsbürgerkunde", „soziales Training und Entwicklung sozialer Kompetenzen", „Antiaggressionstraining", „Suchtbehandlung", „Einzel- und Gruppentherapie", „Turnunterricht und Sport", „Studium und Fortbildung", „Schuldenregulierung", „Programme zur Schadenswiedergutmachung und Opferentschädigung", „kreative Freizeitgestaltung und Hobbys", „Tätigkeiten in der Gesellschaft außerhalb der Vollzugseinrichtung, tageweise Ausgang und andere Möglichkeiten, die Anstalt zu verlassen" und „Vorbereitung der Entlassung und Wiedereingliederung". Nr. 78.1 ERJOSSM normiert hierbei den Vorrang edukativer Maßnahmen vor bloßer Gefangenenarbeit.

Es sollen zudem Möglichkeiten geschaffen werden, die es den Gefangenen ermöglichen, „örtliche Schulen und Ausbildungszentren" zu besuchen und an anderen gesellschaftlichen „Aktivitäten" teilzunehmen (Nr. 78.2 ERJOSSM). Ist dies nicht möglich, soll zumindest die Ausbildung im Vollzug durch externe Stellen angeboten werden (Nr. 78.3 ERJOSSM).

Nr. 78.4 ERJOSSM formuliert ein Recht der jungen Gefangenen auf Fortführung ihrer „schulischen oder beruflichen Ausbildung". Soweit die Gefangenen schulpflichtig sind, dürfen sie auch gezwungen werden. Diese Ausbildung soll in das staatliche Ausbildungssystem integriert sein, um einen direkten Übergang zu ermöglichen (Nr. 78.5 ERJOSSM).

Gemäß Nr. 79 ERJOSSM sollen die Aktivitäten im Vollzugsplan festgehalten sein.

Soweit die Gefangenen arbeiten verlangt Nr. 82.1 ERJOSSM, dass ausreichend „ansprechende" Tätigkeiten von „pädagogischem Wert" angeboten werden sollen. Sie sind außerdem „angemessen zu vergüten" (Nr. 82.2 ERJOSSM). Das gleiche gilt für andere Maßnahmen, die während der Arbeitszeit stattfinden (Nr. 82.3 ERJOSSM). Zudem soll in Angleichung an die freie Gesellschaft eine „angemessene" Sozialversicherung vorhanden sein (Nr. 82.4).

Unabhängig von Frei- oder Arbeitszeit sollen die Gefangenen idealerweise acht Stunden am Tag außerhalb der Schlafräumlichkeiten sozialer Interaktion nachgehen können (Nr. 80.1 ERJOSSM). Darüber hinaus muss es den Gefangenen nach den ERJOSSM möglich sein, sich mindestens zwei Stunden am Tag

---

764 Die *Übersetzung* des *BMJ* 2009 mit „Erziehung" erscheint hier etwas ungünstig, weil der Begriff im deutschen Jugendstrafrecht stark vorbelastet ist und sprachlich mehr auf den persönlichkeitsbildenden Aspekt abzielt.

„körperlich zu betätigen"[765], davon mindestens eine Stunde im Freien (Nr. 81).[766]

Gemäß Nr. 80.2 ERJOSSM soll die Anstalt auch an den Wochenenden und während Feiertagen „sinnvolle Vollzugsangebote" vorsehen.

7.10.2 Landesrechtliche Regelungen

In allen Jugendstrafvollzugsgesetzen finden sich spezifische Normen, die zunächst die allgemeinen Bedingungen von schulischer und beruflicher Aus- und Weiterbildung sowie Arbeit regeln, und Aussagen zur Vergütung und Freistellung von der Arbeit machen.[767] In *Baden-Württemberg* wird hierbei explizit ein „Recht" der jungen Gefangenen auf „schulische und berufliche Bildung, sinnstiftende Arbeit und Training sozialer Kompetenzen"[768] festgeschrieben. Auch in *Hamburg* besteht dieses Recht. *Saarland* sieht immerhin ein Recht auf „Bildung und Ausbildung" vor. In den übrigen Landesgesetzen fehlt es zumeist an einem solchen einklagbaren Anspruch, entsprechende Maßnahmen werden von den sonstigen Gesetzen des *Neuner-Entwurfes, Sachsens* und *Nordrhein-Westfalens* lediglich vorausgesetzt. *Bayern* und *Hessen* betonen schlicht die „besondere Bedeutung" des Unterrichts. *Bayern* sieht dabei eine halbwegs zwingende Regelung vor, wonach die Gefangenen Unterricht „erhalten". *Niedersachsen* weist bezüglich Arbeit und arbeitstherapeutischen Maßnahmen schlicht auf die Zielrichtung der Wiedereingliederung hin. Ein verbindlicher Anspruch besteht hier zwar ebenfalls für Aus- und Weiterbildung, jedoch nur insofern, als entsprechende Angebote in ausreichendem Maße vorzuhalten „sind". Eine Berufsausbildung hingegen „soll" nur erfolgen. In *Hessen* bleibt bei fehlenden oder unpassenden Plätzen lediglich der allgemeine Verweis auf eine „an-

---

765 Die Übersetzung des *BMJ* 2009, die von dem schlichten Recht sich „bewegen" zu dürfen spricht, spiegelt nicht die Bedeutung von „exercises" wider, die eher für gezielte sportliche Ertüchtigungen und ähnliche, gegebenenfalls auch darüber hinausgehende Aktivitäten stehen, jedenfalls aber nicht nur für ein schlichtes „sich die Beine vertreten", welches man auch unter „bewegen" verstehen könnte, vgl. ERJOSSM commentary zu Rule Nr. 81 („Exercise includes but is not limited to sporting activities.").

766 Der Aufenthalt im Freien wird im deutschen Strafvollzugsrecht eher als Frage der Gesundheitsfürsorge angesehen, siehe daher auch *Abschnitt 7.9*.

767 §§ 40 bis 43, 52 JVollzGB BW-IV; Art. 146, 147 i. V. m. Art. 42 Abs. 1, 3, Art. 134 Abs. 2, Art. 148 i. V. m. Art. 44, Art. 206 BayStVollzG; §§ 37, 57, 58 JStVollzG Bln, BbgJStVollzG, BremJStVollzG, JStVollzG MV, JStVollzG RLP, SJStVollzG, SächsJStVollzG; ThürJStVollzG , JStVollzG SH, §§ 44, 64, 65 JStVollzG LSA; §§ 40 bis 44, 50 JStVollzG NRW; §§ 124, 125, 132 i. V. m. §§ 36, 37 Abs. 3 NJVollzG; §§ 34 bis 38, 42 f. HmbJStVollzG; §§ 27, 37, 38 HessJStVollzG.

768 Auch die angedeutete Ausweitung auf die beschäftigungstherapeutische Vermittlung von Sozialkompetenz stellt hier eine ganzheitlich orientierte Neuerung dar.

gemessene Beschäftigung".769 Allerdings wird hier in § 69 Abs. 1 HessJStVollzG ausdrücklich festgeschrieben, dass „Einrichtungen zur schulischen und beruflichen Bildung und zur arbeitstherapeutischen Beschäftigung" für „mindestens 75 von Hundert der Gefangenen vorzuhalten" sind. In *Niedersachsen* regelt man auch diesen letzten Auffangbereich – abweichend von der alten Regelung des § 37 Abs. 4 StVollzG – nur als „Soll-Vorschrift".

Hessen, Niedersachsen, Nordrhein-Westfalen, Sachsen und die Gesetze des *Neuner-Entwurfes* legen die Vorrangigkeit von Ausbildung vor bloßer Arbeit ausdrücklich fest.

In *Baden-Württemberg* und *Bayern* konkretisiert man zudem eine gewisse Bandbreite anzustrebender Schul- und Ausbildungsabschlüsse, und fordert „lebenskundlichen Unterricht", Religions- oder Ethikunterricht sowie „berufsbildenden Unterricht" ein.770 *Hessen* wird zudem darauf hingewiesen, dass schulische und berufliche Maßnahmen sich an der „voraussichtlichen Dauer der Inhaftierung sowie den außerhalb geltenden Anforderungen" auszurichten haben (ähnlich auch in *Hamburg* und *Baden-Württemberg*). Die Gefangenen sollen nach der Haft darauf „aufbauen" können – mit gegebenenfalls dafür zuständigen Stellen „ist rechtzeitig zusammenzuarbeiten".771 Eine verpflichtende Zusammenarbeit mit den „für Schule und Bildung zuständigen Behörden" sieht auch *Sachsen-Anhalt* vor.772

Als weitere Integrationsmaßnahme werden in *Baden-Württemberg* zudem ausdrücklich Sprach- und Deutschkurse genannt (ebenso in *Bayern, Hamburg, Hessen*).773

Auch ist in allen Gesetzen die Verpflichtung der jungen Gefangenen zur Mitarbeit vorgesehen. Dabei wird überall sinngemäß gefordert, dass die Beschäftigung an Fähigkeiten und Interessen der jungen Gefangenen orientiert sein soll. In *Baden-Württemberg* wird ergänzt, dass nicht arbeitsfähige Gefangene stattdessen arbeitstherapeutisch behandelt werden oder im sozialen Training untergebracht werden sollen. Ersteres wird auch in *Hamburg* und *Niedersachsen* angeführt. *Bayern* sieht allerdings ausdrücklich vor, dass Gefangene von Beschäftigungsmaßnahmen „abgelöst" werden können, wenn sich herausstellt, dass sie den Anforderungen nicht genügen, erzieherische Gründe dagegen sprechen oder der Abbruch aus Gründen der Sicherheit und Ordnung notwendig ist.

---

769 § 27 Abs. 5 S. 2 HessJStVollzG.

770 § 41 JVollzGB BW-IV.

771 § 27 Abs. 3 HessJStVolllzG.

772 § 44 Abs. 3 S. 1 JStVollzG LSA.

773 § 43 Abs. 2 JVollzGB BW-IV; Art. 145 Abs. 3 BayStVollzG; § 35 HmbJStVollzG; § 27 Abs. 4 HessJStVollzG.

Ferner erlauben alle Gesetze, dass geeignete Gefangene Beschäftigungen außerhalb der Anstalt in freien Beschäftigungsverhältnissen nachgehen. Dabei „kann" die Anstalt nach den meisten Gesetzen die Überweisung des Arbeitsentgeltes verlangen. In *Baden-Württemberg* muss dies erfolgen.[774] Für die Rahmenbedingungen wird überwiegend auf die Regelungen zu den Vollzugslockerungen verwiesen (so z. B. in den Gesetzen des *Neuner-Entwurfes*), teilweise aber auch entsprechendes an dieser Stelle normiert (so in *Baden-Württemberg*).

In allen Landesgesetzen sind Urlaubsregelungen als Freistellung von der Arbeit normiert.[775] Dabei werden 18 Arbeitstage pro Arbeitsjahr vorgesehen.[776] In *Nordrhein-Westfalen* sind es hingegen nur 15 Tage.

Wie schon nach § 43 StVollzG erhalten nach nahezu allen Gesetzen die Gefangenen zudem einen weiteren Tag Urlaub für zwei Monate[777] zusammenhängend geleisteter Arbeits- oder Lernverpflichtung, die unter speziellen Voraussetzungen in einer Art angedeuteten[778] Good-Time-Regelung auf den Entlassungszeitpunkt angerechnet werden können.[779] Für Ausbildungs- und Unterrichtsmaßnahmen bestimmt man in *Berlin* zudem, dass dieses Modell vorzugswürdig sein soll, sofern „der Erfolg der Maßnahme" ansonsten „gefährdet" würde.

In allen Gesetzen wird außerdem vorgesehen, dass bei Abführungen der Anstalt an die Arbeitslosenversicherung ein Anteil des Entgeltes der Gefangenen einbehalten werden kann, der dem Anteil entspricht, den sie als reguläre Arbeitnehmer zu zahlen hätten.[780]

---

774 Auch § 37 Abs. 5 StVollzG sah hier lediglich Ermessen vor.

775 §§ 50 JVollzGB BW-IV; Art. 149 Abs. 1, 2 i. V. m. Art. 45 BayStVollzG; § 58 JStVollzG Bln, BbgJStVollzG, BremJStVollzG, JStVollzG MV, JStVollzG RLP, SJStVollzG, SächsJStVollzG, ThürJStVollzG, JStVollzG SH; § 65 JStVollzG LSA; § 41 JStVollzG NRW; § 132 i. V. m. § 39 NJVollzG; §§ 39, 41 HmbJStVollzG; § 38 HessJStVollzG.

776 Wie zuvor auch in § 42 StVollzG.

777 In *Berlin* sogar für nur einen Monat.

778 Die entsprechenden Voraussetzungen dürften bei vielen Gefangenen – auch im Hinblick auf die restriktiver werdende Lockerungspraxis (vgl. *Abschnitt 7.6*) – oftmals nicht vorliegen, vgl. AK-*Däubler/Galli* 2012, § 43 Rn. 5 m. w. N.; siehe dazu später: *Abschnitt 7.10.3.1.5.*

779 Z. B. § 44 Abs. 6 bis 11 JVollzGB BW-IV; Art. 149 Abs. 1, 2 i. V. m. Art. 46 Abs. 6 bis 11; § 58 Abs. 2 BbgJStVollzG.

780 So auch zuvor § 195 StVollzG.

Zeugnisse über den Abschluss von Ausbildungs- oder Schulmaßnahmen dürfen nahezu überall ausdrücklich keinen Hinweis auf die Inhaftierung enthalten.[781]

Alle Landesgesetze regeln zudem den Bereich der Gelder der Gefangenen.[782] Stets vorgesehen sind dabei Ausbildungsbeihilfe und Arbeitsentgelte. Wenn er beides nicht erhält, kann dem jungen Gefangenen ein Taschengeld gewährt werden. Aus Einzahlungen des Gefangenen und sonstigen Bezügen wird das Eigengeld des Gefangenen gebildet. Teilweise sehen die Länder ein Überbrückungsgeld für die Zeit der Haftentlassung vor.[783] Einige Landesgesetze regeln daneben die Erhebung eines Haftkostenbeitrages von den Gefangenen.[784]

Jedes Landesgesetz sieht Regelungen zur Gestaltung der Freizeit der jungen Gefangenen vor,[785] weitgehend in Form eines eigenen Abschnittes. Es finden sich dabei neben Grundsatznormen zur generellen Ausgestaltung stets Vorschriften zum Sport, zum Zugang zu Medien (Zeitungen, Rundfunk, elektronische Medien) und zu Gegenständen der Freizeitbeschäftigung im Allgemeinen. Die Gesetze des *Neuner-Entwurfes*, *Hamburgs* und *Sachsens* bestimmen zunächst, dass die Ausgestaltung der Freizeit am Vollzugsziel auszurichten ist. *Hessen* ergänzt hier, dass damit „zugleich der Vorbereitung der eigenverantwortlichen und sinnvollen Freizeitgestaltung nach der Entlassung" gedient sein soll. Dafür „sind" geeignete Vollzugsangebote vorzusehen. *Rheinland-Pfalz*

---

781 So auch zuvor in § 40 StVollzG. In *Baden-Württemberg* fehlt es an einem ausdrücklichen Hinweis hierauf. Die dortigen Regelungen zum Erwachsenenvollzug und zur Untersuchungshaft sehen ihn hingegen vor, was nicht sinn- und zweckwidrig zum Nachteil der jungen Gefangenen ausgelegt werden sollte.

782 §§ 46 bis 47,64 Abs. 1 bis 5, 45 JVollzGB BW-IV; Art. 149 i. V. m. Art. 54, 46 Abs. 5, Art. 150 i. V. m. Art. 49 bis 53, Art. 137 i. V. m. Art. 80 BayStVollzG; §§ 57, 59 bis 61 JStVollzG Bln, BbgJStVollzG, BremJStVollzG, JStVollzG MV, JStVollzG RLP, SJStVollzG, SächsJStVollzG, ThürJStVollzG , JStVollzG SH: §§ 64, 66 bis 70 JStVollzG LSA; §§ 42 bis 44, 47 bis 49 JStVollzG NRW; §§ 132 i. V. m. §§ 40 bis 52 NJVollzG; §§ 40, 44 bis 49, 17 Abs. 5 HmbJStVollzG; §§ 37, 39 bis 42 HessJStVollzG.

783 § 41 JVollzGB BW; Art. 150 i. V. m. Art. 51 BayStVollzG; § 17 HmbJStVollzG; § 41 HessJStVollzG; § 132 i. V. m. § 47 NVollzG; § 62 SächsJStVollzG; § 69 JStVollzG LSA; § 61 JStVollzG SH; § 127 JStVollzG NRW i. V. m. § 176 Abs. 4 und § 51 StVollzG.

784 § 46 JVollzGB BW; Art. 150 i. V. m. Art. 49 BayStVollzG; § 49 HmbJStVollzG; § 42 HessJStVollzG; § 132 i. V. m. § 52 NVollzG; § 66 JStVollzG LSA.

785 §§ 53 bis 56 JVollzGB BW-IV; Art. 153, 152 i. V. m. Art. 70 bis 72 BayStVollzG; §§ 38 bis 42 JStVollzG Bln, BbgJStVollzG, BremJStVollzG, JStVollzG MV, JStVollzG RLP, SJStVollzG, SächsJStVollzG, ThürJStVollzG , JStVollzG SH: §§ 45 bis 49 JStVollzG LSA; §§ 55 bis 58 JStVollzG NRW; §§ 128, 132 i. V. m. §§ 65 bis 67 NJVollzG; §§ 50 bis 53 HmbJStVollzG; §§ 29, 30 HessJStVollzG.

betont dabei, dass dies insbesondere auch für die Wochenenden und Feiertage gilt. Ebenso gilt dies in *Nordrhein-Westfalen*, allerdings vor allem im Hinblick auf freizeitpädagogisch orientierte Sportangebote – dafür auch in „den frühen Abendstunden". Darüber hinaus will man hier Betätigungsmöglichkeiten von mindestens drei Stunden pro Woche anbieten. *Berlin* regelt die „erzieherische Betreuung" bei der Wohngruppenunterbringung[786]. Sie soll im „erforderlichen Umfang" und ebenfalls „in der arbeitsfreien Zeit", also „insbesondere am Wochenende" stattfinden. *Hessen* trifft die gleiche Regelung, verortet sie aber bei den Vollzugsbediensteten.[787]

In *Berlin* wird zudem explizit die Vermittlung von Medienkompetenz verlangt. *Hessen* fordert das Vorhandensein einer Bibliothek ein. In *Baden-Württemberg, Bayern* und *Sachsen* werden „Fernunterricht", „Lehrgänge und sonstige Veranstaltungen der Fortbildung" genannt. Ferner wird die Beteiligung an „Freizeitgruppen" und „Gruppengesprächen" angeregt. Außerdem sollen die jungen Gefangenen „ermutigt werden, eine Bücherei zu benutzen und den verantwortungsvollen Umgang mit neuen Medien zu erlernen, soweit dies mit der Sicherheit der Anstalt vereinbar ist." Eine solche Bezugnahme auf Bücher und Medien findet sich auch im *nordrhein-westfälischen* Gesetz.

Es wird zudem die Bedeutung des Sports betont und nahezu in jedem Gesetz eine entsprechende körperliche Betätigung von mindestens zwei Stunden pro Woche garantiert. In *Bayern* und *Niedersachsen* fehlt hingegen eine konkrete zeitliche Mindestvorgabe. *Rheinland-Pfalz* nennt gleichberechtigt neben dem Sport kulturelle Maßnahmen wie „kreatives Schaffen", „Schreiben" und „Musik" als die Resozialisierung fördernde Freizeitangebote (ähnlich auch *Nordrhein-Westfalen*). Beide Bereiche sollen hier auch zur „Diagnostik und gezielten Behandlung" eingesetzt werden.

In *Hamburg, Bayern* und den Gesetzen des *Neuner-Entwurfes* sind Gefangene zudem zur „Teilnahme und Mitwirkung an Freizeitangeboten" verpflichtet. Lediglich in *Sachsen, Baden-Württemberg, Nordrhein-Westfalen* und *Hessen* begnügt man sich damit, dass die Gefangenen zur Mitwirkung zu „motivieren" und „anzuleiten" sind. In *Bayern* gilt die Mitwirkungspflicht nicht für den Sport, dort sind die Gefangenen lediglich zur Teilnahme „anzuhalten".

Durchgehend dürfen die Gefangenen Zeitungen und Zeitschriften in „angemessenem Umfang" beziehen". Ausnahmen gelten hier für Titel, deren Verbreitung strafrechtlich untersagt ist oder die das Vollzugsziel oder die „Sicherheit und Ordnung" der Anstalt beeinträchtigen. Ferner dürfen die Gefangenen unter dem Vorbehalt der Aufrechterhaltung von Sicherheit und Ordnung Hör-

---

786 § 26 JStVollzG Bln.

787 § 72 Abs. 4 HessJStVollzG.

funk empfangen und am gemeinschaftlichen Fernsehempfang teilhaben. *Niedersachsen* regelt hinsichtlich der Programmgestaltung des gemeinschaftlichen Empfanges, dass dabei „Bedürfnisse nach staatsbürgerlicher Information, Bildung und Unterhaltung angemessen berücksichtigt" werden müssen. Eigene Fernsehgeräte darf die Anstalt zulassen, wenn „erzieherische Gründe nicht entgegenstehen." In *Baden-Württemberg* darf die Bereitstellung von Fernsehgeräten auf „Dritte", das heißt auf private Anbieter übertragen werden. Soweit dies erfolgt, darf der Besitz eigener Geräte ausgeschlossen werden. *Niedersachsen* behält sich ebenfalls vor, dass anstelle eigener Geräte auch von der Vollzugsanstalt überlassene Geräte ausreichend sein können. In *Baden-Württemberg* wird ferner ausdrücklich geregelt, dass die Anstaltsleitung unter Anhörung der Gefangenenmitverantwortung Einfluss auf die zu empfangenden Sender nehmen darf. Der Empfang von Pay-TV-Sendern wird ausdrücklich ausgeschlossen. In *Bayern* wird ausdrücklich darauf hingewiesen, dass die Betriebskosten für die jeweiligen Geräte den jungen Gefangenen auferlegt werden können.

In allen Gesetzen dürfen die jungen Gefangenen „in angemessenem Umfang „Bücher und andere Gegenstände zur Freizeitbeschäftigung" besitzen. Auch hier gilt stets die Einschränkung, dass „Sicherheit und Ordnung" sowie Vollzugsziel dem nicht entgegenstehen dürfen. *Baden-Württemberg* nennt als ausdrückliches Auslegungskriterium die für die Anstalt verfügbaren Kapazitäten für Haftraumkontrollen und konkretisiert diese nochmals in § 54 Abs. 2 Nr. 3 JVollzGB BW-IV, wonach auch einzelne unverhältnismäßig schwer zu überprüfende Gegenstände ausgeschlossen werden dürfen.

Elektronische (Unterhaltungs-)Medien können zugelassen werden, wenn keine erzieherischen Gründe bzw. die „Erfüllung des Behandlungsauftrages" dagegen sprechen. Letzteres nimmt man in *Bayern* „in der Regel" an. Im Jugendstrafvollzug sind „elektronische Unterhaltungsmedien, die keinen pädagogischen Wert haben", generell ausgeschlossen. In *Baden-Württemberg* kann sich die Zustimmung hierzu auch die Aufsichtsbehörde vorbehalten. *Hessen* gestattet die Nutzung elektronischer Medien, „wenn ihre Nutzung dem Erziehungsziel dient." *Niedersachsen* stellt „Geräte der Informations- und Unterhaltungselektronik" mit Hörfunk- und Fernsehgeräten rechtlich auf dieselbe Stufe.

7.10.3 Bewertung mit Blick auf die Mindeststandards

7.10.3.1 Arbeit, Ausbildung und Gefangenenentlohnung

7.10.3.1.1 Beschäftigungsangebot und Mitarbeitspflicht

Ähnlich der teilweise geregelten allgemeinen Mitwirkungspflicht[788] sehen alle Landesgesetze vor, dass die jungen Gefangenen zur Teilnahme an Arbeit und Ausbildung verpflichtet sind, was sich letztlich konsistent in die bisherigen Wertungen der deutschen Rechtsordnung einfügt.[789]

Die Arbeitspflicht wird weitgehend als verfassungsrechtlich unbedenklich eingestuft[790], ist aber ihrerseits verfassungsimmanent durch das Resozialisierungsziel als Ausfluss von Art. 2 Abs. 1 i. V. m. Art. 1 Abs. 1 GG und dem Sozialstaatsprinzip beschränkt.[791] Im Ergebnis muss die Gefangenenarbeit daher sinnvoll ausgestaltet werden und damit der Resozialisierung dienen.[792]

Durch diese verfassungsrechtliche Absegnung der Arbeitspflicht sind Verstöße gegen sie – anders als bei Verstößen gegen die allgemeine Mitwirkungspflicht – auch disziplinarisch durchsetzbar, ohne dass dies im gleichen Maße dem Verdacht der Verfassungswidrigkeit ausgesetzt wäre.[793]

Die ERJOSSM formulieren weder die Notwendigkeit einer Verpflichtung, noch lehnen sie diese ausdrücklich ab.[794] Nr. 78.4 erklärt lediglich die allgemeine Schulpflicht für zwangsweise durchsetzbar.

Aber auch hier widerspricht letztlich der durch eine disziplinierbare Pflicht geschaffene Zwang zur Mitarbeit dem Grundansatz des Regelwerkes, welches mit seiner humanistischen Ausrichtung in allen Bereichen eher auf die positive

---

788 Siehe *Abschnitt 7.4.2.*

789 Zu denken ist dabei vor allem an die qualifizierte Grundrechtsschranke in Bezug auf die Gefangenenarbeit in Art. 12 Abs. 3 GG und die Schulpflicht z. B. gem. §§ 41 ff. SchulG MV.

790 Obwohl sie der Angleichung und zum Teil dem Resozialisierungsgedanken widerspricht und auch als zusätzliches Strafübel gewertet werden könnte, vgl. zum Streitstand *AK-Däubler/Galli* 2012, § 41 Rn. 2 m. w. N.

791 Vgl. BVerfG NJW 1998, S. 3339.

792 Vgl. *AK-Däubler/Galli* 2012, § 41 Rn. 2; *Baechtold* 1997, S. 89.

793 Vgl. *Abschnitt 7.4.2.4.2.*

794 Der Kommentar zum Regelwerk erklärt zwar, dass nationale Regelungen eine zwangsweise Durchsetzung von Mitwirkung an schulischer und beruflicher Ausbildung vorsehen können, betont aber gleichzeitig, dass die Jugendlichen zur Teilnahme vor allem ermutigt werden sollen, vgl. ERJOSSM commentary zu Rule Nr. 76.

Motivierung und Stimulation von eigenverantwortlichem Handeln setzt.[795] Dem entspricht auch die Einleitung des Themas „Beschäftigung" mit der Grundsatzregel der Nr. 76.1, wonach die jungen Gefangenen vor allem „nachhaltig zu ermutigen" sind.

Daneben bestehen aus pädagogischer Sicht auch hier – wenngleich in abgeschwächter Form – die bereits bei der allgemeinen Mitwirkungspflicht angeführten Gefahren hinsichtlich der Ausübung von Zwang zum Zwecke der Motivierung.[796] Darüber hinaus widerspricht die zwangsweise Teilnahme an Beschäftigungsmaßnahmen[797] angesichts hoher Arbeitslosenquoten in der freien Wirtschaft in eklatanter Weise dem Angleichungsgrundsatz (Nr. 53.3 ERJOSSM).[798] Schließlich steht zumindest die weniger ausbildungsorientierte Zwangsarbeit nicht im Einklang mit der in Nr. 49.1 ERJOSSM festgehaltenen Grundentscheidung, dem Freiheitsentzug keine über die Notwendigkeiten der Resozialisierung hinausgehenden strafähnlichen Beeinträchtigungen zu verursachen.[799]

Andererseits relativiert schon die verfassungsgerichtliche Vorgabe, die Gefangenenarbeit resozialisierend auszugestalten, den erzwungenen Aspekt der Arbeitspflicht: Erzieherisch sinnvoll kann die Gefangenenarbeit ohnehin nur dann sein, wenn die Arbeitsumstände motivierende Anreize zur Teilnahme setzen und das Interesse der Gefangenen wecken.[800] Soweit es um die Vermittlung tatsächlich nutzbarer Fähigkeiten geht, wird dies zumeist der Fall sein.

Auf der anderen Seite bestimmen die ERJOSSM in Nr. 50.1, dass alle jungen Gefangenen Zugang zu *sinnvoller* Beschäftigung haben müssen,[801] was auf legislativer Ebene konsequenterweise entsprechende Anspruchsregelungen voraussetzen würde. Ein „Recht" der Gefangenen auf schulische und berufliche Bildung wie in *Baden-Württemberg, Hamburg* und (teilweise) in *Bayern* und

---

795 Vgl. Nr. 50.2, 50.3, 88.3 ERJOSSM sowie den ERJOSSM commentary zu Rule Nr. 50.

796 Vgl. *Abschnitt 7.4.2.4.1*; dazu auch *Lee* 1994, S. 162 ff.; *Sußner* 2009, S. 101 f.; anschaulich übertragen auf die Arbeitspflicht von *Hillebrand* 2009, S. 127. Diese Bedenken kommen hier allerdings etwas weniger schwer zum Tragen, da auch von unter Druck zustande gebrachten Ausbildungsabschlüssen eine relativ hohe resozialisierende Wirkung ausgehen dürfte, vgl. auch *Volckart* 1985, S. 31; ähnlich *Kaiser* 2007, S. 223 und *Lohmann* 2002, S. 60.

797 Sieht man einmal von der Schulpflicht ab.

798 Vgl. *Lohmann* 2002, S. 58; ähnlich auch *Lee* 1994, S. 208 und *Baechtold* 1997, S. 90, 92.

799 Ähnlich argumentierend mit Blick auf Nr. 64 EPR: *Hillebrand* 2009, S. 126.

800 Vgl. *Lee* 1994, S. 207; ähnlich *Baechtold* 1997, S. 92.

801 Hinsichtlich einer Berufsausbildung ebenso: Nr. 42 der *Havanna*-Rules.

dem *Saarland* bleibt dennoch die Ausnahme.[802] Alle anderen Gesetze bleiben hinter dem Anspruch der Mindeststandards zurück. Auch wenn man sich etwa in *Hessen* mit der Selbstverpflichtung, für mindestens 75% aller Gefangenen Ausbildungsplätze vorzuhalten, um eine halbwegs solide Basis bemüht.

Dabei kann der Bereich der (Aus-)Bildung als zentrale Aufgabe des Resozialisierungsvollzuges angesehen werden. Enorme Bildungsdefizite und schlechte Arbeitsmarktintegration des in den Vollzug gelangenden Klientel wurden bereits eingangs erwähnt. Gleichzeitig verstärken die Reflexwirkungen der Haft selbst – durch Entwurzelung, Verlernen von Selbstständigkeit und Eigeninitiative sowie Stigmatisierung – diese Entwicklungen.[803] Mehrfach wurde von Seiten der Wissenschaft das komplexe und nicht gänzlich erforschte Wechselwirkungsgeflecht aus Arbeitslosigkeit und Delinquenz aufgezeigt.[804] Auch wenn man in diesem Bereich zu Recht nicht auf monokausale Denkmuster verfallen will,[805] deutet vieles darauf hin, dass der schulischen und beruflichen Bildung im wesentlichen Umfang Bedeutung für die soziale Eingliederung von jungen Menschen beizumessen ist.[806] In jedem Fall sind sie geeignet, Struktur und den Umgang mit geregelten Tagesabläufen zu vermitteln.[807] Um Chancen der Legalbewährung zu verbessern, ist der Vollzug dementsprechend gehalten, große Anstrengungen auf die schulische und berufliche (Weiter-)Bildung und damit die berufliche Integration seiner Insassen zu verwenden.[808] Vor diesem Hintergrund lässt es sich kaum begründen, statt eines Anspruchs der jungen Gefangenen auf Ausbildung nur eine „Soll"-Vorschrift vorzusehen. Insbesondere verhielte sich jedwede Argumentation zynisch, die aufgrund der angespannten

---

[802] In Bezug auf *Baden-Württemberg* und *Hamburg* (trotz einer aus *bayerischer* Sicht fiskalisch bedingten Skepsis) im Ergebnis anerkennend: *Schneider* 2010, S. 263.

[803] Vgl. *Schiebel* 2007, S. 167; *Desseker* 2007, S. 32; *Wirth* 2007, S. 260 f.

[804] Vgl. *H.-J. Albrecht* 2003, S. 117 ff. m. w. N.; im Überblick auch *Desseker* 2007, S. 21 ff. und *Lohmann* 2002, S. 53 ff. m. w. N.

[805] Vgl. *M. Walter* 2005, S. 152; *Desseker* 2007, S. 21 ff.; ebenso *Schneider* 2010, S. 249; *Schriever* 2002, S. 87.

[806] Vgl. *Eisenberg* 2012, § 92 Rn. 111 m. w. N.; vgl. Ostendorf-*Sandmann* 2009, Kap. 4 Rn. 10 m. w. N.; *Visher/Debus/Yahner* 2008, S. 8; *Grote-Kux/Faubel/Meyer* 2010, S. 67 f.; *Dünkel* 1999a, S. 92 ff. m. w. N.; *Steiner* 2005, S. 39 f. m. w. N.; *Wirth* 2007, S. 261, der allerdings vor allem die Bedeutung der Arbeitsmarktintegration nach der Haft hervorhebt; insgesamt vorsichtiger mit Hinweis auf entsprechenden Forschungsbedarf: *Desseker* 2007, S. 31 f.

[807] Vgl. *Schriever* 2002, S. 87; stark idealisierend *Steiner* 2005, S. 41.

[808] Vgl. BVerfG NJW 2006, S. 2096 f.; *Mentz* 2007, S. 422 ff.; ERJOSSM commentary zu Rule Nr. 77.

Arbeitsmarktlage außerhalb der Anstalt Ansprüche der Gefangenen ablehnte.[809] Eine solche Pervertierung des Angleichungsgrundsatzes dürfte im Hinblick auf Nr. 53.3 ERJOSSM, der eine „negative" Angleichung ausschließt, als überholt angesehen werden.[810]

Das einzig denkbare – und vermutlich für die meisten Länder tragende – Argument gegen eine Anspruchsregelung ist das des Kostendruckes, welches schon im Hinblick auf die verfassungsrechtliche Bedeutung des Resozialisierungszieles nur begrenzt statthaft erscheint.[811] Mit Blick auf die Mindeststandards gilt hier, dass ein Mangel an Ressourcen nicht für die ablehnende Begründung einer sinnvollen und grundrechtskonformen Ausgestaltung des Vollzuges herhalten kann (Nr. 19 ERJOSSM und Nr. 4 EPR). Auch das Bundesverfassungsgericht hat zuletzt ausdrücklich festgestellt, dass ausreichend „Bildungs- und Ausbildungsmöglichkeiten" bereitzustellen sind.[812] Als ausreichend kann in diesem Zusammenhang schon aus Gründen der Gleichbehandlung nur eine vollständige Beschäftigung der arbeitswilligen Gefangenen angesehen werden. Eben diese lässt sich jedoch nur durch eine Anspruchsregelung garantieren.[813] Neben den ERJOSSM findet sich diese Wertung auch in zahlreichen anderen internationalen Vorgaben wieder.[814] Sie gilt umso mehr als sich Mittelknappheit und mangelnde Ausbildungsplätze auch durch die Verringerung von Gefangenenzahlen oder den Ausbau von Good-Time-Regelungen[815] ausgleichen ließen.[816] Die entstehenden Kosten müssten daher wohl auch nicht zwangsläufig völlig außer Verhältnis stehen.

---

809 Etwa indem sie den Gedanken des „principle of less egibility" (wonach das Gefängnis unter Gesichtspunkten des Lebensstandards der am wenigsten wünschbare Aufenthaltsort sein müsse) aufgriffe, vgl. dazu *Hillebrand* 2009, S. 124 m. w. N.

810 Gegen die Regelung eines Arbeitszwanges ließe sich eine Argumentation mit dem Angleichungsgrundsatz gleichwohl anführen, s. o. in diesem Abschnitt.

811 So deutet etwa die Begründung zu § 34 HmbJStVollzG (Hmb. Brgs. Drs. 19/2533) an, dass das Recht auf Arbeit und Bildung vor allem deshalb Eingang in das Gesetz gefunden hat, weil bereits vor Gesetzeserlass hinreichende, keine weiteren Kosten verursachenden Strukturen vorhanden waren. Von anderen „einklagbaren Ansprüchen" sähe man ab, um kein „falsches Anspruchsdenken" bei den Gefangenen zu erzeugen und den „Justizhaushalt nicht zu überfordern".

812 Vgl. BVerfG NJW 2006, S. 2096.

813 Deutlich zurückhaltender dazu aber BVerfG NJW 1998, S. 3338.

814 Vgl. Nr. 38 der UN-Regeln zum Schutz von Jugendlichen unter Freiheitsentzug; Nr. 26 EPR; Nr. 26 Beijing-Rules.

815 Vgl. *Abschnitt 7.10.3.1.5.*

816 Vgl. dazu *Dünkel* 2005a, S. 1 ff.; *Dünkel/Geng* 2003, S. 146 ff.

7.10.3.1.2 Ausgestaltung der Beschäftigung

Dem weit gefächerten Regelbeispielkatalog von Programmvorschlägen der Nr. 77 ERJOSSM entsprechen die Landesgesetze weitgehend. Wortwahl und Schwerpunktsetzung sind dabei allerdings nicht selten unterschiedlich, schlagen aber inhaltlich zumeist eine ähnliche Richtung ein. Auch wenn die meisten Landesgesetze hier eher abstrakt bleiben und kaum konkrete Programmvorschläge machen.[817] Oftmals finden sich diese aber in den Regelungen zur Vollzugsplanung.[818] Letztlich erscheint es dabei auch nicht ausschlaggebend, ob statt der in den ERJOSSM genannten „Staatsbürgerkunde" in *Bayern* und *Baden-Württemberg* „lebenskundlicher Unterricht" und Ethikkurse gegeben werden sollen.

Wie im Regelwerk stehen auch in den Landesgesetzen Fortbildungsaspekte im Mittelpunkt. Dabei werden stets allgemein schulische und berufliche Bildung in den Vordergrund gestellt. Im Verhältnis von beruflicher und schulischer Bildung zu Arbeit wird überall entsprechend der Nr. 78.1 ERJOSSM der Ausbildung Vorrang eingeräumt.

In Anbetracht der relativ großen Zahl[819] von Gefangenen mit Sprachproblemen bzw. Migrationshintergrund im Jugendstrafvollzug[820] sollte sich allerdings im Hinblick auf Nr. 106.1 und Nr. 106.4 ERJOSSM der Bedarf[821] an Integrationsmaßnahmen und Sprachbildung auch in den Gesetzen widerspiegeln.[822] Insofern sind entsprechende Regelungen in *Bayern, Hamburg, Hessen* und in *Berlin* (bei der Vollzugsplanung) begrüßenswert und erscheinen auch mit Blick auf eine offenbar nicht in allen Gesetzen vorhandene praktische Umsetzung[823] dieses Anspruchs als Normverdeutlichung geboten. Dies gilt umso mehr, wenn der Gesetzgeber, wie in *Baden-Württemberg*, diese Vollzugsrealität durch Leitvorschriften konterkariert, die jede Einsicht in diese Problematik vermissen lassen.[824]

---

817 Dies gilt vor allem für die Gesetze des *Neuner-Entwurfes, Sachsens, Niedersachsens* und *Nordrhein-Westfalens.*

818 Vgl. *Abschnitt 7.5.2.*

819 Vgl. *J. Walter* 2010, S. 40; *Tzschaschel* 2002, S. 1 f.; *Dünkel* 2005b, S. 45 ff.

820 Vgl. *Morgenstern* 2009, S. 5 m. w. N.; *J. Walter* 2003a, S. 393 ff. m. w. N.

821 Vgl. *Ostendorf-Sandmann* 2009, Kap. 4 Rn. 12.

822 Vgl. auch UN-Regeln zum Schutz von Jugendlichen unter Freiheitsentzug Nr. 38.

823 Vgl. *Dünkel* 2005b, S. 45 ff.; *Morgenstern* 2009, S. 6.

824 Vgl. dazu *Abschnitt 7.3.3* (Erziehung zu „christlicher Nächstenliebe" sowie „Volk und Heimat" in § 2 Abs. 2 JVollzG BW-IV).

7.10.3.1.3 Exkurs: Arbeitsmarktorientierte Praxismodelle

Immer mehr rücken in der Praxis neben der klassischen vollzugsinternen Berufsausbildung, die zunächst einmal weitgehend ohne Bezugspunkte außerhalb der Gefängnismauern auskommt, auch gezielt arbeitsmarktintegrative Maßnahmen in den Vordergrund.[825] Dies fußt auf der Erkenntnis, dass es sich für eine erfolgreiche Wiedereingliederung in der kritischen Phase direkt nach der Haftentlassung oftmals als maßgeblich herausgestellt hat, ob und wie schnell es dem Entlassenen gelingt, eine Arbeits- oder Ausbildungsstelle zu finden.[826] Vielversprechend wirken daher arbeitsintegrativ vernetzende Modellprojekte wie das Projekt BASIS[827] der JVA Adelsheim und das Projekt MABiS.NeT[828] in *Hessen*. Solche Ansätze vereinen das gemeinsame Ziel des „gelungenen Überganges" und den damit verbundenen Fokus auf die spezifischen Anforderungen und Besonderheiten der Außenwelt, insbesondere des Arbeitsmarktes. Durch die gezielte Interaktion und Vermittlung betreuender Stellen erhöhen sich die Chancen, dass das Vertrauensdefizit, welches ehemaligen Gefangenen bei den meisten potentiellen Arbeitgebern begegnet,[829] zumindest ansatzweise ausgeglichen wird. Der stetige Blick über die Grenzen des Vollzuges hinaus wird für die Praxis dabei unumgänglich. Darin kommt im Ansatz auch eine Gemeindeorientierung im Sinne von Nr. 53.5 ERJOSSM zum Ausdruck, wonach die Vollzugseinrichtungen nach Möglichkeit im „sozialen, wirtschaftlichen und kulturellen Umfeld der Gemeinden" integriert agieren sollen. Vor allem aber entspricht dieser Ansatz jedoch der gezielten Entlassungsvorbereitung im Sinne von Nr. 50.1 und Nr. 77 ERJOSSM.

Diese neue Generation von Praxismodellen geht dabei allerdings per se weniger von einer gesellschaftlichen Integrationsanstrengung *während* der Haftzeit aus (so wie es die Mindeststandards tun), sondern konzentriert sich eher auf die Vorbereitung des Gefangenen auf konkrete Integrationsbemühungen nach der Haftzeit im Wege des Übergangsmanagements. Im Kontext der in vielen Bun-

---

825 Vgl. z. B. *Weilbächer/Klein* 2008, S. 125 ff.; *Jesse/Kramp* 2008, S. 133 ff.; *Sandmann/ Kilian-Georgus* 2008, S. 187 ff.; *Grote-Kux/Faubel/Meyer* 2010, S. 67 ff.; *Wirth* 2010, S. 231 ff.; *J. Walter/Fladausch-Rödel* 2008, S. 55 ff.; *Stein* 2008, S. 197 ff.; *Schneider* 2010, S. 249.

826 Vgl. *Wirth* 2010, S. 234 m. w. N.; *Kerner* 2003, S. 38; *Dolde/Grübl* 1996, S. 249; *Lohmann* 2002, S. 56 m. w. N.; vgl. *Hammerschick/Pilgram/Riesenfelder* 1997, S. 175 ff.; *Dünkel* 1999a, S. 95. m. w. N.; *Hosser/Lauterbach/Höynck* 2007, S. 410; *Simonson/Werther/Lauterbauch* 2008, S. 455; *BAG-S* 1993, S. 176, 178; *Lauterbach* 2009, S. 48.

827 Vgl. *J. Walter/Fladausch-Rödel* 2008, S. 55 ff.

828 Vgl. *Wirth* 2010, S. 231 ff.; *Wirth* 2007, S. 257 ff.

829 Vgl. *Falk/Walkowitz/Wirth* 2009, S. 545.

desländern immer stärker zurückgefahrenen Vollzugslockerungen[830] erscheinen solche Prioritätensetzungen wenig überraschend, denn eine derartige Integrationsgestaltung ist theoretisch auch ohne vollzugsöffnende Maßnahmen vor dem eigentlichen Zeitraum der Entlassungsvorbereitung möglich. Dabei könnte aber schnell übersehen werden, dass bestimmte Erfolge im Entlassungsübergang möglicherweise auch durch Synergieeffekte in einer ganzheitlich weniger restriktiv gestalteten Vollzugspraxis zustande gekommen sind[831] oder jedenfalls durch eine solche noch ausgebaut werden könnten. Entsprechende Effekte wären dann zu überprüfen, damit die ausgebaute Übergangshilfe nicht zum Steigbügelhalter für eine restriktivere Handhabung von frühzeitigen Vollzugsöffnungen wird, sondern eine gegenseitige Ergänzung möglich bleibt.

Nichtsdestoweniger lässt sich diese Neugewichtung der „Außenausrichtung" durch die Praxismodelle angesichts bereits aufgezeigter positiver Effekte auf die Arbeitsmarktintegration als sinnvoller Schritt in Richtung der von den Mindeststandards gesteckten Ziele bezeichnen.[832] Sie fügt sich ein in die allgemeinen nachsorgenden Bemühungen[833] des Vollzuges durch eine konsistente, über die Haftzeit hinausgehende Fürsorge, dem Gefangenen einen geordneten Übergang in die Freiheit zu ermöglichen. Indirekt dient man damit auch dem in Nr. 15 ERJOSSM postulierten Grundsatz der dauerhaften, multiinstitutionellen Betreuung. Legislativ hat diese Neuorientierung bisher allerdings kaum Niederschlag gefunden: Hier fehlt es noch an entsprechenden Leitnormen, die die Aufgabe der planvoll gezielten Arbeitsmarktintegration deutlicher in den Fokus nehmen und dem Vollzug auch im Bereich der Gefangenenbeschäftigung gesetzlich abverlangen.

Noch mehr würde es dem gemeindeorientierten Ansatz der ERJOSSM in Nr. 53.5 und Nr. 78.2 allerdings entsprechen, würde man gezielt auch haftbegleitend auf eine Vernetzung und Etablierung des Vollzugslebens mit Institutionen, Einrichtungen und Betrieben in der Gemeinschaft außerhalb der Anstalt vorantreiben – und zwar wiederum gestützt durch den konsequenten Ausbau vollzugsöffnender Maßnahmen.[834] Hier bestehen allerdings bereits schon deshalb oftmals organisatorisch schwerwiegende Hindernisse, wenn sich Anstal-

---

830 Vgl. *Abschnitt 7.6.*

831 So bestand etwa neben dem offenbar überdurchschnittlich erfolgreichen Projekt BASIS in *Baden-Württemberg* (vgl. *J. Walter/Fladausch-Rödel* 2008, S. 61) auch ein überdurchschnittlich aktiver Umgang mit Vollzugslockerungen, vgl. *Stelly/Walter* 2008, S. 269 ff.

832 Vgl. auch *Dünkel/Pruin* 2010, S. 207.

833 Siehe *Abschnitt 7.6.4.*

834 Vgl. dazu insbesondere Nr. 78.2 ERJOSSM und die UN-Regeln zum Schutz von Jugendlichen unter Freiheitsentzug Nr. 45.

ten weit ab von Ballungszentren in strukturschwachen Regionen befinden.[835] Auch insoweit wären gesetzgeberische Stellungnahmen denkbar gewesen, die für potentielle Gefängnisneubauten auch die räumliche Anbindung an das gesellschaftliche Leben in den Blick nehmen.

7.10.3.1.4 Vergütung und Gelder

Die getroffenen Regelungen zu den Geldern der Gefangenen entsprechen weitgehend den Vorgaben der ERJOSSM. Auch die Kommentierung zum Regelwerk geht davon aus, dass die Gefangenen Arbeitsvergütung und Unterrichtsbeihilfe für sich selbst und ihre Familien nutzen können sollen, aber auch Überbrückungsgeld aufgebaut und Schulden abbezahlt werden können.[836] Ausdrücklich wird dabei auch Bezug auf das deutsche Bundesverfassungsgericht genommen,[837] welches eine angemessene Entlohnung der Gefangenenarbeit als wesentlichen Aspekt des Resozialisierungsprozesses eingestuft hat.[838] Die zugewiesene Arbeit kann danach nur dann ausreichend resozialisierende Wirkung entfalten, wenn sie genügend Anerkennung findet.[839] Auch im Sinne der Angleichung (Nr. 53.3 ERJOSSM) bietet sich daher eine monetäre Vergütung an.[840] Gleichzeitig entspricht dies auch der in Nr. 49.1 ERJOSSM festgehaltenen Grundentscheidung, dem Freiheitsentzug keine über die Notwendigkeiten der Resozialisierung hinausgehenden Einschränkungen hinzuzufügen.[841]

Was dabei als *angemessene* Entlohnung anzusehen ist, hat das Bundesverfassungsgericht in einer anderen Entscheidung angedeutet: Danach war die derzeitige Lösung im Erwachsenenstrafvollzug als gerade „noch" angemessen zu beurteilen.[842] Auch die Normierung der Jugendstrafvollzugsgesetze entspricht inhaltlich dieser knapp ausreichenden Regelung.[843]

---

835 Dies gilt etwa für die JA Neustrelitz und die JVA Adelsheim. In der letztgenannten Anstalt verfolgt man allerdings ein beachtenswertes Konzept, das geeignet ist, die fehlende gesellschaftliche Einbindung zumindest ein wenig zu kompensieren: In der Anstalt erhalten auch Jugendliche aus der strukturschwachen Region die Möglichkeit, gemeinsam mit den jungen Gefangenen eine Berufsausbildung zu absolvieren.

836 Vgl. ERJOSSM commentary zu Rule Nr. 82.2.

837 Vgl. ERJOSSM commentary zu Rule Nr. 82.2.

838 Vgl. BVerfG NJW 1998, S. 3337 ff.

839 Vgl. BVerfG NJW 1998, S. 3338.

840 Vgl. auch AK-*Däubler/Galli* 2012, § 43 Rn. 2.

841 Ähnlich AK-*Däubler/Galli* 2012, § 43 Rn. 2.

842 Vgl. BVerfG NStZ 2003, S. 110 ff.

843 Die Gefangenen erhalten 9% der Bezugsgröße gem. § 18 SGB IV. Daneben besteht als nichtmonetäre Komponente die oben erwähnte kleine „Good-Time"-Regelung.

Gleichwohl stellte das Bundesverfassungsgericht fest, dass die Vergütung des Gefangenen nur dann als ausreichend zu erachten ist, wenn sie in der „typischen Situation" des Gefangenen den „Widerstreit des staatlichen Interesses an der Kostendeckung mit den wirtschaftlichen Interessen der Gefangenen" auszugleichen vermag. Das heißt: Verbleiben den jungen Gefangenen durch andere Regelungen oder Umstände des Vollzuges zu wenig Mittel, muss auch die Vergütung steigen. An dieser Stelle kommen in der Summe all jene – für sich allein genommen geringen – Einschränkungen zum Tragen, die die Gesetzgeber zur Reduzierung des Verwaltungs- und Kostenaufwandes in die Neuregelung des Strafvollzuges eingebracht haben: Zu denken ist etwa an die Beteiligung an Stromkosten (teilweise auch über den Grundbedarf hinaus),[844] erweiterte Kostentragungsregelungen beim Schriftwechsel,[845] Einschränkungen beim Paketempfang[846] und die unter dem Vorwand der Angleichung teilweise bereits diskutierte Einführung einer „Praxisgebühr"[847] im Vollzug. Des Weiteren zählen dazu indirekte Kosten, die entstehen, wenn Gefangene bestimmte Dinge oder Leistungen von der Anstalt „erkaufen" müssen, die ansonsten durch Eigenleistung hätten eingebracht werden können.[848] Werden all diese für die Lebenswelt der Gefangenen durchaus erheblichen und geldwerten Rechte schrittweise zurückgefahren, ohne gleichzeitig die Gefangenenentlohnung zu erhöhen, kann von dem durch das Bundesverfassungsgericht geradeso zugestandenen Gleichgewicht der materiellen Interessen keine Rede mehr sein.

Problematisch erscheint in diesem Zusammenhang auch die gegenüber dem StVollzG noch schwächere Urlaubsregelung im *nordrhein-westfälischen* Gesetz, die nur noch 15 statt 18 Tage Freistellung von der Arbeitspflicht pro abgeleistetes Arbeitsjahr vorsieht. Denn auch der Möglichkeiten einer Gegenleistung durch nichtmonetäre Komponenten im StVollzG war sich das Bundesverfassungsgericht bewusst[849] und dürfte sie in die Gesamtabwägung einbezogen haben.

Neben der Einhaltung eines notwendigen Mindestmaßes im Ausgleich der materiellen Interessen zwischen Gefangenen und Fiskus, spricht zudem auch vieles für eine darüber hinausgehende Erhöhung der Gefangenenbezüge. Sie ist

---

844 Vgl. *Abschnitt 7.7.3.4.*

845 Vgl. *Abschnitt 7.11.3.5.*

846 Vgl. *Abschnitt 7.11.3.7.*

847 Vgl. *Blüthner* 2005, S. 96; *S/B/J/L-Böhm/Jehle* 2009, § 3 Rn. 4; vgl. dazu auch *Abschnitt 7.4.1.4.2.*

848 Wie z. B. TV-Anmietung, siehe *Abschnitt 7.10.3.*

849 Vgl. BVerfG NJW 1998, S. 3338 (Das BVerfG hatte dabei allerdings eher urlaubsähnliche Good-Time-Regelungen im Blick.).

geeignet, die Entwicklung einer konstruktiven Beziehung des Gefangenen zu beruflicher Betätigung und Arbeit zu stärken, indem sie durch die direkte Entlohnung unmittelbar positive Handlungsanreize setzt.[850] Die jungen Gefangenen erlernen damit Mechanismen, wie sie in der Gesellschaft außerhalb als selbstverständlich vorausgesetzt werden, aber von den Jugendlichen bisher kaum erlebt worden sein dürften. Fällt die Vergütung hingegen nicht auf einem Niveau aus, das die Gefangenen als „fair"[851] empfinden, lernen sie stattdessen, „dass sich Arbeit nicht lohnt."[852] Auch eine mögliche Übernahme sozialer Verantwortung durch Schuldenregulierung und Wiedergutmachung wird dabei im Keim erstickt. Entsprechende finanzielle Forderungen prallen dann stets an dem Hinweis auf die Vermögenslosigkeit ab.[853] Dadurch werden Handlungsmechanismen verfestigt, die sich auch auf die Außenwelt übertragen lassen und dort besonders resozialisierungsfeindlich wirken dürften.

Eine angemessene Entlohnung stellt hingegen eine konsequente Fortsetzung des Belohnungsgedankens dar, der auf die positive Motivierung zur eigenverantwortlichen Weiterentwicklung der jungen Gefangenen setzt und sich – wie dargestellt – als Kernprinzip auch in den ERJOSSM wiederfindet.[854] Der daneben nach wie vor bestehende Zwang würde durch eine Stärkung des Belohnungsaspektes wieder eher in eine „ultima-ratio"-Rolle zurückgedrängt, Scheinanpassungen und Abwehrhaltungen würden eher vermieden. Auch eine die subkulturellen Einflüsse befeuernde „Schattenwirtschaft" würde so eher vermieden oder zumindest zurück gedrängt.[855] Ferner bestünden verbesserte Möglichkeiten, das soziale Umfeld für die Zeit nach der Haft zu stabilisieren, indem Unterhalts- oder Schuldenzahlungen geleistet werden könnten.[856] Dem kommt umso größeres Gewicht zu, als dass viele der Entlassenen erstmals und schlag-

---

850 Ähnlich *Hillebrand* 2009, S. 115; *Kaiser* 2007, S. 415; *Jehle* 1994, S. 265; *Kury* 1999, S. 268.

851 *Schriever* 2002, S. 87.

852 *BAG-S* 1993, S. 176.

853 Vgl. *BAG-S* 1993, S. 176.

854 Vgl. *Abschnitt 7.4.2.4.4.*

855 *Bundesvereinigung der Anstaltsleiter im Strafvollzug* 1993, S. 180; zum subkulturellen Handel vgl. auch *J. Walter* 2010b, S. 59 f.

856 Vgl. *AK-Däubler/Galli* 2012, § 43 Rn. 3; *BAG-S* 1993, S. 174 ff.; *Bundesvereinigung der Anstaltsleiter im Strafvollzug* 1993, S. 180; *Dünkel* 1999a, S. 97; *Ullenbruch* 2000, S. 181.

artig in die Situation kommen, sich ein – auch finanziell[857] – eigenständiges Leben aufbauen zu müssen.[858]

7.10.3.1.5 Good-Time

Soweit möglicherweise vor allem fiskalische Bedenken die Handlungsbereitschaft bremsen, wäre auch der Ausbau der nicht-monetären Komponente der Arbeitsvergütung denkbar.[859] Hierbei ist insbesondere an die Ausdehnung der sogenannten Good-Time-Regelung zu denken. Diese Möglichkeit der Haftzeitverkürzung durch geleistete (Mit-)Arbeit ist in den Gesetzen bisher nur rudimentär angelegt. Neben dem Hauptzweck, dem mitarbeitenden Gefangenen eine kostenneutrale Entlohnung zukommen zu lassen, bietet sie außerdem noch zusätzlich die Möglichkeit, Haftkosten zu sparen, sofern das Instrument konsequent als Back-Door-Strategie zur Senkung der Haftzeit und damit der Belegungszahlen eingesetzt wird.[860] Auch die ERJOSSM gehen implizit davon aus, dass Haftzeitreduzierungen als Mittel der Entlohnung dort eingesetzt werden sollen, wo ein finanzieller Ausgleich nicht effektiv bewerkstelligt werden kann,[861] ebenso sieht es das Bundesverfassungsgericht.[862] Als Anreizalternative, die Arbeitszwang und drohender Disziplinierung gegenüber steht,[863] entspricht die Good-Time-Regelung zudem der positiv motivierenden Grundorientierung der ERJOSSM.[864]

Die derzeitigen Regelungen, die dieses Konzept allenfalls andeuten, sind jedoch kaum geeignet, diese Aufgabe zu erfüllen.[865] Zu unerheblich ist der für

---

857 Vgl. *BAG-S* 1993, S. 174.

858 Unnötige Komplikationen ergeben sich hier im Übrigen auch aus der Tatsache, dass mühsam angesparte Überbrückungsgelder nach der Haft seit jeher auf Sozialleistungen des Staates angerechnet werden (vgl. *BAG-S* 1993, S. 175) oder sofern sie nach neueren Regelungen nur dem Eigengeld zugeschrieben werden, eventuell nicht mehr dem Pfändungsschutz unterliegen (vgl. Ostendorf-*Sandmann* 2009, Kap. 4 Rn. 33; *Schneider* 2010, S. 271). In diesen Fällen erscheint es wahrscheinlich, dass die motivierende Zielrichtung der Entlohnung im Nichts verpufft. Hier ist gesetzgeberische Sorgfalt zur Erhaltung des materiellen Vorteils gefordert.

859 Vgl. auch *Dünkel* 2007c, S. 7.

860 Vgl. *Dünkel/Geng* 2003, S. 149; *Hillebrand* 2009, S. 123; *Kaiser* 2007, S. 272 ff. m. w. N.

861 Vgl. ERJOSSM commentary zu Rule Nr. 82.2.

862 Vgl. BVerfG NStZ 2003, S. 101.

863 Vgl. *Kaiser* 2007, S. 121 ff. m. w. N.

864 Vgl. *Abschnitt 7.4.2.4.*

865 Ähnlich zu der weitgehend identischen Regelung des StVollzG: *Kaiser* 2007, S. 416 ff.

den Gefangenen realisierbare Gewinn – insbesondere da nicht immer garantiert ist, dass ausreichend Arbeit zur Verfügung steht.[866] Eine effektive Good-Time-Regelung bedürfte daher auch der Basis eines festen Anspruches der jungen Gefangenen auf Arbeit oder sinnvoller, ebenfalls vergüteter Beschäftigung. Damit wären auch Bedenken[867] hinsichtlich etwaiger Ungleichbehandlungen weitgehend entkräftet[868] – immer vorausgesetzt, der abstrakte Beschäftigungsanspruch findet in der konkreten Vollzugspraxis eine vernünftige Umsetzung. Danach müssten folgerichtig auch alle anderen produktiven Maßnahmen wie Ausbildung und freie Beschäftigungsverhältnisse in die Regelung einbezogen werden. Wo solche Vollzugsbedingungen hingegen nicht realisiert werden, müsste wohl tatsächlich, aufgrund der aller Wahrscheinlichkeit nach auftretenden Benachteiligungen bestimmter Insassengruppen, auf Good-Time-Regelungen verzichtet werden.[869]

Teilweise wird auch eingewandt, dass punitive Strömungen in der gesellschaftlichen Wahrnehmung solcher Good-Time-Programme möglicherweise zu einer gegensteuernden Strafzumessung der Gerichte führen könnten.[870] Bei dieser Erkenntnis sollte man es allerdings nicht einfach belassen: Der Gesetzgeber darf nicht nur deshalb von seinen legislativen Gestaltungsrechten keinen Gebrauch machen, weil die zur Umsetzung dieser Regeln verpflichtete Judikative die Wertungen des Parlaments möglicherweise zu umgehen sucht. Die Rechtsprechung ist an Recht und Gesetz gebunden,[871] nicht umgekehrt. Werden bestehende Regelungen der Strafzumessung umgedeutet, um sich neuen gesetzlichen Wertungen zu versagen, muss solchen Entscheidungsgründen durch die Obergerichte Einhalt geboten werden. Ein derart begründeter Verzicht auf entsprechende Regelungen erschiene wie die vorauseilende Resignation des Gesetzgebers gegenüber einer unter Umständen apokryph agierenden Richterschaft.

Ferner steht zudem der Angleichungsgrundsatz einer nicht-monetären Vergütung durch Haftzeitverkürzung nicht entgegen: Auch in der freien Wirtschaft

866 Vgl. *Hillebrand* 2009, S. 122 f.; AK-*Däubler/Galli* 2012, § 43 Rn. 5.

867 Kritisch dazu *Lohmann* 2002, S. 278 ff.; AK-*Däubler/Galli* 2012, § 43 Rn. 5; *Zolondek* 2007, S. 242.

868 Ähnlich auch *Hillebrand* 2009, S. 124 f.

869 Zu letzterem vgl. AK-*Däubler/Galli* 2012, § 43 Rn. 5, die wegen des Fehlens einer solchen Umsetzung das gesamte Institut ablehnen, anstatt entsprechende Nachbesserungen zu fordern.

870 So *Zolondek* 2007, S. 242; dies wurde in anderen europäischen Ländern auch tatsächlich beobachtet, vgl. *Wasik* 1999, S. 489 und *Kaiser* 2007, S. 278 m. w. N.

871 Art. 20 Abs. 3 GG.

bestehen nicht allein finanzielle Vergütungen.[872] Selbst wenn dies anders wäre, käme eine negative Angleichung mit Blick auf Nr. 53.3 ERJOSSM nicht in Betracht.

Letztlich bleibt aufgrund der Fürsorgepflicht des Staates für seine Gefangenen und der daraus resultierenden Existenzsicherung während der Haftzeit die Vergleichbarkeit mit dem Leben in Freiheit ohnehin begrenzt.[873]

Soweit weiterhin darauf hingewiesen wird, dass die jungen Gefangenen in der Regel nicht in der Lage wären, zeitlich verzögerte Vergünstigungen als Anreiz wahrzunehmen, weshalb die unmittelbare Motivationswirkung nicht greifen würde,[874] ist dem entgegenzuhalten, dass selbst die Fähigkeit, einen Belohnungsaufschub zu erlernen, als geeignetes Ziel der Good-Time-Regelungen in Betracht kommt.[875] Darüber hinaus wird möglicherweise auch die Wirkung einer Aussicht der Gefangenen auf eine frühere Haftentlassung unterschätzt: Dies dürfte für die meisten Gefangenen die höchste aller denkbaren Vergünstigungen darstellen.[876]

Gegenüber der klassischen Strafrestaussetzung bietet sich zudem der Vorteil, dass der Entlassungszeitpunkt bei einer echten Good-Time-Regelung „gewiss" ist, die Gefangenen also fest mit ihrem Zeitgewinn rechnen können und sich nicht auf bloße Hoffnungen verlassen müssen, die in Zeiten zurückhaltender Lockerungspraktiken immer vager werden.[877] Darum müsste eine entsprechende Regelung entgegen den derzeitigen landesrechtlichen Normen unabhängig von den Prognoseentscheidungen allgemeiner Vollzugslockerungen sein. Statt einem Anspruch auf ermessensfehlerfreie Entscheidung sollte die Good-Time daher auch analog zum Arbeitslohn in einem gebundenen Anspruch ausgestaltet werden.

Keineswegs ausgeschlossen wird dadurch die begleitende Anwendbarkeit von Vollzugslockerungen und Strafrestaussetzung. Die Good-Time-Regelungen bieten dann lediglich die Möglichkeit, dass jenseits der für die meisten Gefangenen unvorhersehbaren Entscheidungen in diesen Bereichen den Betroffenen ein

---

872 So auch *Lohmann* 2002, S. 144; *Schäfer* 2005, S. 51; im Ergebnis auch *Ullenbruch* 2000, S. 179.

873 Ähnlich auch *Lohmann* 2002, S. 144.

874 So z. B. *Schriever* 2002, S. 88.

875 Ähnlich *Kaiser* 2007, S. 126.

876 Vgl. *Kaiser* 2007, S. 122 m. w. N, die sich darauf beruft, dass nach amerikanischen Untersuchungen selbst von den deutlich strapaziöseren Boot-Camp-Programmen ebenfalls eine motivierende Wirkung feststellbar ist, wenn um es um das Ziel der Haftzeitverkürzung geht.

877 *Kaiser* 2007, S. 127; ähnlich *Toch* 1997, S. 51, 53 m. w. N. („something to look forward to").

Ziel gegeben wird, auf das sie hinarbeiten können.[878] Ein solches Langzeitziel ergänzt zudem unmittelbar in den Vollzugsalltag integrierte Anreize (Arbeitsentgelt, Belohnungssysteme etc.), die den jungen Gefangenen viel unmittelbarer die Früchte ihrer Mitarbeit einbringen, damit aber zugleich die Gefahr eines „Überrechtfertigungseffektes"[879] mit sich bringen, der eine möglicherweise im Ansatz vorhandene intrinsische Motivation durch anhaltende extrinsische Motivierung belastet und reduziert. Die eher latente Präsenz der in Aussicht gestellten Belohnung der früheren Haftentlassung bietet damit die Chance, dass die Internalisierung des im Vollzug Erlernten weniger durch Ziele der kurz- und mittelfristigen Bedürfnisbefriedigung verwässert wird. Wie für das Erreichen der meisten Zwischenziele der Resozialisierung, braucht der Gefangene für den Erhalt der Good-Time-Vergünstigungen längeres Durchhaltevermögen.

Einen echten Anreiz können Good-Time-Regelungen jedoch nur dann bieten, wenn – bei vorhandener Arbeit und unabhängig von den genannten Unwägbarkeiten – der erwirtschaftete Straferlass für den Gefangenen eine relevante, wahrnehmbare Größe darstellt. Ein Gefangener, der ein volles Jahr durcharbeitet, erhält jedoch nach den meisten derzeit geltenden Vorschriften lediglich sechs Tage zugesprochen, um die die Haftzeit verkürzt werden könnte. Zudem bleibt die Verkürzung eine unsichere Ermessensentscheidung. Es scheint kaum denkbar, dass solche Zeitrelationen in relevanter Weise motivierenden Eindruck auf die jungen Gefangenen machen können. Wollte man Ernstmachen mit der Etablierung von Good-Time-Regelungen, bedürfte es auch insoweit einer deutlichen Ausweitung der möglichen Haftverkürzung und eines gebundenen Anspruches.

7.10.3.1.6 Einbeziehung in das Sozialversicherungs- und Rentensystem

Die Frage der Einbeziehung der Gefangenen in die staatlichen Sozial- und Rentenversicherungssysteme ist in gewisser Weise ebenfalls ein Aspekt der nicht direkt monetären Vergütung. Hiervon sind Straf- und Jugendstrafgefangene seit jeher ausgeschlossen. Verfassungsrechtlich hat das Bundesverfassungsgericht dem Gesetzgeber hier einen haushalts- und kriminalpolitischen Entscheidungsspielraum zugesprochen.[880] Kriminalpolitisch lassen sich gleichwohl erhebliche

---

878 *Kaiser* 2007, S. 130; ähnlich argumentierend, aber seinerzeit in Bezug auf die unbestimmte Jungendstrafe *Viehmann* 1988, S. 45.

879 Vgl. *Aronson/Wilson/Akert* 2004, S. 166 f. m. w. N.; vgl. dazu auch *Abschnitt 7.4.2.4.4.*

880 Vgl. BVerfG NJW 1998, S. 3337; im Detail dazu auch *Lohmann* 2002, S. 155 ff. m. w. N.

Bedenken dagegen anmelden:[881] Zu Recht lässt sich der Ausschluss aus der Rentenversicherung als „eine resozialisierungsfeindliche Spätfolge der Freiheitsstrafe" bezeichnen,[882] weil die ehemaligen Gefangenen zumeist ohnehin aus finanziell desolaten Verhältnissen stammen und auch deswegen besondere Schwierigkeiten mit der gesellschaftlichen Wiedereingliederung haben.[883] Dementsprechend eindeutig beziehen auch die ERJOSSM Stellung für eine Teilhabe an den sozialen Sicherungssystemen (vgl. Nr. 82.4).

7.10.3.1.7 Vergütung anderer Maßnahmen

Entsprechend Nr. 82.3 ERJOSSM ist die Vergütung der Gefangenenbeschäftigung – gleichgültig ob es sich um eine monetäre oder nicht-monetäre Entlohnung handelt – in vergleichbarer Weise auch auf Weiterbildungs- und Therapieangebote auszuweiten, damit in diesen Bereichen nicht eine demotivierende Wirkung durch den Ausschluss von entsprechenden Vergünstigungen erzeugt wird.[884]

Andererseits wird damit wiederum eine neue extrinsische Druckkulisse erzeugt, weil auch die Nicht-Vergütung als Zwangsmittel zur Durchsetzung der Therapiemotivation empfunden werden könnte.[885] Dass dies möglicherweise dazu führt, dass Gefangene an Behandlungsprogrammen nur aus finanziellen Erwägungen teilnehmen, ist daher nicht ausgeschlossen. Die Einbindung von reinen Behandlungsmaßnahmen in ein Belohnungs- bzw. Entlohnungssystem erscheint daher gleichermaßen erprobenswert wie risikobehaftet.[886] Allerdings ist in Zeiten, in denen sich der Großteil der Gesetzgeber ohnehin Mittels der vielerorts geregelten Mitwirkungspflicht eines massiven Druckmittels bedient,[887] zu überlegen, ob der durch Vergütungen erzeugte extrinsische Druck nicht in jedem Fall repressiver Beeinflussung vorzuziehen ist.

---

881 Vgl. *Steiner* 2005, S. 180; *Lohmann* 2002, S. 161; *Dünkel* 1999a, S. 98; *BAG-S* 1993, S. 177; *Bundesvereinigung der Anstaltsleiter im Strafvollzug* 1993, S. 180; *DVJJ u. a.* 2007, S. 53; *KAGS* 2007; *Tondorf* 2006, Fn. 83.

882 Vgl. *Rotthaus* 1987, S. 4.

883 Vgl. *Ostendorf-Sandmann* 2009, Kap. 4 Rn. 41; zu den Folgeproblemen vgl. *Steiner* 2005, S. 95 ff.

884 Vgl. *Jehle* 1994, S. 265; *J. Walter* 2006, S. 253.

885 Vgl. *Kaiser* 2007, S. 218 ff.; dazu auch *Abschnitt 7.4.2.4.4.*

886 Ähnlich *Kaiser* 2007, S. 225 f.

887 Siehe *Abschnitt 7.4.2.4.*

7.10.3.2 Freizeit

Schon sprachlich erscheint der Begriff „Freizeit" in der unfreien Haftsituation ein wenig fehl am Platz. Dabei liegt es mit Blick auf das Angleichungsprinzip nahe, dem in aller Regel durchstrukturierten Vollzugsalltag auch eine Komponente beizumengen, mit der die Gefangenen lernen, ihre Freizeit sinnvoll und nicht deviant zu gestalten.[888] Denn in der Außenwelt stellt die Freizeit selbst oft einen zumindest korrelativen Bezugspunkt zum delinquenten Verhalten Jugendlicher dar.[889] Dies gilt insbesondere für unstrukturierte, Eintönigkeit verursachende Freizeit.[890] Eine vornehmlich angleichende Vollzugsgestaltung, die auf ein möglichst hohes Maß individueller Freizeitgestaltung abzielt, und dabei aber hauptsächlich zur Untätigkeit führt, kann somit grundsätzlich nicht gewollt sein.[891]

Zudem stellt Langeweile einen eigenständigen Belastungsfaktor[892] dar, der sich deprivationsfördernd auswirken kann. Insoweit ist eine anregende Freizeitgestaltung auch ein Mittel der Gegensteuerung. Die Einbindung und Beschäftigung der Gefangenen in eine durch den Vollzug gestaltete Freizeit reduziert zudem die Suche nach anderweitiger Ablenkung in unzulässigen, potentiell resozialisierungsfeindlichen Aktivitäten (wie z. B. Drogenkonsum). Damit dient eine sinnvolle Freizeitgestaltung auch dem Schutz vor den Einflüssen der Gefangenensubkultur.[893] Darüber hinaus spielt sie als Bestandteil der Alltagsgestaltung eine wichtige Rolle als „alle Bereiche miteinander verwebendes Beziehungs- und Kommunikationsgeflecht"[894], und bestimmt also maßgeblich das Vollzugsklima, in dem die Resozialisierung gelingen soll.[895]

Dementsprechend ist die Freizeit nicht gänzlich „frei" von den Erfordernissen der Haft. Selbstverständlich setzen Aspekte der „Sicherheit und Ordnung" dem Freizeitverhalten der jungen Gefangenen Grenzen. Aber auch das Resozia-

---

888 Ähnlich S/B/J/L-*Koepsel* 2009, § 67 Rn. 11, 13.

889 Vgl. *Sonnen* 2007a, S. 23 f. m. w. N; *Walkenhorst* 2000, S. 273 f.; Göppinger-*Bock* 2008, S. 288 f., 340 f.

890 Nach *Opaschowski* reagiert gut jeder fünfte Jugendliche auf „Langeweile am Wochenende" zumindest latent mit „Aggression und Wut", vgl. *Opaschowski* 2008, S. 240.

891 Ähnlich auch D/S/S-*Sonnen* 2011, § 38 Rn. 1.

892 Vgl. *Enzmann* 2002, S. 266; *J. Walter* 2006, S. 253.

893 Vgl. *Dörlemann* 2002, S. 94 f.; *J. Walter* 2006, S. 253; ERJOSSM commentary zu Rule Nr. 80.2.

894 Vgl. *Walkenhorst* 2000, S. 266.

895 Es erscheint daher durchaus besorgniserregend, wenn insoweit teilweise von einer „Verödung des Freizeitbereichs" gesprochen wird, vgl. S/B/J/L-*Koepsel* 2009, § 67 Rn. 1; vgl. *Walkenhorst* 2000, S. 268.

lisierungsziel umrahmt die „freie Zeit" der Gefangenen: Es eröffnet ein Spannungsfeld zwischen dem Anspruch, den Gefangenen einen „verantwortungsvollen" und „sinnvollen" Umgang mit ihrer Freizeit nahezubringen[896], und dem originären Sinn der Freizeit – dem selbstbestimmten, zweckfreien Nachgehen persönlicher Neigungen.[897]

7.10.3.2.1 Ausgestaltung der Freizeit

Im Vollzug sind die Möglichkeiten, seinen persönlichen Interessen nachzugehen, naturgemäß sehr beschränkt. Überhaupt gilt: Fehlt es an einer Auswahl hinreichender Beschäftigungsmöglichkeiten und Freizeitangebote durch die Anstalt, ist dem Häftling eine selbstbestimmte Gestaltung seiner Freizeit schon im Ansatz nicht möglich. Diese Nicht-Beschäftigung ließe sich dann eher als „Zwangsfreizeit"[898] bezeichnen, die sich in ihren Wirkungen ins Gegenteil verkehrt, indem sie belastende Langeweile und Monotonie erzeugt. Dementsprechend beklagt der Kommentar der ERJOSSM, dass die gezielte Beschäftigung der Gefangenen in der Freizeit, insbesondere am Wochenende, auch aufgrund des reduzierten Personalaufkommens, oft fast gänzlich zum Erliegen kommt. Betont werden dabei auch die sicherheitsrelevanten Gefahren, die die daraus resultierende Mischung aus Langeweile und Subkultur produziert, und die nicht selten zu Übergriffen unter den Gefangenen führt.[899]

Es sind daher gesetzliche Regelungen zu fordern, die klare Vorgaben hinsichtlich der vorzuhaltenden, betreuten Freizeitangebote machen. Die Landesregelungen gehen dabei allerdings kaum über die bisherige Regelung des § 67 StVollzG hinaus. Insbesondere fehlt es an klaren Mindestansprüchen in quantitativer Hinsicht.[900] Es wird zumeist – wie zum Beispiel in *Berlin* – nur vage konstatiert, dass „geeignete Angebote [...] vorzuhalten" sind. Dass solch unbestimmte Gesetzesvorgaben dem Vollzug keine ausreichende Argumentationsbasis an die Hand geben, um eine ausreichende personelle und finanzielle Ausstattung einzufordern, zeigen weite Teile der bisherigen Praxis.[901] Eine „gesetzliche Festlegung hinreichend konkreter Vorgaben", wie sie für eine Ab-

---

896 Vgl. Begründung zu Art. 152 BayStVollzG (Bay. Ltg. Drs. 15/8101).

897 So jedenfalls das verbreitete Verständnis von „Freizeit", vgl. *Opaschowski* 2008, S. 26;
ebenso *Eisenberg* 2012, § 92 Rn. 97.

898 *Opaschowski* 2008, S. 57 f.

899 Vgl. ERJOSSM commentary zu Rule Nr. 80.2.

900 Vgl. auch *Dünkel* 2008b, S. 78.

901 Vgl. Ostendorf-*Fiedler/Vogel* 2009, Kap. 5 Rn. 36 f. m. w. N.; D/S/S-*Sonnen* 2011,
§ 38 Rn. 4 JStVollzG.

sicherung der „erforderlichen Ausstattung mit den personellen und finanziellen Mitteln"[902] notwendig wäre, stellt dies jedenfalls nicht dar.[903] Auch Nr. 80.2 ERJOSSM betont, dass sinnvolle Aktivitäten, gerade auch an Feiertagen und am Wochenende vorzuhalten sind. Insofern sind zumindest die Regelungen aus *Berlin*, *Hessen*, *Nordrhein-Westfalen* und *Rheinland-Pfalz* zu begrüßen, die immerhin den Fokus ausdrücklich auch auf die Wochenenden und den Feierabend richten. Dabei bleibt aber vor allem in *Berlin* und *Hessen* völlig offen, wie eine solche „erzieherische" Wochenendbetreuung aussieht und welchen Umfang sie haben soll.[904] Zu den geforderten klaren Mindestvorgaben ringt man sich nur im *nordrhein-westfälischen* Gesetz durch. Diese sind allerdings mit drei Stunden wöchentlich – angesichts der langen Wochenenden – sehr knapp bemessen. Das gleiche gilt für die *rheinland-pfälzische* Regelung, die nur zwei Stunden vorsieht und die Beschäftigung auf sportliche und „kulturelle" Aktivitäten eingrenzt. Als absolutes Minimum erscheinen hier eher Zeitkontingente von sieben Stunden pro Woche plausibel – soweit diese ein weites Spektrum von möglichen Betätigungsfeldern abdecken. Aber auch hierzu sind insgesamt wenig konkrete Vorschläge ersichtlich. Insofern sticht die *rheinland-pfälzische* Regelung, die eine Reihe „kultureller" Betätigungen vorschlägt, positiv aus dem Gros der Gesetze heraus,[905] die zumeist nur die vage Formulierung des StVollzG übernehmen. Immerhin ergänzen hier einige Gesetze, dass die Freizeit auch dazu genutzt werden soll, Medienkompetenz zu vermitteln.[906]

Soweit die übrigen Landesgesetze zwei Stunden Sport pro Woche garantieren, reicht dies ebenfalls nicht aus, da die Nr. 81 ERJOSSM für diesen speziellen Bereich ausdrücklich zwei Stunden pro *Tag* fordern. Auch wenn eine feste Anspruchsregelung eine gewisse Sonderbehandlung gegenüber der bisherigen (unbestimmten) Regelung des Erwachsenenvollzuges darstellt, bleibt dennoch fraglich, ob man dem besonderen jugendspezifischen Regelungsbedarf[907] genügend Rechnung trägt, indem man rechtlich lediglich absichert, was praktisch auch im Erwachsenenvollzug nahezu Standard ist[908] (oder zumindest sein sollte). Dies gilt umso mehr, als sich im Jugendstrafvollzug mit Sport und ähnli-

---

902 BVerfG NJW 2006, S. 2096.

903 Vgl. *Eisenberg* 2012, § 92 Rn. 97.

904 Auch die Gesetzesbegründungen bleiben diesbezüglich gänzlich unverbindlich und vage, vgl. Begründung zu § 72 HessJStVollzG und Begründung zu § 26 JStVollzG Bln (Bln. Ltg. Drs. 16/0677).

905 Vgl. auch *Eisenberg* 2008, S. 258; auch Nr. 77 ERJOSSM nennt solche Aktivitäten als sinnvolle Beschäftigungsmöglichkeiten.

906 Siehe zum Thema neue Medien auch *Abschnitt 7.11.3.6*.

907 Vgl. BVerfG NJW 2006, S. 2096.

908 Vgl. S/B/J/L-*Koepsel* 2009, § 67 Rn. 18.

chen Aktivitäten viele essentielle Behandlungsaspekte verknüpfen lassen: Sportliche Aktivitäten können als soziales Trainingsfeld fungieren. Die jungen Gefangenen erlernen spielerisch beispielsweise die Einhaltung von Regeln, Kommunikation mit Mitspielern, die Einschätzung der eigenen Leistungsfähigkeit.[909] Auch ist Sport als schlichtes Mittel zum Stressabbau nicht zu unterschätzen.[910] Ferner bieten sich Kontaktmöglichkeiten zur unmittelbaren Außenwelt,[911] etwa bei der Teilnahme an externen Sportturnieren im Sinne der Gemeindeorientierung der Nr. 53.5 ERJOSSM.

Vor diesem Hintergrund erscheinen die Regelungen in *Bayern* und *Niedersachsen*, die keine Mindestangaben dahingehend enthalten, wie viel Zeit den jungen Gefangenen für sportliche Betätigung eingeräumt wird, unzureichend.

7.10.3.2.2 Mitwirkungspflicht in der Freizeit

Mehr noch als in Freiheit bedeutet Freizeit während der Haft nicht unbedingt ein „Freisein". Dass die Gestaltung der Freizeit in Haft mit schwerwiegenden Einschränkungen verbunden ist, versteht sich – wie dargestellt – von selbst und ist kaum zu vermeiden. Diese beziehen sich aber zumeist auf ein Ausscheiden bestimmter Aktivitäten, also die Nicht-Durchführbarkeit von Freizeitgestaltungen. Neu hingegen ist, dass neben dem Ausschluss der Teilhabe nun auch der Zwang zur Teilnahme an Freizeitaktivitäten etabliert wird: In *Hamburg, Bayern, Baden-Württemberg* und den Gesetzen des *Neuner-Entwurfes* sind die Gefangenen zur „Teilnahme und Mitwirkung an Freizeitangeboten" verpflichtet.

Als wäre die Gestaltung originärer – also selbstbestimmter, zweckfreier – Freizeit in der Haftsituation nicht ohnehin schon mit hinreichend Widersprüchen behaftet, fügen die Landesgesetze mit der Mitwirkungspflicht einen weiteren hinzu. Die generellen Bedenken gegen eine auf Verpflichtung und Zwang basierende Motivierung zur Teilnahme an Vollzugsprogrammen wurden bereits dargelegt.[912] Für die Freizeitgestaltung der Gefangenen gelten sie im besonderem Maße: In der Wahrnehmung der adoleszenten jungen Gefangenen kommt der Freizeit eine zentrale Rolle als Freiraum zur Selbstfindung zu.[913] Es muss folglich auch als notwendig angesehen werden, dass den Jugendlichen jenseits des Vollzugsalltages mit seinen zahlreichen Restriktionen und Verpflichtungen eben dieser Entfaltungsspielraum belassen wird. Auch wird bei einer solchen ver-

909   Vgl. *Mentz* 2007, S. 425; *Rössner* 1999, S. 454 ff. m. w. N.

910   Vgl. D/S/S-*Sonnen* 2011, § 39 Rn. 1 f. JStVollzG.

911   Vgl. *J. Walter* 2006, S. 255.

912   Vgl. *Abschnitt 7.4.2.4.*

913   Vgl. *Fend* 2003, S. 212.

pflichtenden Regelung verkannt, dass die Freizeit, die gerade auch der „zweck-freien Entspannung und Erholung dient"[914], zu jenem innersten schützenswer-ten Bereich der persönlichen Entfaltung des Gefangenen gehört, der dem an-sonsten allgegenwärtigen Zugriff der Exekutive zumindest hinsichtlich einzelner grundlegender Handlungsentscheidungen entzogen bleiben muss. Der „för-dernde und fordernde" Vollzug muss dem Gefangenen einen letzten Rückzugs-bereich seiner Entscheidungsfreiheit lassen.

Der Teilnahmezwang an Freizeitangeboten erscheint zudem pädagogisch fragwürdig,[915] weil das Erproben von „Selbststrukturierung"[916] und das Erler-nen einer sinnvollen Freizeitgestaltung zu einem nicht unerheblichen Teil der freien Entscheidung bedarf. Ist diese als Basis nicht vorhanden, handelt es sich nicht um freie Zeit. Demgegenüber erscheint es richtig, dass man in *Hessen* die Eigenverantwortlichkeit einer „sinnvollen Freizeitgestaltung", zu deren Mitwir-kung man „anleiten" und „motivieren" möchte, betont.

Auch schließt sich eine Teilnahmeverpflichtung in der Freizeit schon sprachlogisch aus und erhält darüber hinaus einen zynischen Beigeschmack. Letzteres gilt insbesondere dann, wenn das Angebot an Freizeitbeschäftigung nicht einmal die freiwillige Nachfrage deckt.[917] Therapeutisches oder pädagogi-sches Pflichtprogramm sollten dementsprechend nicht als „Freizeitaktivitäten" deklariert werden. Es spricht zwar nichts dagegen, neben den alltäglichen Ar-beits- und Ausbildungszeiten noch andere Pflichtveranstaltungen vorzusehen. Lässt man diese dann aber unter dem Etikett der Freizeit stattfinden, wider-spricht dies auch dem Gedanken der Angleichung (Nr. 53.3 ERJOSSM). Sofern man im Bereich solcher Resozialisierungsmaßnahmen eine Mitwirkungsver-pflichtung für unumgänglich hält,[918] erscheint es zweckmäßiger, dies unter die allgemeine Mitwirkungspflicht zu subsumieren, um nicht ohne Not die Tren-nung zwischen Freizeit und Determinationszeit[919] aufzugeben. Insofern erschei-nen die Regelungen *Hamburgs, Bayerns* und des *Neuner-Entwurfes* hier ein wenig obskur, ermöglichen sie doch dem Wortlaut nach auch die erzwungene Teilnahme an einfachen Freizeitgruppen ohne eine spezifische resozialisa-

---

914 *Eisenberg/Singelnstein* 2007, S. 187; auch die Begründung des *Neuner-Entwurfes* selbst zu § 38 JStVollzG Bln (Bln. Abgh. Drs. 16/0677).

915 Vgl. Ostendorf-*Fiedler/Vogel* 2009, Kap. 5 Rn. 32; *Rössner* 1999, S. 458; a. A. *Flügge* 2008, S. 41, der Parallelen zur Schulpflicht zieht.

916 Ostendorf-*Fiedler/Vogel* 2009, Kap. 5 Rn. 33; *Walkenhorst* 2002a, S. 293.

917 Vgl. *Abschnitt 7.10.3.2.1.*

918 Was nach der hier vertretenen Auffassung nicht der Fall ist, vgl. *Abschnitt 7.4.2.4.*

919 Organisierte „abhängige Zeit" mit dem Hauptmerkmal der Fremdbestimmung, vgl. *Opaschowski* 1996, S. 86.

torische Relevanz.[920] Durch die Ausweitung der Mitwirkungspflichten und der damit verbundenen Möglichkeit von Sanktionierungen wird der seit jeher etwas diffuse Freizeitbegriff des Vollzuges potentiell zu einer unnötigen Belastung. Die ERJOSSM beziehen selbst keine Stellung zu Teilnahmeverpflichtungen. Dies ist wohl auch deshalb der Fall, weil man eher den Blick auf das zu oft auftretende Unterangebot an Freizeitbeschäftigungen richtet.[921] Immerhin spricht Nr. 80.2 ERJOSSM nur davon, dass den jungen Gefangenen sinnvolle Beschäftigungen „angeboten" werden sollen. Gemäß Nr. 81 „ist ihnen zu erlauben", regelmäßig für zwei Stunden täglich Sport zu treiben. Wie mehrfach aufgezeigt, gehen die ERJOSSM auch sonst eher von einer positiven Motivierung durch „Ermutigung" der Gefangenen aus.[922] Demgemäß entsprechen eher die Regelungen *Sachsens, Nordrhein-Westfalens, Hessens* und *Baden-Württembergs,* wonach die jungen Gefangen zur Teilnahme an Freizeitangeboten zu „motivieren" und „anzuleiten" sind, den Wertungen des Regelwerkes.

Problematisch könnte eine Zuordnung von therapeutischen Maßnahmen zur Freizeit auch im Hinblick auf Nr. 82.2 ERJOSSM sein: Werden Maßnahmen aus dem Kanon der vergütungsfähigen Beschäftigungen heraus definiert, indem man sie einfach in die Freizeit legt, und deshalb nicht mehr entsprechend entlohnt, unterläuft dies die Wertungen der ERJOSSM und der entsprechenden Gesetzesregelungen gleichermaßen.

7.10.3.2.3 Gegenstände der Freizeitbeschäftigung

Hinsichtlich der Zulassung einzelner Freizeitgegenstände liefern die ERJOSSM keine konkreten Vorgaben. Es bleibt hier nur der Rückgriff auf allgemeine Regelungen: Nach Nr. 53.3 ERJOSSM gilt hier zunächst das Angleichungsprinzip, wonach die jungen Gefangenen den Zugang zu Gegenständen der Freizeitbeschäftigung haben müssen, soweit dies nicht wesentlich dem Ziel und den Erfordernissen es Vollzuges zuwider läuft. Ferner sind Kontrolle und Sicherheitsvorkehrungen, und damit Beschränkungen beim Besitz von Freizeitgegenständen gemäß Nr. 53.2 ERJOSSM auf das erforderliche Minimum zu begrenzen.

In diesem Sinne erscheint es vertretbar, dass alle Landesgesetze die Wertungen des StVollzG weitgehend übernehmen und die Nutzung von Fernsehgeräten,

---

920 Zwar wird in allen Gesetzen vorausgeschickt, dass die Freizeitgestaltung am Vollzugsziel auszurichten sei. Dies muss im Zweifel aber bedeuten, dass es auch ausreicht, wenn einzelne Freizeitprojekte nicht resozialisierungsschädlich sind, da sonst theoretisch Maßnahmen, die primär auf bloßen Zeitvertreib abzielen, ausgeschlossen werden könnten (Skat-Tunier, Film-Club, Gefangenen-Theater etc.).

921 Vgl. ERJOSSM commentary zu Rule Nr. 80.2; die verpflichtende Teilnahme an der Freizeit dürfte vermutlich schon begriffslogisch zu abwegig gewesen sein, als dass man sie hätte berücksichtigen können.

922 Vgl. Nr. 50.2 und Nr. 76.1 ERJOSSM.

Hörfunk und Schreiberzeugnissen im Wesentlichen von der Vereinbarkeit mit „Sicherheit und Ordnung" und dem Vollzugsziel abhängig machen.

Fast willkürlich mutet es allerdings an, wie spezielle Medienarten vereinzelt geradezu apodiktisch ausgeschlossen werden.

In *Baden-Württemberg* schließt man etwa Bezahlfernsehen ausnahmslos aus. Auch wenn hier aufgrund technischer Grenzen und der knappen Finanzlage der meisten Gefangenen ohnehin nur ein sehr geringer praktischer Anwendungsbereich für diese Regelung vorliegen dürfte, fragt sich doch, inwieweit Pay-TV schädlicher sein soll als normales Fernsehen. Softpornographie und ausgiebige Gewaltdarstellungen gibt es in beiden Formaten gleichermaßen. Einen besonderen Regelungsbedarf gegenüber anderen Inhalten gibt es nicht. Vielmehr gilt: Was der Resozialisierung schadet, ist zu unterbinden. Wobei sich der (relativ hohe) Kontrollaufwand ebenfalls kaum unterscheiden dürfte. Auch hinsichtlich spezieller Decodierungsgeräte müsste zudem das Interesse des Gefangenen gegen den Kontrollaufwand abgewogen werden, wie dies sonst auch abstrakt für alle Gegenstände der Freizeitbeschäftigung geregelt ist. Eine Erklärung dafür, warum der *baden-württembergische* Gesetzgeber seinen Bediensteten ausgerechnet in dieser Frage die Entscheidungsgewalt vollständig abgenommen hat, bleibt auch die Gesetzesbegründung schuldig.[923]

Ähnlich abstrus erscheint die in *Bayern* formulierte Gefährlichkeitsvermutung zu Lasten von elektronischen Unterhaltungsmedien, die im den Jugendstrafvollzug betreffenden Abschnitt noch dadurch verschärft wird, dass solche Medien ausnahmslos ausgeschlossen werden, soweit sie „keinen pädagogischen Wert" haben. Wie eine solche Kategorisierung vorzunehmen ist, erklärt dem Rechtsanwender die Gesetzesbegründung: Nahezu allen neuartigen Unterhaltungsmedien jenseits von Büchern, Hörfunk und Fernsehen wird eine entsprechende Tauglichkeit für den Vollzug abgesprochen.[924]

Zum einen erscheint hier bereits fraglich, inwieweit die „Aberziehung" von solch unerwünschten Freizeitaktivitäten noch von dem Vollzugsziel der Legalbewährung getragen wird oder ob es sich nicht vielmehr um eine zu weit gehende Einflussnahme im Sinne des *bayerischen* Anspruches handelt, die Gefangenen zu „nützlichen Gliedern der Gesellschaft" zu machen.[925] Zum anderen ist diese restriktive Einschätzung des *bayerischen* Gesetzgebers im Hinblick auf die Lebenswelten Jugendlicher weltfremd:[926] Die gesellschaftliche Entwicklung

923 Vgl. Begründung zu § 55 JVollzG BW-IV (BW. Ltg. Drs. 14/5012).

924 Vgl. Begründung zu Art. 152 BayStVollzG (Bay. Ltg. Drs. 15/8101).

925 Vgl. *Eisenberg* 2007, S. 153; zu dieser erweiterten Sicht des Erziehungsauftrages siehe auch *Abschnitt 7.3.3.*

926 Der Tonfall der Begründung, der bisweilen die Grenzen eines objektiv-sachlichen Stils überschreitet, lässt zudem eine wenig sachdienliche, alltagstheoretische Ablehnung gegenüber neuartigen Medien vermuten. Etwa dann, wenn einseitig ein Kausalzusammen-

geht dahin, dass „medial vermittelte Lernprozesse zunehmend Teil der Grundso-
zialisation jedes Menschen werden."[927] Im Alltag der Jugendlichen wie auch in
der modernen Arbeitswelt[928] kommt der Nutzung von elektronischen Medien
wie selbstverständlich eine große Bedeutung zu.[929] Kinder und Jugendliche
erlernen den Umgang damit zumeist intuitiv und spielerisch. Dies ist ein Umstand, der sich im Vollzug nur bedingt durch vereinzelte Computerkurse ausgleichen lässt – und ebenso wenig mit einem lapidaren Verweis auf die An-
staltsbibliothek.[930] Ferner gehören zum Erlernen einer sinnvoll strukturierten
Freizeitkultur auch Lernprozesse, die einen kritischen und reflektierten Umgang
mit diesen Medien beinhalten.[931] Bei vollständiger Abwesenheit entsprechender
Möglichkeiten findet dieser gar nicht statt.[932] Damit ist der Zugang zu entsprechenden Medienwelten letztlich wiederum eine Frage der sozialisierenden Angleichung (Nr. 53.3 ERJOSSM). Sofern sich im Einzelfall die Umsetzung einer
solchen medialen Selbstverständlichkeit nicht in den Vollzugsalltag integrieren
lässt, ohne Behandlungsziel und Sicherheit zu gefährden, ist dem Vollzug mit
den allgemeinen Regelungen zu den „Gegenständen der Freizeitbeschäftigung"
jedenfalls ausreichend Handhabe gegeben. Ein besonderer Regelungsbedarf ist
hingegen nicht ersichtlich.[933]

Gegenüber den althergebrachten Medienformen zeichnen sich die „sogenannten Spielkonsolen" und ähnliche Unterhaltungsmedien, die vom Gesetzgeber pauschal als besonders ungeeignet eingestuft werden, nicht zwangsläufig
durch bloße „Berieselung"[934], sondern durch Möglichkeiten der Interaktion mit
dem Medium aus. Neben Inhalten vermitteln sie beispielsweise Problemlö-
sungskompetenz und andere kognitive Fähigkeiten[935], oder bieten zumindest
entsprechendes Potential.[936] Es erschiene daher die Regelung des genauen Ge-

---

hang zwischen einer „Unterhaltungsmedienberieselung" durch „sog. Spielkonsolen"
und mangelnden Lesekenntnissen angenommen wird, vgl. Begründung zu Art. 152
BayStVollzG (Bay. Ltg. Drs. 15/8101).

927 *Moser* 2010, S. 35.

928 Vgl. *Wirth* 2010, S. 242.

929 Vgl. auch *Theine* 2008, S. 218.

930 Vergleichbar mit dem altväterlichen Hinweis, „doch mal ein gutes Buch zu lesen", vgl.
Begründung zu Art 152 BayStVollzG (Bay. Ltg. Drs. 15/8101).

931 Vgl. *J. Walter* 2007, S. 207 f.; *Schwirzer* 2007, S. 226.

932 Ähnlich *Moser* 2010, S. 220 m. w. N.

933 Ein etwas ungelenker, aber im Ergebnis ebenfalls zielführender, wenn nicht gar pro-
gressiverer Regelungsvorschlag findet sich bei *Tondorf* 2006, § 27.

934 Begründung zu Art. 152 BayStVollzG (Bay. Ltg. Drs. 15/8101).

935 Vgl. *Moser* 2010, S. 36.

936 Vgl. *Gebel/Gurt/Wagner* 2005, S. 363.

genteils zweckmäßig: Anders als beim Fernsehen ließe sich bei Unterhaltungsmedien punktgenau Einfluss auf die Auswahl einzelner Medien nehmen, wodurch man möglicherweise vermehrt Medien mit positivem Lerneffekt zulassen
könnte. Letztlich bleibt es unverständlich, warum hier das ohnehin enge Anstaltsermessen schon durch den Gesetzgeber nahezu auf Null reduziert werden
musste.[937] Freilich bedürfte es entsprechend geschulten Personals, welches eine
solche medienpädagogische Begleitung auch leisten könnte.[938]

Dass man stattdessen insgesamt eher darauf bedacht ist, jeglichen Mehrauf-
wand zu vermeiden, legt die Argumentationslinie des Gesetzgebers an anderer
Stelle offen. Dies wird nämlich dort sichtbar, wo der fehlende pädagogische
Wert von der Gesetzesbegründung weniger mit erzieherischen als vielmehr mit
Gründen der „Sicherheit und Ordnung" und erhöhtem Kontrollaufwand begründet wird. Soweit man dabei auf gesteigerte Gefahren durch die Gefangenensubkultur in Form von Handel, Erpressung und Wetten hinweist,[939] bleibt außerdem unklar, inwieweit sich dies von anderen begehrten, aber grundsätzlich
zugelassenen Gütern im Vollzug unterscheiden sollte.[940] Auch unerlaubtes
Glücksspiel hinter Gittern dürfte bereits länger existieren als Videospiele. Den
ebenfalls genannten Problemen durch zusätzliche Versteckmöglichkeiten ließe
sich – wie bei Fernsehern – durch Verplombung begegnen.[941] Gegen gesteigerte
Erfordernisse der Sicherheit spricht letztlich auch, dass kein anderes Bundesland
eine ähnlich restriktive Haltung für nötig befunden hat. Warum eine Gleichbehandlung mit anderen Gegenständen der Freizeit aufgrund von „Bedürfnissen
der Praxis" nicht möglich sein soll, ist daher nicht ersichtlich.

Soweit hier außerdem Befürchtungen hinsichtlich der Gewalt steigernden
Beeinflussung durch Videospiele oder Ähnliches Pate standen, stellt sich die
Frage, warum dem Fernsehen eine Besserstellung zugestanden wird. Auch hinsichtlich des passiven Konsums inhaltsleerer oder inhaltlich bedenklicher Fern-
sehsendungen kann man erhebliche Zweifel im Hinblick auf das Vollzugsziel
haben. Der Vollzug kann letztlich kaum kontrollieren, was sich Gefangene im
Fernsehen anschauen.[942] Demgegenüber konnte eine gesteigerte dauerhaft nega-

---

937　Auch *Schwirzer* hält Entscheidungsspielräume der Anstalt für notwendig (vgl. *Schwir-
　　　zer* 2007, S. 232).

938　Ähnlich *J. Walter* 2006, S. 252; *Theine* 2008, S. 219; im weitesten Sinne auch folgend
　　　aus BVerfG NJW 2006, S. 2096.

939　Vgl. Begründung zu Art. 72 und Art. 152 BayStVollzG (Bay. Ltg. Drs. 15/8101).

940　Vielmehr wird durch den generellen Ausschluss (etwa von Mp3-Playern) entsprechen-
　　　der Marktwert in der Subkultur gerade erst generiert.

941　Vgl. *Laubenthal* 2011, Rn. 619; hinsichtlich eigener Fernsehgeräte: OLG Karlsruhe,
　　　NStZ-RR 2006, S. 155.

942　Insoweit erscheint der *baden-württembergische* Ansatz, wonach man versucht, das
　　　Fernsehprogramm in Abstimmung mit der Gefangenenmitverantwortung auszuwählen,

tive Beeinflussung der Psyche durch die Nutzung bestimmter interaktiver Medien – wie sie von der *bayerischen* Gesetzesbegründung lapidar angenommen wird – bisher keineswegs belegt werden.[943] Auch ein bequemer Rückgriff auf gängige Alltagstheorien würde in keinem Fall die undifferenzierte Schlechterstellung aller verfügbaren Inhalte rechtfertigen.

Gleichwohl erscheint es sinnvoll und begrüßenswert, dass man in *Bayern* (und einzelnen anderen Gesetzen) die Vermittlung von Medienkompetenz zumindest abstrakt als wichtigen Teilaspekt der Freizeitgestaltung etabliert.[944] Umso unverständlicher erscheinen in diesem Zusammenhang Handlungsvorgaben, die eine konsequente Umsetzung in weiten Teilen ausschließen.

Die Tendenz, den sicherheitsbezogenen Kontrollaufwand zu reduzieren, lässt die Gesetzgeber zum Teil auch Regeln treffen, die den Gefangenen nur ermöglichen, aus einem von der Anstalt vermittelten Angebot Gegenstände zur Freizeitbeschäftigung zu erhalten. Entsprechende Regelungen finden sich in *Baden-Württemberg* und *Niedersachsen*. Eigene Geräte können dort ausgeschlossen werden. Problematisch kann dies vor allem im Hinblick auf die finanzielle Lage der Gefangenen werden. Entstehen durch diese Art der „Ersatzbeschaffung" beispielsweise Mietkosten[945], die auf längere Zeit gesehen die Kosten für die Einbringung eines eigenen Gerätes übersteigen,[946] so werden die eingesparten Kontrollkosten letztlich auf den Gefangenen abgewälzt. Dies kann mittelbar wiederum eine Rolle hinsichtlich der „angemessenen" Vergütung von Gefangenentätigkeiten im Sinne von Nr. 82.2 ERJOSSM spielen, weil diese durch zusätzliche finanzielle Lasten schnell unter ein zulässiges Maß sinken könnten.[947] Ähnliche Bedenken bestehen zudem hinsichtlich der ausgeweiteten Einforderung von Betriebskosten der von den Gefangenen benutzten Geräte.[948]

---

erprobenswert, auch weil es die Eigenverantwortlichkeit der Gefangenen zumindest im Ansatz stärkt.

943 Vgl. *Geisler* 2009, S. 92 ff. mit zahlreichen w. N.; *Moser* 2010, S. 219 ff. m. w. N.

944 Zu einer entsprechenden Notwendigkeit vgl. auch *J. Walter* 2007, S. 208.

945 So werden etwa in der JVA Adelsheim Fernsehempfänger an die jungen Gefangenen gegen eine monatliche Gebühr überlassen.

946 Ähnlich auch zur Frage einseitiger Bezugsmöglichkeiten OLG Karlsruhe, Beschluss vom 02.10.2001, Az. 1 Ws 107/01.

947 Vgl. *Abschnitt 7.10.3.1.4.*

948 Vgl. *Abschnitt 7.7.3.4.*

7.10.4 Zusammenfassung

Die teilweise geforderte[949] gänzliche Abschaffung der Gefangenenarbeit zugunsten einer völlig ausbildungsorientierten Gefangenenbeschäftigung erscheint unnötig pessimistisch. Zwar kann nicht ausgeschlossen werden, dass die Arbeit durch geregelte Mitwirkungsverpflichtung – neben den anderen unerwünschten negativen Nebeneffekten – auch zu apokryphen Disziplinierungszwecken missbraucht wird[950] und sie in der öffentlichen Wahrnehmung vor allem punitiv begründet wird.[951] Mangelhafte Ausgestaltung und Durchführung sowie entfernte Motivlagen Dritter liefern für sich genommen jedoch nicht hinreichend Gründe, dieses Instrument gänzlich abzuschreiben.[952] Auch Arbeitserfahrung und durch Arbeit erlangte Fähigkeiten bieten zumindest teilweise Grundlagen für eine erfolgreiche Resozialisierung. Zu Recht räumen dennoch alle Gesetze der Ausbildung Vorrang vor bloßer Arbeit ein.[953]

Festzuhalten bleibt: Auch wenn Arbeit und Beschäftigung im Vollzug sicher nicht die grundlegenden Probleme der derzeitigen Strafkultur lösen können, so bietet eine kluge und nachhaltige Ausgestaltung doch die Möglichkeit, Beeinträchtigungen der Haftstrafe zu mindern.[954] Die (auf gesetzlicher Ebene noch zaghafte) Orientierung hin zu einer arbeitsmarktorientierten Synergie aus Beschäftigung und Entlassungsvorbereitung verheißt dabei eine effektivere Ausnutzung jenes Resozialisierungspotenzials, welches der Gefangenenarbeit seit jeher zugeschrieben wird.[955]

Dieses Potenzial kann sich freilich nur dort entfalten, wo die Gefangenen auch hinreichend beschäftigt sind. Insofern sind die klaren Anspruchsregelungen *Baden-Württembergs, Hamburgs* und *des Saarlandes* als vorbildlich zu begrüßen. Angesichts der durchaus vorhandenen Nachfrage nach Arbeit und der vielerorts gegebenen Unterbeschäftigung fragt sich dabei auch, inwieweit für eine

---

949 Vgl. AK-*Däubler/Spaniol* 2006, vor § 37 Rn. 17 f.; *Hillebrand* 2009, S. 128.

950 Vgl. *Eisenberg* 2012, § 92 Rn. 112.

951 Vgl. AK-*Däubler/Galli* 2012, vor § 37 Rn. 17; *Hillebrand* 2009, S. 128.

952 Ebenso im Ergebnis *Schneider* 2010, S. 250 f., für den die genannten Umsetzungsprobleme jedoch nicht weiter relevant zu sein scheinen.

953 Vgl. auch *Schneider* 2010, S. 251.

954 *Van Zyl Smit/Dünkel* 1999, S. 346.

955 Beim Ausbau arbeitsmarktorientierter Maßnahmen im Vollzug darf allerdings nicht vergessen werden, dass die am meisten Erfolg versprechenden Maßnahmen auch mit der Öffnung des Vollzuges zusammen hängen: Arbeit im Vollzug dürfte es kaum mit freien Beschäftigungsverhältnissen im Freigang oder offenen Vollzug aufnehmen können, vgl. *Schriever* 2002, S. 87, 88; *Bundesvereinigung der Anstaltsleiter im Strafvollzug* 1993, S. 180.

„Arbeitspflicht" überhaupt noch praktische Relevanz besteht.[956] Vielmehr müsste von einer Pflicht der Anstalt, die Gefangenen mit angemessener Beschäftigung zu versorgen, ausgegangen werden.[957] Als Mittel der Motivierung wirkt die Arbeitspflicht daher nicht nur unnütz, sondern auch anachronistisch. Auch darf eine etwaige Abschaffung der Arbeitspflicht – wie dies zuletzt im Hinblick auf landesrechtliche Regelungen des Erwachsenenvollzuges diskutiert wird[958] – nicht als pseudoliberaler Deckmantel für die teilweise mangelhafte Beschäftigungssituation im Vollzug herhalten.

Hinsichtlich anderer Möglichkeiten der Motivierung zeigen sich die Gesetze hingegen allesamt sehr zurückhaltend: Nach wie vor erfüllt die monetäre Gefangenenentlohnung kaum das, was man als „angemessen" (Nr. 82 ERJOSSM) bezeichnen kann. Dies gilt umso mehr, als die Landesgesetze in einigen Bereichen zusätzlich Kosten an die Gefangenen weitergeben – ohne im Gegenzug die Bezüge zu erhöhen.

Auch die nicht-monetäre Vergütung wird nur sehr zurückhaltend gehandhabt. Good-Time-Regelungen sind nach wie vor nur in schwachen Ansätzen vorhanden. Die Einbindung in die Sozialversicherungssysteme bleibt weiterhin lückenhaft.

In den meisten Fällen fallen auch die Regelungen zur Freizeitbeschäftigung wenig innovativ aus. Den besonderen Regelungsbedarf hinsichtlich der Lebenswelten Jugendlicher versucht man weitgehend über eine knappe Aufwertung des Sportes abzugelten.

Auch in diesem Bereich fehlt es an klaren Anspruchsnormen, insbesondere für typische Leerlaufzeiten wie das Wochenende. Allerdings setzen sich auch hier mit *Nordrhein-Westfalen* und *Rheinland-Pfalz* einzelne Länder mit guten Ansätzen positiv von der Masse der Landesgesetze ab.

Als besonders problematisch erscheint für das Gebiet der Freizeit die in den Gesetzen *Hamburgs*, *Bayerns* und des *Neuner-Entwurfes* formulierte, zweckfremde Mitwirkungspflicht an Freizeitangeboten.

---

956 Vgl. *Baechtold* 1997, S. 92; *Schriever* 2002, S. 86.

957 Vgl. *Hammerschick/Pilgram/Riesenfelder* 1997, S. 171; *van Zyl Smit/Dünkel* 1999, S. 346.

958 Vgl. §§ 9 Abs. 2 und 22 des einheitlichen Mustergesetzentwurfs eines *Strafvollzugsgesetzes* von 10 Bundesländern vom 23.8.2011. Der Entwurf ist auf der jeweiligen Internetseite der Landesjustizministerien abgedruckt, vgl. z. B. http://www. thueringen.de/ imperia/md/content/text/justiz/strafvollzugsgesetz_musterentwurf_110906.pdf.

7.11 Außenkontakte

Das Bundesverfassungsgericht stellte in seinem wegweisenden Urteil vom 31.05.2006 fest: „Die Bedeutung der Familienbeziehungen und der Möglichkeit, sie auch aus der Haft heraus zu pflegen, ist für Gefangene im Jugendstrafvollzug altersbedingt besonders groß. Bei der Gruppe der im Rechtssinne jugendlichen Gefangenen sind zudem grundrechtlich geschützte Positionen der erziehungsberechtigten Eltern berührt."[959] Damit fällt der Bereich der Außenkontakte ebenfalls unter jene Regelungsaspekte, für die das Gericht in besonderem Maße einen jugendspezifischen Regelungsbedarf feststellte, welchen das Gericht zugleich auf die sich im Jugendstrafvollzug befindlichen Heranwachsenden ausdehnte.[960]

Der Antritt der Haftstrafe bedeutet für den jungen Gefangenen immer auch einen abrupten Beziehungsabbruch.[961] Unabhängig davon, wie günstig oder ungünstig die sozialen Bezüge vor der Haft wirkten, stellen ihr Wegfallen eine zusätzliche Belastung in der fremden, von Unfreiwilligkeit geprägten Umgebung dar.[962] Das Aufrechterhalten von Sozialkontakten kann hier nicht nur stabilisierend wirken, sondern auch dem Bedürfnis entgegenwirken, sich Strömungen der Subkultur anzuschließen.[963] Im längeren Verlauf der Haftzeit dienen die Kontakte vor allem als Mittel gegen die fortschreitende Entfremdung von bestehenden Beziehungen[964] oder gar deren Verlust.

Nach Verbüßung der Haftzeit ist es wiederum das soziale Umfeld, das große Chancen bietet, den jungen Gefangenen in der besonders schwierigen Phase unmittelbar nach der Haft aufzufangen und Halt zu geben.[965] Kriminalitätstheoretisch greift hier die soziale Einbettung mit ihrer informellen Kontrolle als wesentliche Voraussetzung für den Ausstieg aus einer kriminellen Karriere.[966]

---

959 Vgl. BVerfG NJW 2006, S. 2096 m. w. N.

960 Vgl. BVerfG NJW 2006, S. 2096.

961 Vgl. *Grosch* 1995, S. 13; *Bereswill* 2007, S. 169.

962 Vgl. auch *Hosser* 2001, S. 319 m. w. N.

963 Vgl. Ostendorf-*Walkenhorst/Roos/Bihs* 2009, Kap. 7 Rn. 4; *Hosser* 2001, S. 320 ff. m. w. N.; *J. Walter* 2000, S. 257 m. w. N.

964 Vgl. Ostendorf-*Walkenhorst/Roos/Bihs* 2009, Kap. 7 Rn. 8.

965 Vgl. *Eisenberg/Singelnstein* 2007, S. 187; Ostendorf-*Walkenhorst/Roos/Bihs* 2009, Kap. 7 Rn. 9; *Dünkel/Drenkhahn* 2001, S. 399 m. w. N.

966 Vgl. *Lauterbach* 2009, S. 44 m. w. N.; *Sampson/Laub* 1993, S. 243 ff.; *Stelly/Thomas* 2005, S. 252; *Bereswill/Koesling/Neuber* 2007, S. 307 f.

Stabile soziale Bindungen und Verantwortlichkeiten gelten als starke Schutzfaktoren gegen den Rückfall in die Delinquenz.[967]
Andererseits kann im Einzelfall auch die Herauslösung aus delinquenten
peer-groups[968] oder problematischen Familienverhältnissen protektiv wirken.
Bei Aufrechterhaltung von Außenkontakten kommt damit der Qualität der
Kontakte eine maßgebliche Bedeutung zu.[969] Ungünstige Kontakte lassen sich
dabei durch die Anstalt nicht nur „ausfiltern", sondern durch geeignete begleitende Maßnahmen gegebenenfalls auch aufwerten.[970]

7.11.1 Vorgaben der ERJOSSM

Grundlegende Vorgaben zum Kontakt zur Außenwelt finden sich schon in den
Basisregeln der ERJOSSM: Gemäß Nr. 14 müssen insbesondere die „Rechte
und Verantwortlichkeiten der Eltern oder Erziehungsberechtigten gebührend"
berücksichtigt werden. Dies soll nach Möglichkeit, und wenn dies „angemessen
erscheint", auch bei volljährigen Gefangenen umgesetzt werden. Da die Realisierung der Außenkontakte nicht selten mit einem erheblichen Kontrollaufwand
verbunden ist, spielt auch Nr. 19 der ERJOSSM eine große Rolle, wonach „ausreichend Ressourcen und Personal zur Verfügung gestellt" werden müssen, um
sicherzustellen, dass der Einschnitt in das Leben der jungen Gefangenen, den die
Haft darstellt, sinnvoll ausgestaltet wird. Ähnlich wie in Nr. 4 EPR wird verlangt, dass ein Mangel an Ressourcen niemals als „Rechtfertigung für Eingriffe
in die Grundrechte" der Betroffenen herhalten darf. Auch in diesem Kontext ist
zu beachten, dass gemäß Nr. 53.2 die Organisation der Anstalt immer nach den
„geringst möglichen" Sicherheits- und Kontrollnotwendigkeiten ausgerichtet
sein sollen. Gemäß Nr. 53.5 müssen die Anstalten an „Orten gelegen sein, die
leicht zugänglich sind, und die Kontakte zwischen den Jugendlichen und ihren
Familien erleichtern. Sie müssen im sozialen, wirtschaftlichen und kulturellen
Umfeld der Gemeinden entstanden und darin integriert sein."
Schließlich durchdringen auch grundlegende, von den ERJOSSM propa-
gierte Gestaltungsziele der Angleichung (Nr. 53.2) und Wiedereingliederung
Fragen der Außenkontakte im besonderen Maße.

Konkrete Regelungen zum Bereich der „Außenkontakte" finden sich in Abschnitt E. 11 der ERJOSSM.

---

967 Vgl. *Stelly/Thomas* 2005, S. 251; *Hairston* 2002, S. 43 m. w. N.

968 Vgl. *Hoops* 2010, S. 51.

969 Vgl. *Wright/Wright* 1992, S. 50 ff.; Ostendorf-*Walkenhorst/Roos/Bihs* 2009, Kap. 7
Rn. 17, 24 m. w. N.

970 Siehe dazu später *Abschnitt 7.11.3.8.*

Nr. 83 stellt dabei zunächst einleitend fest, dass den jungen Gefangenen der Umgang „mit ihren Familien, anderen Personen und Vertretern/Vertreterinnen von Einrichtungen außerhalb des Vollzuges ohne zahlenmäßige Beschränkung brieflich und so oft wie möglich telefonisch oder in anderen Formen" ermöglicht werden muss. Zudem muss die Möglichkeit bestehen, regelmäßige Besuche von diesen Personen zu empfangen.

Nach Nr. 84 ist die Besuchsgestaltung dabei auf eine Normalisierung des familiären Umgangs auszurichten, sodass dieser im Sinne der sozialen Wiedereingliederung entwickelt und gepflegt werden kann.

Gemäß Nr. 85.1 haben die Vollzugsbehörden die jungen Gefangenen „bei der Aufrechterhaltung angemessener Kontakte mit der Außenwelt zu unterstützen und ihnen hierzu die geeignete Sozialfürsorge zu gewähren."

Nach Nr. 85.2 können die Außenkontakte allerdings eingeschränkt werden, wenn eine „laufende strafrechtliche Ermittlung", die „Aufrechterhaltung der inneren und äußeren Sicherheit"[971], die „Verhütung von Straftaten" oder der Opferschutz entgegen stehen. Dabei ist jedoch ein „Mindestmaß" an Kontakten zu garantieren.

Nr. 85.3 fordert die garantierte Übermittlung von Nachrichten bezüglich einer schweren Erkrankung oder des Todes von nahen Angehörigen ein.

„Im Rahmen des normalen Vollzugs" sind den jungen Gefangenen gemäß Nr. 86.1 „regelmäßig entweder in Begleitung oder ohne Aufsicht Möglichkeiten zu gewähren, die Anstalt zu verlassen." Ferner soll den jungen Gefangenen erlaubt werden, die Anstalt „aus besonderen Gründen zu verlassen."

Ist dies nicht möglich, soll den jungen Gefangenen nach Nr. 86.2 zum Ausgleich ermöglicht werden, „zusätzliche Langzeitbesuche[972] von Familienangehörigen oder anderen Personen, die die Entwicklung der Jugendlichen positiv beeinflussen können", zu erhalten.

---

971 Unzutreffend übersetzt in *BMJ* 2009 als „Sicherheit und Ordnung".

972 „Long-term visits" finden im Deutschen ihre korrekte Übersetzung in „Langzeitbesuchen", vgl. auch *Dünkel* 2008c, S. 262; insofern unzutreffend übersetzt in *BMJ* 2009 als „längere Besuche".

7.11.2 Landesrechtliche Regelungen

Alle Landesgesetze widmen den Außenkontakten einen eigenen Abschnitt.[973] Den Detailregelungen wird in nahezu allen Gesetzen ein an § 23 StVollzG angelehnter Grundsatz vorangestellt.[974] Dabei wird stets die besondere Bedeutung von Außenkontakten für die Gefangenen hervorgehoben und eine entsprechende Förderungspflicht der Anstalt konstatiert. Allein in *Hamburg* fehlt eine entsprechende Grundsatznorm. Gleichwohl wird auch hier eine Förderungspflicht formuliert.[975]

Hinsichtlich des Ausmaßes der Förderungspflicht ergeben sich unterschiedliche Nuancen in den Regelungen. Anders als in § 23 StVollzG wird Kontaktpflege durchweg unter die Bedingung gestellt, dass von der Bezugsperson keine schädliche Einwirkung ausgeht. Die Gesetze des *Neuner-Entwurfes*, *Sachsens* und *Hessens* sprechen insoweit positiv von Personen, von denen ein „günstiger Einfluss" ausgeht. Ebenso in *Baden-Württemberg*, wo man ausdrücklich auch die „Angehörigen" einbezieht. In *Hamburg* zielt man hingegen allein auf die Angehörigen ab. *Niedersachsen* will Kontakte fördern, soweit „keine schädliche Beeinflussung zu befürchten ist". *Nordrhein-Westfalen* hebt im Kontext der Förderungspflicht die Bedeutung von Langzeitbesuchen gesondert hervor. Am offensten gibt sich die *bayerische* Regelung, die entsprechend § 23 StVollzG keine Differenzierung zwischen „guten" oder „schlechten" Kontakten trifft.

Sodann folgt in allen Gesetzen die Normierung der Besuchsmodalitäten.[976] Im Hinblick auf die Entscheidung des BVerfG haben alle Länder die Besuchszeiten gegenüber dem StVollzG deutlich erhöht und sehen nun mindestens vier Stunden im Monat vor. Überall sind zudem zusätzliche Besuche möglich, soweit sie „Erziehung oder Eingliederung der Gefangenen fördern oder persönlichen,

---

973   Abschnitt 4 JVollzGB BW-IV; HmbJStVollzG Abschnitt 4 i. V. m. Art. 144 BayStVollzG; Abschnitt 7 JStVollzG Bln, BbgJStVollzG, BremJStVllzG, JStVollzG MV, HessJStVollzG, JStVollzG RLP, SJStVollzG, ThürJStVollzG, JStVollzG LSA, Abschnitt VII JStVollzG SH; Fünfter Abschnitt JStVollzG NRW; Viertes Kapitel i. V. m. § 123 NJVollzG; Teil 7 SächsJStVollzG.

974   § 17 Abs. 1 JVollzGB BW-IV; Art. 26 BayStVollzG; § 46 JStVollzG Bln, BbgJStVollzG, BremJStVollzG, JStVollzG MV, JStVollzG RLP, SJStVollzG, ThürJStVollzG, JStVollzG SH, SächsJStVollzG; § 53 JStVollzG LSA; § 29 JStVollzG NRW; § 123 Abs. 1 i. V. m. § 25 NJVollzG; § 32 HessJStVollzG.

975   § 26 Abs. 2 HmbJStVollzG.

976   § 17 Abs. 2 bis 5 JVollzGB BW-IV; Art. 144 Abs. 1 bis 3 i. V. m. Art. 27 BayStVollzG; § 47 JStVollzG Bln, BbgJStVollzG, BremJStVollzG, JStVollzG MV, JStVollzG RLP, SJStVollzG, ThürJStVollzG, JStVollzG SH, SächsJStVollzG; § 54 JStVollzG LSA; § 30 JStVollzG NRW; § 123 Abs. 1 bis 3 i. V. m. § 25 Abs. 2 NJVollzG; § 33 HessJStVollzG; § 26 Abs. 1 bis 4 HmbJStVollzG.

rechtlichen oder geschäftlichen Angelegenheiten dienen, die nicht von den Gefangenen schriftlich erledigt, durch Dritte wahrgenommen oder bis zur Entlassung aufgeschoben werden können."

Nahezu überall sind Sonderbesuchszeiten für Kinder der Gefangenen vorgesehen. *Baden-Württemberg* sieht Langzeitbesuche für Kinder der jungen Gefangenen vor, die nicht auf die Besuchszeiten angerechnet werden dürfen. Dies ist ebenso in Bayern der Fall, wobei jedoch in beiden Ländern durch das Jugendamt bestätigt sein muss, dass durch den Besuch keine Kindeswohlgefährdung droht. In den Gesetzen des *Neuner-Entwurfes*, *Hamburgs* und *Sachsens* fehlt ein solches Erfordernis. *Hessen* formuliert nur vage, dass Kontakte der jungen Gefangenen zu ihren Kindern besonders gefördert werden.

In *Nordrhein-Westfalen* und *Niedersachsen* werden ausdrücklich auch Langzeitbesuche jenseits des Kinderbesuchs vorgesehen.[977] In *Niedersachsen* wird dieser jedoch auf Angehörige oder Besucher beschränkt, von denen ein „günstiger Einfluss" auf den Gefangenen ausgeht. Die *nordrhein-westfälische* Regelung stellt hingegen keine besonderen Qualitätsanforderungen an die Besucher.

Das *nordrhein-westfälische* Gesetz weist zudem ausdrücklich darauf hin, dass Besuche auch am Wochenende zu ermöglichen sind.

Sachsen sieht über die vier üblichen Besuchsstunden hinaus noch zwei weitere für Angehörige im Sinne von § 11 Abs. 1 Nr. 1 StGB vor. Außerdem werden hier die Anstaltsleiter durch eine ausdrückliche Ermächtigung indirekt aufgefordert, die Besuchszeiten nach Möglichkeit auszudehnen. Ausführungen oder Ausgänge sollen allerdings auf die Besuchszeiten anrechenbar sein. *Sachsen-Anhalt* garantiert abweichend von den sonstigen Gesetzen vier Stunden Besuchszeiten nur für Angehörige des Gefangenen. Für übrige Besucher soll lediglich eine Stunde im Monat zur Verfügung stehen. Diese können auf die Besuchszeiten von Angehörigen angerechnet werden.

Besuche finden nach allen Landesgesetzen nur vorbehaltlich einer etwaigen sicherheitsrelevanten Untersuchung des Besuchers statt.

Darüber hinaus sind überall Besuche „bestimmter" Personen vorgesehen, insbesondere des rechtlichen Beistandes des jungen Gefangenen.[978] In *Bayern* werden hier zudem die Angehörigen der Gerichtshilfe, der Bewährungshilfe und der Aufsichtsstellen für die Führungsaufsicht genannt.

---

977 In *Hamburg* sind Langzeitbesuche nur im Erwachsenenvollzug vorgesehen, vgl. § 26 Abs. 4 HmbStVollzG.

978 § 20 JVollzGB BW-IV; Art. 144 Abs. 1, 4 i. V. m. Art. 29 BayStVollzG; § 49 JStVollzG Bln, BbgJStVollzG, BremJStVollzG, JStVollzG MV, JStVollzG RLP, SJStVollzG, ThürJStVollzG, JStVollzG SH, SächsJStVollzG; § 56 JStVollzG LSA; § 32 JStVollzG NRW; § 123 Abs. 6 i. V. m. § 27 NJVollzG; § 33 Abs. 6 HessJStVollzG; § 28 HmbJStVollzG.

Alle Gesetze treffen Regelungen, wonach die Anstaltsleitung Besuche von Nicht-Angehörigen untersagen darf, wenn von diesen ein „schädlicher Einfluss" auf die Gefangenen zu erwarten ist oder – allgemeiner formuliert in *Niedersachsen* –, wenn es „erzieherisch erforderlich" ist.[979] In allen Gesetzen (mit Ausnahme von *Baden-Württemberg*) kann der Besuch zudem untersagt werden, wenn die Personensorgeberechtigten nicht mit diesem einverstanden sind. In *Nordrhein-Westfalen* soll hierzu allerdings überprüft werden, ob dafür „nachvollziehbare Gründe" vorliegen.

Auch hinsichtlich der Überwachung von Besuchen finden sich überall detaillierte Regelungen.[980] Diese soll vor allem aus Gründen der Sicherheit und Ordnung oder aus erzieherischen Gründen möglich sein. In *Baden-Württemberg*, *Hamburg* und *Hessen* sind darüber hinaus eine Beobachtung mit technischen Hilfsmitteln und die Verwendung von Trennvorrichtungen möglich. Ersteres gilt auch für *Berlin*, *Sachsen*, *Schleswig-Holstein*, *Thüringen* und *Bayern*, letzteres hingegen allein in *Niedersachsen*. Besuche können außerdem aus denselben Gründen nach Abmahnung abgebrochen werden.

Besuche von Verteidigern dürfen – wie schon im StVollzG – nur sehr begrenzt kontrollierenden Einschränkungen unterworfen werden. Ebenso schließt man dies für Beistände gemäß § 69 JGG aus (außer in *Baden-Württemberg*).

Die jungen Gefangenen haben überall ein Recht auf Schriftwechsel.[981] Dieser kann unter den gleichen Voraussetzungen eingeschränkt werden wie Besuche: Namentlich also vor allem aus erzieherischen bzw. behandlungsrelevanten Gründen, etwa wenn von dem Kontakt ein schlechter Einfluss ausgeht, aus Gründen der Sicherheit und Ordnung, oder wenn die Personensorgeberechtigten Entsprechendes wünschen. Hier finden die zu den Besuchsregelungen genannten landesspezifischen Abweichungen Entsprechungen. *Niedersachsen* gesteht den

---

979   § 18 JVollzGB BW-IV; Art. 144 Abs. 1 i. V. m. Art. 28 BayStVollzG; § 48 JStVollzG Bln, BbgJStVollzG, BremJStVollzG, JStVollzG MV, JStVollzG RLP, SJStVollzG, ThürJStVollzG, JStVollzG SH, SächsJStVollzG; § 55 JStVollzG LSA; § 31 JStVollzG NRW; § 123 Abs. 4, 5 i. V. m. § 26 NJVollzG; § 32 Abs. 2 HessJStVollzG; § 26 Abs. 5 HmbJStVollzG.

980   § 19 JVollzGB BW-IV; Art. 144 Abs. 1 bis 5 i. V. m. Art. 30 BayStVollzG; § 50 JStVollzG Bln, BbgJStVollzG, BremJStVollzG, JStVollzG MV, JStVollzG RLP, SJStVollzG, ThürJStVollzG, JStVollzG SH, SächsJStVollzG; § 57 JStVollzG LSA; § 33 JStVollzG NRW; § 123 Abs. 1 i. V. m. § 28 NJVollzG; § 33 Abs. 4, 5 HessJStVollzG; § 27 HmbJStVollzG.

981   §§ 21 bis 24 JVollzGB BW-IV; Art. 144 Abs. 1, 6, 7 i. V. m. Art. 31 bis 34 BayStVollzG; §§ 51 bis 54 JStVollzG Bln, BbgJStVollzG, BremJStVollzG, JStVollzG MV, JStVollzG RLP, SJStVollzG, ThürJStVollzG, JStVollzG SH, SächsJStVollzG; §§ 58 bis 61 JStVollzG LSA; §§ 34 bis 37 JStVollzG NRW; § 123 Abs. 1, 6 i. V. m. §§ 29 bis 32 NJVollzG; § 34 HessJStVollzG; §§ 29 bis 31 HmbJStVollzG.

jungen Gefangenen ferner explizit zu, in dringenden Fällen Telefaxe aufzugeben. In *Nordrhein-Westfalen, Baden-Württemberg, Bayern* und *Hamburg* haben die jungen Gefangenen das „unbeschränkte" Recht, Schreiben abzusenden und zu empfangen. Das heißt, dass die schriftliche Kommunikation grundsätzlich keinen Beschränkungen in Zahl oder Umfang unterliegt.[982] Die übrigen Gesetze haben diese Formulierung des StVollzG nicht übernommen.

In *Baden-Württemberg, Hamburg* und *Bayern* weist man ausdrücklich darauf hin, dass dem jungen Gefangenen die Kosten des Schriftwechsels in begründeten Fällen „in angemessenen Umfang" bezahlt werden können, wenn dieser zur Kostentragung nicht im Stande ist. In den Gesetzen des *Neuner-Entwurfes* und *Sachsens* erfolgt dieser hingegen auf allein eigene Kosten des jungen Gefangenen.[983] *Niedersachsen, Hessen* und *Nordrhein-Westfalen* äußern sich hingegen gar nicht zu den Kosten.

Soweit es im Hinblick auf das Vollzugsziel oder Sicherheit und Ordnung erforderlich ist, darf der Schriftverkehr nach allen Landesgesetzen überwacht werden. Dies gilt wiederum nicht für die Kommunikation mit rechtlichen Beiständen. In *Hamburg* nimmt man auch ausdrücklich Schriftwechsel mit den Anstaltsbeiräten aus. Ausnahmen werden regelmäßig auch für die Korrespondenz mit zahlreichen staatlichen Organen und supranationalen Einrichtungen der UN oder Europas gemacht, die sich mit Belangen von Strafgefangenen beschäftigen.[984] In *Baden-Württemberg* öffnet man diese Klausel zusätzlich für sonstige „nationale Präventionsmechanismen" – und in den Gesetzen des *Neuner-Entwurfes* und *Hamburgs* für „weitere Einrichtungen, mit denen der Schriftverkehr aufgrund völkerrechtlicher Verpflichtungen der Bundesrepublik geschützt ist." In *Hamburg* ist darüber hinaus die Kontrolle von Schreiben an „Gerichte, Staatsanwaltschaften und die Aufsichtsbehörde" ausgeschlossen. Schreiben von externen Ärzten dürfen hier nur von Anstaltsärzten kontrolliert werden.

Daneben wird geregelt, dass die Weiterleitung von Schreiben durch die Anstalt unverzüglich stattzufinden hat.

---

982 Vgl. *Calliess/Müller-Dietz* 2008, § 28 Rn. 1.

983 Lediglich nach der Gesetzesbegründung soll eine Kostenübernahme in „besonderen Härtefällen" möglich sein, vgl. z. B. Begründung zu § 51 JStVollzG Bln (Ltg. Drs. 16/0677).

984 Die Volksvertretungen des Bundes und der Länder, sowie deren Mitglieder, das Europäische Parlament und dessen Mitglieder, der Europäische Gerichtshof für Menschenrechte, der Europäische Ausschuss zur Verhütung von Folter und unmenschlicher oder erniedrigender Behandlung oder Strafe, die Datenschutzbeauftragten des Bundes und der Länder sowie die Aufsichtsbehörden nach § 38 Bundesdatenschutzgesetz, die Europäischen Datenschutzbeauftragten, der Menschenrechtsausschuss der Vereinten Nationen sowie der Ausschuss der Vereinten Nationen gegen Folter, der zugehörige Unterausschuss zur Verhütung von Folter und die entsprechenden nationalen Präventionsmechanismen.

Kontrollierbare Schreiben können nach allen Gesetzen angehalten werden, wenn durch die Versendung die Erfüllung des Vollzugsziels oder die Sicherheit oder Ordnung der Anstalt gefährdet würde. Dies gilt ferner auch, wenn die Weitergabe einen Straf- oder Bußgeldtatbestand erfüllen würde, das Schreiben grob unrichtige oder erheblich entstellende Darstellungen von den Anstaltsverhältnissen oder grobe Beleidigungen enthält, die Eingliederung anderer Gefangener gefährden könnte oder ohne zwingenden Grund in nicht kontrollierbarer Weise abgefasst ist. *Baden-Württemberg* behält sich zudem vor, das Anhalten von Schreiben dem Gefangenen aus Gründen der Sicherheit oder Ordnung vorübergehend nicht mitzuteilen.

Ferner wird überall die Möglichkeit von Ferngesprächen geregelt.[985] Dabei orientiert man sich wiederum weitgehend an den Regelungen zum Besuch – allerdings ohne eine konkrete Vorgabe hinsichtlich der verfügbaren Zeit. *Bayern* will Ferngespräche allerdings nur in „dringenden Fällen" zulassen. In *Baden-Württemberg* weist man wiederum darauf hin, dass die jungen Gefangenen die Kosten zu tragen haben und dass die Anstalt in „begründeten Fällen" die Kosten übernehmen kann, sollten jene dazu nicht in der Lage sein. Letzteres fehlt in den Gesetzen des *Neuner-Entwurfes* und *Sachsens* und wird lediglich in der Gesetzesbegründung für besondere Ausnahmefälle vorgeschlagen.[986] Die Gesetze in *Niedersachsen*, *Hessen* und *Nordrhein-Westfalen* äußern sich hingegen nicht zu den Kosten.

Hessen will aus „wichtigen Gründen" auch andere Kommunikationsmittel „durch Vermittlung und unter Aufsicht der Anstalt" zulassen. In *Niedersachsen* soll dies nach Zustimmung des Fachministeriums und unter Umständen weit weniger restriktiv möglich sein. Dabei soll allerdings „sichergestellt" sein, dass Sicherheit oder Ordnung nicht gefährdet sind. Darüber hinaus wird offener formuliert, dass Telefongespräche „allgemein gestattet" werden können, wenn der Gefangene sich mit den Nutzungsbedingungen einverstanden erklärt. Ein Großteil der Gesetze sieht die Installation von Störsendern zur Unterbindung von nicht genehmigter Mobilfunktelekommunikation vor.

Schließlich findet sich in jedem Landesgesetz eine Regelung zum Paketempfang.[987] Dieser steht allerdings unter Erlaubnisvorbehalt. Der Empfang von

---

985 § 25 JVollzGB BW-IV; Art. 144 Abs. 1 i. V. m. Art. 35 BayStVollzG; § 55 JStVollzG Bln, BbgJStVollzG, BremJStVollzG, JStVollzG MV, JStVollzG RLP, SJStVollzG, ThürJStVollzG, JStVollzG SH, SächsJStVollzG; § 62 JStVollzG LSA; § 38 JStVollzG NRW; § 123 Abs. 1 i. V. m. § 33 NJVollzG; § 35 HessJStVollzG; § 32 HmbJStVollzG.

986 Vgl. z. B. Begründung zu § 55 JStVollzG Bln (Ltg. Drs. 16/0677).

987 § 26 JVollzGB BW-IV; Art. 144 Abs. 1 i. V. m. Art. 36 BayStVollzG; § 56 JStVollzG Bln, BbgJStVollzG, BremJStVollzG, JStVollzG MV, JStVollzG RLP, SJStVollzG; ThürJStVollzG, JStVollzG SH, SächsJStVollzG; § 63 JStVollzG LSA;

Nahrungs- und Genussmitteln wird mit Ausnahme von *Brandenburg* überall gänzlich ausgeschlossen. *Hamburg* verbietet den Versand von Lebensmitteln nicht per se, behält sich aber vor, den Empfang von Gegenständen zu untersagen, die einen „unverhältnismäßigen Kontrollaufwand" mit sich bringen. *Sachsen* schließt darüber hinaus den Empfang von Körperpflegemitteln vollständig aus.

Alle Gesetze regeln den Ablauf von Paketkontrollen, bei denen die jungen Gefangenen anwesend sein sollen, und teilweise auch quantitative Beschränkungen.

Pakete dürfen auch durch die jungen Gefangenen selbst versandt werden. Die Regelungen zur Kostentragung entsprechen denen zum Schriftwechsel und zur Kommunikation.

7.11.3   Bewertung mit Blick auf die Mindeststandards

Alle Regelungen zum Thema Außenkontakte werden naturgemäß von einer Reihe sicherheitsrelevanter Vorschriften und Ergänzungen umrahmt. Nr. 85.2 ERJOSSM gibt in diesem Bereich allerdings einen relativ weiten Spielraum, weshalb im Folgenden nur vereinzelt auf sicherheitsrelevante Regelungen einzugehen sein wird und der Fokus mehr auf die Ausgestaltung der Außenkontakte als solcher liegt.

7.11.3.1   Besuchsregelungen

Wohl nicht zuletzt mit Blick auf die relativ deutlichen Worte[988] des BVerfG vom 31.05.2006 setzen sich die neuen landesrechtlichen Vorgaben hinsichtlich der Besuchsmöglichkeiten so eindeutig vom StVollzG ab wie in kaum einem anderen Bereich. Die Erhöhung der Mindestbesuchszeit von einer auf vier Stunden ist in Relation zu anderen Änderungen eine außerordentliche Stärkung der Gefangenenrechte. Über den bloßen Umfang hinaus bleiben die Abweichungen vom StVollzG jedoch zumeist marginal.[989] Positiv sticht hier die Einzelregelung *Nordrhein-Westfalens* hervor, die ausdrücklich Besuchszeiten für das Wochenende einfordert. Damit findet eine Gemeinde- und Familienorientierung Eingang ins Gesetz, wie sie auch vielfach in den ERJOSSM anklingt. Logistische Probleme hinsichtlich der Gefangenenbesuche ergeben sich viel mehr für Angehörige und Besucher als für die Anstalt. Dies gilt insbesondere, wenn Besuche nur während normaler Arbeitszeiten unter der Woche ermöglicht wer-

---

§ 39 JStVollzG NRW; § 123 Abs. 1 i. V. m. § 34 NJVollzG; § 36 HessJStVollzG; § 33 HmbJStVollzG.

988   Das Gericht hatte Besuchsmöglichkeiten gefordert, die „um ein Mehrfaches über denen im Erwachsenenvollzug angesetzt werden", vgl. BVerfG NJW 2006, S. 2096.

989   Siehe dazu noch später *Abschnitt 7.11.3.8.*

den,[990] wo von einem regelmäßigen und „normalen" Umgang im Sinne von Nr. 84 ERJOSSM oftmals kaum die Rede sein wird. Verschärft wird diese Problematik noch durch die Tatsache, dass viele Anstalten eben nicht „gemeindenah" gelegen sind, wie es Nr. 53.2 ERJOSSM fordert, sondern oftmals in ländlichen, strukturschwachen Regionen zu finden sind.[991] Hinzu kommt, dass der Anstaltsbetrieb am Wochenende ohnehin zumeist „auf Sparflamme läuft" und den jungen Gefangenen bei gegebenenfalls knappen Freizeitangeboten Langeweile droht.[992] Wochenendbesuche stellen somit auch ein Präventivmittel gegen die Einwirkungen der Subkultur und anderer durch Ereignislosigkeit beförderte, schädliche Einflüsse dar. Insofern erschiene es wünschenswert, die *nordrhein-westfälische* Regelung auch in anderen Bundesländern zu übernehmen, was letzten Endes vor allem eine Frage der Personalausstattung sein dürfte.

7.11.3.2 Langzeitbesuche

Auch wenn die verlängerten Besuchszeiten den Vorgaben des BVerfG und der Mindeststandards weit entgegenkommen, darf darüber hinaus nicht übersehen werden, dass bei einem klassischen Gefangenenbesuch von einer „Normalisierung des familiären Umganges" kaum die Rede sein kann. Innerhalb des nach wie vor überschaubaren Zeitraumes, der zudem in der Regel in unpersönlicher Umgebung stattfindet, erscheint es unwahrscheinlich, dass sich so etwas wie ein selbstverständliches, normalisiertes Miteinander einstellt.[993] Insbesondere Konflikte und Probleme dürften in so einer Situation vornehmlich zurückgestellt und verdrängt werden,[994] was problematisch erscheint, wenn man bedenkt, dass die oft schwierigen sozialen Hintergründe während Vollzugslockerungen und nach der Haft wieder voll über den Gefangenen hereinbrechen.

Vieles spricht folglich dafür, dem jungen Gefangenen (wiederum insbesondere am Wochenende) Langzeitbesuche von seinen Angehörigen in entsprechend gestalteten Besuchsräumen zu ermöglichen. Diese schaffen erst die Grundlage dafür, dass sich die Besucher in der ungewohnten Situation akklimatisieren und sich zumindest im Ansatz so etwas wie Alltäglichkeit einstellt. Erst unter solchen Bedingungen erscheint eine Normalisierung im Sinne von Nr. 84 ERJOSSM überhaupt möglich.[995] Folgerichtig schlägt Nr. 86.2 ERJOSSM daher Langzeitbesuche für junge Gefangene vor, die keine längeren Lockerungen

---

990 Vgl. Ostendorf-*Walkenhorst/Roos/Bihs* 2009, Kap. 7 Rn. 35.

991 Als Beispiele seien hier die Anstalten in Adelsheim und Neustrelitz angeführt.

992 Vgl. *Walkenhorst* 2000, S. 265 ff.

993 Vgl. *Murray* 2005, S. 455 m. w. N.

994 Vgl. Ostendorf-*Walkenhorst/Roos/Bihs* 2009, Kap. 7 Rn. 32.

995 Vgl. ERJOSSM commentary zu Rule Nr. 86.2.

erhalten. Für eben diese Gefangenengruppe wäre an eine entsprechende An-spruchsregelung zu denken.

Durchgehend wird zwar vorgesehen, dass Kontakte der Gefangenen zu ihren Kindern nicht auf die Besuchszeiten angerechnet werden, dies zielt jedoch nicht automatisch auf die Durchführung von Langzeitbesuchen ab. Auch die vage Formulierung, dass solche Kontakte „zu fördern" seien, macht hier wenig konkrete Vorgaben. Mit Blick auf den Angleichungsgrundsatz (Nr. 53.3 ERJOSSM) und die Pflicht der Anstalt, Außen- und Familienkontakte zu fördern,[996] wäre es hier zielführender, den hinreichend bestimmten Begriff der „Langzeitbesuche" zu wählen. Für Kinderbesuche folgt dies nicht zuletzt auch aus den Elternrechten gemäß Art. 6 GG. Zudem kann die Wahrnehmung eigener Verantwortlichkeit sowohl für den jungen Gefangenen als auch für das Kind einen protektiven Faktor darstellen.[997]

Vor dem Hintergrund des Wiedereingliederungszieles erscheint es zudem angebracht, Langzeitbesuche wie in *Nordrhein-Westfalen* und *Niedersachsen* auch auf andere Personen auszuweiten.[998] Neben den bereits genannten Aspekten der Angleichung und der Aufrechterhaltung von Kontakten zur Außenwelt spielt dies auch für das Anstaltsklima eine Rolle. Langzeitbesuche können regelmäßige „Aufbrüche" der geschlossenen Institution bedeuten und sei es nur in der Wahrnehmung des jungen Gefangen, der dadurch gegen Prisonierung und Deprivation[999] gestärkt wird.

Sofern hier der Mangel an räumlichen Kapazitäten angeführt werden sollte, müssen dem Nr. 19 ERJOSSM und Nr. 4 EPR entgegengehalten werden, denen zufolge ein Mangel an Ressourcen und Personal nicht als ablehnende Begründung dienen darf, wenn es um eine sinnvolle und grundrechtskonforme Ausgestaltung des Vollzuges geht.

Soweit die Pflege partnerschaftlicher Beziehungen in Langzeitbesuchsräumen ermöglicht wird, kann auch dies nicht unwesentliche positive Auswirkungen auf das seelische Gleichgewicht des Gefangenen haben.[1000] Gleichwohl müssen solche Kontakte in „angemessenem Rahmen"[1001] arrangiert werden,

---

996 Vgl. Nr. 84 und Nr. 85.1 ERJOSSM.

997 Vgl. Ostendorf-*Walkenhorst/Roos/Bihs* 2009, Kap. 7 Rn. 8; zurückhaltender *Murray* 2005, S. 455.

998 Vgl. *Walkenhorst* 2007c, S. 19; *Tierel* 2008, S. 174; *Schwirzer* 2007, S. 188 f.; oder zumindest Ganztags-Familienbesuche zuzulassen, vgl. *Murray* 2005, S. 455.

999 Vgl. *Irwin/Owen* 2005, S. 94 ff.; *Nedopil* 2007, S. 329; *Kühnel/Hiebe/Tölke* 2005, S. 235 ff. m. w. N.; *Grosch* 1995, S. 12 ff. m. w. N.; *J. Walter/Waschek* 2002, S. 195 f. m. w. N.; *Laubenthal* 2010, S. 34 ff.

1000 Vgl. *Fehringer* 2009, S. 90 m. w. N.; dementsprechend der Regelungsvorschlag in *Tondorf* 2006, § 21.

1001 Vgl. Ostendorf-*Walkenhorst/Roos/Bihs* 2009, Kap. 7 Rn. 34.

was insbesondere im Vorfeld und in der Nachbereitung einen sorgsamen Umgang mit der Privatsphäre der Betroffenen voraussetzt.[1002] In Anbetracht der großen Anzahl an volljährigen Gefangenen im Jugendstrafvollzug[1003] erscheint es zudem als unbegründete Schlechterstellung von jungen Gefangenen, Langzeitbesuche im Erwachsenenvollzug, nicht aber im Jugendstrafvollzug zu ermöglichen, wie es etwa in *Hamburg* der Fall ist.[1004]

7.11.3.3 Exkurs: Sexualität

Die zurückhaltende[1005] Regelung von Langzeitbesuchen ist symptomatisch für die konsequente Vernachlässigung des Themas Sexualität in den Vollzugsgesetzen.[1006] Dabei gehört es zur allgemeinen Wahrnehmung des Strafvollzuges, dass Gefangene den Mangel an sexuellen Kontakten als schwere Belastung erleben und dass daraus sexuelle Deprivation, Stärkung der Subkultur, Verlust der sexuellen Identität und sexuelle Gewalt resultieren können.[1007] Zudem droht die Verbreitung von sexuell übertragbaren Krankheiten.[1008] Dies kann ohne Gegensteuerung wiederum in für die Allgemeinheit gefährliche Haftfolgen münden.[1009] Für die sich in der Entwicklung befindliche, teilweise von Reifeverzögerungen geprägte Klientel im Jugendstrafvollzug gilt diese Gefährdung in

---

1002 Vgl. auch *Laubenthal* 2011, Rn. 523.

1003 Vgl. *Abschnitt 3.2.*

1004 Vgl. § 26 HmbJStVollzG und HmbStVollzG; vgl. auch *Dünkel* 2008c, S. 262; ähnlich auch *Ostendorf* 2008, S. 16 und allgemein: *Preusker* 2008, S. 256.

1005 Dass es auch anders geht, zeigt die Praxis im Erwachsenenvollzug in einigen Ländern des ehemaligen Ostblocks, wo weit mehr als die Hälfte aller Gefangenen Langzeitbesuche erhalten, vgl. *Dünkel* 2007b, S. 116 ff. Auch in Deutschland kennt man zumindest einzelne funktionierende Beispiele aus der Praxis, die auch ohne konkrete gesetzliche Vorgabe umgesetzt werden, vgl. exemplarisch *Holexa* 2008, S. 256 ff.; *Neu* 2010, S. 236 ff.; *Ostendorf* 2008, S. 16 m. w. N.; ebenso in Österreich, vgl. *Fehringer* 2009, S. 90 ff.; in Teilen Brasiliens werden die sog. „conjugal visits" sogar bei jungen Gefangenen praktiziert, vgl. *Mattar* 2008.

1006 Zu einem entsprechenden pädagogischen Handlungsbedarf vgl. auch *Hiller* 2007, S. 322.

1007 Vgl. Ostendorf-*Walkenhorst/Roos/Bihs* 2009, Kap. 7 Rn. 19, 34; *J. Walter* 2011, S. 144 f.; *Bamman* 2008, S. 250 ff.; *Döring* 2008, S. 603 m. w. N.; *Laubenthal* 2011, Rn. 520 m. w. N.; *Stöver* 2010, S. 24 ff.; *Smith* 2006, S. 9 f.; *Irwin/Owen* 2005, S. 102 ff.

1008 Vgl. *Döring* 2008, S. 607 f.; *Bamman* 2008, S. 250 f.

1009 Vgl. *Döring* 2008, S. 607.

besonderem Maße.[1010] Dennoch lassen die Landesgesetze und ihre Begründungen hier keinerlei besonderen Regelungswillen erkennen. Es scheint vielmehr, dass man sexuelle Enthaltsamkeit als traditionell reflexives Begleitübel der Strafhaft in Kauf nimmt oder gar anstrebt.[1011] Selbst durch eine sehr progressive Politik der Vollzugsöffnungen lässt sich das Problem nur teilweise auslagern.[1012] Dabei spricht vieles dafür, dass sich durch die Förderung einverständlicher Paarbeziehungen entsprechende Problemlagen entschärfen lassen.[1013] Langzeitbesuche könnten jedenfalls dort, wo intakte Partnerschaften bestehen, als potentielle Intimbesuche zumindest teilweise Abhilfe schaffen.[1014] Die vage Formulierung einer Förderungspflicht von allgemeinen Außenkontakten erscheint dabei ebenfalls nicht weitgehend genug. Vielmehr sollte konkret auf die Förderung partnerschaftlicher Beziehungen abgestellt werden.

Gleichzeitig erhöht sich durch eine bestehende Partnerschaft die Wahrscheinlichkeit auf den Wiedereingliederungserfolg,[1015] was entsprechende Bestrebungen auch mit Blick auf das Vollzugsziel und Nr. 2 ERJOSSM lohnenswert erscheinen lässt.

Darüber hinaus spielen viele andere Aspekte des Anstaltslebens in die Sexualitätsproblematik hinein. Ausreichend sinnvolle Beschäftigungsmöglichkeiten und Freizeitangebote, Einzelhafträume und sensibilisiertes Personal dienen ebenso der Prävention von sexueller Viktimisierung.[1016] Auch kann es im Hinblick auf Infektionskrankheiten geboten sein, dass die Anstalt Vorsichtsmaßnahmen trifft, wie die kostenlose Abgabe von Kondomen.[1017] Eine entsprechende Vollzugsgestaltung entspricht damit dem Schutzprinzip aus Nr. 88.2 ERJOSSM.

7.11.3.4 Besuchsverbote

1010 Vgl. *Schubert* 2002, S. 290 f.; *Döring* 2008, S. 606; *J. Walter* 2011, S. 144; *Vornholt* 2008, S. 266 ff.

1011 Ähnlich *Laubenthal* 2011, Rn. 522; *Fehringer* 2009, S. 93 m. w. N.

1012 So ebenfalls schon *Radbruch* 1994, S. 90, der im Übrigen jedoch fälschlicherweise davon ausging, dass Sexualität durch die fortschreitende Humanisierung des Strafvollzuges erfolgreich substituiert werden würde; wie hier hingegen: *Dünkel* 2008c, S. 262.

1013 Vgl. *Döring* 2006, S. 315 ff. m. w. N.; *Smith* 2006, S. 12 m. w. N.

1014 Vgl. auch *Dünkel* 2008c, S. 262; *Fehringer* 2009, S. 95; Ostendorf-*Walkenhorst/Roos/Bihs* 2009, Kap. 7 Rn. 34.

1015 Vgl. *Laubenthal* 2011, Rn. 522; *Fehringer* 2009, S. 93 f. m. jew. w. N.

1016 Vgl. *Döring* 2008, S. 608 f.

1017 Vgl. *Stöver* 2010, S. 26; auch wenn die Anstalt auch nach neuer Rechtslage wohl nicht dazu verpflichtet sein dürfte, vgl. OLG Koblenz NStZ 1997, S. 360.

Im Hinblick auf die besondere Situation jugendlicher Gefangener erscheinen diejenigen Regelungen angebracht, die hinsichtlich der Besuche von Nicht-Angehörigen den Erziehungsberechtigten ein Vetorecht einräumen. Damit genügt man den Elternrechten aus Art. 6 GG und Nr. 14 ERJOSSM. Gleichwohl scheint auch die hierzu in *Nordrhein-Westfalen* gemachte Einschränkung, dass „nachvollziehbare Gründe" für den Einspruch vorliegen müssen, vorzugswürdig. Nicht selten stammen die Jugendlichen aus dynamischen und komplex-problematischen Sozialbezügen. Erziehungsberechtigte sind nicht selten Teil des Problems.[1018] Ihren Rechten wird maßgeblich durch das eigene Besuchsrecht Rechnung getragen, was ihnen Gefangenenbesuche in der Regel auch dann zugesteht, wenn diese womöglich keine günstige Wirkung auf den Gefangenen haben.[1019] Jenseits dieses Angehörigenprivilegs überwiegt jedoch der Erziehungsauftrag der Anstalt, weshalb die Untersagung des Besuches vornehmlich im Interesse des Gefangenen und des Vollzugszieles sein muss.[1020] In den übrigen Ländern stellt sich die Frage nach den nachvollziehbaren Gründen eines elterlichen Einspruchs daher ebenfalls – wenn auch nur indirekt beim Ermessen hinsichtlich einer beantragten Untersagung.

Ein Besuchsverbot hinsichtlich der Angehörigen ist generell nicht vorgesehen. Dies folgt nicht nur aus Art. 6 GG, sondern erscheint auch im Hinblick auf den Angleichungsgrundsatz und das Wiedereingliederungsziel zweckmäßig, weil sich die jungen Gefangenen „ohnehin spätestens nach der Entlassung wieder mit ihrem familiären Umfeld auseinandersetzen" müssen.[1021]

7.11.3.5 Schriftwechsel

Zweifelhaft erscheint, ob in den Ländern, die nicht mehr wie in § 28 StVollzG und Nr. 23 Abs. 1 VVJug von einem Recht, „unbeschränkt" Briefkorrespondenz zu führen, sprechen, eine Neubewertung dahingehend stattgefunden hat, dass die Anstalt nun Vorgaben hinsichtlich des Umfanges des Postverkehrs machen kann. Eine gesetzesvergleichende Auslegung könnte dies nahelegen.[1022] Mögli-

---

1018 Vgl. Ostendorf-*Walkenhorst/Roos/Bihs* 2009, Kap. 7 Rn. 37; *Fiedler* 2008, S. 111 f.; allgemein kritisch zur Position der Personensorgeberechtigten: *Eisenberg* 2004, S. 354 f.

1019 Vgl. exemplarisch die Begründungen zu § 32 HessJStVollzG und § 48 ThürJStVollzG (Ltg. Drs. 4/3102).

1020 So wohl auch *Eisenberg/Singelnstein* 2007, S. 187; ähnlich ERJOSSM commentary zu Rule Nr. 83.

1021 Begründung zu § 48 ThürJStVollzG (Ltg. Drs. 4/3102) und dem restlichen *Neuner-Entwurf*.

1022 Mit entsprechender Befürchtung, vgl. Ostendorf-*Walkenhorst/Roos/Bihs* 2009, Kap. 7 Rn. 37.

che Begründung wäre der Kontroll- und damit einmal mehr der Kostenaufwand. Auch hier gilt, dass ein Mangel an Ressourcen nicht für die ablehnende Begründung einer sinnvollen und grundrechtskonformen Ausgestaltung des Vollzuges herhalten kann (Nr. 19 ERJOSSM und Nr. 4 EPR). Andere Abweichungsgründe sind hier jedoch nicht ersichtlich und werden von den Gesetzesbegründungen auch nicht ins Spiel gebracht. Es spricht im Gegenteil viel für die konsequente Förderung des schriftlichen Außenkontaktes: Er garantiert nicht nur ein Mindestmaß an Kommunikation mit der Außenwelt für Gefangene, die von Lockerungen ausgeschlossen sind und keine Besuche erhalten,[1023] sondern bietet darüber hinaus die Möglichkeiten, die Kommunikationsfähigkeiten des jungen Gefangenen zu schulen.[1024] Sofern hier also eine Neubewertung zu Lasten der Gefangenen stattfinden sollte, ist die unbegründete Abweichung von den internationalen Vorgaben als verfassungswidrig abzulehnen.

Auch die Kostenregelung für den Schriftwechsel, die ihren Weg in einige Gesetze gefunden hat, erscheint problematisch.[1025] Zwar sahen auch schon Nr. 23 Abs. 4 VVJug und VV Nr. 2 zu § 28 StVollzG eine entsprechende Kostenübernahme vor, aber hier wie dort erschien dies ohne einen entsprechenden gesetzlichen Anhaltspunkt und in Anbetracht eines „unbeschränkten" Rechtes auf Schriftwechsel höchst bedenklich. Die ausdrückliche Aufnahme in die Gesetze dürfte nun zwar ein mögliches Problem mit dem Gesetzesvorbehalt aus dem Weg geräumt haben, sie könnte aber gleichzeitig als Aufforderung und Legitimation einer erweiterten Anwendungspraxis verstanden werden. Gleichwohl bleibt die Abwälzung von Kosten auf die jungen Gefangenen fragwürdig. Dies gilt insbesondere im Hinblick auf die finanzielle Lage der Gefangenen.[1026] Zudem setzt eine zu ausgedehnte Kostenübertragung falsche Anreize für die jungen Gefangenen: Werden die finanziellen Mittel knapp, werden viele von ihnen ihr Geld lieber in Genussmittel investieren, als das Geld für Schriftwechsel auszugeben, deren Ausführung bei den weit verbreiteten Defiziten in diesem Bereich ohnehin einiges an Überwindung kosten dürfte.[1027]

1023   Vgl. AK-*Joester/Wegner* 2012, § 28 Rn. 2.

1024   Vgl. Ostendorf-*Walkenhorst/Roos/Bihs* 2009, Kap. 7 Rn. 42.

1025   Vgl. auch *Eisenberg* 2012, § 92 Rn. 92.

1026   Die Kostenübernahme wäre eine von mehreren kleineren monetären Einschränkungen, die hinsichtlich der „angemessenen" Vergütung von Gefangenentätigkeiten im Sinne von Nr. 82.2 ERJOSSM und der Vorgaben des BVerfG eine Rolle spielen könnten, weil diese durch zusätzliche finanzielle Lasten möglicherweise schnell unter ein zulässiges Maß sinken, vgl. *Abschnitt 7.10.3.1.4.*

1027   Vgl. Ostendorf-*Walkenhorst/Roos/Bihs* 2009, Kap. 7 Rn. 42.

Sinnvoll erscheint indes, dass einige Bundesländer die Liste derjenigen Institutionen, zu denen der Schriftwechsel nicht überwacht werden darf, erweitern bzw. flexibilisieren. Insbesondere die Aufnahme des Schriftwechsels zu den Anstaltsbeiräten (*Hamburg*) und anderen „nationalen Präventionsmechanismen" (*Baden-Württemberg*) erscheint, angesichts eines relativ unzugänglichen Rechtschutzsystems,[1028] als kleine, aber sinnvolle Aufwertung dieser Institutionen.

7.11.3.6 Telefongespräche und moderne Telekommunikationsformen

Neben der Möglichkeit, Angehörige und andere Personen „so oft wie möglich" telefonisch zu kontaktieren, nennt Nr. 83 ERJOSSM auch „andere Formen" der Kommunikation. Damit sind insbesondere neue Alltagsmedien wie das Internet gemeint.[1029] Entsprechende Möglichkeiten werden in den Gesetzen jedoch nicht genannt. Allerdings ist dem Gesetzgeber hier zuzugeben, dass eine generelle, freie Nutzung solcher Medien nur mit einem Aufwand zu kontrollieren wäre, der völlig außer Verhältnis stünde. Es erscheint daher nachvollziehbar, wenn man sich etwa in den Begründungen zum *Neuner-Entwurf* eben darauf beruft und gleichzeitig darauf hinweist, dass von dem generellen Ausschluss Vollzugsangebote nicht mit erfasst sein sollen, bei denen man sich unter Aufsicht mit entsprechenden Kommunikationsformen beschäftigt.[1030] Allerdings nennen lediglich *Berlin, Baden-Württemberg, Bayern* und *Sachsen* vage die Vermittlung von „Medienkompetenz" im Kontext der Freizeit.[1031] Dass darunter auch telekommunikative Medien fallen sollen, lässt sich allenfalls im Zusammenspiel mit der Begründung zu den Regelungen der Telefonkontakte erahnen. Auch wenn die etwas zurückhaltend verkündete Bereitschaft zu entsprechenden Maßnahmen grundsätzlich zu begrüßen ist,[1032] so wären doch etwas konkretere und differenziertere Vorgaben wünschenswert gewesen. In Anbetracht der gestiegenen Alltagsbedeutung von Telekommunikation erscheint eine entsprechende, begleitende Heranführung auch an solche Kommunikationsformen unumgänglich, gilt doch selbst außerhalb der Anstalt der fehlende kognitive Zugang zu den gängigen Arten der Telekommunikation als potentiell desintegrierender Faktor.[1033]

1028 Vgl. *Abschnitt 7.15.*

1029 Vgl. ERJOSSM commentary zu Rule Nr. 83.

1030 Vgl. z. B. Begründung zu § 62 JStVollzG LSA (Ltg. Drs. 5/749).

1031 Vgl. *Abschnitt 7.10.3.2.1.*

1032 Vgl. auch Ostendorf-*Walkenhorst/Roos/Bihs* 2009, Kap. 7 Rn. 44.

1033 Auch „digitale Kluft" oder „digital divide" genannt, vgl. *Zillien* 2009, S. 82 ff.; *Kubicek/Welling* 2000, S. 497 ff. m. jew. w. N., die nicht nur den technischen sondern in heutiger Zeit vor allem auch den kognitiven Zugang zu modernen Kommunikationsmitteln betrifft, vgl. *Hargittai/Hinnant* 2008, S. 602 ff.; für entsprechenden Handlungsbedarf im Jugendstrafvollzug auch *Meinen* 2008, S. 120.

Der von einigen Gesetzen verwendete Begriff der Medienkompetenz hingegen ist so weit gefasst, dass er nicht zwangsläufig Telekommunikation und ihre Durchführung zum Inhalt haben muss. Insofern besteht hier für alle Landesgesetze Nachholbedarf, will man den Vollzug mit der Überwindung der „digitalen" Defizite der Gefangenen nicht allein lassen. Die gesetzliche und praktische Umsetzung des Angleichungsgrundsatzes muss sich letztlich auch den dynamischen Fortentwicklungen der Außenwelt stellen.[1034]

Hinsichtlich einer alltäglichen, weniger pädagogisch orientierten Verwendung von Telekommunikationsmitteln wäre zudem in Anlehnung an Nr. 53.2 ERJOSSM an differenzierende Regelungen für jene Gefangenen zu denken, die sich im Freigang oder im offenen Vollzug befinden und ohnehin in dieser Hinsicht kaum zu kontrollieren sein dürften.

Grundsätzlich zu begrüßen sind daher die weitaus offeneren und flexibleren Regelungen *Hessens* und vor allem *Niedersachsens*, die den Anstalten zumindest einen relativ großen Spielraum für die Integration von Telekommunikation im Vollzugsalltag eröffnen.

7.11.3.7 Pakete

Einen deutlichen Rückschritt für die Gefangenenrechte im Vergleich zu Nr. 28 VVJug stellt die vollständige Unterbindung des Paketempfanges mit Nahrungs- und Genussmitteln dar, wie sie in allen Gesetzen – mit Ausnahme von *Hamburg* und *Brandenburg* – beschlossen wurde. Demgegenüber waren die jungen Gefangenen nach den VVJug dreimal jährlich in angemessenem Abstand[1035] dazu berechtigt, Pakete mit Nahrungs- und Genussmitteln zum empfangen. Gleiches sah § 33 StVollzG vor. Die Abweichung wird in den Gesetzesmaterialien damit begründet, dass sich die Lebensverhältnisse verändert hätten und den Gefangenen ausreichende Einkaufsmöglichkeiten zur Verfügung stünden und der Paketempfang mit einem erhöhten Kontrollaufwand verbunden sei.[1036]

Dem wird zu Recht entgegengehalten, dass Nahrungs- und Genussmittelpakete von Angehörigen oft vor allem auch eine Form emotionaler Kommunikation und Zuwendung darstellen. *Walkenhorst*, *Roos* und *Bihs* führen dazu treffend aus:

„Die Absender dokumentieren im günstigsten Fall ihre Verbundenheit mit dem Inhaftierten. Diese wiederum erfahren, dass sie von ihren Angehörigen nicht vergessen wurden. Geschenkpakete bedeuten das Sich-Gedanken-Machen um den anderen und stellen eine gute Übung sozialer Kompetenz dar. Auch Pa-

---

1034　Vgl. auch Ostendorf-*Walkenhorst/Roos/Bihs* 2009, Kap. 7 Rn. 50.

1035　In der Regel Weihnachten, Ostern und am Geburtstag des jungen Gefangenen, vgl. VVJug Nr. 28 Abs. 5.

1036　Vgl. z. B. die Begründung zu § 56 SächsJStVollzG (Ltg. Drs. 4/9467).

kete mit Nahrungs- und Genussmitteln – zumeist von Verwandten gesandt – gehören während des Freiheitsentzugs zu den emotional hoch besetzten Zeichen sozialer Nähe. So ist die symbolische Bedeutung der „selbstgebackenen Plätzchen" subjektiv sicher wesentlich höher einzuschätzen als das in der Regel gut sortierte Angebot beim Einkauf oder Besuch. Aus dieser Perspektive können Pakete weder durch unpersönliche Geldüberweisungen noch durch den Versandhandel ersetzt werden."1037

Dies entspricht letztlich auch der Wertung der Europaratsregeln, die in den Regeln Nr. 53 und Nr. 83 bis 85 ERJOSSM offene Kontaktstrukturen, und die größtmöglichen Bemühungen für den Aufbau und Erhalt sozialer Bindungen des jungen Gefangenen einfordern.

Soweit durch die Gesetzgeber auf den Kontrollaufwand als Ablehnungskriterium verwiesen wird, muss wiederum auf Nr. 19 ERJOSSM und Nr. 4 EPR verwiesen werden, wonach ein Mangel an Ressourcen und Personal nicht als ablehnende Begründung dienen dürfen, wenn es um eine sinnvolle und grundrechtskonforme Ausgestaltung des Vollzuges geht. Hinzu kommt, dass die Anwendung der weit offeneren Nr. 28 VVJug in der Praxis scheinbar jahrelang nicht für einen erhöhten Handlungsbedarf gesorgt hat, was den Verdacht begründet, dass an dieser Stelle nun schlicht Kosten gespart werden sollen.1038 Zudem wird dem Argument der Arbeitserleichterung entgegengehalten, dass an die Anstalt gesendete Pakete unter Umständen durch die Anstalt geöffnet und kontrolliert werden müssen, und durch die Rücksendung sogar noch zusätzliche Arbeit anfalle.1039

Neben dem immateriellen erscheint auch der materielle Verlust für die Gefangenen problematisch. Denn kostenlose Nahrungs- und Genussmittelsendungen werden selbstverständlich nicht einfach durch die Möglichkeit eines Einkaufs aufgewogen. Für letzteren müssen dem Gefangenen bzw. seinen Angehörigen überhaupt erst einmal die nötigen Mittel zur Verfügung stehen. Angesichts der in aller Regel äußerst knappen finanziellen Mittel der jungen Gefangenen er-

---

1037 Ostendorf-*Walkenhorst/Roos/Bihs* 2009, Kap. 7 Rn. 57; ähnlich *Eisenberg* 2008, S. 257; *Ostendorf* 2008, S. 17; andernorts bedenkt man diese angeblich „fast schon populärwissenschaftliche" Sichtweise mit Spott, vgl. *Schneider* 2010, S. 303 f. (Darüber hinaus betont *Schneider* allerdings ebenfalls die Sicherheitsgefahren und den erhöhten Kontrollaufwand des Paketempfanges.).

1038 Dass Haftkosten aber auch ohne stärkere Einschnitte in die Gefangenenrechte auf rechtspolitischer Ebene viel effektiver gesenkt werden können, wurde bereits mehrfach angeführt, vgl. *Pfeiffer* in „Die Dämonisierung des Bösen", Frankfurter Allgemeine Zeitung vom 05.03.2004 oder umfassender *Dünkel/Geng* 2003.

1039 Vgl. *Ostendorf* 2007a, S. 7; 2008, S. 17. Dem lässt sich gleichwohl entgegenhalten, dass es der Anstalt auch zusteht, solche Pakete generell ungeöffnet zurückzuschicken.

scheint es daher problematisch, sie auf den Einkauf als Ersatz für Geschenkpakete zu verweisen.[1040]

Soweit auf Ungleichbehandlungen und mögliche Abhängigkeiten zwischen Gefangenen mit und solchen ohne Paketsendungen Bezug genommen wird,[1041] erscheint ebenfalls nicht schlüssig, daraus den vollständigen Verzicht auf Paketempfang abzuleiten. Mit Blick auf den Angleichungsgrundsatz sei dazu angemerkt, dass auch in Freiheit nicht jedem Jugendlichen das Glück zuteil wird, mit Aufmerksamkeiten seiner Angehörigen bedacht zu werden. Eine gewisse Ungleichheit scheint daher unvermeidlich und ein Stück weit normal. Zudem dürfte sich ebenfalls ein Ungleichgewicht zwischen den jungen Gefangenen entwickeln, wenn die erstrebten Konsumgüter nur über den Einsatz eigener finanzieller Mittel erlangt werden können. Hinsichtlich der potentiell unterschiedlichen finanziellen Lagen von Gefangenen erscheint dies nicht weniger wahrscheinlich. Gefangene mit einer entlohnten Beschäftigung dürften so in der Regel stark bevorteilt sein, während der arbeitslose Gefangene benachteiligt und der nicht mitwirkungsbereite Gefangene einmal mehr[1042] indirekt „abgestraft" wird.

Im Ergebnis erscheint damit die *brandenburgische* Regelung, die den Empfang von Nahrungs- und Genussmitteln weiter ermöglicht, vorzugswürdig.

7.11.3.8 Förderung und pädagogische Begleitung von Außenkontakten

Allen Gesetzen ist gemein, dass sie sich von der grundlegenden Haltung des StVollzG kaum unterscheiden: Schon die Sprache der Regelungen ist von einer gewährenden Haltung geprägt. Die jungen Gefangenen „dürfen Besuch empfangen", Besuche und sonstige Kommunikation werden „zugelassen", „überwacht" oder „untersagt".

„Vermittelt", pädagogisch „vorbereitet" oder „begleitet" werden sie nicht – jedenfalls nicht soweit es die gesetzlichen Vorgaben betrifft.[1043] Die zumeist in der Grundsatznorm genannte Förderungspflicht wirkt in ihrem Kontext halbherzig angefügt. Die Ausfüllung dieser äußerst vagen Aufgabenformulierung über-

---

1040 Andersherum kommt auch dem Einkauf eine wichtige eigenständige Bedeutung zu. Insofern erscheint es gleichermaßen fragwürdig, wenn in *Hamburg* die Beschränkung des Sondereinkaufs mit der Zulässigkeit von Paketempfang begründet wird, vgl. *Dünkel/Kühl* 2009, S. 84. So oder so geht es offenbar immer um die Begrenzung des Kontrollaufwandes und je nach dem, welches Recht eingeschränkt wird, werden dadurch bestimmte Gefangenengruppen benachteiligt (entweder jene mit aufmerksamen Angehörigen oder jene mit ausreichend finanziellen Mitteln).

1041 Vgl. z. B. die Begründung zu § 56 SächsJStVollzG (Ltg. Drs. 4/9467).

1042 Siehe dazu auch *Abschnitt 7.4.2.*

1043 In der Praxis mag es hier durchaus andere beispielhafte Maßnahmen geben.

lassen die Gesetze vollständig der Praxis.[1044] Ob damit den besonderen jugend-spezifischen Anforderungen[1045] des Vollzuges Genüge getan wurde, erscheint zumindest zweifelhaft. Dies gilt insbesondere im Hinblick auf die – wie eingangs dargestellt – große Bedeutung für das Rückfallrisiko und die Stabilisierung während der Haft.[1046] Die vorhandenen Standardmittel zur Herstellung von Außenkontakten versetzen die Anstalt zumeist nur in die passive Rolle des Mittlers und Überwachenden. Mit einem bloßen, wenn auch möglicherweise großzügig gestalteten Zur-Verfügung-Stellen von Kontaktmöglichkeiten ist es, angesichts der oftmals schwierigen Verhältnisse, aus denen die jungen Gefangenen stammen,[1047] aber nicht getan.

Es gilt kriminogene Umstände einzudämmen und ein stabiles soziales Umfeld für die Zeit nach der Haft aufzubauen. Ohne unterstützende Sozialarbeit schon während der Haft dürfte dem jungen Gefangenen dies aus eigener Kraft nicht immer gelingen. Erforderlich sind vielmehr Regelungen, die eine „von der Anstalt ausgehende Eltern- und Angehörigen- bzw. Bezugspersonenarbeit"[1048] anregen.

Die aktive Bemühung um die Einbindung von Angehörigen in das Vollzugsgeschehen könnte etwa durch obligatorische Elternabende und Elternsprechzeiten flankiert werden.[1049] Bei dysfunktionalen Familienverhältnissen ist zudem die Vermittlung von externen Beratungen oder Familientherapien zu versuchen.[1050] Besuche, Schriftwechsel und Telekommunikation sollten jeweils zum Anlass einer pädagogischen Vor- und Nachbereitung genommen werden.[1051] Dementsprechend sollten beispielsweise Kontakte, von denen ein schädlicher Einfluss befürchtet wird, nicht nur „überwacht" oder „verboten"

1044 Dort scheint die offensive Angehörigenarbeit erwartungsgemäß eher die Ausnahme darzustellen, wie eine Untersuchung von *Bihs/Thanjan* von 2007 vermuten lässt, zitiert nach Ostendorf-*Walkenhorst/Roos/Bihs* 2009, Kap. 7 Rn. 22; es handelt sich nicht nur um eine wesentliche Grundsatzentscheidung, sondern ist in der konkreten Ausformung – wie meist – eine Kostenfrage, für deren Ausführung sich die Praxis auf konkrete Vorgaben berufen können muss, vgl. dazu übertragbar argumentierend *Hairston* 2002, S. 51.

1045 Vgl. BVerfG NJW 2006, S. 2096.

1046 Vgl. *Abschnitt 7.11*; ferner *J. Walter* 2007, S. 197 f. m. w. N.

1047 Vgl. Ostendorf-*Walkenhorst/Roos/Bihs* 2009, Kap. 7 Rn. 18 m. w. N.

1048 Ostendorf-*Walkenhorst/Roos/Bihs* 2009, Kap. 7 Rn. 10; ähnlich auch *J. Walter* 2006, S. 242.

1049 Vgl. *J. Walter* 2007, S. 198.

1050 Vgl. Ostendorf-*Walkenhorst/Roos/Bihs* 2009, Kap. 7 Rn. 10.

1051 Vgl. Ostendorf-*Walkenhorst/Roos/Bihs* 2009, Kap. 7 Rn. 10; weitere Vorschläge bei *J. Walter* 2007, S. 208 f.

werden können. Das Gesetz sollte als Alternative oder Vorstufe vielmehr die pädagogische Begleitung und Aufarbeitung dieser Kontakte vorsehen.

Eine solche proaktive Ausrichtung des Vollzuges im Bereich der Außenkontakte entspricht am Ehesten der „Unterstützung" und „geeigneten Sozialfürsorge" zur Aufrechterhaltung sozialer Kontakte, wie sie in Nr. 85.1 ERJOSSM genannt wird.

Insofern erscheint es auch als zu kurz gegriffen wenn – wie in *Berlin* und den Gesetzen des *Neuner-Entwurfes*, *Sachsens* und *Hessens* – die Förderungspflicht sich nur auf Kontakte zu Personen, von denen ein „günstiger Einfluss" auf die Gefangenen ausgeht, erstrecken soll. Damit würde die pädagogische Chance vertan, sich aktiv mit dem problematischen Umfeld des Gefangenen auseinanderzusetzen, *dem* Umfeld, in das er frühestens während des Hafturlaubes, aber spätestens nach der Haft zurückkehren wird und mit dem er dann umzugehen gelernt haben soll.[1052] Dem jungen Gefangenen ist nachhaltig nahezubringen, ein delinquentes Umfeld zu meiden.[1053] Dies kann kaum gelingen, wenn man entsprechend vorhandenes Umfeld einfach ignoriert. Die *bayerische* Regelung, die gleichgeschaltet mit dem Erwachsenenvollzug schlicht eine allgemeine Förderpflicht bestimmt, lässt dabei sogar überhaupt keine jugendspezifische Einordnung der zu fördernden Kontakte erkennen.

Als Grundsatznorm, die auch die Rolle der Anstalt ausreichend zur Geltung bringen würde, bietet sich daher die umgestellte und ergänzte Variante der *niedersächsischen* Regelung an: „Außenkontakte der jungen Gefangenen sind zu fördern. Dies gilt nicht für Kontakte, von denen trotz (sozial-)pädagogischer Aufsicht und Begleitung ein schädlicher Einfluss zu befürchten ist."

7.11.4   Zusammenfassung

Im Bereich der Außenkontakte sind mit Blick auf die Mindeststandards einige jugendspezifische Verbesserungen festzustellen. Dies betrifft vor allem die Ausweitung der regulären Besuchszeiten, die zudem mit Ausnahmeregelungen weiter ausgedehnt werden können.

Insbesondere die *nordrhein-westfälische* Regelung sticht positiv hervor, weil sie familienfreundlich ausdrücklich auch die Wochenenden für Besuche in den Blick nimmt.

Als innovativ können ferner auch die klaren Langzeitbesuchsregelungen *Nordrhein-Westfalens* und *Niedersachsens* gelten. Die in anderen Ländern tendenziell offenen Besuchsregeln lassen längere Besuche zwar dem Wortlaut nach

---

1052   Ähnlich Ostendorf-*Walkenhorst/Roos/Bihs* 2009, Kap. 7 Rn. 37.

1053   Dieses kann sich im Übrigen auch gerade aus dem Kontakt zu Mitgefangenen herausgebildet haben. Insoweit ist es auch eine Frage der Gegensteuerung, dem Gefangenen soziale Alternativen aufzuzeigen und zu ermöglichen, vgl. *Lauterbach* 2009, S. 49.

zu, bleiben aber insgesamt zu vage. Es bleibt der Eindruck, dass Langzeitbesuche – trotz der günstigen Auswirkungen für die Gefangenen und ihrer sozialen Kontakte – hier die absolute Ausnahme bleiben sollen.

Alle Gesetze stärken im Sinne der Mindeststandards auch die Rechte der Familien und Angehörigen, wobei *Nordrhein-Westfalen* hierbei die zum Teil differenziertesten Regelungen hervorbringt.

Problematisch erscheinen indes die in allen Gesetzen angelegten Kostenabwälzungen auf den Gefangenen im Bereich des Post- und Telefonkontaktes. Dies gilt umso mehr, als andere Einschränkungen immer wieder vor dem Hintergrund des Kontroll- und Kostenaufwandes gemacht werden, obwohl – neben den Mindeststandards – zuletzt auch das Bundesverfassungsgericht wieder deutlich gemacht hat, dass der Vollzug finanziell und personell „so auszustatten" ist, wie es zur Realisierung des Vollzugsziels erforderlich ist."[1054]

Dass dazu auch und in besonderem Maße die Stabilisierung des sozialen Umfeldes außerhalb der Anstalt notwendig ist, gilt mittlerweile als gesichert. Vor diesem Hintergrund erscheinen alle Landesregelungen in ihrem weitgehend aus dem StVollzG übernommenen Grundtenor zu passiv. Es erschiene angebracht, aus der überragenden Bedeutung der Außenkontakte für die Reintegration des Gefangenen eine *proaktive Förderungspflicht* der Anstalt abzuleiten[1055] und für diese auch konkrete gesetzliche Vorgaben zu machen. Der Jugendstrafvollzug darf bei der Wahrnehmung seiner Förderungspflicht nicht auf die klassischen Kontaktmöglichkeiten, wie sie von den Gesetzen genannt werden, beschränkt bleiben, sondern muss die Möglichkeit erhalten, diese durch die entsprechende personelle Ausstattung auszubauen und zu begleiten. Der Wille zu einer solchen Innovation ist in den meisten Gesetzen nicht erkennbar. Vielmehr herrscht insgesamt der Eindruck vor, dass Kosten gesenkt werden oder durch die verlängerten Besuchszeiten möglichst nicht steigen sollen.

Im Gesamtkontext des Wiedereingliederungszieles gilt es zudem zu bedenken: Das Thema Außenkontakte nimmt im deutschen Vollzugsrecht typischerweise allein die „intramurale"[1056] Kommunikation des Gefangenen zur Außenwelt, also den Kontakt innerhalb der Gefängnismauern oder aus der Anstalt heraus, in den Blick. Gleichwohl darf darüber nicht die intensivere „extramurale" Kontaktpflege aus den Augen verloren werden, wie sie nur durch Vollzugsöffnungen ermöglicht wird.[1057] Denn die klassischen Außenkontakte aus der Anstalt heraus können naturgemäß die authentische Interaktion des Gefan-

1054 BVerfG NJW 2006, S. 2096; vgl. auch BVerfGE 35, S. 235.

1055 Vgl. *Hirsch* 2003, S. 107; Ostendorf-*Walkenhorst/Roos/Bihs* 2009, Kap. 7 Rn. 3.

1056 Ostendorf-*Walkenhorst/Roos/Bihs* 2009, Kap. 7 Rn. 7, 33.

1057 Vgl. *Abschnitt 7.6.*

genen in der Welt außerhalb der Anstalt kaum ersetzen.[1058] Sie können diese bei der Pflege der sozialen Beziehungen allenfalls ergänzen oder bei einem gänzlichen Fehlen von Vollzugsöffnungen als Gewährleistung des absoluten Minimums dienen. Dass beide Bereiche thematisch nicht zu trennen sind, spiegelt sich auch in der systematischen Einordnung von Nr. 86.1 ERJOSSM wider, mit der das Regelwerk Ausgang und Ausführung unmittelbar zu den Außenkontakten in Bezug setzt.

7.12 Sicherheit und Ordnung

So wie das Vollzugsziel der Resozialisierung beispielsweise in den Bereichen der Außenkontakte, der Arbeit und der Ausbildung seine vollzugspraktische Konkretisierung erfährt, so findet sich die oft antagonistisch verstandene Vollzugsaufgabe des Schutzes der Allgemeinheit vor allem im Aspekt der „Sicherheit und Ordnung" wieder.[1059]

Mit ihren beschränkenden Reglementierungen stehen diese unbestimmten Rechtsbegriffe wie kaum etwas Anderes für den Ursprung des Gefängniswesens im klassischen Verwahrvollzug.[1060] Nach wie vor ziehen sie sich als sicherheitsbezogener Einschlag durch zahlreiche Regelungen des deutschen Strafvollzugsrechtes.[1061] Neben einem ausdrücklich mit „Sicherheit und Ordnung" überschriebenen Abschnitt finden sich sowohl im StVollzG als auch in den neuen Landesgesetzen ausdrückliche Bezugnahmen, beispielsweise in den Bereichen der Öffnung des Vollzuges, der Außenkontakte, der Freizeitbeschäftigung und der Besitzrechte der Gefangenen.[1062]

1058 Vgl. auch *Sußner* 2009, S. 86.

1059 Unter „Sicherheit" versteht man dabei die „innere" und „äußere" Sicherheit der Anstalt. Mit „Ordnung" wird „das geordnete Zusammenleben in sozialer Verantwortung in der Anstalt" umschrieben, vgl. *Calliess/Müller-Dietz* 2008, § 81 Rn. 4.

1060 Vgl. AK-*Feest/Köhne* 2012, vor § 81 Rn. 2; *Calliess/Müller-Dietz* 2008, § 81 Rn. 1.

1061 Es wird hier weitgehend davon abgesehen, einschlägige Spezialregelungen außerhalb der in den Gesetzen mit „Sicherheit und Ordnung" betitelten Abschnitte aufzugreifen. Dies soll vielmehr im Kontext des jeweiligen Regelungsbereichs geschehen.

1062 Umfassend zum StVollzG: AK-*Feest/Köhne* 2012, vor § 81 Rn. 4; vgl. für das neue Jugendstrafvollzugsrecht: Ostendorf-*Goerdeler* 2009, Kap. 8 Rn. 39.

Wo immer dort mit Verweis auf die „Sicherheit und Ordnung" in Gefangenenrechte eingegriffen werden kann, besteht die erhöhte Gefahr, dass das Spannungsverhältnis zwischen Vollzugsziel und -aufgabe vornehmlich zu Lasten der
Resozialisierung aufgelöst wird. Dabei ist nicht nur zu beachten, dass die Anwendung der entsprechenden Befugnisnormen oft eher resozialisierungshem-
mend[1063] wirken, sondern auch, dass man dem Wortlaut der entsprechenden
Vorschriften ihren zweitrangigen Stellenwert für sich genommen auch nicht ansieht.[1064] Denn das Resozialisierungsziel wird zumeist nicht nochmals ausdrücklich genannt, sondern als oberste Prämisse vorausgesetzt. Dennoch gilt:
Soweit die betreffenden Strafvollzugsgesetze die Resozialisierung zum einzigen
Vollzugsziel erklären, kommt den Sicherheitsgesichtspunkten nur eine untergeordnete Bedeutung zu.[1065] Entsprechende Eingriffsbefugnisse sind daher stets
im Lichte des Wiedereingliederungsziels zu sehen.[1066]

Jedenfalls in Bezug auf die „äußere Sicherheit" sind sie deswegen eng auszulegen. Umgekehrt ergibt sich aber auch aus dem Vollzugsziel die Notwendigkeit der „inneren Sicherheit". Die Erhaltung der Sicherheit und Ordnung ist im
gewissen Umfang nötig, um den schädlichen Einflüssen der Haft entgegenzuwirken.[1067] Insbesondere im Hinblick auf die Einwirkungen von Gefängnissub-
kulturen ist die Notwendigkeit der Durchsetzung grundlegender Regeln des gemeinschaftlichen Miteinanders kaum zu bestreiten.[1068] Schließlich ist unter „Sicherheit" auch der Schutz der Gefangenen voreinander zu verstehen.[1069]

Zudem erfordert auch die Funktionstüchtigkeit des Resozialisierungsvollzuges selbst die Aufrechterhaltung geordneter Lebensverhältnisse.[1070] Nicht zuletzt gehört zum Erreichen des Vollzugszieles, dass die schlichte Fähigkeit erlernt wird, sich an Regeln und Normen zu halten.[1071] Gleichzeitig dürfen die
notwendigen Freiräume, die es ermöglichen, mit „Konflikten, Kontroversen und

---

1063 Vgl. S/B/J/L-*Kühling/Ullenbruch* 2009, § 81 Rn. 1.

1064 Ähnlich: AK-*Feest/Köhne* 2012, vor § 81 Rn. 5.

1065 Vgl. *Calliess/Müller-Dietz* 2008, § 81 Rn. 1.

1066 Vgl. Ostendorf-*Goerdeler* 2009, Kap. 8 Rn. 23; D/S/S-*Sonnen* 2011, § 62 Rn. 4.

1067 Vgl. *Walkenhorst* 1999, S. 249.

1068 Vgl. im Detail: Ostendorf-*Goerdeler* 2009, Kap. 8 Rn. 1 ff. m. w. N.

1069 Vgl. Ostendorf-*Goerdeler* 2009, Kap. 8 Rn. 23; D/S/S-*Sonnen* 2011, § 62 JStVollzG
      Rn. 2; *Walkenhorst* 1999, S. 249.

1070 Vgl. *Eisenberg* 2012, § 92 Rn. 126.

1071 Vgl. *Calliess/Müller-Dietz* 2008, § 81 Rn. 4; S/B/J/L-*Ullenbruch* 2009, § 81 Rn. 3;
      D/S/S-*Sonnen* 2011, § 62 JStVollzG Rn. 1.

natürlichen Interessengegensätzen" umgehen zu lernen, nicht zu stark eingeengt werden.[1072]
Die Handhabung der Vorschriften über die Sicherheit bzw. Ordnung muss folglich stets eine Gratwanderung zwischen dem notwendigen, ordnenden Minimum und dem unzulässigen sichernden Selbstzweck bewältigen. In ihr setzt sich der immerzu schwelende Zielkonflikt zwischen Resozialisierungs- und Schutzintention fort.[1073]

7.12.1 Vorgaben der ERJOSSM

Unter dem Abschnitt E.13 „Good order" äußern sich die Mindeststandards des Europarates zunächst nur sehr grundsätzlich zum Thema Sicherheit und Ordnung. Es finden sich aber auch in anderen Bereichen Regelungen, die auf die deutsche Kategorie der „Sicherheit und Ordnung" Anwendung finden. Nicht zuletzt sind auch hier zentrale Basisregeln von Bedeutung.[1074]

Regel 88.1 greift die Gedanken der Basisregeln Nr. 1 und Nr. 7 auf, wonach Maßnahmen des Vollzuges unter Achtung der Menschenrechte den jugendlichen Gefangenen nicht erniedrigen oder herabwürdigen dürfen. Bei der „Schaffung eines sicheren und geschützten Umfelds" ist demnach insbesondere die „Würde und die körperliche Unversehrtheit der Jugendlichen" zu respektieren und die „Umsetzung" der „wichtigsten Entwicklungsziele" zu gewährleisten.
Gleichzeitig stellt dies auch eine Konkretisierung des in Regel Nr. 52.1 festgelegten Schutzprinzips dar, wonach die „körperliche und psychische Unversehrtheit" der Gefangenen zu schützen ist.
In Regel 88.2 wird diese Verantwortlichkeit in Bezug auf besonders anfällige, „schutzbedürftige Jugendliche" noch einmal betont.[1075]

Gemäß Regel Nr. 53.2 müssen „Sicherheits- und Kontrollvorkehrungen"[1076] auf das „geringst mögliche" Maß, das zur Aufrechterhaltung der Sicherheit notwendig ist, reduziert bleiben.

1072 Vgl. *Walkenhorst* 1999, S. 249.

1073 Vgl. *Abschnitt 7.2.4.1.*

1074 Die Übersetzung richtet sich nach *BMJ* 2009. Auf abweichende Übersetzungen wird hingewiesen.

1075 Falsch oder zumindest äußerst missverständlich ist hier die Übersetzung des *BMJ* 2009, wonach „besonderes Augenmerk" auch auf „Opferschutz" zu richten ist. „Preventing victimisation" zielt hier auf die Opferwerdung der gefährdeten Gefangenen ab. Im strafvollzugsrechtlichen Sprachgebrauch zielt der „Opferschutz" hingegen auf den Schutz der Opfer des inhaftierten Straftäters ab, vgl. z. B. § 2 HessJStVollzG.

1076 Etwas zu technisch *BMJ* 2009: „Sicherheits- und Kontrollmechanismen".

Regel 88.3 verlangt im Hinblick auf die konzeptionelle Ausrichtung der inneren und äußeren „Sicherheit"[1077] „dynamische Ansätze", die auf „positive Beziehungen"[1078] zwischen jungen Gefangenen und Vollzugspersonal „bauen"[1079].

Um diese Beziehungen zu stärken, fordert Regel 88.4 dazu auf, die Jugendlichen zu „ermutigen", „sich persönlich und gemeinsam für die Aufrechterhaltung der Ordnung einzusetzen". Damit zielen die ERJOSSM auf flexible Konfliktlösungsmechanismen ab, die die Gefangenen nicht nur uneigenständig in die Pflicht nehmen, sondern darin bestärken sollen, selbst Verantwortung zu übernehmen.[1080]

Auf einzelne Maßnahmen bezogene Vorgaben werden lediglich für „Durchsuchungen" gemacht. Gemäß Regel 89.1 sind die Maßnahmen der Durchsuchung von Gefangenen, Räumlichkeiten, Bediensteten und Besuchern umfassend durch nationales Recht zu regeln. Gleichzeitig sind dem Personal „ausführliche Handlungsanweisungen" an die Hand zu geben.[1081] Regel 89.2 betont in diesem Zusammenhang, dass „Würde" und „Privatsphäre" der „betroffenen Jugendlichen" zu achten sind.[1082] Untersuchungen dürfen dabei nur von Bediensteten gleichen Geschlechts vorgenommen werden. „Intime Durchsuchungen" müssen durch Ärzte[1083] durchgeführt werden und

---

1077 Wiederum missverständlich ist hier die Übersetzung des *BMJ* 2009 mit „Sicherheit und Ordnung", vgl. zur thematischen Orientierung: *van Zyl Smit/Snacken* 2009, S. 267.

1078 Vgl. dazu auch *Walkenhorst* 1999, S. 247 ff.

1079 Die Übersetzung des *BMJ* 2009 für „build on" mit „voraussetzt" ist nicht ganz treffend, da ein entsprechender Handlungsauftrag des Vollzugspersonals weniger deutlich wird.

1080 Dies erinnert insbesondere an partizipatorische Ansätze, wie die des „just community"-Projektes der JVA Adelsheim, welche die für die Entwicklung des Jugendlichen sehr bedeutende „peer-group" Gleichaltriger selbst zur regelnden Instanz machen, vgl. *DVJJ* Eckpunkte 2004, 4.2; *Dünkel* 2006, S. 518; *J. Walter* 2003, S. 139 ff. Gleichzeitig ist dies auch ein Aspekt der Subsidiarität von Disziplinarmaßnahmen, vgl. *Abschnitt 7.13.2.3.1.* Im theoretischen Ansatz daher ähnlich: *Walkenhorst* 1999, S. 259.

1081 Diese etwas vagen Vorgaben füllt der Kommentar der ERJOSSM weiter aus: Durchsuchungen sollen danach aufgrund ihrer Eingriffsintensität nur sehr zurückhaltend durchgeführt werden. Sie sollen nur bei „begründetem Verdacht" und nicht bei Nacht erfolgen. „Intime Informationen" wie Briefe, Fotos oder Tagebücher sollen nur im äußersten Notfall konfisziert werden, um etwa die Begehung einer Straftat zu verhindern, vgl. ERJOSSM commentary zu Rule Nr. 89.

1082 Es handelt sich um „überragende Belange", vgl. ERJOSSM commentary zu Rule Nr. 89.

1083 Diese müssen nicht zwangsläufig das gleiche Geschlecht haben, vgl. ERJOSSM commentary zu Rule Nr. 89.

dürfen nur im begründeten Einzelfall erfolgen. Das schon in Basisregel Nr. 16 konstatierte Recht auf Privatsphäre wird hier für den Freiheitsentzug weiter konkretisiert.

Besucher dürfen nur bei einem „begründeten Verdacht" auf das Beisich-tragen von „Gegenständen", die die innere und äußere „Sicherheit" der Anstalt gefährden könnten, durchsucht werden (Regel 89.3).

Regel 89.4 fordert eine diesen Grundsätzen entsprechende Ausbildung der Bediensteten.

In Regel Nr. 93.1 und Nr. 93.2 werden hohe Anordnungs- und Verfahrens-anforderungen an die isolierende „Absonderung" aus Gründen der inneren und äußeren „Sicherheit" gestellt.[1084] Es werden „eindeutige Verfahrensvorschrif-ten" im nationalen Recht vorgesehen, die „Gründe" und „Dauer" klar bestim-men. Die Absonderung ist „regelmäßig" zu überprüfen und muss ärztlich über-wacht werden. Das Beschwerderecht des Jugendlichen ist zu gewährleisten.

Die vorübergehende Absonderung zu „Zwecken der Beruhigung" darf zu-dem gem. Regel Nr. 91.4 „nur in Ausnahmefällen" und „nur für wenige Stun-den" angeordnet werden. In keinem Fall darf sie 24 Stunden übersteigen.[1085]

Eine Verlegung in eine andere Anstalt aus Gründen der Sicherheit ist gem. Regel 96 nur dann zulässig, wenn „schwerwiegende Gefahren" vorliegen.

7.12.2 Landesrechtliche Regelungen

Alle Landesgesetze widmen dem Bereich der „Sicherheit und Ordnung" einen eigenständigen Abschnitt, in dem zentrale Fragen dieses Themas geregelt wer-den.[1086] Die Regelungssystematik ist dabei weitgehend an die des StVollzG an-gelehnt. *Bayern* und *Niedersachsen* verweisen im Jugendstrafvollzug vollständig auf die Regelungen zum Freiheitsentzug der Erwachsenen.[1087]

Dem weit vorgelagert findet sich in allen Gesetzen zudem die sogenannte „Angstklausel."[1088] Dabei handelt es sich um eine subsidiäre Generalklausel,

---

1084 Wiederum treffender übersetzt als mit „Sicherheit und Ordnung", vgl. *BMJ* 2009.

1085 Nach Systematik der ERJOSSM fällt eine solche Maßnahme unter „physical restraint", also den unmittelbaren Zwang, vgl. ERJOSSM Abschnitt E.13.3.

1086 Abschnitt 10 JVollzG BW-IV, HmbJStVollzG, Abschnitt 12 BayStVollzG, Abschnitt 9 JStVollzG Bln, BbgJStVollzG, BremJStVollzG, JStVollzG MV, JStVollzG RLP, SJStVollzG, JStVollzG LSA, JStVollzG SH, ThürJStVollzG, JStVollzG NRW, Abschnitt 10 HessJStVollzG, Kapitel 12 NJVollzG, Teil 9 SächsJStVollzG.

1087 § 132 NVollzG und Art. 154 BayStVollzG (mit geringer Abweichung).

1088 § 3 Abs. 2 JVollzG BW-IV, Art. 6 Abs. 2 S. 1 BayStVollzG, § 6 Abs. 1 S. 2 JStVollzG Bln, § 6 Abs. 1 S. 2 BremJStVollzG, § 6 Abs. 1 S. 2 BbgJStVollzG, § 5 Abs. 3 S. 2 HmbJStVollzG, § 6 Abs. 1 S. 1 HessJStVollzG, § 6 Abs. 1 S. 2

wonach den Gefangenen auch jenseits konkreter Spezialbefugnisnormen „Beschränkungen auferlegt" werden dürfen, soweit dies „zur Aufrechterhaltung der Sicherheit oder zur Abwendung einer schwerwiegenden Störung der Ordnung der Anstalt unerlässlich" ist. Als „unerlässlich" ist eine Maßnahme dann anzusehen, wenn keine anderen Mittel in Frage kommen, also sämtliche Spezialbefugnisse und informellen Handlungsbefugnisse ausgeschöpft sind, und eine schwerwiegende Gefahr besteht oder die Funktionsfähigkeit des Vollzuges oder sein verfolgter Zweck ernsthaft gefährdet würde.[1089]

Die allgemein-präventiven und konkret-reaktiven Spezialmaßnahmen der Sicherung finden sich direkt im Abschnitt „Sicherheit und Ordnung".[1090]

7.12.2.1 Allgemeine Voraussetzungen und Verfahren

Nahezu alle Gesetze betonen eigenständig im Kontext von Sicherheit und Ordnung den Grundsatz der Verhältnismäßigkeit[1091], der in verschiedenen Abstufungen auch in Einzelvorschriften wieder anklingt[1092]. Maßnahmen auf diesem Gebiet müssen demnach (wie jede Einschränkung von Gefangenenrechten) zu ihrem angestrebten Zweck geeignet, als letztes Mittel auch erforderlich und in Abwägung von Vollzugs- und Individualinteressen angemessen sein.[1093] Im *Saarland* weist man darüber hinaus ausdrücklich auf das mildere Mittel der erzieherischen Maßnahmen hin.[1094]

JStVollzG MV, § 3 S. 1 NJVollzG, § 4 Abs. 2 S. 1 JStVollzG NRW, § 6 Abs. 1 S. 2 JStVollzG RLP, § 6 Abs. 1 S. 2 SJStVollzG, § 6 Abs. 1 S. 1 SächsJStVollzG, § 6 Abs. 1 S. 2 JStVollzG LSA, § 6 Abs. 1 S. 2 JStVollzG SH, § 6 Abs. 1 S. 2 ThürJStVollzG.

1089 Vgl. OLG Dresden NStZ 1995, 151; AK-*Bung/Feest* 2012, § 4 Rn. 11; *Calliess/Müller-Dietz* 2008, § 4 Rn. 11; Ostendorf-*Goerdeler* 2009, Kap. 8 Rn. 206.

1090 Einteilung angelehnt an *Hadeler* 2004, S. 135 f.

1091 § 57 Abs. 2 JVollzG BW-IV, Art. 87 Abs. 2 BayStVollzG, § 61 Abs. 2 JStVollzG Bln, § 61 Abs. 2 BremJStVollzG, § 61 Abs. 2 BbgJStVollzG, § 68 HmbJStVollzG, § 44 Abs. 2 HessJStVollzG, § 61 Abs. 2 JStVollzG MV, nur allgemein § 4 NJVollzG, § 71 Abs. 2 JStVollzG NRW, § 61 Abs. 2 JStVollzG RLP, § 61 Abs. 2 SJStVollzG, § 63 Abs. 2 SächsJStVollzG, § 71 Abs. 2 JStVollzG LSA, § 61 Abs. 2 JStVollzG SH, § 61 Abs. 2 ThürJStVollzG.

1092 Z. B. bei der unausgesetzten Absonderung in Einzelhaft, vgl. § 71 JStVollzG Bln.

1093 Vgl. Dreier-*Schulze-Fielitz* 2006, Art. 20 Rn. 179 ff.; Ostendorf-*Goerdeler* 2009, Kap. 8 Rn. 42.

1094 § 62 Abs. 1 S. 2 SJStVollzG.

In einer vorangestellten Grundsatzregelung wird zumeist die Zielrichtung aller Maßnahmen festgelegt.[1095] In den Gesetzen der *Neuner*-Gruppe (ohne *Hamburg*), *Hessens*, *Sachsens* und *Nordrhein-Westfalens* hat man Sicherheit und Ordnung dabei als „Grundlage des auf die Förderung und Erziehung" gerichteten Vollzuges im Blick. Ferner wird auch die Schutzaufgabe des Staates mit der Erhaltung eines „gewaltfreien" Anstaltsklimas verfolgt. In *Hessen* und im *Saarland* betont man zudem explizit, dass „Gefangene" vor „wechselseitigen Übergriffen zu schützen" sind. Die *rheinland-pfälzische* Regelung ordnet darüber hinaus an, dass die Vollzugsbediensteten zu diesem Zweck „zu allen Zeiten [...] aktive Präsenz" zeigen.[1096]

In *Baden-Württemberg*, *Bayern* und *Niedersachsen* orientiert man sich an der Formulierung des § 81 Abs. 1 StVollzG, demzufolge „das Verantwortungsbewusstsein der jungen Gefangenen für ein geordnetes Zusammenleben in der Anstalt" zu „wecken und zu fördern" ist.[1097]

Des Weiteren legen alle Landesgesetze grundlegende Verhaltenspflichten der jungen Gefangenen fest.[1098] Die Gesetze verlangen, dass sich die Gefangenen an die vorgegebene Tageseinteilung halten, den Anordnungen[1099] der Bediensteten Folge leisten, insbesondere nicht ihnen „zugewiesene räumliche Bereiche" ohne Erlaubnis verlassen, ihren „Haftraum" und andere von der Anstalt „überlassene" Gegenstände „in Ordnung halten" und „schonend behandeln" sowie Gefahren für Leben und Gesundheit von Personen melden.

Allgemein wird hier auch die Mitverantwortlichkeit für das „geordnete Zusammenleben" postuliert. Allerdings werden daran unterschiedliche Maßstäbe gestellt. In den Ländern des *Neuner-Entwurfes* und in *Sachsen* wird verlangt, dass die jungen Gefangenen „mit ihrem Verhalten dazu beitragen". In *Baden-Württemberg*, *Bayern*, *Hamburg*, *Hessen* und *Niedersachsen* belässt man es

---

1095 § 57 Abs. 1 JVollzG BW-IV, Art. 87 Abs. 1 BayStVollzG, § 61 Abs. 1 JStVollzG Bln, § 61 Abs. 1 BremJStVollzG, § 61 Abs. 1 BbgJStVollzG, § 44 Abs. 1 HessJStVollzG, § 61 Abs. 1 JStVollzG MV, § 74 NJVollzG, § 71 Abs. 1 JStVollzG NRW, § 61 Abs. 1 JStVollzG RLP, § 61 Abs. 1 SJStVollzG, § 63 Abs. 1 SächsJStVollzG, § 71 Abs. 1 JStVollzG LSA, § 61 Abs. 1 JStVollzG SH, § 61 Abs. 1 ThürJStVollzG.

1096 § 62 JStVollzG RLP.

1097 § 57 Abs. 1 JVollzG BW-IV; Art. 87 Abs. 1 i. V. m. Art. 154 BayStVollzG; § 74 NJVollzG.

1098 § 58 JVollzG BW-IV, Art. 88 BayStVollzG, § 63 JStVollzG Bln, § 63 BremJStVollzG, § 63 BbgJStVollzG, § 68 Abs. 2 HmbJStVollzG, § 45 HessJStVollzG, § 63 JStVollzG MV, § 75 NJVollzG, § 72 Abs. 1 JStVollzG NRW, § 63 JStVollzG RLP, § 63 SJStVollzG, § 64 SächsJStVollzG, § 72 JStVollzG LSA, § 63 JStVollzG SH, § 63 ThürJStVollzG.

1099 Deren Rechtmäßigkeit wird vorausgesetzt, vgl. Ostendorf-*Goerdeler* 2009, Kap. 8 Rn. 69.

wiederum bei der alten Regelung des § 82 StVollzG, wonach die jungen Gefangenen das Zusammenleben lediglich „nicht stören" dürfen. In *Nordrhein-Westfalen* betont man darüber hinaus, dass zu „verdeutlichen" ist, dass auf strafbares Verhalten „entschieden reagiert" wird.

An die im Folgenden dargestellten Spezialbefugnisnormen werden teilweise jeweils speziellere Voraussetzungen und Verfahrenserfordernisse geknüpft.

7.12.2.2 Allgemein-präventive Spezialmaßnahmen

Zu den präventiv wirkenden Instrumenten zählen dabei insbesondere die Ab- und Durchsuchung, erkennungsdienstliche Maßnahmen, der Einsatz von Lichtbildausweisen und Maßnahmen zur Feststellung von Suchtmittelkonsum.

Die Durchsuchung[1100] des Gefangenen oder seines Haftraumes wird überall mit den aus dem StVollzG bekannten Verfahrensregeln umrahmt. Nach diesen dürfen die Gefangenen nur von gleichgeschlechtlichem Personal durchsucht werden, wobei ihr „Schamgefühl zu schonen" ist. Dies geschieht insbesondere dadurch, dass die nur in speziellen Einzelfällen[1101] zulässigen, mit einer Entkleidung verbundenen Untersuchungen allein in räumlicher Trennung von anderen Gefangenen stattfinden dürfen. Dabei kann auch eine generelle Absuchung bei Außenkontakten des Gefangenen angeordnet werden.

Erkennungsdienstliche Maßnahmen[1102] werden vor allem im Hinblick auf die Umschreibung des technisch Möglichen und die Form der Datenspeicherung geregelt. Bei den Voraussetzungen der Maßnahmen begnügt man sich weithin mit einem Hinweis auf die „Aufrechterhaltung der Sicherheit und Ordnung".[1103]

Neben der Möglichkeit, die Gefangenen zu verpflichten, Lichtbildausweise[1104] zu tragen, wird in mehreren Bundesländern auch der Einsatz von

1100 § 60 JVollzG BW-IV, Art. 88 BayStVollzG, § 63 JStVollzG Bln, § 63 BremJStVollzG, § 63 BbgJStVollzG, § 70 HmbJStVollzG, § 45 HessJStVollzG, § 63 JStVollzG MV, § 75 NJVollzG, § 72 Abs. 1 JStVollzG NRW, § 63 JStVollzG RLP, § 63 SJStVollzG, § 64 SächsJStVollzG, § 72 JStVollzG LSA, § 63 JStVollzG SH, § 63 ThürJStVollzG.

1101 Bei „Gefahr im Verzug" oder auf Anordnung der Anstaltsleitung, vgl. z. B. § 64 JStVollzG Bln.

1102 § 5 Abs. 1 S. 2 JustizVollzGDSG BW, Art. 93 BayStVollzG, § 66 JStVollzG Bln, § 66 BremJStVollzG, § 66 BbgJStVollzG, § 71 HmbJStVollzG, § 48 HessJStVollzG, § 66 JStVollzG MV, § 78 NJVollzG, § 76 Abs. 1 JStVollzG NRW, § 66 JStVollzG RLP, § 66 SJStVollzG, § 67 SächsJStVollzG, § 75 JStVollzG LSA, § 66 JStVollzG SH, § 66 ThürJStVollzG.

1103 Mit Blick auf das Bestimmtheitsgebot dazu kritisch: Ostendorf-*Goerdeler* 2009, Kap. 8 Rn. 125 ff.

1104 § 6 Abs. 1 S. 2 JustizVollzDSG BW, § 67 Abs. 5 JStVollzG Bln, § 67 BremJStVollzG, § 67 BbgJStVollzG, § 47 HessJStVollzG, § 67 JStVollzG MV, § 79 NJVollzG, § 67

Videoüberwachung vorgesehen.[1105] Auch hier bleibt es hinsichtlich der Anwendungsvoraussetzungen bei einem schlichten Hinweis auf die unbestimmten Rechtsbegriffe der Sicherheit und Ordnung. Nur in *Baden-Württemberg* kann sie darüber hinaus auch auf die Haftäume ausgeweitet werden, wobei dies jedoch nur zur Verhinderung „erheblicher Gefahren für Leib und Leben" von Personen sowie zur Verhinderung und Verfolgung von „erheblichen Straftaten" zulässig sein soll.[1106]

Die „Aufrechterhaltung der Sicherheit und Ordnung" ist auch bei Maßnahmen zur Feststellung von Suchtmittelkonsum[1107] das einzige Anwendungserfordernis. Die Maßnahmen dürfen durchweg „nicht mit einem körperlichen Eingriff" verbunden sein. In *Hessen* und *Baden-Württemberg* wird daher an eine Verweigerung der Mitwirkung an einer Drogenuntersuchung die regelmäßige gesetzliche Vermutung geknüpft, dass keine „Suchtmittelfreiheit" vorliege.[1108]

Den bis hierher genannten Befugnissen ist gemein, dass sie neben der unbestimmten Notwendigkeit der „Aufrechterhaltung der Sicherheit und Ordnung" an keine besonderen Anordnungsvoraussetzungen geknüpft sind. Mit Ausnahme von kleinen verfahrensbezogenen Pflichten zur Rücksichtnahme („Schonung des Schamgefühls") wirkt vor allem das generell geltende Verhältnismäßigkeitsprinzip beschränkend.

7.12.2.3 Konkret-reaktive Spezialbefugnisse

Weitergehende Voraussetzungen werden für den Einsatz der konkret-reaktiven Eingriffsbefugnisse verlangt.

Erhöhte Anforderungen ergeben sich zunächst bei den *besonderen Sicherungsmaßnahmen*.[1109] Diese besonders eingriffsintensiven Maßnahmen sind auf

---

JStVollzG RLP, § 67 SJStVollzG, § 68 SächsJStVollzG, § 76 JStVollzG LSA, § 66 Abs. 4 JStVollzG SH, § 66 Abs. 4 ThürJStVollzG.

1105 § 23 JVollzG BW-I, § 67 Abs. 1 JVollzG Bln, § 190 Abs. 1 NJVollzG, § 67 JStVollzG SH, § 67 ThürJStVollzG.

1106 Vgl. § 32 JVollzG BW-I; in *Berlin* zumindest im besonders gesicherten Haftraum, vgl. § 70 Abs. 2 Nr. 2 JStVollzG Bln.

1107 § 60 Abs. 4 JVollzG BW-IV, Art. 94 BayStVollzG, § 68 JStVollzG Bln, § 68 BremJStVollzG, § 68 BbgJStVollzG, § 72 HmbJStVollzG, § 46 HessJStVollzG, § 68 JStVollzG MV, § 77 NRW, § 68 JStVollzG RLP, § 68 SJStVollzG, § 69 Abs. 2 SächsJStVollzG, § 77 JStVollzG LSA, § 68 JStVollzG SH, § 68 ThürJStVollzG, *Niedersachsen* regelt keine spezielle Befugnis.

1108 Vgl. zur Problematik des *nemo-tenetur*-Grundsatzes und der Zweckmäßigkeit dieser Regelung die Kritik bei Ostendorf-*Goerdeler* 2009, Kap. 8 Rn. 152.

1109 § 63 JVollzG BW-IV, Art. 96 BayStVollzG, § 70 JStVollzG Bln, § 70 BremJStVollzG, § 70 BbgJStVollzG, § 74 HmbJStVollzG, § 49 HessJStVollzG, § 70 JStVollzG MV,

konkret-individuelle Gefahrenabwehr im Einzelfall ausgerichtet. Voraussetzung ist stets das Vorliegen eines von drei gegenwärtigen Gefahrentatbeständen: eine erhöhte Fluchtgefahr, die Gefahr von Gewalttätigkeiten gegen andere Personen oder Gegenstände, oder eine drohende Selbstschädigung. Kausaler Anknüpfungspunkt ist dabei das Verhalten oder der „seelische Zustand des Gefangenen". Der Gefangene muss folglich Gefahrverursacher sein. Im Ausnahmefall ist die Anwendung auch möglich, um der Gefahr einer Gefangenenbefreiung zu begegnen oder um „erhebliche Störungen der Anstaltsordnung" bzw. „Hausordnung" zu vermeiden.

Als Instrumentarium wird ein abschließender Katalog von Maßnahmen genannt. Namentlich handelt es sich dabei um den *Entzug von Gegenständen*, die *Beobachtung*, die *Absonderung*, die *Beschränkung des Aufenthalts im Freien*, die Unterbringung in einem *besonders gesicherten Haftraum* und die *Fesselung*. Im Hinblick auf letzteres Instrument werden dem Vollzug zudem klar beschränkende Handlungsmodalitäten an die Hand gegeben.[1110]

Auch die unausgesetzte Absonderung in Einzelhaft ist nur eingeschränkt zulässig, nämlich nur wenn dies „aus Gründen, die in der Person des Gefangenen liegen, unerlässlich ist".[1111] Dabei wird das Maß der zulässigen Höchstdauer ohne die aufsichtsbehördliche Kontrolle dieser isolierenden Absonderung höchst unterschiedlich angesetzt: In *Hessen* darf die Maßnahme ununterbrochen nicht länger als eine Woche andauern. Bei einer Anwendung, die über vier Wochen im Jahr hinausgeht, bedarf es der Zustimmung der Aufsichtsbehörde. In *Rheinland-Pfalz* liegt die Grenze ebenfalls bei vier Wochen. Eine Begrenzung für die ununterbrochene Unterbringung gibt es nicht. In *Berlin* ist eine Zustimmung bei mehr als zwei Wochen pro Jahr notwendig, in *Baden-Württemberg* sogar bei mehr als einer Woche. Eine Grenze für die ununterbrochene Anwendung der Maßnahme gibt es auch hier nicht. Ebenso wenig ist dies in den anderen Gesetzen des *Neuner-Entwurfes* (mit *Hamburg*), *Sachsens*, *Nordrhein-Westfalens* und *Bayerns* der Fall, wo die Aufsichtsbehörde darüber hinaus erst bei einer Anwendung von mehr als zwei Monaten pro Jahr informiert werden muss. In *Niedersachsen* gilt dies erst nach drei Monaten.

---

§ 80 NJVollzG, § 79 Abs. 1 JStVollzG NRW, § 70 JStVollzG RLP, § 70 SJStVollzG, § 71 SächsJStVollzG, § 79 JStVollzG LSA, § 70 JStVollzG SH, § 70 ThürJStVollzG.

1110 § 65 JVollzG BW-IV, Art. 98 BayStVollzG, § 72 JStVollzG Bln, § 72 BremJStVollzG, § 72 BbgJStVollzG, § 74 Abs. 2 HmbJStVollzG, etwas knapper § 49 Abs. 5 HessJStVollzG, § 72 JStVollzG MV, § 83 NJVollzG, § 81 JStVollzG NRW, § 72 JStVollzG RLP, § 72 SJStVollzG, § 73 SächsJStVollzG, § 81 JStVollzG LSA, § 72 JStVollzG SH, § 72 ThürJStVollzG.

1111 § 64 JVollzG BW-IV, Art. 97 BayStVollzG, § 71 JStVollzG Bln, § 71 BremJStVollzG, § 71 BbgJStVollzG, § 74 Abs. 3 HmbJStVollzG, § 49 Abs. 7 HessJStVollzG, § 71 JStVollzG MV, § 82 NJVollzG, § 80 JStVollzG NRW, § 71 JStVollzG RLP, § 71 SJStVollzG, § 72 SächsJStVollzG, § 80 JStVollzG LSA, § 71 JStVollzG SH, § 71 ThürJStVollzG.

Bei Maßnahmen wie Fesselung und Absonderung im besonders gesicherten Haftraum, die auf die Einschränkung der Bewegungsfreiheit abzielen, wird zudem ärztliche Überwachung angeordnet.[1112] Bei der Einzelhaft belässt man es weit überwiegend bei dem Hinweis, dass der Gefangene „in besonderem Maße zu betreuen" und ein Arzt „zu hören" ist.[1113] In *Nordrhein-Westfalen* führt man hierzu aus, dass der „psychologische und ärztliche Dienst" den Gefangenen regelmäßig aufzusuchen habe.[1114] In *Bayern* ist ein Arzt immerhin „zu hören", soweit die Einzelhaft länger als drei Monate im Jahr angeordnet wurde.[1115] Andernorts ist dagegen keine besondere Behandlung vorgesehen.[1116]

Darüber hinaus findet man das allgemeine Verfahren für die sonstigen besonderen Sicherungsmaßnahmen in einer eigenständigen Norm.[1117] Dabei werden Zuständigkeiten, Ablauf sowie Begründungs- und Kontrollpflichten detailliert geregelt.

Im Zuge des Festnahmerechtes[1118] regelt man neben der eigentlichen Befugnis auch die datenrechtliche Zusammenarbeit mit den Strafverfolgungsbehörden.

Auch Ersatzpflichten für durch das Verschulden der Gefangenen verursachte Aufwendungen der Anstalt sind in allen Gesetzen vorgesehen.[1119]

7.12.3 Bewertung mit Blick auf die Mindeststandards

Wie in jedem besonders eingriffsintensiven Bereich des Vollzuges gilt auch beim Thema „Sicherheit und Ordnung", dass die spezielle Situation jugendlicher Strafgefangener mit spezifischen Problemen einhergeht und man der erhöhten Anfälligkeit jugendlicher Gefangener gegenüber schädlichen Wirkungen des Vollzuges Rechnung tragen muss.[1120]

1112 Z. B. § 74 JStVollzG Bln.

1113 Vgl. § 71 und § 74 JStVollzG Bln stellvertretend für die Gesetze des *Neuner-Entwurfes* und *Sachsens* sowie § 49 Abs. 7 HessJStVollzG.

1114 § 80 JStVollzG NRW.

1115 Art. 97 i. V. m. Art. 100 Abs. 2 i. V. m. Art. 154 BayStVollzG.

1116 § 64 JVollzG BW-IV, § 82 NJVollzG.

1117 § 66 JVollzG BW-IV, Art. 99 BayStVollzG, § 73 JStVollzG Bln, § 73 BremJStVollzG, § 73 BbgJStVollzG, § 75 HmbJStVollzG, § 50 Abs. 2, 3 HessJStVollzG, § 73 JStVollzG MV, § 84 NJVollzG, § 82 JStVollzG NRW, § 73 JStVollzG RLP, § 73 SJStVollzG, § 74 SächsJStVollzG, § 82 JStVollzG LSA, § 73 JStVollzG SH, § 73 ThürJStVollzG.

1118 Z. B. § 62 JVollzG BW-IV.

1119 Z. B. § 48 JStVollzG NRW.

1120 Vgl. dazu allgemein: BVerfG NJW 2006, S. 2096 m. w. N.

Soweit die ERJOSSM in den allgemeinen Grundsätzen des Abschnittes E.13.1 auf die besondere Bedeutung der Aufrechterhaltung einer gewaltfreien Umgebung und eines positiven institutionellen Klimas hinweisen, entspringt dies der besonderen Schutzbedürftigkeit jugendlicher Gefangener und ihrer Persönlichkeitsentwicklung. Es bedarf daher gesetzlicher Regelungen, die genau an diese ganz eigenen Anforderungen des Jugendstrafvollzuges angepasst sind.[1121]

Einmal mehr erscheint es vor diesem Hintergrund konzeptionell bedenklich, wenn Landesregelungen zum Jugendstrafvollzug pauschal auf entsprechende Normen beim Vollzug der Freiheitsstrafe verweisen. Insofern besteht bei den Regelungen *Bayerns* und *Niedersachsens* schon von vornherein der „Anfangsverdacht" einer unzureichenden Normierung. Allerdings haben sich trotz eigenständiger Regelung auch die meisten anderen Bundesländer im Bereich „Sicherheit und Ordnung" stark an den Vorgängerregelungen des StVollzG, also am Erwachsenenstrafvollzug, orientiert. Inwieweit den Anforderungen der Mindeststandards Genüge getan wird, bleibt demnach auch dort eine Frage der Detailbetrachtung.

7.12.3.1 Regelungsdichte und allgemeine Voraussetzungen

Generell lässt sich das Ausmaß der gesetzlichen Ausgestaltung im Bereich der „Sicherheit und Ordnung" als relativ umfassend bezeichnen. Allerdings wird gerade bei den Eingriffsvoraussetzungen sehr oft allein mit diesen unbestimmten Rechtsbegriffen operiert, ohne darüber hinaus das Vorliegen anderer Tatbestandsmerkmale zu verlangen. Insbesondere im Hinblick auf den deutungsoffenen Teilbegriff der „Ordnung" kann dies durchaus kritisch gesehen werden.[1122] Dennoch lassen sich entsprechende Regelungen mit der Unvorhersehbarkeit der dynamischen und wechselhaften sozialen Prozesse, die im Strafvollzug vorkommen, in vertretbarer Weise rechtfertigen.[1123] Zumal auch die ERJOSSM detaillierte gesetzliche Regelungen ausdrücklich nur für vereinzelte Maßnahmen verlangen. Namentlich handelt es sich dabei um die Fesselung, die Absonderung bzw. den Einzelhaft und die Durchsuchung[1124], zu denen jeweils in allen Lan-

---

1121 Vgl. BVerfG NJW 2006, S. 2095.

1122 Vgl. AK-*Feest/Köhne* 2012, vor § 81 Rn. 10; Ostendorf-*Goerdeler* 2009, Kap. 8 Rn. 25.

1123 Insbesondere in Bezug auf die besonders weiten „Angstklauseln" vgl. *Calliess/Müller-Dietz* 2008, § 4 Rn. 20. Dennoch erscheint insbesondere die *niedersächsische* Regelung (§ 3 S. 2 NVollzG), die lediglich fordert, dass die Maßnahme „erforderlich" und nicht „unerlässlich" sein muss als viel zu weitgehend, da insofern kaum noch von einer subsidiären Generalklausel gesprochen werden kann, vgl. auch Ostendorf-*Goerdeler* 2009, Kap. 8 Rn. 69.

1124 Vgl. die Regeln 89.1, 93.1 und 91.3 ERJOSSM.

desgesetzen spezielle Anordnungs- und Verfahrensregeln vorliegen. Ebenso bestehen in allen Landesgesetzen ausreichend umfassende Verfahrensnormen für die Anordnung der besonders eingriffsintensiven „besonderen Sicherungsmaßnahmen".

In den Landesregelungen stellt der Verhältnismäßigkeitsgrundsatz das entscheidend begrenzende Element für alle Eingriffbefugnisse dar. Zu Recht wird er nahezu überall im Abschnitt „Sicherheit und Ordnung" prominent an erster Stelle genannt[1125] und findet sich durchweg auch in verschiedenen Abstufungen in Einzelermächtigungsnormen wieder[1126]. Er ist das Äquivalent der ERJOSSM Regel Nr. 53.2, die eine Reduzierung der Sicherheitsbemühungen auf das „geringst mögliche" Maß fordert.

Der Verhältnismäßigkeitsgrundsatz bietet hier bei konsequenter Anwendung gleichsam ein Einfallstor, durch welches das Vollzugsziel als begrenzendes Korrektiv wirken kann und muss. Denn eine stark autoritär-sicherungsorientierte Vollzugsgestaltung wirkt nicht nur kontraproduktiv im Hinblick auf das Resozialisierungsziel[1127], sie birgt auch eine erhöhte Gefahr für eine „erniedrigende" und „herabwürdigende" Behandlung[1128] im Sinne von Regel Nr. 88.1 der ERJOSSM. Daher ist die *saarländische* Ergänzung zu begrüßen, die auf die Verhältnismäßigkeit im Gesamtkontext hinweist, in dem erzieherische Maßnahmen ausdrücklich als potentiell mildere Mittel benannt werden.

Auch die explizite Festlegung von Gefangenenpflichten bietet insoweit eine sinnvolle Orientierung für den Vollzug. Sie unterstützt durch konkrete Vorgaben die von den Regeln Nr. 88.3 und Nr. 88.4 geforderte positive Interaktion zwischen Personal und Gefangenen bei der Aufrechterhaltung von Sicherheit und Ordnung. Denn nur wo klare und einheitliche Regeln bestehen, können diese akzeptiert und internalisiert werden. Dabei wird das Vollzugspersonal jedoch nicht von der Aufgabe entbunden, durch positive Impulse eine entsprechende Bereitschaft zur Einhaltung der Regeln zu wecken.

Es fragt sich daher auch, inwieweit man die jungen Gefangenen jenseits der schlichten Befolgung von Regeln für die Aufrechterhaltung von Sicherheit und Ordnung verantwortlich machen kann. Wenn man in *Baden-Württemberg*, *Bayern* und *Niedersachsen* in der an § 82 Abs. 1 StVollzG angelehnten Grundsatzregelung von dem „Verantwortungsbewusstsein der Gefangenen für ein geordnetes Zusammenleben" spricht, so zielt dies vorwiegend auf eine Verantwortlichkeit der Insassen ab. Die neutralere Formulierung des *Neuner-Entwurfes*, *Hessens*, *Sachsens* und *Nordrhein-Westfalens*, wonach „Sicherheit und Ord-

---

1125 Allein in der gesamtgesetzlichen Lösung von *Niedersachsen* ist das Verhältnismäßigkeitsprinzip vor die Klammer aller Vollzugsformen gelegt, vgl. § 4 NVollzG.

1126 Vgl. etwa das „unerlässlich" in § 6 und § 71 JStVollzG Bln.

1127 Vgl. *van Zyl Smit/Snacken* 2009, S. 275 m. w. N.

1128 Vgl. *van Zyl Smit/Snacken* 2009, S. 273.

nung" als notwendige Basis des Erziehungszieles verstanden werden, nimmt zu Recht den Vollzug als ganzen in die Pflicht – und damit richtigerweise auch das Vollzugspersonal.[1129]

Zugleich wird der Anwendung des unmittelbar darauf folgenden Verhältnismäßigkeitsgrundsatzes dadurch eine ausdrückliche Richtungsweisung mit auf den Weg gegeben, die den Blick auf die Resozialisierungsprämisse lenkt.[1130] Im Hinblick auf den vollzugsimmanenten Zielkonflikt, der in vielen Bereichen ein faktisches Übergewicht von Sicherheitsbelangen provoziert[1131], geht von solch einer einleitenden Klarstellung eine hilfreiche, weil erhellende, Strahlkraft aus. Insoweit ist das völlige Fehlen einer Grundsatznorm in *Hamburg* bedauerlich.

Auch der Hinweis auf die Notwendigkeit eines „gewaltfreien Anstaltsklimas" erscheint in diesem Zusammenhang sinnvoll. Damit werden die Schutzgedanken der ERJOSSM Regeln Nr. 88.1, 88.2 und 52.1 zumindest angerissen.[1132] Dementsprechend zielgerecht sind auch die in diesem Punkt etwas konkreteren und damit verbindlicheren Regelungen *Hessens*, des *Saarlandes* und des Landes *Rheinland-Pfalz*.

Etwas bedenklich erscheint allerdings die einleitende Formulierung der Verhaltensvorschriften des *Neuner-Entwurfes* und *Sachsens*, die nicht nur die *Mitverantwortlichkeit* der Gefangenen für Sicherheit und Ordnung betont, sondern darüber hinaus auch fordert, dass diese zum geordneten Zusammenleben „beitragen müssen". Vorzugswürdig ist hier die alte Regelung des § 82 Abs. 1 S. 2 StVollzG und die der Länder *Baden-Württemberg*, *Hamburg*, *Hessen*, *Bayern*, *Niedersachsen*, und *Nordrhein-Westfalen*, die lediglich eine passive Verpflichtung dahingehend konstatieren, dass die Gefangenen das „geordnete Zusammenleben nicht stören" dürfen. Eine generelle Pflicht zu einem positiven Beitrag erscheint zu unbestimmt.[1133] Zumal die Gefangenen nicht für Störungen verantwortlich gemacht werden können, die nicht von ihnen selbst ausgehen.[1134] Dies gilt umso mehr, als der Verstoß gegen Verhaltenspflichten einen Disziplinartatbestand darstellt.[1135] Nicht ausgeschlossen ist hingegen, dass man die jungen

---

1129 Auch soweit man in den Verhaltensvorschriften die alte Formulierung wieder aufgreift, wird ausdrücklich von „Mitverantwortung" gesprochen, vgl. z. B. § 63 Abs. 1 JStVollzG Bln. Vgl. auch Ostendorf-*Goerdeler* 2009, Kap. 8 Rn. 48.

1130 Ostendorf-*Goerdeler* 2009, Kap. 8 Rn. 47.

1131 Vgl. AK-*Feest/Köhne* 2012, vor § 81 Rn. 4 f.

1132 Eine klare Handlungsaufforderung an den Vollzug kann damit zwar nicht ersetzt werden. Eine solche Ausführung des Schutzprinzips muss jedoch nicht zwingend im Bereich der Sicherheit und Ordnung erfolgen, vgl. *Abschnitt 7.4.1.4.3.*

1133 Vgl. Ostendorf-*Goerdeler* 2009, Kap. 8 Rn. 64; *Eisenberg* 2008, S. 259.

1134 Vgl. S/B/J/L-*Ullenbruch* 2009, § 82 Rn. 3 m. w. N.

1135 Vgl. AK-*Feest/Köhne* 2012, § 82 Rn. 1.

Gefangenen dazu ermutigt, an der Schaffung eines für alle Beteiligten akzeptablen Anstaltsklimas mitzuwirken. Im Sinne eines inter- und proaktiven Sicherheitskonzepts, das versucht Konflikte und Gefahren auf einer sehr frühen Stufe durch die „positiven" Kontakte des Vollzugspersonals zu den Gefangenen zu neutralisieren[1136], entspricht dies auch den „dynamischen Ansätzen", die Regel Nr. 88.3 der ERJOSSM einfordert.

Unnötig kraftmeierisch stellt sich auch der *nordrhein-westfälische* Zusatz dar, wonach den Gefangenen „zu verdeutlichen" ist, „dass Verstöße gegen Verhaltensvorschriften nicht geduldet werden und auf strafbares Verhalten [...] entschieden reagiert wird".[1137] Durch eine solche Vorgabe wird nicht nur eine einseitig unsachliche Auseinandersetzung provoziert, sie suggeriert dem Vollzugspersonal zudem, dass autoritär durchgreifendes Konfliktmanagement favorisiert wird und schränkt damit die Flexibilität der Bediensteten in vermeidbarer Weise ein.[1138] Eine solche Herangehensweise widerspricht dem von den ERJOSSM verfolgten Sicherheits- und Konfliktlösungskonzept der „dynamic security", das – wo möglich – Chancen zur annähernd gleichberechtigten und allseits transparenten Auseinandersetzung fordert und dadurch auch für Akzeptanz von Entscheidungen bei den Gefangenen sorgt.[1139] Zugleich ist eine solche frühzeitige und schonende Handhabung von Konflikten mit Blick auf die Würde des Gefangenen im Zweifel das mildeste und damit einzig verhältnismäßige Mittel.

7.12.3.2 Absuchung und Durchsuchung

Die relativ konkreten Vorgaben der ERJOSSM zum Thema „Durchsuchung" werden weitgehend eingehalten. Entsprechend Regel 89.2 werden Würde und Privatsphäre der Gefangenen durch die „Schonung" des „Schamgefühls", die Begrenzung auf gleichgeschlechtliche Durchsuchungen und die garantierte Abwesenheit von Mitgefangenen geschützt.[1140]

Eine mit „Entkleidung verbundene körperliche Untersuchung", die allgemein als besonders erniedrigend empfunden wird[1141], darf nach den ERJOSSM nur im Einzelfall erfolgen. Dementsprechend machen die Jugendstrafvollzugs-

---

1136   Vgl. ERJOSSM commentary zu Rule Nr. 88. Für Details zum Konzept der „dynamic security", vgl. *van Zyl Smit/Snacken* 2009, S. 263 ff.; ähnlich auch *J. Walter* 2006, S. 254.

1137   § 72 Abs. 1 S. 2 JStVollzG NRW.

1138   Dazu allgemein: *Walkenhorst* 1999, S. 256.

1139   Vgl. ERJOSSM commentary zu Rule Nr. 88; ähnlich auch Nr. 50 EPR; *van Zyl Smit/Snacken* 2009, S. 266 und *Abschnitt 7.13.2.3.2.3.*

1140   Z. B. § 64 JStVollzG Bln.

1141   Vgl. *van Zyl Smit/Snacken* 2009, S. 285 m. w. N.

gesetze „Gefahr im Verzug" oder die Anordnung des Anstaltsleiters im Einzelfall zur Voraussetzung.

Problematisch erscheint hier, dass nach einigen Gesetzesbegründungen dabei auch Durchsuchungen von Körperhöhlen und Körperöffnungen zulässig sein sollen.[1142] Hier stellen die ERJOSSM aufgrund der hohen Eingriffsintensität erhöhte Anforderungen, die sich aus den Gesetzen nicht ohne weiteres entnehmen lassen. Nach Regel Nr. 89.2 dürfen „intime Untersuchungen" nur durch ärztliches Personal und nur bei „begründetem Verdacht" vorgenommen werden.[1143]

Von diesem unzureichend geregelten Aspekt abgesehen, kann man die Landesnormen als ausreichende Regelung im „innerstaatlichen Recht" im Sinne von Regel 89.1 einstufen.

7.12.3.3 Videoüberwachung

Soweit einzelne Bundesländer die Videoüberwachung des Anstaltsgeländes als Mittel zur Aufrechterhaltung von Sicherheit und Ordnung vorsehen, lässt sich dies unter dem tragenden Gesichtspunkt der äußeren Sicherheit kaum beanstanden, auch wenn der Verzicht darauf im Hinblick auf ein positives institutionelles Klima, das nicht von Misstrauen geprägt ist, zu begrüßen wäre.

Problematisch ist allerdings die *baden-württembergische* Regelung des § 32 JVollzG BW-I, die dem Wortlaut nach auch die Überwachung von Hafträumen zulässt. Trotz der Begrenzung auf Fälle von „erheblicher" Bedeutung stellt dies einen massiven Eingriff in das Persönlichkeitsrecht des Gefangenen dar. Die potentiell ununterbrochene Überwachung verletzt die Würde des Gefangenen (Regel 88.1 der ERJOSSM und Art. 1 Abs. 1 GG). Zudem gehen von dem Gefühl des Anhaltend-beobachtet-werdens auch Gefahren für die Psyche des Betreffenden aus, weshalb die Beobachtung für den Gefangenen einen wahrnehmbaren Ausnahmecharakter haben muss.[1144] Bei fest installierten Kameras liegt eine solche Ausnahmewahrnehmung jedoch gerade nicht vor, weil sich der Inhaftierte nie gewiss sein kann, ob diese angeschaltet sind oder nicht.[1145] Inso-

---

1142 Vgl. z. B. die Begründungen zu § 64 JStVollzG MV (MV Ltg. Drs. 5/807) und zu § 64 JStVollzG Bln (Bln. Ltg. Drs. 16/0677).

1143 Ähnlich auch Nr. 54.6 und Nr. 54.7 EPR, vgl. dazu *van Zyl Smit/Snacken* 2009, S. 285 ff.

1144 Vgl. BGH JZ 1991, S. 1146; S/B/J/L-*Schwind* 2009, § 88 Rn. 12; *Calliess/Müller-Dietz* 2008, § 88 Rn. 5; AK-*Feest/Köhne* 2012, § 88 Rn. 12; Ostendorf-*Goerdeler* 2009, Kap. 8 Rn. 1197; a. A. *Arloth* 2011, § 88 Rn. 5, der Videoüberwachung für die weniger einschneidende Maßnahme gegenüber persönlicher Überwachung hält.

1145 Dies lässt sich auch durch Erkenntnisse über das psychische Wohlbefinden von Gefangenen – allerdings erwachsenen – stützen, die bei einer Untersuchung mit dem Brief Symptom Inventory (53 Items) auf der Skala „paranoides Denken" (Misstrauen, das Gefühl, beobachtet zu werden) Werte aufwiesen, bei denen eine Behandlung zu

fern ist nur die vereinzelte Überwachung im besonders gesicherten Haftraum als zulässig zu erachten. Die Regelung ist mithin als viel zu weitgehende Beeinträchtigung der Privatsphäre als verfassungswidrig abzulehnen.[1146]

7.12.3.4 Verlegung

Auch im Hinblick auf Verlegungen aus Sicherheitsgründen formulieren die ERJOSSM striktere Anforderungen als die Landesregelungen. Während es in den Gesetzen schon ausreicht, dass generell Fluchtgefahr besteht, allgemein eine Gefahr für Sicherheit und Ordnung der Anstalt vorliegt oder eine andere Anstalt schlicht „besser geeignet" für eine „sichere Unterbringung" ist, verlangt Regel Nr. 96 „schwerwiegende Gefahren" für die innere und äußere Sicherheit der Anstalt, um eine Verlegung zu veranlassen. Damit werden nicht nur deutlich höhere Anforderungen an Sicherheitsbelange gestellt, auch der in diesem Fall zu weit gehende Begriff der „Ordnung" wird der Vorgabe der ERJOSSM nicht gerecht. Dies ist dem Umstand geschuldet, dass sich das Herausreißen des Jugendlichen aus einer vertrauten Situation negativ auf die Resozialisierungsbemühungen auswirken kann.[1147] Nach der Wertung der ERJOSSM muss in einem solchen Fall das übergeordnete Vollzugsziel Vorrang vor der Schutzaufgabe haben. Dies gilt erst Recht dann, wenn es nur um „Ordnung" geht. Es können folglich nur „schwerwiegende" Belange der Sicherheit eine Verlegung rechtfertigen.[1148] Entgegen dem relativ weiten Wortlaut ist die Norm daher durch konsequente Anwendung des Verhältnismäßigkeitsgrundsatzes zumindest eng auszulegen.

7.12.3.5 Einzelhaft

Gleichfalls kritisch zu betrachten ist die in allen Bundesländern vorgesehene isolierende Einzelhaft. Allerdings unterscheiden sich hier die Regelungen in Ausmaß und Kontrolle der Maßnahme teilweise erheblich.

---

empfehlen ist (vgl. *Dudeck u. a.* 2011, S. 412, 416; *Kopp u. a.* 2011, S. 883 f.). Die Installation von Anlagen zur Videoüberwachung, bei denen Gefangene sich nie sicher sein können, ob die Kameras laufen oder nicht, erscheint geeignet, solche Gefühle noch zu verstärken.

1146 Vgl. auch Ostendorf-*Goerdeler* 2009, Kap. 8 Rn. 144; wohl auch: *Eisenberg* 2012, § 92 Rn. 130 m. w. N.

1147 Vgl. Ostendorf-*Goerdeler* 2009, Kap. 8 Rn. 48.

1148 Vgl. ERJOSSM commentary zu Rule Nr. 96.

7.12.3.5.1 Generelle Zulässigkeit

Gemäß Regel Nr. 93.1 der ERJOSSM dürfen Jugendliche nur in „absoluten Einzelfällen" aus Gründen der Sicherheit in Einzelhaft untergebracht werden. Dem tragen die Landesgesetze insoweit Rechnung, als auch sie voraussetzen, dass die Einzelhaft als allerletztes Mittel „unerlässlich" ist. Darunter fällt nicht ohne weiteres der Aspekt der „Ordnung", der deswegen noch zurückhaltender Anwendung finden sollte.[1149]

Soweit Nr. 67 der UN-Regeln zum Schutz jugendlicher Inhaftierter die „isolierende Einzelhaft" gänzlich ausschließt, stellt sich allerdings die Frage, ob die Maßnahme trotz Einschränkungen als insgesamt unzulässig einzustufen ist.[1150] Dagegen ließe sich zunächst einwenden, dass die Mindeststandards die Einzelhaft nur als „Disziplinarmaßnahme oder Strafe" ausschließen. Zu präventiv-sichernden Isolierungen wird dem Wortlaut nach scheinbar keine Aussage gemacht, weshalb man annehmen könnte, diese seien nicht erfasst.

Dabei gilt es jedoch zu bedenken, dass Sinn und Zweck der UN-Regel den Fokus vor allem auf die faktischen Auswirkungen der Einzelhaft legen, nicht so sehr auf deren Anordnungsgrund. Danach sollen „grausame, erniedrigende und unmenschliche" Behandlungen vermieden werden, insbesondere wenn diese den „körperlichen und geistigen Gesundheitszustand des betroffenen Jugendlichen beeinträchtigen könnten." Angesichts der gesteigerten Gefahr der Haftdeprivation[1151] durch dauerhafte Isolierung ist die länger als 24 Stunden andauernde Einzelhaft als eine solche Behandlung anzusehen – unabhängig davon, ob sie angeordnet wird, um Beeinträchtigungen der Sicherheit und Ordnung der Anstalt zu verhindern oder um diese zu sanktionieren.

Zudem muss der systematische Hintergrund der UN-Regeln beachtet werden: Die trennscharfe Unterscheidung zwischen Disziplinierung, Sicherheit und Ordnung, und unmittelbarem Zwang des deutschen Strafvollzugsrechtes findet in den internationalen Mindeststandards nicht ohne weiteres eine spiegelbildliche Entsprechung. Die UN-Regeln unterscheiden nur zwischen Disziplinierungen und Regeln zum physischen Zwang. Damit gehen sie generell eher von einem reaktiv ausgerichteten Gefängnissystem aus, in dem präventiv wirkende

---

1149 Die offizielle Übersetzung des *BMJ* 2009 übersetzt „safety and security" wiederum fälschlicherweise mit „Sicherheit und Ordnung".

1150 Dafür: Ostendorf-*Goerdeler* 2009, Kap. 8 Rn. 203; *Tondorf/Tondorf* 2006, S. 246; mit Einschränkungen: *Dünkel* 2007a, S. 14 und D/S/S-*Sonnen* 2011, § 71 Rn. 2 JStVollzG; *Wegemund/Dehne-Niemann* 2008, S. 579.

1151 Vgl. *Mann* 2001, S. 39 ff. m. w. N.; *Kühnel/Hiebe/Tölke* 2005, S. 235 m. w. N.; *Nedopil* 2007, S. 329.

Maßnahmen gleichsam aufgehen.[1152] Auch die ERJOSSM nehmen unter der Überschrift „Good Order" nur marginale Kategorisierungen vor.[1153] Insofern werden in beiden Regelwerken jegliche Isolierungen ausgehend von ihrer reaktiven Komponente zusammengefasst.

Zudem sind auch im Vollzugsalltag selbst die Grenzen zwischen Sicherung und Sanktion oft fließend. Sichernde Maßnahmen werden dort bisweilen bewusst auch in einen apokryph-sanktionierenden Kontext angewandt.[1154]

Letztlich muss auch auf der Ebene der im deutschen Recht vorgenommenen Einteilung konstatiert werden, dass Beschränkungen für das „scharfe Schwert" der Disziplinierungen erst recht für vorgelagerte Maßnahmen der Gefahrenabwehr gelten müssen, die möglichst nicht belastend und sanktionierend wirken sollen. Eine Isolierung, die nicht nur vorübergehend ist und über eine zeitlich stark begrenzte Absonderung weit hinausgeht, ist folglich nicht mit internationalen Mindeststandards zu vereinbaren und ist darüber hinaus – da ein zwingender Regelungsbedarf weder dargelegt noch ersichtlich ist – auch verfassungswidrig.

7.12.3.5.2 *Zeitliche Beschränkungen*

Will man die längerfristige Isolierung nicht ganz ausschließen, so ist in jedem Fall eine restriktive Anwendung, die auf einer stark begrenzten Regelung aufbaut, zu fordern. Konkret heißt dies: „Wenn in der Literatur zum StVollzG davon ausgegangen wird, dass wegen der Schwere des Eingriffs im Erwachsenenvollzug eine Dauer von vier Wochen und mehr kaum mehr gerechtfertigt werden kann[1155], muss die Grenze für den Jugendstrafvollzug noch deutlich darunter liegen."[1156] Gefordert werden maximal eine Woche bei Jugendlichen und bis zu zwei Wochen bei Heranwachsenden.[1157] Auch hier ist die – ebenfalls von BVerfG betonte[1158] – besondere Haftempfindlichkeit[1159] junger Gefangener

---

1152   Was nicht ganz fernliegend ist, da auch präventive Maßnahmen zumeist auf vorangegangenes Verhalten reagieren.

1153   Auch wenn es unter E.13.4 tatsächlich eine Regelung zur Absonderung aus Gründen der Sicherheit gibt und 95.4 die entsprechende Disziplinarmaßnahme regelt.

1154   Vgl. *Wirth* 2006, S. 9.

1155   S/B/J/L-*Schwind* 2009, § 89 Rn. 3; AK-*Feest/Köhne* 2012, § 89 Rn. 5.

1156   Vgl. Ostendorf-*Goerdeler* 2009, Kap. 8 Rn. 209; mit gleicher Tendenz: *Eisenberg* 2008, S. 260.

1157   Vgl. Ostendorf-*Goerdeler* 2009, Kap. 8 Rn. 209.

1158   Vgl. BVerfG NJW 2006, S. 2096 m. w. N.

1159   Vgl. auch *Walkenhorst* 2010, S. 26.

wegweisend. Im Sinne von Regel 93.2 der ERJOSSM unterliegt die Absonderung zudem einer „regelmäßigen Kontrolle".

Am ehesten entspricht die *hessische* Normierung diesen Vorgaben, die eine ununterbrochene Isolation von mehr als einer Woche ausdrücklich untersagt. Die Regelungen *Baden-Württembergs* und *Berlins* bestimmen immerhin, dass die Aufsichtsbehörde bei einer längeren Anwendung von einer bzw. zwei Wochen pro Jahr zustimmen muss, und erhöhen so Transparenz und Kontrollierbarkeit der Maßnahme. Auch wenn in *Hessen* eine entsprechende Höchstfrist fehlt und in *Baden-Württemberg* und *Berlin* wiederum nicht geregelt ist, wie lange Einzelhaft ununterbrochen angeordnet werden darf, so sind dies zumindest deutlich stärkere Einschränkungen als man sie in den anderen Bundesländern vorfindet. Grenzen bezüglich der ununterbrochenen Anwendung sucht man auch dort vergebens. Die maximale Anwendungsdauer, bevor die Aufsichtsbehörde überhaupt zustimmen muss, reicht zudem von einem bis zu drei Monaten, und ist damit viel zu weit bemessen. Insbesondere die *niedersächsische* Regelung, die es theoretisch ermöglicht, einen jungen Gefangenen für ein Vierteljahr in Einzelhaft zu halten, ohne dass die Aufsichtsbehörde informiert werden muss, ist aufgrund der damit verbundenen massiven Gefahren für den Gefangenen als unzulässig anzusehen. Mit Ausnahme der *hessischen* Regelung sind aber auch alle anderen Normierungen als zu weitgehend einzustufen.

7.12.3.5.3 Spezielle Betreuung

Werden Gefangene längerfristig isoliert, ist zumindest eine intensive Betreuung und umfangreicher Kontakt zum Vollzugspersonal zu gewährleisten, um den schädlichen Auswirkungen der Absonderung entgegenzuwirken.

Auch zu diesem Aspekt äußern sich die meisten Landesgesetze zu zurückhaltend.[1160] Die gelungenste Regelung stellt hierbei die *nordrhein-westfälische* dar, die in § 80 JStVollzG NRW festlegt, dass der „psychologische und der medizinische Dienst" den Gefangenen regelmäßig aufzusuchen haben. In Anbetracht der potentiell sehr langen Isolierung und knapper Personalausstattung erscheint die in den meisten anderen Gesetzen gebrauchte Formulierung, dass der Gefangene „im besonderen Maße zu betreuen" und ein Arzt regelmäßig „zu hören" sei, zu vage und unbestimmt. In *Bayern* begnügt man sich damit, den Arzt zu „hören", sollte die Einzelhaft länger als ein Vierteljahr andauern. In *Niedersachsen* und *Baden-Württemberg* verzichtet man gleich ganz auf den Hinweis bezüglich eines speziellen Betreuungsbedürfnisses. Angesichts der Tatsache, dass massive Deprivationseffekte und psychische Störungen je nach Anfälligkeit des Isolierten und Art und Umfang der Absonderung schon nach we-

---

1160 Eine hohe Kontrolldichte ist lediglich für die besonders einschneidenden Maßnahmen der Isolierung im besonders gesicherten Haftraum oder der Fesselung vorgesehen, vgl. z. B. § 74 JStVollzG Bln.

nigen Stunden eintreten können[1161], erscheint ein solch fehlender Hinweis auf die Kontaktbedürftigkeit des Gefangenen sehr bedenklich.

7.12.4 Zusammenfassung

Insgesamt kann man das im Wesentlichen aus dem StVollzG übernommene Regelungssystem im Bereich der Sicherheit und Ordnung aufgrund seiner Regelungsdichte und der zumeist konsequenten Betonung des Verhältnismäßigkeitsgrundsatzes nach wie vor als relativ gelungen bezeichnen. Dass dieses vor den internationalen Mindeststandards weitgehend Bestand hat, liegt allerdings nicht zuletzt auch daran, dass sich diese nur begrenzt mit diesem Gebiet auseinandersetzen und keine allzu hohen Anforderungen stellen.

Im Detail bleiben vereinzelte Probleme bestehen:
Der seit jeher umstrittene Begriff der „Ordnung" ist aufgrund seiner Unbestimmtheit selten eine glücklich gewählte Anordnungsvoraussetzung.
Sprachliche Ausfälle bzw. symbolische Formulierungen, wie in den Verhaltensvorschriften *Nordrhein-Westfalens* sind zudem wenig geeignet, zu einem Sicherheitskonzept beizutragen, das auf positive Beziehungen zwischen Vollzugsbediensteten und Gefangenen baut. Überhaupt sind die Schritte in Richtung einer aufgeschlossenen Anstaltspolitik, wie sie die ERJOSSM im Bereich der Sicherheit fordert, in allen Bundesländern noch zu zögerlich.
Im Bereich der körperlichen Untersuchung von Gefangenen sollte gesetzlich festgelegt werden, dass mit Entkleidung verbundene Untersuchungen nur durch das medizinische Personal durchzuführen sind.
Die *baden-württembergische* Regelung, wonach auch Haftträume videoüberwacht werden dürfen, muss als verfassungswidrig angesehen werden und sollte gestrichen werden.
Sofern man die über 24 Stunden andauernde Einzelhaft trotz gegenteiliger Vorgaben der internationalen Mindeststandards für unabdingbar hält, muss diese in den meisten Bundesländern zeitlich deutlich stärker eingeschränkt und eine hinreichende Betreuung des Isolierten durch konkrete Regelungen gesichert werden.
Insgesamt fällt außerdem auf, dass die Unterschiede zum Erwachsenenvollzug oft marginal ausfallen und die gebotene Rücksichtnahme auf die besondere Lebenssituation jugendlicher Gefangener in vielen Regelungen kaum ausreichend zum Ausdruck kommt.[1162]

1161 Vgl. *Mann* 2001, S. 39 ff. m. w. N.

1162 Vgl. auch *Eisenberg* 2012, § 92 Rn. 133a.

7.13 Erzieherische Maßnahmen und Disziplinarmaßnahmen

Das Disziplinarwesen enthält die massivsten Eingriffsbefugnisse im Kontroll-
system des Strafvollzuges. Es ist das „schärfste Schwert" des Strafvollzugsrechts und ist deswegen gegenüber allen anderen denkbaren Maßnahmen als
letztes Mittel angelegt. Im Gegensatz zu den Regelungen der „Sicherheit und
Ordnung" ist nicht eine sicherheitsrelevante Gefahrenprognose, sondern eine
rechtswidrige, schuldhafte Verfehlung des Gefangenen der rechtstatsächliche
Anknüpfungspunkt. Dem Disziplinarrecht kommt damit im Strafvollzugsrecht
eine repressive „Ultima-Ratio"-Funktion zu, die man mit der Stellung des Strafrechts im allgemeinen Rechtssystem vergleichen könnte.[1163] Gleichzeitig ist die
Zielrichtung des Disziplinarrechts gegenüber dem Aufgabenspektrum des Strafrechts enger begrenzt: Maßgebliche Bedeutung kommt auch hier der Resozialisierung zu. Das Disziplinarrecht kann letztlich nur als notwendiger „Ordnungs-
rahmen" für jegliche Sozialisationsbestrebungen verstanden werden.[1164] Es hat
lediglich eine dem Vollzugsziel dienende Funktion. Anders herum dürfen die
Grenzen der Schuldangemessenheit und Verhältnismäßigkeit auch nicht aus erzieherischen Gründen überschritten werden.[1165]

In der Praxis hat sich hingegen gezeigt, dass die rechtstatsächliche Umsetzung von Subsidiarität und Disziplinierungszwecken problembehaftet sein
kann.[1166] Besonders der Jugendstrafvollzug fällt durch eine überproportional erhöhte Anordnungsquote von Disziplinarmaßnahmen auf, die nicht lediglich mit
dem besonderen Konfliktpotential jugendlicher Straftäter erklärt werden können,
sondern vielmehr auf individuelle Erziehungsstile des Vollzugspersonals und
der Anstaltsleitung hindeuten.[1167] Gerade dort, wo traditionell repressive Erzie-
hungsansätze (aber auch personelle Engpässe) im Gegensatz zu moderneren
duldsameren Ansätzen die Disziplinierungsraten in die Höhe zu treiben scheinen, wird ein grundlegendes Problem des bisherigen Disziplinarrechts deutlich:
Die Anordnungsvoraussetzungen für Disziplinarmaßnahmen[1168] sind seit jeher

---

1163 Vgl. BVerfG NStZ 1994, S. 357; *Laubenthal* 2011, Rn. 728; AK-*Walter* 2012, vor
      § 102 Rn. 4 ff.; für den Jugendstrafvollzug: Ostendorf-*Rose* 2009, Kap. 10 Rn. 21.

1164 Vgl. BVerfG NJW 2006, S. 2093, 2096; auch vollzugsinterne quasi-generalpräventive
      Erwägungen spielen daher direkt (vgl. S/B/J/L-*Böhm/Laubenthal* 2009, § 102 Rn. 1)
      oder indirekt (vgl. AK-*Walter* 2012, vor § 102 Rn. 7) nur insoweit eine Rolle, als sie
      dieser übergeordneten Funktion dienen.

1165 Vgl. Ostendorf-*Rose* 2009, Kap. 10 Rn. 21.

1166 Vgl. AK-*Walter* 2012, vor § 102 Rn. 2 f.

1167 Vgl. *Dünkel* 1990, S. 263; *Dünkel* 1992, S. 35 ff.; *Walkenhorst* 1999, S. 254; Osten-
      dorf-*Rose* 2009, Kap. 10 Rn. 6 ff.; AK-*Walter* 2006, vor § 102 Rn. 3; vorsichtiger
      Eisenberg 2012, § 92 Rn. 136.

1168 § 102 StVollzG und Nr. 82 der VVJug sind bisher gleichermaßen weit geregelt.

sehr weit gefasst und geben dem Vollzug einen großen Ermessensspielraum, der zu den unterschiedlichsten Handhabungen führen kann.[1169]

Dieses Problem wird noch dadurch verschärft, dass es jenseits der offiziellen Disziplinierungen ein breites Spektrum von apokryphen Sanktionsmöglichkeiten[1170] in anderen Bereichen des Vollzuges gibt, welches geeignet ist, die formalen Anforderungen des Disziplinarrechts zu unterlaufen.

Inwieweit die neuen Landesregelungen dem daraus resultierenden Reformbedarf[1171] insbesondere im Hinblick auch auf die Vorgaben der ERJOSSM gerecht werden, ist im Folgenden zu klären.

7.13.1 Vorgaben der ERJOSSM

Wie die Regelungen der „Sicherheit und Ordnung" und des „unmittelbaren Zwanges" sind auch die inhaltlichen Vorgaben der ERJOSSM zum Bereich der Disziplinarmaßnahmen im Abschnitt E.13 „good order" geregelt.[1172] Wie schon zuvor kommt allgemein zunächst den Basisregeln Nr. 1 und Nr. 7 eine besondere Bedeutung zu. Die „Achtung der Menschenrechte" sowie der physische wie psychische Schutz spielen im repressiv ausgelegten Disziplinarwesen verständlicherweise die wichtigste Rolle. Auf keinen Bereich des Vollzuges zielen diese grundlegenden Vorgaben direkter ab.

Da auch Disziplinierungen Mittel zur Aufrechterhaltung der Sicherheit darstellen, sind sie zudem gemäß Regel Nr. 53.2 so reduziert anzuwenden, wie es möglich ist, ohne die Sicherheit zu gefährden. Wiederum kann man dies als Entsprechung des deutschen Verhältnismäßigkeitsgrundsatzes sehen.

Allgemein ist auch das Schlechterstellungsverbot gegenüber Erwachsenen zu beachten, welches in Nr. 13 der ERJOSSM seinen Niederschlag gefunden hat.[1173]

Indirekt lässt sich aus den Regeln Nr. 88.1 und Nr. 88.2 auch die Notwendigkeit von Disziplinarregelungen ableiten, soweit diese erforderlich sind, um ein „sicheres und geschütztes Umfeld" für die Gefangenen zu schaffen.

Regel Nr. 88.3 verlangt im Hinblick auf die konzeptionelle Ausrichtung der inneren und äußeren „Sicherheit"[1174] (und damit auch in Bezug auf Disziplinar-

---

1169 Vgl. AK-*Walter* 2012, vor § 102 Rn. 16 f.

1170 Übersichten bei *J. Walter* 2005, S. 130 ff. und AK-*Walter* 2012, vor § 102 Rn. 11 ff.

1171 Vgl. AK-*Walter* 2012, vor § 102 Rn. 16 f.

1172 Übersetzung nach *BMJ* 2009 soweit nichts anderes angegeben.

1173 Und darüber hinaus aus der Präambel der ERJOSSM abgeleitet wird, vgl. *Dünkel* 2008, S. 378.

254

maßnahmen als reaktives Mittel) „dynamische Ansätze", die auf „positive Beziehungen"1175 zwischen jungen Gefangenen und Vollzugspersonal „bauen".1176

Speziell mit dem Thema „Disziplin und Disziplinarmaßnahmen" befasst sich Unterabschnitt E.13.5.

Regel Nr. 94.1 betont die Subsidiarität von förmlichen Disziplinarmaßnahmen und Bestrafungen gegenüber „ausgleichender Konfliktregelung" und „pädagogischer Beeinflussung1177".

Nach Regel Nr. 94.2 dürfen nur „Pflichtverstöße" diszipliniert werden, die „die Ordnung oder Sicherheit gefährden können".1178

Regel Nr. 94.3 stellt besondere Anforderungen an die Bestimmtheit von Disziplinarvorschriften. Danach muss das Verhalten, welches sanktioniert werden kann, durch nationales Recht genau bestimmt sein. Gleiches gilt für Art, Dauer, Verfahren und Rechtsmittel.

Für das Verfahren selbst bestimmt Regel Nr. 94.4, dass die Jugendlichen klar verständlich über die ihnen „zur Last gelegten Verfehlungen" informiert werden müssen, „ausreichend Zeit und Gelegenheit zur Vorbereitung ihrer Verteidigung" erhalten müssen und ihnen die Möglichkeit gegeben werden soll, sich selbst oder mit Hilfe ihrer Personensorgeberechtigten oder eines „rechtlichen Beistandes" zu verteidigen.

Gemäß Regel Nr. 95.1 soll bei der Auswahl der Disziplinarmaßnahme ihre „pädagogische Wirkung" „berücksichtigt" werden. Gleichzeitig wird die Bedeutung der Tatproportionalität betont. Dies stellt eine Konkretisierung von Basisregel Nr. 5 dar.

Regel Nr. 95.2 konkretisiert die Basisregeln Nr. 1 und Nr. 7 und schließt ausdrücklich Kollektivstrafen, Körperstrafen, Dunkelhaft und „alle sonstigen unmenschlichen und erniedrigenden Strafen" aus.

Nach Regel Nr. 95.3 darf Einzelhaft nicht in speziellen „Strafzellen" vollzogen werden, die aufgrund ihrer unzureichenden Ausstattung eine Beeinträchtigung bedeuten1179.

1174 Missverständlich *BMJ* 2009: „Sicherheit und Ordnung", vgl. zur thematischen Orientierung: *van Zyl Smit/Snacken* 2009, S. 267.

1175 Ähnliche und zudem konkretisierte Forderungen finden sich auch bei *Walkenhorst* 1999, S. 247 ff.

1176 Missverständlich *BMJ* 2009: „voraussetzt".

1177 Weniger formal-technisch besetzt als *BMJ* 2009 („Maßnahme").

1178 Diese Übersetzung des *BMJ* 2009 ist treffend. Bei Fortführung der bisherigen Übersetzung von „safety and security" hätte die Übersetzung der Passage unsinnigerweise lauten müssen: „Pflichtverstöße [...], die die Ordnung und die Sicherheit und Ordnung gefährden würden." An der Inkonsequenz der Übersetzung wird deutlich, dass auch im sonstigen Regeltext nur die „Sicherheit" im Sinne von „äußerer und innerer Sicherheit" gemeint sein kann.

Als äußerstes Mittel nennt Regel Nr. 95.4 die „getrennte Unterbringung" als Disziplinarmaßnahme, also den Arrest, der „nur in Ausnahmefällen" verhängt werden darf, wenn kein anderes Mittel mehr greift. Bei der Anordnung ist eine feste, möglichst kurze Dauer der Maßnahme zu bestimmen. Während der getrennten Unterbringung sind angemessene zwischenmenschliche Kontakte sicherzustellen, Zugang zu Lektüre zu garantieren und täglich mindestens eine Stunde Bewegung im Freien anzubieten, wenn es die Witterung zulässt. Regel Nr. 95.5 verlangt die ärztliche Überwachung des Arrestes.

Der Kontakt zu Angehörigen darf gemäß Regel Nr. 95.6 nur dann sanktionierend eingeschränkt werden, wenn die Pflichtverletzung in unmittelbarem Zusammenhang mit diesen Kontakten steht.

Nach Regel Nr. 95.7 darf das Recht auf körperliche Bewegung nicht „im Rahmen einer Disziplinarmaßnahme [...] eingeschränkt werden".

7.13.2 Konfliktschlichtung und erzieherische Maßnahmen

Die landesrechtlichen Regelungen sehen überwiegend ein dreistufiges Modell der möglichen Reaktionen auf Pflichtverstöße vor. Den formellen Disziplinarmaßnahmen im eigentlichen Sinne sind dabei die informellen Instrumente der Konfliktschlichtung (zumeist in Form eines erzieherischen Gespräches) und der erzieherischen Maßnahmen vorgelagert. Die rechtliche Gestaltung ist semantisch oft sehr ähnlich, weist aber im Detail Unterschiede auf.

1179   Vgl. ERJOSSM commentary zu Rule Nr. 95.

7.13.2.1 Synoptischer Überblick der Rechtslage

Baden-Württemberg	**§ 77 JVollzG BW-IV**
	Voraussetzungen und Ahndung
	(1) Verstoßen junge Gefangene schuldhaft gegen Pflichten, die ihnen durch dieses Gesetz oder auf Grund dieses Gesetzes auferlegt sind, können gegen sie möglichst in engem zeitlichen Zusammenhang mit der Pflichtverletzung Maßnahmen angeordnet werden, die geeignet sind, ihnen ihr Fehlverhalten bewusst zu machen. Als erzieherische Maßnahmen kommen namentlich in Betracht das erzieherische Gespräch, die Konfliktschlichtung, die Verwarnung, die Erteilung von Weisungen und Auflagen sowie beschränkende Anordnungen in Bezug auf die Freizeitgestaltung bis zur Dauer von einer Woche. Erzieherische Maßnahmen sollen möglichst nur angeordnet werden, wenn die Verfehlung mit den zu beschränkenden oder zu entziehenden Befugnissen im Zusammenhang steht.
	(2) Reichen erzieherische Maßnahmen nicht aus, können gegen den jungen Gefangenen Disziplinarmaßnahmen angeordnet werden.
	(3) Eine Disziplinarmaßnahme ist auch zulässig, wenn wegen derselben Verfehlung ein Straf oder Bußgeldverfahren eingeleitet wird.
Bayern	**Art. 155 BayStVollzG**
	Erzieherische Maßnahmen
	(1) Verstoßen junge Gefangene schuldhaft gegen Pflichten, die ihnen durch dieses Gesetz oder auf Grund dieses Gesetzes auferlegt sind, kann unmittelbar auf die Pflichtverletzung eine Maßnahme angeordnet werden, die geeignet ist, ihnen ihr Fehlverhalten bewusst zu machen (erzieherische Maßnahme). Erzieherische Maßnahmen sind insbesondere die Erteilung von Weisungen und Auflagen sowie beschränkende Anordnungen in Bezug auf die Freizeit bis zur Dauer einer Woche.
	(2) Der Anstaltsleiter oder die Anstaltsleiterin legt fest, welche Bediensteten befugt sind, Maßnahmen nach Abs. 1 anzuordnen.
Berlin	**§ 82 JStVollzG Bln**
	Konfliktregelung, erzieherische Maßnahmen
	(1) Verstöße der Gefangenen gegen Pflichten, die ihnen durch oder auf Grund dieses Gesetzes auferlegt sind, sind unverzüglich erzieherisch aufzuarbeiten. Dabei können Maßnahmen zur Konfliktregelung oder erzieherische Maßnahmen ergriffen werden. Als Maßnahmen zur Konfliktregelung kommen namentlich in Betracht eine Entschuldigung, Schadensbeseitigung oder Schadenswiedergutmachung. Als erzieherische Maßnahmen können den Gefangenen insbesondere Handlungsanweisungen erteilt und Verpflichtungen auferlegt werden, die geeignet sind, den Gefangenen ihr Fehlverhalten und die Notwendigkeit einer Verhaltensänderung bewusst zu machen.
	(2) Die Anstaltsleiterin oder der Anstaltsleiter legt fest, welche Bediensteten befugt sind, Maßnahmen nach Absatz 1 anzuordnen.
	(3) Es sollen nur solche Maßnahmen nach Absatz 1 angeordnet werden, die mit der Verfehlung in Zusammenhang stehen.

Brandenburg, Bremen, Mecklenburg-Vorpommern, Rheinland-Pfalz, Saarland, Sachsen, Sachsen-Anhalt, Schleswig-Holstein, Thüringen	**§§ 82 BbgJStVollzG, BremJStVollzG, JStVollzG MV, JStVollzG RLP, SJStVollzG, JStVollzG SH, ThürJStVollzG, 81 SächsJStVollzG, 92 JStVollzG LSA** **Erzieherische Maßnahmen** (1) Verstöße der Gefangenen gegen Pflichten, die ihnen durch oder aufgrund dieses Gesetzes auferlegt sind, sind unverzüglich im erzieherischen Gespräch aufzuarbeiten. Daneben können Maßnahmen angeordnet werden, die geeignet sind, den Gefangenen ihr Fehlverhalten bewusst zu machen (erzieherische Maßnahmen). Als erzieherische Maßnahmen kommen namentlich in Betracht die Erteilung von Weisungen und Auflagen, die Beschränkung oder der Entzug einzelner Gegenstände für die Freizeitbeschäftigung und der Ausschluss von gemeinsamer Freizeit oder von einzelnen Freizeitveranstaltungen bis zur Dauer einer Woche. (2) Der Anstaltsleiter legt fest, welche Bediensteten befugt sind, erzieherische Maßnahmen anzuordnen. (3) Es sollen solche erzieherischen Maßnahmen angeordnet werden, die mit der Verfehlung in Zusammenhang stehen.
Hamburg	**§ 85 HmbJStVollzG** **Erzieherische Maßnahmen** Verstoßen Gefangene gegen Pflichten, die ihnen durch dieses Gesetz oder auf Grund dieses Gesetzes auferlegt sind, sind diese Pflichtverletzungen unverzüglich im erzieherischen Gespräch aufzuarbeiten. Daneben können Maßnahmen angeordnet werden, die geeignet sind, den Gefangenen ihr Fehlverhalten bewusst zu machen (erzieherische Maßnahmen). Als erzieherische Maßnahmen kommen namentlich in Betracht die Erteilung von Weisungen und Auflagen, die Beschränkung oder der Entzug einzelner Gegenstände für eine Beschäftigung in der Freizeit mit Ausnahme des Lesestoffs und die Beschränkung oder der Entzug der Teilnahme an gemeinschaftlichen Veranstaltungen bis zur Dauer einer Woche.
Hessen	**§ 54 HessJStVollzG** **Erzieherische Maßnahmen, Konfliktregelung** Verstoßen Gefangene gegen Pflichten, die ihnen durch dieses Gesetz oder aufgrund dieses Gesetzes auferlegt sind, sind diese Pflichtverletzungen unverzüglich erzieherisch aufzuarbeiten. Dabei können erzieherische oder Maßnahmen zur Konfliktregelung ergriffen werden. Als erzieherische Maßnahmen können den Gefangenen insbesondere Handlungsanweisungen erteilt und Verpflichtungen auferlegt werden, die geeignet sind, die Einsicht in das Fehlverhalten und die Notwendigkeit einer Verhaltensänderung zu wecken und zu stärken. Als Maßnahmen der Konfliktregelung kommen insbesondere eine Entschuldigung, Schadensbeseitigung oder Schadenswiedergutmachung in Betracht. Es sollen nur solche Maßnahmen angeordnet werden, die mit der Verfehlung in einem engen inhaltlichen und zeitlichen Zusammenhang stehen.

Niedersachsen	**§ 130 NVollzG** **Erzieherische Maßnahmen und Disziplinarmaßnahmen** (1) Verstoßen Gefangene schuldhaft gegen Pflichten, die ihnen durch dieses Gesetz oder aufgrund dieses Gesetzes auferlegt sind, so kann unmittelbar auf die Pflichtverletzung eine Maßnahme angeordnet werden, die geeignet ist, ihnen ihr Fehlverhalten bewusst zu machen. Als Maßnahmen kommen namentlich Weisungen und Auflagen in Betracht.
Nordrhein-Westfalen	**§ 92 JStVollzG NRW** **Pflichtverstöße, erzieherisches Gespräch, Konfliktregelung** (1) Verstoßen Gefangene schuldhaft gegen Pflichten, die ihnen durch dieses Gesetz oder aufgrund dieses Gesetzes auferlegt sind, wird versucht, diese Pflichtverstöße zeitnah im erzieherischen Gespräch aufzuarbeiten. Verbleibende, schwerwiegende oder wiederholte Konflikte sollen im Wege der Konfliktregelung geschlichtet werden. Dabei können ausgleichende Maßnahmen, insbesondere eine Entschuldigung, Schadensbeseitigung oder -wiedergutmachung, vereinbart werden. Zudem können erzieherische Maßnahmen, namentlich die Erteilung von Weisungen und Auflagen, die Beschränkung oder der Entzug einzelner Gegenstände für die Freizeitbeschäftigung und der Ausschluss von gemeinsamer Freizeit oder von einzelnen Freizeitveranstaltungen bis zur Dauer von einer Woche, angeordnet werden. (2) Die Anstaltsleiterin oder der Anstaltsleiter legt fest, welche Bediensteten befugt sind, erzieherische Maßnahmen anzuordnen.
BMJ 2006	**§ 33** **Pflichtverstöße, Konfliktregelung** Verstöße der Gefangenen gegen Pflichten, die ihnen durch oder aufgrund dieses Gesetzes auferlegt sind, sollen zeitnah im erzieherischen Gespräch aufgearbeitet werden. Verbleibende, schwerwiegende oder wiederholte Konflikte sollen im Wege der ausgleichenden Konfliktregelung geschlichtet werden. Dabei können Maßnahmen zur Konfliktregelung, insbesondere eine Entschuldigung, Schadensbeseitigung oder -wiedergutmachung vereinbart oder angeordnet werden.
VVJug	**86. Pflichtverstöße** (1) Verstößt ein Gefangener gegen Pflichten, die ihm im Vollzug auferlegt sind, kann unmittelbar auf die Pflichtverletzung eine Maßnahme angeordnet werden, die geeignet ist, ihm sein Fehlverhalten bewusst zu machen. Als Maßnahmen kommen namentlich in Betracht die Erteilung von Weisungen und Auflagen sowie beschränkende Anordnungen in Bezug auf die Freizeitbeschäftigung (Nr. 58) bis zur Dauer von einer Woche. (2) Reichen bei schuldhaften Pflichtverstößen Maßnahmen nach Absatz 1 nicht aus, kann der Anstaltsleiter gegen den Gefangenen Disziplinarmaßnahmen anordnen. (3) Eine Disziplinarmaßnahme ist auch zulässig, wenn wegen derselben Verfehlung ein Straf- oder Bußgeldverfahren eingeleitet wird.
StVollzG	Keine entsprechende Regelung

7.13.2.2 Regelungsansätze – Landesnormen im Einzelnen

Weit überwiegend sehen die Landesgesetze eine informelle Konfliktschlichtung als erste, den erzieherischen Maßnahmen und der formellen Disziplinierung voranstehende Instanz des Disziplinarverfahrens an.[1180] Unterschiedlich sind die gewählten Begrifflichkeiten: Zumeist spricht man von einem „erzieherischen Gespräch"[1181], teilweise auch von „Konfliktregelung"[1182]. In *Nordrhein-Westfalen* bedient man sich sogar beider Begriffe, um eine vierte Ebene bei den Reaktionen auf Pflichtverstöße zu etablieren. Dort sind Probleme zunächst (in Anlehnung an den Entwurf des BMJ 2006[1183]) in einem erzieherischen Gespräch aufzuarbeiten und erst bei „schwerwiegenden oder wiederholten Konflikten" greift das Instrument der Konfliktregelung, die notfalls von erzieherischen Maßnahmen ergänzt werden können. Auch soweit in den anderen Gesetzen von „Konfliktregelung" die Rede ist, werden dabei als Beispiele „Entschuldigungen, Schadensbeseitigung" und „Wiedergutmachung" genannt.[1184] Das „erzieherische Gespräch" wird im Übrigen nirgends näher inhaltlich beschrieben.

In *Hessen* werden „erzieherische Maßnahmen" und „Maßnahmen der Konfliktregelung" alternativ angewendet. In *Baden-Württemberg* tauchen „Konfliktschlichtung" und „erzieherisches Gespräch" lediglich als mögliche Umsetzungen der „erzieherischen Maßnahmen" auf. In *Bayern* verzichtet man ganz auf eine ausdrückliche Nennung von „erzieherischem Gespräch" oder „Konfliktregelung" und verfolgt damit lediglich ein zweistufiges System.[1185] In *Niedersachsen* werden Konfliktschlichtungen nach der Gesetzesbegründung sogar ausdrücklich nicht als erzieherische Maßnahmen vorgesehen.[1186]

Alle Gesetze bestimmen, dass eine erzieherische Aufarbeitung möglichst zeitnah auf den Pflichtverstoß zu folgen hat[1187] und möglichst mit der Anlasstat in Zusammenhang stehen soll. Nur in *Bayern*, *Hamburg* und *Nordrhein-Westfalen* fehlt das Erfordernis eines inhaltlichen Bezuges.

1180 So in den Gesetzen des *Neuner-Entwurfes*, *Sachsens* und *Hessens*. Nur in *Baden-Württemberg* weist man zudem ausdrücklich auf die Subsidiarität der formellen Disziplinarmaßnahmen hin, vgl. § 77 Abs. 2 JVollzG BW-IV.

1181 So in den Gesetzen des *Neuner-Entwurfes* (außer *Berlin*), *Hamburgs* und *Sachsens*.

1182 So in *Berlin*.

1183 Der freilich keine „erzieherischen" Maßnahmen vorsah.

1184 *Berlin, Hessen* und *Nordrhein-Westfalen*.

1185 Es wird weitgehend Nr. 86 VVJug übernommen.

1186 Begründung zu § 127 NVollzG (Nds. Ltg. Drs. 15/3565).

1187 Z. B. „in engem zeitlichen Zusammenhang" § 77 JVollzG BW-IV, „unmittelbar" Art. 155 BayStVollzG, „unverzüglich" § 82 JStVollzG Bln.

Weit überwiegend sollen die erzieherischen Maßnahmen dazu geeignet sein, dem Gefangenen „sein Fehlverhalten bewusst zu machen". Nur in *Nordrhein-Westfalen* fehlt ein entsprechender Hinweis. In *Hessen* verlangt man stattdessen, dass durch die Maßnahme „die Einsicht in das Fehlverhalten und die Notwendigkeit einer Verhaltensänderung zu wecken und zu stärken" ist.

Als geeignete Maßnahmen werden beispielhaft genannt: „Die Erteilung von Auflagen und Weisungen, die Beschränkung oder der Entzug einzelner Gegenstände für die Freizeitbeschäftigung und der Ausschluss von gemeinsamer Freizeit oder vereinzelten Freizeitveranstaltungen bis zur Dauer einer Woche."[1188]

Alle Gesetze außer *Hamburg*, *Hessen* und *Baden-Württemberg* legen fest, dass durch die Anstaltsleitung zu bestimmen ist, welche Mitarbeiter befugt sind, erzieherische Maßnahmen anzuordnen.

7.13.2.3 Bewertung mit Blick auf die Mindeststandards

7.13.2.3.1 Vorrangige Konfliktregelung

Grundsätzlich entspricht es der Wertung der Regel Nr. 94.1 der ERJOSSM, die Subsidiarität der formellen Disziplinierung zu untermauern, indem man dieser nicht-förmliche Reaktionsstufen voranstellt. Das Regelwerk spricht dabei von „ausgleichender Konfliktregelung" und „pädagogischer Beeinflussung". Diese Umschreibungen treffen allerdings nur eingeschränkt auf die von den Bundesländern getroffenen Regelungen zu.

In den Gesetzen des *Neuner-Entwurfes*, *Hamburgs*, *Sachsens* und *Nordrhein-Westfalens* finden sich mit der vorgelagerten Konfliktregelung und dem erzieherischen Gespräch noch am ehesten inhaltliche Entsprechungen dieser Vorgabe. Besonders die Regelungen *Berlins*, *Hessens* und *Nordrhein-Westfalens* mit ihrer ausdrücklichen Nennung „restorativer" Schlichtungsmöglichkeiten sind dabei hervorzuheben.

Soweit man in *Hessen* und *Baden-Württemberg* die Konfliktschlichtung in die „erzieherischen Maßnahmen" eingliedert und in *Bayern* völlig darauf verzichtet, entsprechendes zu regeln, stellt sich allerdings die Frage, inwieweit hier noch von Subsidiarität der Disziplinierung die Rede sein kann. Die – weitestgehend aus der VVJug übernommenen – „erzieherischen Maßnahmen" füllen die Position der ausgleichenden Konfliktregelung nur bedingt aus. Diese haben in allen Gesetzen vor allem auch sanktionierenden Charakter, überschneiden sich inhaltlich sogar teilweise mit den Disziplinarmaßnahmen.[1189] Zwar unterschei-

---

1188 Alle außer *Berlin* und *Hessen*.

1189 Etwa bei der Beschränkung von Freizeitaktivitäten, vgl. z. B. § 82 Abs. 1 S. 3 und § 83 Abs. 3 Nr. 2 JStVollzG MV; inhaltlich ebenso alle anderen Gesetze außer *Berlin* und *Hessen*.

den sie sich von diesen immerhin in der Tendenz der Eingriffsintensität und verschwimmen auch (wie in *Baden-Württemberg* und *Hessen*) zum Teil mit konfliktschlichtenden Ansätzen, jedoch bleiben die Unterschiede vor dem Geltungsbereich der ERJOSSM im Wesentlichen nomineller Natur. Hier handelt es sich eher um formell vereinfachte, „kleine" Disziplinarmaßnahmen.[1190]

Die auch jenseits der ERJOSSM vielfach erhobenen Forderungen[1191] nach der Vorrangigkeit konsensualer, wiedergutmachender Konfliktlösungen erfüllen diese Landesgesetze durch die weitgehende Übernahme der VVJug-Systematik nicht. Erst recht gilt dies für das Gesetz des Landes *Niedersachsen*, welches überhaupt keine Vorstufe zu den formellen Disziplinarmaßnahmen vorsieht.

7.13.2.3.2 Erzieherische Maßnahmen

Auch die gesetzestechnische Verknüpfung mit pädagogischen und konfliktregelnden Elementen kann daher nicht darüber hinwegtäuschen, dass es sich bei dem Instrument der „erzieherischen Maßnahmen" de facto um ein Mittel der Disziplinierung handelt.[1192] Als Sanktion mit Strafcharakter muss eine solche Regelung demnach auch den internationalen Vorgaben bezüglich Disziplinarmaßnahmen genügen.

7.13.2.3.2.1 Bestimmtheit und Verfahren

Trotz der geringeren Eingriffsintensität bestehen damit auch für diese Art der Disziplinierung Anforderungen an die Bestimmtheit, die sich auch aus Regel Nr. 94.4 der ERJOSSM ergeben.

Allerdings werden die „erzieherischen Maßnahmen" weder hinsichtlich der geeigneten Anlasstaten noch hinsichtlich der Art der Sanktion klar bestimmt.[1193]

Deutlich zu weit angelegt ist etwa die Möglichkeit, die Sanktion aufgrund jeder Pflichtverletzung, die sich aus dem jeweiligen Gesetz oder der aufgrund des Gesetzes erlassenen Hausordnung ergibt, anordnen zu können.[1194] Ein abschließender Katalog im Sinne von Regel Nr. 94.3 der ERJOSSM, der bestimmt, auf welche Handlungen mit Sanktionen reagiert werden kann, fehlt. Mit Regel

---

1190 Vgl. auch *Eisenberg* 2007, S. 156.

1191 Vgl. *DVJJ u. a.* 2007, S. 53; *NRV* 2009; *Dünkel* 2006, S. 518; 1999, S. 135; *J. Walter* 2006, S. 253; *Sonnen* 2006, S. 239; *Ostendorf* 2008, S. 104; *Eisenberg* 2008, S. 285; *Tondorf/Tondorf* 2006, S. 246; einen besonderen Regelungsbedarf sieht auch das BVerfG, siehe BVerfG NJW 2006, S. 2096.

1192 Im Unterschied zur Regelung des *BMJ* 2006, die eindeutig nur auf Konfliktschlichtung setzte.

1193 Vgl. auch Ostendorf-*Rose* 2009, Kap. 10 Rn. 24.

1194 Vgl. auch Ostendorf-*Rose* 2009, Kap. 10 Rn. 16.

Nr. 94.2 wäre hier zu fordern gewesen, dass zumindest nur solche Handlungen als geeignet definiert werden, die eine Gefährdung der Sicherheit und Ordnung darstellen. Nach dem jetzigen Wortlaut aller Jugendstrafvollzugsgesetze fällt auf diese Weise gegebenenfalls auch die Mitwirkungspflicht in den Bereich der sanktionsbewehrten Pflichten, was für eine erfolgreiche Resozialisierung, die nicht bloße Vermeidungsstrategien zu produzieren versucht, eher kontraproduktiv ist.[1195] Weil ein solches Vorgehen – wie dargelegt – pädagogisch fragwürdig ist, stehen entsprechende Anordnungen darüber hinaus nicht mit Nr. 95.1 S. 1 der ERJOSSM im Einklang. Dort wird verlangt, dass die pädagogische Wirkung der Maßnahme zu berücksichtigen ist. Aber auch darüber hinaus erscheint die Regelung gerade mit Blick auf die weitreichende Regelungsfreiheit beim Erlass der Hausordnung als viel zu ausufernd.

Auch Art und Dauer der „erzieherischen Maßnahmen" sind nicht, wie von Nr. 94.3 gefordert, hinreichend bestimmt. Die aufgezählten Maßnahmen sind aufgrund des relativierenden „insbesondere" lediglich als Regelbeispielkatalog zu verstehen. Umfassende Verfahrenserfordernisse, wie von Regel Nr. 94.4 vorgesehen, fehlen ebenfalls. Einzig die Frage der Zuständigkeit ist geregelt – wenn auch sehr allgemein. In *Hamburg, Baden-Württemberg* und *Hessen* fehlt auch hierzu ein klärender Hinweis.

Dabei erscheint es nicht nur zynisch, das Fehlen eines formellen Verfahrens, das ja gerade die Rechte der Gefangenen schützen soll, als für den Gefangenen weniger belastend hinzustellen, wie es einige Gesetzesbegründungen tun,[1196] der gesetzessystematische Ansatz ist darüber hinaus auch tautologisch: Die Notwendigkeit eines formalen Verfahrens wird faktisch damit verneint, dass es sich bei den „erzieherischen Maßnahmen" nicht um formelle Disziplinarmaßnahmen handelt. Der wesentliche Unterschied zwischen beiden Eingriffsbefugnissen liegt jedoch gerade nur im Grad der Formalisierung. Beide Reaktionsformen teilen ansonsten ihre repressiv-sanktionierende Zielrichtung. Auch wenn das Maß der intendierten Intensität unterschiedlich sein mag. Ein hinreichend gesetzlich ausgestaltetes Verfahren ist aber zugleich Voraussetzung für die Zulässigkeit von strafähnlichen Maßnahmen.[1197] Die Folge ist: Dort wo sich die Sanktionen im Eingriffsgrad überschneiden (ausdrücklich z. B. bei der Beschränkung von Freizeitaspekten) verleiten die „erzieherischen Maßnahmen"

1195 Zu dieser Problematik siehe schon *Abschnitt 7.4.2.4.*

1196 Vgl. die Begründungen zu § 95 JStVollzG BW und Art. 155 BayStVollzG (Bay. Ltg. Drs. 15/8101).

1197 Auch weil damit „Entstehungszusammenhänge geklärt" werden können und der Gefangene sein Recht auf rechtliches Gehör nutzen kann; vgl. auch *Eisenberg* 2012, § 92 Rn. 137a; ebenso *Schwirzer* 2007, S. 258. Der Entwurf des *BMJ* 2006 teilte dieses Manko nicht, da er vollständig auf ausgleichende Konfliktschlichtung statt auf einseitige Sanktion setzte, und damit eine andere Zielrichtung als Disziplinarmaßnahmen hatte, vgl. § 33.

geradewegs dazu, die bürokratischen Stolpersteine der formellen Disziplinierung zu umgehen.[1198]

7.13.2.3.2.2 Inhaltlicher Zusammenhang

Im Sinne von Nr. 95.1 S. 1 der ERJOSSM erscheint es auch zwingend, einen erzieherisch sinnvollen Zusammenhang zwischen Verfehlung und der verhängten Maßnahme zu verlangen. Zudem wäre dies geeignet, den Maßnahmenkatalog zumindest etwas weiter zu konkretisieren. Die meisten Länder formulieren diesbezüglich jedoch nur eine unzureichende Soll-Vorschrift. Der *bayerische, hamburgische* und der *nordrhein-westfälische* Verzicht auf eine inhaltliche Verknüpfung müssen in entsprechender Weise durch ergänzende Gesetzesauslegung ausgeglichen werden.[1199] Dies gilt umso mehr, als es mangels eines Verfahrens auch keine Begründungspflichten (und in *Bayern* noch nicht einmal die Notwendigkeit eines vorgelagerten Gespräches) gibt, sodass sich der Sinn der Bestrafung zumindest aus der Art der Maßnahme ergeben sollte. In *Niedersachsen* hingegen wird ein inhaltlicher Zusammenhang unverständlicherweise sogar durch die ausdrücklich bekundete Auffassung des Gesetzgebers als unnötig eingestuft.[1200]

Auch die weit verbreitete Formulierung, dass die Maßnahme geeignet sein soll, dem Gefangenen sein „Fehlverhalten [...] bewusst zu machen", erscheint in diesem Zusammenhang etwas unglücklich gewählt. Das einseitige, bloße vor Augen führen einer aus Vollzugssicht vorliegenden Verfehlung liefert neben dem repressiven „Denkzettel" keinen pädagogischen Mehrwert. Sinnvoll erscheint vielmehr eine proaktive Auseinandersetzung mit dem Betroffenen, die auf echte Normakzeptanz und -internalisierung abzielt, anstatt lediglich ergebnisorientiert schlichten Gehorsam und Anpassung zu produzieren. Am ehesten entspricht dem die *hessische* Regelung, die verlangt, dass die Maßnahme der „Einsicht in das Fehlverhalten und die Notwendigkeit einer Verhaltensänderung" dienen soll.

7.13.2.3.2.3 Sicherheit durch positive Beziehungen („dynamic security")

Das BVerfG hatte geurteilt, dass „disziplinarische Maßnahmen" als letztes Mittel für die Aufrechterhaltung von Sicherheit und Ordnung „unerlässlich" seien.

1198 Vgl. Ostendorf-*Rose* 2009, Kap. 10 Rn. 25; *Sußner* 2009, S. 249; *Schwirzer* 2007, S. 258; a. A. *Schneider*, der allein auf die Zweckmäßigkeit einer „zeitnahen und flexiblen Reaktion" abstellt und die geringe Eingriffsintensität der Maßnahmen betont, vgl. *Schneider* 2010, S. 278 f.

1199 Vgl. Ostendorf-*Rose* 2009, Kap. 10 Rn. 29.

1200 Vgl. Begründung zu § 127 NVollzG (Nied. Ltg. Drs. 15/3565).

Gleichzeitig hatte es aber auch die Vorrangigkeit der „positiv motivierenden Einwirkung" hervorgehoben.[1201] Dieser Gedanke lässt sich auch in den ERJOSSM wiederfinden und wird dort weitergeführt.

Im Sinne von Regel Nr. 88.3 hat die Erhaltung von Sicherheit und Ordnung vor allem durch „dynamische Ansätze" und die Entwicklung von „positiven Beziehungen zu den Jugendlichen" zu erfolgen. Nach dem Prinzip der „dynamic security" geht es dabei vor allem darum, dass das Vollzugspersonal durch positive Interaktion und persönlichen Kontakt zu den Gefangenen eventuelle Probleme frühzeitig erkennt und dann gegebenenfalls reagieren kann.[1202] Probleme sollen besprochen werden, Entscheidungen des Vollzugspersonals sind zu erörtern und den jungen Gefangenen verständlich zu machen.[1203] Auch die Gestaltung anderer Vollzugsaspekte, wie zum Beispiel die Motivierung der Gefangenen,[1204] sollen hier hineinspielen, um ein insgesamt positives, und daher durch begünstigende Wechselwirkungen sicheres Vollzugsklima zu schaffen.[1205] Ein allzu restriktives und repressives Haftregime mit einer strengen Sicherheits- und Disziplinierungspraxis befördert zudem eine für die innere Sicherheit ungünstige Institutionalisierung.[1206] Die Beschränkung der Freiräume der Gefangenen führt zu zusätzlicher Haftdeprivation.[1207] Das Bestreben, eben diese Unfreiheit auszugleichen, sucht nach Wegen des Widerstandes und ebnet damit subkulturellen Einflüssen den Weg,[1208] die ihrerseits zu einer Gefahr für „Sicherheit und Ordnung" werden.[1209] Mit anderen Worten: „Druck produziert Gegendruck."[1210]

Für ein positiv orientiertes Miteinander darf der Vollzug nicht allein auf seine reagierenden oder sanktionierenden Maßnahmen vertrauen, sondern muss

---

1201 BVerfG NJW 2006, S. 2098.

1202 Vgl. ERJOSSM commentary zu Rule Nr. 88; außerdem Nr. 51.2 EPR; Zu diesem Prinzip, dass gleichsam getreu dem Motto „Menschen statt Mauern" steht vgl. auch *Dünkel* 2009a, S. 171; *van Zyl Smit/Snacken* 2009, S. 263 ff.; ferner *Marshall* 1997, S. 1 ff.; *Snacken* 2005, S. 308 ff.; *Toch* 1997, S. 64 f., 172 f.

1203 Vgl. *Snacken* 2005, S. 309; *van Zyl Smit/Snacken* 2009, S. 265 f.

1204 Vgl. daher auch zur Problematik der „Mitwirkungspflicht", vgl. *Abschnitt 7.4.2.4.*

1205 Vgl. *Snacken* 2005, S. 309; *Marshall* 1997, S. 3; *Toch* 1997, S. 65; *Schäfer* 2005, S. 57; ähnlich auch *J. Walter* 2006, S. 250.

1206 Vgl. *Bereswill* 2007, S. 171 ff.

1207 *Van Zyl Smit/Snacken* 2009, S. 265.

1208 Vgl. *Bereswill* 2010, S. 550 f.; *Höynck/Hosser* 2007, S. 389.

1209 Vgl. *Snacken* 2005, S. 310; *Laubenthal* 2010, S. 34 ff.; *Bereswill* 2007, S. 166 ff. m. w. N.; zum entsprechenden theoretischen Fundament rund um Deprivations- und Übertragungstheorie vgl. *A. Meier* 2002, m. w. N.

1210 *J. Walter* 2008b, S. 122; detaillierter: *J. Walter* 2000, S. 257 und *J. Walter/Waschek* 2002, S. 196.

den Blick ganzheitlich auf die Vollzugsgestaltung und das gesamte ihm zur Verfügung stehende Instrumentarium richten. Auch durch Lockerungen lässt sich beispielsweise aufgebauter „Druck" aus dem Anstaltsklima nehmen. Folgerichtig kann man auch für den Bereich der Sicherheit und Ordnung von einer „Ventilfunktion" vollzugsöffnender Maßnahmen sprechen.[1211]

Andererseits heißt dies nicht, dass ein solches tendenziell eher liberales Haftregime sich in einem Laissez-faire-Erziehungsstil erschöpft. Auf Verfehlungen und insbesondere gewalttätiges Verhalten muss umgehend und flexibel[1212] reagiert werden können. Eben dafür bedarf es aber einer hohen Aufdeckungswahrscheinlichkeit,[1213] die sich eher in einem System gegenseitigen Vertrauens herstellen lässt,[1214] als in einem Anstaltsklima, in dem eine subkulturelle Opposition starken Einfluss hat. Denn in einem repressiveren Haftregime droht der Verlust von Vorteilen und Vergünstigungen eher von der durch äußeren Druck erstarkten Subkultur, die eine Zusammenarbeit mit den Vollzugsbehörden im Zweifel ablehnt. Stammen die meisten Freiheiten hingegen aus der Sphäre der Anstalt selbst, kann diese den subkulturellen Einflüssen gleichsam „das Wasser abgraben" und sich damit eine aufklärende Mithilfe der Gefangenen ebenso erkaufen.[1215]

Angewendet auf das Ordnungssystem des Vollzuges heißt dies zunächst, dass einseitige Sanktionierungen immer als subsidiäres Instrument verstanden werden sollten. Deeskalierende Verständigung und Kommunikation haben Vorrang vor Zwang und Strafe.

Die „erzieherischen Maßnahmen" sind – aus den dargestellten Gründen – kaum geeignet, diese Subsidiarität zu gewährleisten. Viel zu niedrigschwellig ermöglichen sie ein rein sanktionierendes Reagieren. Zudem birgt der Mangel an verfahrensrechtlicher Klarheit die erhöhte Gefahr, Unverständnis und Frustration auf Seiten der Gefangenen zu produzieren, was einer positiv orientierten Sicherheitspolitik abträglich ist. Zwar lassen sich auf Basis der erzieherischen Maßnahmen sicher auch kluge und einsichtige Reaktionen umsetzen, die zumeist schwammige Weite dieser Eingriffsnorm garantiert dies allerdings nicht.[1216] Hier bedarf es eindeutig konkretisierter Vorgaben durch die Gesetze.

1211 Vgl. *J. Walter* 2011, S. 146; *J. Walter* 2000, S. 257. Durch Lockerungen kann einzelnen Gefangenen psychische Entlastung verschafft werden. Auch verbessert sich durch eine extensive Lockerungspraxis der Personalschlüssel für das betreuende Personal, vgl. *J. Walter/Stelly* 2008, S. 270.

1212 Vgl. *Marshall* 1997, S. 3; *Toch* 1997, S. 139 f.

1213 Vgl. *Marshall* 1997, S. 1.

1214 Ähnlich: *Snacken* 2005, S. 310; *van Zyl Smit/Snacken* 2009, S. 264; *Toch* 1997, S. 172.

1215 Vgl. *Marshall* 1997, S. 1.

1216 Anhörungs- und Begründungspflichten bestehen nicht, s. o.

Das heißt: Als flexible Reaktionsmöglichkeit sollten klar strukturierte[1217] Instrumente der Konfliktschlichtung anderen Reaktionsmöglichkeiten voranstehen.[1218]

Erprobenswert erscheinen vor dem Hintergrund von pädagogischer Ausrichtung und Verhältnismäßigkeit (Nr. 95.1 ERJOSSM) auch partizipatorische Ansätze[1219], wie der des „just community"-Projektes der JVA Adelsheim, die die für die Entwicklung des Jugendlichen sehr bedeutende[1220] „peer-group" Gleichaltriger selbst zur regelnden Instanz machen.[1221]

Für die Etablierung eines solchen „positiv" ausgerichteten Vollzugsmiteinanders bedarf es natürlich auch eines entsprechend ausgebildeten und sensibilisierten Personals.[1222] Die gesetzlichen Regelungen sind hierfür relativ vage und können eine konkrete Ausrichtung der erzieherischen Ausbildung der Vollzugsbediensteten kaum leisten. Auch darum sind die Gesetzgeber gehalten, bei der Regelung konkreter Maßnahmebündel, wie vorliegend im Disziplinarrecht, eine entsprechende, klare Marschrichtung vorzugeben.

7.13.2.3.2.4 Schlechterstellung durch Ausweitung der Kontrolle

Problematisch ist auch die Schlechterstellung gegenüber erwachsenen Strafgefangenen. Weder das in vielen Ländern noch geltende StVollzG, noch die vorhandenen Landesgesetze zum Erwachsenenstrafvollzug regeln eine Sanktionsebene, die mit den „erzieherischen Maßnahmen" vergleichbar wäre.[1223] Zwar ist es verständlich, dass man im Sinne einer wirksamen und konsistenten Erziehung möglichst unkompliziert und zeitnah auf Verfehlungen der jungen Gefangenen reagieren möchte[1224]. Dies sollte jedoch nicht dadurch erreicht werden, dass man die Anforderungen des formalen Disziplinierungsverfahrens unter-

---

1217 Vgl. auch *Marshall* 1997, S. 3.

1218 Vgl. ERJOSSM commentary zu Rule Nr. 94.

1219 Vgl. auch *van Zyl Smit/Snacken* 2009, S. 266 f. sowie *Toch* 1994, S. 68 ff. mit zahlreichen konkreten Anwendungsmöglichkeiten und *Walkenhorst* 2007a, S. 372 ff.; 2002a, S. 293.

1220 *J. Walter* 2003, S. 139 f.; 2004, S. 399; 2002, S. 139 jeweils m. w. N.; *J. Walter/Waschek* 2002, S. 193 ff.; *Hoops* 2010, S. 45 ff.; weiter differenzierend *Fend* 2003, S. 180.

1221 *DVJJ* 2004, 4.2; *Dünkel* 2006, S. 518; *J. Walter* 2006, S. 251 f.; *Hosser* 2008, S. 84.

1222 Vgl. *Toch* 1997, S. 172.

1223 Obwohl auch hier eine vorgelagerte Konfliktschlichtungsinstanz im Hinblick auf Nr. 56.1 und Nr. 56.2 EPR wünschenswert wäre.

1224 Vgl. z. B. die Begründung zu § 82 JStVollzG Bln (Bln. Ltg. Drs. 16/0677).

läuft[1225]. Eine rein auf Konfliktschlichtung ausgerichtete Regelung wäre nicht zuletzt deswegen vorzugswürdig.

Zudem besteht durch die Einführung neuer Reaktionssysteme auch immer die Gefahr eines net-widening-Effektes,[1226] der bei der ohnehin deutlich erhöhten Kontrolldichte im Jugendstrafvollzug[1227] noch umso stärker zum Tragen kommt. Auch dies spricht dafür, vor der Ebene der formellen Disziplinierung lediglich schlichte Konfliktregelungen vorzusehen, die sich selbstverständlicher in den bestehenden Vollzugsalltag eingliedern und von einer weiteren Zwischenstufe der „erzieherischen Maßnahmen" absehen.

7.13.2.4 Zusammenfassung

Vor dem Hintergrund, dass man mit den zumeist unter der Überschrift „erzieherische Maßnahmen" geregelten Befugnissen ein flexibles, unkompliziertes und zeitnah einsetzbares Interaktionsinstrument schaffen wollte, erscheinen die getroffenen Regelungen durchaus nachvollziehbar. Schwere Bedenken bestehen dennoch hinsichtlich der Zielrichtung der „erzieherischen Maßnahmen" im engeren Sinne. Denn anstatt ein schnelles, formlos schlichtendes Interventionsmittel zu schaffen, welches sanktionierenden Maßnahmen zwingend vorgelagert ist, werden die Vollzugsmaßnahmen um ein weiteres tendenziell repressives Instrument erweitert, das darüber hinaus auch geeignet ist, die formellen Anforderungen des Disziplinarrechts zu unterlaufen.[1228] Anstelle der Neuausrichtung auf informelle, schlichtende Maßnahmen, die geeignet sind, ein positives institutionelles Klima zu fördern, wird apokryphen Disziplinierungen durch die Weite der Ermächtigungsgrundlage der Weg in die Gesetzmäßigkeit geebnet. Mit den Vorgaben der ERJOSSM steht dies – wie dargelegt – nicht in Einklang.[1229] Umso bedenklicher erscheint es da, wenn die Gesetzesbegründungen darüber hinaus den Anschein erwecken, dass Rechtsmittel gegen die verhängte Maßnahme nur im Nachhinein möglich seien.[1230]

1225 Vgl. Ostendorf-*Rose* 2009, Kap. 10 Rn. 25; die Begründung zu § 54 HessJStVollzG erkennt diese Gefahr ebenfalls.

1226 Vgl. Definition „net-widening" bei *Kunz* 2004, § 10 Rn. 17; vgl. auch *Eisenberg* 2012, § 92 Rn. 137a.

1227 Ostendorf-*Rose* 2009, Kap. 10 Rn. 6 ff.; AK-*Walter* 2006, vor § 102 Rn. 3 m. w. N.

1228 Vgl. auch *Wegemund/Dehne-Niemann* 2008, S. 578.

1229 Und ebenso wenig mit dem Vorgaben des BVerfG, das den Vorrang „positiven sozialen Lernens" betont, vgl. BVerfG NJW 2006, S. 2096.

1230 So aber die Begründungen zu Art. 155 BayStVollzG (Bay. Ltg. Drs. 15/8101) und § 95 JStVollzG BW, nach denen Rechtsschutz nur „anschließend" gesucht werden kann. Es ist jedoch nicht ersichtlich, warum der Gefangene – auch wenn die Maßnahmen in den meisten Fällen bereits vollzogen sein dürfte – nicht auch bei „erzieherischen Maßnah-

Immerhin finden konfliktschlichtende Ansätze in vielen Bundesländern neben oder als Teil der „erzieherischen Maßnahmen" Eingang in die Gesetze und geben der Praxis damit zumindest eine dezente Richtungsweisung mit auf den Weg. Wenn hingegen in *Bayern* und *Niedersachsen* einerseits auf eine entsprechende, zumindest optionale Regelung verzichtet wird und andererseits die Denkzettelfunktion der „erzieherischen Maßnahmen" hervorgehoben wird, so stellt dies einen kaum nachvollziehbaren Anachronismus dar. Vor dem Hintergrund der Europaratsregeln und der Rechtsprechung des Bundesverfassungsgerichts müssen diese Regelungen als verfassungswidrig eingestuft werden.

Aber auch alle anderen Landesregelungen erscheinen aufgrund der unbestimmten Weite der „erzieherischen Maßnahmen" und des Mangels an Verfahrensbestimmungen sehr bedenklich. Insgesamt kann dieses Instrument als ungeeignet zur Schaffung eines Reaktionssystems angesehen werden, das modernen Anforderungen genügt. Die schlichte Übernahme der Regelung des BMJ 2006, die einzig auf gestufte konfliktschlichtende Maßnahmen setzte, wäre allen föderalen Eigenkreationen vorzuziehen gewesen.

7.13.3 Disziplinarmaßnahmen

Nach wie vor gelten förmliche Disziplinarmaßnahmen als eine Notwendigkeit, die alle anderen Maßnahmen als letztes Mittel flankieren muss, wenn es darum geht, mit Pflichtverstößen der Gefangenen umzugehen.[1231] Dementsprechend sehen alle Landesgesetze dieses finale Reaktionsmittel vor. Im Detail unterscheiden sich einzelne Regelungen jedoch auch hier erheblich.

---

men" einen Antrag auf Außervollzugsetzung gem. § 92 Abs. 1 JGG i. V. m. § 114 Abs. 2 StVollzG stellen kann. Vgl. Ostendorf-*Rose* 2009, Kap. 10 Rn. 28 f.

1231 Vgl. BVerfG NJW 2006, S. 2098. Einzelne Gesetzentwürfe und Stimmen in der Literatur, die die Notwendigkeit einer Eingriffsinstanz zwischen Konfliktschlichtungssystemen und allgemeinem Strafrecht verneinen, mehren sich hingegen, vgl. *Tondorf/ Tondorf* 2006, S. 246 f. Gesetzentwürfe der Linkspartei in *Sachsen* und *Brandenburg*, Bbg. Ltg. Drs. 4/5059 und Sächs. Ltg. Drs. 4/8622.

7.13.3.1 Synoptischer Überblick hinsichtlich Anordnungsvoraussetzungen und Arten der Disziplinarmaßnahmen

Baden-Württemberg	**§ 77 JVollzG BW-IV**
	
	Voraussetzungen und Ahndung
	(1) Verstoßen junge Gefangene schuldhaft gegen Pflichten, die ihnen durch dieses Gesetz oder auf Grund dieses Gesetzes auferlegt sind, [kann] eine [erzieherische] Maßnahme angeordnet werden [...].
	(2) Reichen erzieherische Maßnahmen nicht aus, können gegen den jungen Gefangenen Disziplinarmaßnahmen angeordnet werden.
	(3) Eine Disziplinarmaßnahme ist auch zulässig, wenn wegen derselben Verfehlung ein Straf- oder Bußgeldverfahren eingeleitet wird.
	
	§ 78 JVollzG BW-IV
	
	Arten der Disziplinarmaßnahmen
	(1) Die zulässigen Disziplinarmaßnahmen sind:
	  1. die Beschränkung oder der Entzug der Verfügung über das Hausgeld, das Sondergeld und des Einkaufs bis zu zwei Monaten,
	  2. die Beschränkung oder der Entzug des Hörfunk- und Fernsehempfangs oder elektronischer Unterhaltungsgeräte bis zu zwei Monaten; der gleichzeitige Entzug jedoch nur bis zu zwei Wochen,
	  3. die Beschränkung oder der Entzug der Gegenstände für eine Beschäftigung in der Freizeit oder der Teilnahme an gemeinschaftlichen Veranstaltungen bis zu zwei Monaten,
	  4. die getrennte Unterbringung während der Freizeit bis zu vier Wochen,
	  5. der Entzug der zugewiesenen Arbeit oder Beschäftigung bis zu vier Wochen unter Wegfall der in diesem Gesetz geregelten Bezüge,
	  6. die Beschränkung des Verkehrs mit Personen außerhalb der Anstalt auf dringende Fälle bis zu drei Monaten,
	  7. Arrest bis zu zwei Wochen. [...]

Bayern	**Art. 109 BayStVollzG** **Voraussetzungen** (1) Verstoßen Gefangene schuldhaft gegen Pflichten, die ihnen durch dieses Gesetz oder auf Grund dieses Gesetzes auferlegt sind, kann der Anstaltsleiter oder die Anstaltsleiterin gegen sie Disziplinarmaßnahmen anordnen. (2) Von einer Disziplinarmaßnahme wird abgesehen, wenn es genügt, die Gefangenen zu verwarnen. (3) Eine Disziplinarmaßnahme ist auch zulässig, wenn wegen derselben Verfehlung ein Straf- oder Bußgeldverfahren eingeleitet wird.

	Art. 156 BayStVollzG **Disziplinarmaßnahmen** (1) Reichen bei schuldhaften Pflichtverstößen Maßnahmen nach Art. 155 nicht aus, kann der Anstaltsleiter oder die Anstaltsleiterin gegen junge Gefangene Disziplinarmaßnahmen anordnen. (2) Art. 109 Abs. 3 gilt entsprechend. (3) Die zulässigen Disziplinarmaßnahmen sind: 1. die Beschränkung oder der Entzug der Verfügung über das Hausgeld und des Einkaufs gemäß Art. 122 in Verbindung mit Art. 24 und 25 bis zu zwei Monaten, 2. die Beschränkung oder der Entzug des Hörfunk- und Fernsehempfangs bis zu drei Monaten, 3. die Beschränkung oder der Entzug der Gegenstände für eine Beschäftigung in der Freizeit oder der Teilnahme an gemeinschaftlichen Veranstaltungen bis zu drei Monaten, 4. die getrennte Unterbringung während der Freizeit bis zu vier Wochen, 5. der Entzug der zugewiesenen Arbeit oder Beschäftigung bis zu vier Wochen unter Wegfall der in diesem Gesetz geregelten Bezüge, 6. die Beschränkung des Verkehrs mit Personen außerhalb der Anstalt auf dringende Fälle bis zu drei Monaten, 7. Arrest bis zu zwei Wochen. [...]
Berlin, Brandenburg, Bremen Mecklenburg-Vorpommern, Rheinland-Pfalz, Saarland, Schleswig-Holstein, Thüringen	**§ 83 JStVollzG Bln; BbgJStVollzG, BremJStVollzG, JStVollzG MV, JStVollzG RLP, SJStVollzG, JStVollzG SH, ThürJStVollzG** **Disziplinarmaßnahmen** (1) Disziplinarmaßnahmen dürfen nur angeordnet werden, wenn Maßnahmen nach § 82 nicht ausreichen, um den Gefangenen das Unrecht ihrer Handlung zu verdeutlichen. Zu berücksichtigen ist ferner eine aus demselben Anlass angeordnete besondere Sicherungsmaßnahme. (2) Disziplinarmaßnahmen können angeordnet werden, wenn Gefangene rechtswidrig und schuldhaft 1. gegen Strafgesetze verstoßen oder eine Ordnungswidrigkeit begehen, 2. andere Personen verbal oder tätlich angreifen, 3. Lebensmittel oder fremdes Eigentum zerstören oder beschädigen, 4. sich zugewiesenen Aufgaben entziehen, 5. verbotene Gegenstände in die Anstalt bringen, 6. sich am Einschmuggeln verbotener Gegenstände beteiligen oder sie besitzen, 7. entweichen oder zu entweichen versuchen oder 8. in sonstiger Weise wiederholt oder schwerwiegend gegen die Hausordnung verstoßen oder das Zusammenleben in der Anstalt stören.

	(3) Zulässige Disziplinarmaßnahmen sind 1. die Beschränkung oder der Entzug des Rundfunkempfangs bis zu zwei Monaten, 2. die Beschränkung oder der Entzug der Gegenstände für die Freizeitbeschäftigung oder der Ausschluss von gemeinsamer Freizeit oder von einzelnen Freizeitveranstaltungen bis zu zwei Monaten, 3. die Beschränkung des Einkaufs bis zu zwei Monaten und 4. Arrest bis zu zwei Wochen. [...]
Sachsen-Anhalt	**§ 93 JStVollzG LSA** **Disziplinarmaßnahmen** (1) Verstößt ein Gefangener rechtswidrig und schuldhaft gegen Pflichten, die ihm durch dieses Gesetz oder aufgrund dieses Gesetzes auferlegt sind, kann der Anstaltsleiter gegen ihn Disziplinarmaßnahmen anordnen. Das gilt insbesondere, wenn er [...Katalog wie in *Berlin*] (2) Von einer Disziplinarmaßnahme ist abzusehen, wenn erzieherische Maßnahmen nach § 92 genügen, um dem Gefangenen das Unrecht seines Verhaltens zu verdeutlichen. (3) Zulässige Disziplinarmaßnahmen sind [... Katalog wie in *Berlin* aber zusätzlich Nr. 4] 4. der Ausschluss von Unterricht, Berufsausbildung, beruflicher Fort- und Weiterbildung, Umschulung oder der zugewiesenen Arbeit oder sonstigen Beschäftigung bis zu vier Wochen. [Ansonsten wie *Berlin*]
Hamburg	**§ 86 HmbJStVollzG** **Disziplinarmaßnahmen** (1) Disziplinarmaßnahmen dürfen nur angeordnet werden, wenn Maßnahmen nach § 85 nicht ausreichen, um den Gefangenen das Unrecht ihrer Handlungen zu verdeutlichen. Zu berücksichtigen ist ferner eine aus demselben Anlass angeordnete besondere Sicherungsmaßnahme. (2) Disziplinarmaßnahmen können angeordnet werden, wenn Gefangene rechtswidrig und schuldhaft 1. gegen Strafgesetze verstoßen oder eine Ordnungswidrigkeit begehen, 2. andere Personen verbal oder tätlich angreifen, 3. sich zugewiesenen Aufgaben entziehen, 4. verbotene Gegenstände in die Anstalt bringen, 5. sich am Einschmuggeln verbotener Gegenstände beteiligen oder sie besitzen, 6. entweichen oder zu entweichen versuchen oder 7. in sonstiger Weise wiederholt oder schwerwiegend gegen die Hausordnung verstoßen oder das Zusammenleben in der Anstalt stören. Satz 1 gilt nicht für Verstöße gegen die Mitwirkungspflichten der Gefangenen nach § 5 Absatz 1 sowie § 50 Absatz 2.

	(3) Die zulässigen Disziplinarmaßnahmen sind: 1. die Beschränkung des Einkaufs bis zu zwei Monaten, 2. die Beschränkung oder der Entzug des Rundfunkempfangs bis zu zwei Monaten, 3. die Beschränkung oder der Entzug der Gegenstände für eine Beschäftigung in der Freizeit mit Ausnahme des Lesestoffs oder die Beschränkung oder der Entzug der Teilnahme an gemeinschaftlichen Veranstaltungen bis zu zwei Monaten, 4. Arrest bis zu zwei Wochen. [...]
Hessen	**§ 55 HessJStVollzG** **Disziplinarmaßnahmen** (1) Disziplinarmaßnahmen dürfen nur angeordnet werden, wenn Maßnahmen nach § 54 nicht ausreichen, um den Gefangenen die Pflichtwidrigkeit ihres Verhaltens zu verdeutlichen. Zu berücksichtigen ist ferner eine aus demselben Anlass angeordnete besondere Sicherungsmaßnahme. (2) Eine Disziplinarmaßnahme kann angeordnet werden, wenn Gefangene rechtswidrig und schuldhaft 1. gegen Strafgesetze verstoßen oder eine Ordnungswidrigkeit begehen, 2. die aufgrund des Förderplans zugewiesenen Tätigkeiten nach § 27 Abs. 2 nicht ausüben, 3. unerlaubt Gegenstände in die Anstalt einbringen, sich daran beteiligen oder solche Gegenstände besitzen, 4. entweichen oder zu entweichen versuchen, 5. in sonstiger Weise wiederholt oder schwerwiegend gegen die Hausordnung verstoßen oder das Zusammenleben in der Anstalt stören. (3) Zulässige Disziplinarmaßnahmen sind 1. der Verweis, 2. der Widerruf einer aufgrund von § 4 Abs. 2 Satz 2 gewährten Belohnung oder Anerkennung, 3. der Ausschluss von gemeinsamer Freizeit oder von einzelnen Freizeitveranstaltungen bis zu vier Wochen, 4. die Beschränkung oder der Entzug des Hörfunkempfangs bis zu vier Wochen, des Fernsehempfangs bis zu zwei Monaten, 5. die Beschränkung oder der Entzug von Gegenständen für eine Beschäftigung in der Freizeit bis zu zwei Monaten, 6. die Beschränkung oder der Entzug der Verfügung über das Hausgeld bis zu 50 vom Hundert des monatlich zur Verfügung stehenden Betrags bis zu zwei Monaten, 7. die getrennte Unterbringung in der Freizeit bis zu vier Wochen und 8. Arrest bis zu zwei Wochen. [...]

Niedersachsen	**§ 130 NVollzG**
	Erzieherische Maßnahmen und Disziplinarmaßnahmen
	(1) Verstoßen Gefangene schuldhaft gegen Pflichten [können erzieherische Maßnahmen angeordnet werden]
	(2) Reichen Maßnahmen nach Absatz 1 nicht aus, so können gegen die Gefangenen Disziplinarmaßnahmen angeordnet werden. § 94 Abs. 1 und 2 sowie § 95 Abs. 1 Nr. 7 finden keine Anwendung. § 95 Abs. 1 Nr. 8 gilt entsprechend mit der Maßgabe, dass Arrest nur bis zu zwei Wochen zulässig ist. [...]
	§ 95 NVollzG
	Arten der Disziplinarmaßnahmen
	(1) Die zulässigen Disziplinarmaßnahmen sind
	1. Verweis,
	2. die Beschränkung oder der Entzug der Verfügung über das Hausgeld und des Einkaufs bis zu drei Monaten,
	3. die Beschränkung oder der Entzug des Hörfunk- und Fernsehempfangs bis zu drei Monaten,
	4. die Beschränkung oder der Entzug der Gegenstände für eine Beschäftigung in der Freizeit oder der Teilnahme an gemeinschaftlichen Veranstaltungen bis zu vier Wochen,
	5. die getrennte Unterbringung während der Freizeit bis zu vier Wochen,
	6. der Entzug der zugewiesenen Arbeit oder Beschäftigung bis zu vier Wochen unter Wegfall der in diesem Gesetz geregelten Bezüge,
	[Nr. 7 gilt nicht]
	8. Arrest bis zu vier Wochen. [...]

Nordrhein-Westfalen	**§ 93 JStVollzG NRW**
	
	Disziplinarmaßnahmen
	
	(1) Disziplinarmaßnahmen dürfen nur angeordnet werden, wenn Maßnahmen nach § 92 nicht ausreichen, um den Gefangenen das Unrecht ihrer Handlung zu verdeutlichen.[1232] Zu berücksichtigen ist ferner eine aus demselben Anlass angeordnete besondere Sicherungsmaßnahme.
	(2) Eine Disziplinarmaßnahme ist auch zulässig, wenn wegen derselben Verfehlung ein Straf oder Bußgeldverfahren eingeleitet wird.
	(3) Zulässige Disziplinarmaßnahmen sind
	    1. der Ausschluss von gemeinsamer Freizeit oder von einzelnen Freizeitveranstaltungen bis zu zwei Monaten,
	    2. die Beschränkung oder der Entzug des Hörfunk- oder Fernsehempfangs bis zu zwei Monaten,
	    3. die Beschränkung oder der Entzug der Gegenstände für eine Beschäftigung in der Freizeit bis zu zwei Monaten,
	    4. die Beschränkung der Verfügung über das Hausgeld bis zu 75 Prozent des monatlich zur Verfügung stehenden Betrages bis zu zwei Monaten,
	    5. die getrennte Unterbringung in der Freizeit bis zu vier Wochen,
	    6. Arrest bis zu zwei Wochen. [...]

Sachsen	**§ 82 SächsJStVollzG**
	
	Disziplinarmaßnahmen
	
	(1) Disziplinarmaßnahmen dürfen nur angeordnet werden, wenn erzieherische Maßnahmen nach § 81 nicht ausreichen, um dem Gefangenen das Unrecht seiner Handlung zu verdeutlichen. Zu berücksichtigen ist ferner eine aus demselben Anlass angeordnete besondere Sicherungsmaßnahme.
	(2) Disziplinarmaßnahmen können angeordnet werden, wenn [... wie in *Berlin*].
	(3) Zulässige Disziplinarmaßnahmen sind:
	    1. die Beschränkung oder der Entzug des Rundfunkempfangs bis zu zwei Monaten,
	    2. die Beschränkung oder der Entzug der Gegenstände für die Freizeitbeschäftigung bis zu zwei Monaten,
	    3. der Ausschluss von gemeinsamer Freizeit oder von einzelnen Freizeitveranstaltungen bis zu zwei Monaten,
	    4. die Beschränkung oder der Entzug der Verfügung über das Hausgeld und des Einkaufs bis zu zwei Monaten und
	    5. Arrest bis zu zwei Wochen. [...]

1232 § 92 Abs. 1 JStVollzG NRW sprach insoweit auch von „Pflichten, die ihnen durch dieses Gesetz oder aufgrund dieses Gesetzes auferlegt sind".

BMJ 2006	**§ 34**
	Disziplinarmaßnahmen
	(1) Eine Disziplinarmaßnahme kann angeordnet werden, wenn Gefangene rechtswidrig und schuldhaft
	1. andere Personen mündlich oder tätlich angreifen,
	2. Lebensmittel, Einrichtungen der Jugendstrafanstalt und Gegenstände oder Eigentum anderer Personen mutwillig zerstören oder beschädigen,
	3. die aufgrund des Förderplans zugewiesenen bezahlten Aufgaben nicht ausüben,
	4. verbotene Gegenstände in die Jugendstrafanstalt bringen,
	5. sich am Einschmuggeln verbotener Gegenstände beteiligen oder sie besitzen,
	6. entweichen oder zu entweichen versuchen,
	7. gegen Strafgesetze verstoßen oder eine Ordnungswidrigkeit begehen oder
	8. in sonstiger Weise die Anstaltsordnung oder das Zusammenleben in der Jugendstrafanstalt wiederholt oder nachhaltig stören.
	(2) Zulässige Disziplinarmaßnahmen sind
	1. der Verweis,
	2. die Beschränkung oder der Entzug des Hörfunk- oder Fernsehempfangs bis zu vier Wochen,
	3. die Beschränkung oder der Entzug der Gegenstände für eine Beschäftigung in der Freizeit oder der Ausschluss von gemeinsamer Freizeit oder von einzelnen Freizeitveranstaltungen bis zu vier Wochen,
	4. die Beschränkung oder der Entzug der Verfügung über das Hausgeld bis zu 50 Prozent des monatlich zur Verfügung stehenden Betrags bis zu drei Monaten. [...]

VVJug	**86. Pflichtverstöße**
	
	(1) Verstößt ein Gefangener gegen Pflichten, die ihm im Vollzug auferlegt sind, kann [...] eine [erzieherische] Maßnahme angeordnet werden, die geeignet ist, ihm sein Fehlverhalten bewusst zu machen. [...]
	(2) Reichen bei schuldhaften Pflichtverstößen Maßnahmen nach Absatz 1 nicht aus, kann der Anstaltsleiter gegen den Gefangenen Disziplinarmaßnahmen anordnen.
	(3) Eine Disziplinarmaßnahme ist auch zulässig, wenn wegen derselben Verfehlung ein Straf- oder Bußgeldverfahren eingeleitet wird.
	
	87. Arten der Disziplinarmaßnahmen
	(1) Die zulässigen Disziplinarmaßnahmen sind:
	  1. Verweis,
	  2. die Beschränkung oder der Entzug der Verfügung über das Hausgeld und des Einkaufs bis zu drei Monaten,
	  3. die Beschränkung oder der Entzug des Lesestoffs bis zu zwei Wochen sowie des Hörfunk- und Fernsehempfangs bis zu drei Monaten; der gleichzeitige Entzug jedoch nur bis zu zwei Wochen,
	  4. die Beschränkung oder der Entzug der Gegenstände für eine Beschäftigung in der Freizeit oder der Teilnahme an gemeinschaftlichen Veranstaltungen bis zu drei Monaten,
	  5. die getrennte Unterbringung während der Freizeit bis zu vier Wochen,
	  6. der Entzug der zugewiesenen Arbeit oder Beschäftigung bis zu vier Wochen unter Wegfall der im Strafvollzugsgesetz geregelten Bezüge,
	  7. die Beschränkung des Verkehrs mit Personen außerhalb der Anstalt auf dringende Fälle bis zu drei Monaten,
	  8. Arrest bis zu zwei Wochen. [...]

StVollzG	**§ 102 Voraussetzungen**
	(1) Verstößt ein Gefangener schuldhaft gegen Pflichten, die ihm durch dieses Gesetz oder auf Grund dieses Gesetzes auferlegt sind, kann der Anstaltsleiter gegen ihn Disziplinarmaßnahmen anordnen.
	(2) Von einer Disziplinarmaßnahme wird abgesehen, wenn es genügt, den Gefangenen zu verwarnen.
	(3) Eine Disziplinarmaßnahme ist auch zulässig, wenn wegen derselben Verfehlung ein Straf- oder Bußgeldverfahren eingeleitet wird.
	
	§ 103 Arten der Disziplinarmaßnahmen
	(1) Die zulässigen Disziplinarmaßnahmen sind:
	  1. Verweis,
	  2. die Beschränkung oder der Entzug der Verfügung über das Hausgeld und des Einkaufs bis zu drei Monaten,
	  3. die Beschränkung oder der Entzug des Lesestoffs bis zu zwei Wochen sowie des Hörfunk- und Fernsehempfangs bis zu drei Monaten; der gleichzeitige Entzug jedoch nur bis zu zwei Wochen,
	  4. die Beschränkung oder der Entzug der Gegenstände für eine Beschäftigung in der Freizeit oder der Teilnahme an gemeinschaftlichen Veranstaltungen bis zu drei Monaten,
	  5. die getrennte Unterbringung während der Freizeit bis zu vier Wochen,
	  6. (weggefallen)
	  7. der Entzug der zugewiesenen Arbeit oder Beschäftigung bis zu vier Wochen unter Wegfall der in diesem Gesetz geregelten Bezüge,
	  8. die Beschränkung des Verkehrs mit Personen außerhalb der Anstalt auf dringende Fälle bis zu drei Monaten,
	  9. Arrest bis zu vier Wochen. [...]

7.13.3.2 Landesregelungen im Einzelnen

Entscheidende Unterschiede finden sich vor allem bei den Anordnungsvoraussetzungen und Arten der Disziplinarmaßnahmen, weniger bei Verfahrensregelungen.

7.13.3.2.1 Anordnungsvoraussetzungen

Im Wesentlichen lassen sich hinsichtlich der Anordnungsvoraussetzungen zwei Regelungsmodelle unterscheiden. Während ein Teil der Bundesländer diejenigen Verstöße der Gefangenen, die zu einer Disziplinarmaßnahme führen können, in einem abschließenden Katalog benennt, beschränkt sich der andere Teil generalklauselartig auf allgemeine Pflichtverstöße. Letzteres findet sich in *Bayern, Baden-Württemberg, Nordrhein-Westfalen, Niedersachsen* und im Ergebnis auch in *Sachsen-Anhalt*, wo man den Anlasskatalog des *Neuner-Entwur-*

fes in einen nicht abschließenden Regelbeispielskatalog umgewandelt hat. Dort, wo auch dieser Katalog fehlt, begnügt man sich mit einem schlichten Hinweis auf „Pflichten", die den Gefangenen „durch oder aufgrund" des jeweiligen Gesetzes „auferlegt" sind. Als eine solche Pflicht kann unter Umständen dort, wo sie geregelt ist, auch die Mitwirkungspflicht verstanden werden.

In *Berlin* und nahezu allen anderen Ländern des *Neuner-Entwurfes* sowie in *Hamburg*, *Hessen* und *Sachsen* findet sich ein abschließender Anlasskatalog, der beispielsweise auf Gewalttätigkeiten gegen Menschen oder Sachen, oder das Einbringen und Besitzen verbotener Gegenstände abzielt. Aber auch hier existieren allgemein umschriebene Anlasstaten, die dem Vollzugspersonal viel Handlungsfreiraum lassen. Dies sind vor allem das sich Entziehen von „zugewiesenen Aufgaben" und die „wiederholte und schwerwiegende Störung der Anstaltsordnung oder des Zusammenlebens in sonstiger Weise".[1233] Aber auch die Regelung, wonach das Begehen von jedweden Straf- und Ordnungswidrigkeitstatbeständen einen Disziplinierungsgrund darstellt, ist relativ offen, wenn man die Weite mancher Straftatbestände wie Beleidigung oder Nötigung bedenkt.

7.13.3.2.2 Zugelassene Disziplinarmaßnahmen

Alle Landesgesetze legen die Arten der zulässigen Disziplinarmaßnahmen abschließend fest. Durchgängig sind Beschränkungen des Rundfunkempfanges und der Freizeitbeschäftigung sowie gemeinsamer Freizeit vorgesehen, ebenso wie die Beschränkung des Einkaufs. Nach allen Landesgesetzen ist auch die Anordnung des isolierenden Arrestes möglich.

In *Bayern*, *Baden-Württemberg*, *Niedersachsen* und *Sachsen-Anhalt* ist ferner der Ausschluss von schulischen, berufsbildenden und beruflichen Maßnahmen möglich.

In *Bayern* kann zudem auch der Außenkontakt bis zu drei Monate auf dringende Fälle beschränkt werden. In *Niedersachsen* verzichtet man darauf hingegen ausdrücklich. *Bayern*, *Nordrhein-Westfalen* und *Hessen* sehen zudem eine getrennte Unterbringung während der Freizeit für einen Zeitraum bis zu vier Wochen vor.

Ebenfalls in *Bayern* und auch in *Hessen* ist jenseits der erzieherischen Maßnahme auch die Möglichkeit einer bloßen Verwarnung vorgesehen. In *Bayern* ist sie als vorrangige Vorinstanz, in *Hessen* als erst genannte Disziplinarmaßnahme vorgesehen.

Hessen eröffnet außerdem die Möglichkeit, gewährte Belohnungen oder Anerkennungen, wenn nötig, zu widerrufen.

In *Nordrhein-Westfalen* ergibt sich die Besonderheit, dass die Beschränkung über die Verfügung des Hausgeldes nur bis zu 75 % des im Monat zur Verfü-

---

1233 Letzteres lässt sich ohne weiteres als eine weite „Öffnungsklausel" einstufen, vgl. Ostendorf-*Rose* 2009, Kap. 10 Rn. 33.

gung stehenden Betrages möglich ist. Der Einkauf kann dort folglich nur partiell beschränkt werden.

In allen Gesetzen ist als Sanktion auch der Arrest bis zu zwei Wochen vorgesehen, der aber in aller Regel nur wegen „schwerer oder wiederholter Verfehlungen" angeordnet werden darf.

7.13.3.2.3 Verfahren

Im Gegensatz zu den „erzieherischen Maßnahmen" wird die förmliche Disziplinierung in allen Landesgesetzen von detaillierten Verfahrensregeln umrahmt.[1234] Weitgehend übernimmt man dafür die Regelungen des § 106 StVollzG. Nach rechtsstaatlichen Maßstäben muss dem Inhaftierten der rechtswidrige und schuldhafte Pflichtverstoß nachgewiesen werden. Dazu wird eine gründliche Sachverhaltsermittlung unter Mitwirkung des Gefangenen und der mit seiner Erziehung betreuten Personen geregelt.[1235] Begründungs- und Belehrungspflichten sind ebenso vorgesehen wie die Einbeziehung von Ärzten. Ebenso wird die Disziplinarbefugnis genau festgelegt. Auch das Verhältnis zu Strafverfahren und anderen Disziplinarmaßnahmen wird weitgehend geregelt.

7.13.3.3 Bewertung mit Blick auf die Mindeststandards

7.13.3.3.1 Zulässigkeit und Bestimmtheit der Anordnungsgründe

Im Hinblick auf die Anordnung von Disziplinarmaßnahmen ist besonders die kaum eingrenzende Normierung von Anlasstaten problematisch. Dies gilt insbesondere für die Landesgesetze, die nur allgemein von Verstößen gegen „Pflichten" sprechen, die „durch oder aufgrund" des jeweiligen Gesetzes den Gefangenen auferlegt sind. Dies umfasst theoretisch jede durch das Gesetz selbst, durch die Hausordnung oder durch Anweisungen von Vollzugsbediensteten aufgestellte Pflicht. Dies verstößt nicht nur gegen Regel Nr. 94.3 der ERJOSSM, sondern auch gegen Nr. 68 der UN-Regeln zum Schutze jugendlicher Gefangener und Nr. 57.2 der EPR.[1236] Gleiches gilt für die Lösung *Sachsen-Anhalts*, die nur einen offenen Regelbeispielskatalog bietet.

1234 §§ 83 bis 86 JStVollzG Bln, BbgJStVollzG, Brem JStVollzG, JStVollzG MV, JStVollzG RLP, SJStVollzG, JStVollzG SH, ThürJStVollzG, §§ 92 bis 95 JStVollzG LSA, Art. 156 i. V. m. Art. 109 bis 114 BayStVollzG, §§ 77 bis 82 JVollzG BW-IV, §§ 85 bis 91 HmbJStVollzG, §§ 55, 56 HessJStVollzG, §§ 93 bis 96 JStVollzG NRW, §§ 82 bis 85 SächsJStVollzG.

1235 Kleinere Unterschiede ergeben sich hier allenfalls im Ausmaß solcher Aussprachen, Übersicht bei Ostendorf-*Rose* 2009, Kap. 10 Rn. 30.

1236 Nach Auffassung *Schneiders* ist dies nicht weiter problematisch, da die genannten völkerrechtlichen Standards „nicht verbindlich" seien. Auf das *obiter dictum* des BVerfG,

Aber auch soweit dieser Katalog in den übrigen Bundesländern abschließend gemeint ist, ergeben sich Bedenken hinsichtlich der Bestimmtheit.

Soweit alle Landesgesetze jeden Verstoß gegen einen Straftatbestand und
jede Ordnungswidrigkeit als Disziplinartatbestand qualifizieren, erscheint dies
viel zu weitreichend. Der Wortlaut erfasst damit genauso jedwede Beleidigung
von außerhalb der Anstalt befindlichen Personen, wie auch verkehrs- oder ab-
fallrechtliche Ordnungswidrigkeiten, die sich zufällig auf einem Freigang ereig-
nen. In Anbetracht des subsidiären Charakters der Disziplinarmaßnahmen dürften jedoch nur hinreichend schwerwiegende Taten, die das geordnete Leben und
die Sicherheit der Anstalt beeinträchtigen, Anlass für eine Disziplinierung bieten.[1237] Alles andere ist Zweck des allgemeinen Strafrechts. Dementsprechend
verlangt Regel Nr. 94.2 der ERJOSSM, dass nur „Pflichtverstöße" diszipliniert
werden dürfen, die „die Ordnung oder Sicherheit" der Anstalt gefährden können.[1238]

Auch die in allen Katalogen vorhandene „kleine Generalklausel"[1239] ist in
mehrfacher Hinsicht zu unbestimmt. Es reicht ein „wiederholter oder schwerwiegender Verstoß gegen die Hausordnung" oder eine Störung des „Zusammenlebens" in der Anstalt. Abgesehen davon, dass nicht vorhersehbar ist, welche Regeln und Pflichten durch die Hausordnung normiert werden, ist nicht ersichtlich, wie schwerwiegend wiederholte Verfehlungen sein müssen. Ausreichend ist damit theoretisch alles, wie das wiederholte Tragen eines unzulässigen
Schmuckstückes bis zu einer leichten Verschmutzung der Gemeinschaftsräume.
Eine Beschränkung auf wiederholte schwerwiegende Störungen des Zusammenlebens wäre hier praktikabel und ausreichend gewesen.

Vor dem Hintergrund des Selbstbegünstigungsprinzips im deutschen Strafrecht bestehen zudem verbreitet Bedenken gegen die in allen Gesetzen geregelte
Disziplinierung von Entweichungsversuchen.[1240] Die ERJOSSM beziehen
hierzu jedoch keine Stellung.

7.13.3.3.2 Disziplinierungen und Mitwirkungspflichten

Soweit mittels einer „großen Generalklausel" auf jedweden Verstoß von Gefangenenpflichten abgestellt wird, stellt sich zudem die Frage nach den Auswirkungen auf eine möglicherweise ebenfalls geregelte Mitwirkungspflicht. Neben den

---

welches zumindest eine Begründungspflicht für solche Abweichungen mit sich bringt,
geht er hingegen nicht ein, vgl. *Schneider* 2010, S. 281.

1237 Vgl. Ostendorf-*Rose* 2009, Kap. 10 Rn. 36.

1238 Ebenso Nr. 57.1 EPR.

1239 Vgl. Ostendorf-*Rose* 2009, Kap. 10 Rn. 38.

1240 Vgl. *Ostendorf* 2007, S. 315; *Dünkel* 2006, S. 567.

übrigen Bedenken zur Festlegung einer solchen Pflicht[1241], wird die Problematik durch die rechtstechnische Mobilmachung des Disziplinarrechts zusätzlich verschärft. Besonders in diesem Bereich wird deutlich, wie kontraproduktiv ein unbestimmtes Abstellen auf allgemeine Vollzugspflichten wirken kann. Wenn in einzelnen Landesgesetzen darüber hinaus selbst die Teilnahme an Sport- und Freizeitaktivitäten zu Gefangenenpflichten gemacht werden können[1242], ergeben sich in Verbindung mit der Generalklausel Disziplinierungsmöglichkeiten, die schon im Ansatz kaum verhältnismäßig sein können.

7.13.3.3.3 Zulässigkeit einzelner Maßnahmen

Viele der aufgeführten Maßnahmen sind unmittelbar aus dem Erwachsenenvollzug übernommen. In Bezug auf jugendliche Strafgefangene scheinen einige davon ungeeignet.

Dies gilt etwa für den Verweis, der in *Hessen* und *Niedersachsen* geregelt ist. Grundsätzlich erscheint eine kommunikative Konfliktlösung gegenüber physisch eingreifenden Sanktionsformen auch im Hinblick auf die „pädagogische Beeinflussung" des Gefangenen im Sinne von Regel Nr. 94.1 und Nr. 95.1 der ERJOSSM vorzugswürdig. Dies gilt aber weniger für den Verweis, der mehr auf eine „verbale Missbilligung"[1243] als auf eine konstruktive Auseinandersetzung abzielt. Zudem ist aufgrund der formalen Anforderungen sehr fraglich, ob diese Maßnahme im Vergleich zu den formlosen „erzieherischen Maßnahmen" überhaupt praktikabel ist.[1244]

Soweit das Hausgeld eingeschränkt werden kann, erscheint es sinnvoll, wenn man – wie in *Hessen* und *Nordrhein-Westfalen* – zumindest einen Mindestsockelbetrag belässt. Im Sinne der Resozialisierungsprämisse wird dadurch der vollständigen Demotivation des Gefangenen entgegengewirkt. Zudem bleibt weiter Raum zur Einübung eines verantwortungsvollen Umganges mit selbstverdientem Geld.[1245]

Aus ähnlichen Erwägungen heraus ist es bedenklich, wenn *Sachsen-Anhalt*, *Bayern*, *Baden-Württemberg* und *Niedersachsen* eine Bestrafung durch Entzug von Arbeit, Unterricht und Beschäftigung vorsehen. Nicht nur, dass damit die Bezüge des Gefangenen wegfallen. Mit Einschnitten bei Arbeit und Bildung ist

---

1241 Vgl. *Abschnitt 7.4.2.4.1.*

1242 So in *Niedersachsen* (§ 128 Abs. 2 NVollzG) und auch im ursprünglichen *Hamburger Gesetz* (§ 53 Abs. 2 S. 1 HmbStVollzG *a. F.*).

1243 Ostendorf-*Rose* 2009, Kap. 10 Rn. 45.

1244 Das große Gefälle zwischen formellem Anspruch und dem Ausmaß der sanktionierenden Reaktion lässt jedenfalls ein sehr geringes Anwendungsfeld vermuten, vgl. Ostendorf-*Rose* 2009, Kap. 10 Rn. 45.

1245 Ähnlich Ostendorf-*Rose* 2009, Kap. 10 Rn. 45.

zugleich einer der für die (Re-)Sozialisierung wichtigsten Bereiche betroffen.[1246] Die Inhaftierten erhalten im Vollzug zumeist die letzte Chance, Zugang zu Schule und Beruf zu erhalten. Die Bereitschaft zur Arbeit muss oftmals erst mühsam erlernt werden, weshalb ein sanktionierender Ausschluss eher kontraproduktiv wirken dürfte. Dies gilt umso mehr als bei jugendlichen Gefangenen eine Ausbildung noch sehr viel wahrscheinlicher positive Veränderungen herbeiführen kann als im Erwachsenenvollzug. Ein Ausschluss wird durch die ERJOSSM zwar nicht untersagt, die überragende Bedeutung von Arbeit und Ausbildung wird aber an vielen Stellen betont.[1247] Auch vor dem Hintergrund des in den Europaratsregeln genauso wie im Strafvollzugsrecht allgegenwärtigen Resozialisierungsgedankens dürfte diese Sanktion folglich nur äußerst restriktiv eingesetzt werden.

Sehr ähnlich verhält es sich mit der Beschränkung der Außenkontakte wie sie in *Bayern*, *Baden-Württemberg* und *Niedersachsen* möglich ist. Wie auch das BVerfG betont hat, ist die Aufrechterhaltung der sozialen Bezüge zur Außenwelt für junge Gefangene von besonderer Bedeutung.[1248] Die durch Haft ohnehin eintretende Entwurzelung sollte daher nicht durch weitere Vollzugsmaßnahmen verstärkt werden – erst recht nicht, wenn andere Reaktionsmöglichkeiten zur Auswahl stehen. Dabei gilt es auch zu bedenken, dass mit den Besuchszeiten wesentliche Kontaktmöglichkeiten in aller Regel ohnehin knapp bemessen sind. Ausdrücklich ist eine solche Beschränkung zumindest bezüglich des Kontaktes zu Angehörigen unzulässig (Basisregel Nr. 14 i. V. m. Nr. 95.6 ERJOSSM[1249]). Aber auch andere soziale Kontakte, von denen keine schädliche Wirkung ausgeht, sollten auf diesem Weg nicht beschränkt werden.[1250] Daher betont auch Nr. 61 der UN-Regeln zum Schutz von Jugendlichen unter Freiheitsentzug die Wichtigkeit regelmäßiger Außenkontakte, die mehrmals pro Woche möglich sein sollten.

7.13.3.3.4 Isolierende Einzelhaft – der Arrest

Auch vom Bundesverfassungsgericht werden Disziplinarmaßnahmen als verfassungskonform und notwendig angesehen.[1251] Grundsätzlich schließt das auch

---

1246   Vgl. *Abschnitt 7.10.*

1247   Z. B. die Regeln Nr. 50.1 und Nr. 50.2, sowie Abschnitt E.10 der ERJOSSM.

1248   Vgl. BVerfG NJW 2006, S. 2095.

1249   Jedenfalls dann, wenn die Pflichtverletzung nicht in unmittelbarem Zusammenhang mit dem Außenkontakt steht. Noch weitergehender: Nr. 67 der UN-Regeln zum Schutz von Jugendlichen unter Freiheitsentzug.

1250   Vgl. Ostendorf-*Rose* 2009, Kap. 10 Rn. 49; *DVJJ u. a.* 2007, S. 52 f.

1251   Vgl. BVerfG NJW 2006, S. 2098.

das von allen Landesgesetzen vorgesehene schärfste Sanktionsmittel, den Arrest, mit ein.[1252] Dennoch bestehen ernsthafte Zweifel an der Zulässigkeit dieser Maßnahme.[1253] Dies betrifft jedenfalls jene Regelungsform, wie sie die Landesgesetze vorsehen. Angesichts der gesteigerten Gefahr der Haftdeprivation[1254] und der besonderen Haftempfindlichkeit[1255] junger Gefangener scheint es ratsam, nur äußerst zurückhaltend Gebrauch von isolierenden Maßnahmen zu machen.[1256] Dementsprechend erlaubt Regel Nr. 95.4 der ERJOSSM die „getrennte Unterbringung" als Sanktion „nur in Ausnahmefällen", bei denen kein anderes Mittel mehr greift und verlangt neben einer „möglichst kurzen Dauer" der Maßnahme auch, dass soziale Kontakte, Beschäftigungsmöglichkeiten und Bewegung im Freien gewährleistet werden.

Dem werden die Landesgesetze nur teilweise gerecht. Zwar sehen alle Regelungen vor, dass der Arrest nur „wegen schwerer und wiederholter Verfehlungen" angeordnet werden darf, nicht ausreichend hingegen ist die Begrenzung der Anordnungsdauer auf zwei Wochen. Vor dem Hintergrund der ERJOSSM soll auch in diesen extremen Einzelfällen die Isolierung nicht länger als drei Tage andauern.[1257] Auch bei den Vollstreckungsmodalitäten finden sich Mängel. In allen Bundesländern werden den Gefangenen im ausdrücklichen Regelfall die Rechte auf selbstständige Ausstattung des Haftraumes, eigene Kleidung, Einkauf, Unterricht und Arbeit, Sport sowie Bezug von Lesestoff und anderen Gegenständen der Freizeitbeschäftigung verwehrt.[1258]

Zumindest hinsichtlich des Tragens von eigener Kleidung und des Besitzes von Gegenständen der Freizeitbeschäftigung, insbesondere Büchern und Zeitungen, erscheint dies als übertriebene, unverhältnismäßige[1259] Härte, die Depri-

---

1252 Vgl. Ostendorf-*Rose* 2009, Kap. 10 Rn. 51.

1253 Vgl. schon *J. Walter* 2005a, S. 18; ebenso *Sußner* 2009, S. 250; *Feest/Bammann* 2010, S. 539 f.; *Schneider* hält den Arrest als „ultima ratio" hingegen für „unverzichtbar" für die Bändigung „notorischer Störenfriede", vgl. *Schneider* 2010, S. 283 f.

1254 Vgl. *Mann* 2001, S. 39 ff. m. w. N.; *Kühnel/Hiebe/Tölke* 2005, S. 235 m. w. N.; *Nedopil* 2007, S. 329.

1255 Vgl. BVerfG NJW 2006, S. 2096; *Eisenberg* 2012, § 92 Rn. 138; *Sonnen* 2007, S. 93 m. w. N.; *Walkenhorst* 2010, S. 26.

1256 Vgl. D/S/S-*Sonnen* 2011, § 83 JStVollzG Rn. 11; ähnlich für die geschlossene Heimerziehung: *v. Wolffersdorff/Sprau-Kuhlen/Kersten* 1996, S. 329 f. m. w. N.

1257 Vgl. den Kommentar zu Nr. 95.4 ERJOSSM; *Dünkel/Kühl* 2009, S. 85.

1258 Z. B. Art. 156 Abs. 4 i. V. m. Art. 111 Abs. 5 BayStVollzG und § 84 Abs. 3 JStVollzG Bln.

1259 Vgl. auch Ostendorf-*Rose* 2009, Kap. 10 Rn. 55.

vationseffekte befördert und schlicht resozialisierungsschädlich ist.[1260] Ausdrücklich betont Regel Nr. 95.4 der ERJOSSM deswegen, dass der „Zugang zu Lektüre zu garantieren" ist.

Ferner darf gemäß Regel Nr. 95.7 das Recht auf körperliche Bewegung nicht im Rahmen einer Disziplinarmaßnahme eingeschränkt werden. Dennoch wird der mit Arrest sanktionierte Gefangene in den Gesetzen regelmäßig von Freizeitaktivitäten und Sport ausgeschlossen.

Soweit die Landesgesetze vorsehen, dass der Arrest in einem „besonderen Arrestraum" vollzogen werden kann, stellt sich zudem die Frage, inwieweit dies andere Gründe haben kann als eine zusätzliche Verschärfung der Sanktion. Regel Nr. 95.4 untersagt jedoch die Unterbringung in speziellen „Strafzellen" zu einem solchen Zweck.

Wenig verständlich ist auch, warum der Gefangene seine Rechte auf (Zellen-) Arbeit und Unterricht verlieren soll. Dies widerspricht zudem der in den meisten Gesetzen richtigerweise geregelten Vorgabe, dass der Arrest „erzieherisch" zu gestalten ist.[1261] Dieses gesetzliche Zugeständnis kann in Anbetracht der langfristigen Vorenthaltung geistiger und sozialer Stimulation, wie sie durch die aufgezeigten Regelungen ermöglicht wird, als das erforderliche Mindestmaß angesehen werden, fehlt aber in den Gesetzen *Baden-Württembergs, Bayerns, Hessens, Niedersachsens* und *Sachsens* völlig. „Beschäftigungsmöglichkeiten und soziale Kontakte", wie sie von den ERJOSSM verlangt werden, können auf diese Art kaum gewährleistet werden. Die schlicht aus dem Erwachsenenrecht übernommenen Regelungen sind damit weder an die Bedürfnisse junger Gefangener angepasst, noch gehen sie mit den Europaratsregeln konform und sind als verfassungswidrig einzustufen.

Aber auch die übrigen Landesgesetze, die übereinstimmend eine maximale Anordnungsdauer von zwei Wochen normieren, gehen über den von den Mindeststandards gesteckten Rahmen weit hinaus und müssten enger gefasst oder zumindest sehr restriktiv angewandt werden. Dies gilt umso mehr, als Nr. 67 der UN-Regeln für jugendliche Gefangene die „Isolier- und Einzelhaft" als Disziplinarmaßnahme sogar völlig ausschließt und damit den verfassungsrechtlichen Begründungsdruck auf die Gesetzgeber noch weiter verstärkt.[1262]

1260 Immerhin lässt sich aus den ausdrücklich geregelten Einschnitten der Gefangenenrechte im Umkehrschluss entnehmen, dass auch unter Arrest stehende Gefangene einen Anspruch auf Außenkontakte und Bewegung im Freien haben. Dennoch wäre hier ein klarstellender positiver Hinweis sicher hilfreich gewesen; besonders wenn man beispielsweise bedenkt, dass „Stift und Papier" sowohl Werkzeuge zur Außenkommunikation als auch „Gegenstände zur Freizeitbeschäftigung" darstellen können.

1261 Z. B. § 84 Abs. 3 S. 3 JStVollzG Bln und die restlichen Länder des *Neuner-Entwurfes*, sowie *Hamburg* und *Nordrhein-Westfalen*.

1262 Im Übrigen hatte das BVerfG die Notwendigkeit von „flankierenden" Disziplinarmaßnahmen zur Aufrechterhaltung der Ordnung zwar bejaht, jedoch keine Aussage zur

7.13.3.3.5 Allgemeine Verfahrens- und Vollstreckungsregeln

Nach Regel Nr. 94.3 der ERJOSSM muss das Disziplinarrecht auch detaillierte Verfahrensregelungen aufweisen. Dies ist in den Landesgesetzen der Fall. Alle Gesetze übernehmen hier weitgehend das relativ umfassende System des StVollzG und treffen Regelungen zur Disziplinarbefugnis, Sachverhaltsermittlung, Beteiligung des medizinischen Personals und Begründungspflichten. Im Sinne von Regel Nr. 94.4 wird dem Gefangenen die Möglichkeit gegeben, sich im Wege einer Anhörung selbst zu verteidigen.[1263]

Zudem ist im Sinne von Regel Nr. 95.5 überall die ärztliche Überwachung des Arrestes angeordnet.

7.13.3.3.6 Alternative Maßnahmen

Die ERJOSSM betonen die Bedeutung „dynamischer Ansätze" und die Schaffung von „positiven Beziehungen" (Nr. 88.3) als wesentliche Elemente eines sinnvollen Sicherheitskonzepts. Auch aus Gründen der Tatproportionalität ist „ausgleichender Konfliktregelung und pädagogischer Beeinflussung" (Nr. 94.1) daher in der Regel der Vorzug zu geben (Nr. 95.1). Dies entspricht Reformforderungen, die auch von Seiten der Praxis und in der Literatur immer wieder erhoben wurden. Mehrfach wurde vorgeschlagen, dass der formellen Disziplinierung stets die informelle Konfliktlösung voranzugehen hat[1264], auch als Möglichkeit des sozialen Lernens.[1265] Dies erfordert jedoch ein differenziertes System der Konfliktbewältigung, in dem die eindeutige Sanktion erst an letzter Stelle klar und subsidiär als Disziplinarmaßnahme zu finden wäre.[1266] Eine entsprechende Ausrichtung wurde durch die Landesgesetze – wie aufgezeigt – teilweise versucht, etwa durch die ausdrücklich vorrangig geregelten „erzieherischen Gespräche". Soweit man jedoch im gleichen Zuge die unbestimmten und nahezu verfahrensfreien und einseitig sanktionierenden „erzieherischen Maßnahmen" hinzugefügt hat, ist man damit deutlich übers Ziel hinausgeschossen.[1267]

Zulässigkeit des Arrestes in seiner konkreten Form getroffen. Missverständlich: Ostendorf-*Rose* 2009, Kap. 10 Rn. 51.

1263 Exemplarisch § 85 und § 86 JStVollzG Bln.

1264 *DVJJ u. a.* 2007, S. 53; *DVJJ* 2004, 4.4; *Dünkel*, 2006, S. 518; *J. Walter* 2006, S. 253; *Dünkel* 1999, S. 134.

1265 *KAGS* 2007, S. 2; *J. Walter* 2004, S. 400.

1266 *Eisenberg/Singelnstein* 2007, S. 188.

1267 Vgl. *Abschnitt 7.13.2.4.*

Vorgeschlagen wurde auch, das Amt eines unabhängigen Ombudsmannes als Mediator und Schlichter nach den Vorgaben der UN-Regeln zu schaffen.[1268] Ein solcher Schlichter wäre unter Umständen auch geeignet, Eskalationen und Verhärtungen zwischen Vollzugspersonal und Insassen vorzubeugen und damit im Sinne der „dynamic security" (Nr. 88.3 ERJOSSM) den Erhalt „positiver Beziehungen" zwischen den Beteiligten zu stützen.[1269] *Tondorf* geht in seinem Musterentwurf dabei sogar so weit, dass ein solcher Ombudsmann ein formelles Disziplinarverfahren im Zusammenspiel mit informeller Konfliktlösung und Strafrecht vollständig entbehrlich macht.[1270]

Auch Modifikationen des bestehenden Disziplinarverfahrens sind vorstellbar: Als partizipatorischer Ansatz im Sinne der „dynamic security"[1271] könnte die gewählte Gefangenenvertretung in Disziplinarentscheidungen formell eingebunden werden, um die Akzeptanz für entsprechende Entscheidungen zu stärken. Denkbar wäre hier etwa die Einführung eines Anhörungsrechtes.

7.13.4 Zusammenfassung

Im wohl eingriffsintensivsten Bereich des Jugendstrafvollzugsrechts haben sich die Gesetzgeber nicht zu wesentlichen Reformschritten durchringen können. Weitgehend belässt man es bei der Übernahme der Regelungen aus dem Erwachsenenvollzug. Soweit es um die Beachtung jugendspezifischer Besonderheiten geht, wie sie vom Bundesverfassungsgericht und den ERJOSSM gefordert werden, begnügt man sich mit halbherzigen Anpassungen. Die Forderungen nach unkomplizierter, positiv wirkender Konfliktschlichtung als Substitut für formelle Disziplinarmaßnahmen werden durch die gesetzliche Zementierung der informellen Disziplinierung in Form der einseitig sanktionierenden „erzieherischen Maßnahmen" alles andere als erfüllt. Über das „Trojanische Pferd" der „zeitnahen", flexiblen und „weniger belastenden"[1272] Maßnahme ebnet man einer restriktiveren, weil mit geringeren Formalanforderungen belasteten, Vollzugspraxis den Weg.[1273]

Gleichzeitig wird auch das Instrumentarium der formellen Disziplinarmaßnahmen zu wenig zurückgefahren, um der speziellen Situation jugendlicher Gefangener gerecht zu werden. Das gilt insbesondere für die Gesetze *Bayerns*,

---

1268 *Tondorf/Tondorf* 2006, S. 246; *Schwirzer* 2007, S. 268; Vorschlag nach UN-Regeln für jugendliche Gefangene Nr. 77; *Dünkel* 1999, S. 135; *Rotthaus* 2008, S. 373 ff.

1269 Vgl. dazu auch *Abschnitt 7.15.3.3.*

1270 *Tondorf* 2006, § 34; *Tondorf/Tondorf* 2006, S. 247.

1271 Vgl. *van Zyl Smit/Snacken* 2009, S. 266 f.; ähnlich auch *Toch* 1994, S. 69 f.

1272 Vgl. die Begründung zu Art. 155 BayStVollzG (Bay. Ltg. Drs. 15/8101).

1273 Vgl. auch *Eisenberg* 2008, S. 258.

Baden-Württembergs, Nordrhein-Westfalens, Niedersachsens und letztlich *Sachsen-Anhalts*, wo man keine klar bestimmten Anordnungstatbestände schafft und mit der Neuregelung von Generalklauseln einen Zustand beibehält, der schon im Erwachsenenvollzug als unzulässig gilt (vgl. Nr. 57.2 EPR) und sich im Hinblick auf etwaige Mitwirkungspflichten fatal auswirken könnte. Aber auch in den übrigen Gesetzen bleiben entsprechende Tatbestandskataloge zu unbestimmt.

Wenig innovativ gibt sich der weitgehend gleich geregelte Maßnahmenkatalog der Disziplinarmaßnahmen. Mit vereinzelten Ausnahmen übernimmt man auch hier unreflektiert Regelungen aus dem Erwachsenenrecht und regelt allenfalls eine verminderte Anordnungsdauer. Soweit *Bayern, Baden-Württemberg* und *Niedersachsen* auch undifferenziert die Beschränkung der Außenkontakte zulassen, widerspricht dies sogar ausdrücklich internationalen Vorgaben und ist ebenso wenig vertretbar wie der rein sanktionierende Ausschluss von der Gefangenenbeschäftigung.

Zudem ist schließlich auch der Arrest, soweit man ihn im Hinblick auf die Regeln der Vereinten Nationen nicht sogar für gänzlich unzulässig hält, in seiner derzeitigen Form nicht tragbar, weil neben der Isolierung zu weitgehende Einschränkungen der Gefangenenrechte und eine viel zu lange Anordnungsdauer vorgesehen werden. Jenseits der halbherzigen Floskel der „erzieherischen Ausgestaltung" offenbart sich daher fortbestehender verfassungsrechtlich indizierter Reformbedarf.

Auch die Umsetzungen seit Längerem bekannter alternativer Vorschläge zum Ausbau konsensualer und an Konfliktschlichtung ausgerichteter Instrumente, wie etwa eines neutralen Ombudsmannes, sucht man im Disziplinarrecht vergeblich.

Im Kern bleibt es im Disziplinarrecht daher lediglich bei der gesetzlichen Zementierung der vorhandenen Vollzugspraxis, die gespickt ist mit dezenten Modifikationen, die oftmals kaum mehr als den Schein einer neuen jugendtypisch orientierten Regelung wahren, als tatsächlich auf den notwendigen jugendspezifischen Regelungsgehalt abzuzielen.

7.14 Unmittelbarer Zwang

Wo sich aufgrund der akuten Eskalation von Vollzugskonflikten oder der sich allen Bemühungen widersetzenden Renitenz eines jugendlichen Gefangenen kein probates Mittel finden lässt, um die Sicherheit und Ordnung in der Anstalt zu gewährleisten, bietet der unmittelbare Zwang die äußersten und am weitesten gehenden Handlungsmöglichkeiten für das Vollzugspersonal. Deswegen stellt das Instrumentarium des unmittelbaren Zwanges naturgemäß einen der grund- und menschenrechtsrelevantesten Teilbereiche des Strafvollzuges dar.[1274] Die Intensität der damit verbundenen Eingriffe in die Rechte der Gefangenen stellt besonders den Jugendstrafvollzug vor hohe Anforderungen: Jugendliche Straf- gefangene sind zum einen aufgrund der hoch ausgelesenen und problembehaf- teten Insassengruppe, deren Mitglieder oftmals irrationaler und unberechenbarer agieren als erwachsene Strafgefangene[1275], ein besonders schwieriges Klientel. Zum anderen reagieren die noch in der Persönlichkeitsentwicklung befindlichen jungen Gefangenen empfindlicher und nachhaltiger auf intensive Eingriffe.[1276] Das hat zur Folge, dass sich der unmittelbare Zwang im Jugendstrafvollzug sehr schnell am Rande der Verhältnismäßigkeit bewegt. Stets stellt sich die Frage nach dem mildesten Mittel.

7.14.1 Vorgaben der ERJOSSM

Im Hinblick auf die hohe Relevanz für die Gefangenenrechte verwundert es nicht, dass die ERJOSSM unter der Überschrift „E.13.3 Anwendung von Ge- walt, körperlicher Zwang und Waffengebrauch"[1277] klare und relativ umfängli- che Anforderungen an Zwangsmaßnahmen stellen.

Als wegweisende Grundregeln dürfen dabei aber nicht die „Basic Prin- ciples" als wichtiger Bezugsrahmen zu allen Maßnahmen des Vollzuges aus den Augen verloren werden. Gemäß Regel Nr. 7 und Nr. 8 darf die Durchführung des Vollzuges den Jugendlichen nicht erniedrigen oder herabwürdigen und der Vollzug darf nicht in einer Weise durchgeführt werden, die ein unangemessenes Risiko im Hinblick auf körperliche oder geistige Schäden darstellt. Regel Nr. 13 verbietet die Schlechterstellung gegenüber Erwachsenen.[1278]

1274 Vgl. Ostendorf-*Bochmann/Ostendorf* 2009, Kap. 9 Rn. 1.

1275 Vgl. BVerfG NJW 2006, S. 2095 m. w. N.; Ostendorf-*Bochmann/Ostendorf* 2009, Kap. 9 Rn. 13, 34, 54; *Grommek* 1982, Kap. 9 Rn. 31.

1276 Vgl. BVerfG NJW 2006, S. 2095 f. m. w. N.

1277 Übersetzung nach *BMJ* 2009 soweit nichts anderes angegeben ist.

1278 Vgl. *Dünkel* 2008, S. 384.

Die allgemeinen Regeln zum Freiheitsentzug weisen in Regel Nr. 52.1 auf die Aufgabe der für den Vollzug Verantwortlichen hin, die physische und seelische Integrität der inhaftierten Jugendlichen zu schützen und ihre „Selbstachtung und ihr Verantwortungsgefühl" zu fördern.

Gemäß Regel Nr. 90.1 dürfen Vollzugsbedienstete Gewalt gegen die Jugendlichen ausschließlich als „letztes Mittel" zur Selbstverteidigung, im Falle der versuchten Flucht, bei physischem Widerstand gegen eine rechtmäßige Anordnung, bei unmittelbarer Gefahr für Leib und Leben des Gefangenen oder anderer Personen, sowie bei der Gefahr einer erheblichen Schädigung von fremdem Eigentum anwenden. Regel Nr. 90.2 beschränkt das Maß des Zwanges sowohl qualitativ als auch zeitlich auf „das notwendige Mindestmaß". Regel Nr. 90.3 fordert eine spezifische Ausbildung der Bediensteten, die es ermöglicht, „aggressivem Verhalten" mit „möglichst" wenig Gewalt zu begegnen. In Regel Nr. 90.4 werden detaillierte Verfahren und Bestimmungen, die den Ablauf des unmittelbaren Zwanges regeln, gefordert. Ein Katalog von a. bis f. bestimmt dies insbesondere für die „Art des Zwanges", die „Umstände" der konkreten Anwendung, die Personen, die diesen anwenden dürfen und deren erforderliche Befugnis. Zudem werden Erfordernisse an Berichts- und Kontrollpflichten aufgestellt.

Regel Nr. 91.1 verlangt eine zurückhaltende Verwendung von Handschließen und Zwangsjacken. Nr. 91.2 betont einmal mehr, dass entsprechende Zwangsmittel nicht länger eingesetzt werden dürfen als „unbedingt notwendig". Die Benutzung von „Ketten" und „Eisen" ist verboten. Nach Regel Nr. 91.3 ist die „Art und Weise der Anwendung" dieser Zwangsmittel „im nationalen Recht zu spezifizieren".

Regel Nr. 91.4 bestimmt, dass die isolierende Absonderung in einer „Beruhigungszelle" als „vorübergehende Zwangshilfe" nur temporär für ein paar Stunden und keinesfalls länger als 24 Stunden genutzt werden darf. Die medizinische Überwachung ist dabei sicherzustellen.[1279]

Regel Nr. 92 erklärt schließlich, dass Vollzugsbediensteten das „Tragen von Waffen" nicht gestattet ist, „sofern nicht ein Notfall dies erfordert".

1279 Diese Maßnahme wird im deutschen Strafvollzugsrecht dem Bereich der „Sicherheit und Ordnung" zugeordnet und wird in dem entsprechenden Abschnitt näher behandelt. Siehe *Abschnitt 7.12.3.5.*

7.14.2 Landesrechtliche Regelungen im Einzelnen

In allen Landesgesetzen wird dem unmittelbaren Zwang ein eigenständiger Abschnitt gewidmet.[1280] Dabei orientieren sich die Regelungen weitestgehend an den Regelungen des alten StVollzG.[1281] Mit Blick auf das vom Bundesverfassungsgericht aufgestellte Erfordernis, eigenständige, auf junge Gefangene ausgerichtete Gesetze zu erlassen und nicht lediglich auf das vorhandene Strafvollzugsrecht zurückzugreifen[1282], ist dies nicht immer unproblematisch. In jedem Fall trifft die Gesetzgeber eine Begründungspflicht hinsichtlich der legislativen Gleichbehandlung. Dies gilt umso mehr, als der unmittelbare Zwang – wie bereits einleitend festgestellt – die „nachhaltigste Rechtswirkung" gegenüber den Gefangenen entwickelt.[1283]

Auch in Anbetracht der relativ konkreten Vorgaben der ERJOSSM sind die landesrechtlichen Regelungen einer genauen Prüfung zu unterziehen. Was das Verhältnis zum Erwachsenenrecht betrifft, ist hier vor allem entscheidend, dass es zu keiner Schlechterstellung der jugendlichen Gefangenen kommt.[1284] Soweit die Regelungen den durch die Europaratsregeln aufgestellten Ansprüchen genügen, ist eine bloße Übernahme aus dem Erwachsenenstrafvollzugsrecht jedenfalls nicht zu beanstanden.

Inhaltlich unterscheiden sich die Landesregelungen zum unmittelbaren Zwang in weiten Teilen kaum voneinander. Besonderheiten ergeben sich vor allem bei der Auswahl der zugelassenen Zwangsmittel. Dies gilt im besonderen Maße für den hochproblematischen Bereich des Schusswaffengebrauchs, auf den später noch gesondert eingegangen werden soll.

7.14.2.1 Begriffsbestimmungen

Alle Landesgesetze definieren die Begriffe des „unmittelbaren Zwanges" sowie der Zwangsmittel und -modalitäten der „körperlichen Gewalt", der „Hilfsmittel der körperlichen Gewalt" und der „Waffen".[1285]

1280 Abschnitt 11 JVollzG BW-IV, Abschnitt 13 BayStVollzG, Abschnitt 10 JStVollzG Bln, BbgJStVollzG, BremJStVollzG, JStVollzG MV, JStVollzG RLP, SJStVollzG, JStVollzG LSA, JStVollzG SH, ThürJStVollzG, JStVollzG NRW, Abschnitt 11 HessJStVollzG, HmbJStVollzG, Kapitel 13 NJVollzG, Teil 10 SächsJStVollzG.

1281 §§ 94-101 StVollzG.

1282 Vgl. BVerfG NJW 2006, S. 2095.

1283 Vgl. Ostendorf-Bochmann/Ostendorf 2009, Kap. 9 Rn. 1, 3.

1284 ERJOSSM Regel Nr. 13.

1285 § 70 JVollzG BW-IV, Art. 102 BayStVollzG, § 76 JStVollzG Bln, § 76 BremJStVollzG, § 76 BbgJStVollzG, § 78 HmbJStVollzG, § 52 HessJStVollzG, § 76 JStVollzG MV, § 130 i. V. m. § 88 NJVollzG, § 84 JStVollzG NRW, § 76 JStVollzG RLP, § 76

Als „Hilfsmittel" betrachtet man in allen Gesetzen insbesondere „Fesseln", oft auch „Reizstoffe"[1286], vereinzelt auch „Diensthunde" und „Betäubungsmittel"[1287]. Teilweise werden „Reizstoffe" auch den „Waffen" zugeordnet[1288], was sinnvoll erscheint, da es sich um „Stoffe" handelt, „die bei ihrer bestimmungsgemäßen Anwendung auf den Menschen" zu „Reizungen" führen und Beeinträchtigung des Wohlbefindens verursachen[1289], und demnach dazu „bestimmt sind", Menschen – wenn auch minder schwer – „zu verletzen".[1290]

Das „insbesondere"[1291] zeigt an, dass es sich keineswegs um einen abgeschlossenen Katalog von Hilfsmitteln handelt. Dementsprechend kommen auch zahlreiche andere Methoden und Gerätschaften in Betracht, um Zwang auszuüben.[1292]

Enger wird der Begriff der Waffen gefasst. Hier beschränken alle Landesgesetze den Einsatz auf „dienstlich zugelassene" Schuss- und Hiebwaffen (sowie gegebenenfalls auf „Reizstoffe").[1293] Allein in *Sachsen* beschränkt man sich dabei auf den Einsatz von Hiebwaffen.[1294]

7.14.2.2 Voraussetzungen und Verfahren

Das dominierende rechtliche Prinzip ist der Verhältnismäßigkeitsgrundsatz. Dessen Einhaltung wird an verschiedenen Stellen der Normierungen ausgeführt, vorausgesetzt oder zumindest angedeutet.[1295] Darüber hinaus wird er in fast allen Gesetzen noch einmal eigenständig und grundlegend dem gesamten The-

---

SJStVollzG, § 77 SächsJStVollzG, § 85 JStVollzG LSA, § 76 JStVollzG SH, § 76 ThürJStVollzG.

1286 So die Länder *Berlin, Hamburg, Brandenburg, Bremen, Mecklenburg-Vorpommern, Rheinland-Pfalz, Saarland, Sachsen-Anhalt, Schleswig-Holstein* und *Niedersachsen* (in den in der vorherigen Fn. genannten §§).

1287 § 130 i. V. m. § 88 Abs. 3 NJVollzG in Niedersachsen.

1288 So die Länder *Baden-Württemberg, Bayern, Hessen, Nordrhein-Westfalen* und *Thüringen*.

1289 Vgl. auch Nr. 5 der Anlage 1 zum Waffengesetz.

1290 Denn sie sind geeignet, dass „körperliche Wohlempfinden" mehr als nur unerheblich zu beeinträchtigen, vgl. *Joecks* 2010, § 224 Rn. 23 f.

1291 Teilweise auch „namentlich".

1292 Vgl. Ostendorf-*Bochmann/Ostendorf* 2009, Kap. 9 Rn. 10.

1293 Jeweils Abs. 4 der oben zitierten Norm (außer *Sachsen*). In *Hessen* Abs. 1 S. 4.

1294 § 77 Abs. 4 SächsJStvollzG. *Sachsen-Anhalt* definiert hier zwar auch Schusswaffen als möglicherweise dienstlich zugelassene Waffen, schließt in § 90 JStVollzG LSA deren Einsatz durch Vollzugsbedienstete aber vollständig aus.

1295 Insbesondere bei den allgemeinen Voraussetzungen und den Voraussetzungen für den Schusswaffengebrauch.

menkomplex vorangestellt.[1296] Dort, wo dies unterblieben ist, kann er – wie bei jeder staatlichen Eingriffsverwaltung – unmittelbar aus dem Rechtsstaatsprinzip abgeleitet werden.[1297] Jegliche Zwangshandlung muss demnach zu ihrem ange-strebten Zweck geeignet, als letztes Mittel auch erforderlich und in Abwägung von Vollzugs- und Individualinteressen angemessen sein.[1298]

Ferner sind alle Maßnahmen des unmittelbaren Zwanges zunächst anzudro-hen. Die Androhung kann nur ausnahmsweise ausbleiben, wenn die „Umstände" es „nicht zulassen" oder wenn sofortiges Handeln nötig wird, um eine Straftat zu verhindern oder eine „gegenwärtige" Gefahr abzuwenden.[1299]

Unter der Überschrift „Handlung auf Anordnung" wird zudem festgehalten, dass Vollzugsbeamte den Anordnungen ihrer Vorgesetzten nicht zu folgen ha-ben, soweit diese „keinen dienstlichen Zwecken" dienen oder dadurch die Men-schenwürde verletzt würde. In nahezu allen Landesgesetzen wird damit im Grundsatz die Gehorsamspflicht formuliert, „es sei denn", eines der beiden Fall-beispiele läge vor. Einzig in *Hessen* legt man strikter fest, dass eine solche An-ordnung nicht nur nicht befolgt werden muss, sondern auch nicht befolgt werden „*darf*". Aus dem Widerstandsrecht wird dort eine Widerstandspflicht.[1300]

Eine solche Pflicht wird allerdings auch in den anderen Bundesländern für Anordnungen vorgesehen, deren Befolgung eine Straftat darstellen würde. Als Ausnahme beschreiben die Gesetze dabei nur Regeln, die dem strafrechtlichen Verbotsirrtum entsprechen.[1301] Insofern stellen diese landesrechtlichen Rege-lungen eine Wiedergabe der bestehenden strafrechtlichen Ordnung dar und haben vor allem eine Hinweis- und Warnfunktion.[1302]

1296 § 71 JVollzG BW-IV, Art. 103 BayStVollzG, § 78 JStVollzG Bln, § 78 BremJStVollzG, § 78 BbgJStVollzG, § 80 HmbJStVollzG, § 52 Abs. 3 HessJStVollzG, § 78 JStVollzG MV, § 86 JStVollzG NRW, §78 JStVollzG RLP, § 78 SJStVollzG, § 87 JStVollzG LSA, § 786 JStVollzG SH, § 78 ThürJStVollzG.

1297 So in *Niedersachsen* und *Sachsen*.

1298 Vgl. Dreier-*Schulze-Fielitz* 2006, Art. 20 Rn. 179 ff.; Ostendorf-*Bochmann/Ostendorf* 2009, Kap. 9 Rn. 29.

1299 § 73 JVollzG BW-IV, Art. 105 BayStVollzG, § 80 JStVollzG Bln, § 80 BremJStVollzG, § 80 BbgJStVollzG, § 82 HmbJStVollzG, § 52 Abs. 5 HessJStVollzG, § 80 JStVollzG MV, § 130 i. V. m. § 90 NJVollzG, § 88 JStVollzG NRW, § 70 JStVollzG RLP, § 80 SJStVollzG, § 80 SächsJStVollzG, § 89 JStVollzG LSA, § 80 JStVollzG SH, § 80 ThürJStVollzG.

1300 § 52 Abs. 5 HessJStVollzG; vgl. Ostendorf-*Bochmann/Ostendorf* 2009, Kap. 9 Rn. 33.

1301 Vgl. Ostendorf-*Bochmann/Ostendorf* 2009, Kap. 9 Rn. 38.

1302 Vgl. Ostendorf-*Bochmann/Ostendorf* 2009, Kap. 9 Rn. 38. Teilweise wird ein entspre-chender Hinweis wohl im Hinblick auf die Selbstverständlichkeit der vorhandenen Re-gelung im StGB auch weggelassen, vgl. z. B. § 79 JStVollzG SH.

7.14.3 Bewertung mit Blick auf die Mindeststandards

Die Regelungen über die Anwendung des unmittelbaren Zwanges waren schon im StVollzG sehr umfassend und präzise gefasst.[1303] So verwundert es nicht, dass sich die neuen landesrechtlichen Regelungen auch im Jugendstrafvollzug an dem weitestgehend bewährten Regelungssystem orientieren. Dass dies möglich ist, ist vor allem der auch schon im StVollzG angelegten konsequenten Ausrichtung auf das „ultima-ratio"-Prinzip geschuldet, wonach der physische Zwang im Sinne des Verhältnismäßigkeitsprinzips stets die allerletzte Option ist, deren finale Androhung oftmals schon für die Entschärfung eines Konfliktes auszureichen vermag.[1304]

Bevor es zum Einsatz dieses letzten Mittels kommt, steht dem Jugendstrafvollzug zudem ein breites Instrumentarium zur Verfügung, welches von informeller Konfliktschlichtung bis zu formellen Disziplinierungen reicht.[1305] Durch die klar subsidiäre Einordnung wird die Eingriffsintensität der Zwangsmittel in ein enges Korsett geschnürt, das deren Einsatz auf die wirklich unverzichtbaren Fälle beschränkt. Gleichzeitig wird dem Vollzugspersonal ein Regelungssystem für die Klärung von Akutsituationen gegeben, das durch detailliertere Vorgaben gegenüber den allgemeinen „Jedermanns-Rechten" der Notwehr und -hilfe ein Mehr an Rechtssicherheit für den Rechtsanwender und den Gefangenen bietet.[1306]

Den allgemeinen Grundsätzen der ERJOSSM in den Regeln Nr. 1, 7 und Nr. 8 sowie Nr. 52.1, die jegliche erniedrigende und herabwürdigende Behandlung verbieten und zum Schutz der seelischen und körperlichen Integrität der jungen Gefangenen anhalten, finden ihre wichtigste Entsprechung in dem im gesamten Zwangsmittelrecht allgegenwärtigen Verhältnismäßigkeitsgrundsatz. Nach deutscher Grundrechtsdogmatik verbietet dieser nicht nur jegliche Beeinträchtigung der abwägungsresistenten Menschenwürde[1307], sondern bestimmt, dass physischer Zwang nur als letztes, unbedingt erforderliches und immer angemessenes Mittel zur Anwendung kommen darf. Um dies für diesen besonders sensiblen Bereich des Strafvollzuges deutlich hervorzuheben, findet sich in nahezu allen Gesetzen eine explizite Nennung beider Verfassungsprinzipien, die in

---

1303 Dass es schon dort kaum Erörterungsbedarf gab, zeigt die geringe Rezeption in Literatur und Rechtsprechung, vgl. im Einzelnen S/B/J/L-*Koepsel* 2009, § 94 Rn. 3.

1304 Vgl. *Grommek* 1982, Einl. Rn. 12.

1305 Dies entspricht auch der der grundsätzlichen Wertung der ERJOSSM, vgl. ERJOSSM commentary zu Rule Nr. 90.

1306 Vgl. *Grommek* 1982, Kap. 5 Rn. 2 ff.

1307 Vgl. Dreier-*Dreier* 2006, Art. 1 Abs. 1 Rn. 44.

dieser ausdrücklichen Form eher ungewöhnlich ist.[1308] Auch die Funktion des „letzten Mittels" materialisiert sich durch das Verfahrenserfordernis der „Androhung" direkt im Gesetzestext.

7.14.3.1 Handeln auf Anordnung

Die Gesetze widmen sich zudem mit der Festlegung von Widerstandsrechten und -pflichten gegen unzulässige Anweisungen bei der Anwendung von unmittelbarem Zwang durch Vollzugsbedienstete explizit den Problemen, die sich aus den hierarchischen Machtstrukturen im Vollzug ergeben können. Klare Grenzsetzungen beim Handeln „auf Anordnung" wirken den Gefahren entgegen, die von den sich verselbstständigenden Mechanismen der kognitiven Dissonanz und des Konformitätsdrucks unter Strafvollzugsbediensteten ausgehen können.[1309] Es besteht eine klare gesetzliche Aufforderung an die Vollzugsbeamten, die Rechtmäßigkeit von Anordnungen jederzeit zu reflektieren und diese nicht blind zu befolgen.[1310] Auch dies dient direkt dem Schutz der Gefangenenrechte.

Welche Folgen eine unzulässige Anweisung für das Handeln der Beamten haben muss, wird dabei unterschiedlich bewertet: Nur der Wortlaut der *hessischen* Regelung gibt eine Widerstands*pflicht* des untergebenen Vollzugsbeamten für alle drei Missbrauchsalternativen her. Der Wortlaut der übrigen Gesetze lässt hinsichtlich der Verletzung der Menschenwürde und der Zweckentfremdung lediglich auf ein entsprechendes Widerstands*recht* schließen.

Teilweise wird entgegen dem Wortlaut vertreten, dass auch dort von einer Widerstands*pflicht* ausgegangen werden müsse.[1311] Grundsätzlich würde eine solche Normauslegung bzw. -gestaltung auch der Wertung der ERJOSSM entsprechen, da sie die Anforderungen an die Verfahrensbeteiligten erhöht und damit die Gefangenenrechte stärkt. Die gerade in diesem Zusammenhang von den Landesgesetzen ausdrücklich genannte menschenwürdige Behandlung wird auch von den essentiellen ERJOSSM Regeln Nr. 1 und Nr. 7 verlangt und erfährt – wie dargestellt – auch in den Europaratsregeln eine Absicherung hauptsächlich durch hohe Verfahrensanforderungen.

1308 Ähnlich auch *Grommek* 1982, Kap. 2 Rn. 2.

1309 Zu den dynamischen Gefahren institutioneller Macht, vgl. *Zimbardo* 2008, S. 249 ff. mit zahlreichen weiteren Nachweisen.

1310 Zudem liegt darin eine klare Strukturierung der Verantwortlichkeiten. Nahezu jede Anwendung des unmittelbaren Zwanges erfüllt objektiv den Tatbestand einer Straftat. Bei einer hierarchisch verzahnten Entschlussfassung dient die Regelung folglich auch der allgemeinen Rechtssicherheit, vgl. *Grommek* 1982, Kap. 11 Rn. 2.

1311 Vgl. Ostendorf-*Bochmann/Ostendorf* 2009, Kap. 9 Rn. 37; a. A. S/B/J/L-*Koepsel* 2009, § 97 Rn. 3.

Unabhängig davon, ob man eine gesetzliche Regelung nach dem Vorbild *Hessens* fordert oder lediglich die verbindlichere Auslegung der bestehenden Regelungen, ist jedoch zu bedenken, dass es sich bei den Anwendungskonstellationen des unmittelbaren Zwanges oft um unübersichtliche Situationen handelt, in denen die Beamten schnell und ohne Unsicherheiten handeln müssen.[1312] Insofern erscheint es nachvollziehbar, eine entsprechende Widerstandspflicht erst für die strafrechtlich relevanten Fälle vorzusehen, die sich in ihrer Eindeutigkeit auch in akuten Stresssituationen erkennen lassen. Dafür spricht auch, dass die Regelungen eines detaillierten Verfahrens den Gefangenen nur dann etwas zu nützen vermögen, wenn sie zugleich auch den Handlungserfordernissen der Vollzugsbeamten gerecht werden und nicht durch überzogene Erwartungen mangelnde Akzeptanz schaffen. Denn damit würden möglicherweise Unterwanderungsstrategien des Vollzugspersonals provoziert. Ein gesichertes Verfahren im Sinne der Regeln in Nr. 90.4 der ERJOSSM kann seine Schutzwirkung für die Gefangenen nur dann entfalten, wenn es funktional zu gebrauchen ist.

Gegen eine erweiterte Auslegung der vorhandenen Regelungen spricht zudem der klar formulierte Wille des Gesetzgebers, der zwischen Rechten und Pflichten unterscheidet.[1313]

Allerdings ist hier die Ausweitung dezenterer Verfahrensmechanismen geeignet, für mehr Sicherheit zu sorgen. Die ERJOSSM Regeln Nr. 90.4e und f fordern eine schriftliche Berichtspflicht samt einem dazugehörigen Kontrollverfahren für den Fall, dass unmittelbarer Zwang angewendet wurde. Entsprechendes sieht zwar keine landesrechtliche Normierung vor. Ebenso wenig findet man eine Befugnisunterscheidung zwischen den verschiedenen Rängen des Vollzugspersonals im Sinne von Nr. 90.4c und d. Die Landesgesetze räumen pauschal jedem Vollzugsbediensteten die volle Handlungskompetenz ein. Es bestünde hier also die Möglichkeit einer weitergehenden Ausdifferenzierung des Verfahrens auf gesetzlicher Ebene. Gleichwohl werden die Länder entsprechende Regelungen wohl eher in Verwaltungsvorschriften treffen,[1314] was für die Einhaltung der Mindeststandards ebenfalls ausreichend ist.

7.14.3.2 Sonstiges Verfahren und Bestimmtheit

Auch ansonsten erfüllen die Gesetze den Anforderungskatalog eines „detaillierten Verfahrens" (Nr. 90.4) nicht ganz umfassend: Wie dargestellt, werden insbe-

---

1312 Vgl. S/B/J/L-*Koepsel* 2009, § 97 Rn. 3.

1313 Vgl. z. B. die Begründung zu § 79 JStVollzG Bln (Bln. Ltg. Drs. 16/0677).

1314 Die Berichtspflicht war bisher in den VV Abs. 3 zu § 94 StVollzG geregelt. Außerdem ergibt sie sich aus Nr. 9 der bundeseinheitlichen Dienst- und Sicherheitsvorschriften für den Strafvollzug (DSVollz).

sondere die Hilfsmittel der körperlichen Gewalt nicht abschließend aufgezählt (Nr. 90.4a). Dies kann wiederum mit der Unvorhersehbarkeit der vielfältigen Situationen, in die die Beamten geraten können, begründet werden.[1315] Allerdings wäre es hier unter Umständen sinnvoll gewesen, dem Vollzugspersonal einen Regelbeispielskatalog an die Hand zu geben, der über die Varianten der Fesseln und Reizstoffe hinausgeht. Je umfassender eine solche Aufzählung ist, desto klarer kommt zum Ausdruck, von welcher Art und Eingriffsintensität herangezogene Hilfsmittel sein können.[1316] Dass eine entsprechende Bewertung ohnehin nicht immer leicht fällt, beweist das *niedersächsische* Gesetz, welches als einziges ausdrücklich und ohne Einschränkung auch „Diensthunde" und „Betäubungsstoffe" für zulässig hält.[1317] Die pauschale Einsatzmöglichkeit solcher, je nach Art der konkreten Verwendung sehr eingriffsintensiven Hilfsmittel erscheint indes im Hinblick auf eine menschenwürdige Behandlung nicht ganz unproblematisch.[1318] Der Einsatz von Medikamenten aus anderen als medizinischen Gründen wird durch Nr. 72.1 der ERJOSSM ausdrücklich untersagt.[1319]

Auch eine gesetzliche Konkretisierung hinsichtlich der zulässigen Art und Weise der Nutzung von Zwangsmitteln, wie sie Regel 91.3 verlangt, findet sich allenfalls für Schusswaffen. Hier hätte die Möglichkeit bestanden, die Regelung stark einschränkender Hilfsmittel – wie in *Niedersachsen* – in verhältnismäßige Bahnen zu lenken.

Die „Umstände" (Nr. 90.4b), unter denen unmittelbarer Zwang angewendet werden darf, werden mit dem Vorliegen einer rechtmäßigen Vollzugsmaßnahme und der subsidiären Anwendbarkeit als „letztes Mittel" ebenfalls relativ abstrakt umschrieben und bewegen sich damit eher im Bezugsrahmen der Regel Nr. 90.1, die als allgemeine Einführung in den Themenkomplex vergleichsweise weite Kriterien aufstellt.

1315 Vgl. Ostendorf-*Bochmann/Ostendorf* 2009, Kap. 9 Rn. 14; AK-*Walter* 2012, § 95 Rn. 5; *Arloth* 2011, § 95 Rn. 2.

1316 Auch kommt man dem verfassungsrechtlichen Bestimmtheitsgebot damit näher, vgl. dazu AK-*Walter* 2012, § 95 Rn. 9.

1317 § 88 Abs. 3 NVollzG.

1318 Näheres bei Ostendorf-*Bochmann/Ostendorf* 2009, Kap. 9 Rn. 13; vgl. auch AK-*Walter* 2012, § 95 Rn. 5; *Calliess/Müller-Dietz* 2008, § 95 Rn. 2; S/B/J/L-*Koepsel* 2009, § 95 Rn. 4; aufgeschlossener hingegen *Arloth* 2011, § 95 Rn. 2.

1319 Ausdrücklich benannt werden zwar nur die Gründe der „Sicherheit und Ordnung" sowie der „Strafe", allerdings ist der Wortlaut hier nicht zu eng zu verstehen. Zudem wird der Einsatz von Medikamenten als unmittelbarer Zwang regelmäßig zur Durchsetzung von Maßnahmen im Bereich der Sicherheit und Ordnung dienen, vgl. auch ERJOSSM commentary zu Rule Nr. 72.2.
Ferner verstößt der Medikamenteneinsatz als Hilfsmittel des unmittelbaren Zwanges auch gegen Nr. 55 der Havanna-Rules.

Es ist somit der stark abstrahierenden deutschen Gesetzgebungstechnik geschuldet, dass hier letztlich nur der Rückgriff auf das an mehreren Stellen eingewobene Verhältnismäßigkeitsprinzip bleibt. Immerhin entspricht dies inhaltlich der Kombination der wesentlichsten Regeln der ERJOSSM zu diesem Thema (Nr. 90.1 und Nr. 90.2).

Ansonsten dürften viele Vorgaben der ERJOSSM vor allem auf der rechtstatsächlichen Seite des deutschen Vollzuges ihren Niederschlag finden. So fällt beispielsweise die konkrete Vorgabe von Regel Nr. 91.2 wonach Gefangene nicht in „Ketten" gelegt werden dürfen, unter das Gebot einer menschenwürdigen und verhältnismäßigen Verwendung von „Fesseln" und ist somit eher an den Rechtsanwender gerichtet.[1320] Eine spezifische Normierung ist nicht zwingend erforderlich. Auch hinsichtlich der oben genannten Verfahrensdefizite besteht trotz fehlender gesetzlicher Ausgestaltung in jedem Fall der Druck auf entsprechende Exekutivorgane, Verwaltungsvorschriften zu schaffen, die die vorhandene Lücke zwischen Europaratsregeln und Gesetzestext schließen – soweit dies nicht bereits geschehen ist.[1321]

7.14.4 Schusswaffengebrauch

Schon mit § 178 Abs. 4 StVollzG gab der Bund den Ländern seinerzeit einen Hinweis dafür, wie der Einsatz von Schusswaffen im Jugendstrafvollzug geregelt werden könnte. Danach durfte das Landesrecht die Möglichkeit, Schusswaffen zu gebrauchen, weiter einschränken. Schon vor der Föderalismusreform wurde diese Ermächtigung kaum in Anspruch genommen. Auch bei der aktuellen Reform finden sich nur teilweise Regelungen, die sich deutlich vom Regelungsgehalt im Erwachsenenrecht abgrenzen.

1320   Gleiches gilt auch für die isolierte Absonderung i. S. v. Regel Nr. 91.4 und den zurückhaltenden Einsatz von Zwangsjacken und Handschellen gem. Regel Nr. 91.1.

1321   Vgl. dazu die entsprechende Praxis zum StVollzG mit vergleichbaren Verwaltungsvorschriften. Abgedruckt in *Callies/Müller-Dietz* 2008, § 94 ff.

7.14.4.1 Synoptischer Überblick der Rechtslage

Schusswaffengebrauch durch Vollzugsbedienstete gegen Jugendstrafgefangene[1322]

Länder	Innerhalb der Anstalt	Außerhalb der Anstalt	Wegen Waffe oder gefährlichen Werkzeug	Wegen Meuterei Minderjähriger	Wegen Meuterei Volljähriger	Zur Fluchtvereitelung aus geschlossenem Vollzug (Minderjährige)	Zur Fluchtvereitelung aus geschlossenem Vollzug (Volljährige)	Zur Fluchtvereitelung aus offenem Vollzug (Minderjährige)	Zur Fluchtvereitelung aus offenem Vollzug (Volljährige)	Zur Wiederergreifung Minderjähriger	Zur Wiederergreifung Volljähriger	Zielsetzung
Baden-Württemberg, Bayern, Brandenburg, Nordrhein-Westfalen, Saarland, Schleswig-Holstein, Thüringen	+	+	+	+	+	+	+	−	−	+	+	Angriffs- oder Fluchtunfähigkeit
Hamburg	+	+	+	+	+	−	−	−	−	−	−	
Niedersachsen	+	+	+	−	−	−	−	−	−	−	−	
Berlin	−	+	+	+	+	+	+	+	+	+	+	
Bremen, Mecklenburg-Vorpommern, Rheinland-Pfalz	−	+	+	−	+	−	+	−	+	−	+	
Hessen	+	+	(+)	(+)	(+)	−	−	−	−	−	−	
Sachsen	−	−	−	−	−	−	−	−	−	−	−	
Sachsen-Anhalt	−	−	−	−	−	−	−	−	−	−	−	

1322 Tabelle weitgehend angelehnt an Ostendorf-*Bochmann/Ostendorf* 2009, Kap. 9 S. 560.

7.14.4.2 Landesrechtliche Regelungen im Einzelnen

So gleichförmig die allgemeinen Regeln zum unmittelbaren Zwang ansonsten in den Landesgesetzen ausgestaltet sind, so unterschiedlich fallen sie hingegen bei den Detailregelungen zum Schusswaffengebrauch aus.

Schon bei der essentiellen Frage, ob man den Einsatz von Schusswaffen im Jugendstrafvollzug grundsätzlich zulässt oder ob man ihn generell ausschließt, scheiden sich offenbar die Geister. In *Sachsen-Anhalt* und *Sachsen* schlägt man den letztgenannten Weg ein und sieht vom Schusswaffengebrauch durch Vollzugsbedienstete gänzlich ab.[1323]

Nach allen anderen Jugendstrafvollzugsgesetzen ist der Gebrauch von Schusswaffen grundsätzlich möglich, wobei die dabei zugrundeliegende Zielsetzung sich stets darauf beschränkt, die betreffende Person „angriffs-" bzw. „fluchtunfähig zu machen".[1324] Damit ist die Einsatzmöglichkeit auf entsprechende Konfliktsituationen reduziert und legt gleichzeitig das Ziel der Handlung auf den geringstmöglichen Eingriff fest. Gezielte Tötungen, wie etwa beim sogenannten „finalen Rettungsschuss" sind damit überall ausgeschlossen.[1325] Übereinstimmend wird auch in allen Gesetzen der Verhältnismäßigkeitsgrundsatz ein weiteres Mal betont. Schusswaffen dürfen demnach nur eingesetzt werden, wenn andere Maßnahmen des unmittelbaren Zwanges nicht mehr greifen. Auch das Androhungserfordernis wird noch einmal besonders hervorgehoben.[1326] Zudem sind Schusswaffen zunächst vorrangig gegen Sachen einzusetzen.

Grundlegende Unterschiede ergeben sich aber beim örtlichen Bezugsrahmen der Maßnahme. Ein Teil der Länder beschränkt den Schusswaffengebrauch auf Situationen „außerhalb der Anstalt".[1327] Alle anderen Normierungen lassen den Einsatz innerhalb wie außerhalb der Gefängnismauern zu.[1328]

Unterschiede ergeben sich auch hinsichtlich der Anwendungsvoraussetzungen. Namentlich sind dies die Weigerung, eine „Waffe oder ein gefährliches

---

1323 In *Sachsen-Anhalt* ausdrücklich (§ 90 JStVollzG LSA) und in *Sachsen* durch Nichtnennung (§ 77 SächsJStVollzG).

1324 In § 53 Abs. 1 S. 2 HessJStVollzG nur „angriffsunfähig".

1325 Vgl. D/S/S-*Sonnen* 2008, § 81 Rn. 3 JStVollzG; Ostendorf-*Bochmann/Ostendorf* 2009, Kap. 9 Rn. 44.

1326 § 74 Abs. 3 JVollzG BW-IV, Art. 106 BayStVollzG, § 81 JStVollzG Bln, § 81 BremJStVollzG, § 81 BbgJStVollzG, § 83 HmbJStVollzG, § 53 HessJStVollzG, § 81 JStVollzG MV, § 129 i. V. m. § 91 NJVollzG, § 89 JStVollzG NRW, § 81 JStVollzG RLP, § 81 SJStVollzG, § 81 JStVollzG SH, § 81 ThürJStVollzG.

1327 *Berlin, Bremen, Mecklenburg-Vorpommern, Rheinland-Pfalz.*

1328 *Baden-Württemberg, Bayern, Brandenburg, Hamburg, Hessen, Niedersachsen, Nordrhein-Westfalen, Saarland, Schleswig-Holstein, Thüringen.*

Werkzeug" abzulegen, „Meuterei"[1329], ein Fluchtversuch aus dem offenen oder geschlossenen Vollzug oder die „Wiederergreifung" des Gefangenen. Teilweise wird die Anwendbarkeit dabei auf volljährige Gefangene begrenzt.[1330]

Nur in *Hessen* sind die Voraussetzungen noch weiter eingeschränkt: Dort werden Schusswaffen zwar nicht gänzlich ausgeschlossen, dürfen aber nur eingesetzt werden, um einen „gegenwärtigen rechtswidrigen Angriff auf Leib oder Leben" abzuwehren.[1331]

In *Bremen, Mecklenburg-Vorpommern* und *Rheinland-Pfalz* ist Schusswaffeneinsatz innerhalb der Anstalt nicht zulässig. Außerhalb der Anstalt dürfen Schusswaffen gegen Gefangene jeden Alters eingesetzt werden, soweit diese eine Waffe oder ein gefährliches Werkzeug nicht ablegen. Im Fall der Meuterei, des Fluchtversuches bzw. der Wiederergreifung wird unterschieden zwischen minderjährigen und volljährigen Gefangenen. Der Schusswaffeneinsatz gegen minderjährige Gefangene ist bei diesen Fallvarianten ausgeschlossen. Nicht unterschieden wird hinsichtlich der Flucht aus dem offenen oder geschlossenen Vollzug.[1332] Ganz ähnlich ist auch die Regelung *Berlins* gefasst. Hier fehlt es jedoch an der Altersdifferenzierung zwischen minderjährigen und volljährigen Gefangenen.[1333]

In *Niedersachsen* bleibt zwar der Schusswaffeneinsatz aus Anlass eines Fluchtversuches oder einer Meuterei nicht zulässig. Allerdings fehlt hier ein Verbot des Gebrauchs innerhalb der Anstalt. Ferner ist der Einsatz gegen Gefangene aller Altersklassen wegen Nichtablegens einer Waffe oder eines gefährlichen Werkzeuges nur möglich, wenn „durch die Benutzung der Waffe oder des gefährlichen Werkzeuges eine gegenwärtige Gefahr für Leben oder Gesundheit verursacht" wird.[1334]

Baden-Württemberg, Bayern, Brandenburg, Nordrhein-Westfalen, das Saarland, Schleswig-Holstein und *Thüringen* erlauben schließlich den Einsatz von Schusswaffen innerhalb wie außerhalb der Anstalten gegen beide Altersklassen. Als Anlass kommt sowohl das Nichtablegen von gefährlichen Werkzeugen oder

---

1329 Gemäß § 121 StGB liegt eine solche vor, wenn sich Gefangene zusammenrotten und mit vereinten Kräften einen Anstaltsbeamten, einen anderen Amtsträger oder einen mit ihrer Beaufsichtigung, Betreuung oder Untersuchung Beauftragten nötigen oder tätlich angreifen, gewaltsam ausbrechen oder gewaltsam einem von ihnen oder einem anderen Gefangenen zum Ausbruch verhelfen.

1330 Vergleiche zu dem Vorliegen der einzelnen Voraussetzungsmerkmale die vorstehende Tabelle.

1331 § 53 Abs. 1 S. 1 HessJStVollzG; in der tabellarischen Übersicht als „(+)" gekennzeichnet.

1332 § 81 BremJStVollzG; § 81 JStVollzG MV; § 81 JStVollzG RLP.

1333 § 81 JStVollzG Bln.

1334 § 92 i. V. m. § 129 NJVollzG.

Waffen, Meuterei als auch Flucht bzw. Wiederergreifung in Betracht. Letzteres ist allerdings bei Flucht aus dem offenen Vollzug untersagt.[1335] In *Baden-Württemberg* schwächt man die Einsatzmöglichkeit zur Fluchtverhinderung noch dahingehend ab, dass dies im geschlossenen Vollzug nur möglich sein soll, soweit dort nicht „überwiegend Jugendliche" inhaftiert sind.[1336] In *Hamburg* verzichtet man auf den Schusswaffeneinsatz anlässlich von Fluchtversuchen und Wiederergreifung.[1337]

7.14.4.3 Bewertung mit Blick auf die Mindeststandards

7.14.4.3.1 Schlechterstellung

Die Landesregelungen haben sich weitgehend an die alten bundesrechtlichen Regelungen zum Einsatz von Schusswaffen gegen Jugendstrafgefangene gemäß § 178 Abs. 1 StVollzG i. V. m. §§ 99, 100 StVollzG angelehnt bzw. diese gänzlich übernommen. Soweit man in einigen Bundesländern den Schusswaffeneinsatz auch bei Fluchtversuchen aus dem offenen Vollzug zulässt, gehen diese Regelungen in der Eingriffsintensität sogar über die nach wie vor bestehende Regelung im Erwachsenenvollzug hinaus.[1338] Dies widerspricht dem Verbot der Schlechterstellung, welches sich aus den ERJOSSM ableiten lässt.[1339]

7.14.4.3.2 Generelle Einschränkungen und Unverhältnismäßigkeit

Darüber hinaus unterliegt der Schusswaffeneinsatz, der in den meisten Landesgesetzen grundsätzlich möglich bleibt, im Lichte der ERJOSSM auch generell starken Einschränkungen.[1340] Regel Nr. 92 bestimmt, dass Vollzugsbediensteten im Jugendstrafvollzug das „Tragen von Waffen" nicht gestattet ist, sofern nicht ein Notfall dies erfordert.

Damit spricht sich der Wortlaut der Regel zunächst klar gegen die alltägliche Präsenz jeder Form von Waffen aus.[1341] Dies kann nicht nur mit der Schädlichkeit für das Anstaltsklima, welche von einschüchternden Waffen aus-

---

1335 § 74 f. JVollzG BW-IV; Art. 106 f. BayStVollzG; § 81 BbgJStVollzG; § 90 JStVollzG NRW, § 81 SJStVollzG; § 81 JStVollzG SH; § 81 ThürJStVollzG.

1336 § 75 Abs. 2 Alt. 1 JVollzG BW-IV.

1337 § 83 HmbJStVollzG.

1338 Dies betrifft vor allem die Regelung *Berlins*, die dies undifferenziert zulässt.

1339 ERJOSSM Regel Nr. 13, vgl. auch *Dünkel* 2008, S. 379.

1340 Vgl. auch *Dünkel/Baechtold/van Zyl Smit* 2007, S. 136.

1341 Gemeint sind damit alle Waffentypen, also auch Hiebwaffen. Vgl. ERJOSSM commentary zu Rule Nr. 92; *Dünkel* 2008, S. 396; so auch schon EPR, Regel Nr. 69.2.

geht[1342], begründet werden, sondern auch mit den zusätzlichen Gefahren für die Vollzugsbediensteten, die durch Eskalationseffekte drohen.[1343] Das offene Vorhandensein von Schusswaffen schafft Tatgelegenheitsstrukturen, bei denen sich Gefangene möglicherweise die Waffen verschaffen und damit zu einer ernsthaften Gefahr für sich und ihre Umgebung werden können.[1344]

Tatsächlich eingesetzt werden dürfen Waffen nach Regel Nr. 92 nur in Notfallsituationen. Gemeint sind damit klassische Notwehr- und Nothilfekonstellationen, bei denen eine ernsthafte Bedrohung für Leib und Leben der Gefängnisbediensteten, der Gefangenen oder anderer Personen besteht.[1345] Insofern sind die Regelungen *Hamburgs, Hessens* und *Niedersachsens* bei einer engen Auslegung dahingehend, dass im Normalfall keine Waffen getragen werden, noch als regelkonform einzustufen. Auch das „Nichtablegen einer Waffe oder eines gefährlichen Werkzeuges" lässt sich noch unter den beschriebenen Anwendungsfall subsumieren.

Als problematisch sind hingegen diejenigen Landesregelungen zu bewerten, die den Schusswaffeneinsatz anlässlich von Fluchtversuchen der jungen Gefangenen billigen. Eine solche Situation ist nicht als „Notfall" im Sinne der ERJOSSM-Regel anzusehen.[1346] Zudem ist es auch unverhältnismäßig, auf flüchtende Jugendliche zu schießen, um deren Entweichung zu verhindern.[1347] Dabei ist es schon fraglich, inwieweit die Maßnahme überhaupt *geeignet* ist, da die Vollzugsbeamten wohl weit überwiegend nicht ausreichend im Umgang mit Schusswaffen ausgebildet sein dürften.[1348] In „Extremsituationen" stellt der Einsatz der Spezialkräfte der Polizei im dem Wege der Amtshilfe daher auch das mildere Mittel dar.[1349] Sofern der Gefangene versucht, mit Hilfe von Gewalt gegen die Vollzugsbeamten zu entweichen, ohne dabei eine notwehrähnliche Situation herbeizuführen, wird es in aller Regel auch immer ein *milderes Mittel* des physischen Zwanges geben (z. B. Fesseln, Polizeigriff etc.), um solche Bestrebungen zu beenden. Ferner erscheint der Schusswaffeneinsatz auch *unangemessen*. Dem staatlichen Interesse an einer ununterbrochenen Durchsetzung sei-

---

1342 Vgl. *van Zyl Smit/Snacken* 2009, S. 293 f.; Ostendorf-*Bochmann/Ostendorf* 2009, Kap. 9 Rn. 52; *Sußner* 2009, S. 110.

1343 Vgl. *Dünkel/Kühl* 2009, S. 84.

1344 Vgl. *D/S/S-Sonnen* 2008, § 81 JStVollzG Rn. 1; Ostendorf-*Bochmann/Ostendorf* 2009, Kap. 9 Rn. 52; *Eisenberg* 2012, § 92 Rn. 135.

1345 ERJOSSM commentary zu Rule Nr. 90.

1346 Vgl. *Dünkel* 2008, S. 396; *Dünkel/Baechtold/van Zyl Smit* 2007, S. 136.

1347 Vgl. *Eisenberg* 2012, § 92 Rn. 135.

1348 Vgl. *S/B/J/L-Koepsel* 2009, § 99 Rn. 2; Ostendorf-*Bochmann/Ostendorf* 2009, Kap. 9 Rn. 54; ähnlich *DVJJ u. a.* 2007, S. 53.

1349 Vgl. Ostendorf-*Bochmann/Ostendorf* 2009, Kap. 9 Rn. 54.

nes Strafanspruchs stehen die essentiellen Grundrechte auf Leben und Gesundheit des Gefangenen gegenüber. Dabei gilt es zu bedenken, dass die Wiederergreifung zumindest bei minderjährigen Gefangenen in der Regel keine allzu großen Schwierigkeiten bereiten dürfte. Außerdem ist zu berücksichtigen, dass Jugendliche und Heranwachsende oft impulsiv handeln und sich der Tragweite ihres Tuns nicht immer voll bewusst sind.[1350] Es widerspricht zudem systematisch der vom Rechtssystem getroffenen Grundentscheidung, die gewaltlose Selbstbefreiung straflos zu stellen[1351], wenn man den staatlichen Strafdurchsetzungsanspruch ohne Not[1352] gegenüber dem „natürlichen Freiheitsdrang des Menschen" überbetont.[1353] Die sich daraus ergebende Unverhältnismäßigkeit gilt dabei für den geschlossenen wie auch – erst recht – für den offenen Jugendstrafvollzug.

7.14.4.3.3 Problemlösung durch Alterskategorien?

Teilweise wird von den Bundesländern versucht, dem Problem der Unverhältnismäßigkeit mit der Schaffung von Alterskategorien zu begegnen. In *Bremen, Mecklenburg-Vorpommern* und *Rheinland-Pfalz* nimmt man daher Minderjährige von der Anwendung des Schusswaffengebrauchs anlässlich von Fluchtversuchen aus.

Da sich aber im deutschen Jugendstrafvollzug ein großer Anteil Heranwachsender und junger Erwachsener findet[1354], stellt man die Praxis damit vor schwer lösbare Probleme: Die Vollzugsbeamten müssten sich stets genau über das Alter der Gefangenen informieren, um zu wissen, ob die Voraussetzungen des unmittelbaren Zwanges im Einzelfall vorliegen. In den durchweg dringlichen Situationen, in denen Schusswaffen überhaupt eingesetzt werden dürfen, ist dies schlechterdings nicht möglich.[1355]

Auch aufgrund dieser Problematik können die Maßstäbe der internationalen Mindeststandards, wie die ERJOSSM und die „Regeln der Vereinten Nationen

---

1350 Vgl. *Grommek* 1982, Kap. 9 Rn. 31.

1351 Im Detail: *Ostendorf* 2007, S. 313 ff.

1352 Es gab – soweit ersichtlich – in den letzten zehn Jahren keinen Schusswaffeneinsatz im Jugendstrafvollzug, vgl. Ostendorf-*Bochmann/Ostendorf* 2009, Kap. 9 Rn. 54; ähnlich auch *Dünkel* 2008, S. 395.

1353 Vgl. Ostendorf-*Bochmann/Ostendorf* 2009, Kap. 9 Rn. 54.

1354 Nach *Dünkel/Geng* 2007, S. 70 waren 2005 nur ca. 10% der Gefangenen minderjährig, vgl. auch *Eisenberg* 2012, § 92 Rn. 14.

1355 Vgl. Ostendorf-*Bochmann/Ostendorf* 2009, Kap. 9 Rn. 53. Ähnlich auch schon *Grommek* 1982, Kap. 9 Rn. 31.

zum Schutz von Jugendlichen unter Freiheitsentzug"[1356], die bereits das Tragen bzw. den Einsatz von Schusswaffen im Jugendstrafvollzug bis zur gänzlichen Unzulässigkeit einschränken, als verfassungsrechtlich verbindlich für den *gesamten* Vollzug der Jugendstrafe angesehen werden. Das Aufstellen von Alterskategorien stellt keinen sachgerechten „Mittelweg" zwischen den internationalen Mindeststandards und der Vollzugspraxis dar. Im Gegenteil: Um die Vorgaben auch praktisch umsetzen zu können, hat der Schusswaffeneinsatz dort, wo eine notwendige Differenzierung der Gefangenen nicht stattfinden kann, gänzlich zu unterbleiben.

Die grundsätzliche Indizwirkung der UN-Regeln wird von den Gesetzgebern vereinzelt gesehen und – aufgrund des Begründungsdruckes gegenüber dem Bundesverfassungsgericht – auch erörtert. Allerdings argumentiert man dort genau anders herum: In *Hamburg* wird eine den UN-Regeln entgegenstehende, den Schusswaffeneinsatz pauschal gegen alle Altersklassen zulassende Regelung eben damit begründet, dass eine Unterscheidung im Praxisfall kaum möglich sei.[1357] Ganz ähnlich argumentiert auch die Begründung *Baden-Württembergs*.[1358] Der naheliegende Schluss, dass in solchen Institutionen der Einsatz von Waffen gänzlich zu unterbleiben hat, wird nicht gezogen. Im Hinblick auf die Heranwachsenden und jungen Erwachsenen erklärt man die UN-Regeln für ohnehin nicht anwendbar.[1359]

In *Brandenburg* hält man „eine Sonderregelung für den Jugendstrafvollzug" für „nicht angezeigt", weil „zu Jugendstrafe Verurteilte [...] auf absehbare Zeit" in Erwachsenenanstalten untergebracht werden sollen.[1360]

Diese Begründungen vermögen jedoch schwerlich zu überzeugen, fußen sie doch auf der Missachtung des Trennungsgrundsatzes, der aufgrund ebensolcher Probleme seinerseits einen Verstoß gegen internationale Mindeststandards bedeutet.[1361] Ein solcher Begründungsansatz ist dabei nicht nur „zynisch"[1362], er geht auch an dem Regelungsgehalt der Mindeststandards vorbei: Nr. 65 der UN-

---

1356 UN-Regel Nr. 65.

1357 So die Begründung zu § 83 HmbJStVollzG (Hmb. Ltg. Drs. 19/2533) mit Verweis auf die Begründung zu § 83 HmbStVollzG (Hmb. Ltg. Drs. 18/6490).

1358 Begründung zu § 69 ff. JVollzG BW-IV (BW. Ltg. Drs. 14/5012) verweist auf die Begründung zu § 93 JStVolltG BW a. F. (BW Ltg. Drs. 14/1240), wo man darüber hinaus in einer Art Wild-West-Argumentation anführt, ein „generelles Verbot von Schusswaffen" könnte von den Gefangenen als „Ausdruck von Schwäche" missverstanden werden, weshalb die UN-Regeln „nicht betroffen" seien.

1359 Wobei man sich auf Nr. 11 der UN-Regeln beruft, die Jugendliche als unter 18-Jährige definiert, vgl. Begründung zu § 83 HmbStVollzG (Hmb. Ltg. Drs. 18/6490).

1360 Begründung zu § 81 BbgJStVollzG (Bbg. Ltg. Drs. 4/5010).

1361 Nr. 29 der UN-Regeln und Regel 51.1 der ERJOSSM.

1362 Vgl. *Dünkel/Baechtold/van Zyl Smit* 2007, S. 136.

Regeln schließt den Schusswaffeneinsatz nicht speziell für die Gruppe der Minderjährigen aus, sondern ganz generell für „Anstalten, in denen Jugendliche in Haft gehalten werden". Damit erfasst die Regelung bewusst und ausdrücklich Institutionen, in denen Minderjährige gemeinsam mit älteren Insassen inhaftiert sind. Die Regeln des Europarates gehen sogar noch einen Schritt weiter: Denn gemäß der Grundsatzregel Nr. 17 und Regel Nr. 22 der ERJOSSM sind auch volljährige Gefangene in ihren Rechten den jugendlichen Gefangenen gleichzustellen, soweit die Rechtsordnung sie faktisch gleichbehandelt (insbesondere also Heranwachsende nach Jugendstrafe aburteilt) und sie gemeinsam mit Jugendlichen in ein und derselben Einrichtung inhaftiert sind.[1363] Es erscheint überdies auch inkonsequent, Heranwachsende einerseits aufgrund von Entwicklungsdefiziten nach Jugendstrafrecht abzuurteilen und in einer besonderen Vollzugsform unterzubringen und andererseits, im Konfliktfall, dieselben Maßstäbe wie im Vollzug der allgemeinen Freiheitsstrafe auf sie anzuwenden. Die Notwendigkeit einer abgeschwächten Regelung entspricht auch dem vom Bundesverfassungsgericht aufgestellten Erfordernis von Normierungen, die nicht einfach den Regelungsgehalt des allgemeinen Strafvollzugsrechtes übernehmen, sondern speziell auf die Situation junger Gefangener zugeschnitten sind.[1364] Soweit man – wie in *Brandenburg* – eine „Sonderbehandlung" deswegen ausschließt, weil man zu Jugendstrafe Verurteilte im allgemeinen Strafvollzug unterbringen will und sie damit faktisch wie Erwachsene behandelt, ist dies eine besonders zweifelhafte, weil tautologische Begründung, die nicht über die Anforderungen des Bundesverfassungsgerichts und der Mindeststandards hinwegzuhelfen vermag.[1365] Umgekehrt gilt: Der Schusswaffeneinsatz ist in Institutionen generell als unzulässig anzusehen, in denen zu Jugendstrafe verurteilte Gefangene untergebracht sind.[1366]

7.14.4.4 Zusammenfassung

Vor diesem Hintergrund sind aufgrund der Indizwirkung der Mindeststandards nahezu alle landesrechtlichen Regelungen zum Schusswaffengebrauch als ver-

---

1363 Vgl. *Dünkel* 2008, S. 379, 395.

1364 Vgl. BVerfG NJW 2006, S. 2095.

1365 Im Hinblick auf das verfassungsrechtliche Erfordernis einer auf junge Gefangene „zugeschnittenen" Regelung macht man es sich aber auch im *Saarland* (Saar. Ltg. Drs. 13/1390), *Schleswig-Holstein* (SH. Ltg. Drs. 16/1454) und *Thüringen* (Thür. Ltg. Drs. 4/3102) zu leicht, wo die Begründung schlicht auf die bestehenden Regelungen des StVollzG verweist.

1366 So auch ein entsprechender Regelungsvorschlag bei *Tondorf* 2006, § 32.

fassungswidrig anzusehen.[1367] Eine sachliche Begründung, die die Abweichung rechtfertigen könnte, bleiben die Gesetzgeber – wie dargestellt – schuldig.

Die Regelungen *Hessens* und *Niedersachsens* werden den aufgestellten Anforderungen der ERJOSSM nur gerecht, indem sie dem Vollzugspersonal den Einsatz von Schusswaffen nur in eng umrissenen Notfallsituationen zugestehen. Etwas weiter gefasst, aber im Ansatz ähnlich ist die Regelung *Hamburgs*.

Nimmt man es hingegen genau mit der selbst erklärten Deutungsoffenheit der ERJOSSM, wonach das Regelwerk nicht hinter bereits bestehenden Regelungen wie den „UN-Regeln für Jugendliche unter Freiheitsentzug" zurückstehen will[1368], dann bleibt auch für diesen Schusswaffengebrauch kein Raum, denn Nr. 65 der UN-Regeln schließt den Schusswaffengebrauch für den Vollzug und seine Bediensteten ausnahmslos aus.

Einzig die Normen *Sachsens* und *Sachsen-Anhalts* sind als gänzlich unproblematisch und begrüßenswert anzusehen. Dort ist der Schusswaffeneinsatz durch Vollzugsbedienstete vollständig ausgeschlossen. Schusswaffen können im dortigen Jugendstrafvollzug allenfalls durch die Einsatzkräfte der Polizei zum Einsatz kommen.

Äußerst bedenklich erscheint es in diesem Zusammenhang im Übrigen, wie offenkundig leichtfertig manche Landesgesetzgeber über die verfassungsrechtliche Indizwirkung der UN-Mindeststandards hinweggehen. Neben den bereits erwähnten – teilweise kaum nachvollziehbaren – Begründungen in *Baden-Württemberg, Brandenburg* und *Hamburg* wird auch andernorts ohne viel Aufhebens am verfassungsrechtlichen Verdikt vorbei argumentiert. In einigen Begründungen des *Neuner-Entwurfes* etwa begnügt man sich damit, den Schusswaffengebrauch „innerhalb" der Anstalten zu verbieten, da die UN-Regeln ja lediglich Schusswaffen „*in* Anstalten, in denen Jugendliche inhaftiert sind", verbiete.[1369] Mag dies auch eine sehr wortgetreue Auslegung des Regelungswerkes sein, die Regel, die den Fokus auf die generelle Verwendung von Schusswaffen durch das Vollzugspersonal und nicht auf die Örtlichkeit legt, lässt sich nach Sinn und Zweck kaum anders verstehen, als dass die Benutzung von Schusswaf-

---

1367 Vgl. auch *Feest/Bammann* 2010, S. 541. Anders sieht dies *Schneider*, der Schusswaffen im Hinblick auf die zahlreichen Heranwachsenden und jungen Erwachsenen im Jugendstrafvollzug, und dem – seiner Meinung nach – mit dem Erwachsenenstrafvollzug vergleichbaren Gefährdungspotential für notwendig hält, vgl. *Schneider* 2010, S. 291 f. Auch *Schwirzer* hält den Schusswaffengebrauch als letztes Mittel unter engen Voraussetzungen für unverzichtbar, vgl. *Schwirzer* 2007, S. 251 f. Dies mutet allerdings seltsam an angesichts der Beobachtung, dass es seit vielen Jahren keinen einzigen Schusswaffeneinsatz im Jugendstrafvollzug gab, vgl. Ostendorf-*Bochmann/Ostendorf* 2009, Kap. 9 Rn. 54.

1368 Präambel der ERJOSSM; vgl. auch *Dünkel* 2008, S. 379.

1369 Z. B. Begründung zu § 81 JStVollzG Bln (Bln. Ltg. Drs. 16/0677).

fen in und während des *gesamten Vollzuges* ausgeschlossen bleiben soll.[1370] Folglich gilt dies auch bei Konfliktlagen außerhalb der eigentlichen Anstaltsgebäude, wie zum Beispiel bei der Wiederergreifung eines Gefangenen.

Ähnlich lapidar ist der Umgang mit den Mindeststandards in *Hessen:* Während man ein öffentlichkeitswirksames Schreckensszenario von Gefangenenbefreiungen durch die organisierte Kriminalität zeichnet, betont die *hessische* Landesregierung, dass es sich bei den UN-Regeln lediglich um unverbindliches „Soft Law" handelt, an das man sich nicht zwingend halten müsse – ohne auf die Indizkonstruktion des Bundesverfassungsgerichts einzugehen.[1371]

7.15 Rechtsschutzmöglichkeiten

In der von der Außenwelt isolierten Strafvollzugswirklichkeit sind die Rechte der Gefangenen nicht nur naturgemäß stark eingeschränkt, auch durch das besonders große Machtgefälle zwischen Institution und Inhaftierten ist die Gefahr von darüber hinausgehenden Rechtsverletzungen besonders groß.[1372] Denn die vielfältigen immanenten Rechtsbeschränkungen werden durch die in den vorangegangenen Abschnitten aufgezeigten umfangreichen Eingriffsbefugnisse des Vollzugsdienstes flankiert.[1373] Problematisch erweist sich dabei auch, dass das Strafvollzugsrecht häufig auf gerichtlich nur schwer überprüfbare unbestimmte Rechtsbegriffe zurückgreift.[1374]

Die rechtliche Ohnmacht des Gefangenen gilt es schon aus verfassungsrechtlicher Sicht, aber auch aufgrund internationaler Mindeststandards durch ein effektives Rechtsschutzverfahren auszugleichen (Art. 19 Abs. 4 GG). In besonderem Maße betrifft dies den Jugendstrafvollzug, dessen Insassen „im Umgang mit Institutionen und Schriftsprache typischerweise besonders ungeübt" sind.[1375]

1370 Der genaue Wortlaut lautet: „In Anstalten, in denen Jugendliche in Haft gehalten werden, sollten das Tragen und die Anwendung von Waffen durch das Personal verboten werden." (UN-Regel Nr. 65).

1371 Vgl. Plenarsitzung des *hessischen* Landtages vom 14.11.2007, Ltg. Hess. Drs. 16/146 S. 10445. Soweit man sich mit der bereits oben diskutierten Anwendbarkeit der UN-Regel auf den *gesamten* Jugendstrafvollzug auseinandersetzt, werden diese so verkürzt zitiert, dass sie der gewünschten Auslegung der Landesregierung genügen. Die entscheidenden Worte „in any facility where juveniles are detained" lässt man unter den Tisch fallen.

1372 Vgl. *Laubenthal* 2011, Rn. 749; *Koeppel* 1999, S. 1.

1373 Vgl. AK-*Kamman* 2012, Vor § 108 Rn 2.

1374 Vgl. *Dünkel/Rössner* 2001, S. 316.

1375 Vgl. BVerfG NJW 2006, S. 2096; so auch schon *Böhm* 1985, S. 194 f.

Sollen vorgesehene Rechtschutzmöglichkeiten auch für die spezielle Klientel des Jugendstrafvollzuges nutzbar sein und nicht gänzlich ins Leere laufen, ist der Gesetzgeber gehalten, unnötige formal-juristische Hürden aus dem Weg zu räumen oder zumindest überwindbar zu gestalten.

Vor diesem Hintergrund hat ein effektiv funktionierendes Rechtsschutzsystem auch „sozialisierende Wirkung".[1376] Es bietet die Chance, psychosoziale Zugangsbarrieren und andere Hemmschwellen[1377] im Umgang mit Sprache und Institutionen zu überwinden und das Rechtsempfinden des Gefangenen zu stärken.[1378] Gleichzeitig kann dem Rechtsschutz eine aus rechtspsychologischer Sicht wichtige „Ventilfunktion" zukommen,[1379] wenn es um die externe Auflösung von vollzugsintern festgefahrenen Konflikten geht.

Im strafvollzugsrechtlichen Rechtsschutz liegen folglich Chance und Beschwernis dicht beieinander: Gelingt es nicht, den Gefangenen die emanzipierte Wahrnehmung ihrer Rechte zu ermöglichen bzw. sie an diese heranzuführen, geht dies nicht nur zu Lasten des Vollzugsziels, sondern auch regelmäßig mit verfassungsrechtlich nicht hinnehmbaren Rechtseinbußen einher.

7.15.1 Vorgaben der ERJOSSM

Die ERJOSSM sehen in den Regeln Nr. 120 bis 124 umfassende Vorgaben für die Ausgestaltung der Rechtsmittel vor. Darüber hinaus stimmt das Regelwerk in seinem Grundtenor jedoch immer wieder seine generelle Ausrichtung auf die Vermeidung und Austragung von Konflikten im möglichst informellen, zwischenmenschlichen Rahmen an. Probleme sollen durch die Schaffung von „positiven Beziehungen" zwischen Vollzugspersonal und jungen Gefangenen von vornherein reduziert oder nach Möglichkeit einvernehmlich geklärt werden. Erst subsidiär soll es zu förmlichen Entscheidungen der Anstalt kommen, auf welche wiederum der Insasse mit rechtlichen Schritten reagieren kann (vgl. Regeln Nr. 50.3, 88.3 und 122.2).

Dies entspricht auch Basisregel Nr. 12, wonach „Mediation und andere Maßnahmen der Wiedergutmachung in allen Verfahrensabschnitten zu fördern" sind.

Regel Nr. 120.1 konstatiert zunächst den „Anspruch" des Jugendlichen und seiner Eltern auf „Rechtsberatung und Rechtsbeistand" in Bezug auf Verhängung und Vollstreckung jeglicher Sanktionen und Maßnahmen. Dabei muss

---

1376 Vgl. *Kretschmer* 2005, S. 217; *Kamann* 1991, S. 4; ähnlich *Koeppel* 1999, S. 243; *Kamann* 2009, Rn. 9.

1377 Vgl. *Calliess/Müller-Dietz* 2008, § 108 Rn. 2.

1378 Vgl. *Kamann* 1991, S. 4.

1379 *Calliess/Müller-Dietz* 2008, § 108 Rn. 2.

nach Regel Nr. 120.2 effektiv Hilfe bei der Wahrnehmung dieses Rechts geleistet werden.[1380] Daraus folgernd muss der Staat gemäß Regel Nr. 120.3 „unentgeltliche Rechtshilfe leisten, wenn dies im Interesse der Rechtspflege geboten ist." Regel Nr. 124 konkretisiert dies für Beschwerdeverfahren im Strafvollzug.

Des Weiteren müssen die Jugendlichen und ihre Eltern oder Erziehungsberechtigten gemäß Regel Nr. 121 „ausreichend Gelegenheit haben, sich mit Anträgen oder Beschwerden an die jeweils zuständige Stelle zu wenden."

Dabei wird Wert auf ein schnelles und effektives Verfahren gelegt. Das Stellen von Anträgen muss dabei „einfach" sein (Regel Nr. 122.1). Vorrangig ist dabei auf „Mediation und Maßnahmen der ausgleichenden Konfliktlösung" zurückzugreifen (Regel Nr. 122.2). Ablehnende Entscheidungen sind zu begründen (Regel Nr. 122.3).

Daneben soll den Jugendlichen und ihren Erziehungsberechtigten die Möglichkeit gegeben werden, Rechtsbehelfe bei einer unparteiischen und unabhängigen Instanz[1381] einzulegen. Ein solches Verfahren ist dabei „in einer Weise" durchzuführen, „die die Jugendlichen, ihre Bedürfnisse und Anliegen berücksichtigt." Dies soll durch Personen bewerkstelligt werden, die in „jugendspezifischen Angelegenheiten erfahren sind" und an einem Ort, der sich so nah wie möglich an dem Ort der durchgeführten Sanktion befindet (Regel Nr. 122.4). Regel Nr. 122.5 verlangt dabei zudem das unbedingte Recht auf eine mündliche Anhörung des Jugendlichen.

Gemäß Regel Nr. 123 dürfen die Jugendlichen zudem nicht für das Einlegen von Beschwerden oder Rechtsbehelfen bestraft werden.[1382]

7.15.2 Informeller Rechtsschutz

Gleichsam als informeller Rechtsschutz lässt sich die Problemlösung auf Vollzugsebene beschreiben. Bevor der Konflikt zwischen Anstalt und Gefangenen vor Gericht gebracht wird, bietet sich zunächst eine einvernehmliche Klärung durch die Beteiligten an. Auch die Vermeidung gerichtlicher Auseinandersetzung durch ein Anstaltsklima, in dem ebenfalls kritische Kommunikation möglich ist, fällt in diesen Bereich. Im StVollzG fand dies bisher am ehesten in dem in § 108 geregelten Beschwerderecht des Gefangenen seinen Niederschlag. Auch die neuen Landesregelungen setzen hier an.

1380   Insbesondere sollen Rechtsbeistände unbegrenzte, unüberwachte Besuchsrechte erhalten.

1381   *BMJ* 2009 spricht insoweit etwas zu einschränkend von „unparteiischen Behörden".

1382   Dass es sich dabei im Hinblick auf informelle Sanktionen keineswegs um eine Selbstverständlichkeit handelt, belegen Untersuchungen von *Feest/Lesting/Selling* 1997 zum Erwachsenenvollzug; vgl. auch *Kamann* 1991, S. 76 f., 298 ff.

7.15.2.1 Synoptischer Überblick der Rechtslage

Baden-Württemberg	**§ 101 JStVollzG BW** **Beschwerderecht** (1) Der junge Gefangene hat das Recht, sich mit Wünschen, Anregungen und Beschwerden in Angelegenheiten, die ihn selbst betreffen, an den Anstaltsleiter bzw. die Anstaltsleiterin zu wenden. Regelmäßige Sprechstunden sind einzurichten. (2) Er kann sich mit Eingaben unmittelbar an die Aufsichtsbehörde wenden oder verlangen, dass eine Eingabe an diese weitergeleitet wird. (3) Eingaben, Beschwerden und Dienstaufsichtsbeschwerden, die nach Form und Inhalt nicht den im Verkehr mit Behörden üblichen Anforderungen entsprechen oder bloße Wiederholungen enthalten, brauchen nicht beschieden zu werden. Der junge Gefangene ist entsprechend zu unterrichten. Eine Überprüfung des Vorbringens von Amts wegen bleibt unberührt.
Bayern	**Art. 115 BayStVollzG** **Beschwerde** (1) Gefangene erhalten Gelegenheit, sich mit Wünschen, Anregungen und Beschwerden in Angelegenheiten, die sie selbst betreffen, an den Anstaltsleiter oder die Anstaltsleiterin zu wenden. Regelmäßige Sprechstunden sind einzurichten. (2) Besichtigen Vertreter der Aufsichtsbehörde die Anstalt, so ist zu gewährleisten, dass Gefangene sich in Angelegenheiten, die sie selbst betreffen, an diese wenden können. (3) Die Möglichkeit der Dienstaufsichtsbeschwerde bleibt unberührt.
Berlin, Brandenburg, Bremen, Hessen, Mecklenburg-Vorpommern, Rheinland-Pfalz, Saarland, Sachsen, Sachsen-Anhalt, Schleswig-Holstein, Thüringen	**§ 87 JStVollzG Bln, BbgJStVollzG, BremJStVollzG, JStVollzG MV, JStVollzG RLP, SJStVollzG, SächsJStVollzG, JStVollzG SH, ThürJStVollzG, § 97 JStVollzG LSA, § 57 HessJStVollzG** **Beschwerderecht** (1) Die Gefangenen erhalten Gelegenheit, sich mit Wünschen, Anregungen und Beschwerden in Angelegenheiten, die sie selbst betreffen, an die Anstaltsleiterin oder den Anstaltsleiter zu wenden. (2) Besichtigen Vertreter der Aufsichtsbehörde die Anstalt, so ist zu gewährleisten, dass die Gefangenen sich in Angelegenheiten, die sie selbst betreffen, an diese wenden können. (3) Die Möglichkeit der Dienstaufsichtsbeschwerde bleibt unberührt. [nur im *Saarland:*] (4) Ein Antrag auf gerichtliche Entscheidung kann erst nach einem Verfahren zur gütlichen Streitbeilegung gestellt werden. Dieses Schlichtungsverfahren wird von der Vollstreckungsleiterin bzw. dem Vollstreckungsleiter durchgeführt.

Hamburg	**§ 91 HmbJStVollzG**
	Beschwerderecht
	(1) Die Gefangenen erhalten Gelegenheit, sich mit Wünschen, Anregungen und Beschwerden in Angelegenheiten, die sie selbst betreffen, schriftlich und mündlich an die Anstaltsleitung zu wenden. Regelmäßige Sprechstunden sind einzurichten.
	(2) Die Abwicklung der Sprechstunden nach Absatz 1 Satz 2 kann in Anstalten, die wegen ihrer Größe in Teilanstalten oder in mehrere eigenständige Hafthäuser gegliedert sind, auf die Leitung der Teilanstalten oder die Leitung der Hafthäuser übertragen werden.
	(3) Besichtigt ein Vertreter oder eine Vertreterin der Aufsichtsbehörde die Anstalt, so ist zu gewährleisten, dass die Gefangenen sich in Angelegenheiten, die sie selbst betreffen, an sie wenden können.
	(4) Die Möglichkeit der Dienstaufsichtsbeschwerde bleibt unberührt.
Niedersachsen	**§ 101 NVollzG**
	Beschwerderecht
	(1) Die oder der Gefangene erhält Gelegenheit, schriftlich und mündlich Wünsche, Anregungen und Beschwerden in eigenen Angelegenheiten bei der Vollzugsbehörde vorzubringen.
	(2) Es ist zu gewährleisten, dass sich die oder der Gefangene in eigenen Angelegenheiten auch an Bedienstete der Aufsichtsbehörde wenden kann, die die Anstalt besichtigen.
	§ 131 NVollzG
	Beschwerderecht der Personensorgeberechtigten
	Beschwerderecht der Personensorgeberechtigten § 101 Abs. 1 gilt für die Personensorgeberechtigten der oder des Gefangenen entsprechend.
Nordrhein-Westfalen	**§ 97 JStVollzG NRW**
	Beschwerderecht, Ombudsperson
	(1) Die Gefangenen erhalten Gelegenheit, sich mit Wünschen, Anregungen und Beschwerden in Angelegenheiten, die sie selbst betreffen, an die Anstaltsleitung zu wenden. Regelmäßige Sprechstunden sind einzurichten.
	(2) Die Möglichkeit, sich in allen vollzuglichen Angelegenheiten an die Ombudsperson für den Strafvollzug des Landes Nordrhein-Westfalen zu wenden, bleibt unberührt. Die Ombudsperson kann die Gefangenen in ihren Räumen aufsuchen. Die Aussprache mit ihr wird nicht überwacht. Für die Überwachung des Schriftwechsels mit der Ombudsperson gilt § 35 Abs. 2 Satz 1 und 3 entsprechend.
	(3) Besichtigt eine Vertreterin oder ein Vertreter der Aufsichtsbehörde die Anstalt, so ist zu gewährleisten, dass Gefangene sich in Angelegenheiten, die sie selbst betreffen, an diese wenden können.
	(4) Die Möglichkeit der Dienstaufsichtsbeschwerde bleibt unberührt.

312

VVJug	**92. Beschwerderecht** (1) Der Gefangene erhält Gelegenheit, sich mit Wünschen, Anregungen und Beschwerden in Angelegenheiten, die ihn selbst betreffen, an den Anstaltsleiter zu wenden. Regelmäßige Sprechstunden sind einzurichten. (2) Besichtigt ein Vertreter der Aufsichtsbehörde die Anstalt, so ist zu gewährleisten, dass ein Gefangener sich in Angelegenheiten, die ihn selbst betreffen, an ihn wenden kann. (3) Die Möglichkeit der Dienstaufsichtsbeschwerde bleibt unberührt. (4) Der Gefangene kann sich jederzeit schriftlich an den Anstaltsleiter wenden. (5) Sprechstunden von angemessener Dauer sind mindestens einmal wöchentlich einzurichten. Das Nähere regelt die Hausordnung. (6) Dem Vertreter der Aufsichtsbehörde ist bei Besichtigungen (Nr. 98 Abs. 3 und 4) unaufgefordert eine Liste der Gefangenen vorzulegen, die sich für eine Anhörung nach Absatz 2 haben vormerken lassen. (7) Eingaben, Beschwerden und Dienstaufsichtsbeschwerden, die nach Form oder Inhalt nicht den im Verkehr mit Behörden üblichen Anforderungen entsprechen oder bloße Wiederholungen enthalten, brauchen nicht beschieden zu werden. Der Gefangene ist entsprechend zu unterrichten. Eine Überprüfung des Vorbringens von Amts wegen bleibt unberührt. (8) Dienstaufsichtsbeschwerden gegen Anordnungen und Maßnahmen des Anstaltsleiters, denen nicht abgeholfen wird, sind unverzüglich der Aufsichtsbehörde vorzulegen. (9) Beschwerden, die an eine offenbar unzuständige oder nicht ohne weiteres zuständige Vollzugsbehörde gerichtet sind, leitet der Anstaltsleiter an die zuständige Vollzugsbehörde weiter.
StVollzG, BMJ 2006	**§ 108 Beschwerderecht** (1) Der Gefangene erhält Gelegenheit, sich mit Wünschen, Anregungen und Beschwerden in Angelegenheiten, die ihn selbst betreffen, an den Anstaltsleiter zu wenden. Regelmäßige Sprechstunden sind einzurichten. (2) Besichtigt ein Vertreter der Aufsichtsbehörde die Anstalt, so ist zu gewährleisten, daß ein Gefangener sich in Angelegenheiten, die ihn selbst betreffen, an ihn wenden kann. (3) Die Möglichkeit der Dienstaufsichtsbeschwerde bleibt unberührt.

7.15.2.2 Regelungsansätze – Landesnormen im Einzelnen

Die neuen Landesregelungen übernehmen in weiten Teilen die wesentlichen Aussagen des § 108 StVollzG. Nach wie vor wählt man als Rechtsbehelf die Beschwerde bei der Anstaltsleitung. Dabei wollen die Länder das Beschwerderecht nicht als „formalen Rechtsbehelf"[1383] verstanden wissen, der starr nur den vorgezeichneten Ablauf ermöglicht, sondern als allgemeine „rechtlich garantierte

---

1383 Vgl. z. B. die Begründung zu § 57 HessJStVollzG.

Möglichkeit [...] Wünsche [zu] äußern oder Schwierigkeiten [zu] artikulieren", die letztlich im Sinne des Vollzugsziels eine „einvernehmliche Konfliktlösung" eröffnet.[1384] Im Sinne eines „Erst-Recht-Schlusses" müssen die Regelungen daher wohl so verstanden werden, dass sich der Gefangene mit seinen Problemen nicht nur in der Sprechstunde der Anstaltsleitung zu Wort melden können soll, sondern auch sonst gegenüber allen Vertretern der Anstalt das Wort ergreifen kann. Es besteht damit zumindest die Intention, durch eine kommunikative Atmosphäre „soziale Sicherheit" im Vollzug zu schaffen.[1385]

Unterschiede ergeben sich bei den Regelungen nur im Detail. Grundsätzlich sehen alle Gesetze vor, dass sich der Gefangene in eigenen Angelegenheiten mit „Wünschen, Anregungen und Beschwerden" an die Anstaltsleitung und bei Gelegenheit an Vertreter der Aufsichtsbehörde wenden kann, wenn diese die Anstalt besuchen (vgl. z. B. § 87 JStVollzG Bln). Weit überwiegend folgt darauf der Hinweis, dass die Möglichkeit einer Dienstaufsichtsbeschwerde davon unberührt bleibe.[1386]

In *Bayern, Baden-Württemberg, Hamburg* und *Nordrhein-Westfalen* wird zudem die Regelung des § 108 Abs. 1 S. 2 StVollzG übernommen, wonach „regelmäßige Sprechzeiten einzurichten sind."

Die *baden-württembergische* Regelung sieht darüber hinaus vor, dass sich die Gefangenen an die Aufsichtsbehörden nicht nur bei der Gelegenheit eines Besuchs ihrer Vertreter wenden können, sondern auch „schriftliche Eingaben" an diese weitergeleitet werden sollen. Allerdings werden an jedes Vorbringen der Gefangenen formale Ansprüche gestellt: „Eingaben, Beschwerden und Dienstaufsichtsbeschwerden, die nach Form und Inhalt nicht den im Verkehr mit Behörden üblichen Anforderungen entsprechen oder bloße Wiederholungen enthalten, brauchen nicht beschieden zu werden." Eine Überprüfung von Amts wegen und eine entsprechende Begründungspflicht gegenüber dem jungen Gefangenen werden dadurch jedoch nicht ausgeschlossen.

In *Hamburg* wird ausdrücklich geregelt, dass Sprechzeiten bzw. die Umsetzung des Beschwerderechts auf Hafthäuser und deren Abteilungsleiter delegiert werden können.

In *Niedersachsen* ist das Beschwerderecht auch für Personensorgeberechtigte vorgesehen.

1384 Vgl. z. B. die Begründung zu § 87 JStVollzG Bln.

1385 Vgl. die Begründung zu Art. 115 BayStVollzG.

1386 Nur in *Niedersachsen* wird dies nicht ausdrücklich geregelt, weil man einen entsprechenden Hinweis für überflüssig hält, vgl. die Begründung zu § 101 NVollzG.

314

Nordrhein-Westfalen sieht als einziges Bundesland die Möglichkeit vor, sich in „vollzuglichen Angelegenheiten an die Ombudsperson für den Strafvollzug des Landes Nordrhein-Westfalen zu wenden."1387

Das *Saarland* hat bisher als einziges Bundesland von der Möglichkeit Gebrauch gemacht, zwischen Beschwerde und gerichtlichem Rechtsschutz ein Verfahren zur gütlichen Streitbeilegung im Sinne von § 92 Abs. 1 JGG zu installieren. Dieses wird durch den Vollstreckungsleiter durchgeführt.

7.15.2.3 Bewertung mit Blick auf die Mindeststandards

Bei der in den Landesgesetzen großenteils übereinstimmenden Regelung des Beschwerderechts handelt es sich im Wesentlichen um eine Übernahme der alten Regelung des § 108 StVollzG. Auch wenn nach der Intention der Gesetzgeber damit anscheinend der Bereich der informellen Konfliktlösung hinreichend abgedeckt sein soll, sind im Lichte der Mindeststandards noch weitere Konkretisierungen möglich. Dies gilt umso mehr, als bei einer bloßen semantisch-historischen Auslegung der Gesetzestexte zwischen der alten Regelung des StVollzG und den neuen Normierungen kaum ein Unterschied auszumachen sein dürfte.

7.15.2.3.1 Die Beschwerde als finale schlichtende Konfliktlösung

Grundsätzlich erfüllt das Beschwerderecht die Anforderungen an eine relativ einfache, effektive und mündliche Möglichkeit des Gefangenen, sich mit seinen Belangen an die „zuständigen Stellen" zu wenden (vgl. Regel Nr. 121 ERJOSSM). Nach der Wertung der Europaratsregeln wäre dabei eine gezielte Ansprechbarkeit der Anstaltsleitung für die Umsetzung dieser Aussprachemöglichkeit nicht zwingend notwendig gewesen. Wichtig erscheint vielmehr, dass die jungen Gefangenen schnell und unkompliziert ihre Beschwerden gegenüber Vertretern der Anstalt oder einer externen Stelle vorbringen können.1388

Die deutsche Verortung bei der Anstaltsleitung ist auch Grund dafür, dass wegen organisatorischer Notwendigkeiten die Brauchbarkeit des Beschwerderechts als eine schnelle und flexible konfliktschlichtende Maßnahme, wie sie die ERJOSSM vorsehen,1389 im Einzelfall eingeschränkt sein könnte:

1387 Außerhalb des Jugendstrafvollzugs bestehen – soweit ersichtlich - nur in *MecklenburgVorpommern* und *Rheinland-Pfalz* ähnliche Ansätze, wo die Gefangenen jedenfalls noch die Möglichkeiten erhalten, sich an den Bürgerbeauftragten des jeweiligen Landes zu wenden, vgl. GVBl. MV 1995, S. 190 und GVBl. RLP 1974, S. 469.

1388 Vgl. Nr. 122.1 ERJOSSM.

1389 Vgl. Begründung zu Nr. 122.1 ERJOSSM; *Dünkel* 2008a, S. 4.

Nicht immer wird der Anstaltsleiter verfügbar sein und allzu nahe liegt es, den Gefangenen im akuten Fall auf die vorgegeben Sprechstunden zu verweisen. Jedenfalls aber handelt es sich bei der Anstaltsleitung im Konfliktfall eher nicht um eine mediativ-schlichtende Institution, sondern im Zweifel um eine der Konfliktparteien. Es spricht daher vieles dafür, das Beschwerderecht weiterhin vor allem als allgemeines Problemlösungsrecht[1390] zu verstehen. Es entspräche somit eher dem Ansatz von Regel Nr. 50.3 der ERJOSSM. Für den jungen Gefangenen wäre damit das eigentlich selbstverständliche Recht festgeschrieben, sich mit seinen Problemen und Bedenken an die Vertreter der Anstalt zu wenden.[1391]

Als eigene vollzugsinterne Vorstufe etwaiger gerichtlicher Auseinandersetzungen kommt zwar auch dem persönlichen Gespräch mit der Anstaltsleitung eine große Bedeutung zu,[1392] ein konsequent mediativ und schlichtend ausgerichtetes Verfahren im Sinne von Regel Nr. 122.2 der ERJOSSM bedarf jedoch in jedem Fall der Person eines neutralen Vermittlers,[1393] also einer vollzugsexternen Institution.[1394] Ein informelles Einigungsverfahren jenseits eines gerichtlichen oder aufsichtsbehördlichen Einschreitens hat zudem den Vorteil, dass der Erfolg des Gefangenen unter Umständen weniger als „Rüge" des Anstaltsverhaltens empfunden wird, womit einer Verhärtung der Fronten und einer etwaigen „Renitenz"[1395] der Vollzugsbehörde möglicherweise vorgebeugt wird.

Als informelle, nicht gerichtliche Instanz bietet sich dafür die schon mehrfach von Literatur und internationalen Mindeststandards vorgeschlagene[1396]

1390 Vgl. *Calliess/Müller-Dietz* 2008, § 108 Rn. 3.

1391 Dem Gespräch mit dem Abteilungsleiter dürfte im Vollzugsalltag ohnehin höhere Bedeutung zukommen, da es im Verhältnis zu dieser unmittelbaren Ansprechperson weniger eskalierend wirken dürfte als die „Beschwerde" bei der Anstaltsleitung, vgl. *Kamann* 2009, Rn. 129.

1392 Untersuchungen zum Erwachsenenvollzug lassen vermuten, dass die mündliche Beschwerde beim Anstaltsleiter von allen Beschwerdemöglichkeiten des Gefangenen am häufigsten wahrgenommen wird (ca. 25% der Gefangenen legen zumindest einmal Beschwerde ein) und die höchste Erfolgsquote aufweist (bis zu 34%). Die mündliche Beschwerde wird von Gefangenen dem gerichtlichen Beschwerdeverfahren zumeist vorgezogen. Gründe sind die fehlenden formalen Erfordernisse, Angst vor informellen Repressalien im Falle einer gerichtlichen Auseinandersetzung und die geringen Erfolgsaussichten bei einem Antrag auf gerichtliche Entscheidung (vgl. zusammenfassend *Koeppel* 1999, S. 21 ff. m. w. N.)

1393 Vgl. *Trenczek* 2008, S. 187; *Kamann* 2009, Rn. 283.

1394 Ähnlich auch Nr. 70.3 EPR; *CPT*-General Report Nr. 2 § 54; vgl. *van Zyl Smit/Snacken* 2009, S. 308; *Dünkel* 2008a, S. 4; *DVJJ u. a.* 2007, S. 53.

1395 Vgl. *Dünkel* 2008a, S. 4; *Laubenthal* 2011, Rn. 819. Siehe dazu *Abschnitt 7.15.3.2.6*.

1396 Vgl. *Tondorf/Tondorf* 2006, S. 246; *Dünkel* 1996, S. 531; 2006, S. 516; *Feest/Lesting/Selling* 1997, S. 201 ff; *Schwirzer* 2007, S. 268; *Kretschmer* 2005, S. 219 ff.; *Feest*

Ombudsperson[1397] für den Strafvollzug an. Denkbar ist auch eine Umgestaltung der Anstaltsbeiräte[1398] oder der institutionelle Ausbau des *nordrhein-westfälischen* Strafvollzugsbeauftragten, dessen Beteiligung bisher rein fakultativ ist.[1399]

Nicht ganz überzeugend erscheint hingegen der *saarländische* Ansatz, eine Konfliktschlichtung durch den Vollstreckungsleiter durchführen zu lassen. Dieser wurde aufgrund seiner „Vollzugsnähe"[1400] schon als zuständige Instanz für die gerichtliche Entscheidung nicht in Betracht gezogen.[1401] Für die Position eines neutralen Vermittlers stellt sich dasselbe Problem.

Auf der anderen Seite erscheint auch die Personalunion aus Strafvollstreckungsrichter und Mediator aufgrund der unterschiedlichen „Streitbehandlungskultur"[1402] der beiden Institutionen nicht ganz unproblematisch. Allzu schnell mag bei den Beteiligten angesichts eines richterlichen Settings der Eindruck staatlicher Übermacht entstehen, was den „ergebnisoffenen Aushandlungsprozess"[1403] einer Schlichtung behindert.[1404]

Festzuhalten bleibt daher, dass in allen Bundesländern restorativ-konfliktschlichtende Ansätze im Sinne der ERJOSSM nicht genügend Berücksichtigung gefunden haben. Insbesondere das aus dem StVollzG bekannte Beschwerderecht ist allein nicht geeignet, diese Lücke zu schließen.

7.15.2.3.2 Beschwerderecht der Erziehungsberechtigten

Nr. 121 der ERJOSSM fordert ein Beschwerderecht ausdrücklich auch für die „Eltern oder Erziehungsberechtigten" der jungen Gefangenen. Auch im Hinblick auf das mit staatlichen Erziehungsansprüchen konkurrierende elterliche Erzie-

---

2007; *Kamann* 1993, S. 23; *Rotthaus* 2008, S. 373 ff. mit zahlreichen europäischen Vorbildern; sowie Nr. 77 der UN-Regeln zum Schutz von Jugendlichen unter Freiheitsentzug; ähnlich auch *Sonnen* 2006, S. 240.

1397 Auch „Ombudsman" oder „Ombudsmann". „Jemand, der die Rechte des Bürgers gegenüber Behörden wahrnimmt" (*Duden* 2006, 24. Auflage). Abgeleitet aus dem Schwedischen: „Vermittler"; allgemeines Verständnis: „unparteiischer Schiedsmann." (Wikipedia.de, Stichwort „Ombudsmann", Stand: 17.03.2011).

1398 Ähnlich dem englischen „Board of Visitors", vgl. *van Zyl Smit/Snacken* 2009, S. 308.

1399 Darüber hinaus wird dessen Effektivität und Neutralität teilweise angezweifelt, vgl. *Kamann* 2009, Rn. 138 m. w. N.

1400 Vgl. *Eisenberg* 2012, § 85 Rn. 9; BT-Drs. 16/6293, S. 11.

1401 Vgl. BT-Drs. 16/6293, S. 11; Ostendorf-*Rose* 2009, Kap. 11 Rn. 9; *Dünkel* 2008a, S. 4.

1402 *Tochtermann* 2008, S. 239.

1403 *Trenczek* 2008, S. 188.

1404 Mit Blick auf die Anstaltsvertreter ähnlich argumentierend: *Kamann* 1993, S. 21 f.; ähnlich auch *Feest/Lesting/Selling* 1997, S. 202.

hungsrecht[1405] des Art. 6 Abs. 2 GG erscheint eine solche Beteiligung der Personsorgeberechtigten geboten. Der gesteigerte Verwaltungsaufwand ist dabei auch damit gerechtfertigt, dass durch die Teilhabe an den Vorgängen im Vollzug die Chance erhöht wird, dass der für eine erfolgreiche Resozialisierung förderliche[1406] Bezug des Gefangenen zu seinem sozialen Umfeld weiter gestärkt wird.[1407] Eine entsprechende Regelung lassen alle Gesetze bis auf das *niedersächsische* vermissen.

7.15.2.3.3 Beschwerdebefugnis

In verwaltungsrechtlicher Tradition wird das Vortragen von Popularanliegen in allen Landesgesetzen ausgeschlossen. Die jungen Gefangenen erhalten lediglich Gelegenheit, sich mit ihren Beschwerden und Anregungen zu „Angelegenheiten, die sie selbst betreffen", zu äußern.[1408] Dies mag im Sinne der rechtlichen Einheitlichkeit plausibel erscheinen. Vor dem Hintergrund des Resozialisierungsziels erscheint die Regelung hingegen bedenklich, zumindest aber irreführend. Denn sofern sich ein Gefangener uneigennützig[1409] für einen anderen in dessen Belangen einsetzt, kann dagegen kaum etwas einzuwenden sein.[1410] Dies ist vielmehr von dem Ziel umfasst, ihn zu „Selbstständigkeit" und „sozialer Verantwortung"[1411] zu erziehen. Es erscheint aus pädagogischer Sicht wenig produktiv, junge Gefangene, die sich mit ihrer Vollzugsumgebung kritisch auseinandersetzen und deren Gerechtigkeitsgefühl ernsthaft tangiert ist, schlicht auf ihre mangelnde Befugnis in fremden Angelegenheiten zu verweisen. Für ein positives Anstaltsklima, in dem ein freier konstruktiver Austausch zwischen Bediensteten und Gefangenen möglich sein soll (vgl. auch Regel Nr. 50.3 und 88.3 der ERJOSSM), ist das Beharren auf typisch prozessrechtlichen Formalismen unnötig. Auch erscheint es bei einem allgemeinen Ausspracherecht und in Anbetracht komplexer Vollzugszusammenhänge wenig praktikabel, Gesprächsthemen auf diese Art zu begrenzen.

1405   Vgl. *Maunz/Dürig* 2012, Art. 6 Rn. 24.

1406   Vgl. *C. Kunz* 2003, S. 53; Ostendorf-*Walkenhorst/Roos/Bihs* 2009, Kap. 7 Rn. 8 bis 26 m. w. N.

1407   Ähnlich auch Ostendorf-*Walkenhorst/Roos/Bihs* 2009, Kap. 7 Rn. 10; *J. Walter* 2006, S. 242.

1408   Vgl. z. B. § 87 Abs. 1 JStVollzG Bln.

1409   Insbesondere nicht geschäftsmäßig und jenseits unzulässiger Rechtsberatung, vgl. BVerfG NStZ 1998, S. 103.

1410   Vgl. auch AK-*Kamman/Spaniol* 2012, § 108 Rn. 10 f.; *Kamann* 2009, Rn. 134.

1411   Vgl. z. B. die Begründung zu Art. 121 BayStVollzG.

318

Will man das Institut der Beschwerde vor etwaigen querulatorischen Störungen schützen, erscheint die gefundene Regelung jedenfalls nicht gänzlich auf dem Punkt und zu weitreichend.

7.15.2.3.4 Verteidigerrechte

Teilweise wird vertreten, dass es bei der Wahrnehmung des Beschwerderechts in der Gefangenensprechstunde kein Recht auf Anwesenheit des Verteidigers gebe, da es sich nicht um ein förmliches „Verfahren" im Sinne von § 137 StPO handele.[1412] Dem wird zu Recht entgegengehalten, dass sich das Verteidigerverhältnis auf die Umsetzung des abgeschlossenen Strafverfahrens im Vollzug erstreckt.[1413]

Die ERJOSSM beziehen zu dieser sehr speziellen Problematik nicht eindeutig Stellung. Allerdings fordert Nr. 120.2, dass den jungen Gefangenen während des Vollzuges ein „effektiver Zugang" zum Rechtsbeistand ermöglicht wird. Es spricht daher einiges dafür, dass der Gefangene in offenkundig entscheidungsrelevanten Momenten, wie dem Ausprachetermin mit der Anstaltsleitung, auch seinen Rechtsbeistand hinzuziehen können muss. Denn eine unmittelbare Rechtsberatung dürfte sich deutlich effektiver gestalten als eine sekundäre schriftliche Auseinandersetzung zwischen Anstaltsleitung und Beistand.

7.15.2.3.5 Delegierbarkeit und Sprechstunden

Vor dem Hintergrund des deutschen Rechts ist ferner umstritten, inwieweit die Anstaltsleitung die Aussprache an Vollzugsbedienstete delegieren kann.[1414] Während der eindeutige Wortlaut der deutschen Normen eine Delegierbarkeit eigentlich nicht zulässt, bleiben die Anforderungen der ERJOSSM an diesem Punkt eher vage: Die jungen Gefangenen oder ihre Erziehungsberechtigten müssen lediglich die Gelegenheit erhalten, sich an die „jeweils zuständige Stelle zu wenden" (Nr. 121).

Ebenso fehlt ein klarer Hinweis auf die Ausgestaltung des Beschwerderechts. Wie dargestellt, übernehmen die Länder nur vereinzelt die verpflichtende Formulierung, wonach Sprechstunden einzurichten sind. Die ERJOSSM betonen lediglich, dass Beschwerde und Ausspracheverfahren „einfach", „rasch" und „wirkungsvoll" sein müssen (Nr. 122.1). Das lässt den Anstalten umfassenden

---

1412 Vgl. *Arloth* 2011, § 108 Rn. 3 m. w. N.

1413 Vgl. OLG Celle StV 1986, S. 108; *Kamann* 2009, Rn. 134; AK-*Kamman/Spaniol* 2012, § 108 Rn. 8 m. w. N.

1414 Vgl. dafür: AK-*Kamman/Spaniol* 2012, § 108 Rn. 6 und *Calliess/Müller-Dietz* 2008, § 108 Rn. 4 m. w. N., die die Delegierbarkeit nur für besonders große Anstalten mit Teilanstalten zulassen wollen; a. A. OLG Hamm ZfStrVo 1987, S. 382.

Gestaltungsspielraum, bedeutet im Zweifel aber nicht, dass Gefangene in dringlichen Angelegenheiten ohne weiteres auf die möglicherweise zeitlich weit entfernte Sprechzeit verwiesen werden können.

7.15.2.3.6 Formale Anforderungen an die Aufsichtsbeschwerde

Grundsätzlich muss auch die Durchführung der Beschwerde bei der Aufsichtsbehörde ohne allzu große Hindernisse möglich sein. Die Anforderungen der ERJOSSM an ein schnelles und unkompliziertes Verfahren gelten auch hier. Insofern erscheint die Regelung des § 86 Abs. 3 JVollzG BW-IV, welche vorsieht, dass „Eingaben, Beschwerden und Dienstaufsichtsbeschwerden, die nach Form oder Inhalt nicht den im Verkehr mit Behörden üblichen Anforderungen entsprechen [...] nicht beschieden werden brauchen", zu restriktiv.[1415] Wie vom Bundesverfassungsgericht im Kontext des Rechtsschutzes festgestellt, sind junge Gefangene in aller Regel im Umgang mit Behörden und Schriftsprache ungeübt.[1416] Bei Gefangenen mit Migrationshintergrund kommt oftmals noch die Sprachbarriere erschwerend hinzu. Der „übliche" Verkehr mit Behörden stellt vor diesem Hintergrund kaum einen geeigneten Maßstab dar. Vielmehr treffen die Anstalt und Aufsichtsbehörde in diesem Zusammenhang eine besondere prozessuale Fürsorgepflicht. Im Sinne des effektiven Rechtschutzes, wie ihn auch Nr. 122.1 ERJOSSM postuliert, muss versucht werden, die formalen Schwächen des jungen Gefangenen auszugleichen und ist im Zweifel Nachsicht walten zu lassen.[1417]

1415 Vgl. auch *Kamann* 2009, Rn. 153.

1416 Vgl. BVerfG NJW 2006, S. 2096.

1417 Die *baden-württembergische* Regelung erscheint zudem umso fragwürdiger, als sich ein entsprechender Gesetzgebungsbedarf wohl nur aus konkreten Erfahrungen mit formal fehlerhaften Eingaben ergeben haben dürfte. Anstatt jedoch Regelungen zu schaffen, die den Gefangenen in der formal richtigen Ausübung seiner Rechte stützen, werden formal-faktische Hindernisse noch zusätzlich gesetzlich zementiert, als gelte es, die Aufsichtsbehörden vor formschwachen Beschwerden zu schützen und nicht etwa den effektiven Rechtsschutz zu garantieren. Dass man sich jenseits der Dienstaufsichtsbeschwerde nicht mit den Belangen der Gefangenen befassen will, bringt auch ein erstaunlich unverblümter Hinweis der Gesetzesbegründung zum Ausdruck, wonach schriftliche Beschwerden an die Aufsichtsbehörde in der Praxis ohnehin an die Anstaltsleitung „zur Entscheidung weitergereicht" werden, da diese „die konkrete Situation besser beurteilen" könne, vgl. die Begründung zu § 86 JVollzG BW-IV (BW. Ltg. Drs. 14/5012). Ein solches Vorgehen ist nicht nur rechtsstaatlich bedenklich, es verstößt auch gegen Nr. 121 ERJOSSM, wonach sich die jungen Gefangenen an die für den Vollzug „zuständigen Stellen" wenden können sollen. Zumal durch das Gesetz der Anschein gesetzt wird, eine schriftliche Eingabe sei auch jenseits der Dienstaufsichtsbeschwerde möglich, obwohl diese Regelung durch die Verweisungspraxis faktisch ins Leere läuft.

7.15.2.4 Zusammenfassung

Festzuhalten bleibt, dass die Länder die Chance weitgehend verpasst haben, das überkommene Beschwerderecht in ein besser geeignetes zweigleisiges Problemlösungsmodell, bestehend aus formal entschlackter Aussprache und mediativer Konfliktschlichtung, umzuwandeln. Die Stärkung restorativ-mediativer Elemente erscheint hingegen mit Blick auf die Mindeststandards unerlässlich. Auch die etwas weiter reichenden Ansätze *Nordrhein-Westfalens* und des *Saarlands* bleiben hier nur rudimentär.

Begrüßenswert und vorbildlich erscheint hingegen die *niedersächsische* Ausweitung des Beschwerderechts auf die Erziehungsberechtigten.

7.15.3 Formeller Rechtsschutz

Wo die informelle Auseinandersetzung mit der Anstalt zu keinem Ergebnis führt, bleibt dem jungen Gefangenen nichts anderes, als den formellen Rechtsweg einzuschlagen.

Mit dem Urteil des Bundesverfassungsgerichtes zur Verfassungsmäßigkeit des Jugendstrafvollzuges wurde dem Gesetzgeber aufgetragen, das bisherige gerichtliche Rechtsschutzverfahren nach §§ 23 ff. EGGVG zu ersetzen, da dieses kaum den Anforderungen an einen effektiven Rechtsschutz i. S. d. Art. 19 Abs. 4 GG genügte. Es gelte die elementare Regel, dass der Rechtsstaat auch die Rechte derjenigen nicht verletzen dürfe, die das Recht gebrochen haben. Deshalb sei eine gesetzliche Ausgestaltung des Rechtsschutzes Strafgefangener notwendig, die den Zugang zum Gericht nicht in unverhältnismäßiger, durch Sachgründe nicht gerechtfertigter Weise erschwert. Die Verweisung der im Umgang mit Institutionen und Schriftsprache typischerweise besonders ungeübten jungen Gefangenen auf ein regelmäßig ortsfernes, erst- und letztinstanzlich entscheidendes Obergericht, ohne Vorkehrungen für die Möglichkeit mündlicher Kommunikation werde diesen Anforderungen nicht gerecht. Dies gelte gerade auch im Vergleich zu den Rechtsschutzmöglichkeiten im Erwachsenenstrafvollzug.[1418]

Die rechtliche Ausgestaltung des Rechtsschutzes im Jugendstrafvollzug wird auch nach der Föderalismusreform als „gerichtliches Verfahren" i. S. d. Art. 74 Abs. 1 Nr. 1 GG der Kompetenz des Bundes zugeschrieben. Durch das „Zweite Gesetz zur Änderung des Jugendgerichtsgesetzes und anderer Gesetze" vom 13.12.2007 hat dieser von seiner Zuständigkeit auch Gebrauch gemacht

---

1418 Vgl. BVerfG NJW 2006, S. 2096. Denn das StVollzG bietet im Vergleich sogar geringere Hürden, was eine unzulässige Schlechterstellung junger Gefangener bedeutet, vgl. Nr. 13 ERJOSSM.

und sowohl die Regelung des EGGVG als auch zwischenzeitlich entstandene Landesregelungen[1419] verdrängt.[1420]
Ungeachtet der Gesetzgebungskompetenz des Bundes müssen sich die Regelungen dem restlichen Vollzugsrecht entsprechend an internationalen Standards messen lassen. Dies gilt umso mehr, da vieles darauf hindeutet, dass von einer Wahrnehmung effektiven Rechtsschutzes durch junge Gefangene bisher kaum die Rede sein dürfte.[1421]

7.15.3.1 Rechtslage

§ 92 JGG verweist auf die allgemeinen Regelungen zum Rechtschutz im Erwachsenenrecht des StVollzG, trifft aber zugleich einige jugendspezifische Sonderentscheidungen.
Entsprechend anzuwenden sind insbesondere die Vorschriften, wonach es sich bei dem Entscheidungsgegenstand um eine Maßnahme zur Regelung einzelner Angelegenheiten auf dem Gebiet des Strafvollzuges oder die Verpflichtung zum Erlass einer abgelehnten oder unterlassenen Maßnahme handeln muss

---

1419 §§ 102 ff. JStVollzG BW a. F.

1420 *Baden-Württemberg* ging in seiner Begründung davon aus, dass – sofern nicht bereits die Annexkompetenz bestanden hätte – die §§ 23 ff. EGGVG keine Sperrwirkung für die Landesgesetzgeber hätten entfalten können, soweit diese nicht den verfassungsrechtlichen Vorgaben entsprachen. Das BVerfG hätte die Regelung hinsichtlich des Jugendstrafvollzuges nur deshalb aufrechterhalten, um Rechtsunsicherheit während der Übergangsfrist zu vermeiden. Solange der Bund dem Gesetzgebungsauftrag des BVerfG nicht nachgekommen sei und keine verfassungsgemäße Regelung geschaffen hätte, hätte daher nicht von einem „Gebrauchmachen" i. S. d. Art. 72 I GG gesprochen werden können (vgl. dazu die Gesetzesbegründung). Mit dem 2. JGGÄndG liegt ein solches Gebrauchmachen vor, womit die Landesregeln hinfällig wurden, Art. 72 Abs. 1 GG; siehe auch *Ostendorf* 2009, § 92 Rn. 1.

1421 Empirische Erkenntnisse zum Rechtschutzverfahren im Jugendstrafvollzug sind kaum vorhanden: Untersuchungen deuten darauf hin, dass bisher trotz zahlreich verhängter Disziplinarmaßnahmen nur wenige junge Gefangene von ihren Rechtschutzmöglichkeiten Gebrauch machen, vgl. *Ostendorf* 2009, Grdl. zu §§ 91 und 92 Rn. 5 m. w. N. Daten zum Erwachsenenvollzug stützen diesen Eindruck (nur ca. 12% der Gefangenen stellen Anträge nach § 109 ff. StVollzG), da die Rechtschutzmöglichkeiten der jungen Gefangenen vor dem 2. JGGÄndG von 2007 im Vergleich noch stärker eingeschränkt waren. Auch die Erfolgsquote (bei den Erwachsenen um die 3%) könnte bei den im Zweifel in juristischen Dingen unerfahreneren Jugendlichen noch geringer ausfallen, vgl. zusammenfassend *Koeppel* 1999, S. 22 ff. und *Feest/Lesting/Selling* 1997, S. 19 ff. m. jew. w. N.; vgl. auch *Kamann* 1993, S. 14 und *Kamann* 2009, Rn. 128. Auch dürften die teilweise festgestellte „Renitenz" von Vollzugsbehörden gegenüber gerichtlichen Entscheidungen und andere Vermeidungsstrategien der Anstalten (vgl. *Feest/Lesting/Selling* 1997, S. 63 ff.) ebenso im Vollzug der Jugendstrafe eine Rolle spielen, vgl. dazu später *Abschnitt 7.15.3.2.6.*

(§ 109 Abs. 1 StVollzG), der Gefangene nur antragsbefugt ist, wenn er geltend macht, in eigenen Rechten verletzt zu sein (§ 109 Abs. 2 StVollzG) und wonach das Landesrecht ein vorgeschaltetes Verwaltungsvorverfahren vorsehen kann (§ 109 Abs. 3). Gemäß § 92 Abs. 1 i. V. m. §§ 116 ff. StVollzG kann gegen die Entscheidung des Gerichts die Rechtsbeschwerde zugelassen werden, wenn es geboten erscheint, die Nachprüfung zur Fortbildung des Rechts oder zur Sicherung einer einheitlichen Rechtsprechung zu ermöglichen.[1422] Nach § 114 StVollzG besteht zudem die Möglichkeit, vorläufigen Rechtsschutz zu erhalten.

Jugendspezifische Anpassungen trifft § 92 JGG in folgenden Bereichen: § 92 Abs. 1 JGG verweist auf § 67 Abs. 1 bis 3 und 5 JGG und stärkt damit die Rechte der Erziehungsberechtigten, die zusätzliche Anwesenheits-, Frage- und Antragsrechte sowie Informationsrechte und Entscheidungskompetenzen bei der Wahl des Anwalts und Einlegung von Rechtsmitteln erhalten.

§ 92 Abs. 1 JGG regelt ferner, dass das Landesrecht ein obligatorisches Verfahren zur gütlichen Streitbeilegung vorsehen kann. Allein im *Saarland* hat man von dieser Möglichkeit Gebrauch gemacht.

Die Zuständigkeit für den Antrag auf gerichtliche Entscheidung liegt gemäß § 92 Abs. 2 JGG nicht bei der Strafvollstreckungskammer, sondern bei der Jugendkammer, in deren Bezirk die beteiligte Vollzugsbehörde ansässig ist. Deren Entscheidung ergeht durch Beschluss. Allerdings kann das Gericht nach eigenem Ermessen eine mündliche Verhandlung anberaumen bzw. muss den Gefangenen persönlich anhören, wenn dieser einen entsprechenden Antrag stellt (§ 92 Abs. 3 JGG).

Gem. § 92 Abs. 5 i. V. m. § 121 StVollzG muss der Antragssteller im Falle seines Unterliegens grundsätzlich die Kosten des Verfahrens tragen. Allerdings kann durch entsprechende Anwendung des § 74 JGG davon abgesehen werden, dem Jugendlichen die Kosten aufzuerlegen. Bezüglich der Prozesskostenhilfe ergibt sich im Jugendstrafvollzug die Besonderheit, dass die Regelung des § 120 Abs. 2 StVollzG ausgeklammert wird und damit für die Bestimmung eines entsprechenden Anspruchs nicht auf die Bestimmungen der Zivilprozessordnung, sondern im Wege des allgemeinen Verweises in Abs. 1 auf die Vorschriften der Strafprozessordnung abzustellen ist.[1423] Folglich kommt es bei der Gewährung von Prozesskostenhilfe (bzw. dann bei der Bereitstellung eines Pflichtverteidigers) in einem Verfahren zum Jugendstrafvollzug nicht mehr auf die Erfolgsaussichten in der Hauptsache, sondern auf die Schwierigkeit der Sach- und Rechtslage an, wenn es darum geht, finanzielle Hilfe bei der Durchführung eines Antrags auf gerichtliche Entscheidung zu erhalten (§ 140 Abs. 2 StPO).

1422 Die formalen Erfordernisse dürften dabei allerdings für junge Gefangene ein besonders hohes Hindernis darstellen, vgl. *Ostendorf* 2009, § 92 Rn. 11.

1423 Vgl. *Kamann* 2009, Rn. 265; *Dünkel* 2008a, S. 4. *Kamann* will daneben die Möglichkeit der Prozesskostenhilfe nach ZPO bestehen lassen und leitet dies mangels Normverweisung unmittelbar aus dem Anspruch auf rechtliches Gehör ab.

7.15.3.2 Bewertung mit Blick auf die Mindeststandards

§ 92 Abs. 1 S. 2 JGG erklärt zwar die §§ 109 und 111 bis 120 StVollzG für entsprechend anwendbar. Diese im Wesentlichen am deutschen Verwaltungsrecht orientierten Regelungen müssen jedoch trotz der bereits in § 92 Abs. 1 bis 5 JGG getroffenen Abweichungen stets im Hinblick auf die besondere Situation junger Gefangener ausgelegt werden. Da es sich im Kern um einen schlichten Verweis auf das Erwachsenenstrafvollzugsrecht handelt, gilt es in besonderem Maße, auf die jugendspezifischen Vorgaben internationaler Mindeststandards zu achten.

7.15.3.2.1 Allgemeine Verfahrensregeln

Allerdings handelt sich bei den aus dem Erwachsenenrecht herangezogenen Vorschriften im Wesentlichen um detaillierte Verfahrensvorschriften – etwa zum Antragsgegenstand oder der Antragsbefugnis. Naturgemäß halten sich die internationalen Vorgaben wie die ERJOSSM in diesem Bereich, der viele nationalrechtliche Besonderheiten aufweist, eher zurück. Es gilt die allgemeine Aufforderung, das Verfahren „einfach und wirkungsvoll" zu gestalten (Nr. 122.1 ERJOSSM). Soweit es um die entsprechend herangezogenen Verfahrensregeln des StVollzG geht, lassen sich auf deren allgemeiner formaler Ebene noch keine unzulässigen Abweichungen ausmachen.

Problematisch erscheint hier jedoch einmal mehr die Verweisungstechnik, wie sie auch hier im Zusammenspiel von JGG und StVollzG zur Anwendung kommt. Für die mit juristischen Texten meist überforderten Adressaten wird das Verständnis der Verfahrensvorschriften durch die Verweisungen weiter erschwert und dürfte ohne juristischen Beistand kaum noch herzustellen sein. Eine Verfahrensnormierung „aus einem Guss" wäre daher aus Gründen des effektiven Rechtsschutzes vorzugswürdig gewesen. Zumal sie auch das Risiko minimiert hätte, dass Erwachsenenregelungen auf einen jugendspezifischen Sachverhalt angewandt werden, ohne im Detail hinreichend an den speziellen Adressatenkreis angepasst zu sein.[1424]

1424 Für den weitgehenden Verweis wird angeführt, dass es sich um ein „in 30 Jahren der Geschichte des StVollzG bewährtes Verfahrensmodell" handelt, vgl. *Dünkel* 2008a, S. 4.

7.15.3.2.2 Rechte der Erziehungsberechtigten

Etwas anderes ergibt sich bei originär jugendspezifischen Problemstellungen wie der Beteiligung von Eltern und Erziehungsberechtigten. Die von § 92 Abs. 1 JGG i. V. m. § 67 Abs. 1 bis 3 und 5 JGG vorgenommene Stärkung der Rechte von Personensorgeberechtigten entspricht dabei den Vorgaben der ERJOSSM, die diese an jedem wesentlichen Angelpunkt des Rechtsschutzes mit aufführen (vgl. Nr. 14 und 120 ff.). Gleichzeitig trägt dies auch der aus Art. 6 GG abgeleiteten verfassungsrechtlichen Position der Eltern Rechnung.[1425]

7.15.3.2.3 Zuständigkeit

Die Verlagerung der gerichtlichen Zuständigkeit von der Strafvollstreckungskammer zur Jugendkammer entspricht zunächst in der Tendenz den Forderungen der ERJOSSM, die in der entscheidenden Instanz „Personen" verlangen, die „in jugendspezifischen Angelegenheiten erfahren sind" und das Verfahren „so nah wie möglich am Ort der Unterbringung der Jugendlichen" durchführen können (Nr. 122.4 ERJOSSM). Im Gegensatz zu den Strafvollstreckungskammern besteht in jedem Landgerichtsbezirk eine Jugendkammer, deren Richter zudem im Umgang mit straffälligen Jugendlichen routiniert sind. Denkbar wäre jedoch auch gewesen, den Jugendrichter, der als Vollstreckungsleiter dem Jugendstrafvollzug noch näher steht, mit dieser Aufgabe zu betrauen.[1426] Allerdings wurde hier mehrfach eingewandt, dass durch diese nicht nur räumliche „Vollzugsnähe" auch ein größeres Maß an Befangenheit des Richters riskiert würde.[1427]

Letztlich zielt die Regelung der ERJOSSM vor allem auf die logistischen Probleme ab, die große räumliche Distanzen verursachen können. Organisatorische Hindernisse sollen nicht dazu führen, dass es zu Verzögerungen oder anderen Behinderungen des Rechtsschutzes kommt. Durch die räumliche Nähe wird insbesondere auch die Gefahr reduziert, dass die Beteiligten die – für jugendliche Gefangene besonders wichtigen – mündlichen Verhandlungen und Anhörungen aufgrund eines möglichen Mehraufwandes scheuen. Die geringeren Distanzen innerhalb eines Landgerichtsbezirkes wirken diesem Gesichtspunkt entgegen.

Die gefundene Regelung ist auch insoweit mit den Vorgaben der ERJOSSM vereinbar, als das Regelwerk die Unabhängigkeit und Unparteilichkeit der entscheidenden Instanz schon im Ausgangspunkt betont (Nr. 122.3). Der richterlichen Neutralität muss hier als Entscheidungskriterium mehr Gewicht zukommen als der räumlichen Nähe.

1425 Vgl. BVerfG NJW 2006, S. 2096 m. w. N.; vgl. Ostendorf-*Rose* 2009, Kap. 11 Rn. 7.

1426 Vgl. Ostendorf-*Rose* 2009, Kap. 11 Rn. 9; *Goerdeler/Pollähne* 2007, S. 66.

1427 Vgl. BT-Drs. 16/6293, S. 11; *Dünkel* 2008a, S. 4; differenzierend *Böhm* 1985, S. 204 f.

7.15.3.2.4 Mündliche Verfahrenskomponente

Auch an das vielfach geforderte[1428] Prinzip der Mündlichkeit des Verfahrens lassen sich unterschiedliche Maßstäbe anlegen. Die gefundene Lösung, bestehend aus einer mündlichen Anhörung auf Wunsch des jungen Gefangenen, stellt einen Kompromiss zwischen dem alten regelmäßig rein schriftlichen Beschlussverfahren und einer obligatorisch mündlichen Verhandlung dar.[1429] Dies entspricht nicht nur den Vorgaben des Bundesverfassungsgerichts, welches feststellte, dass es für junge Gefangene, die regelmäßig mit einer schriftlich ausgetragenen gerichtlichen Auseinandersetzung überfordert sind, zur Erhaltung des effektiven Rechtsschutzes einer mündlichen Verfahrenskomponente bedarf, sondern auch Nr. 122.5 der ERJOSSM, welche ausdrücklich ein solches Anhörungsrecht fordert. Aus der Praxis werden hingegen Bedenken geäußert, dass es ohne eine obligatorische mündliche Anhörung in den meisten Fällen wohl doch zu einer rein schriftlichen Abhandlung des Verfahrens kommen könnte.[1430]

7.15.3.2.5 Prozesskosten

Im Sinne von Nr. 120.3 der ERJOSSM soll den Jugendlichen und ihren Erziehungsberechtigten, die sich keinen hinreichenden Rechtsbeistand leisten können, finanzielle Hilfe durch den Staat gewährt werden. Dabei müssen dieselben Maßstäbe gelten wie für das vorangegangene Strafverfahren.[1431] Insofern erscheint es richtig, dass § 92 JGG in Abweichung zum Erwachsenenrecht nicht mehr auf die Regeln der Zivilprozessordnung zur Prozesskostenhilfe verweist, sondern den allgemeinen Rückschluss auf die StPO zulässt. Dadurch verschiebt sich das Vergabekriterium von der für den Gefangenen im Zweifel eben gerade kaum ersichtlichen Erfolgsaussicht in der Hauptsache zu der Schwierigkeit der Sach- oder Rechtslage, die an die kognitiven Fähigkeiten des jungen Gefangenen anknüpft. Dies erscheint auch im Hinblick auf die besonderen Fürsorgepflichten gegenüber den im Regelfall sachunkundigen jungen Gefangenen und dem verfassungsrechtlichen Gebot des effektiven Rechtsschutzes sinnvoll.[1432] Es dürfte

---

1428 Vgl. *Goerdeler/Polläfne* 2007, S. 65 unter Berufung auf BVerfG NJW 2006, S. 2096; zuvor schon: *Dünkel* 2006, S. 564; für den Erwachsenenvollzug: *Laubenthal* 2011, Rn. 845; indirekt auch *Dünkel* 1996, S. 527.

1429 Vgl. *Dünkel* 2008a, S. 4; Ostendorf-*Rose* 2009, Kap. 11 Rn. 10.

1430 Vgl. *Kamann* 2009, Rn. 145; Ostendorf-*Rose* 2009, Kap. 11 Rn. 10.

1431 Vgl. ERJOSSM commentary zu Rule Nr. 120; *Kamann* 2009, Rn. 214.

1432 Im Übrigen handelt es sich auch um eine Frage der Chancengleichheit, denn dem mit seinem juristischen Anliegen im Regelfall deutlich überforderten Jugendlichen steht auf Anstaltsseite zumeist ein Jurist gegenüber, vgl. *Dünkel* 1996, S. 531.

regelmäßig zur Beiordnung eines Pflichtverteidigers führen.[1433] Zugleich werden Beistandsmöglichkeiten der Gefangenen verbessert.[1434] Es erscheint auch aus erzieherischer Sicht plausibel, mit der Entscheidung über Prozesskostenhilfe auf die Fähigkeiten der jungen Gefangenen zu reagieren, anstatt deren ohnehin oft geringe Frustrationstoleranz mit undurchsichtigen Kriterien wie der objektiven Erfolgsaussicht noch weiter zu strapazieren.

7.15.3.2.6 Durchsetzung gerichtlicher Entscheidungen

Problematischer erscheint hingegen, dass eine Zwangsvollstreckung gerichtlicher Entscheidungen wie in §§ 170, 172 VwGO auch im Jugendstrafvollzug nicht vorgesehen ist.[1435] Denn der verfassungsrechtlich gebotene und von den ERJOSSM geforderte „einfache" und „wirkungsvolle", also effektive Rechtsschutz setzt freilich voraus, dass Behörden die getroffenen Entscheidungen auch umsetzen.[1436] Dass dies allerdings im Strafvollzug keineswegs so selbstverständlich ist, wie der Gesetzgeber es wohl annahm, wurde in der Vergangenheit mehrfach aufgezeigt[1437] – was zugleich auf ein relativ großes Dunkelfeld „renitenten" Verhaltens von Vollzugsbehörden hinweist.[1438] Bei der in Rechtsschutzbelangen noch unerfahreneren und passiv-defensiveren Klientel des Jugendstrafvollzuges dürfte die Gefahr noch größer sein, dass entsprechende Tendenzen unentdeckt bleiben.

In Anbetracht der Intensität der möglichen Grundrechtseingriffe und der geringen Kontrollmöglichkeiten durch die Außenwelt käme als Lösung des Prob-

---

1433   Vgl. *Dünkel* 2008a, S. 4. Dass hierbei Zusatzkosten für einen Wahlverteidiger gem. § 464a Abs. 2 StPO nicht erstattungsfähig bleiben, ist verständlich, vgl. *Ostendorf* 2009, § 92 Rn. 10 m. w. N. zur teilweise umstrittenen Problematik.

1434   Denn die für den Gefangenen finanzielle Realisierbarkeit eines Rechtsbeistandes dürfte seltener durch eine gerichtliche „Kürzung" des Streitwertes und damit des Anwaltshonorars erreicht werden, vgl. *Kamann* 1991, S. 91. Auch könnte das geringe Interesse (vgl. *Kretschmer* 2005, S. 219) der Anwaltschaft an Jugendstrafvollzugssachen – zumindest ansatzweise – steigen.

1435   Vgl. *Dünkel* 2008a, S. 4.

1436   Vgl. *Kamann* 1991, S. 3.

1437   Vgl. entgegen der vom OLG Frankfurt NStZ 1983, S. 336 angenommenen grundsätzlichen „Rechtstreue" von Vollzugsbehörden: *Feest/Lesting* 1987, S. 172 ff.; *Feest/Lesting/Selling* 1997, S. 63 ff.; *Kamann* 1991, S. 306 ff. und *Kamann* 2009 Rn. 256 ff., die zugleich auch die vielfachen Möglichkeiten und Strategien von Anstalten zur Umgehung von Gerichtsentscheidungen aufzeigen.

1438   Vgl. AK-*Kamman/Spaniol* 2012, § 115 Rn. 82.

lems eine den §§ 170, 172 VwGO entsprechende Regelung – oder zumindest eine Verweisung – in Betracht.[1439]

7.15.3.3 Zusammenfassung

Die Neufassung des gerichtlichen Rechtsschutzes hat den jungen Gefangenen und ihren Erziehungsberechtigten deutliche Verbesserungen gegenüber den Regelungen des §§ 23 ff. EGGVG gebracht.

Im Sinne des Bundesverfassungsgerichtes und der ERJOSSM wird das bisherige Verfahren im Erwachsenenvollzug um wesentliche jugendspezifische Ergänzungen bereichert und außerdem an einem ortsnäheren, in jugendstrafrechtlichen Belangen spezialisierten Gericht durchgeführt. Hervorzuhebende Anpassungen sind dabei insbesondere das fakultative mündliche Anhörungsrecht des jungen Gefangenen und die verringerten Anforderungen für die Gewährung von Prozesskostenhilfe bzw. Pflichtverteidigung.

Allerdings bleibt Raum für weitere Reformen: Dem von den Mindeststandards geforderten Element eines mediativ-schlichtenden Vorverfahrens haben die Landesgesetze bisher nicht genügend Rechnung getragen.[1440] Auch bei der Durchsetzung gerichtlicher Entscheidungen verlässt sich der Gesetzgeber weiterhin zu sehr auf die vermeintlich unzweifelhafte Rechtstreue der Vollzugsbehörden.

Zudem darf nicht übersehen werden, dass diese auf legislativer Ebene vorhandenen Problemstellungen mit weiteren eher gerichts- und verwaltungspraktischen Faktoren zusammentreffen:

Als große Schwierigkeit, die die Möglichkeiten des gerichtlichen Rechtsschutzes schon im Ansatz stark einschränkt, bleibt die durch zahlreiche Beurteilungs- und Ermessensspielräume in den Jugendstrafvollzugsgesetzen geschaffene „Übermacht der Anstalt" – auch gegenüber dem entscheidenden Gericht.[1441] Eine gerichtliche Kontrolle bleibt dadurch sehr beschränkt, da der Richter oft nur die Grenzen dieser Entscheidungsfindung überprüfen kann und selbst bei Erfolg des Gefangenenantrags in der Regel nur Neubescheidungsentscheidungen ergehen, die den Behörden die Chance eröffnen, ihr Vorgehen mit

---

1439 Vgl. *Dünkel* 2008a, S. 4; ansatzweise wohl auch *Calliess/Müller-Dietz* 2008, § 116 Rn. 7; darüber hinaus bejahen entgegen der Rechtsprechung *Laubenthal* 2011, Rn 847; *AK-Kamman/Spaniol* 2012, § 115 Rn. 82 und *Kaiser/Schöch* 2002, § 9 Rn. 58 sogar eine analoge Anwendung, für die es aber aufgrund der erneuten legislativen Untätigkeit des Gesetzgebers an einer planwidrigen Gesetzeslücke mangelt.

1440 Allgemeiner *Goerdeler* 2008, S. 25.

1441 Vgl. *AK-Kamman* 2012, vor § 108 Rn. 1; *Dünkel* 1996, S. 519 f., 522 ff.; *Kretschmer* 2005, S. 218; *Kamann* 1991, S. 8, 31 ff., 339.

neuer Begründung zu wiederholen[1442] – notfalls solange bis sich die Angelegenheit durch Entlassung oder Verlegung erledigt. Dem rechtlich Unbewanderten, geschweige denn dem jungen Gefangenen, wird dieses verwaltungsgerichtliche Entscheidungskonzept wohl kaum verständlich zu machen sein.[1443] Die Effektivität des Rechtsschutzes dürfte sich daher am ehesten durch Einschränkung der Entscheidungsspielräume in den Jugendstrafvollzugsgesetzen herstellen lassen.[1444]

Ferner kann im Einzelfall befürchtet werden, dass Vollzugsbehörden die Rechtsschutzmöglichkeiten unterwandern, sofern der Rechtsschutz nicht als Aspekt der notwendigen Vollzugswirklichkeit, sondern als externe Einmischung empfunden wird.[1445] In diesem Zusammenhang besteht auch stets die Gefahr, dass sich Gefangene mit der Wahrnehmung ihrer Rechte nicht nur deshalb zurückhalten, weil sie die Erfolgsaussichten generell als gering erachten[1446], sondern auch, weil sie repressive Reaktionen durch Anstaltsvertreter befürchten.[1447]

Hinzu kommt, dass bei relativ kurzen Haftstrafen (die im Jugendstrafvollzug besonders häufig sind, weil es kaum „Langstrafer" und keine „Lebenslänglichen" gibt) auch die Zeit gegen den effektiven Rechtsschutz spielt. Im Zweifel kann die Behörde die meisten Konflikte bis in höhere Instanzen hinein aussitzen, da sich der Streitfall mit Entlassung des Gefangenen meist erledigt.[1448]

Schließlich dürfen auch nicht die Auswirkungen der wenig spezialisierten Richterausbildung[1449] und die zumindest im Ansatz vorhandene gerichtsorganisatorische Benachteiligung[1450] von Strafvollzugssachen als mögliche Ursachen

---

1442 Vgl. *Laubenthal* 2011, Rn 847; *Kamann* 1991, mit zahlreichen Beispielen.

1443 Vgl. *Koeppel* 1999, S. 243.

1444 Vgl. *Feest/Lesting/Selling* 1997, S. 199 f.; ähnlich auch: *Kamann* 1991, S. 174 sowie 2009, Rn. 286.

1445 Etwa unter geschickter Ausnutzung langsamer Verwaltungsstrukturen: siehe dazu das Fallbeispiel bei *Kamann* 1991, S. 296 ff.; ähnlich: *Kretschmer* 2005, S. 218; *Kamann* 2009, Rn. 256.

1446 Vgl. *Koeppel* 1999, S. 23 m. w. N.

1447 Vgl. *Feest/Lesting/Selling* 1997, S. 64 ff.; Verhaltensweisen im Überblick bei *Koeppel* 1999, S. 31.

1448 Vgl. *Feest/Lesting/Selling* 1997, S. 200; ähnlich: *Kamann* 2009, Rn. 131.

1449 Vgl. *Kamann* 1991, S. 16, 334.

1450 Es wird angeführt, dass der unverhältnismäßig niedrige Pensenschlüssel bei den Landgerichten zu Desinteresse und hoher Fluktuation bei den Strafvollstreckungsrichtern führe und damit auch eine Spezialisierung durch die Praxis ausbleibe, vgl. *Laubenthal* 2011, Rn. 842; *Kretschmer* 2005, S. 217; AK-*Kamman* 2012, vor § 108 Rn. 2; *Dünkel* 1996, S. 527 m. w. N.; *Kamann* 1991, S. 17 f.; inwieweit sich dies auf die mit Vollzugssachen betraute Jugendkammer übertragen lässt, wird zu beobachten sein.

für eine Effektivitätsminderung beim Rechtsschutz aus den Augen verloren werden.

Neben der Frage nach der effektiven Wahrung von Gefangenenrechten bleibt daher auch festzuhalten, dass dem Rechtsschutz nur dann die anfangs angeführte Bedeutung als resozialisierende Lernchance zukommen kann, wenn dieser rechtlich und tatsächlich so ausgerichtet wird, dass alle Beteiligten auf staatlicher Seite das Verfahren nicht lediglich als unliebsames Nebenprodukt ihrer Tätigkeit wahrnehmen, sondern auch als Instrument zur Verwirklichung des Vollzugszieles.

Als geeignetes Mittel zur Neujustierung des „Selbstbildes" des Vollzuges erscheint nicht zuletzt die Stärkung einvernehmlicher Lösungen durch den Ausbau mediativer Konfliktschlichtungselemente.[1451]

Gleichzeitig liegt in einem im Vollzugsalltag integrierten und akzeptierten Rechtschutzsystem auch eine Chance für die Anstaltsleitung, nämlich Entscheidungen, die möglicherweise aus einer tagespolitisch geprägten Situation heraus „von oben" zu Lasten des Resozialisierungzieles getroffen wurden, an eine externe – nicht weisungsgebundene – Stelle weiterzuleiten.[1452]

1451 Vgl. *Kretschmer* 2005, S. 217; *Koeppel* 1999, S. 22 und (im Ergebnis allerdings zurückhaltender) *Kamann* 2009, Rn. 283 ff. m. w. N. Siehe auch *Abschnitt 7.13.2.3.2.3.*

1452 Ähnlich: Ostendorf-*Ostendorf* 2009, Kap. 2 Rn. 49.

8. Schlussbetrachtung

In der Gesamtschau gibt die gesetzliche Reform des Jugendstrafvollzuges durch die Bundesländer ein heterogenes Bild ab. Im Lichte der europäischen Mindeststandards werden viele gute Lösungen sichtbar – und dazu noch mehr Nachbesserungsmöglichkeiten. Dabei kann keines der Landesgesetze für sich beanspruchen, deutlich näher an das „Ideal" der Mindeststandards heranzureichen als die übrigen Gesetze. Vielmehr weisen die Regelungen in unterschiedlichen Bereichen Stärken und Schwächen auf, die von Norm zu Norm ähnlich, aber auch immer wieder völlig konträr aussehen können. Die Abweichungen wirken dabei – gerade im direkten Vergleich – oftmals beliebig und von zufälligen Vorlieben im föderalen System geprägt. Auch wenn sich dabei auf den ersten Blick keine fundamentalen Unterschiede zeigen, so kommt es in entscheidenden Details doch zu einer nicht unerheblichen Zersplitterung des Rechts des Jugendstrafvollzugs. Viele Kernprobleme der neuen Regelungen zum Jugendstrafvollzug finden sich allerdings in einem großen Teil der Ländergesetze wieder, von dem sich nur einzelne Regelungen positiv absetzen:

Problematisch ist hier meist schon die Regelung des Vollzugsziels: Nur in der *rheinland-pfälzischen* Norm wird das Resozialisierungsziel klar und eindeutig als einziges Vollzugs*ziel* in den Vordergrund gestellt. In allen anderen Gesetzen bleibt die Tendenz, den „Schutz der Allgemeinheit" zumindest sprachlich gegenüber der Resozialisierung aufzuwerten und damit – im günstigsten Fall – für vermeidbare Missverständnisse zu sorgen. Die Gesetze *Bayerns*, *Baden-Württembergs* und *Niedersachsens* stellen den „Schutz der Allgemeinheit" dem Resozialisierungsziel in unzulässiger Weise gleichwertig gegenüber oder gar voran.[1453] Auch bei der weiteren Ausfüllung der Resozialisierungsprämisse schießen insbesondere *Baden-Württemberg*, *Bayern* und *Sachsen* über das Vollzugsziel hinaus, und laufen Gefahr die Erziehung zum Selbstzweck zu erklären.[1454]
Bei der Ausgestaltung der kompensatorischen Grundprinzipien der Angleichung, Gegensteuerung und Wiedereingliederung orientiert man sich weitgehend an der bisher bestehenden Regelungsform. Nicht alle Gesetze haben die Gelegenheit genutzt – gerade auch im Hinblick auf schwerste Übergriffe unter den Gefangenen in den letzten Jahren – ein allgemeines Schutzprinzip zu formulieren, wie es auch von den internationalen Mindeststandards immer wieder ins Spiel gebracht wird. Eine modernisierende Klarstellung des Angleichungsgrundsatzes, wonach nur eine Angleichung an positive Aspekte in der Gesellschaft erfolgen soll, findet sich ebenfalls in keinem Gesetz. Soweit die Gestaltungsprinzipien durch „Belange der Sicherheit und Ordnung" oder „Belange der

---

1453   Vgl. *Abschnitt 7.2.*

1454   Vgl. *Abschnitt 7.3.*

Allgemeinheit" relativiert werden, stellt dies sogar einen Rückschritt gegenüber dem bisherigen Erwachsenenrecht dar.[1455]

Als Rückschritt wider den Geist der Mindeststandards lässt sich ferner auch die Einführung von Mitwirkungspflichten einstufen, insbesondere dort, wo die Gesetze dem Wortlaut nach die direkte Erzwingung durch Disziplinarmaßnahmen (so in *Baden-Württemberg, Bayern, Sachsen-Anhalt, Niedersachsen* und *Nordrhein-Westfalen*) oder die indirekte Sanktionierung durch die Versagung von Lockerungen ermöglichen (alle Gesetze außer denen *Bayerns, Berlins, Hessens* und *Niedersachsens*).[1456] Auch die Mitwirkungsverpflichtung in Bezug auf Freizeitangebote, wie sie in *Hamburg, Bayern, Baden-Württemberg* und den Gesetzen des *Neuner-Entwurfes* vorgesehen ist, erscheint nicht minder problematisch, sondern im Hinblick auf das allgemeine Verständnis von Freizeit geradezu paradox. Gleichzeitig fehlt es weitgehend an konkreten und überzeugenden Regelungskonzepten, die den Blick auf eine positive Motivierung der jungen Gefangenen lenken, wie sie von den Mindeststandards gefordert wird. Etwas konkretere Ansätze eines Anreiz- und Belohnungssystems findet man in *Baden-Württemberg, Bremen, Hamburg, Hessen* und *Sachsen*.[1457]

Große Defizite weist der Bereich der Vollzugsöffnungen auf, bei welchem nicht wenige Gesetze zu deutlich restriktiveren Regelungen kommen als das StVollzG und damit eine jugendgemäße Ausgestaltung im Sinne des Bundesverfassungsgerichts und der ERJOSSM in Frage stellen. Besonders streng geben sich hier die Regelungen *Niedersachsens, Bayerns* und *Hessens*, während in anderen Gesetzen zumindest einzelne Regelungsaspekte, wie der Verzicht auf eine Koppelung an die Mitwirkungspflicht in *Berlin* oder der klare Vorrang des offenen Vollzuges in *Nordrhein-Westfalen* positiv herausragen. Mit starken Einschränkungen und nicht unerheblichen Abweichungen voneinander im Detail werden die Vorschriften des *Neuner-Entwurfes* und *Sachsens* in diesem Bereich noch am ehesten einer konsequenten Ausrichtung am Vollzugsziel der Resozialisierung gerecht.[1458]

Hinsichtlich der Entlassungsvorbereitung und der Nachsorge nach der Haft finden sich in nahezu allen Gesetzen neue und sinnvolle Ansätze. Gleichwohl fehlt es den Regelungen nicht selten an konkreten und verbindlicheren Vorgaben. Eine relativ handfeste Vorlage schafft man hierzu im *Saarland* mit der Einrichtung einer spezifischen „Nachsorgeeinrichtung". In *Niedersachsen* hingegen

---

1455 Vgl. *Abschnitt 7.4.*

1456 Vgl. *Abschnitt 7.10.3.2.2.*

1457 Vgl. *Abschnitt 7.4.2.4.4.*

1458 Vgl. *Abschnitt 7.6.2* und *7.6.3.*

verzichtet man nahezu völlig auf eine gesetzliche Ausgestaltung der Nachsorge.[1459]

Wie von den internationalen Mindeststandards eingefordert, legen alle Bundesländer die Einzelunterbringung zur Ruhezeit als Grundfall fest und bemühen sich um die regelmäßige Unterbringung im Wohngruppenvollzug. Allerdings finden sich dazu vielerorts Ausnahmeregelungen, die, wie etwa in *Bayern*, geeignet sind, die Regelanordnung stark aufzuweichen. Positiv fallen hier hingegen die uneingeschränkt klaren Festlegungen *Hessens* und *Hamburgs* aus. In allen Gesetzen fehlt es indes an der durch die ERJOSSM geforderten gesetzlichen Festlegung von Mindestgrößen für Hafträume (Ausnahme: *Baden-Württemberg* bzgl. neu zu errichtender Anstalten). Hinsichtlich der Belegungsfähigkeit einzelner Wohngruppen findet man nur in *Hessen*, *Hamburg* und *Sachsen* konkrete Vorgaben im Sinne der Europaratsregeln.[1460]

Im Bereich der Beschäftigung und Gefangenenentlohnung droht die „angemessene" Entlohnung, wie sie das Bundesverfassungsgericht und die ERJOSSM verstehen, durch eine Vielzahl einzelner Kostenabwälzungen auf die jungen Gefangenen unter ein zulässiges Maß zu fallen. Dies gilt umso mehr als die nichtmonetäre Komponente der Vergütung – trotz kleinerer Unterschiede in den einzelnen Gesetzen – überall noch rudimentär ausfällt. Ein „Recht" der Gefangenen auf schulische und berufliche Bildung wie in *Baden-Württemberg*, *Hamburg* und dem *Saarland* bleibt hingegen die Ausnahme.[1461]

Im Freizeitbereich setzen sich *Nordrhein-Westfalen* und *Rheinland-Pfalz* mit neuen Ansätzen positiv von der Masse der Landesgesetze ab, während andere Gesetze hier eine sachfremde Mitwirkungspflicht installieren.[1462]

Eine jugendspezifische Verbesserung stellt die in allen Gesetzen vorgesehene Ausweitung der regulären Besuchszeiten auf vier Stunden im Monat dar. Gleichwohl zeigen die innovativen Regelungen *Nordrhein-Westfalens* und *Niedersachsens* zu möglichen Langzeitbesuchen, dass die Stärkung der sozialen Beziehungen, wie sie von den Europaratsregeln und dem Bundesverfassungsgericht gefordert wird, in den übrigen Gesetzen noch ausbaufähig ist. Ingesamt bleibt die aktive Förderung der Außenkontakte in allen Gesetzen auf einer sehr abstrakten, passiven Ebene stecken.[1463]

Im Bereich des Disziplinarrechts bemüht man sich mit den „erzieherischen Maßnahmen" vordergründig um eine jugendspezifische Vorstufe zu den formellen Disziplinarmaßnahmen. In den meisten Gesetzen werden die entspre-

---

1459   Vgl. *Abschnitt 7.6.4.*

1460   Vgl. *Abschnitt 7.7.*

1461   Vgl. *Abschnitt 7.10.3.1.*

1462   Vgl. *Abschnitt 7.10.3.2.*

1463   Vgl. *Abschnitt 7.11.*

chenden Eingriffsbefugnisse diesem Anspruch aber nicht gerecht. Anders als von den ERJOSSM gefordert, wird nicht primär auf konfliktschlichtende Maßnahmen gesetzt, sondern ein Sanktionsinstrumentarium geschaffen, das sich von den eigentlichen Disziplinarmaßnahmen im sanktionierenden Charakter kaum unterscheidet, gleichzeitig deutlich unbestimmter geregelt und damit geeignet ist, die formellen Anforderungen des Disziplinarrechts zu unterlaufen. Besonders harsch geben sich hier die Regelungen *Bayerns* und *Niedersachsens*. Die Gesetze *Berlins*, *Hessens* und *Nordrhein-Westfalens* bemühen sich hingegen um eine konfliktschlichtende Grundausrichtung. Hinsichtlich der formellen Disziplinarmaßnahmen verstoßen vor allem die Regelungen *Bayerns*, *Baden-Württembergs*, *Nordrhein-Westfalens*, *Niedersachsens* und *Sachsen-Anhalts* klar gegen das Erfordernis der internationalen Vorgaben, fest umrissene Anordnungstatbestände zu schaffen. Auch die derzeitige Ausgestaltung der schärfsten Disziplinarmaßnahme, des isolierenden Arrestes, ist vor dem Hintergrund internationaler Mindeststandards so nicht tragbar.[1464]

Ferner stehen nahezu alle Gesetze in der Frage des Schusswaffengebrauches nicht im Einklang mit den Regeln der UN und des Europarates. Einzig *Sachsen* und *Sachsen-Anhalt* wagen hier den richtigen Schritt, den Schusswaffeneinsatz durch Vollzugsbedienstete auszuschließen.[1465]

Auf Bundesebene hat die Neuregelung des gerichtlichen Rechtsschutzes für die rechtliche Stellung der jungen Gefangenen deutliche Verbesserungen gebracht, auch wenn der Gang vor Gericht für viele Betroffene nach wie vor eine wenig erfolgversprechende Angelegenheit bleiben dürfte. Nachbesserungsbedarf besteht hier wiederum auf Landesebene bei der durch das JGG eingeräumten Möglichkeit, ein dem gerichtlichen Verfahren vorgelagertes Schlichtungsverfahren zu etablieren. Dies haben bisher nur *Nordrhein-Westfalen*[1466] und das *Saarland* umgesetzt. Auf Bundesebene bleibt die fehlende Normierung einer zwangsweisen Durchsetzung gerichtlicher Entscheidungen problematisch.[1467]

Festzuhalten bleibt: Die Unterschiede zwischen den Gesetzen sind womöglich geringer als die Kritiker[1468] der Föderalismusreform erwartet haben, ein offenkundiger „Wettbewerb der Schäbigkeit" im großen Stil[1469] ist ausgeblieben bzw. wird in erster Linie auf der sehr abstrakten Ebene der Zielvorschriften aus-

---

1464 Vgl. *Abschnitt 7.13.*

1465 Vgl. *Abschnitt 7.14.4.*

1466 Wobei das Verfahren hier nur fakultativ ist.

1467 Vgl. *Abschnitt 7.15.3.3.*

1468 Vgl. *Müller-Dietz* 2005, S. 156 ff.; *Prantl* 2007, S. 22 („Schwerer historischer Fehler"); *Cornel* 2005 m. w. N.

1469 Vgl. *Dünkel/Schüler-Springorum* 2006, S. 145 ff.; *Feest* 2007; *Rehn* 2006, S. 122.

getragen.[1470] Gleichwohl kann man auch nicht von einem „innovativen Wettbewerb um die besten Lösungen"[1471] sprechen.[1472] Die Bundesländer haben in den Gesetzen bisher weder eine allumfassende länderspezifische „Selbstverwirklichung"[1473] an den Tag gelegt, noch haben sie die Chance genutzt, den Jugendstrafvollzug umfassend zu reformieren.[1474] Vorteile, die sich aus der Kompetenzverlagerung auf die Länder durch die Föderalismusreform ergeben sollten, werden nicht erkennbar. Die gesetzliche Reform des Jugendstrafvollzuges durch die Länder stellt sich aus gesetzesökonomischer Sicht vielmehr als eine „gigantische Verschwendung von Steuergeldern"[1475] dar, bedingt durch den Aufwand, 16 Landesgesetze durch Parlamente und Sachverständigengremien zu bringen, die „gepflegt" und ständig modernisiert werden müssen. Angesichts der zumindest in 11 Ländern fast identischen Gesetze wurde die Föderalismusreform konterkariert.[1476] Einen besseren Beleg dafür, dass sie im Bereich des Strafvollzuges eigentlich überflüssig war, könnte es kaum geben.

Auch wenn es in Einzelfragen durchaus nicht unerhebliche Unterschiede gibt,[1477] so lässt sich doch feststellen, dass die Bundesländer größtenteils ihre eher liberalere oder eher restriktivere Sicherheitspolitik in Gesetze gegossen haben.[1478] Dass dabei durchaus auch die eine oder andere „Schäbigkeit" ihren Weg ins Gesetz gefunden hat, offenbart sich erst mit Blick aufs Detail. Hier wird es die undankbare Aufgabe der Justiz- und Verwaltungspraxis sein, diesen durch die Gesetzgeber erzeugten Eindruck der Stagnation zu widerlegen.

Ursachen für das Vorgehen der Landesgesetzgeber dürften einerseits das „Diktat leerer Kassen"[1479] und andererseits wahltaktisch begründete Populis-

---

1470 Vgl. *M. Walter* 2007, S. 73.

1471 So seinerzeit mit entsprechender Hoffnung *Klingner* 2007; ebenso *Oehlerking* 2008, S. 46; ähnlich auch *Kunze* 2007, S. 133.

1472 Vgl. *Ostendorf* 2008, S. 18.

1473 *Dünkel/Pörksen* 2007, S. 22.

1474 Vgl. *Höynck/Hosser* 2007, S. 397.

1475 *Dünkel*, in: „Der Spiegel" Nr. 30/2007 S. 16 – „Gigantische Verschwendung"; ähnlich auch *Walkenhorst* 2007d, S. 27 f.

1476 Diese Tendenz zu einheitlichen gesetzlichen Regelungen hat sich beim Untersuchungshaftvollzug fortgesetzt (vgl. *Ostendorf* 2011, S. 252 m. w. N.) und aktuell bei den Bemühungen zum Jugendarrestvollzug ebenso wie zum Erwachsenenvollzug sogar noch verstärkt.

1477 Vgl. *Eisenberg* 2008, S. 261; *Sußner* 2009, S. 256.

1478 Vgl. *J. Walter* 2010, S. 96; *Flügge* 2008, S. 33; *Prantl* 2010, S. 12; *Höynck/Hosser* 2007, S. 388.

1479 *Ostendorf* 2005, S. 416.

men sein, die danach trachten, durch harte, markante Regelungen kurzfristig Handlungsfähigkeit zu beweisen, aber letztlich nicht auf empirischen Erkenntnissen beruhen.[1480] Letzteres hat – nicht zuletzt auch aufgrund der massenmedialen Einflussnahme auf die Politik[1481] – zu einem jugendstrafrechtlichen Klima geführt, das eine Verstärkung formaler, punitiver Reaktionsweisen fordert.[1482] „Diese Strömungen machen auch vor Anstaltstoren nicht halt."[1483] Und auch in einigen Gesetzesbegründungen kommen sie – wie aufgezeigt – bisweilen unverhohlen zum Vorschein.[1484]

Bei alledem werden Vorgaben des Bundesverfassungsgerichts zumeist gerade eben noch eingehalten – oft jedoch verdeckt (bisweilen auch offen) unterlaufen.[1485] Auch hinter den vom Gericht zum verfassungsrechtlichen Indizmaßstab gemachten und hier im Fokus stehenden internationalen Standards bleiben die Gesetze oftmals zurück.[1486] Soweit in den Gesetzesbegründungen auf Abweichungen zu internationalen Mindeststandards eingegangen wird, erscheinen die Begründungen oft vorgeschoben und wenig überzeugend.[1487]

Ebenfalls nicht ausreichend ist es, die Aufgabe, den Vollzug am Maßstab der internationalen Vorgaben auszurichten, gleichsam an Praxis und Verwaltung zu delegieren: Gemäß § 6 JVollzG BW-I sind „Justizvollzugsanstalten entsprechend ihrem Zweck und den jeweiligen Erkenntnissen der Erfordernisse eines zweckmäßen Justizvollzugs auszugestalten". Auch auf völkerrechtliche Vorgaben, wie sie das Bundesverfassungsgericht benannt hat, wird durch das Gesetz ausdrücklich Bezug genommen. Wo jedoch schon manche der gesetzlichen Regelungen selbst diesen Anspruch nicht erfüllen, kann eine entsprechende Umsetzung durch die Praxis nicht verlangt werden. Ferner steht und fällt auch im Vollzug (fast) alles mit der Bereitstellung der erforderlichen Mittel. Die Länder müssen den Vollzug mit dem erforderlichen und entsprechend ausgebildeten

---

1480 Es ist daher auch von „symbolischer Gesetzgebung" und „inhaltsleerer Rhetorik" gesprochen worden (*Dünkel* 2007c, S. 3 f.) und einem vom „Populismus geprägten Geist" (*Sußner* 2009, S. 256).

1481 Vgl. *J. Walter* 2002, S. 131 f.

1482 Vgl. *M. Walter* 2003, S. 276 ff.; *Ostendorf* 2005, S. 415; zu diesem „publizistisch-populistischen Verstärkerkreislauf" siehe schon die Einleitung dieser Arbeit.

1483 *Tondorf/Tondorf* 2006, S. 243.

1484 Vgl. z. B. *Abschnitt 7.6.5.*

1485 Deutlich positiver bewertet hingegen *Arloth* 2008a, S. 135.

1486 So schon *Sonnen* 2007b, S. 82.

1487 Siehe dazu *Abschnitt 7.14.4.4.*

Personal[1488] und der notwendigen Ausstattung versehen.[1489] Andernfalls bleibt es bei der wohlfeilen Formulierung hehrer Ansprüche.[1490]

Auch die Einrichtung unabhängiger Kontrollorgane wie sie Abschnitt H der ERJOSSM fordert[1491] sucht man in den Landesgesetzen vergebens. Einzig *Nordrhein-Westfalen* hat hier die Position eines Justizvollzugsbeauftragten geschaffen.

Noch zu oft entsteht insgesamt der Eindruck, dass sich die Gesetzgeber nicht, wie vom Bundesverfassungsgericht gefordert, vom „verfügbaren Erfahrungswissen" und dem „Stand der wissenschaftlichen Erkenntnisse",[1492] sondern vom politischen Zeitgeist und finanziellen Erwägungen haben leiten lassen.[1493] Letztere dürften auch maßgeblich dafür verantwortlich sein, dass sich in den Landesgesetzen die Tatsache, dass der Anteil der Gefangenen mit Migrationshintergrund seit längerem über 50% beträgt,[1494] kaum in problemorientierten Normen widerspiegelt. Die ERJOSSM sehen hingegen eine ganze Reihe von speziellen Rechten für diese Gefangenengruppe vor.[1495] Viele andere ausgebliebene Reformschritte, wie etwa der Verzicht auf isolierende Einzelhaft oder den Schusswaffengebrauch im Jugendstrafvollzug, hätten sich hingegen ohne weitere Kosten realisieren lassen.[1496]

In allen Gesetzen stehen nach dem Muster des StVollzG äußerst weite und unbestimmte Eingriffsermächtigungen des Vollzuges der mangelnden Regelung von subjektiven Rechten der Gefangenen gegenüber,[1497] was das naturgemäße und resozialisierungsfeindliche Machtgefälle der totalen Institution nicht nur

---

1488 Dazu auch Abschnitt VI („Staff") der ERJOSSM.

1489 BVerfG NJW 2006, S. 2096.

1490 Ähnlich auch AK-*Feest* 2006, vor § 81 Rn. 17; *Fiedler* 2008, S. 114.

1491 „Inspection and monitoring"; vgl. auch Nr. 72 ff. der Havanna-Rules und Nr. 93.7 EPR.

1492 BVerfG NJW 2006, S. 2097.

1493 Vgl. auch *J. Walter* 2008a, S. 29; *Höynck/Hosser* 2007, S. 397; dieser Eindruck verstärkt sich noch, wenn man die zahlreichen gutachterlichen Stellungnahmen aus der Wissenschaft zu den einzelnen Gesetzentwürfen mit den fertigen Gesetzen vergleicht. Auch ein Blick in die Plenarprotokolle offenbart bisweilen, wie erschreckend wenig manch ein Parlamentarier von wissenschaftlichen Expertisen hält, vgl. dazu exemplarisch die Sitzung vom 06.12.2007 des *Berliner* Abgeordnetenhauses (16/22).

1494 Vgl. *J. Walter* 2008a, S. 24; *J. Walter* 2001, S. 69 f.

1495 Vgl. Abschnitt E.16. und E.17 der ERJOSSM.

1496 Vgl. auch *J. Walter* 2005a, S. 18.

1497 Zu einem entsprechenden Reformbedarf schon *Tondorf/Tondorf* 2006, S. 244.

verstärkt, sondern auch das Ausmaß der gerichtlichen Kontrolle über Gebühr einschränkt.[1498]

Dass auch hinter dieser Gestaltungsentscheidung an vielen Stellen finanzielle Motive stehen,[1499] geben die Gesetzgeber bisweilen unumwunden zu: Etwa in der Begründung zum ersten *baden-württembergischen* Jugendstrafvollzugsgesetz, wo dies aus dem „Anliegen" heraus geschehen sei, den Vollzug „weitestgehend haushaltsverträglich zu gestalten", man keine „Anspruchlichkeit der jungen Gefangenen" provozieren und den „Justizhaushalt nicht überfordern" wolle.[1500] Auch in *Hamburg* sieht man von „einklagbaren Ansprüchen" ab, um kein „falsches Anspruchsdenken" bei den Gefangenen zu erzeugen und den „Justizhaushalt nicht zu überfordern".[1501]

Dem gegenüber kann nur immer wieder betont werden, dass ein Mangel an Ressourcen nicht für die ablehnende Begründung einer sinnvollen und grundrechtskonformen Ausgestaltung des Vollzuges herhalten kann (Nr. 19 ERJOSSM und Nr. 4 EPR). Nicht zuletzt hat schließlich auch das Bundesverfassungsgericht betont, dass „durch gesetzliche Festlegung hinreichend konkretisierter Vorgaben Sorge dafür zu tragen" ist, „dass für allgemein als erfolgsnotwendig anerkannte Vollzugsbedingungen und Maßnahmen die erforderliche Ausstattung mit den personellen und finanziellen Mitteln kontinuierlich gesichert ist."[1502] Der Staat müsse den Strafvollzug so ausstatten, wie es zur Realisierung des Vollzugsziels erforderlich sei.[1503]

Ebenfalls sollte man auch nicht aus den Augen verlieren, dass diverse kriminalpolitische Möglichkeiten zur Reduzierung von Haftpopulationen – und

---

1498 Vgl. dazu *Abschnitt 7.15.3.3.*

1499 Vgl. auch *Höynck/Hosser* 2007, S. 397.

1500 Vgl. die Begründung zum JStVollzG BW a. F. Abschnitt A. und die Begründung zu § 60 (BW. Ltg. Drs. 14/1240). Wenn in der Begründung zu § 60 zugleich mögliche Befürchtungen hinsichtlich der Wahrscheinlichkeit, dass ein junger Gefangener das in § 60 zugestandene Recht auf Bildung tatsächlich einklagt, zerstreut werden und man betont, dass daher keine Beeinträchtigungen des Haushalts drohen, offenbart sich vollends in welchem Verhältnis der Gesetzgeber Kosteneffizienz und Vollzugsqualität zueinander sieht, vgl. *Wegemund/Dehne-Niemann* 2008, S. 581. Aus der Begründung der Neufassung sind diese verfassungsrechtlich nicht unverfänglichen Formulierungen seltsamerweise verschwunden, vgl. die Begründung zum JVollzGB (BW. Ltg. Drs. 14/5012).

1501 Vgl. Begründung zu § 34 HmbJStVollzG (Hmb. Brgs. Drs. 19/2533).

1502 BVerfG NJW 2006, S. 2096.

1503 Vgl. BVerfG NJW 1973, S. 1226.

damit von Haftkosten – existieren, die nicht überall populär sein mögen, aber durchaus sinnvoll und zweckmäßig sind.1504

Darüber hinaus erscheint diese fiskalische Sichtweise auch insgesamt oftmals zu kurz angelegt: Der finanzielle Schaden, der langfristig durch mangelnde Resozialisierung und erhöhte Rückfallquoten entsteht, wiegt letztlich möglicherweise schwerer als mittelfristig bedachte Haushaltsdefizite oder die Zufriedenstellung eines diffusen gesellschaftlichen Vergeltungsbedürfnisses und verschiebt das Problem nur in zukünftige Legislaturperioden.1505

Bei aller Kritik soll nicht übersehen werden, dass die meisten Länder in Detailfragen auch immer wieder mit innovativen Einzelregelungen überzeugen.1506 Darunter befinden sich besonders oft die Länder *Nordrhein-Westfalen*, *Sachsen* und *Hessen*. Auch *Hamburg* und *Berlin* setzen bisweilen richtige Akzente gegenüber den sonstigen Landesumsetzungen des *Neuner-Entwurfs*. Deutlich seltener gelingt dies den Gesetzen *Bayerns* und *Niedersachsens*, die damit die eingangs augestellte Befürchtung, dass gemeinsame gesetzliche Regelungen von Jugend- und Erwachsenenstrafvollzug zum Nachteil einer jugendspezifischen Gestaltung gereichen, nicht entkräften können.

Immerhin besteht in allen Landesgesetzen1507 eine fortlaufende Überprüfungs- und Beobachtungspflicht, also die gesetzliche Verpflichtung zur begleitenden kriminologischen Forschung, wie sie vom Bundesverfassungsgericht eingefordert wurde1508 und auch von den ERJOSSM vorausgesetzt wird.1509

1504 Vgl. etwa *J. Walter* 2000, S. 256; *Klingner* 2007, S. 104; *Dünkel/Geng* 2003, S. 146 ff.; auf Landesebene ist vor allem an die Einführung von „Good-Time"-Regelungen (siehe dazu *Abschnitt 7.10.3.1.5*), konsequentere Durchführung der bedingten Entlassung gem. § 57 StGB (vgl. *Dünkel/Morgenstern* 2001, S. 152 f.) und den Ausbau der gemeinnützigen Arbeit anstelle von Ersatzfreiheitsstrafen (vgl. *Dünkel/Scheel* 2006, S. 173 ff.) zu denken.

1505 Vgl. *Sonnen* 2007, S. 88; zu einem entsprechenden Forschungsbedarf: *Entorf* 2004, S. 128 ff. Absolut treffend drückt dies auch *Ortmann* aus: „Ein strafender, auf Vergeltung sinnender Geist, in dem die Gesellschaft ihren Straftätern begegnet, kommt schnurstracks als Bumerang zurück und knallt ihr gegen den eigenen christlichen Kopf" (In: „Brauchen wir einen härteren Jugendstrafvollzug?", Stuttgarter Zeitung vom 07.09.2009).

1506 Ebenso *Feest/Bammann* 2010, S. 542.

1507 § 87 JVollzGB BW-IV; Art. 189 BayStVollzG; § 97 JStVollzG Bln, BbgJStVollzG, BremJStVollzG, JStVollzG MV, SJStVollzG, SächsJStVollzG; ThürJStVollzG, JStVollzG SH, § 97 Abs. 1 JStVollzG RLP, § 107 JStVollzG LSA; § 108 JStVollzG NRW; § 189 NJVollzG; § 109 HmbJStVollzG; § 66 HessJStVollzG.

1508 BVerfG NJW 2006, S. 2097.

1509 Abschnitt VII ERJOSSM.

Obwohl auch dieser gesetzliche Handlungsauftrag oftmals ein wenig vage formuliert ist, bietet er den Ländern bei konsequenter Umsetzung doch die Möglichkeit zur Nachbesserung.[1510] Darüber hinaus gibt auch die derzeit in vielen Ländern noch anstehende Neuregelung des Erwachsenenstrafvollzuges einen geeigneten Anlass, die Regelungen zum Jugendstrafvollzug noch einmal zu überprüfen und zu überarbeiten.

Hoffnung machen zu guter Letzt auch die neuesten Entwicklungen auf der rechtstatsächlichen Ebene: Auch wenn die Länder die Chance föderaler „Selbstverwirklichung"[1511] weitgehend verpasst haben, muss man allerdings sehen, dass der „Wettbewerb der Schäbigkeit" tatsächlich ausgeblieben und stattdessen ein „Innovationsschub auf der Praxisebene" eingesetzt hat, der ohne die Föderalismusreform – allerdings maßgeblich auch durch das Bundesverfassungsgericht beeinflusst – so vielleicht nicht stattgefunden hätte. Die bundesweite Einführung sozialtherapeutischer Abteilungen ist dabei das herausragende von mehreren Beispielen, die von einer zum Teil deutlichen Verbesserung der Betreuungsdichte[1512] bis hin zu umfassenden baulichen Investitionen reichen.[1513]

1510 Dass eine fortlaufende Evaluation und Überprüfung der Wirksamkeit von Vollzugsmaßnahmen für deren Erfolg unabdingbar ist, wurde bereits mehrfach aufgezeigt, vgl. *Dünkel/Drenkhahn* 2001, S. 401 f. m. w. N.

1511 *Dünkel/Pörksen* 2007, S. 22.

1512 Siehe dazu *Abschnitt 3.6.*

1513 Vgl. *Dünkel/Geng* 2011, S. 137 ff.

Literaturverzeichnis

Albrecht, H.-J. (2003): Arbeitslosigkeit: Exklusion aus dem Erwerbsleben und soziale Desintegration. In: Raithel, J., Mansel, J.(Hrsg.): Kriminalität und Gewalt im Jugendalter. Hell- und Dunkelfeldbefunde im Vergleich. Weinheim, München, S. 117-134.

Albrecht, H.-J. (2003a): Verfassungsmäßigkeit des Jugendstrafvollzuges, Recht der Jugend und des Bildungswesens 51, S. 352-360.

Albrecht, H.-J. (2009): Rolle der Kriminologie und internationale Standards. In: Bundesministerium für Justiz (Hrsg.): Das Jugendkriminalrecht vor neuen Herausforderungen? Jenaer Symposium, S. 317-322.

Albrecht, P.-A. (2008): Der politische Gebrauchswert des Jugendstrafrechts. Strafverteidiger 27, S. 154-159.

Alexy, R. (2003): Die Gewichtsformel. In: Jickeli, J., Kreutz, P., Reuter, D. (Hrsg.): Gedächtnisschrift für Jürgen Sonnenschein. 22. Januar 1938 bis 6. Dezember 2000. Berlin, S. 771-792.

Arloth, F. (2007): Stand der Gesetzgebung für den Jugendstrafvollzug und verfassungsrechtliche Rahmenbedingungen. Forum Strafvollzug 56, S. 56.

Arloth, F. (2008): Neue Gesetze im Strafvollzug. Goltdammer's Archiv für Strafrecht 155, S. 129-141.

Arloth, F. (2011): StVollzG – Kommentar. München. (zitiert: *Arloth* 2011, § Rn.).

Aronson, E., Wilson, T. D., Akert, R. M. (2004): Sozialpsychologie. München.

Baechtold, A. (1997): Gefangenenarbeit und Arbeitszwang – ein kriminalpolitisch funktionales Instrument? In: Hammerschick, W., Pilgram, A. (Hrsg.): Arbeitsmarkt, Strafvollzug und Gefangenenarbeit. Baden-Baden, S. 87-94.

Bamann, K. (2008): Sexualität im Gefängnis – Probleme mit einem menschlichen Grundbedürfnis. Forum Strafvollzug 57, S. 247-254.

Bamman, K. (2001): Ist der Jugendstrafvollzug verfassungswidrig? Zur Diskussion um die Notwendigkeit, ein Jugendstrafvollzugsgesetz zu schaffen. Recht der Jugend und des Bildungswesens 49, S. 24-35.

Bereswill, M. (2003): Von draußen nach drinnen und wieder zurück? Integration als biographischer und psychosozialer Prozess. Eine Längsschnittperspektive. In: Bereswill, M. (Hrsg.): Entwicklung unter Kontrolle? Baden-Baden, S. 176-199.

Bereswill, M. (2007): „Von der Welt abgeschlossen" – Die einschneidende Erfahrung einer Inhaftierung im Jugendstrafvollzug. In: Goerdeler, J., Walkenhorst, P. (Hrsg.): Jugendstrafvollzug in Deutschland – Neue Gesetze, neue Strukturen, neue Praxis? Mönchengladbach, S. 163-183.

Bereswill, M. (2010): Strafhaft als biographischer Einschnitt. Befunde zum Jugendstrafvollzug aus der Perspektive seiner Insassen. In: Dollinger, B., Schmidt-Semisch, H. (Hrsg.): Handbuch Jugendkriminalität – Kriminologie und Sozialpädagogik im Dialog, S. 545-556.

Bereswill, M., Koesling, A., Neuber, A. (2007): Brüchige Erfolge – Biographische Diskontinuität, Inhaftierung und Integration. In: Goerdeler, J., Walkenhorst, P. (Hrsg.): Jugendstrafvollzug in Deutschland – Neue Gesetze, neue Strukturen, neue Praxis? Mönchengladbach, S. 294-312.

Bernhardt, R. (1993): Verfassungsrecht und völkerrechtliche Verträge. In: Badura, P., Isensee, J., Kirchhof, P.: Handbuch des Staatsrechts der Bundesrepublik Deutschland. Band VII, S. 571-598.

Bertram, C. (2004): Wider den organisierten Beziehungsabbruch – Entlassungsvorbereitung als kontinuierliches Hilfeangebot in einem vernetzten System. In: Rehn, G., Nanninga, R., Thiel, A. (Hrsg.): Freiheit und Unfreiheit – Arbeit mit Straftätern innerhalb und außerhalb des Justizvollzuges. Herbolzheim, S. 430-446.

Blüthner, A. (2005): Kostenlose medizinische Versorgung im Justizvollzug oder Zuzahlungspflicht für Gefangene. Forum Strafvollzug 54, S. 94-99.

Boers, K. (2009): Kontinuität und Abbruch persistenter Delinquenzverläufe. In: Bundesministerium für Justiz: Das Jugendkriminalrecht vor neuen Herausforderungen? Jenaer Symposium 9.–11. September 2008, Mönchengladbach, S. 101-134.

Boers, K., Schaerff, M. (2008): Abschied vom Primat der Resozialisierung im Jugendstrafvollzug? ZJJ 19, S. 316-323.

Böhm, A. (1985): Überlegungen zur Rechtsstellung der im Jugendstrafvollzug befindlichen Gefangenen. In: Schwind, H.-D., Berz, U., Geilen, G., Herzberg, R., Warda, G.: Festschrift für Günter Blau zum 70. Geburtstag am 18. Dezember 1985. Berlin, New York, S. 189-205.

Böhm, A. (1998): Zur Diskussion um die gesetzliche Regelung und die tatsächliche Entwicklung des Jugendstrafvollzuges. In: Schwind, H.-D. (Hrsg.): Festschrift für Hans Joachim Schneider. Berlin, New York, S. 1013-1035.

Böhm, A. (2002): Bemerkungen zum Vollzugsziel. In: Prittwitz, C., Baurmann, M., Günther, K., Kuhlen, L., Merkel, R., Nestler, C., Schulz, L. (Hrsg.): Festschrift für Klaus Lüderssen. Baden-Baden, S. 807-820.

Brandt, M. (2006): Gesetzliche Regelungen für den Jugendstrafvollzug. ZJJ 17, S. 244-250.

Bundesarbeitsgemeinschaft für Straffälligenhilfe e. V. (BAG-S) (1993): Tarifgerechte Entlohnung für Inhaftierte – Stellungnahme zur Anfrage des Bundesverfassungsgerichtes vom 14.08.1992. ZfStrVo 42, S. 174-180.

Bundesministerium für Justiz (2001): Erster Periodische Sicherheitsbericht. Internetpublikation: http://www.bmj.de/DE/Recht/Strafrecht/Kriminologie

Kriminalpraevention/_doc/Erster_Periodischer_Sicherheitsbericht_doc. html (Stand: 28.05.2011).

Bundesministerium für Justiz (2006): Zweiter Periodische Sicherheitsbericht. Internetpublikation: http://www.bmj.de/DE/Recht/Strafrecht/Kriminologie Kriminalpraevention/_doc/Zweiter_Periodischer_Sicherheitsbericht_doc. html (Stand: 28.05.2011).

Bundesministerium für Justiz (Hrsg.) (2009): Die Empfehlungen des Europarates. Rec(2008)11 über die Europäischen Grundsätze für die von Sanktionen und Maßnahmen betroffenen jugendlichen Straftäter und Straftäterinnen. Mönchengladbach. (zitiert: *BMJ* 2009).

Bundesvereinigung der Anstaltsleiter im Strafvollzug (1993): Stellungnahme der Bundesvereinigung der Anstaltsleiter im Strafvollzug e. V. zur Verfassungsmäßigkeit der Arbeitsentgeltregelungen des StVollzG, S. 180.

Cahn, E. (2008): Wie viel fördern, wie viel fordern? Das Beispiel der Jugendanstalt Hameln. In: Benzler, S. (Hrsg.): Jugendstrafvollzug. Neue Gesetze – Neue Perspektiven? Rehburg-Loccum, S. 125-129.

Calliess R.-P., Müller-Dietz, H. (2008): Strafvollzugsgesetz. München. (zitiert: *Calliess/Müller-Dietz* 2008, § Rn.).

Committee for Prevention of Torture an Inhuman or Degrading Treatment or Punishment: General Reports. www.cpt.coe.int. (zitiert: *CPT*-General Report Nr. §.).

Conen, M.-L. (2007): Eigenverantwortung, Freiwilligkeit und Zwang. ZJJ 18, S. 370-375.

Cornel, H. (1984): Geschichte des Jugendstrafvollzuges. Ein Plädoyer für seine Abschaffung. Weinheim. Basel.

Cornel, H. (2005): Gesetzgebungskompetenz für den Strafvollzug – Föderalismusreform wünscht Übertragung auf Länder. Neue Kriminalpolitik 17, S. 2-6.

Council of Europe (2006) (Hrsg.): European prison rules. Strasbourg: Council of Europe Publishing.

Council of Europe (Hrsg.) (2009): European Rules for juvenile offenders subject to sanctions or measures. Strasbourg. (zitiert: commentary zu Rule Nr.).

Dahle, K.-P. (1994): Probleme bei der Behandlung von Delinquenten. In: Steller, M., Dahle, K.-P., Basqué, M. (Hrsg.): Straftäterbehandlung – Argumente für eine Revitalisierung in Forschung und Praxis. Pfaffenweiler, S. 175-185.

Dahle, K.-P. (1994a): Therapiemotivation inhaftierter Straftäter. In: Steller, M., Dahle, K.-P., Basqué, M. (Hrsg.): Straftäterbehandlung – Argumente für eine Revitalisierung in Forschung und Praxis. Pfaffenweiler, S. 227-246.

Dahle, K.-P. (1997): Therapie und Therapieindikation. In: Steller, M., Volbert, R. (Hrsg.): Psychologie im Strafverfahren – Ein Handbuch. Bern, Göttingen, Toronto, Seattle, S. 142-159.

Dessecker, A. (2007): Arbeitsmärkte, Jugendarbeitslosigkeit und Delinquenz: ein Überblick. In: *Dessecker, A.* (Hrsg.): Jugendarbeitslosigkeit und Kriminalität. Wiesbaden, S. 21-42.

Deutsche Vereinigung für Jugendgerichte und Jugendgerichtshilfen (DVJJ), Fachverband für Soziale Arbeit, Strafrecht und Kriminalpolitik (DBH), Soziale Arbeit im Justizvollzug(BAG), Arbeitsgemeinschaft Deutscher Bewährungshelfer/innen (ADB), Neue Richtervereinigung (NRV) (2007): Fachverbände fordern Mindeststandards für den Jugendstrafvollzug. Forum Strafvollzug 56, S. 51-54. (zitiert: *DVJJ u. a.* 2007).

Deutsches Institut für Menschenrechte (2005): Die „General Comments" zu den UN-Menschenrechtsverträgen. Baden-Baden.

Diemer, H., Schatz, H., Sonnen, B.-R. (2011): Jugendgerichtsgesetz mit Jugendstrafvollzugsgesetzen. 6. Aufl., Berlin, Heidelberg, Landsberg, München. (zitiert: D/S/S-*Bearbeiter* 2011, § JStVollzG Rn.).

Dolde, G., Grübl, G. (1996): Jugendstrafvollzug in Baden-Württemberg. Untersuchungen zur Biographie, zum Vollzugsverlauf und zur Rückfälligkeit von ehemaligen Jugendstrafgefangenen. In: Kerner, H.-J., Dolde, G., Mey, H.-G: (Hrsg.): Jugendstrafvollzug und Bewährung. Analysen zum Vollzugsverlauf und zur Rückfallentwicklung. Bonn, S. 221-356.

Döring, N. (2006): Sexualität im Gefängnis. Forschungsstand und -perspektiven. Zeitschrift für Sexualforschung, S. 315-333.

Döring, N. (2008): Sexualität in Justizvollzugsanstalten. In: Schmidt, R.-B., Sielert, U. (Hrsg.): Handbuch Sexualpädagogik und sexuelle Bildung. Weinheim, München, S. 603-612.

Dörlemann, M. (2002): Gesetzliche Regelungen und ihr Einfluss auf die erzieherische Gestaltung des Untersuchungshaftvollzuges bei Jugendlichen – Anmerkungen am Beispiel des Regierungsentwurfes von 1999. In: Bereswill, M., Höynck, T. (Hrsg.): Jugendstrafvollzug in Deutschland – Grundlagen, Konzepte, Handlungsfelder – Beiträge aus Forschung und Praxis. Mönchengladbach, S. 87-99.

Dörner, C. (1991): Erziehung durch Strafe. Die Geschichte des Jugendstrafvollzugs 1871-1945. Weinheim, München.

Dreier, H. (Hrsg.) (2006): Grundgesetz – Kommentar. 2. Aufl., Tübingen. (zitiert: Dreier-*Bearbeiter* 2006 Art. Rn.).

Drenkhahn, K. (2007): Sozialtherapeutischer Strafvollzug in Deutschland. Mönchengladbach.

Dressel, B. (2008): Das Hamburger Strafvollzugsgesetz: Chance oder Risiko? Münster.

344

Dudeck, M., Drenkhahn, K., Spitzer, C., Barnow, S., Kopp, D., Kuwert, P., Dünkel, F. (2011): Traumatization and mental distress in long-term prisoners in Europe. Punishment & Society 13, S. 403-423.

Dünkel, F. (1990): Freiheitsentzug für junge Rechtsbrecher. Bonn.

Dünkel, F. (1992): Empirische Beiträge und Materialien zum Strafvollzug. Bestandsaufnahmen des Strafvollzuges in Schleswig-Holstein und des Frauenvollzuges in Berlin. Freiburg.

Dünkel, F. (1996): Die Rechtsstellung von Strafgefangenen und Möglichkeiten der rechtlichen Kontrolle von Vollzugsentscheidungen in Deutschland. Goltdammer's Archiv für Strafrecht 143, S. 518-538.

Dünkel, F. (1999): Jugendstrafvollzug zwischen Erziehung und Strafe – Entwicklungen und Perspektiven im internationalen Vergleich. In: Schwind, H. D., Feuerhelm, W. (Hrsg): In: Feuerhelm, W., Schwind, H.-D., Bock, M. (Hrsg.): Festschrift für Alexander Böhm zum 70. Geburtstag am 14. Juni 1999. New York, Berlin. S. 99-140.

Dünkel, F. (1999a): Germany. In: Van Zyl Smit, D., Dünkel, F. (Hrsg.): Prison Labour: Salvation or Slavery. Hants, Brookfield, S. 77-104.

Dünkel, F. (2004): Riskante Freiheiten? – Vollzugslockerungen zwischen Resozialisierung und Sicherheitsrisiko, in: Rehn, G., Nanninga, R., Thiel, A. (Hrsg.): Freiheit und Unfreiheit – Arbeit mit Straftätern innerhalb und außerhalb des Justizvollzuges. Herbolzheim, S. 104-134.

Dünkel, F. (2005): Reformen des Sexualstrafrechts und Entwicklungen der Sexualdelinquenz in Deutschland. In: Schläfke, D., Häßler, F., Fegert, J. (Hrsg.): Sexualstraftaten: forensische Begutachtung, Diagnostik und Therapie. Stuttgart.

Dünkel, F. (2005a): Das Gefängnis: ein absurdes System? Wie die Gefängniskapazitäten in Deutschland um 25.000 Haftplätze reduziert werden könnten! In: Pecher, W., Rappold, G., Schöner, E., Wieneke, B., Wydra, B. (Hrsg.): „…und die im Dunkeln sieht man nicht." Perspektiven des Strafvollzugs. Festschrift für Georg Wagner. Herbolzheim, S. .

Dünkel, F. (2005b): Migration and ethnic minorities: impacts on the phenomenon of youth crime. The situation in Germany. In: Queloz, N., Bütikofer Repond, F., Pittet, D., Brossard, R., Meyer-Bisch, B. (Hrsg.): Youth Crime and Juvenile Justice. The challenge of migration and ethnic diversity. Bern, S. 45-71.

Dünkel, F. (2006): Die Reform des Jugendstrafvollzugs in Deutschland. In: Feltes, T., Pfeiffer, C., Steinhilper, U. (Hrsg.): Kriminalpolitik und ihre wissenschaftlichen Grundlagen - Festschrift für Prof. Dr. Hans-Dieter Schwind. Heidelberg, S. 503-524.

Dünkel, F. (2006a): Gutachterliche Stellungnahme zum Gesetzentwurf der Fraktion der FDP für ein Hessisches Jugendstrafvollzugsgesetz Hessischer Landtag Drucksache 16/5938 v. 4.9.2006.

Dünkel, F. (2006b): Jugendstrafvollzug und Verfassungsrecht. Eine Besprechung des Urteils des BVerfG vom 31.5.2006 zur Verfassungsmäßigkeit des Jugendstrafvollzugs und Folgerungen für die anstehende Gesetzesreform. Neue Kriminalpolitik 18, S. 112-116.

Dünkel, F. (2007): Die Farce der Föderalismusreform – ein Vergleich der vorliegenden Gesetzesentwürfe zum Jugendstrafvollzug. Stand: 24.9.2007. Internetpublikation: http://www.rsf.uni-greifswald.de/duenkel/publikationen/internet/jugendstrafrecht.htmlVeröffentlichungen (Stand: 28.05.2011).

Dünkel, F. (2007a): Stellungnahme zum RegE JStVollzG MV vom 7.10.2007. Internetpublikation: http://www.dvjj.de/download.php?id=807 (Stand: 28.5.2011).

Dünkel, F. (2007b): Strafvollzug und die Beachtung der Menschenrechte – eine empirische Analyse anhand des Greifswalder „Mare-Balticum-Prison-Survey". In: Müller-Dietz, Müller, E., Kunz, K.-L. (Hrsg.): Festschrift für Heike Jung. Baden-Baden, S. 99-126.

Dünkel, F. (2007c): Gutachterliche Stellungnahme zum Entwurf eines Gesetzes zur Neuregelung des Justizvollzugs in Niedersachsen (NJVollzG), Niedersächsischer Landtag Drucksache 15/3565 v. 22.2.2007. Internetpublikation: http://www.dvjj.de/download.php?id=680 (Stand: 28.5.2011).

Dünkel, F. (2007d): Anhörung des Ausschusses für Recht und Verfassung des Landtags von Sachsen-Anhalt zum Gesetzentwurf der Landesregierung über den Vollzug der Jugendstrafe (JStVollzG LSA) – Drs. 5/749 am 12.9.2007. Internetpublikation: http://www.rsf.uni-greifswald.de/fileadmin/mediapool/lehrstuehle/duenkel/Gutachten_SachsenAnhalt_JuVo.pdf (Stand: 28.01.2012).

Dünkel, F. (2008): Die Europäischen Empfehlungen für inhaftierte und ambulant sanktionierte jugendliche Straftäter („European Rules for Juvenile Offenders Subject to Sanctions or Measures", ERJOSSM) und ihre Bedeutung für die deutsche Gesetzgebung. Recht der Jugend und des Bildungswesens 56, S. 375-400.

Dünkel, F. (2008a): Rechtsschutz im Jugendstrafvollzug – Anmerkungen zum Zweiten Gesetz zur Änderung des Jugendgerichtsgesetzes vom 13.12.2007. Neue Kriminalpolitik 20, S. 1-4.

Dünkel, F. (2008b): Europäische Mindeststandards und Empfehlungen für jugendliche Straftäter. In: Deutsche Vereinigung für Jugendgerichte und Jugendgerichtshilfen e. V. (Hrsg.): Fördern Fordern Fallenlassen – Aktuelle Entwicklungen im Umgang mit Jugenddelinquenz. Dokumentation des

27. Deutschen Jugendgerichtstages vom 15.-18. September 2007 in Freiburg, Mönchengladbach, S. 55-92.

Dünkel, F. (2008c): Kontakte von Gefangenen mit der Außenwelt und europäische Menschenrechtsstandards. Neue Kriminalpolitik 20, S. 262.

Dünkel, F. (2009): Vollzugslockerungen und offener Vollzug – die Bedeutung entlassungsvorbereitender Maßnahmen für die Wiedereingliederung. Forum Strafvollzug 58, S. 192-196.

Dünkel, F. (2009a): International vergleichende Strafvollzugsforschung. In: *Schneider, H.-J.* (Hrsg.): Internationales Handbuch der Kriminologie. Band 2. Besondere Probleme der Kriminologie. Berlin, S. 145-225.

Dünkel, F. (2011): Germany. In: Dünkel, F., Grzywa, J., Horsfield, P., Pruin, I. (Hrsg.): Juvenile Justice Systems in Europe. Current Situation and Reform Developments. Vol. 2. Mönchengladbach, S. 547-622.

Dünkel, F., Baechtold, A., van Zyl Smit, D. (2007): Europäische Mindeststandards und Empfehlungen als Orientierungspunkte für die Gesetzgebung und Praxis – dargestellt am Beispiel der Empfehlungen für inhaftierte Jugendliche und Jugendliche in ambulanten Maßnahmen (die „Greifswald Rules") In: Goerdeler, J., Walkenhorst, P. (Hrsg.): Jugendstrafvollzug in Deutschland – Neue Gesetze, neue Strukturen, neue Praxis? Mönchengladbach, S. 114-140.

Dünkel, F., Baechtold, A., van Zyl Smit, D. (2009): Die Europäische Empfehlung für inhaftierte und ambulant sanktionierte jugendliche Straftäter („European Rules for Juvenile Offenders Subject to Sanctions or Measures", ERJOSSM) In: Bundesministerium für Justiz (Hrsg.): Das Jugendkriminalrecht vor neuen Herausforderungen? Jenaer Symposium 9.–11. September 2008. Mönchengladbach, S. 297-317.

Dünkel, F., Baechtold, A., van Zyl Smit, D. (2009a): Neue Europäische Grundsätze über Sanktionen an jugendlichen Straftätern verabschiedet („European Rules for Juvenile Offenders Subject to Sanctions or Measures", ERJOSSM) In: Österreichisches Bundesministerium für Justiz (Hrsg.): „Jugendliche im Gefängnis?" – Modelle im Umgang mit straffälligen Jugendlichen. Wien, S. 141-158.

Dünkel, F., Drenkhahn, K. (2001): Behandlung im Strafvollzug: von ‚nothing works' zu ‚something works'. In: Bereswill, M., Greve, W. (Hrsg.): Forschungsthema Strafvollzug. Baden-Baden, S. 387-417.

Dünkel, F., Geng, B. (1994): Rückfall und Bewährung von Karrieretätern nach Entlassung aus dem sozialtherapeutischen Behandlungsvollzug und aus dem Regelvollzug. In: Steller, M. Dahle, K.-P. Basqué, M. (Hrsg.): Straftäterbehandlung. Pfaffenweiler, S. 35-59.

Dünkel, F., Geng, B. (2003): Fakten zur Überlegung im Strafvollzug und Wege zur Reduzierung von Gefangenenraten. Neue Kriminalpolitik 15, S. 146-149.

Dünkel, F., Geng, B. (2007): Rechtstatsächliche Befunde zum Jugendstrafvollzug in Deutschland. Forum Strafvollzug 56, S. 65-80.

Dünkel, F., Geng, B. (2007a): Rechtstatsächliche Befunde zum Jugendstrafvollzug in Deutschland. In: Goerdeler, J., Walkenhorst, P. (Hrsg.): Jugendstrafvollzug in Deutschland – Neue Gesetze, neue Strukturen, neue Praxis? Mönchengladbach, S. 15-54.

Dünkel, F., Geng, B. (2007b): Aktuelle rechtstatsächliche Befunde zum Jugendstrafvollzug in Deutschland. Ergebnisse einer Erhebung bei den Jugendstrafanstalten zum 31.01.2006. ZJJ 18. S. 143-152.

Dünkel, F., Geng, B. (2010, 2012): Greifswalder Inventar zum Strafvollzug (GIS). Internetpublikation: http://www.rsf.uni-greifswald.de/duenkel/gis.html (Stand: 28.01.2012).

Dünkel, F., Geng, B. (2011): Neues aus der (Jugend-)Anstalt. Folgen des Urteils des BVerfG zur Verfassungsmäßigkeit des Jugendstrafvollzugs – 5 Jahre danach. Neue Kriminalpolitik 23, S. 137-143.

Dünkel, F., Geng, B., Morgenstern, C. (2010): Strafvollzug in Deutschland – Aktuelle rechtstatsächliche Befunde. Forum Strafvollzug 59, S. 20-31.

Dünkel, F., Kühl, J. (2009): Neuregelung des Strafvollzuges in Hamburg – Anmerkungen zum Hamburger Strafvollzugs- und Jugendstrafvollzugsgesetz vom 8.7.2009. Neue Kriminalpolitik 21, S. 82-86.

Dünkel, F., Morgenstern, C. (2001): Überbelegung im Strafvollzug – Gefangenenraten im internationalen Vergleich. In: Britz, G. (Hrsg.): Festschrift für Heinz Müller-Dietz. Köln, S. 133-169.

Dünkel, F., Pörksen, A. (2007): Stand der Gesetzgebung zum Jugendstrafvollzug und erste Einschätzungen. Neue Kriminalpolitik 19, S. 55-67.

Dünkel, F., Pruin, I. (2010): Germany. In: Padfield, N., van Zyl Smit, D., Dünkel, F. (Hrsg.): Release from Prison. European policy and practice. Cullompton, S. 185-212.

Dünkel, F., Rössner, D. (2001): Germany. In: van Zyl Smit, D., Dünkel, F. (Hrsg.): Imprisonment Today and Tomorrow. The Hague, S. 288-350.

Dünkel, F., Scheel, J. (2006): Vermeidung von Ersatzfreiheitsstrafen durch gemeinnützige Arbeit: das Projekt „Ausweg" in Mecklenburg-Vorpommern. Ergebnisse einer empirischen Untersuchung. Mönchengladbach.

Dünkel, F., Schüler-Springorum (2006): Strafvollzug als Ländersache? Der „Wettbewerb der Schäbigkeit" ist schon im Gange! ZfStrVo 55, S. 145-149.

DVJJ (2004): Eckpunktepapier zur Reform des Jugendstrafvollzugs. Internet-publikation: http://www.dvjj.de/artikel.php?artikel=760 (Stand: 28.05.2011).

Ecarius, J., Eulenbach, M., Fuchs, T., Walgenbach, K. (2011): Jugend und Sozialisation. Wiesbaden.

Eder, C. (2003): Adoleszente Inhaftierte im Wohngruppenvollzug. In: Bereswill, M. (Hrsg.): Entwicklung unter Kontrolle? Baden-Baden, S. 91-106.

Egg, R. (1997): Institutionen der Straftäterbehandlung. In: Steller, M., Volbert, R. (Hrsg.): Psychologie im Strafverfahren – Ein Handbuch. Bern, Göttingen, Toronto, Seattle, S. 160-170.

Egg, R. (1999): Straftäterbehandlung unter Bedingungen äußeren Zwanges. In: Feuerhelm, W., Schwind, H.-D., Bock, M. (Hrsg.): Festschrift für Alexander Böhm zum 70. Geburtstag am 14. Juni 1999. New York, Berlin, S. 397-418.

Eisenberg, U. (2004): Zum RefE eines JStVollzG des BMJ vom 28.4.2004. Monatsschrift für Kriminologie und Strafrechtsreform 87, S. 353-360.

Eisenberg, U. (2007): Neue Gesetze – Kontinuitäten und Diskontinuitäten. ZJJ 18, S. 152-157.

Eisenberg, U. (2008): Jugendstrafvollzugsgesetze der Bundesländer – eine Übersicht. NStZ 28, S. 250-262.

Eisenberg, U. (2012): Jugendgerichtsgesetz. München. (zitiert: *Eisenberg* 2012, § Rn.).

Eisenberg, U., Singelnstein, T. (2007): Zum Referentenentwurf eines Jugendstrafvollzugsgesetzes vom 19. Januar 2007. Zeitschrift für Kindschaftsrecht und Jugendhilfe 93, S. 184-188.

Entorf, H. (2004): Täter im Jugendstrafvollzug und ihre Rehabilitation: Kostenaspekte. ZJJ 15, S. 128-133.

Enzmann, D. (2002): Alltag im Gefängnis: Belastungen, Befürchtungen und Erwartungen aus der Sicht jugendlicher und heranwachsender Inhaftierter. In: Bereswill, M., Höynck, T. (Hrsg.): Jugendstrafvollzug in Deutschland – Grundlagen, Konzepte, Handlungsfelder – Beiträge aus Forschung und Praxis. Mönchengladbach, S. 263-284.

Fachverband für soziale Arbeit, Strafrecht und Kriminalpolitk (DBH), zitiert: *DBH* (2007): Stellungnahme zu den gegenwärtig vorliegenden Gesetzesentwürfen der Länder zur Regelung des Jugendstrafvollzugs. Internetpublikation: www.dbh-online.de (Stand: 14.11.2008).

Falk, A., Walkowitz, G., Wirth, W. (2009): Benachteiligung wegen mangelnden Vertrauens? Eine experimentelle Studie zur Arbeitsmarktintegration von Strafgefangenen. Monatsschrift für Kriminologie und Strafrechtsreform 82, S. 526-546.

Fastenrath, U. (1986): Kompetenzverteilung im Bereich der auswärtigen Gewalt. München.

Feest, J. (2007): Die Zukunft des deutschen Justizvollzuges. Über die Auswirkungen der Föderalismusreform. Internetveröffentlichung: http://www.strafvollzugsarchiv.de/index.php?action=archiv_beitrag&thema_id=14&beitrag_id=42&gelesen=42 (Stand: 28.05.2011).

Feest, J. (Hrsg.) (2006): StVollzG – Kommentar zum Strafvollzugsgesetz. 5. Aufl., Neuwied. (zitiert: AK-*Bearbeiter* 2006, § Rn.).

Feest, J. (Hrsg.) (2012): StVollzG – Kommentar zum Strafvollzugsgesetz. 6. Aufl., Neuwied. (zitiert: AK-*Bearbeiter* 2012, § Rn.).

Feest, J., Bammann, K. (2010): Jugendstrafvollzugsgesetze: Anspruch und Umsetzung. In: Dollinger, B., Schmidt-Semisch, H. (Hrsg.): Handbuch Jugendkriminalität – Kriminologie und Sozialpädagogik im Dialog, S. 535-544.

Feest, J., Lesting, W. (1987): Renitente Vollzugsbehörden – Versuch einer Bestandsaufnahme. In: Kriminalpolitisches Forum Berlin (Hrsg.): Fachtagung 10 Jahre Strafvollzugsgesetz. Eine Dokumentation. Bonn, S. 172-212.

Feest, J., Lesting, W., Selling,P. (1997): Totale Institution und Rechtsschutz: eine Untersuchung zum Rechtsschutz im Strafvollzug. Opladen.

Fehringer, G. (2009): Strafgefangene und ihre Angehörigen – Ein juristischer und kriminologischer Überblick. Wien.

Fend, H. (2003): Entwicklungspsychologie des Jugendalters. Wiesbaden.

Fiedler, M. (2008): Die Sicht der Praktiker: Neue Gesetze – neue Perspektiven? In: Deutsche Vereinigung für Jugendgerichte und Jugendgerichtshilfen e. V. (Hrsg.): Fördern Fordern Fallenlassen – Aktuelle Entwicklungen im Umgang mit Jugenddelinquenz. Dokumentation des 27. Deutschen Jugendgerichtstages vom 15.-18. September 2007 in Freiburg. Mönchengladbach, S. 107-117.

Fleck, V. (2004): Neue Verwaltungssteuerung und gesetzliche Regelung des Jugendstrafvollzuges. Mönchengladbach.

Flügge, C. (2008): Die Konzeption des Jugendvollzugsgesetzes der „Neun-Länder-Gruppe". Eine Bestandsaufnahme. In: Benzler, S. (Hrsg.): Jugendstrafvollzug. Neue Gesetze – Neue Perspektiven? Rehburg-Loccum, S. 31-44.

Foucault, M. (1977): Überwachen und Strafen. Frankfurt am Main.

Freisler, R. (1936): Grundzüge des künftigen Jugendstrafvollzuges. In: Freisler, R., Eichler, H. (Hrsg.): Gedanken über Strafvollzug an jungen Gefangenen. Berlin, S. 72-92.

Frisch, W. (1990): Dogmatische Grundfragen der bedingten Entlassung und der Lockerungen des Vollzugs von Strafen und Maßregeln. ZStW 102, S. 707-792.

Fritsche, M. (2005): Vollzugslockerungen und bedingte Entlassung im deutschen und französischen Strafvollzug. Mönchengladbach.

Frottier,P., Frühwald, S., Ritter, K., König, F. (2001): Deprivation versus Importation: ein Erklärungsmodell für die Zunahme von Suiziden in Haftanstalten. Fortschritte der Neurologie. Psychiatrie, S. 90-95.

Gebel, C., Gurt, M., Wagner, U. (2005): Kompetenzförderliche Potenziale populärer Computerspiele. In: Arbeitsgemeinschaft Betriebliche Weiterbildungsforschung e. V. (Hrsg.): E-Lernen: Hybride Lernformen, Online-Communities, Spiele. QUEM-report, Heft 92, S. 241-376.

Geisler, M. (2009): Clans, Gilden und Gamefamilies. Soziale Prozesse in Computerspielgemeinschaften. Weinheim, München.

Geißler, I. (1991): Ausbildung und Arbeit im Jugendstrafvollzug. Haftverlaufs- und Rückfallanalyse. Freiburg i. Br.

Goerdeler, J. (2008): Neue Gesetze – aber welche? Zum Urteil des Bundesverfassungsgerichtes. In: Benzler, S. (Hrsg.): Jugendstrafvollzug. Neue Gesetze – Neue Perspektiven? Rehburg-Loccum, S. 9-30.

Goerdeler, J., Pollähne, H. (2006): Das Bundesverfassungsgericht als Wegweiser für die Landesgesetzgeber – Zum Urteil des BVerfG vom 31. Mai 2006. ZJJ 17, S. 250-260.

Goerdeler, J., Pollähne, H. (2007): Das Urteil des Bundesverfassungsgerichts vom 31. Mai 2006 als Prüfmaßstab für die neuen (Jugend-) Strafvollzugsgesetze der Länder. In: Goerdeler, J., Walkenhorst, P. (Hrsg.): Jugendstrafvollzug in Deutschland – Neue Gesetze, neue Strukturen, neue Praxis? Mönchengladbach, S. 55-76.

Goffman, E. (1973): Asyle. Über die soziale Situation psychiatrischer Patienten und anderer Insassen. Frankfurt am Main.

Gollwitzer, W. (2005): Menschenrechte im Strafverfahren: EMRK Und IPBPR. Berlin.

Göppinger, H. (2008): Kriminologie. 6. Aufl., München. (zitiert: Göppinger-Bearbeiter 2008, S.).

Götte, P. (2003): Jugendstrafvollzug im „Dritten Reich". Diskutiert und realisiert – erlebt und erinnert. Bad Heilbrunn.

Grommek, S. (1982): Unmittelbarer Zwang im Strafvollzug. Berlin, Köln, Bonn, München.

Grosch, O. (1995): Lockerungen im Jugendstrafvollzug. Grundlagen und Praxis. Freiburg i. Br.

Grote-Kux, G., Faubel, S., Meyer, I. (2010): OASIS – Optimierung arbeitsmarktlicher und sozialer Integration im Strafvollzug. Bewährungshilfe 57, S. 67-74.

Hadeler, H. (2004): Besondere Sicherungsmaßnahmen im Strafvollzug. Aachen.

Haffke, B. (1976): Über den Widerspruch von Therapie und Herrschaft – exemplifiziert an grundlegenden Bestimmungen des neuen Strafvollzuggesetzes. ZStW 88, S. 607-652.

Hairston, C. (2002): Prisoners and Families: Parenting Issues During Incarceration. Chicago.

Hammerschick, W., Pilgram, A., Riesenfelder, A. (1997): Zu den Erwerbsbiographien und Verurteilungskriterien Strafgefangener und Strafentlassener, rekonstruiert anhand von Sozialversicherungs- und Strafregisterdaten. In: Hammerschick, W., Pilgram, A. (Hrsg.): Arbeitsmarkt, Strafvollzug und Gefangenenarbeit. Baden-Baden, S. 155-188.

Hargittai, E., Hinnant, A. (2008): Digital Inequality – Differences in Young Adults' Use of the Internet. Communication Research.

Harvey, J. (2005): Crossing the boundary: the transition of young adults into prison. In: Liebling, A., Maruna, S. (Hrsg.): The Effects of Imprisonment. Cullompton, S. 232-254.

Hassemer, W. (2002): Darf der strafende Staat Verurteilte bessern wollen? Resozialisierung im Rahmen positiver Generalprävention. In: Prittwitz, C., Baurmann, M., Günther, K., Kuhlen, L., Merkel, R., Nestler, C., Schulz, L. (Hrsg.): Festschrift für Klaus Lüderssen. Baden-Baden, S. 221-240.

Heinz, W. (1998): Kriminalprävention – Anmerkungen zu einer überfälligen Kurskorrektur der Kriminalpolitik. In: Kerner, H.-J., Jehle, J.-M., Marks, E. (Hrsg.): Entwicklung der Kriminalprävention in Deutschland – Allgemeine Trends und bereichsspezifische Perspektiven. Mönchengladbach, S. 17-59.

Hessisches Ministerium der Justiz (2008): Hessisches Jugendstrafvollzugsgesetz. „Sicher nach außen – intensiv nach innen". Wiesbaden. (zitiert: Begründung zu § HessJstVollzG.).

Hillebrand, J. (2009): Organisation und Ausgestaltung der Gefangenenarbeit in Deutschland. Mönchengladbach.

Hiller, G. (2007): (Über-)Lebenskunst als Gegenstand von Bildungsarbeit im Jugendstrafvollzug. In: Goerdeler, J., Walkenhorst, P. (Hrsg.): Jugendstrafvollzug in Deutschland – Neue Gesetze, neue Strukturen, neue Praxis? Mönchengladbach, S. 313-330.

Hinrichs, G., Köhler, D. (2007): Therapiemotivation im Jugendvollzug zwischen Freiwilligkeit und Zwang. ZJJ 17, S. 382-388.

Hirsch, S. M. (2003): Die Kommunikationsmöglichkeiten des Strafgefangenen mit seiner Familie. Würzburg.

Hirtenlehner, H., Birklbauer, A. (2008): Rückfallprävention durch Entlassungspolitik? – Ein natürliches Experiment. Neue Kriminalpolitik 20, S. 25-32.

Höflich, P. (2004): Irrwege durch die Gesetzlosigkeit – 25 Jahre Scheitern der Jugendstrafvollzugsgesetzgebung. In: Pollähne, H., Bammann, K., Feest, J.: Wege aus der Gesetzlosigkeit – Rechtslage und Regelungsbedürftigkeit des Jugendstrafvollzugs. Mönchengladbach, S. 91-94.

Holexa, L. (2008): Langzeitbesuche in der JVA Celle. Forum Strafvollzug 57, S. 256-258.

Hoops, S. (2010): „Meine Freunde sind mir das Zweitwichtigste in meinem Leben" Zur Rolle der Peers in der Bearbeitung von Straffälligkeit im Kindes- und Jugendalter. ZJJ 21, S. 45-51.

Hosser, D. (2001): Jugendstrafe im Spannungsfeld zwischen Integration und Desintegration – Soziale Beziehungen und Haftfolgen im Jugendstrafvollzug. In: Bereswill, M., Greve, W. (Hrsg.): Forschungsthema Strafvollzug. Baden-Baden, S. 319-443.

Hosser, D. (2008): Was bewirkt die Strafhaft im Jugendalter? Empirische Erkenntnisse. In: Benzler, S. (Hrsg.): Jugendstrafvollzug. Neue Gesetze – Neue Perspektiven? Rehburg-Loccum, S. 81-90.

Hosser, D., Lauterbach, O., Höynck, T. (2007): Und was kommt danach? Entlassungsvorbereitung und Nachentlassungssituation junger Strafentlassener. In: Goerdeler, J., Walkenhorst, P. (Hrsg.): Jugendstrafvollzug in Deutschland – Neue Gesetze, neue Strukturen, neue Praxis? Mönchengladbach, S. 396-412.

Hosser, D., Taefi, A. (2008): Die subkulturelle Einbindung von Aussiedlern im Jugendstrafvollzug. Monatsschrift für Kriminologie 91, S. 131-143.

Höynck, T. (2001): Warum werden in Deutschland Kinder und Jugendliche eingesperrt – Pädagogische, rechtliche und gesellschaftliche Leitgedanken und Paradigmen zur Legitimation freiheitsentziehender Maßnahmen. In: National Coalition (Hrsg.): Rechte von Kindern und Jugendlichen bei Freiheitsentzug – Gesetzliche Regelungen und Alltagspraxis im Verhältnis zu den Vorgaben der UN-Kinderrechtekonvention – insbesondere Art. 37 und 40. Berlin, S. 77-87.

Höynck, T., Hagemann, N., Kapteina, B.-M., Klimaschewski, K., Lübke, V., Luu, N., Riechy, F. (2008): Jugendstrafvollzugsgesetze der Länder. Eine Auswahl wichtiger Regelungsbereiche in synoptischer Darstellung. ZJJ 19, S. 159-166.

Höynck, T., Hosser, D. (2007): Jugendstrafvollzugsgesetzgebung im „empirischen Blindflug"? Orientierungspunkte aus dem KFN-Forschungsprojekt. Entwicklungsfolgen der Jugendstrafe. Bewährungshilfe 54, S. 387-398.

Höynck, T., Neubacher F., Schüler-Springorum, H. (2001): Internationale Menschenrechtsstandards und das Jugendkriminalrecht. Dokumente der Vereinten Nationen und des Europarates. Zusammenstellung und Kommentierung. Berlin.

Irwin, J., Owen, B. (2005): Harm and the contemporary prison. In: Liebling, A., Maruna, S. (Hrsg.): The Effects of Imprisonment. Cullompton, S. 94-117.

Jauernig, O. (2009): Bürgerliches Gesetzbuch. München.

Jehle, J.-M. (1994): Arbeit und Entlohnung von Strafgefangenen. ZfStrVo 43, S. 259-267.

Jesse, J., Kramp, S. (2008): Das Konzept der Integralen Straffälligenarbeit – InStar – in Mecklenburg-Vorpommern. In: Dünkel, F., Drenkhahn, K., Morgenstern, C.: Humanisierung des Strafvollzugs – Konzepte und Praxismodelle. Mönchengladbach, S. 133-135.

Joecks, W. (2010): Studienkommentar StGB. 9. Aufl., München.

Jureit, U. (1995): Erziehen-Strafen-Vernichten. Jugendkriminalität und Jugendstrafrecht im Nationalsozialismus. Münster.

Kaiser, G., Schöch, H. (2002): Strafvollzug. 5. Aufl., Heidelberg.

Kaiser, W. (2007): Good Time – Regelungen im Strafvollzug. Zeitgutschriften im internationalen Vergleich und Konsequenzen für das deutsche Vollzugsrecht. Hamburg.

Kamann, U. (1991): Gerichtlicher Rechtsschutz im Strafvollzug. Grenzen und Möglichkeiten der Kontrolle vollzuglicher Maßnahmen am Beispiel der Strafvollstreckungskammer beim Landgericht Arnsberg. Pfaffenweiler.

Kamann, U. (1993): Der Richter als Mediator im Gefängnis: Idee, Wirklichkeit und Möglichkeit. Kriminologisches Journal 25, S. 13-25.

Kamann, U. (2009): Vollstreckung und Vollzug der Jugendstrafe – Verteidigung und Rechtsschutz. Münster.

Katholische Bundes-Arbeitsgemeinschaft Straffälligenhilfe im Deutschen Caritasverband (KAGS): Eckpunkte für den Jugendstrafvollzug. Internetpublikation: http://www.dvjj.de/download.php?id=557 (Stand: 28.05.2011; zitiert: *KAGS* 2007).

Keiser, C. (2008): Jugendliche Täter als strafrechtlich Erwachsene? Das Phänomen der „Adulteration" im Lichte internationaler Mindeststandards. Zeitschrift für die gesamte Strafrechtswissenschaft 120, S. 25-67.

Kerner, H.-J. (2003): Der Übergang vom Strafvollzug in die Gesellschaft: Ein klassisches Strukturproblem für Reintegration von Strafgefangenen. In: Bremer Institut für Kriminalpolitik (Hrsg.): Quo Vadis III. Innovative Wege zur nachhaltigen Reintegration straffälliger Menschen – Reformmodelle in den EU-Staaten. Bremen, S. 27-60.

Kerner, H.-J. , Czerner, F. (2004): Einleitung. In: Bundesministerium für Justiz (Hrsg.): Freiheitsentzug. Die Empfehlungen des Europarates 1962-2003. Berlin.

Kindhäuser, U., Neumann, U., Paeffgen, H.-U. (2010): Strafgesetzbuch. Kommentar. 3. Aufl., Baden-Baden. (zitiert NK-*Bearbeiter* 2010, § Rn.).

Klingener, K. (2007): Flickenteppich oder innovativer Wettbewerb? Forum Strafvollzug 56, S. 104-106.

Knauer, F. (2009): Der Sozialdienst im Strafvollzug. Entwicklungen, Aufgaben, Probleme und Reformdiskussion. Forum Strafvollzug 58, S. 302-305.

Koeppel, T. (1999): Kontrolle des Strafvollzuges – Individueller Rechtsschutz und generelle Aufsicht. Ein Rechtsvergleich. Mönchengladbach.

Koesling, A. (2007): „…weil die mir auch gewisse Sachen im Leben beigebracht haben" – Beziehungsorientierungen junger Männer in Haft. In: Goerdeler, J., Walkenhorst, P. (Hrsg.): Jugendstrafvollzug in Deutschland – Neue Gesetze, neue Strukturen, neue Praxis? Mönchengladbach, S. 331-352.

Köhne, M. (2003): Eigene Kleidung im Strafvollzug. Zeitschrift für Rechtspolitik 36, S. 60-61.

Köhne, M. (2004): Eigene Ernährung im Strafvollzug. NStZ 24, S. 607-609.

Köhne, M. (2007): Das Ende des „gesetzlosen" Jugendstrafvollzugs. Zeitschrift für Rechtspolitik 41, S. 109-113.

Köhne, M. (2007a): Das Ziel des Strafvollzugs als Ländersache? Juristische Rundschau, S. 494-497.

Kopp, D., Drenkhahn, K., Dünkel, F., Freyberger, H. J., Spitzer, C., Barnow, S., Dudeck, M. (2011): Allgemeine Psychopathologie bei Kurz- und Langzeitgefangenen in Deutschland. Der Nervenarzt 82, S. 880-885.

Kretschmer, J. (2005): Ergänzungen und Alternativen zum strafvollzugsrechtlichen Rechtschutzsystem oder: Brauchen wir einen Strafvollzugsbeauftragten? ZfStrVo 54, S. 217-224.

Kretschmer, J. (2005a): Die Mehrfachbelegung von Haftäumen im Strafvollzug in ihrer tatsächlichen und rechtlichen Problematik. NStZ 25, S. 251-255.

Kretschmer, J. (2009): Die menschen(un)würdige Unterbringung von Strafgefangenen. Neue Juristische Wochenschrift 52, S. 2406-2411.

Kreuzer, A. (2002): Ist das deutsche Jugendstrafrecht noch zeitgemäß? Neue Juristische Wochenschrift 45, S. 2345-2351.

Kromrey, H. (2009): Gefangenen- und Inhaftierungsraten in Europa – Entwicklungen und Erklärungsmöglichkeiten. GreifRecht – Greifswalder Halbjahresschrift für Rechtswissenschaft, S. 23-40.

Kubicek, H., Welling, S. (2000): Vor einer digitalen Spaltung in Deutschland? Annäherung an verdecktes Problem von wirtschafts- und gesellschaftspolitischer Brisanz. Medien & Kommunikationswissenschaft, S. 497-517.

Kühnel, W., Hiebe, K., Tölke, J. (2005): Subjektive Bewältigungsstrategien und Gruppenkonflikte in einer geschlossenen Institution – das Beispiel des Strafvollzugs. In: Heitmeyer, W., Imbusch, P.: Integrationspotenziale einer modernen Gesellschaft. Wiesbaden, S. 235-278.

Kunz, C. (2003): Auswirkungen von Freiheitsentzug in einer Zeit des Umbruchs – zugleich eine Bestandsaufnahme des Männererwachsenenvollzugs in Mecklenburg-Vorpommern und in der JVA Brandenburg/Havel in den ersten Jahren nach der Wiedervereinigung. Mönchengladbach.

Kunz, K.-L. (2008): Kriminologie. 5. Auflage. Bern, Stuttgart, Wien.

Kunze, T. (2007): Hessisches Jugendstrafvollzugsgesetz. Forum Strafvollzug 56, S. 132-133.

Künzli, J., Achermann, A. (2007): Mindestgrundsätze schützen Menschenrechte. In: Bundesamt für Justiz, Informationen zum Straf- und Maßregelvollzug, info bulletin Nr. 2/2007, S. 5-7.

Kury, H. (1999): Zum Stand der Behandlungsforschung oder: Vom nothing works zum something works. In: Feuerhelm, W., Schwind, H.-D., Bock, M. (Hrsg.): Festschrift für Alexander Böhm zum 70. Geburtstag am 14. Juni 1999. New York. Berlin, S. 251-274.

Lang, S. (2007): Die Entwicklung des Jugendstrafvollzugs in Mecklenburg-Vorpommern in den 90er Jahren – Eine Dokumentation der Aufbausituation des Jugendstrafvollzugs sowie Rückfallanalyse nach Entlassung aus dem Jugendstrafvollzug. Mönchengladbach.

Laubenthal, K. (2010): Gefangenensubkulturen. Aus Politik und Zeitgeschichte. 7/2010, S. 34-39.

Laubenthal, K. (2011): Strafvollzug. 5. Aufl., Berlin, Heidelberg.

Laubenthal, K., Baier, H., Nestler, N. (2010): Jugendstrafrecht. 2. Aufl., Berlin, Heidelberg, New York. (sowie die Voraufl. *Laubenthal, K., Baier, H.* (2007)).

Lauterbach, O. (2009): Jugendstrafvollzug – Soziale Integration und Delinquenz nach Entlassung aus dem Jugendstrafvollzug. ZJJ 20, S. 44-55.

Lee, C.-T. (1994): Zur Kritik des unmittelbaren und mittelbaren Arbeitszwangs im Strafvollzug. Unter Berücksichtigung der geschichtlichen Entwicklung der Gefangenenarbeit und der Bestimmung des Vollzugsziels seit 1923. Hamburg.

Liebling, A., Durie, L., Stiles, A., Tait, S. (2005): Revisiting prison suicide: the role of fairness and distress. In: Liebling, A., Maruna, S. (Hrsg.): The Effects of Imprisonment. Cullompton, S. 209-231.

Lindemann, M. (2004): Die Sanktionierung unbotgemäßen Patientenverhaltens – Disziplinarische Aspekte des psychiatrischen Maßregelvollzuges. Berlin.

Lindrath, A. (2010): Jugendstrafvollzug in freien Formen. Rechtsgrundlagen und Erziehungsstandards. Berlin.

Litz, R. (2004): Grenzen der Selbstbestimmung – Gefängnis als legalisierte Sanktion von Autonomie. In: Endliche Autonomie – Interdisziplinäre Perspektiven auf ein theologisch-ethisches Programm. Münster, S. 259-282.

Lohmann, H. C. (2002): Arbeit und Arbeitsentlohnung der Strafgefangenen. Frankfurt am Main.

Löprick, S. (2007): Übergang aus der Haft in die Freiheit – Ein Beispiel aus dem Offenen Jugendvollzug in Göttingen. In: Goerdeler, J., Walkenhorst, P. (Hrsg.): Jugendstrafvollzug in Deutschland – Neue Gesetze, neue Strukturen, neue Praxis? Mönchengladbach, S. 436-449.

Lösel, F. (1998): Evaluation der Straftäterbehandlung: Was wir wissen und noch erforschen müssen. In: Müller-Isberner, R., Cabeza, S. G. (Hrsg.): Forensische Psychiatrie. Schuldfähigkeit. Kriminaltherapie. Kriminalprognose. Mönchengladbach, S. 29-51.

Lösel, F., Bender, D. (1997): Straftäterbehandlung: Konzepte, Ergebnisse, Probleme. In: Steller, M., Volbert, R. (Hrsg.): Psychologie im Strafverfahren – Ein Handbuch. Bern. Göttingen. Toronto. Seattle, S. 171-204.

Lüderssen, K. (1997): Resozialisierung und Menschenwürde. Kritische Justiz 30, S. 179-186.

Maelicke, B. (2010): Integrierte Resozialisierung – Im Verbund zum Erfolg. In: Preusker, H., Maelicke, B., Flügge, C. (Hrsg.): Das Gefängnis als Risiko-Unternehmen. Baden-Baden, S. 246-258.

Mangoldt, H., Stark, C., Klein, F. (2010): Kommentar zum Grundgesetz. 6. Aufl., München (zitiert: *Bearbeiter*, in: *Mangoldt/Stark/Klein* 2005 Art. Rn.)

Mann, L. (2001): Sozialpsychologie. Weinheim.

Marshall, S. (1997): Control in Category C Prisons, Research Findings No 54, Home Office Research and Statistics Directorate. London.

Mattar, L. (2008): The exercise of sexuality among adolescents deprived of freedom. São Paulo.

Maunz, T., Dürig, G. (2012): Kommentar zum Grundgesetz. 64. Aufl., München.

Meier, A. (2002): Subkultur im Jugendstrafvollzug im Kontext von Jugendlichenbiographien. Zeitschrift für den Strafvollzug 51, S, 139-151.

Meier, B.-D. (2010): What works? – Die Ergebnisse der neueren Sanktionsforschung aus kriminologischer Sicht. Juristenzeitung, S. 112-120.

Meinen, G. (2008): Neue Gesetze für den Jugendstrafvollzug. Die Bedeutung von Übergangsmanagement und Vernetzung. In: Benzler, S. (Hrsg.): Jugendstrafvollzug. Neue Gesetze – Neue Perspektiven? Rehburg-Loccum, S. 117-124.

Mentz, M. (2007): Die JVA Rockenberg im Umbruch – Eine Jugendstrafanstalt auf dem Weg zur Lebensschule. In: Goerdeler, J., Walkenhorst, P. (Hrsg.): Jugendstrafvollzug in Deutschland – Neue Gesetze, neue Strukturen, neue Praxis? Mönchengladbach, S. 413-435.

Mertin, H. (2002): Verfassungswidrigkeit des Jugendstrafvollzugs? Zeitschrift für Rechtspolitik 35, S. 18-20.

Morgenstern, C. (2002): Internationale Mindeststandards für ambulante Strafen und Maßnahmen. Mönchengladbach.

Morgenstern, C. (2009): Fremde in deutschen Gefängnissen – Deutsche in fremden Gefängnissen. BAG-S Informationsdienst Straffälligenhilfe. Heft 3/2009, S. 3-8.

Moser, H. (2010): Einführung in die Medienpädagogik. Aufwachsen im Medienzeitalter. Wiesbaden.

Müller, T. (2010): Behandlung – Reformnotwendigkeit des Strafvollzuges. In: Preusker, H., Maelicke, B., Flügge, C. (Hrsg.): Das Gefängnis als Risiko-Unternehmen. Baden-Baden, S. 74-88.

Müller-Dietz, H. (2005): Schlussbemerkung. In: Hillenkamp, T., Tag, B. (Hrsg.): Intramurale Medizin – Gesundheitsfürsorge zwischen Heilauftrag und Strafvollzug. Berlin, Heidelberg, S. 281-286.

Müller-Dietz, H. (2005a): Gesetzgebungszuständigkeit für den Strafvollzug. Zeitschrift für Rechtspolitik 38, S. 156-159.

Müller-Dietz, H. (2006): Europäische Perspektiven des Strafvollzuges. In: Feltes, T., Pfeiffer, C., Steinhilper, U. (Hrsg.): Kriminalpolitik und ihre wissenschaftlichen Grundlagen – Festschrift für Hans-Dieter Schwind. Heidelberg, S. 621-534.

Murray, J. (2005): The effects of imprisonment on families and children of prisonders. In: Liebling, A., Maruna, S. (Hrsg.): The Effects of Imprisonment. Cullompton, S. 442-464.

Nedopil, N. (2007): Forensische Psychiatrie – Klinik, Begutachtung und Behandlung zwischen Psychiatrie und Recht. 3. Aufl., Stuttgart, New York.

Neu, G. (2010): Hinter Schloss und Riegel – Erinnerungen eines Anstaltsleiters. Norderstedt.

Neubacher F., Schüler-Springorum, H. (2001): Einführung. In: Höynck, T., Neubacher F., Schüler-Springorum, H.: Internationale Menschenrechtsstandards und das Jugendkriminalrecht. Dokumente der Vereinten Nationen und des Europarates. Zusammenstellung und Kommentierung. Berlin, S. 1-18.

Neubacher, F. (1999): Der internationale Schutz von Menschenrechten Inhaftierter durch die Vereinten Nationen und den Europarat. ZfStrVo 48, S. 210-218.

Neubacher, F. (2008): Gewalt unter Gefangenen. NStZ 28, S. 361-366.

Neubacher, F. (2009): Internationale Menschenrechtsstandards zum Jugendkriminalrecht – Quellen, Inhalte, Relevanz. In: Bundesministerium für Justiz:

Das Jugendkriminalrecht vor neuen Herausforderungen? Jenaer Symposium 9.–11. September 2008, S. 275-296.

Neue Richtervereinigung NRV (2009): Stellungnahme zum Entwurf eines Gesetzes zur Überarbeitung des hamburgischen Strafvollzugsgesetzes – HmbStVollzG – sowie zum Erlass eines hamburgischen Jugendstrafvollzugsgesetzes – HmbJStVollzG –. Internetveröffentlichung: http://www.nrv-net.de/main.php?id=171&stellung_id=67&lv_id=5 (Stand: 28.05.2011).

Nowak, M. (1989) UNO-Pakt über bürgerliche und politische Rechte und Fakultativprotokoll: CCPR-Kommentar. Kehl am Rhein, Straßburg, Arlington.

Oehlerking, J. (2008): Das Jugendstrafvollzugskonzept des Landes Niedersachsen. In: Benzler, S. (Hrsg.): Jugendstrafvollzug. Neue Gesetze – Neue Perspektiven? Rehburg-Loccum, S. 45-56.

Opaschowski, H. (1996): Pädagogik der freien Lebenszeit. Opladen.

Opaschowski, H. (2008): Einführung in die Freizeitwissenschaft. Wiesbaden.

Oppenborn, D., Schäfersküpper, M. (2007): Der Jugendstrafvollzug im Regierungsentwurf für ein Niedersächsisches Justizvollzugsgesetz. Forum Strafvollzug 56, S. 63-64

Ostendorf, H. (2001): Warten auf gesetzliche Regelung. Neue Kriminalpolitik 13, S. 8.

Ostendorf, H. (2005): Der Erziehungsgedanke zwischen Rigidität und Diktat leerer Kassen. Zentralblatt für Jugendrecht 92, S. 415-425.

Ostendorf, H. (2006): Konsequenzen aus dem Urteil des Bundesverfassungsgerichts vom 31.5.2006 für die gesetzliche Ausgestaltung des Jugendstrafvollzuges. Neue Kriminalpolitik 18, S. 91-93.

Ostendorf, H. (2007): Das Verbot einer strafrechtlichen und disziplinarischen Ahndung der Gefangenenselbstbefreiung. NStZ 27, S. 313-317.

Ostendorf, H. (2007a): Stellungnahme zum Gesetzesentwurf der Landesregierung „Gesetz über den Vollzug der Jugendstrafe in Schleswig-Holstein – Jugendstrafvollzugsgesetz – (JStVollzG)". Internetpublikation: http://www.dvjj.de/download.php?id=793 (Stand: 28.05.2011).

Ostendorf, H. (2007b): Das Ziel des Jugendstrafvollzugs nach zukünftigem Recht. In: Goerdeler, J., Walkenhorst, P. (Hrsg.): Jugendstrafvollzug in Deutschland – Neue Gesetze, neue Strukturen, neue Praxis? Mönchengladbach, S. 100-113.

Ostendorf, H. (2008): Neue Gesetze – neue Perspektiven? In: Deutsche Vereinigung für Jugendgerichte und Jugendgerichtshilfen e.V. (Hrsg.): Fördern Fordern Fallenlassen – Aktuelle Entwicklungen im Umgang mit Jugenddelinquenz. Dokumentation des 27. Deutschen Jugendgerichtstages vom 15.-18. September 2007 in Freiburg. Mönchengladbach, S. 93-106.

Ostendorf, H. (2008a): Jugendstrafrecht – Reform statt Abkehr. Strafverteidiger 27, S. 148-153.

Ostendorf, H. (2009a): Jugendgerichtsgesetz. 8. Aufl., Baden-Baden.

Ostendorf, H. (Hrsg.) (2009): Jugendstrafvollzugsrecht – Handbuch. Baden-Baden. (zitiert: Ostendorf-*Bearbeiter* 2009 Kap. Rn.).

Ostendorf, H. (2010): Strafverschärfungen im Umgang mit Jugendkriminalität. In: Dollinger, B., Schmidt-Semisch, H. (Hrsg.): Handbuch Jugendkriminalität – Kriminologie und Sozialpädagogik im Dialog. Wiesbaden, S. 91-104.

Ostendorf, H. (2011): Grundsätze und Wegweiser in den neuen Untersuchungshaftvollzugsgesetzen. ZJJ 21, S. 251-258.

Palandt, O. (2012): Bürgerliches Gesetzbuch. 71. Aufl., München. (zitiert: *Palandt-Bearbeiter* § Rn.).

Pollähne, H. (2007a): Internationale Standards gegen föderalen Wildwuchs? – Neue Perspektiven für das Jugendstrafvollzugsrecht nach der BVerfG-Entscheidung. Strafverteidiger 26, S. 553-558.

Pollähne, H. (2007b): Internationale Standards gegen föderalen Wildwuchs? – Neue Perspektiven für das Jugendstrafvollzugsrecht nach der BVerfG-Entscheidung. Strafverteidiger. In: Goerdeler, J., Walkenhorst, P. (Hrsg.): Jugendstrafvollzug in Deutschland – Neue Gesetze, neue Strukturen, neue Praxis? Mönchengladbach, S. 141-160.

Pollähne, H. (2007): Wie viel fördern, wie viel fordern? Die Bedeutung der „Mitwirkung jugendlicher Strafgefangener" aus juristischer Sicht. In: Benzler, S. (Hrsg.): Jugendstrafvollzug. Neue Gesetze – Neue Perspektiven? Rehburg-Loccum, S. 69-80.

Posser, H., Wolff, H. (2010): VwGO. Stand 1.1.2010. München. (zitiert: BeckOK-VwGO-*Bearbeiter* 2010, § Rn.).

Prantl, H. (2007): Das Hexeneinmaleins des Strafvollzugs. Warum die Föderalismusreform ein schwerer, historischer Fehler war. Forum Strafvollzug 56, S. 22.

Prantl, H. (2010): Im Keller der Gesellschaft – Eine Annäherung des politischen Journalisten an den Strafvollzug in Theorie und Praxis. In: Preusker, H., Maelicke, B., Flügge, C. (Hrsg.): Das Gefängnis als Risiko-Unternehmen. Baden-Baden, S. 11-21.

Preusker, H. (2008): Langzeitbesuche in deutschen Gefängnissen. Forum Strafvollzug 57, S. 255-256.

Preusker, H. (2010): Der offene Vollzug – Risiko oder Chance? Forum Strafvollzug 59, S. 65-68.

Radbruch, G. (1994): Gesamtausgabe Band 10. Strafvollzug. Heidelberg.

360

Rehn, G. (2006): Was wird nach der Föderalismusreform aus der Gesetzgebung zum Strafvollzug? Neue Kriminalpolitik 18, S. 22-123.

Rehn, G. (2008): Hamburger Strafvollzug – Wege und Irrwege. Zentrale Fakten einer verfehlten Strafvollzugspolitik. Neue Kriminalpolitik 20, S. 20-36.

Rehn, G.. (2004): Reform und Gegenreform – Bemerkungen zur Situation und zu den Perspektiven des Strafvollzuges. In: Rehn, G., Nanninga, R., Thiel, A. (Hrsg.): Freiheit und Unfreiheit – Arbeit mit Straftätern innerhalb und außerhalb des Justizvollzuges. Herbolzheim, S. 523-537.

Remschmidt, H. (2008): Möglichkeiten der Beeinflussung von jungen Gefangenen – Acht Thesen. ZJJ 19, S. 336-342.

Rössner, D. (1999): Resozialisierung durch Sport im Jugendstrafvollzug. In: Feuerhelm, W., Schwind, H.-D., Bock, M. (Hrsg.): Festschrift für Alexander Böhm zum 70. Geburtstag am 14. Juni 1999. New York, Berlin, S. 453-463.

Rothe-Gronotte, K. (2008): Weiblicher Jugendvollzug in Niedersachsen. Aus der Praxis gesehen. In: Benzler, S. (Hrsg.): Jugendstrafvollzug. Neue Gesetze – Neue Perspektiven? Rehburg-Loccum, S. 91-106.

Rotthaus, K. P. (1987): Die Bedeutung des Strafvollzugsgesetzes für die Reform des Strafvollzuges. NStZ 7, S. 1-5.

Rotthaus, K. P. (2008): Ein Ombudsmann für das deutsche Gefängniswesen. Bewährungshilfe 55, S. 373-387.

Rusche, G., Kirchheimer, O. (1974): Sozialstruktur und Strafvollzug. Frankfurt am Main. Köln.

Sächsischer Richterverein (2007): Stellungnahme zum Entwurf eines Sächsischen Jugendstrafvollzugsgesetzes. Internetpublikation: www.richterverein sachsen.de/pdf/280707b.pdf (Stand: 28.05.2011).

Sakalauskas, G. (2006): Strafvollzug in Litauen. Kriminalpolitische Hintergründe, rechtliche Regelungen, Reformen, Praxis und Perspektiven. Mönchengladbach.

Sampson, R., Laub, J. (1993): Crime in the making: pathways and turning points through life. Cambridge (Paperback Edition 1995).

Sandmann, J., Kilian-Georgus, J. (2008): Verbundprojekte im Strafvollzug: e-LiS, BABE und der RESO-Nordverbund. In: Dünkel, F., Drenkhahn, K., Morgenstern, C. (Hrsg.): Humanisierung des Strafvollzugs – Konzepte und Praxismodelle. Mönchengladbach, S. 185-195.

Schäfer, J.-U. (2005): Nicht-monetäre Entlohnung von Gefangenenarbeit. Frankfurt a. M., Berlin, Bern.

Schall, H., Schreibauer, M. (1997): Prognose und Rückfall bei Sexualstraftätern. Neue Juristische Wochenschrift 40, S. 2412-2420.

Scheerer, S. (1978): Der politisch-publizistische Verstärkerkreislauf. Zur Beeinflussung der Massenmedien im Prozess strafrechtlicher Normgenese, Kriminologisches Journal 10, S. 223 ff.

Schiebel, B. (2007): Arbeitslosigkeit infolge Inhaftierung: Erfahrungen aus dem Strafvollzug. In: *Dessecker, A.* (Hrsg.): Jugendarbeitslosigkeit und Kriminalität. Wiesbaden, S. 167-178.

Schlüchter, E. (1994): Plädoyer für den Erziehungsgedanken. Berlin, New York.

Schneider, R. (2007): Bayerisches Strafvollzugsgesetz. Forum Strafvollzug 56, S. 57-58.

Schneider, R. (2010): Strafvollzug und Jugendstrafvollzug im Bayerischen Strafvollzugsgesetz – Eine Analyse ausgewählter Aspekte im Vergleich mit den Regelungen der anderen Bundesländer unter besonderer Berücksichtigung der Sozialtherapie. Baden-Baden.

Schöch, H. (2003): Kriminalprognose. In: Dittmann, V., Jehle, J.-M. (Hrsg.): Kriminologie zwischen Grundlagenwissenschaft und Praxis. Mönchengladbach, S. 407-420.

Schöch, H. (2009): Neue Punitivität in der Jugendkriminalpolitik. In: Bundesministerium für Justiz (Hrsg.): Das Jugendkriminalrecht vor neuen Herausforderungen? Jenaer Symposium 9.–11. September 2008. Mönchengladbach, S. 13-28.

Schriever, W. (2002): Praktische Erfahrungen mit dem neuen § 43 StVollzG. ZfStrVo 51, S. 86-89.

Schubert, J. (2002): Der Jungtätervollzug in Niedersachsen – eine Lebenschance für junge Menschen. In: Bereswill, M., Höynck, T. (Hrsg.): Jugendstrafvollzug in Deutschland: Grundlagen, Konzepte, Handlungsfelder: Beiträge aus Forschung und Praxis. Mönchengladbach, S. 285-300.

Schüler-Springorum, H. (2007): Strafvollzug und Föderalismus. In: Schöch, H., Dölling, D., Helgerth, R., König, P. (Hrsg.): Recht gestalten – dem Recht dienen. Festschrift für Reinhard Böttcher zum 70. Geburtstag. Berlin, S. 403-410.

Schumann, K. F. (2010): Jugenddelinquenz im Lebenslauf. In: Dollinger, B., Schmidt-Semisch, H. (Hrsg.): Handbuch Jugendkriminalität – Kriminologie und Sozialpädagogik im Dialog. Wiesbaden, S. 243-258.

Schwind, H.-D., Böhm, A., Jehle, J.-M., Laubenthal, K. (2009): Strafvollzugsgesetz. 5. Auflage. Berlin. (zitiert: *S/B/J/L-Bearbeiter* 2009, § Rn.).

Schwirzer, S. (2007): Jugendstrafvollzug für das 21. Jahrhundert. Der Entwurf eines Gesetzes zur Regelung des Jugendstrafvollzuges (GJVollz) Stand: 7. Juni 2006. Frankfurt a. M., u. a.

Sieverts, R. (1938): Zur Neuordnung des deutschen Jugendstrafvollzuges. Monatsschrift für Kriminalbiologie und Strafrechtsreform 21, S. 33-38.

Simonson, J., Werther, J., Lauterbach, O. (2008): Soziale und berufliche Einbindung junger Straftäter nach der Entlassung aus dem Jugendstrafvollzug. Monatsschrift für Kriminologie und Strafrechtsreform 91, S. 443-456.

Singelnstein, T., Stolle, P. (2008): Die Sicherheitsgesellschaft – Soziale Kontrolle im 21. Jahrhundert. Wiesbaden.

Smith, B. (2006): Rethinking Prison Sex: Self Expression and Safety. Columbia Journal of Gender and Law 15, S. 185-226.

Snacken, S. (2005): Forms of violence and regimes in prison: report of research in Belgian prisons. In: Liebling, A., Maruna, S. (Hrsg.): The Effects of Imprisonment. Cullompton, S. 306-342.

Sonnen, B.-R. (1992): Der Entwurf eines Jugendstrafvollzugsgesetzes (Stand: 24.09.1991) – Reform oder Rückschritt. Bewährungshilfe 39, S. 307-315.

Sonnen, B.-R. (1993): Moderner Jugendstrafvollzug zwischen Sicherheit und Erziehung. In: Trenczek, T. (Hrsg.): Freiheitsentzug bei jungen Straffälligen – Die Situation des Jugendstrafvollzugs zwischen Reform und Alternativen. Mönchengladbach, S. 22-36.

Sonnen, B.-R. (2003): Verfassungsmäßigkeit des derzeitigen Jugendstrafvollzuges. Gutachterliche Stellungnahme im Namen der Deutschen Vereinigung für Jugendgerichte und Jugendgerichtshilfen (DVJJ e. V.). DVJJ-Journal 14, S. 61-63.

Sonnen, B.-R. (2006): Aktuelle Entwürfe zur Regelung des Jugendstrafvollzuges auf dem Prüfstand. ZJJ 17, S. 236-240.

Sonnen, B.-R. (2007): Gesetzliche Regelungen zum Jugendstrafvollzug auf dem Prüfstand, in: Goerdeler, J., Walkenhorst, P. (Hrsg.): Jugendstrafvollzug in Deutschland – Neue Gesetze, neue Strukturen, neue Praxis? Mönchengladbach, S. 78-97.

Sonnen, B.-R. (2007a): Kinder- und Jugenddelinquenz. Familie, Partnerschaft, Recht, S. 20-24.

Sonnen, B.-R. (2007b): Halbherzig – Die Entwürfe landesrechtlicher Regelungen für den Jugendstrafvollzug. Forum Strafvollzug 56, S. 81-83.

Sonnen, B.-R. (2008): Jugendstrafvollzug – wohin? Verfassungsgerichtliche Anforderungen, gesetzliche Grundlagen und notwendige Änderungen in der Praxis. In: Benzler, S. (Hrsg.): Jugendstrafvollzug. Neue Gesetze – Neue Perspektiven? Rehburg-Loccum, S. 69-80.

Späth, K. (2001): Rechte von Minderjährigen bei Freiheitsentzug – Vorgaben der UN-Kinderrechtskonvention insbesondere aus Artikel 37 und 40. In: National Coalition (Hrsg.): Rechte von Kindern und Jugendlichen bei Freiheitsentzug – Gesetzliche Regelungen und Alltagspraxis im Verhältnis zu den Vorgaben der UN-Kinderrechtekonvention – insbesondere Art. 37 und 40. Berlin, S. 17-21.

Statistisches Bundesamt (2011): Bestand der Gefangenen und Verwahrten in den deutschen Justizvollzugsanstalten nach ihrer Unterbringung auf Haftplätzen des geschlossenen und offenen Vollzugs jeweils zu den Stichtagen 31. März, 31. August und 30. November eines Jahres. Wiesbaden. Internetpublikation: www.destatis.de (Stand: 28.01.2012).

Stehr, J. (2009): Jugendgewalt – Skandalisierungskonzept und ideologische Kategorie. In: Autrata, O., Scheu, B. (Hrsg.): Jugendgewalt – Interdisziplinäre Sichtweisen. Wiesbaden, S. 107-124.

Stein, F. (2008): Berufsbildung und (Re-)Integration Strafgefangener und Strafentlassener in Thüringen (Projekt B.I.S.S.). In: Dünkel, F., Drenkhahn, K., Morgenstern, C. (Hrsg.): Humanisierung des Strafvollzugs – Konzepte und Praxismodelle. Mönchengladbach, S. 197-201.

Steiner, M. (2005): Der Strafgefangene im System der gesetzlichen Sozialversicherung. Frankfurt am Main, Berlin, Bern.

Steinhilper, M. (1993): Junge Frauen im Strafvollzug. In: Trenczek, T. (Hrsg.): Freiheitsentzug bei jungen Straffälligen – Die Situation des Jugendstrafvollzugs zwischen Reform und Alternativen. Mönchengladbach, S. 144-151.

Stelkens, P., Bonk, H., Sachs, M. (2008): Verwaltungsverfahrensgesetz. 7. Aufl., München. (zitiert: S/B/S-VwVfG-*Bearbeiter* 2008, § Rn.).

Stelly, W., Thomas, J. (2005): Kriminalität im Lebenslauf. Tübingen.

Stelly, W., Thomas, J., Dölling, D., Beisel, H. (2010): Evaluation des Nachsorgeprojektes Chance. Forum Strafvollzug 59, S. 291-294.

Stelly, W., Walter, J. (2008): Vollzugslockerungen im Jugendstrafvollzug – am Beispiel der JVA Adelsheim. Monatsschrift für Kriminologie und Strafrechtsreform 91, S. 269-280.

Stöver, H. (2010): Gesundheitsversorgung und Gesundheitsförderung im Gefängnis. In: Bögemann, H., Keppler, K., Stöver, H. (Hrsg.): Gesundheit im Gefängnis Ansätze und Erfahrungen mit Gesundheitsförderung in totalen Institutionen, S. 11-32.

Streng, F. (1994): Der Erziehungsgedanke im Jugendstrafrecht – Überlegungen zum Ideologiecharakter und zu den Perspektiven eines multifunktionalen Systembegriffs. ZStW 96, S. 61-92.

Suhling, S. (2008): Sozialtherapie im Jugendstrafvollzug: Prinzipien wirksamer Behandlung. ZJJ 19, S. 330-335.

Sußner, C. (2009): Jugendstrafvollzug und Gesetzgebung. Das Urteil des Bundesverfassungsgerichts im Kontext aktueller Entwicklungen und dessen gesetzgeberische Umsetzung. Hamburg.

Theine, E. (2008): Digitales Lernen im Justizvollzug. Forum Strafvollzug 57, S. 218-221.

364

Tierel, S. (2008): Vergleichende Studie zur Normierung des Jugendstrafvollzugs. Berlin.

Toch, H. (1994): Democratizing Prisons. The Prison Journal, S. 62-72.

Toch, H. (1997): Corrections – A Humanistic Approach. New York.

Tochtermann, P. (2008): Die Unabhängigkeit und Unparteilichkeit des Mediators. Tübingen.

Tomuschat, C. (1978): Die Bundesrepublik Deutschland und die Menschenrechtspakete der Vereinten Nationen. Neue Perspektiven weltweiter Verwirklichung der Menschenrechte. Vereinte Nationen: Zeitschrift für die Vereinten Nationen und ihre Sonderorgane 26, S. 1-10.

Tomuschat, C. (1993): Die staatsrechtliche Entscheidung für internationale Offenheit. In: Badura, P., Isensee, J., Kirchhof P.: Handbuch des Staatsrechts der Bundesrepublik Deutschland, Band VII. Karlsruhe, S. 483-524.

Tondorf, G. (2006): Musterentwurf zu einem Jugendstrafvollzugsgesetz der Länder. Internetpublikation: http://www.rechtsanwalt-boehm.com/tondorf/ t_muster.html (Stand: 14.11.2008).

Tondorf, G. (2007): Der Jugendstrafvollzug in der Bundesrepublik – ein Trauerspiel. Beitrag anlässlich des 31. Strafverteidigertages in Rostock. Internetpublikation: http://www.strafverteidigertag.de/Material/Jugendstrafrecht/ Tondorf_Jugendstrafvollzug.html (Stand: 28.05.2011).

Tondorf, G., Tondorf, B. (2006): Plädoyer für einen modernen Strafvollzug. ZJJ 17, S. 241-248.

Tondorf, G., Tondorf, B. (2009): Echternacher Springprozession – Gedanken zur Neuregelung des Jugendstrafvollzugs in Hamburg. ZJJ 20, S. 257-259.

Trenczek, T. (1993): Freiheitsentzug bei jungen Straffälligen – Die Situation des Jugendstrafvollzuges zwischen Reform und Alternativen. In: Trenczek, T. (Hrsg.): Freiheitsentzug bei jungen Straffälligen – Die Situation des Jugendstrafvollzugs zwischen Reform und Alternativen. Mönchengladbach, S. 9-18.

Trenczek, T. (2008): Fachgerechte Mediation – Qualitätsstandards in der Konfliktvermittlung. Zeitschrift für Rechtspolitik 41, S. 186-189.

Ullenbruch, T. (1999): Doppelbelegung eines Einzelhaftraumes. NStZ 19, S. 429-431.

Ullenbruch, T. (2000): Neuregelung des Arbeitsentgelts für Strafgefangene – Sand in die Augen des BVerfG? Zeitschrift für Rechtspolitik 33, S. 177-182.

Umbach, D., Clemens, T. (2005): Grundgesetz: Mitarbeiterkommentar und Handbuch. Heidelberg.

Van Avermaet, E. (2003): Sozialer Einfluss in Kleingruppen. In: Stroebe, W., Jonas, K., Hewstone, K.: Sozialpsychologie – eine Einführung. Berlin. Heidelberg. New York, S. 451-498.

Van Ness, D. W. (Hrsg.) (1997): International Standards and Norms Relating to Criminal Justice. Conventions, Guidelines, Rules and Recommendations Promulgated by the United Nations, Council of Europe, Organization of American States, Organization of African Unity and Commonwealth of Nations. Bethesda.

Van Zyl Smit, D., Snacken, S. (2009): Principles of European Prison Law and Policy – Penology and Human Rights. Oxford.

Van Zyl Smit, Dünkel, F. (1999): Conclusion. In: Van Zyl Smit, D., Dünkel, F. (Hrsg.): Prison Labour: Salvation or Slavery. Hants, Brookfield, S. 335-347.

Vennard, J., Hedderman, C. (1998): Effective interventions with offenders. In: Goldblatt, P., Lewis, C., (Hrsg.): Reducing offending: an assessment of research evidence on ways of dealing with offending behaviour. London, S. 101-119.

Viehmann, H. (1988): Ersetzung einer unbestimmten durch die bestimmte Jugendstrafe. NStZ 8, S. 43-45.

Viehmann, H. (2002): Das deutsche Jugendkriminalrecht im Zugriff populistischer Politik. In: Moos, R., Maccacek, R. Miklau, R., Müller, O., Schroll, H.: Festschrift für Udo Jesionek zum 65. Geburtstag. Wien, S. 283-292.

Visher, C., Debus, S., Yahner, J. (2008): Employment after Prison. A Longitudinal Study of Releases in Three States. Urban Institute Justice Policy Center. Research Brief. Internetpublikation: http://www.urban.org/publications/411778.html (Stand: 28.05.2011).

Volckart, B. (1985): Behandlung im Strafvollzug – repressive Maßnahmen mit anderem Namen? Bewährungshilfe 32, S. 24-35.

Von Wolffersdorff, C., Sprau-Kuhlen, V., Kersten, J. (1996): Geschlossene Unterbringung in Heimen. Kapitulation der Jugendhilfe? München.

Vornholt, E. (2008): Sexualität im Jugendstrafvollzug. Umgangs- und Bewältigungsstrategien jugendlicher Inhaftierter zur Re-Produktion heterosexueller Männlichkeit. Forum Strafvollzug 57, S. 266-271.

Wachsmann, N. (2006): Gefangen unter Hitler. Justizterror und Strafvollzug im NS-Staat. München.

Walkenhorst, P. (1998): Überlegungen zum pädagogischen Handeln im Jugendstrafvollzug. DVJJ-Journal 9, S. 130-139.

Walkenhorst, P. (1999): Sicherheit, Ordnung und Disziplin im Jugendstrafvollzug – einige pädagogische Überlegungen. DVJJ-Journal 10, S. 247-260.

Walkenhorst, P. (2000): Animative Freizeitgestaltung im Strafvollzug als pädagogische Herausforderung. DVJJ-Journal 11, S. 265-277.

Walkenhorst, P. (2002): „Gute Schule" im Jugendstrafvollzug – Jugendstrafvollzug als „gute Schule". Überlegungen zu Voraussetzungen und Möglichkeiten. In: Bereswill, M., Höynck, T., Raczek, W. (Hrsg.): Jugendstrafvollzug in Deutschland: Grundlagen, Konzepte, Handlungsfelder. Mönchengladbach, S. 319-355.

Walkenhorst, P. (2002a): Jugendstrafvollzug als „gute Schule"? DVJJ-Journal 13, S. 290-300.

Walkenhorst, P. (2007): Erziehung im Strafvollzug?! In: Benzler, S. (Hrsg.): Jugendstrafvollzug. Neue Gesetze – Neue Perspektiven? Rehburg-Loccum, S. 69-80.

Walkenhorst, P. (2007a): Jugendstrafvollzug und Nachhaltigkeit. In: Goerdeler, J., Walkenhorst, P. (Hrsg.): Jugendstrafvollzug in Deutschland – Neue Gesetze, neue Strukturen, neue Praxis? Mönchengladbach, S. 353-395.

Walkenhorst, P. (2007b): Über Siegburg. Forum Strafvollzug 56, S. 82-83.

Walkenhorst, P. (2007c): Stellungnahme zum Entwurf eines Jugendstrafvollzugsgesetzes der Landesregierung NRW sowie der Landtagsfraktion Bündnis 90/DIE GRÜNEN. Internetpublikation: http://www.dvjj.de/download.php?id=788 (Stand: 28.05.2011).

Walkenhorst, P. (2007d): Gefängnis als Lernort? – Pädagogik im Strafvollzug als wirksames Mittel zur Rückfallvermeidung. In: Bundesinstitut für Berufsbildung, Institut für berufliche Bildung, Arbeitsmarkt- und Sozialpolitik (INBAS) (Hrsg.): Labor JVA – Innovation im Behandlungsvollzug, S. 20-29.

Walkenhorst, P. (2008): Rehabilitationspädagogische Perspektiven des Jugendstrafvollzugs. In: Reiser, H., Dlugosch, A., Willmann, M. (Hrsg.): Professionelle Kooperation bei Gefühls- und Verhaltensstörungen. Pädagogische Hilfen an den Grenzen der Erziehung. Hamburg, S. 191-214.

Walkenhorst, P. (2010): Jugendstrafvollzug. Aus Politik und Zeitgeschichte. 7/2010, S. 22-28.

Walter, J. (2000): Aktuelle Kriminalpolitische Strömungen und ihre Auswirkungen auf den Jugendstrafvollzug. DVJJ-Journal 11, S. 251-262.

Walter, J. (2001): Die Umsetzung der UN-Kinderrechtskonvention im Jugendvollzug. In: National Coalition (Hrsg.): Rechte von Kindern und Jugendlichen bei Freiheitsentzug – Gesetzliche Regelungen und Alltagspraxis im Verhältnis zu den Vorgaben der UN-Kinderrechtekonvention – insbesondere Art. 37 und 40. Berlin, S. 57-76.

Walter, J. (2002): Jugendvollzug in der Krise? DVJJ-Journal 13, S. 127-143.

Walter, J. (2003): Demokratie und Moralentwicklung im Jugendstrafvollzug? Das Just-Community-Projekt in der JVA Adelsheim – ein Praxisbericht. Neue Kriminalpolitik 15, S. 138-141.

Walter, J. (2003a): Überrepräsentation von Minderheiten im Jugendstrafvollzug kein Problem? In: DVJJ (Hrsg.): Jugend, Gesellschaft und Recht im neuen Jahrtausend Blick zurück nach vorn. Dokumentation des 25. Deutschen Jugendgerichtstages vom 28. September bis 2. Oktober 2001 in Marburg. Mönchengladbach, S. 390-423.

Walter, J. (2003b): Erwartungen der Praxis an ein künftiges Jugendvollzugsgesetz. ZJJ 14, S. 397-403.

Walter, J. (2004): Der neue Entwurf eines Gesetzes zur Regelung des Jugendstrafvollzuges aus praktischer Sicht. Zentralblatt für Jugendrecht 91, S. 397-405.

Walter, J. (2005): „Apokryphe" Disziplinarmaßnahmen im Strafvollzug. Neue Kriminalpolitik, S. 130-134.

Walter, J. (2005a): Jugendstrafvollzugsgesetz: Ein Schritt nach vorn oder zurück in die Kleinstaaterei? Neue Kriminalpolitik, S. 17-18.

Walter, J. (2006): Bedingungen bestmöglicher Förderungen im Jugendstrafvollzug. ZJJ, S. 236-244, 249-257.

Walter, J. (2006a): Optimale Förderung oder was sollte der Jugendstrafvollzug leisten? Neue Kriminalpolitik, S. 93-98.

Walter, J. (2007): Bedingungen bestmöglicher Förderung im Jugendstrafvollzug. Ein Diskussionsbeitrag in der Folge des Urteils des Bundesverfassungsgerichts vom 31.05.2006. In: Goerdeler, J., Walkenhorst, P. (Hrsg.): Jugendstrafvollzug in Deutschland – Neue Gesetze, neue Strukturen, neue Praxis? Mönchengladbach, S. 184-221.

Walter, J. (2008): Zwischen Erziehung und Strafe. Was kann Jugendstrafvollzug leisten? In: Brumlik, M. (Hrsg.): Ab nach Sibirien? Wie gefährlich ist unsere Jugend? Weinheim, Basel, S. 154-184.

Walter, J. (2008a): Notizen aus der Provinz. Eine erste Bilanz der Gesetzgebung der Länder zum Jugendstrafvollzug. Kriminologisches Journal 40, S. 21-31.

Walter, J. (2008b): Härte macht nur hart! Forum Strafvollzug, S. 121-122.

Walter, J. (2010): Minoritäten im Strafvollzug. Aus Politik und Zeitgeschichte 7/2010, S. 40-46.

Walter, J. (2010a): Erziehung – Reformnotwendigkeit des Jugendstrafvollzuges. In: Preusker, H., Maelicke, B., Flügge, C. (Hrsg.): Das Gefängnis als Risiko-Unternehmen. Baden-Baden, S. 89-103.

Walter, J. (2010b): Die Jugendstrafanstalt – pädagogische Institution oder Ort für die Akquisition von Strafanzeigen? NStZ 30, S. 58-66.

Walter, J. (2010c): Minoritäten im Strafvollzug. Aus Politik und Zeitgeschichte 7/2010, S. 40-46.

Walter, J. (2011): Das „Soziotop" Jugendstrafanstalt und seine Subkultur. Neue Kriminalpolitik. S. 144-147.

Walter, J., Fladausch-Rödel, A.-I. (2008): Das Modellprojekt ISAB/BASIS in der JVA Adelsheim. In: Dünkel, F., Drenkhahn, K., Morgenstern, C. (Hrsg.): Humanisierung des Strafvollzugs – Konzepte und Praxismodelle. Mönchengladbach, S. 55-64.

Walter, J., Waschek, U. (2002): Die Peergroup in ihr Recht setzen – Das Just Community-Projekt in der Justizvollzugsanstalt Adelsheim. In: Bereswill, M., Höynck, T. (Hrsg.): Jugendstrafvollzug in Deutschland: Grundlagen, Konzepte, Handlungsfelder: Beiträge aus Forschung und Praxis. Mönchengladbach, S. 191-214.

Walter, M. (2003): Jugendkriminalität in zeitbedingter Wahrnehmung. Recht der Jugend und des Bildungswesens 51, S. 272-281.

Walter, M. (2005): Jugendkriminalität. Stuttgart.

Walter, M. (2007): Der Skandal von Siegburg und der künftige Umgang mit jungen Strafgefangenen. ZJJ 18, S. 72-75.

Walter, M. (2009): Der Häftlingsmord von Siegburg: Zu Formen seiner gesellschaftlichen Verarbeitung. ZJJ 20, S. 149-153.

Walter, M., Neubacher, F. (2003): Ist der Jugendstrafvollzug verfassungswidrig? Zentralblatt für Jugendrecht 90, S. 1-7.

Wasik, J. J. (1999): Zur Geschichte der Strafrestaussetzung in Polen. In: Feuerhelm, W., Schwind, H.-D., Bock, M. (Hrsg.): Festschrift für Alexander Böhm zum 70. Geburtstag am 14. Juni 1999. New York, Berlin, S. 483-497.

Webster, R., Hedderman, C., Turnbull, P.J., May, T. (2001): Building bridges to employment for prisoners. London.

Wegemund, A., Dehne-Niemann, J. (2008): Die normative Kraft des Kontrafaktischen – Verfassungsrechtliches und Kriminologisches zum baden-württembergischen Jugendstrafvollzugsgesetz. Zeitschrift für Internationale Strafrechtsdogmatik, S. 565-582.

Weilbächer, L., Klein, L. (2008): Das Modellprojekt „Arbeitsmarktintegration für jugendliche Strafentlassene" (ArJuS). In: Dünkel, F., Drenkhahn, K., Morgenstern, C.: Humanisierung des Strafvollzugs – Konzepte und Praxismodelle. Mönchengladbach, S. 125-132.

Wilms, H. (2007): Staatsrecht I – Unter Berücksichtigung der Föderalismusreform. Stuttgart.

Wirth, W. (2006): Gewalt unter Gefangenen. Kernbefunde einer empirischen Studie im Strafvollzug des Landes Nordrhein-Westfalen. Düsseldorf. Internetpublikation: http://www.justiz.nrw.de/JM/justizpolitik/schwerpunkte/vollzug/studie_gewalt_gefangene.pdf (Stand: 28.05.2011).

Wirth, W. (2007): Ausbildungs- und Beschäftigungsintegration für Haftentlassene: die Entwicklungspartnerschaft MABiS.NeT. In: Dessecker, A. (Hrsg.): Jugendarbeitslosigkeit und Kriminalität. Wiesbaden, S. 257-276.

Wirth, W. (2010): Innovation auf der Grundlage praxisorientierter Forschung: Die strategische Nutzung von Modellprojekten zur verbesserten Arbeitsmarktintegration von Strafgefangenen. In: Preusker, H., Maelicke, B., Flügge, C. (Hrsg.): Das Gefängnis als Risiko-Unternehmen. Baden-Baden, S. 231-245.

Wright, K. N., Wright, K. E. (1992): Does Getting Married Reduce the Likelihood of Criminality? A Review of the Literature. Federal Probation 56, S. 50-56.

Zillien, N. (2009): Digitale Ungleichheit – Neue Technologien und alte Ungleichheiten in der Informations- und Wissensgesellschaft. Wiesbaden.

Zimbardo, P. (2008): Der Luzifer-Effekt – Die Macht der Umstände und die Psychologie des Bösen. Heidelberg.

Zolondek, J. (2007): Lebens- und Haftbedingungen im deutschen und europäischen Frauenstrafvollzug. Mönchengladbach.

Reihenübersicht

Schriften zum Strafvollzug, Jugendstrafrecht und zur Kriminologie

Hrsg. von Prof. Dr. Frieder Dünkel, Lehrstuhl für Kriminologie an der Ernst-Moritz-Arndt-Universität Greifswald

Bisher erschienen:

Band 1
Dünkel, Frieder: Empirische Forschung im Strafvollzug. Bestandsaufnahme und Perspektiven.
Bonn 1996. ISBN 978-3-927066-96-0.

Band 2
Dünkel, Frieder; van Kalmthout, Anton; Schüler-Springorum, Horst (Hrsg.): Entwicklungstendenzen und Reformstrategien im Jugendstrafrecht im europäischen Vergleich.
Mönchengladbach 1997. ISBN 978-3-930982-20-2.

Band 3
Gescher, Norbert: Boot Camp-Programme in den USA. Ein Fallbeispiel zum Formenwandel in der amerikanischen Kriminalpolitik.
Mönchengladbach 1998. ISBN 978-3-930982-30-1.

Band 4
Steffens, Rainer: Wiedergutmachung und Täter-Opfer-Ausgleich im Jugend- und Erwachsenenstrafrecht in den neuen Bundesländern.
Mönchengladbach 1999. ISBN 978-3-930982-34-9.

Band 5
Koeppel, Thordis: Kontrolle des Strafvollzuges. Individueller Rechtsschutz und generelle Aufsicht. Ein Rechtsvergleich.
Mönchengladbach 1999. ISBN 978-3-930982-35-6.

Band 6
Dünkel, Frieder; Geng, Bernd (Hrsg.): Rechtsextremismus und Fremdenfeindlichkeit. Bestandsaufnahme und Interventionsstrategien.
Mönchengladbach 1999. ISBN 978-3-930982-49-3.

Band 7
Tiffer-Sotomayor, Carlos: Jugendstrafrecht in Lateinamerika unter besonderer Berücksichtigung von Costa Rica.
Mönchengladbach 2000. ISBN 978-3-930982-36-3.

Band 8
Skepenat, Marcus: Jugendliche und Heranwachsende als Tatverdächtige und Opfer von Gewalt. Eine vergleichende Analyse jugendlicher Gewaltkriminalität in Mecklenburg-Vorpommern anhand der Polizeilichen Kriminalstatistik unter besonderer Berücksichtigung tatsituativer Aspekte.
Mönchengladbach 2000. ISBN 978-3-930982-56-1.

Band 9
Pergataia, Anna: Jugendstrafrecht in Russland und den baltischen Staaten.
Mönchengladbach 2001. ISBN 978-3-930982-50-1.

Band 10
Kröplin, Mathias: Die Sanktionspraxis im Jugendstrafrecht in Deutschland im Jahr 1997. Ein Bundesländervergleich.
Mönchengladbach 2002. ISBN 978-3-930982-74-5.

Band 11
Morgenstern, Christine: Internationale Mindeststandards für ambulante Strafen und Maßnahmen.
Mönchengladbach 2002. ISBN 978-3-930982-76-9.

Band 12
Kunkat, Angela: Junge Mehrfachauffällige und Mehrfachtäter in Mecklenburg-Vorpommern. Eine empirische Analyse.
Mönchengladbach 2002. ISBN 978-3-930982-79-0.

Band 13
Schwerin-Witkowski, Kathleen: Entwicklung der ambulanten Maßnahmen nach dem JGG in Mecklenburg-Vorpommern.
Mönchengladbach 2003. ISBN 978-3-930982-75-2.

Band 14
Dünkel, Frieder; Geng, Bernd (Hrsg.): Jugendgewalt und Kriminalprävention. Empirische Befunde zu Gewalterfahrungen von Jugendlichen in Greifswald und Usedom/Vorpommern und ihre Auswirkungen für die Kriminalprävention.
Mönchengladbach 2003. ISBN 978-3-930982-95-0.

Band 15
Dünkel, Frieder; Drenkhahn, Kirstin (Hrsg.): Youth violence: new patterns and local responses – Experiences in East and West. Conference of the International Association for Research into Juvenile Criminology. Violence juvénile: nouvelles formes et stratégies locales – Expériences à l'Est et à l'Ouest. Conférence de l'Association Internationale pour la Recherche en Criminologie Juvénile. Mönchengladbach 2003. ISBN 978-3-930982-81-3.

Band 16
Kunz, Christoph: Auswirkungen von Freiheitsentzug in einer Zeit des Umbruchs. Zugleich eine Bestandsaufnahme des Männererwachsenenvollzugs in Mecklenburg-Vorpommern und in der JVA Brandenburg/Havel in den ersten Jahren nach der Wiedervereinigung. Mönchengladbach 2003. ISBN 978-3-930982-89-9.

Band 17
Glitsch, Edzard: Alkoholkonsum und Straßenverkehrsdelinquenz. Eine Anwendung der Theorie des geplanten Verhaltens auf das Problem des Fahrens unter Alkohol unter besonderer Berücksichtigung des Einflusses von verminderter Selbstkontrolle. Mönchengladbach 2003. ISBN 978-3-930982-97-4.

Band 18
Stump, Brigitte: „Adult time for adult crime" – Jugendliche zwischen Jugend- und Erwachsenenstrafrecht. Eine rechtshistorische und rechtsvergleichende Untersuchung zur Sanktionierung junger Straftäter. Mönchengladbach 2003. ISBN 978-3-930982-98-1.

Band 19
Wenzel, Frank: Die Anrechnung vorläufiger Freiheitsentziehungen auf strafrechtliche Rechtsfolgen. Mönchengladbach 2004. ISBN 978-3-930982-99-8.

Band 20
Fleck, Volker: Neue Verwaltungssteuerung und gesetzliche Regelung des Jugendstrafvollzuges. Mönchengladbach 2004. ISBN 978-3-936999-00-6.

Band 21
Ludwig, Heike; Kräupl, Günther: Viktimisierung, Sanktionen und Strafverfolgung. Jenaer Kriminalitätsbefragung über ein Jahrzehnt gesellschaftlicher Transformation. Mönchengladbach 2005. ISBN 978-3-936999-08-2.

Band 22
Fritsche, Mareike: Vollzugslockerungen und bedingte Entlassung im deutschen und französischen Strafvollzug.
Mönchengladbach 2005. ISBN 978-3-936999-11-2.

Band 23
Dünkel, Frieder; Scheel, Jens: Vermeidung von Ersatzfreiheitsstrafen durch gemeinnützige Arbeit: das Projekt „Ausweg" in Mecklenburg-Vorpommern.
Mönchengladbach 2006. ISBN 978-3-936999-10-5.

Band 24
Sakalauskas, Gintautas: Strafvollzug in Litauen. Kriminalpolitische Hintergründe, rechtliche Regelungen, Reformen, Praxis und Perspektiven.
Mönchengladbach 2006. ISBN 978-3-936999-19-8.

Band 25
Drenkhahn, Kirstin: Sozialtherapeutischer Strafvollzug in Deutschland.
Mönchengladbach 2007. ISBN 978-3-936999-18-1.

Band 26
Pruin, Ineke Regina: Die Heranwachsendenregelung im deutschen Jugendstrafrecht. Jugendkriminologische, entwicklungspsychologische, jugendsoziologische und rechtsvergleichende Aspekte.
Mönchengladbach 2007. ISBN 978-3-936999-31-0.

Band 27
Lang, Sabine: Die Entwicklung des Jugendstrafvollzugs in Mecklenburg-Vorpommern in den 90er Jahren. Eine Dokumentation der Aufbausituation des Jugendstrafvollzugs sowie eine Rückfallanalyse nach Entlassung aus dem Jugendstrafvollzug.
Mönchengladbach 2007. ISBN 978-3-936999-34-1.

Band 28
Zolondek, Juliane: Lebens- und Haftbedingungen im deutschen und europäischen Frauenstrafvollzug.
Mönchengladbach 2007. ISBN 978-3-936999-36-5.

Band 29
Dünkel, Frieder; Gebauer, Dirk; Geng, Bernd; Kestermann, Claudia: Mare-Balticum-Youth-Survey – Gewalterfahrungen von Jugendlichen im Ostseeraum.
Mönchengladbach 2007. ISBN 978-3-936999-38-9.

Band 30
Kowalzyck, Markus: Untersuchungshaft, Untersuchungshaftvermeidung und geschlossene Unterbringung bei Jugendlichen und Heranwachsenden in Mecklenburg-Vorpommern.
Mönchengladbach 2008. ISBN 978-3-936999-41-9.

Band 31
Dünkel, Frieder; Gebauer, Dirk; Geng, Bernd: Jugendgewalt und Möglichkeiten der Prävention. Gewalterfahrungen, Risikofaktoren und gesellschaftliche Orientierungen von Jugendlichen in der Hansestadt Greifswald und auf der Insel Usedom. Ergebnisse einer Langzeitstudie 1998 bis 2006.
Mönchengladbach 2008. ISBN 978-3-936999-48-8.

Band 32
Rieckhof, Susanne: Strafvollzug in Russland. Vom GULag zum rechtsstaatlichen Resozialisierungsvollzug?
Mönchengladbach 2008. ISBN 978-3-936999-55-6.

Band 33
Dünkel, Frieder; Drenkhahn, Kirstin; Morgenstern, Christine (Hrsg.): Humanisierung des Strafvollzugs – Konzepte und Praxismodelle.
Mönchengladbach 2008. ISBN 978-3-936999-59-4.

Band 34
Hillebrand, Johannes: Organisation und Ausgestaltung der Gefangenenarbeit in Deutschland.
Mönchengladbach 2009. ISBN 978-3-936999-58-7.

Band 35
Hannuschka, Elke: Kommunale Kriminalprävention in Mecklenburg-Vorpommern. Eine empirische Untersuchung der Präventionsgremien.
Mönchengladbach 2009. ISBN 978-3-936999-68-6.

Band 36/1 bis 4 (nur als Gesamtwerk erhältlich)
Dünkel, Frieder; Grzywa, Joanna; Horsfield, Philip; Pruin, Ineke (Eds.): Juvenile Justice Systems in Europe – Current Situation and Reform Developments. Vol. 1-4. **2nd revised edition.**
Mönchengladbach 2011. ISBN 978-3-936999-96-9.

Band 37/1 bis 2 (Gesamtwerk)
Dünkel, Frieder; Lappi-Seppälä, Tapio; Morgenstern, Christine; van Zyl Smit, Dirk (Hrsg.):
Kriminalität, Kriminalpolitik, strafrechtliche Sanktionspraxis und Gefangenenraten im
europäischen Vergleich. Bd.1 bis 2.
Mönchengladbach 2010. ISBN 978-3-936999-73-0.

Band 37/1 (Einzelband)
Dünkel, Frieder; Lappi-Seppälä, Tapio; Morgenstern, Christine; van Zyl Smit, Dirk (Hrsg.):
Kriminalität, Kriminalpolitik, strafrechtliche Sanktionspraxis und Gefangenenraten im
europäischen Vergleich. Bd.1.
Mönchengladbach 2010. ISBN 978-3-936999-76-1.

Band 37/2 (Einzelband)
Dünkel, Frieder; Lappi-Seppälä, Tapio; Morgenstern, Christine; van Zyl Smit, Dirk (Hrsg.):
Kriminalität, Kriminalpolitik, strafrechtliche Sanktionspraxis und Gefangenenraten im
europäischen Vergleich. Bd.2.
Mönchengladbach 2010. ISBN 978-3-936999-77-8.

Band 38
Krüger, Maik: Frühprävention dissozialen Verhaltens. Entwicklungen in der Kinder- und
Jugendhilfe.
Mönchengladbach 2010. ISBN 978-3-936999-82-2.

Band 39
Hess, Ariane: Erscheinungsformen und Strafverfolgung von Tötungsdelikten in Meck-
lenburg-Vorpommern.
Mönchengladbach 2010. ISBN 978-3-936999-83-9.

Band 40
Gutbrodt, Tobias: Jugendstrafrecht in Kolumbien. Eine rechtshistorische und rechtsvergleichende Untersuchung zum Jugendstrafrecht in Kolumbien, Bolivien, Costa Rica und
der Bundesrepublik Deutschland unter Berücksichtigung internationaler Menschenrechtsstandards.
Mönchengladbach 2010. ISBN 978-3-936999-86-0.

Band 41
Stelly, Wolfgang; Thomas, Jürgen (Hrsg.): Erziehung und Strafe. Symposium zum 35-jährigen
Bestehen der JVA Adelsheim.
Mönchengladbach 2011. ISBN 978-3-936999-95-2.

Band 42
Annalena Yngborn: Strafvollzug und Strafvollzugspolitik in Schweden: vom Resozialisierungs-
zum Sicherungsvollzug? Eine Bestandsaufnahme der Entwicklung in den letzten 35 Jahren.
Mönchengladbach 2011. ISBN 978-3-936999-84-6.

Band 43
Johannes Kühl: Die gesetzliche Reform des Jugendstrafvollzugs in Deutschland im Licht der
European Rules for Juvenile Offenders Subject to Sanctions or Measures (ERJOSSM).
Mönchengladbach 2012. ISBN 978-3-942865-06-7.